吕思勉文集

隋唐五代史

下

上海古籍出版社

# 第十五章　唐中葉後四裔情形

## 第一節　東北諸國

唐自天寶已後，內亂紛紜，已無暇復及域外之事。然其餘威振於殊俗者既久，故四方諸國，來朝貢者尚多，而其文教之漸被於東方者爲尤廣焉。

句麗、百濟亡後，半島三國，已僅餘一新羅。新羅自法敏而後，國勢日盛。傳三世至興光。開元末，唐始明與以浿水以南之地。《册府元龜》有開元二十四年，《新羅王謝浿江以南敕令新羅安置表》，新舊《唐書》俱失載。興光亦助中國，敗渤海海上之師。見第五章第五節。蓋其極盛之時也。又三傳至乾運，爲其相金良相所弒，國運始衰。乾運之死，事在建中四年。《新書》本傳但云乾運死無子，國人共立宰相金良相，據彼國史籍，則乾運實爲良相所弒也。《傳》又云：會昌後朝貢不復至，蓋以其國衰亂之故？唐末。王族弓裔，起於鐵原。今江原道鐵原府。後爲其將王建所替。又有甄萱者，起於完山，今全羅道全州。亦爲建所并。新羅遂降於建。建奠都松嶽，今京畿道開城府，號其國曰高麗。《舊五代史·高麗傳》曰：唐高宗分其地爲郡縣。及唐之末年，中原多事，其國遂自立君長。前王姓高氏。蓋唐於浿水以北之地，至末年始明棄之也。《新五代史》本傳云：當唐之末，其王姓高氏。同光元年，遣使廣評侍郎韓申一、副使春部少卿朴巖來，而其國王姓名,史失不紀。至長興三年,權知國事王建遣使者來,明宗乃拜建玄菟州都督。充大義軍使,封高麗國王。《通鑑》梁貞明五年七月云：初唐滅高麗。天祐初,高麗石窟寺眇僧躬乂聚衆據開州,稱王,號大封國。至是,遣佐良尉金立奇入貢於吳。據《考異》,説出《十國紀年》。龍德二年云：大封王躬乂性殘忍,海軍統帥王建殺之自立,復稱高麗王。以開州爲東京,即開城。平壤爲西京。建儉約,國人安之。躬乂即弓裔,據彼國史籍,弓裔初嘗爲僧也。觀復稱高麗王之語,似弓裔亦嘗以高麗自號,故史譌爲高氏歟？天福元年云：高麗王建用兵擊破新羅、百濟,甄萱以百濟自號,彼國史家,稱爲後百濟。東夷諸國皆附之,有二京、六府、九節度、百二十郡,則全有半島之地矣。《新史》言建及其子武,武子昭三世,終五代常來朝貢。其立也,必請命中國,中國亦常優答之。周世宗時,遣尚書水部員外郎韓彥卿以帛數千匹市銅於高麗以鑄錢,昭遣使者貢黄銅五萬斤云。

新羅、高麗之人,入中國者甚多。新羅：開元十六年,曾遣子弟入太學學經術。至開成五年,鴻臚寺籍其告哀使者、質子及學生歲滿者還國,凡百有五人云。兼據新舊《書》本傳。《新書·百官志》：崇玄署,新羅、日本僧入朝,學九年不還者,編諸籍,此其以朝命來者也。其人民自來者：鄭保臯言徧中國以新羅人爲奴婢,見第五章第五節。自海路來；《新書·地理志》：奚州中有歸德州、歸義郡,總章中以新羅户置,僑治良鄉之廣陽城,見第三章第五節。則自陸路來者也。《舊書·李巨傳》：巨母爲扶餘氏,可見其人之入中國者,皆婚姻相通。又《渾瑊傳》：吐蕃劫盟時,有大將軍扶餘準陷於賊。《新書·韋貫之傳》：金忠義,新羅人,以工巧幸,擢少府監。《經籍志》：別集類有崔致遠《四六》一卷,《桂苑筆耕》二十卷,高麗人,賓貢及第,高駢淮南從事。則其入仕籍者,亦不少矣。

日本與中國,雖有一海之隔,其慕義鄉化亦不後於新羅。《新書》本傳云：長安元年,其王文武立,遣朝臣真人粟田貢方物。朝臣真人者,猶唐尚書也。真人好學,能屬文,進止有容。武后宴之麟德殿,授司膳卿,還之。開元初,粟田復朝。請從諸儒受經。詔四門助教趙玄默即鴻臚寺爲師。悉賞物貿書以歸。其副朝臣仲滿慕華不肯去,易姓名曰朝衡。彼國史之阿部仲麻呂。歷左補闕、儀王友,多所該識,久乃還。天寶中,復入朝。上元中,擢左散騎常侍、安南都護。貞元末,其王曰桓武,遣使者朝。其學子免橘勢、浮屠空海願留肄業,歷二十餘年,使者高階真人來,請免勢等俱還。又《文藝‧蕭穎士傳》:倭國使入朝,自陳國人願得蕭夫子爲師云。《舊書》以爲新羅使者語。國史所傳如此。彼國史家所記,自遠較此爲詳。據所記,在唐世,彼國發所謂遣唐使者凡十有八,苞送唐使四,迎唐使一。始於貞觀四年,而終於乾寧元年云。然彼國史家,亦有諱而不書者。《舊唐書‧順宗紀》:貞元二十一年二月,日本國王并妻還蕃,則其王嘗一來朝,且與其妻偕來,而彼國史家,必云建國已來,未嘗臣事中國,通使實始於隋,前此入貢受封者,皆其地方之酋長也,然則順宗初還蕃者,亦得云地方酋長乎? 四夷之朝貢於中國者多矣,在中國豈必得一日本爲榮。國之盛衰有時,其興起亦有遲早。日本嘗朝貢受封於中國,又豈足爲辱? 乃必斷斷諱言之,適見其量之褊也。參見《秦漢史》第九章第七節,《兩晉南北朝史》第十六章第一節。

中國文化,既東行而被朝鮮,亭毒既深,則又折西北行,以啓發其地之民族。首被其澤者,實爲渤海。其遺澤下啓金源,餘波且及於蒙古,伏流又發爲滿洲。其波瀾,亦可謂壯闊矣。渤海欽茂徙上京,已見第五章第五節。寶應元年,詔以渤海爲國,欽茂王之。祚榮僅爲郡王,至此乃進爲國王。此後或先封郡王,進爲國王。大曆中二十五來。貞元時,東南徙東京。見下。死,私諡文王。子宏臨早死,族弟元義立。一歲,猜虐,國人殺之。推宏臨子華璵爲王。復還上京。改年中興。死,諡曰成王。欽茂少子嵩璘立。改年正曆。建中、貞元間凡四來。死,諡康王。嵩璘受冊,在貞元十一年,見《舊書‧本紀》。子元瑜立。改年永德。死,諡定王。弟言義立。改年朱雀。死,諡僖王。言義受冊,在元和八年。弟明忠立。改年太始。立一歲死,諡簡王。從父仁秀立。改年建興。其四世祖野勃，祚榮弟也。仁秀討伐海北諸部，開大境宇。元和中凡十六朝獻，長慶四，寶曆再。太和四年死，諡宣王。仁秀受冊，在元和十三年。子彰德早死，孫彝震立。改年咸和。終文宗世，來朝十二，會昌凡四。彝震受冊，在太和五年。死，弟虔晃立。受冊在大中十二年。死，玄錫立。咸通時三朝獻。《新書》記渤海世系止此。下文云：初其王數遣諸生詣京師太學，習識古今制度，遂爲海東盛國。至是之是字，所指何時，殊不明白。下文又云：地有五京、十五府、六十二州，似是道其盛時疆域，則謂爲海東盛國者，其時當在仁秀已後。華璵年號曰中興，則欽茂時似曾中衰，其徙上京，或有不得已之故，然華璵以後五世，亦未聞其有所作爲，則其時或僅克定禍亂，而中興之效，則至仁秀而後見也。五京者：上京龍泉府，臨忽汗海，即忽汗州，已見第五章第五節。中京顯德府，治顯州，西京鴨淥府，治神州，已見第四章第四節。東京龍原府，《新書》云：東南瀕海，日本道也。日本津田左右吉《渤海史考》云：在琿春。南京南海府，《新書》云：新羅道也。津田左右吉云：在咸鏡北道之鏡城。《渤海史考》，陳清泉譯，商務印書館本。《新書》又云：定理府爲挹婁故地，東平府爲拂涅故地，鐵利府爲鐵利故地，懷遠府爲越喜故地。挹婁疑即虞婁，挹婁爲舊名，虞婁或正其異譯也。與拂涅、鐵利、越喜，皆靺鞨部名，亦見第五章第五節。又有鄚頡府，不言爲何部故地，然鄚頡二字，甚似靺鞨異譯。又有率賓府，曰率賓故地，率賓之名，不見唐世，然即金世之恤品，蓋亦靺鞨部族也。拂涅，蓋即金史之蒲聶，皆部落之名，久而未變者。東北部族，靺鞨爲大。觀此，知仁秀時悉已臣服之矣。稱爲盛國，不亦宜乎？

《舊書》叙渤海建國事訖，乃云：風俗與高麗及契丹同，頗有文字及書記。此蓋述其初建國時事，其文字當受諸句麗？其後數遣諸生，來入太學，則逕受諸中國矣。《舊書》本傳：太和七年，彝震遣同中書省平章事高寶英來謝冊命，仍遣學生三人隨寶英，請赴上都學問；先遣學生三人，事業稍成，請歸本國，許之。其所遣學生，似是每次三人，遠不如新羅、日本之多，然亦久而未替。且其人或尚有私來者也。其官制，《新書》述之頗詳，云：大抵憲象中國。《舊書·本紀》：太和六年，內養王宗禹渤海使回，云渤海置左右神策軍，左右三軍，一百二十司，則不惟官制，兵制亦憲象中國矣。渤海史蹟，朝鮮、日本，均有留遺，其文物誠可云甚盛。然地雖廣而人不多。門藝言高麗盛時，強兵三十餘萬，今我衆比高麗三之一，見第五章第五節。論者或疑爲獻媚中國之辭。然《新五代史·渤海傳》，謂祚榮幷比羽之衆，其衆四十萬。歷來外夷勝兵之數，大抵當口數五之一，後漢世之匈奴即如此。外夷政簡，其戶口之數，必較中國爲翔實也。則渤海勝兵，不過八萬。地處苦寒，戶口雖或增加，不能甚速。云當句麗盛時三之一，已是侈言之矣。靺鞨後來，雖多臣服，度亦不過如遼之屬國，盛時來通朝貢，可借兵糧，一敗即瓦解矣。即遼之部族，亦係如此，不獨屬國也。此其所以不祀忽諸也。

渤海至五代時，仍數通朝貢，其王之名爲諲譔。見於歐《史·本紀》者：開平元年五月、二年正月、三年三月、乾化元年八月、二年三月、同光元年正月、二年五月、三年二月、天成元年四月、七月、長興三年正月、清泰二年九月，皆記其遣使者來。其中開平三年、同光二年、三年、天成元年四月之使，皆明言其爲諲譔所遣。後唐明宗天成元年，契丹太祖天顯元年。爲契丹太祖所滅。然契丹所得者，不過其都城及其扶餘府之地而已。《新書》本傳：扶餘故地爲扶餘府，常屯重兵以扞契丹，其地即遼之黃龍府，今之農安縣也。契丹太祖之攻渤海，以天贊四年閏十二月丁巳圍扶餘府，明年，即天顯元年正月庚申，拔之。丙寅夜圍忽汗城，己巳，諲譔遂出降，蓋如迅雷之不及掩耳。餘地蓋本無多兵，故皆傳檄而下，復叛者亦即平定。然契丹所能控扼者，亦不過忽汗城而已。以人皇王倍主之，倍旋奔唐，契丹此後恃爲重鎮者，亦不過黃龍而已。其偏遠之地，多不服契丹，仍有通使譯者，故《新史》本傳言其至顯德末常來朝貢也。其後事於《宋遼金元史》詳之。

《通鑑》：開運二年，初高麗王建用兵吞滅鄰國，頗強大。因胡僧襪囉言於高祖曰："渤海我婚姻也，其王爲契丹所虜，請與朝廷共擊取之。"高祖不報。及帝與契丹爲仇，襪囉復言之。帝欲使高麗擾契丹東邊，以分其兵勢。會建卒，子武自稱權知國事，上表告喪。十一月，以武爲大義軍使高麗王，遣通事舍人郭仁遇使其國喻旨，使擊契丹。

仁遇至其國，見其兵極弱。向者襪囉之言，特建爲誇誕耳，實不敢與契丹爲敵。仁遇還，武更以他故爲解。案自高麗攻契丹大遠，必中國先能大舉，高麗乃可攻其東偏，今反欲使其先舉兵，實無此理。王建蓋不意中國之勢，如此其弱，初非有意爲誇誕也。然高麗之惡契丹而暱渤海，則於此可見矣。此文化爲之也。

《新唐書·渤海傳》，謂幽州節度府，與相聘問，《新五代史·吳越世家》，謂錢鏐遣使册新羅，渤海王，海中諸國，皆封拜其君長；《舊史·世襲列傳》亦有此語。則渤海使譯所通，初不以天朝爲限。《新書·李正己傳》，言其市渤海名馬歲不絕，則其匝來，亦或爲市易之利也。李懷光，渤海靺鞨人。本姓茹。其先徙於幽州。父常，爲朔方部將。以戰多，賜姓，更名嘉慶。參用新舊《書》。則其人亦有入仕中國者矣。

## 第二節　南方諸國

唐中葉後，中原雖云擾攘，南方則尚稱安靖，惟五谿稍有波蕩耳。開元十二年，五溪首領覃行璋反，遣楊思勖討平之。德宗時，溪州向子琪又反，黔州刺史郗士美討平之。元和六年，辰、溆州首領張伯靖反。辰州見第二章第七節。溆州見第十四章第三節。八年，合黔中、荊南、東川、湖南四道之兵致討，伯靖乃降。雷滿起，澧陽人向瓌殺刺史呂自牧，據澧州，澧陽縣，澧州治，見第六章第三節。而宋鄴亦據辰州，昌師益據溆州，皆剽掠湖外。《新五代史·雷滿傳》。後皆附於馬殷。楚世家。天福四年，溪州刺史彭士愁，據《舊史·本紀》。《新史·楚世家》作士然。以錦、獎兵與蠻部萬人掠辰、澧二境。錦州，在今湖南麻陽縣西。獎州，在今湖南芷江縣西。希範遣衙兵拒卻之。五年，又遣衙將劉勍等以步卒五千擊之。士愁大敗。遣子師暠率諸蠻酋降於勍。希範立銅柱於溪州，鑄誓狀於其上。據《舊史·晉紀》。《新史·楚世家》云：命學士李皋銘之。然時蠻衆實漸强，故其後希萼復用之以攻希廣,而邊鎬亦潛遣人說誘武陵谿洞,欲與合勢以攻劉言焉。《舊史・劉言傳》。武陵見第五章第六節。先是天成元年,雲南、巂州、兩林、勿鄧皆朝貢於唐。二年,昆明九部落,又使隨牂牁、清州八郡刺史使者來。見新舊《史・本紀》及《新史・四夷附錄》。清州,唐羈縻州,未詳今地。及希範降溪州,南寧州酋長率其本部十八州,都雲酋長率昆明等十二部,都雲,未詳。牂牁酋長率其七州,皆附於希範。《新史・楚世家》。南詔盛時,曾慴服今雲南全境,兵鋒且及交州,及其既衰,則惟黎、邛西之三王蠻,尚爲所誘怵而已。

　　三王蠻,《新書・南蠻傳》云:蓋莋都夷、白馬氏之遺種?楊、劉、郝三姓,世襲封王,謂之三王部落。疊甓而居,號碉舍。歲稟節度府帛三千匹,以訓南詔,南詔亦密賂之,覘成都虛實。《通鑑注》曰:至宋又有趙、王二族,并劉、郝、楊謂之五部落。居黎州之西,去州百餘里,限以飛越嶺。其居疊石爲碉,積糗糧,器甲於上。族無君長,惟老宿之聽,往來漢地,悉能華言,故比諸羌尤桀黠。案飛越嶺,在今西康漢源縣西北,爲自漢源至康定必經之道。《通鑑》:乾化元年十一月,南詔寇黎州。蜀主遣夔王宗範、兼中書令宗播、嘉王宗壽爲三招討,擊敗之。將作浮梁濟大渡河,蜀主召之令還。貞明元年正月,初黎、雅蠻酋劉昌嗣、郝玄鑒、楊師泰,雖內屬於唐,受爵賞,號碉金埰三王,而潛通南詔,爲之訓導。鎮蜀者多文臣,雖知其情,不敢詰。至是,蜀主數以漏洩軍謀,斬於成都市。毀碉金埰。自是南詔不復犯邊。案是時南詔已衰,未必有意於侵寇,如有意於侵寇,斬三蠻酋,未必遂能止之,其寇黎州,疑轉係爲三王蠻所誘致,故王建不欲深入南詔,而必斬三蠻酋也。唐既滅蜀,頗欲招致南詔,然不能遂,顧自託於南漢。《舊五代史・唐莊宗紀》:同光三年十二月,魏王繼岌奏遣秦州副使徐藹齎書招諭南詔蠻。《新史・郭崇韜傳》云:已破蜀,因遣使者,以唐威德,風諭南詔諸蠻,欲因以綏來之,則所欲招致者,尚不止南詔一國。《四夷附錄》云:繼岌及崇韜等破蜀,得王衍時所俘南詔蠻數十人,又得徐藹,自言嘗使南詔,乃矯詔還其所俘,遣藹等持金帛招撫南詔,諭以威德。南詔不納。《南漢世家》云:乾亨七年,雲南驃信鄭旻遣使致朱鬃白馬以求婚。使者自稱皇親母弟云云。鄭昭淯。好學有文辭。龑與游燕，賦詩，龑及羣臣，皆不能逮。遂以隱女增城縣主妻旻。《世家》：貞明三年，龑即皇帝位，改元曰乾亨，則乾亨七年，當梁龍德三年，即唐之同光元年，然《通鑑》此事，亦繫同光三年。云：長和驃信鄭旻，遣其布燮鄭昭淯求婚於漢。漢主以女增城公主妻之。長和，即唐之南詔也。《注》云：唐末，南詔改曰大禮，至是又改曰長和。《五代會要》曰：郭崇韜平蜀，得王衍所得蠻俘數十，以天子命，使人入其部。被止於界上。惟國信、蠻俘得往。續有轉牒，稱督爽大長和國宰相布燮等上大唐皇帝舅奏疏一封，差人轉送黎州。有採牋一軸，轉韻詩一章，章三韻，共十聯，有類擊筑詞。頗有本朝姻親之意，語亦不遜。其言較歐《史》爲詳，疑歐《史》年代誤，歐《史》云增城公主隱女，《鑑》云龑女，亦當以《鑑》爲正也。辭語不遜，蓋仍有唐末欲求抗禮之意。其閟朱邪之使而自暱於南漢，亦由朱邪氏欲以天朝自居，而南漢與爲敵體耳。

安南當唐末，曲承裕爲靜海節度使，始擅有其地。天祐三年，加承裕同平章事。《通鑑》。同光三年，裕卒，以其子權知留後顥爲節度使。亦據《通鑑》。《注》云：裕即承裕。《考異》云：諸書不見顥於裕何親。案薛《史》：六月丙辰，裕卒，七月丙申，以靜海行營司馬權知留後曲顥起復爲安南都護，充節度使。既云起復，知其子也。《注》云：行營，當作行軍。乾化元年十二月，以靜海留後曲美爲節度使。亦據《通鑑》。《舊史·本紀》：命大理卿王鄴使於安南，左散騎常侍吳藹使於朗州，皆以旌節、官誥錫之也。安南兩使留後曲美進筒中蕉五百匹云云。長興元年，劉龑遣將李守鄘、梁克貞攻交州，擒曲承美。《新史·世家》。又云：承美，顥子也。《通鑑》是年亦作承美。以其將李進守交州。《通鑑》。愛州將楊廷藝，愛州見第二章第七節。養假子三千人，圖復交州。李進受其賂，不以聞。二年，廷藝舉兵圍交州。漢主遣承旨程寶救之。未至，城陷。進逃歸。漢主殺之。寶圍交州。廷藝出戰，寶敗死。《通鑑》。《新史·世家》略同。天福二年，交州將皎公羨殺廷藝而代之。《通鑑》。《新史·世家》云衙將。三年，廷藝故將吳權，自愛州舉兵攻公羨。公羨使以賂求救於漢。漢主欲乘其亂而取之，以其子萬王弘操爲靜海節度使，徙封交王，將兵救公羨。漢主自將屯於海門。見第十章第二節。命弘操率戰艦自白藤江趣交州。《通鑑》注：白藤江，當在峯州界，自此進至花步抵峯州。案峯州見第十章第二節。權已殺公羨據交州，引兵逆戰。先於海上多植大杙，銳其首，冒之以鐵。遣輕舟乘潮挑戰而僞遁。須臾潮落，漢艦皆礙鐵杙不得返。漢兵大敗，士卒覆溺者大半，弘操死。漢主慟哭，收餘衆而還。《通鑑》。《新史·世家》略同。歐《史·南漢世家》云：劉晟乾和十二年，交州吳昌濬遣使稱臣求節鉞。昌濬者，權子也。權自龔時據交州，龔遣洪操攻之，洪操戰死，遂棄不復攻。權死，子昌岌立。昌岌卒，弟昌濬立。始稱臣於晟。晟遣給事中王璵以旌節招之。璵至白州，未詳。昌濬使人止璵曰：“海賊爲亂，道路不通。”璵不果行。晟乾和十二年，周之顯德元年也。《通鑑》是歲正月云：初靜海節度使吳權卒，子昌岌立。昌岌卒，弟昌文立。是月，始請命於南漢。南漢以昌文爲靜海節度使，兼安南都護。歐《史·南漢世家》又云：鋹大寶八年，交州吳昌文卒。其佐呂處坪與峯州刺史喬知祐爭立，交趾大亂。驩州丁璉，舉兵擊破之。驩州見第二章第二節。鋹授璉交州節度。則昌岌之後，別無昌濬其人。不知昌文初名昌濬歟？抑別有一昌濬，與昌文爭位而敗也？《宋史·交阯傳》云：梁貞明中，土豪曲承美專有其地。送款於末帝，因授承美節鉞。時劉隱擅命嶺表，遣將李知順伐承美，執之。乃并有其地。後有楊廷藝、紹洪，皆受廣南署，繼爲交阯節度使。紹洪卒，州將吳昌岌，遂居其位。昌岌死，其弟昌文襲。乾德初，昌文死，其參謀吳處坪，峯州刺史矯知護，武寧州刺史楊暉，衙將杜景碩等爭立，管內一十二州大亂，部民嘯聚起事，攻交州。先是楊廷藝以衙將丁公著攝驩州刺史，兼禦蕃都督，部領即其子也。公著死，部領繼之。至是，部領與其子璉，率兵擊敗處坪等。賊盛潰散，境內安堵。交民德之，乃推部領爲交州帥，號曰大勝王。署璉爲節度。凡三年，遂璉位。以歐《史》、《通鑑》校之，語頗舛誤，然亦有足補二書處也。李知順當即李守鄘。吳處坪即呂處坪，矯知護即喬知祐，顯而易見。楊紹洪蓋亦即皎公羨？爲楊廷藝養子則曰楊紹洪，皎公羨則其本姓名也。武寧州，未詳。要之自曲裕而後，交州即漸成獨立之局矣。

占城：歐《史·四夷附錄》云：自前世未嘗通中國。顯德五年，其國王因德漫遣使莆訶散來。因德漫，《本紀》作釋利因德縵，《舊紀》同，而縵作漫。《新紀》於顯德六年，又書占城使莆訶散來。貢猛火油八十四瓶，薔薇水十五瓶。其表以貝多葉書之，以香木爲函。猛火油，以灑物，得水則出火。薔薇水，云得自西域，以灑衣，雖敝而香不滅。案占城即古林邑，不得云前世未通中國，《傳》又云：其人俗與大食同，蓋來者實賈胡也？《南漢世家》：梁克貞既擒曲承美，又攻占城，掠其寶貨而歸。可見占城是時，與西域通商頗盛。《四夷附錄》又云：五代四夷見中國者，遠不過于闐、占城。史之所紀，其西北頗詳，而東南尤略。蓋其遠而罕至，且不爲中國利害云。占城之南爲眞臘。據《新唐書》所記，僅開元、天寶時，陸眞臘王子來，大曆中，其副王及妻來，水眞臘，元和中遣使入貢，後遂無聞，所謂遠而罕至也。

《新書·宋慶禮傳》云：武后時，爲嶺南採訪使。時崖、振五州首領更相掠，民苦於兵。唐時，今瓊州島置崖、振、瓊、儋、萬安五州，萬安州，今萬寧縣。使者至，輒苦瘴癘莫敢往。慶禮身到其境，諭首領大誼，皆釋仇相親。州土以安。罷戍卒五千。此今瓊州島之情形也。

四裔之遵陸而來者，自天寶以降，雖漸覺德不及遠，其航海而來者，則訖五代仍盛。《新書·地理志》載入四夷之路七，而由海者二焉。登州入高麗、渤海道，即自今蓬萊入海，緣遼東半島東岸至新羅，西北沂鴨淥江，過句麗故都，遵陸行，抵今吉林，以至渤海境者也。廣州通海夷道，則自廣州西南行，過占城，出麻六甲海峽，入印度洋，抵錫蘭，緣印度西岸行，以入波斯灣而至大食之縛達。此路經近世西洋史家，考證明白，馮承鈞《中國南洋交通史》備載之。見其書第六章。商務印書館本。馮氏云：此蓋當時波斯、大食海舶往來要道。日本桑原騭藏《蒲壽庚傳考證》四云：西曆九世紀中葉，阿剌伯地理學家易逢柯達貝氏（Ibnkhordadbeh）所著書，與賈耽所傳，方向相反，而大致相同。據馮攸譯本，易名《唐宋元時代中西通商史》，商務印書館印行。欲考南海海舶所經，當以釋藏諸傳補之。據所考：則出口之地，最多者爲廣州，次則交州，亦間由今合浦、欽縣。航程所止，或爲蘇門答剌之室利佛逝，或爲印度南端之師子洲，或爲印度之耽摩立底、耶伽鉢亶那、訶利雞羅。廣州、印度間諸海港，則有交州、占波、馬來半島東岸之郎迦戍、爪哇之訶陵、蘇門答剌之室利佛逝、末羅瑜、馬來半島西岸之羯荼、翠藍嶼之裸人國云。第七章。此時中國、大食、皆有海舶。大食之舶，較中國小而速，而亦較脆弱。西曆十世紀中葉，五代末。馬庫狄氏（Masudi）由波斯灣之巴士拉，乘大食賈舶至馬來半島之基拉（Killah），言其地爲西方賈舶所集，東行者恆至其地易中國舶。又言唐末內戰未作時，中國賈舶，常逕至西方，西方賈舶，亦逕來中國云。《蒲壽庚傳考證》三十。劉繼宣、束世澂《中華民族拓殖南洋史》云：顏斯踪《南洋蠡測》謂新忌利坡新加坡。有唐人墓。張燮《東西洋考》，謂爪哇國人分三種：曰唐人、土人、西蕃賈胡。馬庫狄於西曆九百四十三年晉高祖天福八年。至蘇門答臘，見其地有華人甚多，從事耕植，巴鄰旁尤爲薈萃之樞。第二章。亦商務印書館本。則不惟估客，即農民亦有移居者矣。海表習呼中國人爲唐，蓋由於此。宋朱彧《萍州可談》云：漢威令行於西北，故西北呼中國爲漢，唐威令行於東南，故蠻夷呼中國爲唐。崇寧間，臣僚上言，邊俗指中國爲漢、唐，形於文書，乞並改爲宋。詔從之。然《明史·真臘傳》云：唐人者，諸蕃呼華人之稱也，海外諸國皆然，則所能改者，亦止於官文書而已。蒙古時，西域稱中國人曰桃花石，說者頗多，桑原騭藏謂實唐家子三字之音譯，說頗近理，見所著《蒲壽庚傳考證》三十三。印度、南洋，亦有海舶通中國。日本僧元開撰唐戒師鑑眞赴日傳戒行記，謂廣州江中，有婆羅門、波斯、崑崙等舶，不知其數。見費瑯《南海中波斯》，在馮承鈞譯《西域南海史地考證譯叢續編》中，商務印書館本。婆羅門指印度，崑崙則南洋黑人之稱也。其時爲西曆七百四十二年，唐玄宗之天寶二年也。

## 第三節　西北諸國

自回鶻敗亡，北方遂無強部，斯時處漠南者：最東爲奚、契丹，其西爲吐渾及達靼,更西爲党項,又西,則不能去之吐蕃居焉,而回鶻亦與之雜處。漠北東境,時爲室韋,其東接於靺鞨。諸部或本非強大,或則流離轉徙之餘,故鮮能自振者,更無論搏合諸部,成一大族矣。此契丹所以獲乘時興起也。契丹興起之事,俟講《宋遼金元史》時述之,今但麤述晚唐、五代時契丹以外諸部族如下,并及西域。

奚:《五代史·四夷附錄》云:當唐之末,居陰涼川,在營府之西數百里。有人馬二萬騎。觀此,則奚部落頗小,故不競於契丹。分爲五部:一曰阿薈,二曰啜米,三曰粵質,四曰奴皆,五曰黑訖支。唐時五部:曰阿會,曰處和,曰奧失,曰度稽,曰元俟折,此啜米疑當作啜禾,粵質疑當作奧質,仍一名之異譯也。後徙居琵琶川,在幽州東北數百里。契丹阿保機強盛,室韋、奚、霫,皆服屬之。奚人嘗爲契丹守界上,而苦其暴虐,奚王去諸怨叛,以別部西徙媯州,依北山射獵。常採北山麝香、仁參賂劉守光以自託。其族至數千帳。始分爲東西奚。去諸卒,子掃剌立。莊宗破劉守光,賜掃剌姓李,更其名紹威。紹威卒,子拽剌立。同光已後,紹威父子數遣使朝貢。《舊紀》同光元、二、四年,《新紀》三年。初紹威娶契丹女舍利逐不魯之姊爲妻。後逐不魯叛,亡入西奚,紹威納之。晉高祖割幽州、雁門已北,紹威與逐不魯皆已死。耶律德光已立晉,北歸,拽剌迎謁馬前。德光曰:"非爾罪也。負我者,掃剌與逐不魯耳。"乃發其墓,粉其骨而颺之。後德光滅晉,拽剌嘗以兵從。其後不復見於中國。而東奚在琵琶川者,亦爲契丹所并,不復能自見云。《舊紀》:天成二年,北面副招討使房知溫奏:營州界奚陁羅支內附。《盧文進傳》:文進在平州,率奚族勁騎,鳥擊獸搏,倏來忽往,燕、趙諸州,荆榛滿目。此等觀其所處之地,而可知其爲東奚。又吳巒傳:巒守貝州,契丹主率步奚及渤海,四面進攻。《新史·東漢世家》:周太祖崩,劉旻乞兵於契丹,契丹遣楊袞將鐵馬萬騎及奚諸部兵五六萬人助之。此等受契丹徵發者,當亦東奚。《舊紀》:清泰三年,奚首領達剌干遣通事奏:奚王李素姑謀叛入契丹,已處斬訖,達剌干權知本部落事。疑亦東奚部落,降附中國者。若西奚,則是時固未屬契丹,亦未必禀命中國也。

吐渾部落,赫連鐸爲大。後爲李克用所破,事已見前。其部落益微,散處蔚州界中。《新史·四夷附錄》。《舊史·李存賢傳》:天祐五年,權知蔚州,以禦吐渾。其首領有白承福者，天福五年《通鑑注》引宋白曰：吐谷渾白姓，皆赫連之部落。莊宗時，依中山北石門爲柵。莊宗爲置寧朔、奉化兩府，以承福爲都督。賜姓名爲李紹魯。《新史·四夷附錄》。《通鑑》開運三年《注》引《五代會要》曰：赫連鐸爲後唐太祖所逐，乃歸幽州李匡儔。其部落散居蔚州界，互爲君長，其氏不常。有白承福者，自同光初代爲都督，依中山北石門爲柵。莊宗賜其額爲寧朔、奉化兩府，以都督爲節度使，仍賜承福姓李，名紹魯。説與《新史》同。然《舊史·後唐明宗紀》：天成三年二月，以吐渾、寧朔、奉化兩府都知兵馬使李紹魯爲吐渾寧朔府都督，則二府初設之時，承福尚未爲都督也。然《莊宗紀》同光二年十一月，又云：吐渾白都督族帳移於代州。疑二府非一族，初設時承福僅督奉化，後乃兼督寧朔也。代州東南，蓋接五臺縣境，故其後承福歸中國，取五臺路來。終唐時常遣使朝貢，《新史·四夷附錄》。其見於《舊史·本紀》者：同光二年二月，與奚王李紹威皆貢馳馬。四年正月，又與奚各遣使貢馬。《新史·本紀》：同光三年、天成三年、四年、長興元年、二年皆來。長興二年之使，明書爲熟吐渾。則其餘或有生吐渾。然即熟吐渾，亦不必皆出紹魯也。又《舊紀》：長興元年，北京奏吐渾千餘帳來附，於天池川安置。《新史》但書吐渾來附而已。天池縣，在今山西靜樂縣北。晉割雁北，吐渾爲契丹役屬，苦其苛暴，因爲安重榮所誘，後又爲劉知遠所賣，承福等五族，皆遭屠戮，其事亦已見前。《新史·附錄》云：知遠殺承福及其大姓赫連海龍、白可久、白鐵匱等。《通鑑》云：誣承福等五族謀叛，以兵圍而殺之，合四百口。《注》引《五代會要》云：白可久因牧馬率本帳北遁，契丹授以官爵。復遣潛誘承福。承福亦思叛去。事未果，漢祖知之，乃以兵環其部族，擒承福與其族白鐵匱、赫連海龍等五家，凡四百有餘人伏誅。案《舊史·晉少帝紀》：開運三年四月，太原奏白可久奔歸契丹。八月，劉知遠奏誅白承福、白鐵匱、赫連海龍等，並夷其族。《周太祖紀》亦云：白可久叛入契丹，帝勸漢祖誅白承福等五族。則歐《史》云可久亦見殺者誤也。又《唐末帝紀》：清泰三年二月，吐渾、寧朔兩府留後李可久加檢校司徒，可久本姓白氏，前朝賜姓，賜姓蓋在其爲留後時？至石晉乃復姓也。其餘衆，以其別部王義宗主之。吐渾遂微，不復見。《新史·附錄》。《舊史·漢高祖紀》：天福十二年三月，吐渾節度使王義宗加檢校太尉。八月，以義宗爲沁州刺史，依前吐渾節度使。《周太祖紀》：廣順元年二月，吐渾府留後王全德加檢校太保，充憲州刺史。初唐以承福之族爲熟吐渾。長興中，又有生吐渾杜每兒來朝貢。每兒，不知其國地、部族。至漢乾祐二年，又有吐渾何戛剌來朝貢，則并不知其生熟云。《新史·附錄》。又《本紀》：廣順三年九月，吐渾党富達等來。生熟吐渾之名，《舊史·李嗣本》、《安重榮傳》皆有之。《新書·藩鎮·澤潞傳》：劉從諫大將李萬江，本退渾部，李抱玉送回紇，道太原，舉帳從至潞州,牧津梁寺。此等深入内地者,似必爲熟吐渾。然《舊史・周太祖紀》:廣順元年二月,詔移生吐渾族帳於潞州長子縣江猪嶺,則雖内地,亦未嘗無生吐渾矣。蓋衰亂之世,外族無復限隔,故雖内地,亦有不繫籍,不服賦役者也。長子見第九章第三節。

達靼:《新史・四夷附録》云:"靺鞨之遺種,本在奚、契丹之東北,後爲契丹所攻,而部族分散,或屬契丹,或屬渤海,别部散居陰山北,自號達靼。當唐末,以名見中國,有每相温、于越相温。咸通中,從朱邪赤心討龐勛。其後李國昌、克用父子爲赫連鐸等所敗,皆亡入達靼。後從克用入關破黄巢,由是居雲、代之間。《通鑑》廣明元年《注》引宋白曰:唐咸通末,有首領每相温、于越相温,部帳於漠南隨草畜牧。李克用爲吐渾所困,嘗往依焉。達靼善待之。及授雁門節度使,二相温率族帳以從。克用收復長安,追黄巢於河南,皆從戰有功,由是俾衞於雲、代之間,恣其畜牧。不云曾從朱邪赤心討龐勛,且國昌即赤心賜名。本係一人,歐《史》恐未審諦也。《舊史・本紀》:清泰二年八月,太原奏達靼部於靈邱安置。靈邱,今靈邱縣,即所謂雲、代之間,蓋使其族類相從也。其俗善騎射。畜多駞馬。其君長、部族名字,不可究見。惟其嘗通於中國者可見云。同光中,都督折文逋,數自河西來貢駞馬。明宗討王都於定州,都誘契丹入寇,明宗詔達靼入契丹界,以張軍勢,遣宿州刺史薛敬忠以所獲契丹團牌二百五十及弓箭數百賜雲州生界達靼。生界,蓋謂生達靼地界。蓋唐嘗役屬之?《舊史・唐莊宗紀》:同光三年六月,雲州上言:去年契丹從磧北歸帳,達靼因相掩擊。其首領于越族帳,自磧北以部族羊馬三萬來降,已到南界,今差使人來,赴闕奏事。長興三年,首領頡哥率其族四百餘人來附。訖於顯德,常來不絶。"達靼使來或來附,見於新舊《史・本紀》者:有同光三年,天成三年、四年,長興二年、三年,乾祐三年,顯德五年。《舊史・李從璋傳》:天成元年,爲彰國節度使,達靼入寇,一鼓破之,則亦間有侵擾。彰國,應州軍名,見第十二章第七節。案歐公言靺鞨自號達靼,而宋白謂其族語譌,因謂之達靼。洪景廬曰:蕃語以華言譯之,皆得其近似耳。天竺語轉而爲捐篤、身毒,秃髮語轉而爲吐蕃,達靼乃靺鞨也。皆見廣明元年《通鑑注》引。則謂達靼仍爲靺鞨之轉音矣。靺鞨居地,本在松花江以東,其居最西境者,蓋逐漸遷徙,益向西南。《文苑英華》卷四百六十八。載李德裕與回鶻書,有存問黑車子、達靼之語。黑車子者,室韋也。《新唐書・地理志》所載入四夷道,自中受降城至回鶻衙,中經達旦旦泊,參見第三章第二節。或亦以其族名。賈耽道里,記自貞元,泊名尚當在其前,其時契丹並未強盛,則謂達靼爲契丹所攻而部族分散者,實非審諦之辭,蓋其衆自移向近塞耳。折文通已抵河西,可見其蔓延之廣。夫決非一朝一夕之故也。宋白曰:貞元、元和之後,奚、契丹漸盛,多爲攻劫,部衆分散,或投屬契丹,或依於渤海,漸流徙於陰山。貞元、元和四字,未必有何確據,不過以至此達靼乃漸見於中國,約略言之耳。《舊史·契丹傳》云:光啓中,其王欽德,乘中原多故,北邊無備,遂蠶食諸部,達靼、奚、室韋之屬,咸被驅役,則已在元和之後六十餘年矣。相温即遼之詳穩。《新史·周本紀》:廣順三年閏月,回鶻使獨呈相温來。蓋與契丹同受諸回鶻,回鶻固在契丹之西。折氏爲党項大族,河西爲党項居地,蓋達靼亦有與之雜處者矣。皆可見其西遷已久也。

党項:《新史·四夷附錄》云:散處鄜延、靈武、河西,東至麟、府之間,麟州見第十二章第二節。府州見第十二章第四節。自同光以後,大姓之強者,各自來朝貢。上文云:其大姓有細封氏、費聽氏、折氏、野利氏、拓拔氏爲最強。其朝貢見於新舊《本紀》者:有同光二年、天成二年、四年、長興二年。明宗時,詔緣邊置場市馬,諸夷皆入市中國,而回鶻、党項馬最多。明宗招懷遠人,馬來無駑壯皆酬,而所酬常過直。往來館給,道路倍費。每至京師,明宗爲御殿見之,勞以酒食,去又厚以賜賚,歲耗百萬計。唐大臣皆患之,數以爲言。乃詔邊吏就場酬馬給直,止其來朝。亦見《本紀》天成四年。而党項利其所得,來不可止。其在靈、慶之境者,數犯邊爲盜。自河西回鶻朝貢中國,送其部落,輒邀劫之,執其使者,賣之他族,以易牛馬。明宗遣靈武康福、邠州藥彥稠等出兵討之。福等擊破阿埋等族,殺數千人,獲其牛羊鉅萬計,及其所劫外國寶玉等,悉以賜軍士。由是党項之患稍息。事在長興二、三年,見《本紀》及《藥彥稠傳》。《舊紀》:長興三年七月,靈武奏夏州党項七百騎侵擾當道,出師擊破之。至周太祖時,府州党項尼也六泥香王子、拓拔山等皆來朝貢。《本紀》:廣順三年十一月,党項使吳帖磨五等來。廣順三年,慶州刺史郭彥欽貪其羊馬,侵擾諸部,獨野雞族強不可近,乃誣其族犯邊。太祖遣使招慰之。野雞族苦彥欽,不肯聽命。太祖遣邠州折從阮、寧州張建武等討之。建武擊野雞族,殺數百人。喜玉、折思、殺牛三族各以牛酒犒軍。軍士利其物,反劫掠之。三族共誘建武。軍至包山，未詳。度險，三族共擊之。軍投崖谷，死傷甚衆。事亦見《舊史•本紀》。建武作建撫。太祖怒，罪建武等。選良吏爲慶州刺史以招撫之。其他諸族，散處緣邊界上者甚衆，然無國地、君長，故莫得而紀次云。

吐蕃之衰，中國雖乘之恢復河、隴，然蕃族之留處者甚多，王靈不及，遂終成不可收拾之局。歐《史•四夷附錄》云：唐之盛時，河西、隴右三十三州，涼州最大。土沃物繁而人富樂。其地宜馬。唐置八監，牧馬三十萬匹。以安西都護羈縻西域三十六國。案此語不顧史實，唐時西域，無所謂三十六國也。歐《史•附錄•吐蕃傳》，略本《舊史》，《舊史》此處，但云又置都護以控制之而已。唐之軍、鎮、監、務，三百餘城，常以中國兵更戍，而涼州置使節度之。安禄山之亂，肅宗起靈武，悉召河西兵赴難，而吐蕃乘虛，攻陷河西、隴右。漢人百萬，皆陷於虜。文宗時，《舊史》作開成時。嘗遣使者至西域，見甘、涼、瓜、沙等州，城邑如故，而陷虜之人，見唐使者，夾道迎呼。涕泣曰：“皇帝猶念陷蕃人民不？”其人皆天寶時陷虜者子孫。其語言稍變，而衣服猶不改。至五代時，吐蕃已微弱，回鶻、党項諸夷，分侵其地，而不有其人民。直中國衰亂，不能撫有。惟甘、涼、瓜、沙四州，常自通於中國，甘州爲回鶻衙，而涼、瓜、沙三州將吏，猶稱唐官，數來請命。自梁太祖時，嘗以靈武節度使兼領河西節度，而觀察甘、肅、威等州。然雖有其名，而涼州自立守將。唐長興四年，涼州留後孫超遣大將拓拔承謙及僧、道士、耆老楊通信等至京師求旌節。明宗問孫超等世家。承謙曰：“吐蕃陷涼州，張掖人張義朝募兵擊走吐蕃，唐因以義朝爲節度使，發鄆州兵二千五百戍之。唐亡，天下亂，涼州已東，爲突厥、党項所隔，《通鑑》但云爲党項所隔。鄆兵遂留不得返。今涼州漢人，皆其戍人子孫也。”明宗乃拜孫超節度使。清泰元年，留後李文謙來請命。後數年，涼州人逐出文謙。靈武馮暉，遣衙將吳繼勲代文謙爲留後。是時天福七年。明年，晉高祖遣涇州押衙陳延暉齎詔書安撫涼州，涼州共劫留延暉，立以爲刺史。《舊史•晉高祖紀》：天福六年七月，涇州奏西涼府留後李文謙，今年二月四日，閉宅門自焚。

遣元入西涼府譯語官與來人齎三部族蕃書進之。七年二月，涇州奏差押衙陳延暉齎勅書往西涼府。本府都指揮使請以延暉爲節度使。《通鑑》：文謙自焚繫六年二月，七月蓋奏報到時也。陳延暉之安撫，《通鑑》亦云涇州奏遣。又云：州中將吏，請延暉爲節度使。至漢隱帝時，涼州人《舊史》作涼州留後。折逋嘉施來請命。漢即以爲節度使。嘉施，土豪也。周廣順二年，嘉施遣人市馬京師，因來請命帥。《舊史》無此五字。是時樞密使王峻用事。峻故人申師厚者，爲兗州衙將。與峻相友善。後峻貴，師厚敝衣蓬首，日候峻出，拜馬前訴以飢寒。峻未有以發。而嘉施等來請帥。峻即建言：涼州深入夷狄，中國未嘗命吏，請募率府率、供奉官能往者。月餘，無應募者。乃奏起師厚爲左衛將軍，已而拜河西節度使。《通鑑》在廣順元年十月，蓋師厚元年受命，二年乃至涼州，傳因其至追敘之也。師厚至涼州，奏薦押衙副使崔虎心、陽妃谷首領沈念般等及中國流人子孫王廷翰、溫崇樂、劉少英爲將吏。流人，《舊史》作留人。又自安國鎮至涼州，立三州以控扼諸羌，安國鎮，在今甘肅平涼縣西。用其酋豪爲刺史。然涼州夷夏雜處，師厚小人，不能撫有，至世宗時，師厚爲其子而逃歸。《通鑑》在顯德元年。涼州遂絕於中國。獨瓜、沙二州，終五代常來云。案涼州之羈縻弗絕久矣，師厚能奮起圖之，不可謂非功名之士。觀其所爲，亦頗合機宜。以一身孤寄於羌戎之上，而能支柱至於三年，已不易矣。斥爲小人，恐不然也。王峻以翼戴之功而爲密使，是時官人，豈有綱紀？欲富一故人，何患無策？而必棄之荒遠之區邪？《五代史》又云：沙州，梁開平中，有節度使張奉，敦煌遺書《張氏勳德記》：張義潮無子，以弟義譚之子爲後，曰淮深。淮深子曰承奉，即此張奉也。自號金山白衣天子。至唐莊宗時，回鶻來朝，沙州留後曹義金亦遣使附回鶻以來。莊宗拜義金爲歸義軍節度使。瓜、沙等州觀察、處置等使。《舊紀》在同光二年，《通鑑》同。胡三省曰：咸通八年，張義潮入朝，以族子惟深守歸義，十三年惟深卒，以義金權知留後，至是五十四年，義金蓋亦已老矣。《新紀》：同光四年及長興元年，皆書義金遣使者來。應順元年，又書沙州、瓜州遣使者來。晉天福五年，義金卒，子元德立。《舊紀》同。至七年，沙州曹元忠、瓜州曹元深皆遣使來。亦見新舊《紀》。《新紀》云：附于闐使者劉再昇來，而元忠、元深互易。

《舊紀》：少帝開運三年，以瓜州刺史曹元忠爲沙州留後，則《新紀》是也。周世宗時，又以元忠爲歸義節度使，元恭爲瓜州團練使。其卒立、世次，史皆失其紀。羅振玉《瓜沙曹氏年表》：義金之後，有元德、元深、元忠、延恭、延祿、宗壽、賢順。據《宋會要》，沙州至皇祐四年，職貢乃絕，其傳授是否絕於此時，猶不可知也，其世澤亦可謂長矣。而吐蕃不見於梁世。《本紀》：乾化元年，書回鶻、吐蕃遣使者來，則此語誤。唐天成三年，回鶻王仁喻來朝，仁喻，《舊史》作仁裕。吐蕃亦遣使附以來。《本紀》：天成二年，回鶻西界吐蕃遣使者來，尚在此使之前，《附錄》載高居誨適于闐行記，出玉門關經吐蕃界，蓋當時回鶻西界抵玉門也？《舊書·本紀》：天成三年正月，吐蕃使野利延祿等六人，回鶻米里都督等四人並授歸德、懷遠將軍，悉放還。九月，吐蕃、回鶻各遣使貢獻。十一月，吐蕃遣使朝貢。自此數至中國。長興元、二、三年，乾祐元年使來。天福四年，罷延族來附，見新舊《史·本紀》。明宗嘗御端明殿見其使者，問其衛帳所居，曰：西去涇州二千里。《舊史》作三千里。吐蕃族類，散處隴右者甚多。開運三年，靈州馮暉與威州藥氏福破吐蕃七千餘人於威州土橋西，見《舊史·本紀》。康福拜涼州刺史，牛知柔以兵衛送，襲破吐蕃於青岡峽，見本傳。秦州與吐蕃接境，有互市，見《王思同傳》。威州見第九章第三節。青岡峽，在今甘肅環縣西。至漢隱帝時猶來朝，後遂不復至。史亦失其君世云。

回鶻：《新史·附錄》云：爲黠戛斯所破，徙天德、振武間，又爲石雄，張仲武所破，其餘衆西徙，役屬吐蕃，是時吐蕃已陷河西、隴右，乃以回鶻散處之。此語恐誤。《舊史》云吐蕃處之甘州是也。散處乃回鶻之衆所自爲，吐蕃未必能分析安置之也。當五代之際，有居甘州、西州者，常見中國，而甘州回鶻數至。回鶻之來，見於新舊《史·本紀》者甚多，惟周廣順二年二月之使，《新史》明書西州回鶻。猶呼中國爲舅，中國答以詔書，亦呼爲甥。梁乾化元年，遣都督周易言等來，而史不見其君長名號。至唐莊宗時，王仁美遣使者來貢玉、馬，自稱權知可汗。莊宗遣司農卿鄭續《舊史》作鄭緒。持節册仁美爲英義可汗。事在同光二年六月，見新舊《紀》。是歲，仁美卒，其弟狄銀立。《舊紀》：十一月，靈武奏甘州回鶻可汗仁美卒，其弟狄銀權主國事。遣都督安千想來。《新紀》同，而闕仁美、狄銀卒、立之事。同光四年秋，狄銀卒，阿咄欲立。《本紀》：四年正月，已書阿咄欲遣使來，《舊紀》同，惟阿咄欲作阿都欲，則《傳》云同光四年秋疑誤。天成三年，權知國事王仁裕遣李阿三等來朝。明宗遣使者册仁裕爲順化可汗。晉高祖時，又册爲奉化可汗。阿咄欲，不知其爲狄銀親疏，亦不知其立卒，而仁裕，訖五代常來朝貢，史亦失其紀。仁裕。《舊紀》：天成三年及《回鶻傳》皆作仁裕。李阿三，新舊《史·本紀》皆作李阿山。天成三年二月，李阿山來，新舊《紀》同，惟《新紀》日在戊戌，《舊紀》日在己亥，差一日。《舊紀》：三月甲戌，册仁喻爲順化可汗，五月乙巳朔，又書回鶻可汗仁喻封順化可汗，《新紀》書於五月辛酉。《舊傳》云其年三月命使，疑五月朔爲行册禮之日，辛酉則其奏報到日也。此後天成四年，長興元至四年，應順元年，清泰二年，天福三至八年，開運三年，乾祐元、二年，廣順元至三年，顯德元、二、五、六年，皆有使來，新舊《紀》或獨見，或並書。其中長興元年五月之使，《舊史》明言爲仁喻所遣，十二月之使，《新史》明言爲仁裕所遣。應順元年，清泰二年，天福三、四年之使，新舊《史》皆云仁美所遣。《舊史》四年三月辛酉，封仁美爲奉化可汗，《新史》作四月辛巳，其月日之差，疑亦因遣使及行册禮而然。天福五年之使，《舊紀》明書爲仁美使謝册命，此外皆不見其可汗之名。《通鑑》亦於天福四年三月辛酉，書册仁美爲奉化可汗。《注》謂據《會要》當作仁裕。案《舊史》於應順元年，明書仁美遣使貢方物，故可汗仁裕進遣留馬，則《會要》誤，而此所云晉高祖時又册仁裕，仁裕訖五代常來朝貢者亦誤也。又有別族號龍家，其俗與回紇小異。長興四年，回鶻來獻白鶻一聯，明宗命解繅放之。自明宗時，常以馬市中國。其所齎寶玉，皆粥縣官，而民犯禁爲市者輒罪之。《舊傳》云：晉、漢已來之法。周太祖時除其禁，民得與回鶻私市。事亦見《舊史·本紀》。玉價由此倍賤。《舊傳》云十損七八。顯德中來獻玉。世宗曰："玉雖寶而無益。"卻之。《紀》在六年三月，《舊傳》亦在六年。案是時回鶻雖多西遷，其遺落仍有留居東土者，如《舊史·唐莊宗紀》：同光二年九月，有司自契丹至者，言女真、回鶻、黃頭室韋合勢侵契丹是也。可見民族遷移，終有不能盡去者矣。

　　西域諸國，五代時來者，惟一于闐。晉天福三年，其王李聖天遣使者馬繼榮來貢。晉遣供奉官張匡鄴假鴻臚卿，彰武軍節度判官高居誨爲判官，册聖天爲大寶于闐國王。《新史·四裔附錄》。《本紀》同。《舊史·本紀》，於九月書于闐國王楊仁美遣使貢方物，十月書于闐國王李聖天册封爲大寶于闐國王，豈李聖天爲其賜姓名，敬瑭憨，不敢以其姓賜人，而仍用前朝之姓邪？匡鄴等自靈州行，二歲至于闐，至七年冬乃還。聖天又遣都督劉再昇獻玉千斤，及玉印、降魔杵等。《舊紀》在七年十二月。漢乾祐元年，又遣使者王知鐸來。亦據《新史・四夷附錄》,《本紀》:天福十二年六月,于闐遣使者來。是時中國威靈不振,道途阻塞,而于闐能屢遣使來,其國亦必較強大。高居誨頗記其往復所見山川諸國,歐《史》備載之。據所記:瓜州南十里有鳴沙山,又東南十里爲三危山,其西,渡都鄉河,曰陽關。沙州西曰仲雲,其衙帳居胡盧磧云。仲雲者,小月支之遺種也?其人勇而好戰,瓜、沙之人皆憚之。胡盧磧,漢明帝時征匈奴,屯田於吾盧,蓋其地也?地無水而常寒,多雪。每天暖雪消,乃得水。匡鄴等西行,入仲雲界。至大屯城,仲雲遣宰相四人,都督三十七人候晉使者。自仲雲界西,始入醘磧。無水。掘地得濕沙,人置之胷以止渴,又西渡陷河。伐檉置冰中,乃渡,不然則陷。又西至紺州。紺州,于闐所置也。在沙州西南,云去京師九千五百里矣。又行二日至安軍州,遂至于闐。其國東南曰銀州、盧州、湄州。其南千三百里曰玉州,云漢張騫所窮河源出于闐而山多玉者此也。自靈州渡黃河至于闐,往往見吐蕃族帳,而于闐常與吐蕃相攻劫。案居誨等所行,乃漢時立南山行之道,極爲艱苦,而于闐能於道上多置州軍,且與吐蕃相攻擊,可見其國勢之強。居誨不能道聖天世次,而云:其衣冠如中國。其年號同慶二十九年。俗喜鬼神而好佛。聖天居處,常以紫衣僧五十人列侍,在西域諸國中最近華夏,及其深信象教之黨猶未變也。《唐家人傳》:有胡僧,自于闐來,莊宗率皇后及諸子迎拜之。僧游五臺山,遣中使供頓,所至傾動城邑。

自渤海盛強,靺鞨與中國久絶,至五代之世,乃復頻來。歐《史・四夷附錄》云:同光二年,黑水兀兒遣使者來。其後常來朝貢。自登州泛海出青州。明年,黑水胡獨鹿亦遣使來。兀兒、胡獨鹿,若其兩部酋長,各以使來,而其部族、世次、立卒,史皆失其紀。至長興三年,胡獨鹿卒,子桃李花立,嘗請命中國,後遂不復見云。同光二、三年之使,新舊《史・本紀》亦記之,而不言其酋長之名。三年之使,則記其與女真皆至。《舊紀》天成四年八月,又有黑水朝貢使郭濟等率屬來朝。新舊《紀》長興元年二月,皆載兀兒遣使來貢。顯德六年正月,《新紀》書女真使阿辨來,《舊紀》則但載其遣使貢獻,而不言使者之名。

室韋，歐《史·四夷附錄》無傳。《舊唐書·劉全諒傳》云：父客奴，由征行家於幽州之昌平。今河北昌平縣。少有武藝。從平盧軍。開元中，有室韋首領段普恪，恃驍勇數苦邊。節度使薛楚玉，以客奴有膽氣，令抗普恪。客奴單騎襲之，斬首以獻。《新書·全諒》附《董晉傳》。又《范希朝傳》：除振武節度使。振武有党項、室韋，交居川阜，陵犯為盜。日入慝作，謂之刮城門。居人懼駭，鮮有寧日。希朝周知要害，置堠柵，斥候嚴密，人遂獲安。《新書·藩鎮盧龍傳》：奚數犯邊，劉濟擊走之。窮追千餘里，至青都山，未詳。斬首二萬級。其後又掠檀、薊北鄙，濟率軍會室韋破之。《舊五代史·契丹傳》言欽德役屬室韋，已見前。《莊宗紀》：天祐十五年，梁貞明四年。大閱於魏都，有奚、契丹、室韋、吐渾之衆。又《張敬珣傳》：天成二年，授大同節度使，招撫室韋萬餘帳。此等皆其南徙近邊者。其居故地者，蓋與中國無交往，故史官無所紀錄。

突厥，歐《史·四夷附錄》云：唐末為諸夷所侵，部族微散。五代之際，嘗來朝貢。同光三年，渾解樓來。天成二年，首領張慕晉來。長興二年，首領杜阿熟來。天福六年，遣使者薛周海來。凡四至：其後不復來。然突厥於時最微，又來不數，故其君長，史皆失不能紀。《附錄》所記，《本紀》亦皆載之。惟同光三年，《紀》於二月書突厥渾解樓、渤海王大諲譔皆遣使來，十月，又書奚、吐渾、突厥皆遣使者來，則是年似有兩使；又《紀》言渾解樓遣使，則渾解樓是其酋長之名，《附錄》言渾解樓來，則似是其人自至；又張慕晉之來，《紀》在天成三年，為不合耳。《舊紀》：同光三年二月，書突厥、渤海國皆遣使貢方物。十月之使則不書。張慕晉作張慕進，其來亦在天成三年。長興二年之來，《舊紀》不書，而四年正月，書突厥來附。天福六年，但書突厥遣使朝貢，事在七月，不言使名。《舊史·晉高祖紀》：秦王從榮奏：北面奏報：契丹族移帳近塞，吐渾、突厥，已侵邊地。戍兵雖多，未有統帥。宜命大將一人，以安雲、朔。高祖緣此，乃得出鎮河東。此等皆其零星部族之竝塞者。其較遠者，則胡嶠所云單于突厥、牛蹄突厥也,見下。

　　沙陀,殆已盡入中國,而高居誨行記,謂甘州南山百餘里,漢小月支之故地也,有別族,號鹿角山沙陀,云朱邪氏之遺族也,則其遷徙未盡者。《舊史·氏叔琮傳》:晉軍攻臨汾,叔琮於軍中選壯士二人,深目虯鬚,貌如沙陀者,令就襄陵縣<sub>今山西襄陵縣</sub>。牧馬於道間。蕃人見之不疑。二人因雜其行間。俄而伺隙,各擒一人而來。晉軍大驚。且疑有伏兵,遂退據蒲縣。<sub>今山西蒲縣。</sub>則沙陀之狀,爲深目虯鬚,亦西胡種也。《本紀》:同光二年七月,幸龍門之雷山祭天神,<sub>龍門,今山西河津縣。</sub>從北俗之舊事也。天成二年六月,幸白司馬坡祭突厥神,<sub>白司馬坡見第四章第三節</sub>。從北俗之禮也。十一月,祭蕃神於郊外。晉少帝即位,往相州西山撲祭,用北俗之禮也。北俗雖不可徵,要必與突厥相近。《新史·伶官傳》:敬新磨常奏事殿中,殿中多惡犬,新磨去,一犬起逐之,新磨倚柱而呼曰:"陛下毋縱兒女囓人。"莊宗家世夷狄,夷狄之人諱狗,故新磨以此譏之。莊宗大怒,彎弓注矢將射之。突厥自謂狼種,沙陀殆自謂犬種歟?

　　以上所述,皆北族之近中國者。其距塞遠處,是時情狀,殊爲晦盲。胡嶠者,同州郃陽縣令。<sub>今陝西郃陽縣</sub>。爲蕭翰掌書記,隨入契丹。在虜中七年,周廣順三年乃亡歸。撰所見爲《陷虜記》。歐《史·四夷附錄》載之。今錄所記自契丹以往之情形如下,亦可見是時北荒之大概也。嶠所記云:距契丹國東至於海,<sub>今遼東灣</sub>。有鐵甸。其族野居皮帳,而人剛勇。其地少草木。水鹹濁,色如血,澄之久而後可飲。又東女真,善射,多牛、鹿、野狗。其人無定居,行以牛負物。遇雨則張革爲屋。常作鹿鳴,呼鹿而射之,食其生肉。能釀糜爲酒。醉則縛之而睡,醒而後解。不然則殺人。<sub>同光、顯德中來者,當即此女真</sub>。又東南渤海。<sub>渤海舊地未屬契丹者</sub>。又東遼國。<sub>蓋遼陽附近之地?亦未屬契丹</sub>。皆與契丹略同。其南海曲,有魚鹽之利。又南奚,與契丹略同,而人好殺戮。<sub>此東奚也</sub>。又南,至於榆關矣。西南至儒州,皆故漢地。西則突厥、回紇。<sub>前所述來朝貢之突厥及與女真、室韋侵契丹之回鶻當即此</sub>。西北至嫗厥律。

其人長大，髡頭。酉長全其髮，盛以紫囊。地苦寒。水出大魚，契丹仰食。又多黑、白、黃貂鼠皮，北方諸國皆仰足。其人最勇，鄰國不敢侵。又其西轄戛。<sub>疑黠戛斯之東徙者。</sub>又其北單于突厥。皆與媢厥律略同。又北黑車子。善作車帳。其人知孝義。地貧無所產云。契丹之先，常役回紇，後背之，走黑車子，始學作車帳。又北牛蹄突厥。人身牛足。其地尤寒。水曰葫蘆河。夏秋冰厚二尺，春冬冰徹底，常燒器消冰，乃得飲。東北至襪劫子。其人髡首，披布爲衣，不鞍而騎。大弓長箭。尤善射。遇人輒殺而生食其肉。契丹等國皆畏之。契丹五騎，遇一襪劫子，則皆散走。<sub>疑即元世之蔑兒乞。</sub>其國三面皆室韋。一曰室韋。二曰黃頭室韋。三曰獸室韋。其地多銅、鐵、金、銀。其人工巧，銅鐵諸器皆精好。善織毛錦。地尤寒，馬溺至地成冰堆。又北，狗國，人身狗首，長毛不衣，手搏猛獸，語爲犬嘷，其妻皆人，能漢語，生男爲狗，女爲人，自相婚嫁，穴居食生，而妻女人食。云嘗有中國人至其國，其妻憐之使逃歸，與其筋十餘隻，教其每走十餘里遺一筋，狗夫追之，見其家物，必卿而歸，則不能追矣。其説如此。<sub>蓋有部落男多蓄狗，以事田獵，而女知種植，故其説如此。</sub>又曰：契丹嘗選百里馬二十匹，遣十人齎乾鈔北行，窮其所見。其人自黑車子歷牛蹄國以北。行一年，經四十三城。居人多以木皮爲屋。其語言無譯者，不知其國地、山川、部族名號。其地氣，遇平地則溫和，山林則寒冽。至三十三城，得一人，能鐵甸語，其言頗可解。云地名頡利烏干邪堰。云自此以北，龍蛇猛獸，魑魅群行，不可往矣。其人乃還。此北荒之極也。<sub>此人蓋抵今西伯利亞南境。自此以北，則微特此人未至，即告之者亦不知也，皆想象之辭耳。《楚辭·招魂》所言，正是如此。參看《先秦史》第十章第二節。</sub>

　　唐世威棱，可云遠憺，然其無以善其後，亦與漢同。燕、雲十六州，竟歸淪陷者，不必論矣，即關內亦幾成戎藪。鄜延自高萬興至允權，實已形同割據。<sub>高允權死於周廣順三年。子紹基，匿喪欲自立。朝命六宅使張仁謙往巡檢。時折從阮爲静難節度使，方討野雞族，命其分兵屯延州。又命供奉官張懷貞將禁兵兩指揮屯鄜延。紹基乃受代去。自高萬興降梁至此，汴、洛實未能真有鄜延也。</sub>

府州雖國小而忠，然其爲党項所擅，亦與夏州無異也。折從阮既歸漢，漢祖升府州爲永安軍，析振武之勝州并緣河五鎭隸焉，以從阮爲節度使。乾祐二年，從阮舉族入朝。以其子德扆爲團練使。顯德元年，復以爲節度使。入宋後，折氏仍據府州者甚久。河、隴既亡，控扼惟資靈武。康福、張希崇、馮暉，相繼經營，不爲不力，靈州之地，唐末爲列校韓遜所據，唐因授以節鉞。《五代史》本傳言其時邠寧、鄜延、鳳翔，皆與梁爭戰，獨遜與夏州李思諫，臣屬於梁。蓋其地處懸遠，不獨不畏汴、洛，并不畏關内也。劉知俊歸鳳翔，李茂貞嘗使攻之而不克。貞明四年，遜卒，子洙襲。天成四年卒。朝以其弟澄爲留後。列校李賓作亂，部内不安，乃使上表請帥。朝命康福往代之。福蔚州人，善諸戎語，明宗蓋亦非輕使？福居靈武三歲而歸，代以張希崇。時戎兵餉道，常苦鈔掠，希崇乃開屯田，教士耕種，撫養士卒，招輯夷落。回鶻、瓜、沙，皆遣使入貢。居四歲而代。晉高祖入立，復用之，蓋誠相須孔殷也。天福四年，希崇卒，代以馮暉。自唐明宗以後，市馬、糴粟，招來部族，給賜軍士，歲用度支錢六千萬。自關已西，轉輸供給，民不堪役，流亡甚衆。氐羌剽掠道路，商旅行必以兵。暉至則推恩信，部族懷悅，止息侵奪。然後廣屯田以省轉餉。治倉庫，亭館千餘區，多出俸錢，民不加賦。諸部族爭以羊馬爲市，期年有馬五千匹。開運初，移鎭邠州。王令溫繼之，不能善治。三年，復以暉爲之。初党項拓拔彥超，最爲大族，暉爲起第，留之城中。王令溫至，釋之。及是，彥超邀暉於路。暉擊敗之。遂至靈州。廣順三年，暉卒。子繼業繼之。頗驕恣。時出兵劫略羌、胡，羌、胡不附。又撫士卒少恩。慮變，求代。開寶三年，乃移鎭去。李賓，《新史•康福傳》及《通鑑》均作李從賓，此據《舊史•韓遜傳》。終爲拓拔氏之資。李思恭以唐乾寧二年卒。弟思諫襲。開平二年卒，子彝昌襲。四年，爲衙將高宗益所殺。將吏共誅宗益，立其族仁福。仁福，歐《史》云：不知其於思諫親疏。《通鑑考異》云：其諸子之名，皆連彝字，則於彝昌必父行也。晉周德威合邠、鳳之師攻之，仁福固守踰月，梁救至，德威遁去。長興四年，仁福卒。自仁福時，邊將多言其北通契丹，恐爲邊患，乃以其子彝超爲延州，而以延安安從進爲夏州留後。詔邠州藥彥稠援送。彝超不受代。攻之。党項四面薄其糧道。關輔之人，運斗粟束薪，動計數千。復爲蕃部所殺掠，死者甚衆。乃命班師。彝超亦上表謝罪，復以爲節度使。清泰二年卒，弟彝興襲。宋乾德五年卒，子光叡襲。太平興國三年卒，子繼筠襲。四年卒，弟繼捧襲。以諸父兄弟，多相懟怨，七年來朝，獻其地。其弟繼遷叛去，是爲西夏之祖。拓拔思恭，歐《史•李仁福傳》作思敬。《通鑑》中和元年《考異》曰：歐意謂薛《史》避國諱耳。按《舊唐書》、《實錄》皆作思恭。《實錄》：天復二年九月，武定軍節度使李思敬以城降王建。思敬，本姓拓拔，鄜夏節度使思恭，保大節度使思孝之弟也。思孝致仕，以思敬爲保大留後，遂升節度，又徙武定軍。《新唐書•党項傳》曰：思恭爲定難節度使。卒，弟思諫代爲節度。思孝爲保大節度。以老，薦弟思敬爲保大留後，俄爲節度。然則思恭、思敬，乃是兩人。思敬後附李茂貞,或賜國姓,故更姓李。合爲一人,誤也。《舊史·世襲列傳》云:彝興,本名彝殷,以犯廟諱,故改之。張鑑春《西夏紀事本末·得姓始末篇》案語云:《册府元龜》三百八十九:長興四年,隰州刺史劉遂凝言於帝曰:臣聞李仁福有二子:彝超乃次子也。長子彝殷爲夏州留後,彝超徵詔赴闕,則諸蕃歸心矣。據此,則又當以彝超繼彝殷,未知孰是。末大必折,尾大不掉,信夫!有深慮者所以戒黷武也。

# 第十六章　隋唐五代社會組織

## 第一節　婚　　制

　　隋、唐、五代,婚姻之制,大略與前世同。既無古諸侯一娶九女之制,故前娶後繼皆爲適。《新唐書·儒學傳》:鄭餘慶廟有二妣,疑於祔祭,請諸有司,韋公肅議:古諸侯一娶九女,故廟無二適;自秦以來,有再娶,前娶後繼皆適也,兩祔無嫌,其明文也。職是故,妾遂不得爲繼室。李齊惲以妾衛氏爲正室,身爲禮部尚書,冕服以行其禮,人士嗤誚。杜佑言行無所玷缺,惟在淮南時,妻梁氏亡後,升嬖妾李氏爲正室,封密國夫人,親族子弟言之不從,時論非之。王縉妻李氏,初爲左丞韋濟妻,濟卒奔縉,縉嬖之,實妾也,而冒稱爲妻,自更不爲清議之所與矣。
　　唐制,婦人封爵,孺人、媵、妾,皆無受封之文。庶子有五品已上官,皆封嫡母,無嫡母乃得封所生母。見《舊書·職官志》、《新書·百官志》。凡親王,孺人二人,媵十人。嗣王、郡王及一品媵十人。二品媵八人。三品及國公媵六人。四品媵四人。五品媵三人。降此外皆爲妾。散官三品以上皆置媵。凡置媵,上其數。《新書·車服志》:五品已上,媵降妻一等,妾降媵一等。六品已下,妾降妻一等。故宣宗封其舅鄭光妾爲夫人,光還詔不敢拜。劉從諫妾韋,願爲夫人,許之。詔至,其妻裴不與。曰:淄青李師古,四世阻命,不聞側室封者。《新書·從諫傳》。參看第十章第三節。李渤,穆宗立,召拜考功員外郎。歲終考校,渤奏少府監裴通職修舉,考應中上,以封母舍適而追所生,請考中下。可見其制之嚴。若安重榮娶二妻,晉高祖並加封爵,則亂世之事,不足道也。杜佑以妾爲繼室而封國夫人,宜爲時論所譏矣。然《劉從諫傳》言李師古四世阻命,不聞側室封者,而《師古傳》言其貞元末,與杜佑、李欒,皆得封妾媵以國夫人,説相矛盾。豈唐於淄青,始靳之而終許之邪？要即有之,亦衰世之事,非彝典也。

適庶之間,情好亦有敦篤者。《舊五代史·張礪傳》：礪有父妾,以其久事先人,頗亦敬奉。諸幼子亦以祖母呼之。及卒,礪疑其事。詢於同寮,未有以對。礪即託故,歸於滏陽,礪,滏陽人。滏陽縣,在今河北磁縣境。閒居三年,不行其服。論情制宜,識者韙之。此亦云過厚矣。然適庶相處,相得究難。故有如齊澣納劉戒之女爲妾,陵其正室,致爲李林甫所惡者。而嚴武八歲,以其母裴不爲其父挺之所答,獨厚其妾,乃至奮鐵椎以碎妾首。其禍可謂博矣。故時有妾者或藏諸外宅。洛州婦人淳于氏,坐姦繫於大理,李義府聞其姿色,屬大理丞畢正義求爲別宅婦；吳通玄娶宗室女爲外婦；皆是物矣。楊恭仁弟子思訓,顯慶中,歷右屯衞將軍。時右衞大將軍慕容寶節有愛妾,置於別宅,嘗邀思訓,就之宴樂。思訓深責寶節與其妻隔絕。妾等怒,密以毒藥置酒,思訓飲盡便死。寶節坐是配流嶺表。思訓妻又詣闕稱冤。制遣使就斬之。其禍之博,乃更甚於同處者矣。蓋妾而與妻同處,雖于家政,究猶有所顧忌,別居更莫能制御也。

富貴易即於驕淫,此事之無可如何者也。隋、唐内官之制,大抵本於《周官》,不越百二十之數,時或減之。宮官亦有定員。見《隋書》、《新、舊書》、《百官志》、《職官志》及《后妃傳》。然其拘女,乃絕無制限。唐太宗初立,放宫女三千餘人,見《新書·本紀》。此即白居易《新樂府》美其怨女三千放出宫者。然觀其所詠《上陽人》,則玄宗時之拘女,亦不減於隋煬帝矣。詩云：玄宗末歲初選入,入時十六今六十。同時選擇百餘人,零落年多殘此身。《隋書·王世充傳》言：世充爲煬帝簡閲江、淮良家女,取正庫及應入京物以聘納之，所用不可勝計。後以船送東京，道路賊起，使者苦役，乃於淮、泗中沈其船，前後十數。此其慘酷，爲何如邪？《舊書·宣宗紀》紀吳湘之獄，謂揚州都虞候劉羣，自擬收女子阿顔爲妻，乃妄稱監軍使處分，要阿顔進奉，不得嫁人，兼擅令人監守。大中二年。假一監軍之名，遂可恣行如此，採擇之詒害，可以想見。朱泚之平也，德宗欲令渾瑊訪奔亡内人，給裝使赴行在。陸贄諫曰："内人或爲將士所私，宜思昔人掩絕纓之義。"帝雖不復下詔，猶遣使諭瑊資送。德宗如此，況其下焉者乎？貴人之家亦然。孫晟食不設几案，使衆妓各執一器，環立而侍，已見第十四章第六節。史稱時人多效之，可見多妓妾者不止晟一人也。《宋書》稱南郡王義宣，後房千餘，尼媼數百，而《舊書·王縉傳》，亦言其縱弟、妹、女尼等廣納財賄。蓋又有託清净之名，而行瀆亂之實者矣。可勝誅哉！參看《兩晉南北朝史》第二十四章第二節。

官妓仍以罪人家屬爲之。《新書·儒學傳》：林藴爲邵州刺史，嘗杖殺客陶章，投尸江中，籍其妻爲倡是也。私倡則民之貧者自爲之。《隋書·地理志》云：齊郡俗好教飾子女，淫哇之音，能使骨騰肉飛，傾詭人目，俗云齊倡，本出此也。此猶前世之邯鄲也。《新書·西域傳》言：龜茲、于闐置女肆征其錢，中國無此法，然特法不明許之而已，其實何以異邪？

適子、庶子，貴賤亦不相同。《隋書·隱逸傳》：崔廓，少孤貧而母賤，由是不爲邦族所齒。又《李圓通傳》：父景，以軍士隸武元皇帝，高祖父忠。因與家僮黑女私，生圓通，景不之認，由是孤賤。皆因其母，貤及其子也。《新書·穆寧傳》：子贊，擢累侍御史，分司東都。陝虢觀察使盧岳妻分貲不及妾子，妾訴之，中丞盧佋欲重妾罪，贊不聽。分貲不及，亦岐視庶孽之一證也。

婚禮之不行，由於俗尚之侈靡。《新書·韋挺傳》言：挺以貞觀時拜御史大夫。時承隋末，風俗薄惡，人不知教。挺上疏言：閭里細人，每有重喪，不即發問，先造邑社，待營辦具，乃始發哀。至假車乘，雇棺椁，以榮送葬。既葬，隣伍會集，相與酣醉，名曰出孝。昏嫁之初,雜奏絲竹,以窮宴歡。官司習俗,弗爲條禁。望一切懲革,申明禮憲。一九四六年九月八日,上海《大公報》載徐頌九《論移民實邊》之文,述滇西之俗云:村必有廟,廟皆有公倉,衆斂穀實之。廟門左右,必有小門,名曰茶鋪,衆所會也。議公事於是,籌經費於是,設小學於是,選鄉保長於是;人家有婚喪等事,亦於是行之。故是廟也,村之議會也,亦其公所也,亦其學校也,又其遊息之所,行禮之地也。案此正古者中里爲校室之制也。以今揆古,則隋時有憙先造邑社者,必貧民家無殯斂之地,又身自執事不給,故由鄉里助其營辦,此正細民相恤之美德,號稱士君子者,弗之知也,而反訾議之,不亦過乎?既葬會集,相與酬醉;婚嫁之初,雜奏絲竹;自爲非禮,然不有湛酒渝食,萬舞翼翼者,民亦孰從而效之? 故曰:民之飢,以其上食稅之多也。《循吏傳》:韋宙出爲永州刺史。俚婚,出財會賓客,號破酒。晝夜集,多至數百人,貧者猶數十。力不足則不迎,至淫奔者。宙條約,使略如禮,俗遂改。喪亂之後如此,承平之世可知;僻陋之區如此,富厚之地可知;官司雖有禁令,豈真能移風易俗哉? 況知留意於此者又少乎? 《舊書·文苑傳》:元德秀早失恃怙,衰麻相繼,不及親在而娶。既孤,遂不娶。族人以絕嗣規之。德秀曰:"吾兄有子,繼先人之祀。"以兄子婚娶,家貧無以爲禮,求爲魯山令。彼其六十年不識女色,元結語,見《新書·德秀傳》。安知不以貧故哉? 陽城兄弟皆不娶,城亦貧士也。政令每急於蕃民,喪亂之後尤甚。《新書·太宗紀》:貞觀元年二月,詔民年二十女十五以上無夫家者,州縣以禮聘娶。貧不能自行者,鄉里富人及親戚資送之。鰥夫六十,寡婦五十,婦人有子若守節勿強。鰥夫不及六十,寡婦不及五十,猶欲強合之,立法可謂甚峻。《食貨志》云:太宗銳意於治,官吏考課,以鰥寡少者進考,如增戶法,失勸導者以減戶論,其行之亦可謂甚力。然《蔣乂傳》言:張孝忠子茂宗尚義章公主,即鄭國莊穆公主,德宗女。母亡,遺言丐成禮。德宗念孝忠功,即日召爲左衛將軍,許主下降。又上疏諫。帝曰:"卿所言古禮也,今俗借吉而婚不爲少。"對曰:"俚室窮人子,旁無至親,乃有借吉以嫁,不聞男冒凶而娶。"鄉里親戚,既不能存恤孤女,而使之借吉以嫁,而望其爲之資送,不亦難乎? 中人之家,自營婚嫁已不易,而況於爲人營辦乎? 合男女之政之存於後世者,則徵集人間女婦,以配軍士而已。可勝歎哉! 《隋書·煬帝紀》:

大業十三年九月,帝括江都人女、寡婦,以配從兵。案是謀出於裴矩,見《矩傳》。《傳》又云:矩召江都境内寡婦及未嫁女,皆集宮監,又召將帥及兵等,恣其所娶。因聽自首,先有姦通婦女及尼、女冠者,並即配之。

《北史・李敏傳》云:開皇初,周宣帝后樂平公主,有女娥英,妙集婚對,敕貴公子弟集弘聖宮者,日以百數,公主選取敏。《舊五代史・羅隱傳》云:隱爲唐宰相鄭畋所知。雖負文稱,然貌古而陋。畋幼女有文性,嘗覽隱詩卷,諷誦不已。畋疑其女有慕才之意。一日,隱至第,鄭女垂簾而窺之。自是絶不詠其詩。此婚配猶容男女自擇之遺意也。然溺於勢利者實多。許敬宗既以女嫁蠻酋馮盎子,多私所聘,又以女嫁左監門大將軍錢九隴。九隴本皇家隸人,敬宗貪財與昏。掌知國史,乃爲曲叙門閥,妄加功績。房琯長子乘,自少兩目盲,琯爲漢州,厚以財貨結司馬李鋭,爲乘聘鋭外甥女盧氏。皆是物也。《新書・高士廉傳》云:太宗以山東士人尚閥閲,後雖衰,子孫猶負世望,嫁娶必多取貲,故人謂之賣婚,由是詔士廉與韋挺、岑文本、令狐德棻定《氏族志》。高宗時改爲《姓氏録》。又詔後魏隴西李寶,太原王瓊,滎陽鄭温,范陽盧子遷、盧渾、盧輔,清河崔宗伯、崔元孫,前燕博陵崔懿,晉趙郡李楷,凡七姓十家,不得自爲昏。三品以上,納幣不得過三百匹,四品、五品二百,六品、七品百,悉爲歸裝。夫氏禁受陪門財。《通鑑》胡《注》云:陪門財者,女家門望未高,而議姻之家非偶,令其納財,以陪門望。

其後天下衰宗落譜,昭穆所不齒者,皆稱禁昏家,益自貴,凡男女皆潛相聘娶,天子不能禁云。唐之更定氏族,禁七姓自爲婚,實別有用心,初非欲革敝俗,説見第十八章第一節。然唐室之爲是,雖別有用心,賣婚則自敝俗也。《舊書・來俊臣傳》,言其父操,與鄉人蔡本結友,遂通其妻,因樗蒲,贏本錢數十萬,本無以酬,操遂納本妻。此間閻細民,明以婦女爲貨粥者也。彼賣婚者庸愈乎?

離婚尚較後世爲易。《舊書・列女傳》:李德武妻裴氏,矩女,適德武一年,而德武坐從父金才徙嶺表,矩時爲黄門侍郎,奏請離婚,隋煬帝許之。《新書・列女傳》：賈直言妻董氏，直言坐事貶嶺南，以妻少，乃訣曰：生死不可期，吾去可急嫁，無須也。《舊五代史・蕭希甫傳》：希甫少舉進士，爲梁開封尹袁象先書記。象先爲青州節度使，以希甫爲巡官。希甫不樂。乃棄其母妻，變姓名，亡之鎭州。王鎔以爲參軍，尤不樂。居歲餘，又亡之易州，削髮爲僧，居百丈山。後唐莊宗將建國，李紹宏薦爲魏州推官。後爲駕部郎中。及滅梁，遣其宣慰青齊。希甫始知其母已死，妻袁氏亦改嫁。是凡久別無歸期，若存亡不可知者，皆可離異也。《舊書・列女傳》：劉寂妻夏后氏，父因疾喪明，乃求離其夫，以終侍養。是本家有故，亦可求離也。《隋書・張定和傳》云：少貧賤，有志節。初爲侍官。平陳之役，當從征，無以自給。其妻有嫁時衣服，定和將粥之，妻固靳不與。定和遂行。以功拜儀同，賜帛千匹。遂棄其妻。夫其妻雖不佽其行，平居未必不相匯勉，一怒而遽棄之，揆諸賤娶貴不去之條，於義殊窒。《新書・李大亮傳》：族孫迥秀，母少賤，妻嘗詈媵婢，母聞不樂，迥秀即出其妻，則尤爲薄物細故矣。裴矩女不肯改嫁，而李德武於嶺表娶爾朱氏，及遇赦，還至襄州，聞裴守節，乃又出其後妻，重與裴合。甚至如崔顥，娶妻擇有貌者，稍不愜意則去之，前後數四。此等並不免輕視婦女，然亦可見離婚之易也。然觀裴矩欲離其女而特請諸朝。又《舊書・武宗紀》載會昌六年，右庶子呂讓進狀：亡兄溫女，太和七年，嫁左衛兵曹蕭敏，生一男，開成三年，敏心疾乖忤，因而離昏，今敏日愈，卻乞與臣姪女配合。從之。又《李元素傳》：元素再娶王氏，方慶之孫。性柔弱。元素爲郎官時娶之，甚禮重。及貴，溺情僕妾，遂薄之。且又無子，而前妻之子已長，無良。元素寢疾昏惑，聽譖，遂出之。給與非厚。妻族上訴。詔免官。仍令與王氏錢物，通所奏數五千貫。又《源休傳》：遷給事中、御史中丞、左庶子。其妻，吏部侍郎王翊女也。因小忿而離。妻族上訴。下御史臺驗理。休遲留不答款狀。除名配流溱州。則法於離合之際，視之未嘗不重。房琯孼子孺復，浙西節度使韓滉辟入幕。孺復初娶鄭氏。惡賤其妻，多畜婢僕。妻之保母累言之，孺復乃先具棺槨，而集家人，生斂保母。遠近驚異。及妻在產蓐，三四日，遽令上船即路，數日，妻遇風而卒。拜杭州刺史，又娶台州刺史崔昭女。崔妒悍甚，一夕杖殺孺復侍兒二人，埋之雪中。觀察使聞之，詔發使鞫案，有實。孺復坐貶連州司馬，仍令與崔氏離異。久之，遷辰州刺史，改容州刺史，本管經略使。乃潛與妻往來。久而上疏請合。詔從之。二歲餘，又奏與崔氏離異。此其不法，實遠甚於崔顥。然初未聞其更挂刑章，則法偶有所不及，而非法意本如此也。惟俗視離婚，則初不甚重。《新書·文藝傳》：崔行功孫銑，尚定安公主。主初降王同皎，及卒，皎子繇請與父合葬。給事中夏侯銛駁奏：主與王氏絕，喪當還崔。詔可。可見婦人改適，義皆絕於前夫。然《舊書·李林甫傳》言：張九齡與中書侍郎嚴挺之善。挺之初娶妻，出之，妻嫁蔚州刺史王元琰，元琰坐贓，詔三司使推之，挺之救免其罪。玄宗察之。謂九齡曰："王元琰不無贓罪，嚴挺之屬託所由，輩有顔面。"九齡曰："此挺之前妻，今已婚崔氏，不合有情。"玄宗曰："卿不知，雖離之，亦卻有私。"玄宗本以九齡諍廢三王及封牛仙客不悅，藉前事，以爲有黨，與裴耀卿俱罷知政事。出挺之爲洺州刺史。元琰流於嶺外。此事不知九齡果有黨，抑玄宗多疑。然時人之見，謂義絕者恩不必其遽絕則可知，亦可見離婚者不必皆有大故也。

《舊五代史·敬翔傳》云：翔妻劉氏，父爲藍田令。後劉爲巢將尚讓所得。巢敗，讓攜劉降於時溥。及讓誅，時溥納劉於妓室。太祖平徐，得劉氏，嬖之。屬翔喪妻，因以劉氏賜之。及翔漸貴，劉猶出入太祖卧內。翔情禮稍薄。劉於曲室讓翔曰："卿鄙余曾失身於賊邪？以成敗言之，尚讓巢之宰輔，時溥國之忠臣，論卿門第，辱我何甚？請從此辭。"翔謝而止之。劉固非凡婦人，然觀其言之侃侃，則當時婦人，不以屢適爲恥可知也。唐公主再嫁及三嫁者甚多。高祖十九女，更嫁者四：曰高密，曰長廣，曰房陵，曰安定。太宗二十一女，更嫁者六：曰襄城，曰南平，曰遂安，曰晉安，曰城陽，曰新城。高宗三女，更嫁者一：曰太平。中宗八女，更嫁者三：曰定安，曰長寧，曰安樂。睿宗十一女，更嫁者二：曰薛國，曰鄎國。玄宗二十九女，更嫁有九：曰常山，曰衛國，曰真陽，曰宋國，曰齊國，曰咸直，曰廣寧，曰萬春，曰新平。肅宗七女，更嫁者二：曰蕭國，曰郜國。自代宗以降，史不言其女有更嫁者，然順宗女西河公主，初降沈翬，後降郭子儀孫鏦，見《子儀傳》，而《主傳》漏書。《主傳》後半甚略，事迹必多闕佚，其中恐未必無更適者也。又玄宗女，《主傳》都數云二十九，而數之得三十，其中普康公主實憲宗女誤入，見《廿二史考異》）。唐固出夷狄，不足語於禮法。然楚王靈龜妃上官氏，王死，服終，諸兄弟謂曰："妃年尚少，又無所生，改醮異門，禮儀常範。"《舊書·列女傳》）。則非以夷俗言之。崔繪妻盧氏，爲山東著姓。繪早終，盧年少，諸兄常欲嫁之。盧輒稱病固辭。盧亡姊之夫李思沖，神龍初爲工部侍郎，又求續親。時思沖當朝美職，諸兄不敢拒。盧夜中出自竇，乃得奔歸崔氏。亦見《舊書·列女傳》）。則雖名族，亦視再適爲恒事矣。其不再適者，多出於意義感激，轉非庸行。隋蘭陵公主，初嫁儀同王奉孝，奉孝卒，適河東柳述，述徙嶺表，煬帝令與離絕，將改嫁之，主以死自誓，上表請免主號，與述同徙。帝大怒。主憂憤卒。臨終上表，乞葬於柳氏。其不爲奉孝守，而盡節於述，猶之豫讓不死范、中行氏而死知伯也。再娶禁忌，意亦如是。李泌與梁肅善，故泌子繁師事肅。肅卒，烝其室。士議誼醜。由是擯棄積年。聶嶼早依郭崇韜，致身朱紫。爲河東節度使，郭氏次子之婦，孀居守家，嶼喪偶未久，忍而納幣，人皆罪之。皆責其負恩，非謂孀婦不可取也。《新書·齊澣傳》：魏元忠子昇，死節愍太子難，元忠繫大理。昇妻鄭，父遠，嘗納錢五百萬，以女易官。武后重元忠舊臣，欲榮其姻對，授遠河內令，子洺州參軍。元忠下獄，遣人絕婚，許之。明日，嫁其女。殿中侍御史麻察劾遠敗風教，請錮終身，遠遂廢。亦薄其勢利，非謂絕婚更嫁爲不可也。《新五代史·馮道等傳序》曰：予嘗得五代時小說一篇，載王凝妻李氏事。凝家青、齊之間，爲虢州司戶參軍，以疾卒於官。凝家素貧，一子尚幼。李氏攜其子，負其遺骸以歸。東過開封，止旅舍。旅舍主人見其婦人獨攜一子而疑之，不許其宿。李氏顧天已暮，不肯去。主人牽其臂而出之。李氏仰天長慟曰："我爲婦人，不能守節，而此手爲人執邪？不可以一手並汙吾身。"即引斧自斷其臂。路人見者，環聚而嗟之。或爲之彈指，或爲之泣下。開封尹聞之，白其事於朝。官爲賜藥封創，厚卹李氏，而笞其主人者。小說家言，不必可信。

即謂爲信，此等矯激之行，亦不足尚也。此時再嫁，多由母家，故亦有以母家有故而不肯去者。《舊書·列女傳》：冀州鹿城女子王阿足，鹿城縣，在今河北束鹿縣北。早孤，無兄弟，惟姊一人。阿足初適同縣李氏，未有子而夫亡，時年尚少，人多聘之，爲姊年老孤寡，不能舍去，乃誓不嫁。以養其姊。此亦猶劉寂妻以父喪明，而離夫歸侍養耳。

禁止再嫁之令，初亦因此而作。《隋書·高祖紀》：開皇十六年，六月，詔九品已上妻，五品已上妾，夫亡不得改嫁。《李諤傳》云：諤見禮教凋敝，公卿薨亡，其愛妾侍婢，子孫輒嫁賣之，遂成風俗，上書曰：聞朝臣之内，有父祖亡殁，日月未久，子孫無賴，便分其妓妾，嫁賣取財，實損風化。復有朝廷重臣，位望通貴，平生交舊，情若弟兄，及其亡殁，杳同行路，朝聞其死，夕規其妾，方便求聘，以得爲限，無廉恥之心，棄友朋之義。且居家理，治可移於官，既不正私，何能贊務？上覽而嘉之。五品已上妻妾不得改醮，始於此也。《儒林傳》云：煬帝即位，牛弘引劉炫修律令。高祖之世，以刀筆吏類多小人，年久長姦，勢使然也；又以風俗陵遲，婦人無節；於是立格：州縣佐史，三年而代，九品妻無得再醮。炫著論以爲不可。弘竟從之。則立法之初，意亦在懲薄俗，而九品已上妻不得改嫁之條，竟亦廢削，故《李諤傳》但言五品已上也。《新書·百官志》言王妃、公主、郡、縣主孷居有子者不再嫁。《公主傳》言：宣宗詔夫婦教化之端，其公主、縣主，有子而寡，不得復嫁，則亦末葉之法。是時唐室願昏士族，而士族不之與，乃爲是以自婚耳。參看第十八章第一節自明。《舊五代史·羅紹威傳》：紹威長子廷規，尚太祖女安陽公主，又尚金華公主，早卒。開平四年，詔金華公主出家爲尼，居於宋州玄静寺，蓋太祖推恩於羅氏，令終其婦節云。則亦非常法也。

婦人名節，雖不如後世之重，然究以貞信爲美。故唐代公主，亦有以淫泆獲罪者。《舊書·李寶臣傳》：張茂昭子克禮，尚襄陽公主。順宗女。長慶中，主縱恣不法。常遊行市里。有士族子薛樞、薛渾者，俱得幸於主。尤愛渾。每詣渾家，謁渾母，行事姑之禮。有吏誰何者，即以厚賂啗之。渾與寶臣孫元本，偕少年遂相誘掖。元本亦得幸於主，出入主第。張克禮不勝其忿，上表陳聞。乃召主幽於禁中。以元本功臣之後，得減死，杖六十，流象州。樞、渾以元本之故，亦從輕，杖八十，長流崖州。是其事也。唐代公主，真以淫泆獲罪者，惟此一事。《新書·諸主傳》：太宗女合浦公主，始封高陽，下嫁房玄齡子遺愛。御史劾盜，得浮屠辯機金寶神枕，自言主所賜。初浮屠廬主之封地。會主與遺愛獵，見而悅之。具帳其廬，與之亂。更以二女子從遺愛。私餉億計。至是浮屠誅死，殺奴婢十餘。《舊書·蕭復傳》：肅宗女郜國公主，出降蕭升。升早卒。貞元中，蜀州別駕蕭鼎，商州豐陽令韋恪，前彭州司馬李萬，太子詹事李昇等出入主第，穢聲流聞。德宗怒，幽主於別第。李萬決殺。昇貶嶺南。蕭鼎、韋恪決四十，長流嶺表。此二事之實情，決非如此，參看第五章第一節，第九章第一節，第十八章第一節自明。《廿二史劄記》論武后納諫知人，引朱敬則疏諫選美少年事，疏見第五章第三節。又云：桓彥範以張昌宗爲宋璟所劾，后不肯出昌宗付獄，亦奏云：陛下以簪履恩久，不忍加刑。此皆直揭后之燕昵嬖幸，敵以下所難堪，而后不惟不罪之，反賜敬則綵百段，曰"非卿不聞此言"，而於璟、彥範亦終保護倚任。夫以懷義、易之等牀笫之間，何言不可中傷善類？而后迄不爲所動搖，則其能別白人才，主持國是，有大過人者。其視懷義、易之等，不過如面首之類。人主富有四海，妃嬪動至千百，后既身爲女主，而所寵幸不過數人，固亦無足深怪，故后初不以爲諱，並若不必諱也。案后於淫泆，雖不深諱，然如朱敬則之直斥，則昔人於男主亦無之。重潤且以竊議張易之見殺，而能容敬則乎？唐人所傳史事，不足信者甚多，敬則之疏，恐未必非好事者爲之也。

公主驕泆，雖或見懲，究極罕見，《新書·楊恭仁傳》：孫豫之，尚巢王元吉女壽春縣主。居母喪，與永康公主亂，爲主壻寶奉節所殺。當時公主驥亂之事必甚多，史不能盡記也。永康公主，即房陵公主，高祖女。故當時之人，均視尚主爲畏途。《新書·諸主傳》：宣宗女萬壽公主，帝所愛。每進見，必諄勉篤誨，曰："無鄙夫家，無干時事。"又曰："太平、安樂之禍，不可不戒。"故諸主祇畏，爭爲可喜事。然于琮初尚帝女永福公主，主與帝食，怒折匕箸；帝曰：此可爲士人妻乎？乃更許琮尚廣德公主。宣宗時如此，他時可知。安怪人之視尚主爲畏途哉？憲宗女岐陽公主，下嫁杜悰，爲唐室與士族結婚之始。見第十七章第一節。太和時，悰爲工部尚書，判度支。會主薨，久不謝。文宗怪之。戶部侍郎李珏曰："比駙馬都尉皆爲公主服斬衰三年，故悰不得謝。"帝瞿然，始詔杖而期，著於令。即此一端，已非時人所能堪矣。《方技傳》云：玄宗欲以玉眞公主降張果，玉眞公主，睿宗女。未言也。果忽謂祕書少監王迥質、太常少卿蕭莘曰："諺謂娶婦得公主，平地生公府，可畏也。"二人怪語不倫。俄有使至，傳詔曰："玉眞公主欲降先生。"果笑，固不奉詔。果事荒誕不足信，諺語則決非虛構也。李佐之客潞，爲劉從諫所禮，留不得去，遂署觀察府支使，因娶其從祖妹。從諫薄疏屬，資賸寒闕，佐之亦薄之，不甚答。從諫死，佐之奴告其交通賓客，漏軍中虛實。積囚之。妻訴不見禮，遂殺之。則平地生公府者，又不必帝子矣。

《晉書·五行志》，譏武帝採擇良家子女，露面入殿，帝親簡閱，務在姿色，不訪德行，則女子出門，必擁蔽其面之禮，沿襲甚久。至唐乃漸弛。《舊書·輿服志》云：武德、貞觀之時，宮人騎馬者，依齊、隋舊制，多著冪䍦。雖發自戎夷，而全身障蔽，不欲途路窺之。王公之家，亦同此制。永徽之後，皆用帷帽，拖裙到頸，漸爲淺露。尋下勅禁斷。初雖暫息，旋又仍舊。咸亨二年，又下勅曰：百官家口，咸豫士流，至於衢路之間，豈可全無郛蔽？比來多著帷帽，遂棄冪䍦；曾不乘車，別坐檐子；遞相放效，浸成風俗，過爲輕率，深失禮容。前者已令漸改，如聞猶未止息。又命婦朝謁，或將馳駕車，既入禁門，有虧肅敬。此並乖於儀式，理須禁斷。自今已後，勿使更然。則天之後，帷帽大行，冪䍦漸息。中宗即位，宮禁寬弛，公私婦人，無復冪䍦之制。開元初，從駕宮人騎馬者，皆著胡帽，靚妝露面，無復障蔽。士庶之家，又相放效。帷帽之制，絕不行用。俄又露髻馳騁，或著丈夫衣服靴衫。而尊卑內外，斯一貫矣。案高宗詔言百官家口，咸豫士流，衢路之間，不可全無障蔽，可見庶民本無障蔽也。《孝友傳》云：崔沔母卒，常於廬前受弔，賓客未嘗至於靈坐之室。謂人曰："平生非至親者，未嘗升堂入謁,豈可以存亡而變其禮也?"此等内外隔絕之禮,亦惟所謂士流者有之耳。《李益傳》曰:少有癡病,而多猜忌。防閑妻妾,過爲苛酷,而有散灰、扃户之譚聞於時。不有深宫固門之習,雖有癡病者,亦豈易自我作古邪?

冥婚之俗,唐世仍有之。重潤既死,中宗即位,追贈皇太子,陪葬乾陵,高宗陵。仍爲聘國子監丞裴粹亡女,與之合葬。建寧王,代宗即位,追諡承天皇帝,亦與興信公主第十四女張氏冥婚。興信公主,玄宗女,後封齊國公主。韋庶人爲亡弟贈汝南王洵與蕭至忠亡女爲冥婚,合葬。及韋氏敗,至忠發墓,持其女柩歸。則雖冥婚,亦有迫於勢,非所願者矣。

《舊書·太宗諸子傳》云:有太常樂人,年十餘歲,美姿容,善歌舞,承乾特加寵幸,號曰稱心。太宗知而大怒,收稱心殺之。承乾痛悼不已。於宫中構室,立其形象,列偶人車馬於前,令宫人朝暮奠祭。承乾數至其處,徘徊流涕。仍於宫中起冢而葬之。並贈官樹碑,以申哀悼。《李義府傳》:義府屬畢正義求淳于氏爲別宅婦,正義爲雪其罪。卿段寶玄疑其故,遽以狀聞。詔令按其事。正義皇懼,自縊而死。侍御史王義方廷奏義府犯狀,因言其初以容貌,爲劉洎、馬周所幸,由此得進。言辭猥褻。帝怒,出義方爲萊州司户。此等醜行,歷代所謂士大夫者,實往往不絶也。亦堪齒冷矣。

桑原隲藏《蒲壽庚傳》云:秦、漢以來,塞外人移居内地者日衆。内外通婚,在北方殆漸成常事。其以進貢、通商,暫寓中國者,《唐會要》卷百云:貞觀二年六月十六日,勅諸蕃使人,娶得漢婦女爲妾者,並不得將還蕃。然在國内迎娶,則自由也。《通鑑》貞元三年云:胡客畱長安久者,或四十餘年,皆有妻子,足以明之。《册府元龜》卷九百九十九云:開成元年六月,京兆府奏:準令式:中國人不合私與外國人交通、買賣、婚娶、來往;又舉取蕃客錢,以產業、奴婢爲質者;重請禁之,此禁私自婚娶,非禁一切婚娶也。《通鑑》:大曆十四年,詔回紇諸胡在京師者,各服其服,無得效華人。先是回紇畱京師者常千人，或衣華服，誘取妻妾，故禁之。《舊唐書・盧鈞傳》：鈞以開成元年爲嶺南節度使。先是土人與蠻、獠雜居，婚娶相通，占田營第。吏或撓之，相誘爲亂。鈞至，立法，俾華蠻異處，婚娶不通；蠻人不得立田宅，此一時之宜。要之，唐朝蕃漢通婚，以不禁爲常，而事亦通行無疑。宋代大體似與唐同也。《考證》二十五。案唐代異族，入處內地者甚多，安能禁其婚娶，此勢所不行也。昏媾則匪寇矣，此亦外族易於同化之一端歟？《新書・高祖諸子傳》：徐康王元禮曾孫延年，拔汗那王入朝，延年將以女嫁之，爲右相李林甫劾奏，貶文安郡別駕，此自特異之事，非常法也。延年何必以女妻拔汗那王？豈以西胡多異物，亦染賣婚之俗歟？

## 第二節　族　　制

宗族百口，累世同居，論者多以爲美談，此不察名實之過也。考諸史，聚族多者，非地方豪右，則仕宦之家。力耕之細民，則率不過五口、八口耳。

《舊唐書・沈法興傳》云：隋大業末，爲吳興郡守。東郡賊帥樓世幹舉兵圍郡城，煬帝令法興與太僕元祐討之。俄而宇文化及弒煬帝於江都，法興自以代居南土，法興，湖州武康人。宗族數千家，爲遠近所服，乃與祐部將孫士漢、陳果仁執祐於坐而起兵。此地方豪右也。風塵澒洞之際，乘機割據者，往往此曹，《兩晉南北朝史》言之詳矣。若夫承平之世，有揚歷仕途者，則其宗親内外，率多互相依倚。劉審禮再從同居，家無異爨，合門二百餘口。朱泚之亂，李晟家百口陷賊中。張濬之死，朱全忠屠其家百餘人。王師範之死，家見戮者二百口。劉仁恭之敗，晉軍執其家族三百口。皆是物也。此等不必皆屬同姓，並不必皆係親族。《新書・楊元琰傳》，言中外食其家者常數十人，即相依倚者不皆同姓之證。《舊五代史・朱友謙傳》：後唐莊宗命夏魯奇誅其族於河中，友謙妻張氏，率其家屬二百餘口見魯奇曰："請疏骨肉名字，無致他人橫死。"《通鑑》云：別其婢僕百人，以其族百口就刑，則所謂家屬者，婢僕與親族，各居其半矣。《康延孝傳》：河中舊將焦武等言西平無罪，二百口伏誅，蓋未知其婢僕之獲免也。《舊唐書·昭宗紀》：王行瑜死後，其家二百口乞降；乾寧二年。而《舊五代史·唐武皇紀》言慶州奏行瑜將家屬五百人到州界，爲部下所殺，若以此例推之，則婢僕且多於親族矣。《新唐書·忠義傳》：顏杲卿與其長史袁履謙共拒安祿山而敗，及郭、李收常山，出二家親屬數百人於獄，云親屬當不苞僕妾。及史思明歸國，真卿方爲蒲州刺史，令杲卿子泉明到河北求宗屬。履謙及父故將妻子奴隸尚三百餘人，轉徙不自存，泉明悉力贍給，分多勻薄，相扶掖度河託真卿，真卿隨所歸資送之，則二家親屬與非親屬，其數亦略相等也。此等所謂家屬，當時仕宦者，所至皆挈之而行。《舊書·裴遵慶傳》，言其子向，內外支屬百餘人，所得俸祿，必同其費，及領外任，亦挈而隨之則其證。職是故，其受累乃極深。王琚闔門三百口，每徙官，車馬數里不絕。從賓容、女伎馳弋，凡四十年。琚有財，不以爲累也。李揆爲元載所擠，奏爲試祕書監，江淮養疾，既無祿俸，家復貧乏，孀孤百口，丐食取給，萍寄諸州，凡十五六年，牧守稍薄，則又移居，其遷徙者，蓋十餘州焉，則不勝其苦矣。然造次顛沛之際，無不相偕。劉知俊舉族奔鳳翔，後又以舉家入蜀，不自安而奔蜀。景延廣顧念其家不能去，終爲契丹所擒。是時王瑜脅其父自義州舉族入蜀，義州，後唐置。與盜趙徽相結而行，卒爲所殺，少長百口殆盡。《舊五代史·晉少帝紀》：天福八年，延州奏綏州刺史李彝敏，拋棄城郡，與弟彝俊等五人，將骨肉二百七十口，來投當州，押送赴闕。稱與兄夏州節度使彝殷，偶起猜嫌，互相攻伐故也。《新唐書·忠義傳》：黃碣爲漳州刺史，徙婺州，劉漢宏遣兵攻之，兵寡不可守，棄州去，客蘇州。董昌表碣自副。昌反，碣不與同。昌殺之，夷其家百口。碣閩人，時直亂世，然崎嶇羇旅，相從者仍不少也。

同居者雖不必父族，究以父族爲主。論其世數，當以張公藝九世同居爲最多，新、舊《書·孝友傳》。高崇文七世不異居次之。《五代史·

南唐世家》：李昇時，州縣言民孝弟五代同居者七家，皆表門閭，復其繇役。其尤盛者，江州程氏，宗族七百口，亦不啻九世矣。杜暹、李綱五世同居，呂元簡四世同居，李處恭、張義貞三世同居，皆見《舊書·孝友傳》。其次也。同居者不必不異財，亦不必不異爨，故其不然者，尤爲世所稱道。如朱敬則與三從兄弟同居四十餘年，財產無異。裴寬兄弟八人，於東都治第，八院相對，常擊鼓會飯。劉君良累代義居，兄弟雖至四從，皆如同氣，尺布斗粟，人無私焉。《舊書·孝友傳》。是其事也。此等大家，治理蓋頗有法度。故如李畬，閨門雍睦，累代同居，而史稱其歲時拜慶，長幼男女，咸有禮節。畬，素立曾孫。見《舊書·良吏傳》。崔邠三世一爨，則云當時言治家者推其法焉。《舊書·李光進傳》：弟光顏先娶妻，其母委以家事。母卒，光進始娶。光顏使其妻奉管鑰、家籍、財物，歸於其姒。光進命反之。且謂光顏曰："新婦逮事母，嘗命以主家，不可改也。"家而有籍，可見其治理之有法也。然能善其事實難。故姚崇先分田園，令諸子姪各守其分。仍爲遺令，以誡子孫。云："比見諸達官，身亡以後，子孫既失覆蔭，多至貧寒。斗尺之間，參商是競。豈惟自玷，乃更辱先，無論曲直，俱受嗤毀。莊田、水碾，既衆有之，遞相推倚，或至荒廢。陸賈、石苞，皆古之賢達也，所以豫爲定分，將以絕其後爭，吾靜思之，深所歎服。衆有則遞相推倚，可見治理之難。斗尺之間，參商是競，主藏者將更窮於應付矣。陸子靜當家一月，學問有進，其以此歟。"

鄉居者丁多則墾殖易廣；積聚稍多，又可取倍稱之息；或蔭庇人戶，以自封殖；故族愈大則財力愈雄。若仕宦之家，則有適相反者。陳少遊問董秀："親屬幾何？月費幾何？"秀曰："族甚大，歲用常過百萬，"其明徵也。張直方奔京師，以其族大，特給檢校工部尚書俸。薛放孤孀百口，家貧每不給贍，常苦俸薄，因召對墾求外任。鄭權以家人數多，俸入不足，求爲鎮守。鄭薰亦以糾族百口，廩不充，求外遷。此等既已得之，亦復何所不至？李愿門內數百口，仰給官司，卒激李㝏之變。雖田弘正，亦未嘗不以是敗也。李密之將歸唐也，謂王伯當曰："將軍室家重大,豈復與孤俱行哉?"門户之計重,君國之念,自不得不輕,移孝作忠,徒虛言耳。蕭復,廣德中,歲大飢,家百口不自振,議粥昭應墅,此居者之不自保也。李揆之萍寄諸州,則行者之無所歸也。使此等人居官,安得不貪穢?玄宗欲相崔琳、盧從愿,以族大,恐附離者衆,卒不用,《新書·崔義玄傳》。有以也夫!

《舊書·杜如晦傳》:如晦弟楚客,少隨叔父淹没於王世充。淹素與如晦兄弟不睦,譖如晦兄於王行滿,世充殺之。並囚楚客,幾至餓死。楚客竟無怨色。洛陽平,淹當死。楚客泣涕,請如晦救之。如晦初不從。楚客曰:"叔已殺大兄,今兄又結恨棄叔,一門之内,相殺而盡,豈不痛哉?"因欲自剄。如晦感其言,請於太宗,淹遂蒙恩宥。戈矛起於骨肉之間如此,豈不以相見好,同住難,藏怒蓄怨,以至於斯歟?《新書·裴坦傳》:從子贄,昭宗疑其外風檢而暱帷薄,逮問翰林學士韓偓。偓曰:"贄内雍友,合疏屬以居,故臧獲猥衆,出入無度,殆此致謗。"則知合族而居,治理誠非易事也。衆而不理,孰如寡?亦何必互相牽率哉?觀張瓘兄弟五人,未嘗不可自活,而必去車渡村,共歸於張承業,見第十三章第二節。則可知其所由來矣。賓客歡娛僮僕飽,始知官爵爲他人。以所識窮乏者德我,而以身殉之,豈不哀哉!

賈章家三十口,而死於兵者二十八,見第十三章第二節。此已非尋常百姓矣。故能仕於安重榮也。若尋常百姓,則《隋書·地理志》謂梁州小人,薄於情禮,父子率多異居;又謂揚州俗父子或異居;必不能逾於五口八口矣。當時法令,於累世同居者,率以爲義而表章之。《隋書·煬帝紀》:大業五年三月,有司言武功男子史永遵,與從父昆弟同居。上嘉之,賜物一百段,米二百石,表其門閭。《舊唐書·高宗紀》:顯慶六年八月,令諸州舉孝行尤著,及累葉義居,可以厲風俗者。《新書·孝友傳》云:唐受命二百八十八年,以孝弟名通朝廷者,多閭巷刺草之民,皆得書於史官。下文列舉其名,事親居喪著至行者,蓋所謂孝。數世同居者,則所謂弟也。天子皆旌表門閭,賜粟帛。州縣存問,復賦税。有授以官者。其所列舉,蓋以循例辦理者爲限。故如高霞寓五代同爨,德宗朝採訪使奏旌表其門閭者不與焉。然南北朝之世,户高丁多者,或出於互相蔭庇,故隋高祖令州縣大索貌閱,大功已下,兼令析籍,各爲戶頭。詳見第三章第一節。至唐世,則丁多者戶等隨之而高,賦役亦隨之而重,民又析籍以避之,法令則又禁其分析。《舊唐書・食貨志》:天寶元年赦文云:如聞百姓之內,有戶高丁多,苟爲規避,父母見在,乃別籍異居。宜令州縣勘會,其一家之中,有十丁已上者,放兩丁征行賦役,五丁已上放一丁,即令同籍共居,以敦風教。《舊五代史・唐莊宗紀》:同光元年赦文,民有三世已上不分居者,與免雜徭。《晉高祖紀》云:所歷方鎮,以孝治爲急,見民間父母在昆弟分索者,必繩而殺之。或誘之以名利,或威之以刑罰,其意則一而已矣,豈真爲風教計哉!

即勿論此,得旌表者,亦未必真篤行之人。《舊五代史・晉高祖紀》:天福四年閏七月,尚書戶部奏:李自倫義居七世,準敕旌表門閭。先有鄧州義門王仲昭,六代同居。其旌表,有廳事,步欄前列屏樹烏頭。正門閥閱一丈二尺,二柱相去一丈。柱端安瓦桶,墨染,號爲烏頭。築雙闕一丈,在烏頭之南三丈七尺。夾街十有五步,槐柳成列。今舉此爲例,則令式不該。詔王仲昭正廳烏頭門等制,不載令文,又無勅命,既非故事,難黷大倫。宜從令式,祇表門閭。於李自倫所居之前,量地之宜,高其外門。門外安綽楔。李自倫《新史》列《一行傳》,此句無外字。門外左右各建一臺,高一丈二尺,廣狹方正,稱臺之形。圬以白泥,四隅漆赤。其行列樹植,隨其事力。其同籍課役,一準令文。王仲昭之所爲,不必論矣,令式所載,亦豈與篳門圭竇相稱?固知名聞於朝者,皆丁多族大有力之家,其居隱約而真有至行者,則名湮沒而不彰矣。可勝歎哉!

宗法久與事勢不宜,然士夫尚狃於舊習。《舊書・職官志》:九廟之子孫,繼統爲宗,餘曰族,宗正。此王室之制也。元德秀以有兄子不娶,已見上節。柳宗元既貶謫,與京兆尹許孟容書曰:宗元於衆黨人中,罪狀最甚,神理降罰,又不能即死,猶對人語言,飲食自活,迷不知恥,日復一日。然亦有大故。自以得姓來二千五百年,代爲冢嗣。今抱非常之罪,居夷僚之鄉,卑溼昏霧,恐一日填委溝壑,曠墜先緒,以是怛然痛恨，心骨沸然。煢煢孤立，未有子息。荒州中少士人女子，無與爲婚，世亦不肯與罪人親昵。以是嗣續之重，不絕如縷。每春秋時饗，子立捧奠，顧昉無後繼者，憛憛然欷歔惝惕，恐此事便已，摧心傷骨，若受鋒刃，此誠丈人所共閔惜也。伏惟興哀於無用之地，垂德於不報之所，以通家宗祀爲念，有可動心者，操之勿失。雖不敢望歸掃塋穴，退託先人之廬，以盡餘齒，姑遂少北，益輕瘴癘，就婚娶，求胄嗣，有可付託，即冥然長辭，如得甘寢，無復恨矣。其哀痛迫切，至於如此，此真孔子所謂各親其親，各子其子者也。親族之自私，益以男統之專橫，則雖姑姊妹，女子子，其情本親者，其出亦遭擯斥矣。鮮于仲通弟叔明，爲東川節度使，大曆末，有閬州嚴氏子上疏，叔明，閬州新政人。稱叔明少孤，養於外族，遂冒姓焉，請復之。詔從焉。叔明初不知其從外氏姓，意醜其事，遂抗表乞賜宗姓。代宗以戎鎮寄重，許之。仍置嚴氏子於法。此莒人滅鄫之義之流失也。然人情終難盡違。故司空圖無子，以甥爲嗣，爲御史所劾，而昭宗不之責。西河公主初降沈氏，生一子，再降郭銛，銛無嗣，遂以沈氏子爲嗣，《新唐書・郭子儀傳》。則且取及妻之前子矣。父母之恩，不在生而在養，子孫之孝亦然。《五代史・晉家人傳論》云：古之不幸無子，而以其同宗之子爲後者，聖人許之，著之《禮經》而不諱也。而後世閭閻鄙俚之人則諱之。諱則不勝其欺與僞也。故其苟偷竊取，嬰孩襁褓，諱其父母，而自欺以爲我生之子。曰：不如此，則不能得其一志盡愛於我，而其心必二也。安知養子之專於爲養，正野人之質直而能務民之義乎？彼其意，豈必諱所養爲所生，然而終不能無欺與僞者，則各親其親，各子其子之既久，徇其名而忘其實，使之不得不然也。安得復見大同之世，使老有所終，幼有所長，鰥寡孤獨廢疾者，皆有所養哉？然唐世禁以異姓爲後，意尚在於維持宗法，而非借此以争財産。近人筆記云：宋初新定《刑統》，戶絕貲産下引《喪葬令》云：諸身喪戶絕者，所有部曲、客女、奴婢、店宅、資財，並令近親轉易貨賣，將營葬事及量營功德之外，餘財並與女，無女均入以次近親，無親戚者，官爲檢校。若亡人在日，自有遺囑處分，證驗分明者，不用此令。此《喪葬令》乃唐令。觀此，知唐時所謂户絕，不必無近親，雖有近親，爲營喪葬，不必立近親爲嗣子，而遠親不能爭嗣，更無論矣。雖有近親，爲之處分財產，所餘財產，仍傳之親女，而遠親不能爭產，更無論矣。此蓋先世相傳之法，亦不始於唐。秦、漢以前有宗法，秦廢封建，宗法與之俱廢，蕭何定《九章》，乃變爲户法。宗法以宗爲單位，户法以户爲單位。以宗爲單位，有小宗可絕，大宗不可絕之説，以户爲單位，無某户可絕，某户不可絕之理。故《唐律》禁養異姓男，《户令》聽養同宗，乃於可以不絕之時，而爲之定不絕之法，《喪葬令》使近親營葬事，使親女受遺產，乃於不能不絕之時，而爲之定絕法。此乃户法當然之理，固不能以上世宗法之理，用於户法也。觀此論，可知唐時所謂承嗣者，當與財產無干，絕非如近世所譏：口在宗祧，心存財產，其言藹然，其心不可問者也。然女適異姓，不必復能奉養其父母。親女不能養，同姓之人，又莫之肯養，則如何？則於其猶有財產者，不得不聽其立一人焉以爲後，責之以生養死葬，而以其遺產歸之矣。此猶以財產與之相貿耳。此唐、宋之法所以變爲近世之法，雖覺其不近於人情，然在財產私有之世，固爲事之無可如何，且不得不許爲進化也。

軍人好畜假子，則原於胡俗，與歐《史》所謂閭閻鄙俚之人者，又自不同。《兩晉南北朝史》已言之。隋、唐之世，此風仍不絕。如張亮在唐初，有假子五百是也。中葉後藩鎮跋扈，宦官亦竊握禁軍，乃相率以此市恩，事已散見諸篇，不俟覼縷。突厥默啜嘗請爲武后子。唐人吕炅，爲回鶻奉誠可汗養子，遂從其姓，曰藥羅葛炅。索元禮，胡人也，薛懷義初貴，元禮養爲假子。觀行之者爲誰，而知其俗之所自起矣。《五代史‧趙鳳傳》：張全義養子郝繼孫犯法死，宦官、伶人冀其貲財，固請籍没。鳳上書，言繼孫爲全義養子，不宜有別籍之財，而於法不至籍没，刑人利財，不可以示天下，則假子不得別籍異財，亦與真子同。此無足怪，假子固部曲之倫，部曲亦奴隸之類，奴隸固未有能自有其財產者也。爲假子者，地位自必較假父爲卑，若其不然，則亦可養爲弟。吳少陽與吳少誠,同在魏博軍,相友善,少誠得淮西,多出金帛邀之,養爲弟是也。《舊五代史‧李存信傳論》,以李克用之養子,擬諸董卓之畜呂布,卓與布,固亦漸染羌俗者。要之胡人進化淺,不知家族之外,更有何倫類耳。張亮棄故妻,更娶李氏,李私通歌兒,養爲子。又有富人養流浪之人爲子者,如李讓之於孔循。此等則其俗既已盛行之後,人又從而效之,亦未易枚數耳。

譜系之學,雖猶不絕,見第十七章第一節。然人之於此,實已無畏之之心,故通假、販鬻等事,紛紛而起焉。張説與張九齡叙爲昭穆,此或愛其才,羅紹威厚幣結羅隱,與通譜系昭穆,此蓋慕其名,已非尊祖敬宗之義。其甚者,李敬玄久居選部,人多附之,三娶皆山東士族,又與趙郡李氏合譜。李義府既貴,自言本出趙郡,始與諸李叙昭穆。無賴之徒,拜伏爲兄叔者甚衆。給事中李崇德,初亦與同譜叙昭穆,及義府出爲普州刺史,遂即削除。義府聞而銜之。及重爲宰相,乃令人誣構其罪,竟下獄自殺。杜正倫與城南諸杜,昭穆素遠,求同譜不許,銜之。諸杜所居,號杜固,世傳其地有壯氣,故世衣冠,正倫既執政,乃建言鑿杜固,通水以利人。王鐸附太原王翃爲從子,以婚閥自高,翃子弟亦藉鐸多得官。挾勢利以相交,不得則流爲怨毒,其弊遂有不可勝言者。然究猶皆士大夫也。又其甚者,薛懷義本姓馮,武后以其非士族,令改姓薛,與太平公主婿薛紹合族,令紹以季父事之。李揆見李輔國,執子弟之禮,謂之五父。宣宗寵信左軍中尉馬元贄,馬植爲宰相,遂與通昭穆。此豈特衣冠掃地?元載父昇,本景氏,曹王明妃元氏,賜田在扶風,昇主其租入,有勞,請於妃,冒爲元氏,則轉爲小人常態,不足怪矣!

## 第三節　人　　口

版籍之法,唐代爲詳。《舊書‧職官志‧户部》云:每一歲一造計帳,三年一造戶籍。《通鑑》：開元十六年,是歲,制戶籍三歲一定,分爲九等。縣以籍成於州,州成於省,戶部總而領焉。戶籍在府、州、縣屬戶曹、司戶,見《新書·百官志》。每定戶以仲年,造籍以季年。州、縣之籍,恒留五日,當作十五日。食貨志云：州縣留五比,尚書省留三比。省籍留九日。籍必歲上。《新書·百官志》：職方,凡圖經,非州縣增廢,五年乃修,歲與版籍偕上。《食貨志》云：天寶三年,天下籍始造四本,京師及東京尚書省、戶部各貯一本,以備車駕巡幸,省載運之費焉。可見是時爲政者,於戶籍必時加檢閱也。定籍之意,實重賦役,而計生齒轉居其次,故戶必定其等第。定等之法,頗病煩苛。《食貨志》：開元二十五年五月,勅定戶口之時,百姓非商戶,郭外住宅及每丁,一牛不得將入貨財數。可見其概。職是故,人民恒思流移,而域民之法,遂不得不嚴。《職官志》：凡戶之兩貫者,先從邊州爲定,次從關內,次從軍、府、州。若俱者,各從其先貫焉。樂住之制,居狹鄉者聽其從寬,居遠道者聽其從便,居輕役之地者,聽其從重。《戶部》。其法可謂頗密。《李抱玉傳》：抱玉於代宗時上言：臣貫屬涼州,本姓安氏。以祿山構禍,恥與同姓,去至德二年五月,蒙恩賜姓李氏。今請割貫屬京兆府長安縣。許之。因是舉宗並賜國姓。《新書·李晟傳》：以臨洮未復,臨洮郡,即洮州。晟,洮州臨潭人。請附貫萬年。詔可。徙貫至煩敕許,雖晟等大臣,事體與編氓有異,亦可見其法之嚴。《舊書·方技傳》：崔善爲,貞觀初拜陝州刺史。時朝廷立議,戶殷之處,得徙寬鄉。善爲上表,稱畿內之地,是謂戶殷,丁壯之人,悉入軍府,若聽移轉,便出關外,虛近實遠,非經通之議,乃止。則法之所許,亦有時而靳之矣。自狹鄉徙寬鄉者,得并賣口分田,則並爲法之所求。然《新書·李栖筠傳》言：栖筠爲浙西觀察使,奏部豪姓多徙貫京兆、河南,規脫徭科,請量產出賦,以杜姦謀,詔可,則姦民雖徙戶殷之處,仍自有其規避賦役之方矣。規避賦役,不外宦、學、釋、老及色役,而詐稱客戶者尤多。《舊書·楊炎傳》：凡富人多丁者,率爲官、爲僧,以色役免,貧人無所入則丁存。故課免於上,而賦增於下。是以天下殘瘁,蕩爲浮人,鄉居地著者,百不四五。戶籍清釐,事甚不易。《蘇瓌傳》言：武后時十道使括天下亡户,初不立籍。人畏搜括,即流入比縣旁州,更相廋蔽。璟請罷十道使,專責州縣,豫立簿注,天下同日閱正,盡一日止,使枳姦匿。歲一括實,檢制租調,以免勞弊。可見州縣造籍,久成虛文。《李遜傳》:子方玄,爲池州刺史。鉤檢户籍,所以差量徭賦者,皆有科品程章,吏不得私。常曰:"沈約年八十,手寫簿書,蓋爲此云。守令能如此者,蓋百不得一矣。"宇文融奏置勸農判官十人,並攝御史,分行天下,括得客户凡八十餘萬。然《舊書·楊炎傳》言:開元中不爲版籍,人户寖溢,隄防不禁,丁口轉死非舊名,田畝換易非舊額,貧富升降非舊第,户部徒以空文總其故書,與武后時州縣不閱實,而必別遣十道使者,其事正同。兩税法之精意,亦不過户無主客,以見居爲簿,人無丁中,以貧富爲差十八字而已。然《新書·食貨志》,載貞元時陸贄上疏,言今徭賦輕重相百,重處流亡益多,輕處歸附益衆。有流亡則攤出,已重者愈重,有歸附則散出,已輕者愈輕。廉使奏吏之能者有四科,一曰户口增加。《舊書·宣宗紀》:會昌六年,五月五日敕書:觀察、刺史交代之時,册書所交户口,如能增添至千户,即與超遷,如逃亡至七百户,罷後三年内不得任使。夫貴户口增加,則詭情以誘姦浮,苛法以析親族。所誘者將議薄征則散,所析者不勝重税而亡。則民之流猶如故也。職是故,著籍之民,與生齒之數,乃大相懸殊。《舊書·職官志》:四萬户已上爲上州,二萬户已上爲中州,不滿爲下州,六千户已上爲上縣,二千户已上爲中縣,一千户已上爲中下縣,不滿一千户,皆爲下縣。《舊五代史·漢隱帝紀》:乾祐三年七月,三司使奏:州縣令、録、佐官,請據户籍多少,量定俸户。縣三千户已上,令月十千,主簿八千,二千户已上,令月八千,主簿五千,二千户已下,令月六千,主簿四千。又《周太祖紀》:廣順三年十一月,詔重定天下縣邑。除畿、赤外,其餘三千户已上爲望縣,二千户已上爲緊縣,一千户已上爲上縣,五百户已上爲中縣,不滿五百户爲中下縣。以吾儕耳目之所聽睹,縣有不滿五百户,其上焉亦僅餘六千者乎?《唐明宗紀》:長興元年九月,階州刺史王弘贄上言:一州主客,纔及千户,竝無縣局。臣今檢括,得新舊主客,已及三千。

欲依舊額,立將利、福津二縣,請置令佐。從之。括得之户,再倍於本,可見漏籍者之多。《王正言傳》:孔謙謂郭崇韜:"魏博六州,户口天下之半。"五代人户,見於史者,僅周顯德六年,其數爲二百三十萬。詳見下。若以六州生齒實數,與舉國著籍之數較之,恐尚不啻及半而已。契丹之去相州,大肆屠戮,其後王繼弘鎮相州,於城中得髑髏十餘萬,見第十三章第四節。趙思綰之叛,入城時丁口僅十餘萬,及開城惟餘萬人,見《舊五代史》本傳。此皆以一城言,豈有一州户止數萬者邪?

漏籍之户,遂可不出賦役乎?是又不然。《新唐書・李傑傳》:傑以采訪使行山南,時户口逋蕩,細弱下户,爲豪力所兼,傑爲設科條區處,防檢亡匿,復業者十七八。莫或爲之區處,則亦爲豪力所隸屬而已。小民固不能漏籍也。

《舊五代史・唐明宗紀》:長興三年二月,秦州奏州界三縣之外,別有一十一鎮,人户係鎮將徵科,欲隨其便宜,復置隴城、天水二縣,從之。《周太祖紀》:廣順二年三月,詔西京莊宅司,内侍省宫苑司,内園等四司所管諸巡係税户二千五百,並還府縣。人民不屬州縣,亦爲户口減少之一端,然此等爲數當不甚多,不足計也。《新書・李吉甫傳》:德宗時,義陽、義章二公主薨,詔起祠堂於墓,百二十楹,費數萬計。會永昌公主薨,有司以請,憲宗命減義陽之半。吉甫曰:"德宗一切之恩,不足爲法。昔漢章帝欲起邑屋於親陵,東平王蒼以爲不可,故非禮之舉,人君所慎。請裁制墓户,以充守奉。"帝曰:"吾固疑其冗濫之,今果然。然不欲取編户,以官户奉墳而已。"吉甫再拜謝。所謂編户,即隸版籍者,官户則罪隸,屬司農者也,見第十七章第三節。義陽、義章二主,皆德宗女。永昌,憲宗女。

户籍之法,昔人視之甚重。故分疆、制禄,必視户口之多少以爲衡。削平僭僞,收復失地,暨平定四夷,若夷落内附者,必皆列其生齒之數,雖羈縻州,亦多有版。《舊書・李勣傳》:李密爲王世充所破,擁衆歸朝,其舊境,東至於海,南至於江,西至汝州,北至魏郡,勣並據之,未有所屬。謂長史郭孝恪曰:"魏公既歸大唐,今此人衆土地,魏公所有也。吾若上表獻之,即是利主之敗,自爲己功,以邀富貴,吾所恥也。今宜具録州縣名數,及軍、人、户口,總啓魏公,聽公自獻,此則魏公之功也。"乃遣使啓密。使人初至,高祖聞其無表,惟有啓與密,甚怪之。使者以勣意聞奏。高祖大喜,曰:"徐世勣感德推功,實純臣也。"此削平僭僞者,必以得其户籍爲重也。張義潮之來歸也,遣其兄義澤奉十一州户口來獻,見《舊書・本紀》,此收復失地者,必先得其户籍也。《王彥威傳》：朝廷自誅李師道，收復淄青十二州，未定戶籍，乃命彥威充十二州勘定兩稅使，此久隔王化之地，一朝收復，必以釐正戶籍爲急務也。高昌之下，高麗、百濟之平，史皆詳列其郡縣戶口之數，見《舊書・四夷傳》。又《太宗紀》：貞觀三年，戶部奏中國人自塞外來歸，及突厥前後內附，開四夷爲州縣者，男女一百二十餘萬口。六年，党項羌前後內屬者三十萬口。此平定四夷，若四夷內附，或中國開闢其地爲郡縣者，亦必詳其戶籍也。《新書・地理志》，於羈縻党項府、州，分別其有版、無版，則雖號羈縻，亦以有版爲常，無版爲變矣。凡治皆以爲民，於理固當如是。然版籍迄難得實，而其失實之由，又莫不由於朘削，則政事之非以養民，而實乃朘民以生也舊矣！可勝慨哉？

　　隋、唐兩朝戶口之數見於史者：《隋書・地理志》言：隋世戶八百九十萬七千五百三十，口四千六百一萬九千九百五十六。《新、舊唐志》俱同。隋高祖時戶口增加情形，見第二章第一節，煬帝時情形，見第二節。《舊書・馬周傳》：貞觀六年上疏言：今百姓比於隋時，纔十分之一，則戶僅九十萬，口僅四百六十萬餘耳。《高宗紀》：永徽三年，上問戶部尚書高履行："去年進戶多少？"履行奏稱："進戶總一十五萬。"又問曰："隋日有幾戶？今見有幾戶？"履行奏："隋開皇中，有戶八百七十萬，即今見有戶三百八十萬。"較貞觀之初，所增餘四倍矣。《舊書》此文，繫年明白，《新書・食貨志》云：高宗即位之歲，增戶十五萬，恐誤。《蘇瓌傳》：瓌於神龍初入爲尚書右丞，再遷戶部尚書。奏計帳所管戶，時有六百一十五萬六千一百四十一。《玄宗紀》：開元十四年五月，戶部進計帳，今年管戶七百六萬九千五百六十五，管口四千一百四十一萬九千七百一十二。又二十年，戶部計，戶七百八十六萬一千二百三十六，口四千五百四十三萬一千二百六十五。《地理志》：開元二十八年，戶部計帳，凡郡、府二百二十有八，縣千五百七十有三，羈縻州郡，不在此數。戶八百四十一萬二千八百七十一，口四千八百一十四萬三千六百九。《新志》同，而刪羈縻州郡不在此數句，亦見其疏也。是時戶口歲增，《舊書・職官志・戶部》，凡天下之戶，八百一萬八千七百一十，口四千六百二十八萬五千一百五十一，當在二十年之後，二十八年之前。又《本紀》：天寶元年，戶部進計帳，今年管戶八百五十二萬五千七百六十三,口四千八百九十萬九千八百。又十三載,户部計今年見管州縣户口,管郡總三百二十一,縣一千五百三十八,鄉一萬六千八百二十九。户九百六十一萬九千二百五十四,三百八十八萬六千五百四不課,五百三十萬一千四十四課。口五千二百八十八萬四百八十八,四千五百二十一萬八千四百八十不課,七百六十六萬二千八百課。見於史者,此爲唐極盛之數矣。《代宗紀》:廣德二年,户部計帳,管户二百九十三萬三千一百二十五,口一千六百九十二萬三百八十六;所減踰三之二。然《新書·劉晏傳》,謂晏既被誣,舊吏推明其功,以爲開元、天寶間,天下户千萬,至德後殘於大兵,飢疫相承,十耗其九,至晏充使,户不二百萬,則所增已及其半矣。《新書·食貨志》:德宗相楊炎,作兩税法,舊户三百八十萬五千,使者按比,得主户三百八十萬,客户三十萬。又《杜佑傳》:佑於建中初上議省官,言開元、天寶中,四方無虞,編户九百餘萬,帑藏豐溢,雖有浮費,不足爲憂。今黎苗凋瘵,天下户百三十萬,陛下詔使者按比,纔得三百萬,比天寶三分之一,就中浮寄又五之二。出賦者已耗,而食之者如舊,安可不革?按比所得,不應倍於舊數而猶有餘,百三十萬,蓋據安、史亂後最少之數言之,非即時之事也。《舊書·憲宗紀》:元和二年,史官李吉甫撰《元和國計簿》總計天下方鎮凡四十八,管州、府二百九十五,縣一千四百五十三,户二百四十四萬二百五十四。其鳳翔、鄜坊、邠寧、振武、涇原、銀夏、靈鹽、河東、易定、魏博、鎮冀、范陽、滄景、淮西、淄青十五道,凡七十一州,不申户口。《地理志》:永泰之後,河朔、隴西,淪於寇盜,元和掌計之臣,嘗爲版籍,二方不進户口,莫可詳知。每歲賦入倚辦,止於浙江東西、宣歙、淮南、江西、鄂岳、福建、湖南等八道,合四十九州,一百四十四萬户。比量天寶,供税之户,則四分有一。天下兵戎,仰給縣官,八十三萬。然人比量天寶,士馬則三分加一,率以兩户資一兵。其他水旱所損,徵發科斂,又在常役之外。六年,中書、門下奏請省官,言自天寶已後,中原宿兵,見在軍士可使者,八十餘萬;其餘浮爲商販,度爲僧道,雜入色役,不歸農桑者,又十有五六;則是天下常以三分勞筋苦骨之人，奉七分坐衣待食之輩。其説可以互相發明。《穆宗紀》：元和十五年計户帳，定，疑奪一守。鹽夏、劍南東西川、嶺南、黔中、邕管、安南合九十七州，不申户帳。長慶元年，天下户計二百三十七萬五千八百五，口一千五百七十六萬二千四百三十二。元不進户口軍州，不在此内。《文宗紀》：開成二年，户部侍郎判度支王彦威進《供軍圖略》。《序》言長慶户口，凡三百三十五萬，而兵額又約九十九萬，通計三户資奉一兵。亦見《彦威傳》。則長慶末年户數，較之初年，增及百萬矣。四年，户部計見管户四百九十九萬六千七百五十二，較長慶末，又增百六十餘萬。《新書・食貨志》載元和、長慶户數及養兵之數，與《舊紀》元和二年開成元年同。又云：乾元末，天下上計百六十九州，户百九十三萬三千一百二十四，不課者百一十七萬四千五百九十二，口千六百九十九萬三百八十六，不課者千四百六十一萬九千五百八十七。減天寶户五百九十八萬二千五百八十四，口三千五百九十二萬八千七百二十三。武宗即位，户二百一十一萬四千九百六十。會昌末，户增至四百九十五萬五千一百五十一。爲《舊書》所無。《十七史商榷》云：以《新書》所載乾元末户數，校天寶元年户數，應減七百四十三萬二千六百三十九，口數應減三千二百八十一萬四百十四。以校十三載户數，則應減七百六十八萬九千一百三十。口數應減三千五百八十九萬一千二十。然則《新志》所核算天寶户口之數，既非元年，又非十三載，不知其所據者爲何年之籍矣。就《新志》所言，天寶户口數，當有七百九十一萬二千七百八户，五千二百九十一萬九千一百九口。户減於開元二十八年，而口則反增。《舊紀》廣德二年户部計帳數，與《新志》乾元末相近。長慶元年户口，户較《新志》所載乾元之數，所增頗多，而口則反減云。案歷代版籍，所存既僅，其登降之故，自非後世所能詳，唐中葉後，州郡申報與否，又時有變易，其故自更不易推求也。《舊五代史・李琪傳》：琪同光三年上疏，言唐自貞觀至於開元，將及一千九百萬户，五千三百萬口，與唐代史家所記，户數大相懸殊，縱有差池，不應至是。然上云堯時户一千三百餘萬，而下云比之堯舜，又極增加，則一千二字非衍文。蓋琪之誤記也。五代戶口之數，史無所傳。惟《舊史·食貨志》載周顯德五年十月，命在散騎常侍艾穎等三十四人下諸州檢定民租，六年春，諸道使臣回，總計檢到户二百三十萬九千八百一十二。

## 第四節　人民移徙

調劑土滿人滿，移易風俗，充實邊防，莫不有賴於移民。此等移民，秦、漢時尚有之，魏、晉後則幾絕迹矣。蓋人莫不有安土重遷之情，而歷來官家之移民，又多不能善其事，利未見而害先形，則尚不如無動之爲善矣。《隋書·食貨志》：天保八年，議徙冀、定、瀛無田之人於幽州范陽寬鄉，百姓驚擾。開皇十二年，時天下户口歲增，京輔及三河，地少而人衆，衣食不給，議者咸欲徙就寬鄉。帝命諸州考使議之，又令尚書省以其事策問四方貢士，竟無長算。帝乃發使四出，均天下之田。狹鄉每丁纔至二十畝，老小又少焉。明知土田人口之不相得，而竟不能調劑，即由豫度其事之不易行也。《房陵王傳》：高祖受禪，立爲皇太子。上以山東民多流冗，遣使按檢，又欲徙民北實邊塞。勇上書諫曰："竊以導俗當漸，非可頓革。戀土懷舊，民之本情，波迸流離，蓋不獲已。有齊之末，主闇時昏，周平東夏，繼以威虐，民不堪命，致有逃亡，非厭家鄉，願爲羈旅。加以去年三方逆亂，賴陛下仁聖，區宇肅清，鋒刃雖屏，創夷未復。若假以數歲，沐浴皇風，逃竄之民，自然歸本。雖北夷猖獗，嘗犯邊烽，今城鎮峻峙，所在嚴固，何待遷配，以致勞擾？"上覽而嘉之，遂寢其事。《北史》云：時晉王廣亦表言不可，帝遂止。夫惟民之未安，故可乘勢遷徙，既安則更難動矣。高祖是謀，未始非因禍爲福，轉敗爲功之道，然因勇言而遂止者，亦度其事之不易行也。陳亡後，江南之變，固由蘇威等措置不善，亦由讆言將徙其民入關，可見其不可輕舉矣。

煬帝營建東京，徙豫州郭下居人以實之。又徙天下富商大賈數萬家於東京。事在大業元年，見《隋書·本紀》。周革唐命，徙關內雍、同等七州戶數十萬，以實洛陽。事在天授二年，見《舊唐書·本紀》。此皆徙謀京邑之富厚，非如漢主父偃說武帝，陳湯說成帝，兼爲治理計也。見《秦漢史》第十三章第四節。《隋書·梁彥光傳》：高祖受禪，爲岐州刺史，後轉相州。在岐州，俗頗質，以靜鎮之，合境大化，奏課連最爲天下第一。及居相部，如岐州法；鄴都雜俗，人多變詐。爲之作歌，稱其不能理化。上聞而譴之，竟坐免。歲餘，拜趙州刺史。彥光言於上，請復爲相州。上從之。豪猾者聞其自請而來，莫不嗤笑。彥光下車，發摘姦隱，有若神明。狡猾之徒，莫不潛竄，合境大駭。初齊亡後，衣冠士人，多遷關內，惟技巧、商販及樂戶之家，移實州郭。由是人情險詖，妄起風謠，訴訟官人，萬端千變。彥光欲革其弊，乃用秩章之物，招致山東大儒，每鄉立學，非聖哲之書，不得教授。常以季月召集之，親臨策試。有勤學異等，聰令有聞者，升堂設饌。其餘並坐廊下。有好諍訟，惰業無成者，坐之庭中，設以草具。及大比，當舉行賓貢之禮，又於郊外祖道，並以財物資之。於是人皆克厲，風俗大改。案文帝既再任彥光爲相州，自非風謠訴訟所能動，豪猾者亦畏威斂迹耳，豈真革面洗心哉？觀此，知移民與風俗，相關甚大。如煬帝、武后之所爲，實足以敗壞風俗，而貽治理者以隱憂也。

爲治理計而移民者絕迹，爲征戍計而移民者，則猶時有之。《舊書·太宗紀》：貞觀十六年正月，詔在京及諸州死罪囚徒配西州爲戶。流人未達前所者，徙防西州。《新書·刑法志》云：十四年，詔流罪無遠近，皆徙邊要州。後犯者寖少，十六年，又徙死罪以實西州，流者戍之，以罪輕重爲更限。詔所云流人未達者，蓋指十四年已後未至徙所之流人言之。《褚遂良傳》載遂良諫疏曰：王師初發之歲，河西供役之年，飛芻輓粟，十室九空，數郡蕭然，五年不復。陛下歲遣千餘人，遠事屯戍。終年離別，萬里思歸。去者資裝，自須營辦。既賣菽粟，傾其機杼，經途死亡，復在其外。兼遣罪人，增其防遏。彼罪人者，生於販肆，終朝惰業，犯禁違公。止能擾於邊城，實無益於行陳。所遣之内，復有逃亡，官司捕捉，爲國生事。其弊可謂深矣。戍卒資裝，自須營辦，豈況流人？不能自致，蓋由於此？然則雖有更限，亦豈能還返邪？陸贄論謫戍之弊曰：抵犯刑禁，謫徙軍城，意欲增户實邊，兼令展效自贖。既是無良之類，且加懷土之情，思亂幸災，又甚戍卒。適足煩於防衛，諒無望於功庸。雖前代時或行之，固非良算之可遵者也。云時或行之，則似非彝典。然《宣宗紀》載會昌六年五月五日赦書，有徒流人在天德、振武者，管中量借糧種俾令耕田一款，則行之之時，恐不少矣。

　　謫戍之非良算，人人知之，知之而猶行之者，所以省徵發，免勞民也。既不能善其事，自不如以召募代之。唐世亦有行之者。《舊書·高宗紀》：顯慶六年，於河南、河北、淮南六十七州募得四萬四千六百四十六人往平壤、帶方道行營是也。陸贄欲以代諸道番替防秋。請因舊數而三分之：其一分，委本道節度使募少壯願住邊城者徙焉。其一分，則本道但供衣糧，委關内、河東諸軍州，募蕃漢子弟願傅邊軍者給焉。又一分，亦令本道但出衣糧，加給應募之人，以資新徙之業。又令度支散於諸道，和市耕牛。兼雇召工人，就諸軍城，繕造器具。募人至者，每家給耕牛一頭，又給田農水火之器，皆令充備。初到之歲，與家口二人糧，並賜種子，勸之播殖。待經一稔，俾自給家。若有餘糧，官爲收糴，各酬倍價，務獎營田。既息踐更徵發之煩，且無幸災苟免之弊。寇至則人自爲戰，時至則家自力農。時乃兵不得不强，食不得不足。與夫倏來忽往，豈可同等而語哉？此説規畫周詳，頗近鼂錯徙民塞下之論，然豈驕悍之邊將所能行哉？

　　人民自行移徙者，以避亂及逃荒爲多。《舊書·地理志》云：自至德後，中原多故。襄、鄧百姓，兩京衣冠，盡投江、湘。故荆南井邑，十倍其初。荆州。此猶後漢之末，中原人士，多投劉景升也。更南即至嶺表矣。觀南漢劉氏所用多中原人士可知也。《隋書·高祖紀》言：帝之東拜泰山，關中户口，就食洛陽者，道路相屬。見第二章第一節。

《新書・魏徵傳》：徵上疏陳不克終十漸，云貞觀初，頻年霜旱，畿內戶口，並就關外，扶老攜幼，來往數年，卒無一戶亡去。隋高祖、唐太宗之時，號稱治世，而民就食者如是之多，喪亂之時可知。無一戶亡去，特徵之巽辭耳。民流亡則失賦役，故所在或欲禁之。所至之處，難於安集，則又或拒之。《新書・李義琰傳》：從祖弟義琛，爲雍州長史，時關輔大飢，詔貧人就食襄、鄧，義琛恐流徙不還，上疏固爭。詔許之。就食者猶恐其不還，而流亡者無論矣。《舊書・張延賞傳》：爲揚州刺史。屬歲旱歉，人有亡去者，吏或拘之。延賞曰：“人恃食而生。居此坐斃，適彼可生。得存吾人，何限於彼？”乃具舟楫而遣之，俾吏修其廬室，已其逋責，而歸者增於其舊。《新書・王播傳》：弟子式，爲晉州刺史。會河曲大歉，民流徙，他州不納，獨式勞卹之，活數千人。觀二人之見稱道，而知能如是者之不多也。

戎馬倥傯之際，不獨人民自行移徙也，擁兵者又迫而徙之。《舊書・地理志》：尉遲迥舉兵，楊堅令韋孝寬討平之，乃焚燒鄴城，徙其居人，南遷四十五里，而以安陽城爲相州理所。此欲隳名城，而迫徙其民者也。元誼率洺州兵五千，民五萬家東奔田緒。《舊書・德宗紀》：貞元十二年。秦宗權攻汴而敗，過鄭，焚郭舍，驅其民入淮南。《新書》本傳。孫儒攻楊行密，又大驅淮南之民渡江。見第十一章第五節。朱全忠與朱瑾爭，遣丁會徙兗州界數千戶於許。事在唐景福元年，見《舊五代史・梁太祖紀》。時溥之敗，請和於朱全忠，全忠約徙地而罷兵。昭宗以宰相劉崇望代溥，溥慮去徐且見殺，皇惑不受命，諭軍中固留。詔可。泗州刺史張諫，聞溥已代，即上書請隸全忠，納質子焉。溥既復留，諫大懼。全忠爲表徙鄭州。諫慮兩怨集己，乃奔楊行密。行密以諫爲楚州刺史，並其民徙之，而以兵屯泗。《新書・時溥傳》。此等皆利其民，又不欲以之資敵，而迫徙之者也。至朱全忠之劫遷唐室，而禍斯極矣。

邊城有不能守者，或亦移其民而棄之。《舊書・地理志》：永淳元年，雲州爲賊所破，因廢，移百姓於朔州，其一事也。棄其地並徙其民，則其地更不易復。何者？無延頸而望，簞食以迎者也。即復之亦不易守。何者？不易更移民以實之也。參看《兩晉南北朝史》第十七章第四節崔浩論涼州事。歷代邊境，因是而蹙者蓋不少。劉琨不徙陘北之民，拓跋氏未必能坐大也。唐末東北、西北二邊之蹙亦由此，契丹、西夏之所由興也。

移夷落入中國者，唐時亦有之。《舊書·高宗紀》：總章二年五月，移高麗户二萬八千二百，車一千八十乘，牛三千三百頭，馬二千九百匹，駝六十頭，將入内地，萊、營二州，般次發遣，量配江、淮以南及山南、并、涼以西諸州空閑處安置。《玄宗紀》：開元十年九月，詔移河曲六州殘胡五萬餘口於許、汝、唐、鄧、仙、豫等州；皆規模之較大者也。此等苟能善爲綏撫，未始不可化殊俗爲齊人，徙戎之論，實爲一時之宜，而非經久之計，説見第四章第二節。漢人之流落外國，及爲外族所略者亦甚多。《代宗紀》：永泰元年，吐蕃大掠京畿，男女數萬計，焚廬舍而去。京畿如此，邊地不必論矣。《太宗紀》：貞觀三年，户部奏言：中國人自塞外來歸，及突厥前後内附，開四夷爲州縣者，男女一百二十餘萬。此漢人之自拔來歸者也。五年四月，以金帛購中國人因隋末没突厥者男女八萬人，盡還其家屬。二十一年六月，詔以隋末時，邊民多爲戎狄所掠，今鐵勒歸化，宜遣使訪燕然等州，與都督相知，訪求没落之人，贖以貨財，給糧遞還本貫。《通鑑》又云：其室韋、烏羅護、靺鞨三部人，爲薛延陀所掠者，亦令贖還。於外夷亦無岐視，可謂仁矣。此國家拔出之者也。然此等勢不能徧。《通鑑》於十五年云：上遣職方郎中陳大德使高麗。八月，自高麗還。大德初入其境，欲知山川風俗，所至城邑，以綾綺遺其守者，曰：“吾雅好山水，此有勝處，吾欲觀之。”守者喜，導之遊歷，無所不至。往往見中國人。自云家在某郡，隋末從軍，没於高麗。高麗妻以游女，與高麗錯居，殆將半矣。因問親戚存殁。大德紿之曰：“皆無恙。”咸涕泣相告。數日後，隋人望之而哭者，徧於郊野。可見不能自拔，而國家亦不能拔出之者，實不少矣。張公謹策突厥之可取也，曰：“華人在北者甚衆，比聞屯聚，保據山險，王師之出，當有應者。”此拓土之所資也。劉守光暴虐，幽、涿之人，多亡入契丹。阿保機又閒入塞，攻陷城邑，俘其人民。依唐州縣，置城以居之。其後諸部以其久不代，共責誚之。阿保機不得已，傳其旗鼓，而謂諸部曰："吾立九年，所得漢人多矣，吾欲自爲一部，以治漢城，可乎？"諸部許之。漢城在炭山東南灤河上，有鹽鐵之利，乃後魏滑鹽縣也。其地可植五穀。阿保機率漢人耕種，爲治城郭邑屋廬市，如幽州制度。漢人安之，不復思歸。《五代史·四夷》附錄。此則轉以吾民，爲他人奉已。胡嶠之隨蕭翰而北也，登天嶺。嶺東西連亘，有路北下。四顧冥然，黃雲白草，不可窮極。契丹謂嶠曰："此辭鄉嶺也，可一南望，而爲永訣。"同行者皆慟哭，往往絕而復蘇。烏乎！哀哉！

## 第五節　風　俗

《漢》、《隋》兩書《地理志》，皆詳述當時各地風俗，而唐以後之史闕焉。杜氏《通典》，本《禹貢》九州，益以南越之地，各言其風俗，其辭甚略，然與《漢》、《隋》兩書校其同異，亦足見風俗變遷之迹也。今錄其說如下：

雍州曰："雍州之地，厥田上上。鄠、杜之饒，號稱陸海。四塞爲固，被山帶河。秦氏資之，遂平海內。漢初，高帝納婁敬說而都焉。又徙齊諸田，楚昭、屈、景、燕、趙、韓、魏之後，及豪族、名家於關中。強本弱末，以制天下。自是每因諸帝山陵，則遷戶立縣，率以爲常。故五方錯雜，風俗不一，漢朝京輔，稱爲難理。其安定、彭原之北，汧陽、天水之西，接近胡戎，多尚武節。自東漢、魏、晉，羌、氐屢擾。旋則苻、姚迭據，五涼更亂。三百餘祀，戰爭方息。帝都所在，是曰浩穰。其餘郡縣，習俗如舊。"此可見關中之地，俗雜五方，民尚武節，皆未遽變於前世，而累經喪亂，元氣未復，惟輦轂之下爲殷盛也。

古梁州曰："巴、蜀之人，少愁苦而輕易淫佚。周初，從武王勝殷。東遷之後，楚子強大，而役屬之。暨於戰國，又爲秦有。資其財力，國以豐贍。漢景帝時，文翁爲蜀郡守，建立學校，自是蜀士學者，比齊、魯焉。土肥沃，無凶歲。山重複，四塞險固。王政微缺，跛扈先起。故一方之寄，非親賢勿居。"此言蜀地以土沃而多財，其人以多財而尚文也。

古荆、河州豫州，以避諱改稱。曰："荆、河之間，四方輻輳，故周人善賈，趨利而纖嗇。韓國分野，亦有險阻。自東漢、魏、晉，宅於洛陽，永嘉以後，戰爭不息。元魏徙居，纔過三紀。逮乎二魏，爰及齊、周，河、洛、汝、潁，迭爲攻守。夫土中風雨所交，宜乎建都立社，均天下之漕輸，便萬國之享獻。不恃隘害，務修德刑，則卜代之期，可延久也。"此言其地以居土中而爭戰劇，迄唐仍以是控制東方也。

古冀州曰："冀州堯都所在，疆域尤廣。山東之人，性緩尚儒，仗氣任俠，而鄴郡高齊國都，浮巧成俗。山西土瘠，其人勤儉，而河東魏晉以降，文學盛興。閭井之間，習於程法。并州近狄，俗尚武藝。左右山河，古稱重鎮。寄任之者，必文武兼資焉。"此言其地山東西風俗不同，而山東之鄴，山西之河東，在其中又爲特異。合并州凡有三俗焉。

古兗州曰："徐方鄒、魯舊國，漢興猶有儒風。自五胡亂華，天下分裂。分居二境，尤被傷殘。彭城要害，藩捍南國，必爭之地，常置重兵。數百年中，無復講誦。況今去聖久遠，人情遷蕩。大抵徐、兗，其俗略同。"此言兗州兼及徐州。其地自五胡亂華以來，變遷爲最劇也。

古揚州曰："揚州人性輕揚，而尚鬼好祀，每王綱解紐，宇内分崩，江、淮濱海，地非形勢，得之與失，未必輕重，故不暇先爭。然長淮、大江，皆可拒守。閩、越遐阻，僻在一隅，憑山負海，難以德撫。永嘉之後，帝室東遷，衣冠避難，多所萃止。藝文儒術，斯之爲盛。今雖閭閻賤品，處力役之際，吟詠不輟。蓋因顏、謝、徐、庾之風扇焉。"此言自三國以降，南方獲偏安之由，及永嘉之後，南方文物之所以日盛也。

古荆州曰："荆楚風俗，略同揚州。雜以蠻獠，率多勁悍。南朝鼎立。皆爲重鎮，然兵強財富，地逼勢危。稱兵跋扈，無代不有。是以上游之寄，必詳擇其人焉。"此所言者，乃東晉南北朝之形勢也。

古南越<sub>唐嶺南道</sub>。曰："五嶺之南，人雜夷獠。不知教義，以富爲雄。珠崖環海，尤難賓服。是以漢室，常罷棄之。大抵南方遐阻，人強吏懦。豪富兼并，役屬貧弱。俘掠不忌，古今是同。其性輕悍，易興迷節。爰自前代，及於國朝，多委舊德重臣，撫寧其地也。"此可見其地至唐世，政治之力尚弱，部落之力甚強也。

大抵交通便易之地，人事之變易多，風俗之遷流亦劇，閉塞之地則不然。然遷流之劇，亦必閱一時焉而後知，生當其時者不覺也。隋、唐之世之變遷，最大者爲江域之財力及其文物，超出於河域之上。觀天寶亂後，唐室恃江淮之財賦爲命脈；五代之世，金陵之文物，遠非汴、洛所及可知。淮域勁悍，楊行密尚用之以抗北兵，<sub>孫儒、朱全忠。</sub>而南唐迄以不振，亦以其退居江左，溺於宴安故也。嶺南演進頗速，蓋以海表估舶，謀近嶺北，稍自交州，移於廣州。閩介楚、越，始終以小國自居，而南漢侈然帝制自爲，蓋以此故。雲南演進亦速，蒙氏遂克與上國抗衡。此其牖啓，蓋亦資印、緬。惟今黔、桂之地，變遷甚少，則以其最閉塞故也。此等自易世之後觀之，了然無疑，而當時之人，曾不能道，蓋以其爲變甚徐也。惟北方變遷最劇。此爲自宋至明，外患率來自東北，而西北遂爾荒廢之由。其關係之大，可謂莫與比倫。以其來也驟，故當時之人，已頗能知之。然其遷流所屆，及其所以然之故，則言之亦殊不易也。

近人陳寅恪作《唐代政治史述論稿》，其上篇謂唐中葉後，河北實爲異族所薦居，三鎮之不復，非徒政理軍事之失，引杜牧《范陽盧秀才墓志》、韓愈《送董邵南序》爲證。牧之文云："秀才盧生，名霈，字子中。自天寶後三代，或仕燕，或仕趙。兩地皆多良田畜馬。生年二十，未知古有人曰周公、孔夫子者。擊毬飲酒，馬射走兔，語言習尚，無非攻守戰鬥之事。"愈之文曰："燕、趙古稱多感慨悲歌之士，董生舉進士，連不得志於有司，懷抱利器，鬱鬱適茲土，吾知其必有合也。董生勉乎哉！夫以子之不遇時，苟慕義強仁者，皆愛惜焉，矧燕、趙之士出乎其性者哉？然吾常聞風俗與化移易,吾惡知其今不異於古所云邪？聊以吾子之行卜之也。"陳氏曰:"據前引杜牧之《范陽盧秀才墓志》語言習尚無非攻守戰鬥之句及此序風俗與化移易之語,可知當日河北社會全是胡化。若究其所以然之故,恐不於民族遷移一事求之不得也。"因詳考安禄山之爲羯胡,陳氏引《舊唐書·肅宗紀》天寶十五載七月甲子制曰:"乃者羯胡亂常,兩京失守。"建中二年德宗褒恤詔曰:"羯胡作禍。"《新唐書·封常清傳》曰:"先鋒至葵園,常清使驍騎與柘羯逆戰。"臨終時表曰:"昨日與羯胡接戰。"《張巡傳》曰:"柘羯千騎。"《顏魯公集·陸康金吾碑》,目安禄山爲羯胡。姚汝能《安禄山事蹟》,亦多羯胡之語。杜甫《喜官軍已臨賊境二十韵》曰:"柘羯渡臨淮。"則其《詠懷古迹》"羯胡事主終無賴"句,實以時事入詩,不僅用梁侯景事,如《梁書·武陵王紀傳》所謂"羯胡叛涣"者也。玄奘《西域記》曰:"颯秣建國,兵馬强盛,多是赭羯之人。其性勇烈,視死如歸。"颯秣建即康。《新書·康傳》云:"枝庶分王,曰安,曰曹,曰石,曰米,曰何,曰火尋,曰戊地,曰史,世謂昭武九姓。"《安傳》曰:"募勇健者爲柘羯,柘羯,猶中國言戰士。"據《西域記》,赭羯是種族名,云戰士,非後來引申,即景文誤會。《石傳》曰:"石或曰柘支,曰柘折,曰赭時。"赭羯即柘羯異譯耳。案陳氏此論甚精。中亞與中國,往來其早,予因疑五胡中之羯,亦因中有西胡相雜,故蒙是稱。其俗火葬,與《墨子·節葬》言儀渠,《吕覽·義賞》言氏羌之俗合者,乃因其東來時與之相雜,抑火葬非東方之俗,儀渠、氏羌,或正受之西胡也。參看《先秦史》第十三章第三節。並列諸節鎮之爲異族,及雖難質言,而可疑爲異族者,以明其説。案李盡忠叛後,異族入處幽州者甚多。已見第四章第四節,安、史亂後自尤甚。然謂其人之衆,足以超越漢人,而化其俗爲戎狄,則見卵而求時夜矣。韓公之文,乃諷董邵南使歸朝,非述時事。杜牧之云,則謂盧生未嘗讀書耳,非謂其地之人,舉無知周公、孔子者,生因是而無聞焉也,豈可以辭害意？陳氏又引《新書·史孝章傳》孝章諫其父憲誠之語曰:"天下指河朔若夷狄然";《藩鎮傳序》曰:"遂使其人由羌狄然,訖唐亡百餘年,率不爲王土";謂"不待五代之亂,東北一隅,已如田弘正所云山東奥壤,悉化戎墟者"。弘正受節鉞後上表,見《舊書·本傳》。夫曰若夷狄然,曰由羌狄,正見其人實爲中國,若本爲外族,又何誅焉？弘正之語,亦斥其地藩帥之裂冠毁冕,故其下文云:"官封代襲,刑賞自專,"非謂其地之人,遂爲伊川之被髪也。史朝清之亂幽州,《通鑑考異》引《薊門紀亂》,言高鞠仁與阿史那承慶、康孝忠戰，鞠仁兵皆城旁少年，驍勇勁捷，馳射如飛，承慶兵雖多，不敵，大敗。殺傷甚衆，積尸成丘。承慶、孝忠出城收散卒，東保潞縣。又南掠屬縣。野營月餘，遲詣洛陽，自陳其事。城中蕃軍家口，盡踰城相繼而去。鞠仁令城中殺胡者皆重賞。於是羯胡俱殪。小兒皆擲於空中，以戈承之。高鼻類胡而濫死者甚衆。此事與冉閔之誅胡羯絕相類。觀其所紀，漢兵實較胡兵爲強，正不必戎虜而後有勇也。《紀亂》又言：是亂也，自暮春至夏中。兩月間，城中相攻殺凡四五，死者數千。戰鬥皆在坊市間巷間，但兩敵相向，不入人家剽劫一物，蓋家家自有軍人之故？又百姓至於婦人、小童，皆閑習弓矢，以此無虞。可見漢人習兵者之衆矣。或謂安知其中無東方種族，如奚、契丹之倫者，俗異而貌不異，故誅戮不之及乎？此誠可頗有之，然必不能甚衆。民之相仇，以習俗之異，非以容貌之殊，俗苟不同，殺胡羯時必不能無波及，其人亦必不能不自曬於胡羯也。《考異》又引《河洛春秋》，謂高如震與阿史那相持，阿史那從經略軍，領諸蕃部落及漢兵三萬人，至宴設樓前，與如震會戰。如震不利。乃使輕兵二千人，於子城東出，直至經略軍南街，腹背擊之。并招漢兵萬餘人。阿史那兵敗，走武清縣界野營。後朝義使招之，盡歸東都。應是胡面，不擇少長盡誅之。明當時胡漢各自爲軍，漢實多於胡也。當時幽州而外，屬縣亦殆無胡人，故胡兵一敗，衹可野營，不然，未必無他城邑可據也。健武之俗，習於戰鬥則自成，割據久而忘順逆，亦爲事所恒有，初不關民族異同。《舊五代史·張憲傳》云：太原地雄邊服，人多尚武，恥於學業，夫豈晉陽，亦淪戎索？希烈、少誠，篡申、蔡四十載，史亦言其地雖中原，人心過於夷貊，豈亦有異族人據乎？陳氏之論，於是乎失之固矣。然謂東北風俗之變，由於其民多左袵固非，而是時東北風俗，有一劇變，則固不容誣也。

《唐代政治史述論稿》中篇，又明唐代山東舊族，與永湝後藉文辭以取科第之士，各自分朋。謂宇文氏之據關中，曾思摶結所屬胡、漢爲一。參看第十七章第一節。隋、唐王室，及其輔弼，猶是此徒黨中人，而新興崇尚文辭之士，則武后拔擢之，以抑厭唐初舊人者。其後關輔鉅室遂衰,而山東舊族,則仍與新興崇尚文辭之士不相中。引《新唐書‧張行成傳》:行成侍太宗宴,太宗語及山東及關中人,意有同異,以證唐初之東西猜閒。又引鄭覃、李德裕等欲廢進士之科,以證山東舊族與崇尚文辭之士之睽隔。案《新書‧韋雲起傳》,言雲起於大業初建言:今朝廷多山東人,自作門户,附下罔上為朋黨,不抑其端,必亂政,因條陳姦狀。煬帝屬大理推究,於是左丞郎蔚之、司隸別駕郎楚之等皆坐免,則東西猜閒,隋世即然,謂其起於宇文氏之世,說自不誣。然是時之山東人,則不過欲仕新朝,而為所岐視,因相結合,以圖進取,免擠排耳,不必有何深意。陳氏謂山東舊族,尚經學,守禮法,自有其家法及門風,因此乃與崇尚文辭之士不相中,一若別有其深根固柢之道,而其後推波助瀾,遂衍為中葉後朋黨之局者,實未免求之深而反失之也。治化之興替,各有其時;大勢所趨,偏端自難固執。尚經學,守禮法者,山東之舊風,愛文辭,流浮薄者,江東之新俗。以舊日眼光論,經學自貴於文辭,禮法亦愈於浮薄。然北方雜戎虜之俗,南方則究為中國之舊,統一之後,北之必折入於南者,勢也。故隋、唐之世,文辭日盛,經學日微,浮薄成風,禮法凋敝,實為大勢之所趨,高宗、武后,亦受其驅率而不自知耳。以為武后有意為之,以抑厭唐室之世族,又求之深而反失之矣。然此為唐代風氣一大轉變,則亦不可誣也。

　　隋、唐風俗,實上承南北朝而漸變。舊俗之不可存者,逐漸摧殘剝落,而新機即萌蘖於其間,此乃理勢之自然,言風俗者不可不深察也。六朝風氣,史家舉其特異之處,曰尊嚴家諱,曰崇尚門第,曰慎重婚姻,曰區別流品,曰主持清議,已見《兩晉南北朝史》第十八章第二節。尊嚴家諱之風,隋、唐之世猶盛。然或諱嫌名,或偏諱二名,皆流於小廉曲謹,於義無取。《舊唐書‧太宗紀》:武德九年六月己巳,令官號、人名、公私文籍,有世民兩字不連續者,並不須諱。此時太宗尚僅為太子,然即位之後,亦未之有改。貞觀二十三年五月,太宗崩。六月,《通鑑》云:先是太宗二名,令天下不連言者勿避,至是始改官名犯先帝諱者。二名不偏諱,不聞限於生前,此已失禮意矣。《舊書‧本紀》:

是歲七月，有司請改治書侍御史、治中、治禮郎等官。以貞觀時不諱先帝二字詔之。有司奏曰：先帝二名，禮不偏諱，上既單名，臣子不合指斥。乃從之。後來穆宗名恒，乃改恒州、恒陽縣、恒王房等，事與此同。雖闕於事，在君主專制之世，庸或不得不然。憲宗名純，而改淳州、淳縣、淳風縣；韋思謙本名仁約，以音類則天父諱稱字；張仁愿本名仁亶，以音類睿宗諱改；則並爲嫌名矣。猶可曰君主或其父母也。永徽三年九月，改太子中允、中書舍人、諸率府中郎將，以避太子名。劉子玄本名知幾，玄宗在東宮，以音類改，則并及於太子矣。睿宗第四子隆範，第五子隆業，皆避玄宗去隆字，則并及於連名矣。古之諱者，諱其音不諱其字。崔玄暐本名曅，以字下體有則天祖諱改，更爲諂而非禮。《舊五代史‧唐明宗紀》：天成元年六月，詔曰：太宗時臣有世南，官有民部，應文書內所有二字，但不連稱，不得回避。然又云：如是臣下之名，不欲與君親同者，任自改更，則又孰敢不改者乎？《新史‧楊光遠傳》云：光遠初名檀，清泰二年，有司言明宗廟諱，犯偏旁者皆易之，乃賜名光遠。則轉出爲偏諱之外。《晉高祖紀》：天福三年二月辛丑，中書上言：唐太宗二名並諱，明宗二名亦同；人姓與國諱音聲相近是嫌名者，亦改姓氏；與古禮有異。廟諱平聲字即不諱餘三聲，諱側聲字即不諱平聲字。所諱字正文及偏旁闕點畫，望依令式施行。詔依唐禮施行。案語云：太原縣有史匡翰碑，立於天福八年。匡翰，建瑭之子也。碑於瑭字空文以避諱，而建瑭父敬思，仍書敬字，蓋當時避諱之體如此，此亦於不偏諱之義不合。《少帝紀》：即位之歲，七月戊子，詔應宮殿、州縣及官名、府號、人姓名，與先帝諱同音者改之。於是改明堂殿、政事堂等。案語云：《東都事略‧陶穀傳》：穀本姓唐，避晉祖諱改姓陶，則既偏諱，又及其嫌，更變本加厲矣。要之，皆韓愈所云宦官宮妾之所爲而已。**而不恤以之廢公。**《新五代史‧石昂傳》：節度使符習高其行，召以爲臨淄令。習入朝京師，監軍楊彥朗知留後事。昂以公事至府上謁。贊者以彥朗諱石，更其姓曰右。昂仰責彥朗曰："內侍奈何以私害公？"昂姓石，非右也。此私諱不可害及公事之證也。《舊唐書‧懿宗紀》：咸通二年八月，以衛洙爲滑州刺史。洙奏官號內一字與臣家諱音同，請改授閑官。勅曰：嫌名不諱，著在禮文，成命已行，固難依允，是已。而《源乾曜傳》：乾曜遷太子太師，以祖名師固辭，乃拜太子太傅，是其許否並無定法也。尤可駭者：《舊五代史‧唐明宗紀》：天成三年二月，工部尚書盧文紀貶石州司馬，員外安置。文紀私諱業。時新除于鄴爲工部郎中，舊例，寮屬名與長官諱同，或改其任。文紀素與宰相崔協有隙，故中書未議改官。于鄴授官之後，文紀自請連假。鄴尋就位。及差延州官告使副，未行，文紀參告，且言候鄴迴日，終請換曹。鄴其夕遂自經而死。故文紀貶官。《新史‧文紀傳》云：協除于鄴，文紀大怒。鄴赴省參謁，文紀不見之。因請連假。已而鄴奉使，未行，文紀即出視事。鄴因醉忿自經死。蓋鄴初附協以挫文紀，後又不知如何，忿怒而至於自戕也。此事之情不可知，然虛文則竟成殺人之具矣。**甚至相擠排之時，則以之責人，及其趨利附勢，則又棄如敝**

屣。唐德宗時,李涵自御史大夫改太子少傅。其爲浙西時,判官吕渭上言:涵父名少康,今爲少傅,恐乖禮典。宰相崔祐甫奏曰:若朝廷事有乖舛,羣臣悉能如此,實太平之道。乃特授渭司門員外郎。尋御史臺劾奏:涵再任少卿,此時都不言,今爲少傅,妄有奏議。乃貶渭歙州司馬,而涵卒改檢校工部尚書兼光禄卿。事見《舊書》《涵》及《渭傳》。渭即不挾詐,如此毛舉細故,而云可以致太平,豈不令人發笑?則不獨渭,崔祐甫之言,亦朋黨之論也。《新書·李廊傳》:孫磩,大中末擢進士,累遷户部侍郎,分司東都。劾奏内園使郝景全不法事。景全反摘磩奏犯順宗嫌名,坐奪俸。磩上言:因事告事,旁訟他人者,咸通詔語也。禮不諱嫌名,律廟諱嫌名不坐,豈臣所引詔書,而有司輒論奏?臣恐自今用格令者,委曲回避,旁緣爲姦也。乃詔不奪俸。細人之壞禮破律,以相賊害,有如此者。《舊書·李賀傳》云:父名晉肅,以是不應進士。韓愈爲之作《諱辯》,賀竟不就試。殿本《考證》云:《劇談録》云:元和中,李賀善爲歌篇,韓公深所知重。於縉紳間每加延譽,由是聲華藉甚。時元稹年少,以明經擢第,常願交結賀。一日,執贄造門,賀覽刺,令僕者謂曰:"明經及第,何事來看李賀?"稹慙忿而退。其後稹制策登科,日當要路。及爲禮部郎中,因議賀父諱晉肅,不合應進士舉。文公惜其才,爲著《諱辯》以明之。《摭言》亦云:賀舉進士,或謗賀不避家諱,文公特著《諱辯》一篇。據此,則賀嘗舉進士,而元稹謗之,史云竟不就試非也。賀無嚴其家諱之心,而疾之者借以造謗,禮之末流,則如是而已。此其可恥,蓋又甚於韓愈所云宦官宫妾之爲。此等風俗,而合久持乎?矜尚門第,慎重婚姻,區别流品,其爲得失,觀論婚姻、宗族、門閥、選舉各節自明。至於清議,則除劉蕡等一二鯁直之士外,實未之有聞。唐人所謂清議者,大率毛舉細故,曲加附會,甚至訐人陰私,造作蜚語,以圖進取而謀傾陷,快私忿而要時譽。讀前此諸章所辯正,自可見之。此等風氣,相沿至於宋、明,未之有改。遂至敗壞國事,舉大局以徇一人意氣之私,淆亂是非,肆曲筆而詒悖史千秋之累。其爲博禍,誠可痛心。論者多以是爲理學之咎,實則理學真諦,在於懲忿窒欲,存理去私,安得如是?是特朋黨之士,僞託理學之名,致使不察其實者,連類而並譏之耳。理學家好作誅心之論,又其視私德過重,誠有足長朋黨攻擊之弊者,然别有用心者,借資其學,以遂其私,究不能即以爲是學之咎也。不特此也,魏、晉後風俗之敝,莫大於民族之義未昌,君臣之義先敝,《兩晉南北朝史》第十八章第二節,亦已言之。隋、唐之世,此風亦未有改。董邵南蓋即其中之一人。《舊唐書·李益傳》,言益登進士第,久之不調,而流輩皆居顯位,益不得意,北游河朔。幽州劉濟,辟爲從事。嘗與濟詩,有不上望京樓之句。此又一董邵南也。賈至議貢舉事云:近代趨仕,靡然鄉風,致使祿山一呼,而四海震蕩,思明再亂,而十年不復。《舊書·楊綰傳》。祿山以羯胡而驅率戎虜,實爲五胡亂華之禍之再見,而其時之人,靦然安之若此,安怪馮道,歷受沙陀、契丹官爵,尚侈然以長樂老自誇乎?士氣至此,國家、民族,尚誰與立哉?陳氏述論,亦引李益事,而論之曰:觀此,則董邵南之游河北,蓋是當日常情。因謂唐之後半,一國之中,實有兩獨立敵視之團體,統治之者,種族、文化,宜有不同。此亦求之深而反失之。唐代士人如此,實緣其時科第之士仕進之途狹而雜流多,而其時士風,又極躁進耳。《新書·鍾傳》云:廣明後州縣不鄉貢,惟傳歲薦士。行鄉飲酒禮,率官屬臨觀。資以裝齎。士不遠千里走傳府。董邵南、李益,亦此等人物而已。其來也,既惟爲身謀,其得之,自惟有委蛇以避禍。馮道不幸而爲世所指摘,其實當時如道者豈止一人?且如鄭韜光,唐宣宗之外孫,歷仕至晉初乃致仕。史稱其事十一君,越七十載,所仕無官謗,無私過,士無賢不肖,皆恭已接納,交友之中無怨隙,親戚之間無愛憎,其善自全,又寧讓馮道邪?世惟耽於逸樂者,雖迫危亡,而不能自振。《舊書·鄭覃傳》:文宗謂宰臣曰:"百司弛慢,要重條舉。"覃對曰:"丕變風俗,當考實效。自三十年已來,多不務實,取於顏情。如稹、阮之流,不攝職事。"李石云:"此本因治平,人人無事,安逸所致。今之人俗,亦慕王夷甫,恥不能及之。"此可見唐代玄學衰矣,不事事之風顧在。《通鑑》:憲宗元和十五年,上謂給事中丁公著曰:"聞外間人多宴樂,此乃時和人安,足用爲慰。"公著曰:"此非佳事,恐漸勞聖慮。"上曰:"何故?"對曰:"自天寶已來,公卿大夫,競爲游宴,沈酣晝夜,獲雜子女,不愧左右。如此不已,則百職皆廢,陛下能無獨憂勞乎?"此又可知其不事事之風之所由來也。得非南北朝餘習乎?

　　風俗之敝至此,其何以救之?曰:復古之經,務民之義,所以輓佛、老末流,遺棄世事之失也。明君臣之義,嚴夷夏之防,慎重行止,愛惜名節,所以矯魏、晉已來,惟重私門,敢於冒進,敗名喪檢,無所不爲之弊也。是則有宋諸賢之所務,而其風氣,實亦隋、唐之世逐漸開之。此則貞元剝復之機也。俟講學術時明之。

# 第十七章 隋唐五代社會等級

## 第一節 門　　閥

　　物有欲摧折之而適以扶持之者,唐代官修譜系之書是已。《舊唐書·高士廉傳》云:朝議以山東人士,好自矜夸,雖復累葉陵遲,猶恃其舊地,女適他族,必多求聘財,太宗惡之,乃詔士廉與御史大夫韋挺、中書侍郎岑文本、禮部侍郎令狐德棻等刊正姓氏。於是普責天下譜牒,仍憑據史傳,考其真僞,忠賢者襃進,悖逆者貶黜,撰爲《士族志》。士廉乃類其等第以進。太宗曰:"我與山東崔、盧、李、鄭,舊既無嫌,爲其世代衰微,全無冠蓋,猶自云士大夫。婚姻之間,則多邀錢幣。才識凡下,而偃仰自高。販粥松檟,依託富貴。我不解人間何爲重之? 祗緣齊家惟據河北,梁、陳僻在江南,當時雖有人物,偏僻小國,不足可貴,至今猶以崔、盧、王、謝爲重。我平定四海,天下一家,凡是朝士,皆功效顯著,或忠孝可稱,或學藝通博,所以擢用,見居三品已上。欲共衰代爲親,縱多輸錢帛,猶被偃仰。我今特定族姓者,欲崇重今朝冠冕,何因崔幹猶爲第一等? 昔漢高祖,止是山東一匹夫,以其平定天下,主尊臣貴。卿等讀書,見其行事,至今以爲美談,心懷敬重。卿等不貴我官爵邪? 不須論數世以前,止取今日官爵高下作等級。"遂以崔幹爲第三等。及書成,凡一百卷,詔頒於天下。《經籍志》:《大唐氏族志》一百卷,《新書・藝文志》同。《舊紀》:貞觀十二年正月,吏部尚書高士廉等上《氏族志》一百三十卷。疑其書奏上後又有更定。《李義府傳》云:太宗命士廉、挺、文本、德棻等,及四方士大夫諳練門閥者修《氏族志》。勒成百卷,升降去取,時稱允當。頒下諸州,藏爲永式。義府恥其家代無名,乃奏改此書。專委禮部郎中孔志約、著作郎楊仁卿、太子洗馬史玄道、太常丞呂才重修。《新書・義府傳》云:時許敬宗以不載武后本望,義府亦恥先世不見叙,更奏刪正。《通鑑》則云:許敬宗等以其書不叙武后本望,奏請改之,乃命禮部郎中孔志約等比類升降,以后族爲第一等,而未及義府。蓋義府雖以先世不見叙爲恥,而其事之獲行,則實以不載武后本望故也。《舊書》專咎義府,恐非實錄。志約等遂立格,云皇朝得五品官者,皆升士流。於是兵卒以軍功致五品者,盡入書限。更名爲《姓氏錄》。由是縉紳士大夫,多恥被甄叙,皆號此書爲勳格。謂其如勳之易得,非謂據勳爲定也。義府仍奏收天下《氏族志》本焚之。《柳沖傳》云:景龍中,累遷爲左散騎常侍,修國史。初貞觀中,太宗令學士撰《氏族志》百卷,以甄別士庶,至是向百年,而諸姓至有興替。沖乃上表,請改修氏族。中宗命沖與左僕射魏元忠及史官張錫、徐堅、劉憲等八人,又四人爲蕭至忠、岑羲、崔湜、吳兢,見《新書・沖傳》。依據《氏族志》,重加修撰。元忠等施功未半,相繼而卒,乃遷爲外職。至先天初,沖始與侍中魏知古、中書侍郎陸象先及徐堅、劉子玄、吳兢等撰成《姓錄》二百卷奏上。《紀》在開元二年七月。據《蕭至忠傳》,與撰是書者,尚有竇懷貞、崔湜。《岑文本傳》:其兄孫羲,亦與於是役。開元二年,又敕沖及著作郎薛南金刊定。此唐代官修譜系之始末也。《韋述傳》:祕書監馬懷素,受詔編次圖書,奏用左散騎常侍元行沖、左庶子齊澣、祕書少監王珣、衛尉少卿吳兢,并述等二十六人,同於祕閣詳錄四部書。懷素尋卒,行沖代掌其事。五年而成。其總目二百卷。述好譜學。祕閣中見姓族系錄二百卷,於分課之外,手自抄錄,暮則懷歸。如是周歲,寫錄皆畢。百氏源流,轉益詳悉。乃於柳錄之中,別撰成《開元譜》二十卷。此雖本姓錄,實爲私家抄撰之書,非官纂也。孔志約之書,與高士廉之書,實不過百步與五十步,一見稱爲允當,一被目爲勳格者,臣子稱頌之辭,異黨詆訾之語,非可據爲定論。柳沖之書,體例一仍《氏族志》,更不待言。《新傳》云:夷蕃酋長襲冠帶者,析著別品。惟此一端,當屬相異。然則唐代官修之書,宗旨實後先一揆。一言蔽之,則以當朝之所貴,易民間之所重而已。其效果何如乎?《舊書·李義府傳》云:關東魏、齊舊姓,雖皆淪替,猶相矜尚,自爲婚姻。義府爲子求婚不得,乃奏隴西李等七家,不得相與爲婚。《新書·高士廉傳》著七家之目云:後魏隴西李寶,太原王瓊,滎陽鄭溫,范陽盧子遷、盧渾、盧輔,清河崔宗伯、崔元孫,前燕博陵崔懿,晉趙郡李楷,凡七姓十家。又云:先是後魏太和中,定四海望族,以寶等爲冠。其後矜尚門地,故《氏族志》一切降之。王妃、主壻,皆取當世勳貴名臣家,未嘗尚山東舊族。後房玄齡、魏徵、李勣復與婚,故望不減。然每姓第其房望,雖一姓中,高下縣隔。李義府爲子求婚不得,始奏禁焉。其後天下衰宗落譜,昭穆所不齒者,皆稱禁婚家。益自貴,凡男女皆潛相聘娶,天子不能禁,世以爲敝云。自房玄齡、魏徵、李勣等,已與爲婚,則太宗之志,實未嘗一日而行,遑論義府?《舊書·李昭德傳》云:來俊臣棄故妻而娶太原王慶詵女。侯思止亦奏娶趙郡李自挹女。敕政事堂共商量。昭德撫掌謂諸宰相曰:"大可笑。往年俊臣賊劫王慶詵女,已大辱國,今日此奴又請索李自挹女,無乃復辱國邪?"尋奏罷之。《侯思止傳》略同。《溫造傳》:造爲御史中丞,朝廷有喪不以禮,配不以類者悉劾之。《元稹傳》載稹自叙,言分蒞東都臺,數十事或移或奏皆主之,而田季安盜取洛陽衣冠女爲其一。《李敬玄傳》:敬玄久居選部,人多附之,前後三娶,皆山東士族。《李懷遠傳》:孫彭年,天寶初爲吏部侍郎,慕山東著姓爲婚姻,引就清列,以大其門。《新書·李日知傳》,言其居官頗廉,既罷又不治田園,而諸子方總角,皆通婚名族。而王鍔善居財,亦附太原王翃爲從子,以婚閥自高。李白既死,宣歙觀察使范傳正訪其後裔,惟二女孫,嫁爲民妻。告將改妻士族。辭以孤窮失身,命也,不願更嫁。乃止。其限界之嚴如此。唐室不惟不能禁也,終亦折而從之。《舊書·獨孤郁傳》云:權德輿作相,郁以婦公辭內職。憲宗曰:"德輿乃有此佳壻?"因詔宰相:於士族之家,選尚公主者。《新書·李吉甫傳》云:十宅諸王,既不出閣,諸女嫁不時,而選尚皆由中人,厚爲財謝,乃得遣。

吉甫奏自古尚主，必慎擇其人，江左悉取名士，獨近世不然。帝乃下詔，皆封縣主，令有司取門閥者配焉。是爲唐室願婚士族之始。其效又何如乎？《杜佑傳》云：權德輿爲相，其壻翰林學士獨孤郁以嫌自白。憲宗見郁文雅，歎曰："德輿有壻乃爾？"時岐陽公主帝愛女，舊制選多戚里將家，帝始詔宰相李吉甫擇大臣子。皆辭疾。惟佑孫悰，以選召見麟德殿。陳寅恪云：佑父希望，實以邊將進用，雖亦號爲舊家，並非勝流名族。《唐代政治史述論稿》中篇。是其所得者，仍與戚里將家，相去無幾也。又《杜悰傳》：開成初，文宗欲以真源、臨真二公主降士族。二主皆憲宗女。謂宰相曰："民間修昏姻，不計官品，而尚閥閱。我家二百年天子，顧不及崔、盧邪？"詔宗正卿取世家子以聞。悰從弟羔之子中立及校書郎衛洙得召見禁中。拜著作郎。月中，遷光祿少卿，駙馬都尉。尚真源長公主。臨真下嫁衛洙。洙次公子，兩《書》皆附其父傳。《舊書·于休烈傳》：曾孫琮，落拓有大志。雖以門資爲吏，久不見用。大中朝，駙馬都尉鄭顥以琮世故，獨以器度奇之。會有詔於士族中選人才尚公主，衣冠多避之。顥謂琮曰："子人才甚佳，但不護細行，爲世譽所抑，久而不調，能應此命乎？"琮然之。會李藩知貢舉，顥託之，登第。其年，遂升諫列。尚廣德公主。案琮初本選尚永福公主，以主食帝前折匕箸，乃詔改尚廣德。已見第十五章第一節。鄭顥者，萬壽公主壻。主帝所愛，前此下詔：先王制禮，貴賤共之，萬壽公主奉舅姑宜從士人法。舊制，車輿以鐐金扣飾。帝曰："我以儉率天下，宜自近始。"易以銅。見《新書·諸公主傳》。《傳》又云：主每進見，帝必諄勉篤誨，亦已見第十五章第一節。《通鑑》：大中三年十二月，鄭顥弟顗嘗得危疾，上遣使視之。還，問公主何在？曰："在慈恩寺戲場。"上怒。歎曰："我怪士大夫家不欲與我爲婚，良有以也。"亟命召公主入宮。立之階下，不之視。公主懼，涕泣謝罪。上責之曰："豈有小郎病，不往省視，乃觀戲乎？"遣歸鄭氏。由是終唐之世，貴戚皆兢兢守禮法，如山東衣冠之族，蓋宣宗之自修飭而求媚於士族者至矣。然《舊書·王徽傳》言：懿宗詔宰相於進士中選子弟尚主，或以徽籍上聞。徽性沖澹,遠勢利,聞之,憂形於色。徽登第時年踰四十。見宰相劉瑑哀祈,具陳年已高矣,居常多病,不足以塵汙禁臠。瑑於上前言之,方免。則士人之視尚主爲畏途,終唐世未之有改也。士族之深閉固拒如此,而唐室之力求自媚如彼,然則唐初之王妃、主壻,皆取勳貴名臣,不尚山東舊族者,果所願不存乎?抑求之而不得也?案柳芳論氏族,言過江爲僑姓,王、謝、袁、蕭爲大。東南爲吳姓,朱、張、顧、陸爲大。山東爲郡姓,王、崔、盧、李、鄭爲大。關中亦號郡姓,韋、裴、柳、薛、楊、杜首之。代北爲虜姓,元、長孫、宇文、于、陸、源、竇首之。又言山東之人爲婚姻,江左之人尚人物,關中之人尚冠冕,代北之人尚貴戚。詳見《兩晉南北朝史》第十八章第一節。虜姓不足論。吳中開發晚,自亦不得與中原并。《舊書・張九齡傳》:玄宗欲加牛仙客實封,兼爲尚書。九齡執奏。玄宗曰:"卿以仙客無門籍邪?卿有何門閥?"九齡頓首曰:"臣荒徼寒賤,仙客中華之士。然陛下擢臣,踐臺閣,掌綸誥。仙客本河湟一使典,目不識文字,若大任之,臣恐非宜。"當時視中原人士,與荒徼之產,睽隔不同如此。若僑姓則本與山東郡姓是一,特因喪亂,過江寄寓,海宇既清,自可復我邦族,觀太宗謂高士廉,以崔、盧、王、謝並舉可知。關中亦清華之地,而芳又言流俗獨以崔、盧、李、鄭爲四姓,加太原王氏號五姓,而不及韋、裴、柳、薛、楊、杜者,本秦雜戎狄之俗,非鄒、魯文教之倫,故至漢世,猶言關東出相,關西出將;見《秦漢史》第十三章第八節。加以三選七遷,充奉陵邑,鬥雞走狗之風,隨之而盛;國人視之,自不得與山東比也。陳寅恪言:魏、晉之際,雖有鉅族小族之分,然小族之男子,苟以才器著聞,得稱爲名士者,其地位即與鉅族子弟無殊;女子能以禮法見尊,亦可與高門通婚;非若後來,專以祖宗官職高下爲準。引《魏書・盧玄傳論》,謂玄文武功業,殆無足紀,而見重於時,聲高冠帶,蓋德業聞望,有足稱者爲證。又引《舊唐書・袁朗傳》云:朗,雍州長安人。其先自陳郡仕江左。朗自以中外人物,爲海內冠族。雖琅邪王氏,繼有台鼎,歷朝首爲佐命,鄙之不以爲伍。孫誼,又虞世南外孫,神功中爲蘇州刺史。嘗因視事,司馬清河張沛通謁。沛即侍中文瓘之子。誼曰:"司馬何事?"

沛曰:"此州得一長史,是隴西李宣,天下甲門。"誼曰:"司馬何言之失?門戶須歷代人賢,名節風教,爲衣冠顧瞻,始可稱舉,老夫是也。夫山東人,尚於婚媾,求於利祿,作時柱石,見危致命,則曠代無人,何可說之,以爲門戶?"沛懷慚而退。時人以爲口實。案此正柳芳所謂尚人物者。《新書·馮元常傳》:元常閨門雍睦,有禮法,雖小功喪,不御私室。神龍中,旌其家,大署曰忠臣之門。天下高其節,凡名族皆願通婚。則尚人物之風,唐世猶有存者,特不多耳。合盧玄之事觀之,知尚婚姻特山東之流失,其初本與江左同。至於關中,則太宗謂高士廉之言,正所謂尚冠冕者。《舊書·裴寂傳》:高祖嘗從容謂寂曰:"我李氏昔在隴西,富有龜玉。降及祖禰,姻婭帝室。及舉義兵,四海雲集,纔涉數日,升爲天子。至如前代皇王,多起微賤,劬勞行陳,下不聊生。公復世胄名家,歷職清顯。豈若蕭何、曹參,起自刀筆吏也?惟我與公,千載之後,無愧前修矣。"又《竇威傳》:威高祖后從父兄。高祖嘗謂曰:"昔周朝有八柱國之貴,吾與公家,咸登此職。今我已爲天子,公爲内史令,本同末異,乃不平矣。"威謝曰:"臣家昔在漢朝,再爲外戚,至於後魏,三處外家。陛下龍興,復出皇后,臣又階緣戚里,位忝鳳池。自惟叨濫,曉夕兢懼。"高祖笑曰:"比見關東人與崔、盧、李、鄭爲婚,猶自矜伐,公代爲帝戚,不亦貴乎?"此則并雜代北尚貴戚之俗矣。自後魏南遷,塞北諸族,紛紛入居伊洛。逮其東西分裂,則又有徙居關中者。宇文氏秉政,並使爲京兆人。有絶滅者,則以諸將之有功者繼之。孝文嘗改虜姓爲漢姓,至是復之,且以虜姓賜漢將。中國人隨魏室西遷者,亦使僞造譜録,以關内諸州,爲其本望。《隋書·經籍志·譜系篇》云:後魏遷洛,有八氏、十姓,咸出帝族;又有三十六族,則諸國之從魏者;九十二姓,世爲部落大人者;並爲河南洛陽人。其中國人,則第其門閥,有四海大姓、郡姓、州姓、縣姓。及周太祖入關,諸姓子孫有功者,並令爲其宗長,仍撰譜録,紀其所承,又以關内諸州,爲其本望。案九十二姓,當作九十九姓,字之誤也。《周書·文帝紀》:魏恭帝元年云:魏氏之初,統國三十六,大姓九十九,後多絶滅,至是,以諸將功高者爲三十六國後,次功者爲九十九姓後。所統軍人,亦改從其姓。《明帝紀》:二年三月,詔曰:三十六國,九十九姓,自魏氏南徙,咸稱河南之民,今周室既都關中,宜改稱京兆人。至周宣帝大象二年,隋文帝得政,乃使諸改姓者悉復其舊。然西胡、北虜之冒漢姓者,未必能復,如《唐書·宰相世系表》所載:竇氏本出没落回,而自託於漢竇武。侯氏實侯伏氏,而自託於鄭侯宣多。獨孤氏自託於漢沛獻王輔。烏氏本烏洛侯氏,而自託於烏之餘。亦或託於漢人之入虜者,則丙氏自託於漢李陵,云陵降匈奴,裔孫歸魏,見於丙殿,賜姓曰丙。亦有自託於夷狄者,如渾氏自稱爲匈奴渾邪王之後是。蓋夷狄久入中國,則亦爲貴種矣。此等積習,至五代之世未改。如石晉自託於衛大夫碏,漢丞相奮,見《舊史·本紀》。劉知遠以漢光武爲始祖百世不遷廟,見《禮志》。而漢人僞造之譜牒,亦無由是正矣。陳氏《唐代政治史述論稿》上篇云:李唐稱隴西郡望,及冒託西涼嫡系由此。北朝、隋、唐諸人,籍貫往往紛岐亦由此。如李弼,《周書》本傳、《舊書》《李密》、《李泌傳》、《新書·宰相世系表》爲遼東襄平人,而《北史》《弼》、《密傳》、《文苑英華》九百四十八魏徵《密墓志銘》以爲隴西成紀人是也。案陳氏此論甚精。故在隋、唐之世,關中實爲華夷混雜之區。以視山東,雖亦有異族荐居,而衣冠之緒,與腥羶之俗,猶判然不相雜者,固不可同日而語。此又當時之人,所以重山東而輕關輔也。唐室腥羶之習,蓋極於開元、天寶之世,至德宗以後,則日即於中國矣,觀其多恭儉奮發之主可知。高祖鱗才,徒知以貴戚自滿。太宗天資較高,於舉世所重之山東名族,蓋未嘗不心焉慕之,慕之而士族擯弗之齒,則積忿而欲摧折之矣,此《氏族志》之所由作也。然一夫之忿戾,終不敵舉世之風尚,故自憲宗以後,又閹然思自媚焉。至此,則沿腥羶餘俗之唐朝,已降伏於中國之士族。中國人更不必藉族姓爲藩籬,以自衛其文化矣。而國人亦遂視同芻狗。《新書·高士廉傳贊》曰:古者受姓受氏,以旌有功。是時人皆土著,故名宗望姓,舉郡國自表,而譜系興焉。遭晉播遷,胡醜蕩析。士去墳墓,子孫猶挾系録,以示所承。而閥閱顯者,至賣昏求財,汩喪廉恥。唐初流弊仍盛,天子屢抑而不爲衰。至中葉,風教又薄,譜録都廢。公靡常産之拘,士亡舊德之傳。言李悉出隴西,言劉悉出彭城,悠悠世祚。訖無考按,冠冕皁隸,混爲一區,可太息哉!彼徒知風氣之變!而不知其由,則欲爲之太息,而惡知深求其故,別有其隱曲難明者在乎?然則門閥之制,至於南北朝之末,本可摧陷廓清,而又獲緜歷數百年者,正唐室之岐視士族爲之。故曰:欲摧折之,轉以扶持之也。

抑諝曰：蕞爾國而三世執其政柄，其用物也弘矣，其取精也多矣，能爲厲，不亦宜乎！五代時之門閥是已。是時豆盧革、盧程、韋說、趙光允等，皆以名家子登相位。實錄錄無所長。當時之用之，徒以爲諳練故事，實則故事亦非所諳也。薛《史·盧程傳》：程投於太原，莊宗署爲推官，尋改支使。褊淺無他才，惟務恃門第。口多是非，篤厚君子尤薄之。初判官王緘，從軍掌文翰。胡柳之役，緘沒於軍。莊宗歸寧太原，置酒公宴。舉酒謂張承業曰："予今於此會，取一書記，先以卮酒辟之。"即舉酒屬巡官馮道。道以所舉非次，抗酒辭避。莊宗曰："勿謙挹，無踰於卿也。"時以職列序遷，則程當爲書記。程既失職，私懷憤惋。謂人曰："主上不重人物，使田里兒居予上。"又《李專美傳》云：專美遠祖，本出姑臧大房，與清河小房崔氏，北祖第二房盧氏，昭國鄭氏爲四望族。皆不以財行相尚，不以軒冕爲貴，雖布衣徒步，視公卿蔑如也。男女婚嫁，不雜他姓。欲聘其族，厚贈金帛始許焉。唐太宗曾降詔以戒其弊風，終莫能改。其閒有未達者，必曰："姓崔、盧、李、鄭了，餘復何求邪？"其達者則邈在天表，敻若千里，人罕造其門。其浮薄自大，皆此類也。惟專美未嘗以氏族形於口吻，見寒素士大夫，恒恂恂如也，人以此多之。歐《史·崔居儉傳》云：崔氏自後魏、隋、唐，與盧、鄭皆爲甲族。吉凶之事，各著家禮。至其後世，子孫專以門望自高，爲世所嫉。本實先撥，而枝葉未有害，可謂百足之蟲，死而不僵矣。然豈可久哉？薛《史·郭崇韜傳》云：崇韜權傾四海，車騎盈門，士人謟奉，漸別流品。同列豆盧革謂崇韜曰："汾陽王代北人，徙家華陰，侍中世在雁門，得非祖德歟？"崇韜應曰："經亂失譜牒。先人嘗云：去汾陽王四世。"革曰："故祖德也。"因是旌別流品，援引薄徒。委之心腹。佐命勳舊，一切鄙棄。舊寮有干進者，崇韜謂之曰："公雖代邸之舊，然家無門閥。深知公才技，不敢驟進者，慮名流嗤余故也。"沐猴而冠，真可發一噱。世惟田里兒暴貴，乃仰慕貴胄而欲則效之，而貴胄亦遂以此，敖然自尊，然其局豈可久哉？

譜系因門閥而興，而門閥之制，亦藉譜系以維持於不敝，譜系荒則門閥替矣。《新書·柳沖傳》云：唐興，言譜者以路敬淳爲宗，柳沖、韋述次之。李守素亦明姓氏。後有李公淹、蕭穎士、殷寅、孔至，爲世所稱。殷寅父名踐猷，《舊傳》云：通於族姓。此唐代治譜系之學者也。頗爲寂寥矣。中葉後，其學遂幾絕迹。此其所以世祚悠悠，訖無考按也。

　　唐制：工商之家，不得與於士。《舊書·職官志·户部》。又《食貨志》云：工商雜類，不得與於士伍。庶人服黃，工商亦不聽。《通鑑》：高宗上元元年八月戊戌，敕文武官三品已上服紫，金玉帶。四品服深緋，金帶。五品服淺緋，金帶。六品服深緑，七品服淺緑，並銀帶。八品服深青，九品服淺青，並鍮石帶。庶人服黃，銅鐵帶。自非庶人，不聽服黃。胡《注》云：非庶人，謂工、商、雜户。且禁乘馬，《舊書·高宗紀》：乾封二年二月，禁工商乘馬。《舊書·曹確傳》：懿宗以伶官李可及爲威衛將軍。確執奏曰：「臣覽貞觀故事，太宗初定官品，今文武官共六百四十三員。」顧謂房玄齡曰：「朕設此官員，以待賢士。工、商、雜色之流，假令術踰儔類，止可厚賜財物，必不可超授官秩，與朝賢君子，比肩而立，同坐而食。」其岐視之如此。有由雜流進者，雖至高官，仍爲人所岐視：《張玄素傳》云：太宗嘗對朝問玄素歷官所由。玄素既出自刑部令史，甚以慙恥，褚遂良上疏曰：居上能禮其臣，臣始能盡力以奉其上。近代宋孝武，輕言肆口，侮弄朝臣，攻其門户，乃至狼狽，良史書之，以爲非是。陛下昨見問張玄素云：「隋任何官？」奏云「縣尉」。又問「未爲縣尉已前？」奏云「流外」。又問「在何曹司？」玄素將出閣門，殆不能移步。精爽頓盡，色類死灰。朝臣見之，多所驚怪。大唐創曆，任官以才。卜祝庸保，量能使用。陛下禮重玄素，頻年任使，擢授三品，翼贊皇儲，自不可更對羣臣，窮其門户，棄昔日之殊恩，成一朝之愧恥。人君之御臣下也，禮義以導之，惠澤以驅之，使其負載玄天，罄輸臣節，猶恐德禮不加，人不自厲。若無故忽略，使其羞慙。鬱結於懷，衷心靡樂。責其伏節死義，其可得乎？此其機亦危矣。韋挺不禮馬周，李揆意輕元載，卒爲所報，可不鑒乎？皆見《舊書》本傳。鄭注，奇才也，其入翰林，高元裕當書命，言其以醫術侍，注甚愧憾。舒元興,亦忠藎之士也,而史言其地寒不與士齒。鬱鬱澗底松,離離山上苗,以彼徑寸陰,蔭此百尺條,謂之何哉?

## 第二節　豪強游俠

豪強、游俠,二者皆爲民害,而喪亂之際尤甚。試就隋、唐間事觀之。薛舉家產鉅萬,交結豪猾,雄於邊朔。李軌家富於財,振窮濟乏,人亦稱之。梁師都代爲本郡豪族。皆豪強也。竇建德少以然諾爲事。父卒,送葬者千餘人。劉武周交通豪俠。其兄山伯,每誡之曰:"汝不擇交游,終當滅吾族也。"高開道少以煑鹽自給。劉黑闥嗜酒好博弈,不治產業,父兄患之,而與竇建德少相友善。家貧無以自給,建德每資之。皆游俠也。李勣家多僮僕,積粟數千鍾,與其父蓋,皆好惠施,振濟貧乏,不問親疏。翟讓爲盜,勣往從之,時年十七,則二者兼之矣。蓋喪亂之際,豪強不與游俠相交結,則無以自全,而游俠亦利得豪強以自助,故二者又互有關係也。蕭銑之起也,其衆本欲推董景珍爲主。景珍曰:"吾素寒賤,雖假名號,衆必不從。今若推主,當從衆望。羅川令蕭銑,梁氏之後。寬仁大度,有武皇之風。吾又聞帝王膺籙,必有符命,而隋氏冠帶,盡號起梁,斯乃蕭家中興之兆。今請以爲主,不亦應天順人乎?"此徒以家世推之,欲借其名望以資號召,然銑既無黨徒,亦無部曲,遂不能駕馭諸將,終至覆滅。而李密,奔亡時,嘗依妹壻雍丘令丘君明,轉匿大俠王季才家,及起,則任城大俠徐師仁從之,遂克稱雄一時,略地甚廣。劉文靜之囚也,太宗入禁所視之。文靜曰:"今太原百姓,避盜賊者皆入城,文靜爲令數年,知其豪傑,一朝嘯集,可得十萬人。"所謂豪傑,亦必武斷鄉曲,或以武犯禁之徒也。故知風塵澒洞之時,非斯二者,殆莫能挺刃而起矣。然二者之情亦有異。飛揚跋扈,萬里雲會者,游俠之士也。割據一方,負嵎不下者,豪強之家也。翟讓、竇建德之徒,蓋皆以游俠起。若盧祖尚者,史亦稱其饒財好施,以俠聞。大業末,募壯士捕盜。屬宇文化及之亂,遂據光州稱刺史。然越王侗立,祖尚即以地歸之。王世充僭位,祖尚復歸唐,此則豪右欲保據自固者耳。唐末如黃巢、孫儒等,乃翟讓、竇建德之倫,若留從效,則盧祖尚之類也。

豪強游俠,所由雖各殊途,而其爲胺民以生則一,故在承平之時,亦必不能無爲民害。《舊書・尹思貞傳》:補隆州參軍。時晉安縣有豪族蒲氏,縱橫不法,前後官吏莫能制。州司令思貞推按,發其姦臧萬計,竟論殺之。此豪右之作姦犯科者也。《孟簡傳》:簡以元和九年,出爲浙東觀察使。承李遜抑過士族,恣縱編户之後,一皆反之,而農估多受其敝。可見豪右與氓庶,利害之不相容矣。此猶畋法以爲利也。《良吏・王方翼傳》:永徽中,累授安定令。誅大姓皇甫氏,而盜賊止息,則竟作逋逃之藪矣。《郭元振傳》:元振爲通泉尉,任俠使氣,前後掠賣所部千餘人,以遺賓客,則竟躬爲盜賊矣。此又豪強游俠,合而爲一也。《張弘靖傳》:東都留守杜亞辟爲從事。留守將令狐運逐賊出郊,其日,有劫轉運絹於道者,亞以運豪家子,意其爲之,乃令判官穆員及弘靖同鞫其事。員與弘靖,皆以運職在衙門,必不爲盜,堅請不按。亞不聽,遂以獄聞。仍斥員及弘靖出幕府。有詔令三司使雜治之。後果於河南界得賊。此事令狐運雖云見枉,然是時豪家子之爲盜者必多,故杜亞疑之深也。辛讜者,雲京之孫,而史稱其能擊劍,重然諾,走人所急,豪家子之爲俠者,蓋不少矣。

游俠,雖云能走人所急,並有能奮起而立功名如辛讜者,然其什九,終不免爲居民間之盜跖,則以恒人之情,惟爲身謀,其爲俠,本不過謀生之一術,勤生薄死,非其素志,此墨子之教所以不能久存也。《隋書・沈光傳》:父君道,仕陳爲吏部侍郎。陳滅,家於長安。太子勇引署學士。後爲漢王諒府掾,諒敗,除名。光少驍捷,善戲馬,爲天下之最。略綜書記,微有辭藻。家甚貧窶,父兄並以傭書爲事。光獨跅弛,交通輕俠,爲京師惡少年所朋附。人多贍遺,得以養親。每致甘食美服,未嘗困匱。力田不如逢年,刺繡文不如倚市門,輕俠馳騁,而可致甘食美服，人亦孰肯勤苦力作哉？古士大夫家累多重，雖貴而貧，觀於沈光之事，而可知當時名家子之所以好爲俠矣。其下於此者，則爲今世所謂痞棍之流？《新書·高仁厚傳》云：事西川陳敬瑄爲營使。黃巢陷京師，天子出居成都，敬瑄遣黃頭軍部將李鋌、鞏咸以兵萬五千戍興平，數敗巢軍。敬瑄喜其兵可用，益選卒二千，使仁厚將而東。先是京師有不肖子，皆著疊帶冒持挺剽閭里，號閑子。京兆尹始視事，輒殺尤者以怖其餘。竇潚治京兆，至殺數十百人，稍稍憚戢。巢入京師，人多避居寶雞，閑子掠之，吏不能制。仁厚素知狀，下約入邑閧縱擊。軍入，閑子聚觀嗤侮。於是殺數千人。坊門反閉，欲亡不得，故皆死。自是閭里乃安。所殺至於數千，自不免於枉濫，然其徒數必不少，則亦可推見矣。竇潚殺數十百人而即戢畏，則此輩原非難治，然根株終難盡絶。平居雖無能爲，亂時亦足爲患。甘露變後，田全操等回京師，民相驚，無賴之徒，皆戎服兵仗，望闕以俟變，見第九章第一節。亦閑子之類也。在都邑，遇嚴明之吏，尚可鎮懾，在道途則更難治。故王瑜欲入蜀，必與盜相結而行。見第十六章第二節。《通鑑》：唐高宗永淳元年，以關中飢幸東都。出幸倉卒，扈從之士，有餓死中道者。上慮道路多草竊，命監察御史魏元忠檢校車駕前後。元忠受詔，即閱視赤縣獄。胡《注》：西京以長安、萬年爲赤縣。得盜一人，神采語言異於衆。命釋桎梏，襲冠帶，乘驛以從。與共食宿，託以詰盜。其人笑，許諾。比及東都，士馬萬數，不亡一錢。此即用盜賊爲捕役之理。若此要約出於私家，則即爲後世之保鏢矣。此等事讀史者多美其方略，實則不能治盜，而與相要結耳，與俗所謂出買路錢者，實無以異也。

## 第三節　奴　　婢

奴婢來源，一由没入，一由俘掠，一由鬻賣，歷代皆然。《梁律》：謀反、降、叛、大逆已上皆斬。父子，同產男無少長皆棄市。母、妻、姊妹及應從坐棄市者，妻、子、女、妾同補奚官爲奴婢。《周六律》：盜賊及謀反、大逆、降、叛惡逆罪當流者，皆甄一房配爲雜户。皆見《隋書·刑法志》。所牽涉者既廣，而是時海宇分裂，上下相猜，謀反、降、叛之事，又數見不鮮，故至隋世，奴婢之數尚甚多。《隋書》所載，賜羣臣奴婢，有至千口者。隋時賜奴婢，見於史其數最多者，梁睿平王謙，賜奴婢千口。時于義亦爲行軍總管，尋拜潼州總管，賜奴婢五百口。其一時所賜不及此，而前後屢受賜者，如周法尚，文帝幸洛陽召見之，賜奴婢三百口，伐陳之役賜五十口，平桂州李光仕賜百五十口，破嶲州烏蠻，從討吐谷渾，與王薄、孟讓等頻戰，各賜百口。此特史所紀者，其不紀者，則不可知矣。唐初尚沿此習，如河閒王孝恭平江南，賜奴婢七百人是。後似稍減，除成器讓太子時賜奴婢十房外，未見甚多者。蓋因時際承平，謀反、降、叛等事少也。雖貴人亦不能免。如賀若弼子懷亮，嘗拜儀同，弼誅，亦没爲奴，尋且見殺。宇文化及與弟智及，以違禁與突厥交市，並賜其父爲奴。楊玄感之反，煬帝使裴藴推其黨與，藴峻法治之，所戮者數萬人，皆籍没其家，亦云酷矣。《新唐書·百官志》：刑部都官郎中、員外郎，掌俘隸簿録，給衣糧、醫藥，而理其訴免。凡反逆相坐，没其家配官曹。長役爲官奴婢。一免者一歲三番役。再免爲雜户，亦曰官户，二歲五番役。每番皆一月。三免爲良人。六十已上及廢疾者爲官户。七十爲良人。每歲孟春上其籍，自黄口以上印臂，仲冬送於都官，條其生息而按比之。樂工、獸醫、騙馬、調馬、羣頭，栽接之人皆取焉。附貫州縣者，按比如平民，不番上，歲督丁資，爲錢一千五百。丁婢、中男，五輸其一。侍丁、殘疾半輸。凡居作者，差以三等：四歲已上爲小，十一已上爲中，二十已上爲丁。丁奴三當二役。中奴、丁婢二當一役。中婢三當一役。《舊書·職官志》云：凡反、逆相坐，没其家爲官奴婢。一免爲蕃户，再免爲雜户，三免爲良民，皆因赦宥所及則免之。年六十及廢疾，雖赦令不該，亦並免爲蕃户。七十則免爲良人。任所樂處而編附之。凡初被没，有技藝者，各從其能而配諸司，婦人工巧者，入於掖庭。其餘無能，咸隸司農。《裴守真傳》：子子餘，景龍中，爲左臺監察御史。時涇、岐二州，有隋代蕃户子孫數十家，司農卿趙履温奏悉没爲官户，奴婢仍充賜口，以給貴幸。子餘以爲官户承恩,始爲蕃户,又是子孫,不可抑之爲賤,奏劾其事。時履溫依附宗楚客等,與子餘廷對曲直。子餘辭色不撓。履溫等辭屈,從子餘奏爲定。則《新書》再免爲雜户,亦曰官户,六十已上及廢疾者爲官户句似誤。因免之須有節級。然觀子餘與履溫,須經廷對,其事乃決,則《志》之所云,似亦非一定不移之法也。《新書·百官志》又云:掖庭局,屬內侍省。婦人以罪配没工縫巧者隸之。無技能者隸司農。諸司營作須女功者,取於户婢。司農寺云:官户奴婢有技能者配諸司,婦人入掖庭。以類相偶。行宮、監牧及賜王、公,公主皆取之。《舊書·酷吏·來俊臣傳》:萬歲通天元年,召爲合宫尉,擢拜洛陽令、司農少卿。則天賜其奴婢十人,當受於司農。時西蕃酋長阿史那斛瑟羅家有細婢,善歌舞。俊臣因令其黨羅告斛瑟羅反,將圖其婢。諸蕃長詣闕割耳剺面訟冤者數十人,乃得不族。則凡受賜者皆取之司農也。凡摯生雞、㲉,以户奴婢課養,俘口則配輕使。始至給廩食。東宮官,典倉署,掌九穀、醯醢、庶羞、器皿、燈燭。凡園圃樹藝,皆受令焉。給户奴婢、番户、雜户資糧、衣服。《刑法志》:謀反者,男女奴婢没爲官奴婢,隸司農,七十者免之。凡役,男子入於蔬圃,女子入於厨饍。此唐代官奴婢没入及其使役之大略也。

俘虜没爲奴婢,歷代亦視爲當然。《舊書·東夷傳》:太宗伐高麗,攻陷遼東城;其中抗拒王師,應没爲奴婢者,一萬四千人,並遣先集幽州,將分賞將士。太宗愍其父母妻子,一朝分散,令有司準其直,以布帛贖之,赦爲百姓。其衆歡呼之聲,三日不息。案《新書·元結傳》,言其曾祖仁基,從太宗征遼東,以功賜遼口,則遼東之俘,獲以贖免者,乃一時之特典耳。《舊書·李晟傳》:族子復,爲谷州刺史。先時西京叛亂,前後經略使征討反者,獲其人,皆没爲官奴婢,配作坊重役。復令訪其親族,悉歸還之。《良吏·崔知溫傳》:遷蘭州刺史。党項三萬餘衆,來寇州城。將軍權善才來救,大破之。欲分降口五百人以與知溫,知溫固辭不受。此戰時所俘也。《裴潾傳》:從祖弟寬,除范陽節度使。檀州刺史何僧獻生口數十人,寬悉命歸之,夷夏感悦。此平時守捉所獲也。《薛仁貴傳》:蘇定方討賀魯,仁貴上疏曰:

臣聞兵出無名,事故不成,明其爲賊,敵乃可伏。今泥熟杖素幹,不伏賀魯,爲賊所破,虜其妻子,漢兵有於賀魯諸部落得泥熟等家口將充賤者,宜括取送還,仍加賜賚。即是矜其枉破,使百姓知賀魯是賊,陛下德澤廣及也。此又爭戰之時,俘敵人之奴婢以爲奴婢者也。隋平陳,宮奴數千,可歸者歸之,其餘分賜將士及王公貴臣;《北史・本紀》。柏鄉之戰,梁軍輜重、帳幄、資財、奴僕,皆爲晉軍所有;《舊五代史・唐莊宗紀》。亦是物矣。是役也,深、冀兩州之人,悉爲奴虜,老弱者皆阬之,亦見《舊史・唐莊宗紀》。亦云酷矣。《舊書・韋處厚傳》云:李載義累破滄、鎮兩軍,兵士每有俘執,多遭刳剔。處厚以書喻之。載義深然其旨。自此所獲生口,配隸遠地。前後全活,數百千人。《新書・程務挺傳》:父名振,高祖使經略河北,即夜襲鄴縣,俘男女千餘人以歸。去數舍,閱婦人方乳者九十餘人還之。鄴人感其仁。以獲配遠地爲幸,以簡還乳婦爲仁,爭戰時豈復有人理哉?

不惟戰時也,即平時,豪強、游俠,亦有略人爲奴婢者。郭元振爲通泉尉,略賣所部千餘人,已見上節。《新書・諸公主傳》:中宗時,安樂、長寧、定安皆中宗女。三家廝臺,掠民子女爲奴婢。左臺侍御史袁從一縛送獄。安樂主人訴,帝爲手詔諭免。從一曰:"陛下納主訴,縱奴驕掠平民,何以治天下?臣知放奴則免禍,劾奴則得罪於主,然不忍屈陛下法自偷生也。"不納。尚復成何世界乎?《唐律》:不和爲略。略人及略賣人爲部曲者流三千里,爲奴婢者絞。妄認良人爲部曲、奴婢者減一等。

因貧窮而粥賣之事,尤無時或絕,《律》雖有以良爲賤之禁,不能行也。《隋書・煬帝紀》:大業七年秋,大水。山東、河南漂沒三十餘郡,民相賣爲奴婢。《食貨志》:是歲山東、河南大水,重以遼東覆敗,因屬疾疫,山東尤甚。強者聚而爲盜,弱者自賣爲奴婢。《舊唐書・太宗紀》:貞觀元年,關中饑,至有粥男女者。皆因饑荒,其數衆多。故史特書之,若平時之粥賣,則不能紀矣。《新書・食貨志》載陸贄疏,言饑歲室家相棄,乞爲奴僕,猶莫之讎,則並有求自賣而不可得者,亦可悲矣。《舊書・高固傳》云:高祖偘,永徽中,爲北庭安撫使,有生擒車鼻可汗之功,官至安東都護。固生微賤，爲叔父所賣，展轉爲渾瑊家奴。《新書·固傳》云：不知何許人，或言四世祖偘，則《舊書》之説不足信。然既有此假託之辭，必有與此相類之事，盛衰轉燭，恐貴人之家，亦無以自保也。販粥奴婢，南方尤盛。《舊書·憲宗紀》：元和八年九月，詔比聞嶺南五管，並福建、黔中等道，多以南口餉遺，及於諸處博易。骨肉離析，良賤難分。此後嚴加禁止。如違，長吏必當科罰。《新書·房琯傳》：孫啓，自容管經略使改桂管觀察。州邸以賂請有司飛驛送詔。既而憲宗自遣宦人持詔賜啓。啓畏使者邀重餉，即曰："先五日已得詔。"使者紿請視，因馳歸以聞。貶太僕少卿。啓自陳獻使者南口十五。帝怒，殺宦人，貶啓虔州長史，死，始詔五管、福建、黔中道不得以口餽遺、博易。罷臘口等使。當時宦人葢未獲相邀，然已挾十五口而北矣。《李絳傳》：絳言：嶺南之俗，粥子爲業，可聽非券劑取直者，如略賣法，敕有司一切苛止，則所賣之出於略者多矣。《張又新傳》：轉祠部員外郎。嘗買婢遷約，爲牙儈搜索陵突。御史劾舉。李逢吉庇之，事不窮治。所謂牙儈，葢亦以粥子爲業者？敢於搜索陵突貴官之家，其氣燄可以想見。輦轂之下如此，遑論嶺外？《舊書·孔巢父傳》：從子戣，爲嶺南節度。先是帥南海者，京師權要，多託買南人爲奴婢，戣不受託，至郡，禁絶賣女口。能如是者有幾人哉？況所禁亦止於女口乎？

憲宗禁嶺南等道以口餽遺、博易，並罷臘口使。所謂臘口使者，葢謂於臘月遣使獻口？德宗即位，罷邕府歲貢奴婢，見新、舊《書·本紀》。懿宗咸通八年，以不豫，禁延慶、端午節獻女口，延慶，帝生日節名。見新書本紀。亦是物也。然《新書·李絳傳》言：教坊使稱密詔，閲良家及别宅婦人内禁中，京師囂然。絳上疏諫。憲宗曰："朕以丹王等無侍者，丹王逾，代宗子。比命訪閭里，以貨致之，彼不諭朕意，故致譁擾。"乃悉歸所取。則出錢買婢，公家亦不以爲非矣。《張廷珪傳》：武后詔市河南、河北牛、羊，荆、益奴婢，置監登、萊，以廣軍資。廷珪上書曰：今河南牛疫，十不一存。詔雖相市，甚於抑奪。併市則價難準，簡擇則吏求賄。是牛再疫，農重傷也。高原耕地，奪爲牧所，兩州無復丁田，牛羊踐暴，舉境何賴？荆、益奴婢，多國家戶口，姦豪掠賣，一入於官，永無免期。南北異宜，必至生疾。此有損無益也。抑聞之：君所恃在民，民所恃在食，食所資在耕，耕所資在牛。牛廢則耕廢，耕廢則食去，食去則民亡，民亡，何恃爲君？羊非軍國切要，假令蕃滋，不可射利。后乃止。則國家之買奴婢，不徒使服勞潦之役，並欲藉其力以牟利如私家矣。《宦者‧吐突承璀傳》云：諸道歲進闇兒，號私白，閩嶺最多，後皆任事，當時謂閩爲中官區藪。《循吏傳》：羅珦子讓，遷福建觀察使。有仁惠名。或以婢遺讓者。問所從：答曰："女兄九人，皆爲官所賣，留者獨老母耳。"讓慘然，爲爇券，《唐律》：買奴婢、牛、馬、駝、騾、驢，不立市券，過三日笞三十。市司不時過券，一日笞三十，此即李絳所謂券劑也。有奴婢者，必有券乃爲合法，故以奴婢遺人者，必並其券遺之。召母歸之。則進獻最多之地，亦即粥買最盛之區也。唐室不亡於藩鎮而亡於宦官，則賊民者即其所以自賊矣。

南方賣買人口之風，所以特盛，蓋由掠賣異族而起。南北朝時，梁、益二州，歲歲伐獠以自利，已見《兩晉南北朝史》。《隋書‧蘇孝慈傳》：兄子沙羅，檢校益州總管長史。越巂人王奉作亂，從段文振討平之。蜀王秀廢，吏案奏沙羅云：王奉爲奴所殺，秀乃詐稱左右斬之，又調熟獠，令出奴婢，沙羅隱而不奏。由是除名。《新書‧刑法志》：廣州都督党仁弘，嘗率鄉兵二千助高祖起，封長沙郡公，弘交通豪酋，納金寶，没降獠爲奴婢，又擅賦夷人，既還，有舟七十。則奴役獠人之風，隋、唐之世，仍未之有改矣。秀雖以是干吏議，及既廢，幽内侍省，不得與妻子相見，仍令給獠婢二人驅使，是朝亦不以用獠婢爲非也。《舊書‧竇德明傳》：韋庶人微時乳母王氏，本蠻婢也。特封莒國夫人，嫁爲德明弟子懷貞妻，此蠻婢蓋亦由粥賣而來？《隱逸‧陽城傳》：出爲道州刺史。道州土地，產民多矮。每年嘗配鄉戶，竟以其男號爲矮奴。城下車，禁以良爲賤。又閔其編甿歲有離異之苦，乃抗疏論而免之。此等矮民，蓋黔、歙短人之種？見《秦漢史》第十二章第十節。歲貢之典,亦自奴役異族來也。喻士珍掠賣兩林東蠻,致巂州陷於南詔;韋丹爲容州刺史,民貧自鬻者贖歸之,禁吏不得掠爲隸;《新書·循吏傳》。則官吏亦有自爲之者。王毛仲知監牧,募嚴道獠僮千口爲牧圉,雖云召募,亦可見其時南口之衆也。陳稜之擊流求,獻俘萬七千口,煬帝以之頒賜百官。《隋書·本紀》大業七年。張保皋言徧中國以新羅人爲奴婢,已見第四章第五節。《舊書·穆宗紀》:長慶元年三月,平盧薛平奏:海賊掠賣新羅人口於緣海郡縣,請嚴加禁絶。從之。三年正月,勑不得買新羅人爲奴婢。已在中國者,即放歸其國。雖有此令,夫豈能行?又唐人小説,多言崑崙奴。崑崙者,南海諸族之通稱也。然則海路往來,以販鬻奴婢爲事者亦多矣。

《新書·忠義·吳保安傳》:睿宗時,姚巂蠻叛,拜李蒙爲姚州都督。宰相郭元振,以弟之子仲翔託蒙。蒙表爲判官。時保安罷義安尉,未得調。以仲翔里人也,不介而見,曰:"願因子得事李將軍,可乎?"仲翔雖無雅故,哀其窮,力薦之。蒙表掌書記。保安後往,蒙已深入,與蠻戰没,仲翔被執。蠻人俘華人,必厚責財乃肯贖。聞仲翔貴胄也,求千縑。會元振物故,保安留巂州,營贖仲翔。苦無貨,乃力居貨。十年,得縑七百。妻子客遂州,間關求保安所在,困姚州不能進。都督楊安居知狀,異其故,貲以行,求保安得之。引與語曰:"子棄家急朋友之患至此乎?吾請貸官貲,助子之乏。"保安大喜。即委縑於蠻,得仲翔以歸。始仲翔爲蠻所奴,三逃三獲,乃轉鬻遠酋。酋嚴遇之,晝役夜囚。役凡十五年乃還。漢人挾財力以略蠻人,固酷矣,蠻人恃兵力以篡漢人,庸愈乎?不特此也,《舊書·馮盎傳》言:盎奴婢萬餘人,所居地方二千里。《新書·李謹行傳》,言其家僮數千,以貲自雄,夷人畏之。謹行,靺鞨人。父突地稽部酋長。隋末,率其屬千餘内附。居營州,授遼西太守。武德初,奉朝貢。以其部爲燕州,授總管。徙部居昌平。謹行累遷營州都督。此所云奴婢家僮者,必不能皆爲漢人,則彼輩亦自奴役其種人也。吐谷渾遭吐蕃之禍,始居隴右,後徙河東,可謂奔走不得保其社稷矣。而白承福乃以富溢啓劉知遠之盗心,然則以蠻夷之質直，而王師往征，乃有簞食壺漿以迎者，其故可思矣。而以中國之大，時或不敵蠻夷之小，其故彌可思矣。果能非富天下，而重匹夫匹婦之仇，人亦孰得而略之？和無寡，安無傾，其族雖匹夫匹婦，不可犯也。

奴婢有在豪家者，亦有在尋常民家者，其名同，其情則各不同。《隋書·楊素傳》言：素家僮數千。《舊書·李義府傳》：義府既敗，或作《河間道行軍元帥劉祥道破銅山大賊李義府露布》，榜之通衢。<sub>義府封河間郡公。祥道，時推按義府者。</sub>義府先多取人奴婢，一時奔散，各歸其家，《露布》稱混奴婢而亂放，各識家而競入者，謂此也。此貴家之奴婢也。《王處存傳》，言其世隸神策軍，爲京師富族。父宗，善興利，乘時貿易，僮奴萬指，此富家之奴婢也。《新書·隱逸傳》：王績棄官還鄉里，<sub>績絳州龍門人。</sub>有田十六頃，在河渚間，有奴婢數人，種黍，春秋釀酒，養鳧鴈，蒔藥草自供。武攸緒市田潁陽，使家奴雜作，自混於民，此則雖貴家而自同於凡民矣。民間奴婢，多用以耕作。《新書·嚴礪傳》：礪節度東川，擅没吏民田宅百餘所，後元積奉使，劾發其臧，請加惡諡，朝廷以其死故，但追田宅、奴婢還其主，<sub>《竇參傳》：參貶後，没入貲產、奴婢。當時視奴婢，同之貲產，故亦與之俱没也。</sub>可見田多有奴。《食貨志》：武宗廢浮圖法，天下毁寺四千六百，招提、蘭若四萬，籍僧、尼爲民二十六萬五千人，奴婢十五萬人，僧衆蓋亦役奴婢以耕田如平民也？劉弘基病，給諸子奴婢各十五人，田五頃。謂所親曰：“使賢，固不藉多財，即不賢，守此可以脱飢凍。”餘悉散之親黨。蓋以富民處其子？若中下之家，則遠不逮此。肅宗賜張志和奴婢各一，蓋以凡民待之？陽城嘗絕糧，遣奴求米。歲饑，屏迹不過隣里，屑榆爲粥。有奴都兒，化其德，亦方介自約。或哀其餒，與之食，不納。後致糠籺數桮，乃受。當時之有奴婢，蓋略如今日之有雇農，有之者本不必富，而奴婢非如雇庸，可以遣去，則主家中落，亦祇得與共困約矣。有奴婢者既多小農，故雖有奴婢，亦不易致富，而其待奴婢，亦必不如挾鉅資者之虐。《舊書·隱逸傳》：崔覲，老而無子，乃以田宅、家財，分給奴婢，令各爲生業。覲夫妻遂隱於城固南山。不問家事。約奴婢：遞過其舍，則供給酒食而已。此固希有之事,然亦可見主奴之間,或有如家人父子者也。其在豪民之家者,則大異於是。豪族多藉武力自衛,故其奴多閑於武事。《新書·忠義傳》:李育德,世富於財,家僮百人。天下亂,乃私完械甲,嬰武陟城自保。人多從之。遂爲長。劇賊來掠,不能克。此雖藉衆力,其家僮必有閑於武技者不疑。《舊書·丘和傳》:子行恭,大業末,與兄師利聚衆保故郿城。初原州奴賊數萬人圍扶風。太守竇璡堅守。經數月,賊中食盡,野無所掠,衆多離散,投行恭者千餘騎。行恭遣其酋渠,説諸奴賊,共迎義軍。行恭又率五百人,皆負米麥,持牛酒,自詣賊營。奴帥長揖。行恭手斬之,謂其衆曰:"汝等並是好人,何因事奴爲主,使天下號爲奴賊?"衆皆俯伏,曰:"願改事公。"行恭乃率其衆,與師利共謁太宗於渭北。此奴帥能嘯聚數萬人,其必有武略,更不待論矣。董璋、高繼興,並李讓家僮,後爲將帥,讓蓋亦畜以自衛者也。此爲地方豪族;若有奴者爲將帥,其所畜武士,自必更多。錢九隴,父文彊,本吳明徹將,與明徹俱敗彭城,入隋,以罪没爲奴,事唐高祖,是其一事。馬三寶事柴紹爲家僮,史但言其性敏黠,然高祖兵起,紹間道走太原,三寶乃能奉平陽公主遁司竹園,説賊何潘仁與連和,撫接羣盗,兵至數萬。秦王至竹林宫,三寶以兵詣軍門謁,遂從平京師。其人亦必有武略,非徒敏黠,充嬖幸者矣。天下既定,此風亦未遽替。《新書·房玄齡傳》言:高陽公主與浮屠辯機亂。太宗怒,斬浮屠,殺奴數十人。唐公主淫亂者甚多,未聞殺所亂者,且於奴何涉焉?太宗用刑,雖時任喜怒,亦未聞淫濫至是。蓋遺愛是時,已畜異謀矣?奴蓋其力臣也?越王貞家僮千人,馬數千匹,外託畋獵,内實習武備。及舉事,官軍進逼州城,家僮悉力衛,貞曰:"事既如此,豈得受戮辱?當須自爲計。"貞乃飲藥而死。家僮始散,捨仗就擒。此亦殊有武烈之風。王之用此曹,與玄宗之用王毛仲、李守德,成敗異耳,其事固一揆也。天寶喪亂以後,將帥之家兵尤多。吳仲孺請以子弟率奴客從軍,白志貞因請令節度、觀察、團練等使,並嘗爲是官者,家出子弟甲馬,則其一證。劉約自天平徙宣武,未至,暴死,家僮五百,無所仰衣食,思亂,授盧鈞宣武節度使,人情始安。其機亦危矣。奴之習於武事者,如是之多,無怪李盡忠叛,武后欲募天下人奴有勇者,官畀主直,悉發以擊虜也。《新書·契丹傳》。豪家又有使奴爲商賈者。《舊五代史·史弘肇傳》:燕人何福殷,以商販爲業。嘗以十四萬市得玉枕。遣家僮及商人李進賣於淮南,易茗而迴。家僮無行,隱福殷貨財數十萬。福殷責其償,不伏,遂杖之。未幾,家僮詣弘肇上變。言契丹主之入汴,趙延壽遣福殷齎玉枕陰遺淮南。弘肇即日遣捕福殷等,繫之。軍司孔目吏解暉希旨,榜掠備至。福殷自誣。連罪者數輩,並棄市。妻女爲弘肇帳下分取之。其家財籍沒。《新史·李崧傳》云:漢高祖入京師,以崧第賜蘇逢吉。崧家遭亂,多埋金寶,逢吉悉有之。崧弟嶼、羲,與逢吉子同舍,酒酣出怨言,以爲奪我第。崧又以宅券獻逢吉,逢吉尤不喜。嶼僕葛延遇,《舊史》傳云部曲。爲嶼商賈,多乾沒其貨。《舊傳》云:遣嶼船傭,蓋乘船以行賈也。嶼笞責之。延遇夜宿逢吉部曲李澄家,以情告澄。是時高祖將葬睿陵,河中李守貞反。澄乃教延遇告變,言崧與其甥王凝謀因山陵放火焚京師,又以蠟丸書遺守貞。逢吉遣人召崧至第,從容告之。崧知不免,乃以幼女託逢吉。逢吉送崧侍衛獄,自誣服,族誅。崧素與翰林學士徐台符相善。後周太祖立,台符告宰相馮道,請誅葛延遇。道以延遇數經赦宥,難之。樞密使王峻聞之,多台符有義,乃奏誅延遇。《舊傳》云:李澄亦以戮死。

奴告主之事,隋、唐五代時蓋甚多。《舊書·裴寂傳》:貞觀三年,有沙門法雅,初以恩幸,出入兩宮,至是禁絕之。法雅怨望,出妖言,伏法。兵部尚書杜如晦鞫其獄,法雅乃稱寂知其言。寂對曰:"法雅惟云時候方行疾疫,初不聞妖言。"法雅證之。坐是免官,削爵邑之半,放歸本邑。寂請住京師,太宗數之曰:"計公勳庸,不至於此,徒以恩澤,特居第一。武德之時,政刑紕繆,官方弛紊,職公之由。但以舊情,不能極法。歸掃墳墓,何得復辭?"寂遂歸蒲州。未幾,有狂人,自稱信行,寓居汾陰,言多妖妄。嘗謂寂家僮曰:"裴公有天分。"於時信行已死，寂監奴恭命，以其言白寂。寂皇懼。不敢聞奏，陰呼恭命殺所言者。恭命縱令亡匿。寂不知之。寂遣恭命收納封邑，得錢百餘萬，因用而盡。寂怒，將遣人捕之。恭命懼而上變。太宗大怒，謂侍臣曰："寂有死罪者四：位爲三公，而與妖人法雅親密，一也。事發之後，乃負氣憤怒，稱國家有天下，是我所謀，二也。妖人言其有天分，匿而不奏，三也。陰行殺戮以滅口，四也。我殺之非無辭，議者多言流配，朕其從衆乎？"於是徙交州，竟流静州。又《張鎰傳》：建中三年正月，太僕卿趙縱，爲奴當千發其陰事。縱下御史臺，貶循州司馬。留當千於内侍省。鎰上疏曰：貞觀二年，太宗謂侍臣曰："比有奴告其主謀逆。此極弊法，特須禁斷。假令有謀反者，必不獨成，自有他人論之，豈待其奴告也？自今以後，奴告主者皆不受，盡令斬決。"《唐律》：部曲、奴婢告主，非謀反、逆、叛皆絞，則此三者皆得告，疑貞觀時告者甚多，功臣宿將，人人自危，故爲是一切之法也。由是賤不得干貴，下不得陵上。教化之本既正，悖亂之漸不生。爲國之經，百代難改。欲全事體，實在防微。頃者長安令李濟得罪因奴，萬年令霍晏得罪因婢。愚賤之輩，悖慢成風。主反畏之，動遭誣告。充溢府、縣，莫能判決。建中元年五月二十八日詔曰：準《鬥競律》：奴婢告主，非謀叛已上者，同自首法，《唐律注》：被告者同自首法。《疏議》曰：謂其主雜犯死罪已下，部曲、奴婢告之，具同爲首之法，奴婢獲罪，主得免科。並準律處分。自此奴婢復順，獄訴稍息。今趙縱非叛逆，奴實姦凶，奴在禁中，縱獨下獄，考之於法，或恐未正。將帥之功，莫大於子儀，人臣之位，莫大於尚父，歿身未幾，墳土僅乾，兩壻先已當辜，趙縱今又下獄。設令縱實抵法，所告非奴，纔經數月，連罪三壻，録勳念舊，猶或可容，況在章程，本宜看免。陛下方誅羣賊，大用武臣，雖見寵於當時，恐息望於他日。上深納之。縱於是左貶而已。當千杖殺之。鎰乃令召子儀家僮數百人，以死奴示之。又《王鍔傳》：子稷，父卒，爲奴所告：稷換鍔遺表，隱殁所進錢物。憲宗令鞫其奴於内仗，又發中使，就東都驗責其家財。宰臣裴度苦諫。於是罷其使而殺奴。《度傳》：告稷者凡二奴，皆付京兆府決殺。《于頔傳》：頔既歸朝，元和中,内官梁守謙掌樞密,頗招權利。有梁正言者,自言與守謙宗盟情厚。頔子敏,與之遊處。正言取頔財賄,言賂守謙,以求出鎮。久之無效。敏責其貨於正言。乃誘正言之僮,支解,棄於溷中。八年春,敏奴王再榮詣銀臺門告其事。即日捕頔孔目官沈璧,家僮十餘人,於内侍獄鞫問。尋出付臺獄。頔貶爲恩王傅。敏長流雷州,錮身發遣。行至商山,賜死。頔第四子季友,尚憲宗長女永昌公主,追奪兩任官階。正、方並停見任。沈璧決四十,配流封州。奴犀牛,與劉幹同手殺人,與梁正言、僧鑒虛並付京兆府決殺。參看第八章第二節。《新書·魏徵傳》:五世孫謩。宣宗時遷中書侍郎。大理卿馬曙,有犀鎧數十首,懼而瘞之。奴王慶,以怨告曙藏甲,有異謀。按之無他狀。投曙嶺外,慶免。議者謂奴訴主法不聽。謩引律固爭,卒論慶死。《新五代史·唐景思傳》:景思爲緣淮巡檢。有奴,嘗有所求不如意,即馳見史弘肇,言景思與李景交通,而私蓄兵甲。弘肇遣吏將三十騎往收景思。奴謂吏曰:"景思勇者也,得則殺之。不然,將失之也。"吏至,景思迎前,以兩手抱吏呼冤,請詣獄自理。吏引奴與景思驗。景思曰:"我家在此,請索之。有錢十千,爲受外賂,有甲一屬,爲私蓄兵。"吏索之,惟一衣笥、軍籍、糧簿而已。吏閔而寬之。景思請械送京師以自明。景思有僕王知權,在京師,聞景思被告,乃見弘肇,願先下獄,明景思不反。弘肇憐之,送知權獄中,日勞以酒食,景思既械就道,潁、亳之人,隨至京師共明之。弘肇乃鞫其奴,具伏。即奏斬奴而釋景思。以上合何福殷、李崧之獄,凡得八事,主無罪而奴反見殺者四。李崧雖爲奴所陷,其奴終亦伏法,不聞後患者,惟何福殷、裴寂、于敏三獄,則以敏罪實大,寂素爲太宗所不悦,而福殷則適直史弘肇之亂政故也。然則以奴告主,其事實難,而猶有冒險而爲之者,何哉?據張鎰之奏,則是時斯獄實繁。主得罪而奴獲逞志者,蓋亦不少;主無罪而奴獲重咎,蓋轉爲罕見之事,故史特志之耳。且禁奴告主之法,定於貞觀二年,而三年太宗即躬自違之;德宗申以建中元年之詔,而其獄仍充溢於府縣;至宣宗時,又煩魏謩之引律固爭;法律之不成爲具文者幾何哉?

唐景思藏錢不及十千，而裴寂、何福殷之奴，用財至數十百萬。梁正言苞苴無驗，而于敏怨及其家僮，蓋梁守謙之招權利，正言輩爲之，而正言輩之所爲，則其家僮又爲之羽翼也。然則當時之奴婢，豈復奔走供使令者哉？此等奴婢，所依附之主人，權勢愈大，則其召禍亦愈大。吳少誠病亟，家奴單于熊兒矯召吳少陽，遂殺其子而自立。元濟之敗，憲宗使比部員外郎張宿使李師道，諷令割地。質子，師道已許納三州，遣子入侍。已而悔之。帝復遣左散騎常侍李遜諭旨。而師道私奴婢媼，爭言先司徒土地，奈何一旦割之？今不獻三州，不過戰耳，即不勝，割地未晚。歸順之機遂絶。而劉悟子從諫，與師道諸奴日戲博交通，具知其陰密事，悉疏於悟，遂卒隳師道於敗亡焉。

奴婢之能敗其主，以其有才智也。其有才智，則以其本爲士人也。楊素家僮有鮑亨者，善屬文，殷胄者，工草隸，並江南士人，因高智慧没爲家奴。何稠、閻毗，皆巧思過人，能成一代之文物。而毗以爲東宮官，太子服翫之物，多其所爲，及太子廢，坐杖一百，與妻子俱配爲官奴婢，後二歲乃免。盧大翼、耿詢、萬寶常，亦《藝術傳》中人也。大翼，太子聞而召之，及廢，坐法當死，高祖惜其才，配爲官奴，久之乃釋。詢，陳後主世，以客從王勇於嶺南。勇卒，詢不歸，遂與諸越相結。羣俚反叛，推爲主。爲王世積所擒。自言有巧思。世積釋之，以爲家奴。久之，見其故人高智寶以玄象直太史，從受天文、算術，創意造渾天儀。世積奏之。高祖配爲官奴，給太史局。後以賜蜀王秀。秀廢，復當誅。何稠言於高祖，特原其罪。煬帝即位，進敧器。帝善之，乃得放爲良民。寶常，父大通，從梁將王琳歸齊，後復謀歸江南，事泄，伏誅，寶常配爲樂户。漢王諒之叛，以介州長史薛粹爲絳州刺史。諒敗，伏誅。其子大鼎，以年幼，貰爲官奴，流辰州。後用戰功乃得還。大鼎見《舊書·良吏》、《新書·循吏傳》。此事又見兩《書·方伎·乙弗弘禮傳》。隋世於士大夫之酷如此。《舊書·忠義·張道源傳》：道源拜大理卿，時何稠得罪，家口籍没，仍以賜之。道源歎曰："人有否泰，蓋亦是常？安可因己之泰，利人之否，取其子女，以爲僕妾？"皆舍之。《李大亮傳》：破輔公祐，以功賜奴婢百人。大亮謂曰："汝輩多衣冠子女，破亡至此，吾亦何忍以汝爲賤隸乎？"一皆放還。能如是者有幾人哉？《李玄道傳》：王君廓爲幽州都督，朝廷以其武將，不習時事，拜玄道爲幽州長史。嘗遺玄道一婢，問所由，本良家子，爲君廓所掠。玄道因放還之。君廓甚不悦。則有爲不道掠人，反惡人之釋之者，而士大夫設講交際，務納交於人者，亦或有所顧忌而不敢遽放之矣。盧江王瑗之死，朝即以其家口賜君廓。太宗諸子，武后時壯者誅死，幼者没爲官奴。其時士大夫，如韓瑗、柳奭等，子孫亦皆謫南方爲奴婢，其酷亦不減隋世也。《廿二史劄記》没入掖庭一條，可以參看。安、史亂作，自更無人理可説。《新書・逆臣傳》：史朝義死，部送將士妻口百餘於官。有司請隸司農。帝曰："是皆良家子，脅掠至此。"命廩食還其親，無所歸者，官爲資遣。據《舊書・邵説傳》：説歷事思明、朝義，朝義敗，降於軍。説一人，掠名家子女以爲婢僕者，即數十人，則所送者豈及百一哉？郭李收常山後，顔真卿令杲卿子泉明至河北求宗族，已見第十六章第二節。泉明一女及姑女，並流離賊中，及是並得之。悉錢三萬贖姑女，還取貲復往，則已女復失之矣。東京留守李憕，爲安禄山所殺。子源，八歲，俘爲奴，轉側民間，及史朝義敗，故吏仍贖出之，歸其宗屬。可見是時衣冠之子淪落者之衆。李光顔之敗吳元濟也，憲宗悦，賜告捷者以奴婢，官所爲亦何異於賊乎？《新書・文藝・蕭穎士傳》：有奴事穎士十年，笞楚嚴慘。或勸其去。答曰："非不能，愛其才耳。"忍於造作此等語言，可謂天良喪盡。然不轉瞬而已族亦罹其酷矣。

《舊五代史・孟承誨傳》：承誨事晉少帝，以植性纖巧，善於希旨，復與權臣、宦官，密相表裏，凡朝廷恩澤美使，必承誨爲之，一歲之中，數四不已。由是居第華敞，財帛積累。及契丹入汴，張彥澤引兵逼宮城，少帝召承誨計之，承誨匿身不赴。少帝既出宮，寓於開封府舍。具以承誨背恩之事告彥澤，令捕而殺之，其妻女並配部族。此爲異族入據，以中國人配隸其本族人之始。

良人自賣，本爲律所不許，然遇凶荒兵亂之時，勢不可止，則或别立條例以濟之。《舊書·高宗紀》：咸亨元年十月，大雪。令雍、同、華等州貧窶之家，有年十五已下，不能存活者，聽一切任人收養爲男女，充驅使，皆不得將爲奴婢。四年正月，詔咸亨初收養爲男女及驅使者，聽量酬衣食之直，放還本處，是其事也。《通鑑》：晉齊王天福八年，唐主殂，齊王立。自烈祖相吳，禁壓良爲賤，令買奴婢者通官作券。馮延己及弟延魯，俱在元帥府，草遺詔，聽民賣男女，意欲自買姬妾。蕭儼駁曰："此必延己等所爲，非大行之命也。昔延魯爲東都判官，已有此請。先帝訪臣，臣對曰：'陛下昔爲吳相，民有鬻男女者，爲出府金贖而歸之，故遠近歸心。今即位而反之，使貧人之子，爲富人厮役，可乎？'先帝以爲然，將治延魯罪。臣以爲延魯愚，無足責。先帝斜封延魯章，抹三筆，持入宮。請求諸宮中，必尙在。"齊王命取先帝時留中章奏千餘道，皆斜封一抹，果得延魯疏。然以遺詔已行，竟不之改。壞成法以自利，可謂悖矣。然自賣法本有禁，使其法具存，何待李昇更建？云昇相吳而禁壓良爲賤，疑在淮南，此法久廢，昇作相乃復之，而延魯則又請復昇相吳前之舊也。出金代贖之法，亦爲歷代所常行。《舊書·太宗紀》：貞觀二年三月，遣御史大夫杜淹巡關內諸州，出御府重寶，贖男女自賣者，還其父母。《朱忠亮傳》：爲涇原節度使。涇土舊俗多賣子，忠亮以俸錢贖而還其親者，約二百人。是其事。此其勢必不可徧，則又爲別設方略。《新書·韓愈傳》：愈爲袁州，袁人以男女爲隸，過期不贖，則沒入之。愈至，悉計庸得，贖所沒，歸之父母，七百餘人。因與約，禁其爲隸。《舊書》云：仍削其俗法，不許隸人。所謂俗法者，蓋其地之慣習，爲衆所共遵者也。《柳宗元傳》：宗元刺柳州。柳人以男女質錢，過期不贖，子本均則爲奴婢。宗元設方計，悉贖歸之。尤貧者令書庸，視直足相當，還其質。已沒者出己錢助贖。《李德裕傳》：德裕爲西川。蜀人多鬻女爲人妾，德裕爲著科約：凡十三而上，執三年勞，下者五歲，及期則歸之父母是也。軍人之俘掠者，朝廷威令不振，亦以贖法行之。《昭宗紀》：大順二年四月，賜兩軍金帛，贖所略男女還其家。《李光弼傳》：子彙，遷涇原節度使，出俸錢贖將士質賣子還其家是也。《舊五代史・明宗紀》：天成元年九月，致仕都官員外郎于鄴奏請指揮不得書契券輒賣良人，則軍人不徒略人，並有略賣人者矣。其不法可謂甚矣。《莊宗紀》：同光二年祀圜丘赦文云：應有百姓婦女，曾經俘虜他處爲婢妾者，一任骨肉認識。男子曾被刺面者，給與憑據，放逐營生。天成二年四月，右諫議大夫梁文矩上言：平蜀已來，軍人剽掠到西川人口甚多，請許收認。因詔河南、河北，舊因兵火虜隔者，並從識認。四年八月，詔亂離已來，天下諸軍所掠生口，有主認識，即勒還之。皆取一切之法。蓋事勢不容不爾？《晉高祖紀》：天福二年八月，詔曰：應自梁朝後唐已來，前後奉使，及北京緣邊管界虜掠向北人口，宜令官給錢物，差使齎持，往彼收贖，放歸本家。《周世宗紀》：顯德四年，曲赦壽州管內。自用兵已來，被虜卻骨肉者，不計遠近，並許本家識認，官中給物收贖。皆仍取贖法，則以法不能行於境外，而淮南當新定之時，亦不欲奪將士之利也。

部曲、客女，隋、唐、五代之世仍有之。爾時並無將帥可招人爲部曲，蓋前世之遺也。唐時，工、樂、雜戶，並不貫州縣。工屬少府，樂屬太常，雜戶散屬諸司。《唐律疏議》云：雜戶者，謂前代已來，配隸諸司，職掌課役，不同百姓，依令老免，進丁受田，依百姓例，各於本司上下。官戶者，亦謂前代已來，配隸相生，或有今朝配沒，州縣無貫，惟屬本司。《名例》府號官稱。此中除今朝配沒之官戶外，餘皆事屬前朝，且必屢經赦宥，早合免爲良民，然法律仍加岐視。工、樂、雜戶、官戶，只許當色爲婚，良人亦不得養雜戶、官戶爲子孫，犯者治罪外仍還正，而部曲、奴婢，更無論矣。惟太常音聲人，雖元與工、樂不殊，而自義寧已來，得於州縣附貫，雖依舊太常上下，而依令婚同百姓，戶婚雜戶不得娶良人疏議。則已儕於平民耳。工、樂、雜戶、官戶等，皆惟隸屬於官，部曲、奴婢，則爲家僕。部曲之地位，視奴婢略高。部曲毆良人，加凡人一等，奴婢又加一等。良人毆部曲，減凡人一等，奴婢又減一等。《鬥訟律》。部曲、奴婢謀殺主者斬，同籍合有財分者皆爲主。過失殺者絞，傷及詈者流,《賊盜》。而主殺有罪奴婢不請官司者,不過杖一百。無罪者徒二年,毆部曲至死者徒一年,故殺者加一等而已。《鬥訟》。放部曲、客女、奴婢爲良者,依户令,皆由家長給手書,時謂放書。長子已下連署,仍經本屬申牒除附。既放而復壓爲賤則有罪。《户婚》。

# 第十八章　隋唐五代人民生計

## 第一節　物價工資資產

自漢末幣制壞亂，官私出入，皆罕用錢，已見《兩晉南北朝史》矣。隋、唐之世，幣制稍見整飭，然貿遷亦隨之加廣，民間交易，仍罕用錢。韓愈論變鹽法，謂城郭之外，少有見錢，糶鹽多用雜物、米穀博易是也。此等情形，終五代之世，未之有改。惟以見錢交易是一事，以錢幣計價又是一事。計價究以錢爲便，故雖用他物博易，計價仍多以錢。如《國史補》謂澠池道中，有車載瓦甕，塞於隘路，有客劉頗，揚鞭而至，問曰："車中甕直幾何？"答曰："七八千。"頗遂開囊取縑償之，是其事矣。近人傅安華説。職是故，史籍所載物價，以錢計者仍多。欲知當時生計情形，仍以搜集此等記載爲最要也。

食爲民天，故欲考物價，必當先知穀價。今試就斯時穀價見於史者徵之。《新唐書·宗室傳》：長平肅王叔良，武德初，鎮涇州扞薛仁杲。大饑，米斗千錢。又《食貨志》：貞觀初，户不及三百萬，絹一匹易米一斗。至四年，米斗四五錢。外户不閉者數月，馬牛被野，人行數千里不齎糧，民物蕃息；四夷降附者百二十萬人。是歲，天下斷獄，死罪者二十九人。號稱太平。《魏徵傳》云：帝即位四年，歲斷死二十九，幾至刑措。米斗三錢。此兩條，其辭互相出入，可知其所本略同,而米價又有差異,蓋上下於三四五錢之間也。《舊五代史·李琪傳》:琪於同光三年上疏,言太宗時天下粟價,斗直兩錢。觀下引《通鑑》所載開元十三年米粟二價之異,則知粟價更較米價爲廉。琪此疏雖多誤,見第十六章第三節。此語或有據也。《舊書·馬周傳》:周於貞觀十一年上疏曰:"往者貞觀之初,率土荒儉,一匹絹纔得一斗米。自五六年來,頻歲豐稔,一匹絹得粟十餘石。"《新書》同。此時米價,與四年似無大差。設以其所謂十餘石者爲十五石,米價仍爲斗四錢,粟價當米價五之三,據開元十三年青齊米粟比價。則粟十五石,得錢三百六十文矣。《通鑑》:永徽五年,是歲大稔。洛州粟米斗兩錢半,秔米斗十一錢。粟米蓋指秋米?杜陵《後出塞詩》盛稱秔稻來東吳,秔蓋米之最貴者也。《舊書·高宗紀》:麟德二年,是歲大稔,《通鑑》作比歲豐稔。米斗五錢,麰麥不列市,麰麥,《通鑑》作麥豆。又《五行志》:永淳元年六月十二日,連日大雨,至二十三日,洛水大漲,漂損河南立德、弘敬,洛陽景行等坊二百餘家,壞天津橋及中橋,斷人行累日。先是頃降大雨,沃若懸流,至是而泛溢衝突焉。西京平地水深四尺已上。麥一束止得一二升,米一斗二百二十文,布一端止得一百文。國中疑當作關中。大饑。蒲、同等州没徙人家口并逐糧,饑饉相仍,加以疾疫,自陝至洛,死者不可勝數。西京米斗三百已下。《通鑑》:是年四月,上以關中饑饉,米斗三百。幸東都,五月,東都霖雨。乙卯,洛水溢,溺民居千餘家。關中先水後旱蝗,繼以疾疫,米斗四百。兩京間死者相枕於路。人相食。此二文可以互相參證。《舊志》所謂先是頃降大雨者,蓋即《通鑑》所記五月東都霖雨。西京水深四尺,蓋亦在是時?此即《通鑑》所謂關中先水。旱蝗當在其後,《通鑑》因水患而終言之也。然則關中米價,四月中每斗已至三百;五月蓋因車駕東行,落至二百二十;旋因水患,又升近三百;其後旱蝗,則升至四百也。《舊書·郭元振傳》:大足元年,遷涼州都督隴右諸軍州大使。令甘州刺史李漢通開置屯田。舊涼州粟斛糴至數千,及漢通收率之後,數年豐稔,乃至一匹絹粟數十斛,絹,《新書》作縑。積軍糧至數十年。其貴賤之相去,亦不翅貞觀初與四年後矣。《通鑑》：景龍三年，是歲關中饑，米斗百錢，《舊書·玄宗紀》：開元十三年，時累歲豐稔，東都米斗十錢，青、齊米斗五錢。《通鑑》云：東都斗米十五錢，青、齊五錢，粟三錢。《舊紀》：開元二十八年，是時頻歲豐稔，京師米斛不滿二百，天下乂安，雖行萬里，不持兵刃。《通鑑》云：是歲，西京、東都米斛直錢不滿二百，絹匹亦如之。海內富安，行者萬里不持寸兵。《新書·食貨志》：天寶五載，是時海內富實，米斗之價錢十三，青、齊間斗纔三錢，絹一匹錢二百。道路列肆，具酒食以待行人，店有驛驢，行千里不持尺兵。三文亦相出入。知開元末天寶初，穀價無甚漲落。至安、史亂後而大異矣。《舊書·食貨志》：肅宗乾元元年七月，鑄一當十錢。又曰乾元重寶。二年，又鑄重輪乾元錢，一當五十。尋而穀價騰貴，米斗至七千。餓死者相枕於道。《新志》敘錢幣處略同，卷五十四。而其上文曰：百姓殘於兵盜，米斗至錢七千，鸑秕爲糧，民行乞食者屬路，卷五十一。不謂由於幣制之更。案唐世雖遭饑荒，苟非圍城之中，米價未有至七千者，見下。乾元二年之暴貴，必非由於兵盜可知。當時因物價騰踴，大錢之價，屢有裁損，卒皆歸於當一，則不論其爲重寶或重輪，人視之皆與小平錢無異。《舊志》云：人間擡加價錢爲虛錢。據重輪乾元計之，所擡當得五十倍。則七千之價，實爲百四十文也。《舊紀》：乾元三年四月，是歲饑，米斗至一千五百文。《新書·五行志》云：乾元三年春，饑，米斗錢千五百。是歲閏四月，改元上元。《舊紀》云：時大霧，自四月雨至閏月末不止。米價翔貴，人相食，餓死者委骸於路。《天文志》云：自四月初大霧大雨，至閏四月末方止。是月，史思明再陷東都。米價踴貴，斗至八百文，人相食，殍尸蔽地。《五行志》云：乾元三年閏四月，大霧大雨月餘。是月，史思明再陷東都，京師米斗八百文，人相食，殍骸蔽地。案四月已至千五百，加以淫雨，不應反減至八百。史家是歲之文，例皆書於歲末，疑因閏四月改元，誤係四月或春末，米斗長至千五百，實在閏月之後。《李皋傳》云：多智數，善因事以自便。奉太妃鄭氏以孝聞。上元初，京師旱，米斗直數千，死者甚多。皐度俸不足養，亟請外官，不允。乃故抵微法，貶溫州長史。言上元不言乾元，當在改元之後，足見旱災在淫雨後，米價因此，乃又自八百長至千五百，云數千則過甚之辭也。《舊書・五行志》：廣德元年，秋，蚼蚄食苗，關西尤甚，米斗千錢。《新志》同。《舊紀》：廣德二年九月，自七月大雨未止，京城米斗值一千文。蝗食田。又云：是秋，蝗食田殆盡，關輔尤甚，米斗千錢。《新書・五行志》：廣德二年，秋，關輔饑，米斗千錢。又云：秋，蝗，關輔尤甚，米斗千錢。《通鑑》則總書於是歲九月，曰：關中蟲蝗霖雨，米斗千餘錢。《舊紀》：永泰元年三月，歲饑，米斗千錢。諸穀皆貴。又云：是春大旱，京師米貴，斛至萬錢。《新書・五行志》云：永泰元年，饑，京師米斗千錢。《通鑑》云：是春不雨，米斗千錢。《舊紀》又云：七月，庚子，雨。時久旱，京師米斗一千四百，他穀食稱是。觀此及永泰元年之文，而知凡言米貴者，諸穀必皆貴矣。《舊紀》又云：大曆四年八月，自夏四月連雨至此月，京城米斗八百文，官出米二萬石，減估而糶，以惠貧民。《天文志》、《五行志》略同。《紀》又云：五年七月，京師斗米千文。《天文志》亦同。《紀》六年云：是歲春旱，米斛至萬錢。《食貨志》：建中初，自兵興已來，凶荒相屬，京師米斛萬錢，官厨無兼時之食。百姓在畿甸者，拔穀授穗，以供禁軍。《本紀》：貞元元年二月，河南、河北饑，米斗千錢。《新書・五行志》：是年春，大饑，東都、河南、河北米斗千錢，死者相枕。《舊紀》言是月丙寅朔，遣工部尚書賈耽、侍郎劉太真分往東都、兩河宣慰，蓋即爲是？《舊紀》以河南苞東都，《新志》則析言之也。《新書・李晟傳》：晟言李懷光不可赦云："今河中米斗五百，芻藁且盡，人饑死牆壁間。"《通鑑》繫其事於是年四月，則河中屯兵雖多，戰事迫在眉睫，米價猶僅半於河南北矣。《舊紀》：貞元二年五月，丙申，自癸巳大雨，至於茲日。饑民俟夏麥將登，又此霖澍，人心甚恐，米斗復千錢。《新書・五行志》亦云：是年五月，麥將登而雨霖，米斗千錢。觀《舊書》之文，則自此以前，西都米價，已嘗升至千錢矣。《舊書・張孝忠傳》云：貞元二年，河北蝗旱，米斗一千五百文；復大兵之後，民無蓄積；饑殍相枕。孝忠所食，豆䭀而已。則是歲河北米價，又較元年春間爲貴也。《通鑑》：貞元三年七月，上復問李泌以府兵之策。對曰："今歲徵關東卒戍京西者十七萬人，計歲食粟二百四萬斛。今粟斗直百五十，爲錢三百六萬緡。國家比遭饑亂，經費不充，就使有錢，亦無粟可糴，未暇議復府兵也。"泌事多出其子繁造作，不足信，説已見前，然造作之説，亦必以當時情勢爲據，故仍可考米價。《通鑑》又云：自興元以來，是歲最爲豐稔，米斗直錢百五十，粟八十。詔所在和糴。案景龍元年米斗百錢，史家已以爲貴，此時幣價，當倍蓰於景龍，而百五十錢，已須和糴者。穀貴既久，慮其驟賤傷農也。《通鑑》：貞元八年又載陸贄論邊儲之語，謂江淮斗米錢百五十，而京兆諸縣七十，請減來歲之運，今京兆加價以糴，而以停運之米，於江淮減價以糴，詳見第二十章第二節。足見斗百五十之價，於京兆爲賤者，於江淮仍爲貴。蓋因有無不能相通，故各處米價，差異殊甚也。《通鑑》元和元年云：是歲天下大稔，米斗有直二錢者。唐代米價見於史者，當以是爲最廉。《新書‧吳武陵傳》：長慶初，竇易直以戶部侍郎判度支，表武陵主鹽北邊，會表置和糴貯備使，擇郎中爲之。武陵諫曰："今緣邊膏壤，鞠爲榛杞，父母妻子不相活。前在朔方，度支米價四十，而無踰月積，皆先取商人，而後求牒還都受錢。脱有寇薄城，不三旬便當餓死。何所取財，而云和糴哉？"則長慶初之米價，又落於貞元時矣。《舊紀》：長慶四年七月丁卯，勑以穀貴，凡給百官俸内一半合給匹段，今宜給粟，每斗折錢五十文。折價或較實價爲低，相去當不甚遠，武陵以四十爲昂，其無足怪。《舊紀》：光啓二年五月，是月，荆南、襄陽仍歲蝗旱，米斗三十千，人多相食。《新書‧五行志》云：光啓二年二月，荆、襄大饑，米斗三千錢，人相食。卷三十五。又云：光啓二年，荆、襄蝗，米斗錢三千，人相食。卷三十六。《舊紀》蓋衍十字？天祐元年，朱全忠殺朱友恭、氏叔琮，《新書‧姦臣傳》曰：是時洛城旱，米斗直錢六百，軍有掠糴者，都人怨，故因以悦衆，執友恭、叔琮斬之。《通鑑》：天成二年，是歲，蔚、代緣邊粟斗不過十錢。以上爲唐、五代時穀價見於正史及《通鑑》者。唐代錢價頗貴，中葉後尤甚，見第十九章第四節。則前後穀價，雖爲數相同，又不能視同一律矣。計然云："糶二十病農，九十病末，上不過八十，下不過三十，則農末俱利。"今觀唐史之文，開元米斛僅二百，則以爲賤，景龍時斗值百錢，則以爲貴，其相去之遠，亦頗近之。蓋穀價雖貴，利多入於貴庚之家，農民所得，恒不過最下之價，故雖上騰未必豐樂，雖反賤亦勉可自活也。

《舊書·魯炅傳》：保南陽郡，爲賊所圍。城中食盡，煮牛皮筋角而食之，米斗至四五十千，有價無米。鼠一頭至四百文。餓死者相枕藉。《安禄山傳》：慶緒自十月被圍至二月，城中人相食。米斗錢七萬餘，鼠一頭直數千。《黃巢傳》：中和元年，時京畿百姓，皆砦於山谷，累年廢耕耘。賊坐空城，賦輸無入。穀食騰踊，米斗三十千。官軍皆執山砦百姓鬻於賊爲食，人獲數十萬。《高駢傳》：光啓三年，畢師鐸囚駢。楊行密攻城，城中米斗五十千，餓死大半。《舊五代史·僭僞列傳》：九月，秦、畢害高駢於幽所。行密攻圍彌急。城中食盡，米斗四十千。居人相啗略盡。十月，城陷。秦、畢走東塘。行密入廣陵。舉外寨之粟，以食飢民。即日米價減至三千。《新書·五行志》：光啓三年，揚州大饑，米斗萬錢，蓋亦在此時，實非因饑荒也。《新書·陳儒傳》：秦宗言來寇，張璝固壘二歲，樵蘇皆盡，米斗四十千。計抔而食，號爲通腸。疫死者爭啗其尸，縣首於户以備饌。軍中甲鼓無遺，夜擊闉爲警。《新五代史·李茂貞傳》：天復元年，韓全誨等與李繼筠劫昭宗幸鳳翔，梁軍圍之逾年，茂貞每戰輒敗，閉壁不敢出。城中薪食俱盡。自冬涉春，雨雪不止，民凍餓死者，日以千數。米斗直錢七千。至燒人矢鬻尸而食。父自食其子。人肉斤直錢百，狗肉斤直錢五百。《舊五代史·僭僞列傳》：劉守光進攻滄州，滄州賓佐孫鶴、吕兗已推守文子延祚爲帥。守光攻圍累月。城中乏食，米斗直三萬。人首一級，亦直十千。軍士食人，百姓食墐土。驢馬相遇，食其鬃尾。士人出入，多爲强者屠殺。《新書》云：兗等率城中饑民，食以麴，號宰殺務，日殺以餉軍。以上皆圍城中米價可考者：最昂者爲七萬，蓋米價至是，能買者已極少，過此則更無能買者，價亦不必列矣。《魯炅傳》云有價無米，說恐未確，果無米，安得有價？蓋能買者極少，故人不見其有米耳。

布帛之價，開、天時絹匹與米斛齊等，似近乎平。何者？人生所須，莫急口實，故李悝盡地力之教，論農夫用度，一以粟米爲主。《新書·食貨志》載肅、代時議錢幣者之語：謂自天寶至今，户九百餘萬。《王制》上農夫食九人，中農夫七人，以中農夫計之，爲六千三百萬人。少壯相均，人食米二升，日費米百二十六萬斛，歲費四萬五千三百六十萬斛，而衣倍之，吉凶之禮再倍，當米十三萬六千八十萬斛。此説頗得李悝遺意。其計凡民用度，總數約三倍於口實，蓋據當時事實立言。《新書·嚴郢傳》：楊炎請屯田豐州，郢奏：請以内苑蒔稻驗之：秦地膏腴，田上上；耕者皆畿人，月一代，功甚易；又人給錢月八千，糧不在；然有司常募不能足，合府縣共之。計一農歲錢九萬六千，米七斛二斗。大抵歲僦丁三百，錢二千八百八十萬，米二千一百六十斛。臣恐終歲獲不酬費。歲食七斛二斗，正日得二升。別給錢九萬六千，蓋以備衣及他用。京西戍卒十七萬，歲食粟二百四萬斛人月得一石，日得三升餘，蓋民以少壯相均，而兵則皆壯者。遠戍者之所食，固應略優於家居之民，而衣賜别在其外，亦猶之雇農别有庸錢也。《舊書·地理志》言開元時，於邊境置節度、經略使，大凡鎮兵四十九萬人，每歲經費，衣賜則千二十萬疋段，軍食則百九十萬石，大凡千二百一十萬。下列各鎮經費詳數，亦以糧食、衣賜分言，但不能具耳。然則唐世工貨，大約三倍於口實，蓋亦據實際而定。租庸調之法，不役者日爲絹三尺。《唐律·名例》亦云：平功庸者，一人一日爲絹三尺。絹以四丈爲匹，設使價與米斛齊等，則以三尺易米，可得七升半，故曰其價似近於平也。布價固當廉於絹，然如永淳元年之價，匹僅得錢六十六文，布以六丈爲端，四丈爲匹。則亦太廉。蓋因人急口實，故其價遠落經價之下矣。絹有上中下，見《兩晉南北朝史》第十九章第一節，《唐律·名例》：諸平臧者，皆據犯處當時物價及上絹估，則唐絹亦分上中下。不役者日爲絹三尺，當據上絹言之？然則工貨亦當準上絹論直也。工貨三倍於口實而有餘，似足自給。然七口之家,不必皆能力作,設使一夫所入,侔於律之所定,而其婦半之,共得一斗一升餘,少壯相均,日食且不足矣。況不能日日有作乎？短工即如此。故受雇於人者,終不能免於貧困也。

《新書·食貨志》：天寶、至德間,鹽每斗十錢。略廉於其時之斗米。《志》又云：第五琦爲諸州榷鹽鐵使,盡榷天下鹽,斗加時價百錢而出之,爲錢一百一十。《舊書·德宗紀》：建中三年五月丙戌,增兩稅鹽榷錢,兩稅每貫增二百,鹽每斗增一百。貞元四年,淮西節度使陳少遊奏加民賦,自此江淮鹽每斗亦增二百,爲錢三百一十。其後復增六十。河中、兩池鹽,每斗爲錢三百七十。江淮豪賈射利,或時倍之。則斗爲錢七百四十,幾於史思明陷東都時之米價矣。又云：其後軍費日增,鹽價寖貴。有以穀數斗,易鹽一升。順宗時,始減江淮鹽價,每斗爲錢二百五十。河中、兩池鹽斗錢三百。其後鹽鐵使李錡奏江淮鹽斗減錢十以便民。未幾復舊。自有禁榷以來,恐未有賣價高於成本如此其甚者也。《舊五代史·食貨志》：晉天福中,將食鹽錢分配人户,任人逐便興販,鹽貨頓賤。去出鹽遠處州縣,每斤不過二十文,近處一十文而已。

唐之榷酒,始於建中三年。《新書·食貨志》云：斛收直三千。尋以京師四方所湊罷榷。貞元二年,復禁京城、畿縣酒。天下置肆以酤者,斗錢百五十。免其徭役。獨淮南、忠武、宣武、河東榷麴而已。《舊書·德宗紀》：貞元二年十二月壬申,京城畿內榷酒。每斗榷錢一百五十文。釃酒户差役。從度支奏也。酒之成本幾何不可知,恐所加亦必甚巨矣。麴價惟五代時可考。《舊五代史·唐末帝紀》：清泰二年正月,三司奏添徵鹽鹽錢,及增麴價。先是麴斤八十文,增至一百五十文。《晉高祖紀》：天福元年十一月,改元赦詔,麴每斤與減價錢三十文。

《新書·兵志》：凡發府兵當給馬者,官與其直市之。每匹予錢二萬五千。此蓋馬之平價？又云：初用太僕少卿張萬歲領羣牧。自貞觀至麟德四十年間,天下以一縑易一馬。此蓋馬價最賤之時？《舊書·回紇傳》：自乾元之後,屢遣使以馬和市繒帛。仍歲來市。以馬一匹，易絹四十匹。此時馬價未知如何，然中國所失，必甚巨也。《新書·食貨志》云：代宗時，回紇歲送馬十萬匹，酬以縑帛百餘萬匹。而中國財力屈竭，歲負馬價，匹亦不過十萬餘耳。

《舊五代史·唐明宗紀》：天成二年三月，詔所在府縣糾察殺牛賣肉。犯者準條科斷。其自死牛即許貨賣，肉斤不得過五錢。此肉食之價可考者。

《舊書·皇甫鎛傳》：憲宗時，內出積年庫物付度支估價。例皆陳朽，鎛盡以善價買之，以給邊軍。羅縠繒采，觸風斷裂，隨手散壞。軍士怨怒，皆聚而焚之。裴度奏事，因言邊軍焚賜之意。鎛因引其足奏曰：“此靴乃內庫出者，臣以俸錢二千買之，堅韌可以久服。所言不可用，皆詐也。”帝以爲然。由是鎛益無忌憚。唐史言鎛事多誣，前已論之。所言靴價，卻可考當時衣着之直也。

《舊書·李實傳》：貞元十九年，爲京兆尹。二十年春夏，關中大歉。實方聚斂進奉，以固恩寵。百姓所訴，一不介意。因入對，德宗問人疾苦，實奏曰：“今年雖旱，穀田甚好。”由是租稅皆不免。人窮無告。乃徹屋瓦、木，賣麥苗，以供賦斂。優人成輔端，因戲作語爲秦民艱苦之狀云：“秦地城池二百年，何期如此賤田園。一頃麥苗五碩米，三間堂屋二千錢。”此蓋瓦、木最賤之價？然《韋思謙傳》：子思立諫中宗云：“比營造寺觀，其數極多。皆務取宏博，競崇瓌麗。大則費耗百十萬，小則尚用三五萬餘。”《良吏·呂諲傳》：歿後歲餘，江陵將吏合錢十萬，於府西爽塏地大立祠宇，四時祠禱。則祠廟之不甚宏麗者，所費亦不過自三萬至十萬耳。

時人用度之數，雜見史傳者：《舊書·孟郊傳》：鄭餘慶鎮興元，奏爲從事，辟書下而卒，餘慶給錢數萬葬送。《新書·隱逸傳》：盧鴻卒，玄宗賜以萬錢。此喪葬之費也。《舊書·玄宗紀》：開元六年十一月，詔內官、外官三品已上有廟者，各賜物三十匹，以備修祭服及俎豆。此祭祀之費也。又《敬宗紀》：長慶四年十月，宗正寺選尚縣主壻二十五人，各賜錢三十萬，令備吉禮。《新書·韋皋傳》：善拊士，至雖婚嫁皆厚資之。壻給錦，女給銀塗衣，賜各萬錢。又云：死喪者稱是。此婚嫁之費也。士夫、將吏如此。其賜平民者：《隋書·煬帝紀》：大業四年正月，帝在東都，賜城內居民米各十石。《舊書·高宗紀》：貞觀二十三年八月，河東地震，詔遣使存問，給復二年，壓死者賜絹三匹。《新書》同。又永隆元年九月，河南、河北諸州大水，遣使振恤，溺死者官給棺槨，其家賜物七段。《新書·高宗紀》：開耀元年八月，以河南、河北大水，溺死者贈物，人三段。《舊書·順宗紀》：即位後，百姓九十已上賜米二石，絹二匹。百歲已上賜米五石，絹二匹，綿一屯。《新書·太宗紀》：貞觀三年三月，賜孝義之家粟五斛，八十已上二斛，九十已上三斛。百歲加絹二匹。婦人正月已來產子者粟一斗。十五年四月，賜民八十已上物。惸獨鰥寡疾病不能自存者米二斛。《憲宗紀》：元和元年六月，賜百姓有父母、祖父母八十已上者粟二斛，物二段，九十已上粟三斛，物三段。《玄宗紀》：天寶七載五月，羣臣上尊號，賜京城父老物十段。此等皆因賞賜贈遺之數。而略可推想其時用度之數者也。唐世錢少，民間交易，用錢者蓋寡，故賜平民亦絕不用錢。《舊書·李嶠傳》：則天將建大像於白司馬阪，嶠上疏諫曰："造像錢見有一十七萬餘貫，若將散施，廣濟貧窮，人與一千，濟得一十七萬戶。"當時錢少而貴，凡受賜以錢者，自後世觀之，數若甚菲，而其實則頗厚也。《新書·張玄素傳》：玄素上書太子承乾曰："今上以殿下父子親，故所資用不爲限節。然詔未六旬，用錢七萬，驕奢無藝，孰過於此？"六旬用錢七萬，日亦不過千餘耳。《舊書·彭偃傳》：大曆末，東川觀察使李叔明請澄汰佛道，偃獻議：言"一僧衣食，歲計約三萬有餘"。此似甚穀，然設謂口實歲得萬八千，則月得千五百，日食二升，升二十五錢，在當時糶價不爲下矣。千錢濟得一窮戶，非虛言也。

　　唐景思爲邊將，爲奴所誣，自白云：有錢十千爲受外賂，已見第十六章第三節。可見是時雖將吏家，存錢亦不多也。《新書·員半千傳》：咸亨中上書自陳，言臣家貲不滿千錢，有田三十畝，粟五十石，聞陛下封神岳，舉豪英，故鬻錢走京師。此與漢貢禹自言家貲不滿萬錢，又云有田百三十畝者同。見《秦漢史》第十五章第一節。可見唐時計貲，田宅及力耕所得，仍在其外。故雖無貲，亦足自立。《舊書·文苑傳》：唐次子扶，爲福建團練觀察使，卒於鎮，僕妾爭財，詣闕論訴，法司按劾其家財十萬貫，歸於二妾，時論非之，宜矣。扶事《新書》見《唐儉傳》云：奴婢爭財，有司按其貲至十餘萬，時議嗤薄之。十餘萬，當作十餘萬貫。《新五代史·唐家人傳》：明宗姪從溫，爲忠武軍節度使，誣親吏薛仁嗣等爲盜，悉籍沒其家貨數千萬。此雖非一人，然其貲亦不薄矣。

置產業者，費錢亦不甚多。《舊書·德宗紀》：貞元五年三月，詔以李懷光外孫燕八八爲左衛率府冑曹參軍，賜姓名曰李承緒。仍賜錢千貫，俾自營居業。《懷光傳》載詔文云："任於懷光墓側置立莊園，侍養懷光妻王氏，並備四時享奠之禮。"蓋已逾於中人之產矣。《新書·魏徵傳》：太宗賜以蘭陵公主園，其直百萬。一園即直千貫，其實可謂厚矣。《舊書·德宗諸子傳》：十一縣主同月出降，各給錢三百萬，使中官主之，以買田業。則又倍於燕八八之賜。

富人貨產之數，略可考見者：《舊書·李義府傳》云：陰陽占候人杜元紀爲義府望氣，云所居宅有獄氣發，積錢二千萬，乃可厭勝，義府信之，聚斂更急切，此徒以錢幣言。《韓弘傳》云：弘鎮大梁二十餘載，四州征賦，皆爲己有，未嘗上供，有私錢百萬貫，粟三百萬斛，馬七千匹，亦尚未及田宅等也。義府權相，弘驕將，固不足論，然尋常士大夫，家貲亦不可云菲。李元素與妻離絕，詔令與之錢物五千貫，見第十六章第一節。其家產必倍蓰於此可知。《舊書·高宗紀》：咸亨元年，是歲，天下四十餘州旱及霜蟲，百姓飢乏。關中尤甚。二年二月，雍州人梁金柱請出錢三千貫，振濟貧人。能出見錢三千貫，其貲財田宅，必十倍於此，又可知也。此蓋富民。《玄宗紀》：開元二十二年三月，沒京兆商人任令方資財六十餘萬貫。《元積傳》：積自叙曰："分莅東都臺，汴州沒入死商錢且千萬，類是數十事，或移或奏皆主之。"《王處存傳》："京兆萬年縣勝業里人。世隸神策軍，爲京師富族。財產數百萬。父宗，善興利，乘時貿易，由是富擬王者。"此等則皆商人也。當時豪富人，頗有輸財以佐公家之急者，蓋名器猶存，以獲褒賞爲榮也。《舊書·郝處俊傳》：侍中平恩公許圉師,處俊之舅。早同州里,俱宦達於時。又其鄉人田氏、彭氏以殖貨見稱。有彭志筠,顯慶中,上表請以家絹布二萬段助軍。詔受其絹萬匹,特授奉議郎。仍佈告天下。故江淮間語曰:"貴如許、郝,富若田、彭。"此商人也。《嚴震傳》:世爲田家,以財雄於鄉里。至德、乾元以後,震屢出家財以助邊軍。此則地主富農之流也。《德宗紀》:建中三年,太常博士韋都賓、陳京以軍興庸調不給,請借京城富商錢。大率每商留萬貫,餘竝入官。不一二十大商,國用濟矣。判度支杜佑曰:"今諸道用兵,月費度支錢一百餘萬貫。若獲五百萬貫,纔可支給數月。"今若以借二十大商可得五百萬貫,則每商當出二十五萬貫;若借十大商,則每商當出五十萬貫矣。《通鑑》云:請括富商錢。出萬緡者,借其餘以供軍。計天下不過借一二千商,則數年之用足矣。若以所云數年者爲三年;則月費百萬緡,當得三千六百萬緡;借諸千商,商當出三十六萬緡;借諸二千商,商當出十八萬緡也。後僅行諸京畿,得錢八十萬貫,而人有自縊者。論史者咸病其誅求之酷。然其後元和十二年頒藏錢之禁,太和四年復申之,錢十萬貫已下,限一周年內處置畢,二十萬貫已下,限二周年內處置畢,詳見第十九章第四節。此令徧及一切人等,而其限數如此,豈有京畿無一二十大商,海內無一二千大商,能出數十萬緡者?然則韋都賓、陳京之策,謂其不易行或竟不能行則可,謂其億度商人貲產之數有誤,固不可也。安重誨之死也,疏其家財不及數千緡,而史以爲廉,宜矣。世豈有終閟其錢,不出之以市田宅、事興舉者?挾厚貲以事兼併,民又安能與之哉?

論稍入,平民之與貴人,亦相去甚遠。白居易與元稹書云:"今雖謫佐遠郡,而官品至第五,月俸四五萬,寒有衣,飢有食,給身之外,施及家人,亦可謂不負白氏子矣。"一月之入,過於一僧終歲衣食之費,其能施及家人固宜。《舊書·常袞傳》:與楊綰同掌樞務。先是百官俸料寡薄,綰與袞奏請加之。時韓滉判度支。袞與滉各騁私懷,所加俸料,厚薄由己。時少列各定月俸爲三十五千,滉怒司業張參,止給三十千。袞惡少詹事趙甚,遂給二十五千。太子洗馬,實司經局長官,文學爲之貳。袞有親戚任文學者,給十二千,而給洗馬十千。有輕重任情，不通時政，多如此類。當時定俸，輕重是否失當，今難質言，然月得三十五千，亦侔於一僧終歲衣食所費矣。故袞等猶以爲厚而欲裁減之也。《傳》又云：縮弘通多可，袞頗務苛細，求清儉之稱，與縮之道不同。其實縮徒能清儉，袞則更能綜覈，以政事論，或更勝於縮也。又云：無幾縮卒，袞獨當政。故事，每日出内厨食以賜宰相饌，可食十數人，袞特請罷之。迄今便爲故事。又將故讓堂封，同列以爲不可而止。議者以爲厚祿重賜，所以優寵崇國政也，不能當辭位，不宜辭祿食也。然則賢者當叨忝祿食邪？田弘正兄弟子姪在兩都者，日費約二十萬。見第八章第四節。而董秀告陳少遊，月費乃過千貫。見第六章第四節。裴冕兼掌兵權留守之任，俸錢每月二千餘貫。《舊書》本傳。陳少遊初結元載，年餽金帛約十萬貫。而郭子儀歲入宮俸二十四萬貫，私利猶不在焉。亦見《舊書》本傳。以錢計者如此。錫以物者，盧鴻還山，歲給米百斛，絹五十，府縣爲致其家，亦十餘人食也。《舊書・德宗紀》：貞元二年正月，詔以民飢，御膳之費減半。宫人月供糧米，都一千五百石。飛龍馬減半料。若人月食六斗，則宫人當得二千五百矣。又帝即位後，郭子儀加號尚父，月給一千五百人糧，馬二百匹草料，人月食六斗，亦當得九百也。《憲宗紀》：元和八年十月，勅張茂昭立功河朔，舉族歸朝。如聞身歿之後，家無餘財，宜歲賜絹二千匹。準開、天時匹絹與石米齊價，亦歲得二千石矣。

豪富人用度之侈，亦殊駭聽聞。《隋書・文獻獨孤皇后傳》：突厥嘗與中國交市，有明珠一篋，價值八百萬。《舊唐書・五行志》：安樂公主有尚方織成毛裙，凡造兩要，一獻韋氏，計價百萬。德宗時，十一縣主同月出降，各給費三百萬買田業，不得侈用。其衣服之飾，使内司計造，不在此數。是時所司度人用一籠花，計錢七十萬。帝損之，及三萬而止。《新書・柳公綽傳》：孫玭，嘗述家訓以戒子孫曰："王相國涯居位，竇氏女歸請曰：玉工貨釵，直七十萬錢。王曰：七十萬錢，豈於女惜？但釵直若此，乃妖物也，禍必隨之。"《舊書・李光進傳》：光顏攻吳元濟，韓弘爲汴帥，惡其力戰，陰圖撓屈，遂舉大梁城求得一美婦人，飾之以珠翠金玉、衣服之具，計費數百萬，令使者送遺光顏。婦人之飾如此，其侈已可駭矣，猶可說也。王毛仲爲人蒼頭，玄宗以錢五萬買得；顏杲卿妹及子泉明女流落賊中，泉明求之，索購錢俱不過三萬；皆見《舊書》本傳。而裴冕名馬在櫪，直數百金者常十數，則畜價百倍於人矣。一僧歲衣食不過三萬，而趙巖一飲食必費萬錢。《舊書·代宗紀》：大曆二年二月，"郭子儀自河中來朝。宰臣元載、王縉，左僕射裴冕，户部侍郎第五琦，京兆尹黎幹各出錢三十萬。置宴於子儀之第。三月，魚朝恩宴子儀、宰相、節度、度支使、京兆尹於私第。乙亥，子儀亦置宴於其第。戊寅，田神功宴於其第。公卿大臣列席於坐者百人。子儀、朝恩、神功一宴費至十萬貫"。《新書·吳湊傳》：兄子士矩，開成初爲江西觀察使，饗宴侈縱，一日費凡十數萬。《舊五代史·蘇逢吉傳》：嘗於私第大張酒樂，以召權貴，所費千餘緡。豈特諺所謂"富人一席酒，窮漢半年糧"哉？

史萬歲從楊素平江南，前後七百餘戰，轉鬥千餘里，寂無聲聞者十旬，素上其事，隋高祖不過賜其家錢十萬。而梁睿平王謙，賜物五千段，奴婢一千口，金二千兩，銀三千兩。王長述時爲信州總管，謙使致書，長述執其使，上其書，又陳取謙之策，亦前後賜金五百兩。韋師爲山東河南十八州安撫大使，奏事稱旨，賜錢二百萬。唐太宗賞玄武門之功，尉遲敬德、長孫無忌爲第一，各賜絹萬匹。齊王府財幣器物，封其全邸，盡賜敬德，此皆興亡之際，固難以常理論。然隋文帝一幸高熲第，而賜錢百萬，絹萬匹，與史萬歲十萬之賜，相去何其縣殊？猶曰："熲久參密勿，宣力有年也。"唐太宗言及山東、關中人，意有同異，張行成諫，太宗善之，賜名馬一匹，錢十萬，衣一襲，此徒以一言，已侔於萬歲轉戰千里之賜。長樂公主將下降，帝以皇后所生，勑有司資送倍於永嘉長公主，魏徵諫，上然其言，入告長孫皇后，后使齎錢四十萬、絹四百匹詣徵宅以賜之，則更遠過於行成矣。豈真貴口舌於汗馬之勞哉？賜達官者以貴人之所入爲準，賜下吏者以平民之所入爲準也。亦可推見二者之差矣。韋綬授山南東道，辭日訴家貧，請賜錢二百萬，則竟公然以爲乞請矣。

賞賜如此,贈遺亦然。《舊書·陸贄傳》:爲鄭縣尉。罷秩東歸省母,路由壽州,刺史張鎰有時名,贄往謁之。鎰初不甚知。留三日,再見與語,遂大稱賞,請結忘年之交。及辭,遺贄錢百萬。贄不納,惟受新茶一串。《新書·白居易傳》:田布拜魏博節度使,居易持節宣諭,布遺之五百縑。詔使受之,辭曰:布父讎國恥未雪,人當以物助之,乃取其財,義不忍,方諭問旁午,若悉有所贈,則賊未殄,布資竭矣。詔聽辭餉。《舊五代史·孔崇弼傳》:天福中,遷左散騎常侍。五年,詔令泛海使於杭越。先是浙中贈賄,每歲恒及萬緡。時議者曰:"孔常侍命奇薄,何消盈數。有命即無財,有財即無命。"明年,使還,果海中船壞,空手而歸。《新書·郝處俊傳》:十歲而孤。故吏歸千縑賵之,已能讓不受。處俊父爲滁州刺史。《韓思復傳》:歲飢,京兆杜瑾以百綾餉。思復方并日食,而綾完封不發。《馮宿傳》:弟定,與宿齊名,于頔素善之。頔在襄陽,定徒步上謁。吏不肯白,乃亟去。頔聞,斥吏,歸錢五十萬。定不受。此諸餉遺,並不爲菲。惟高尚、李齊物爲新平太守,薦諸朝,僅賸錢三萬。《新書·逆臣傳》。蓋寒士道途之費,原不過如此也。然苟能廣遊諸侯間,哀其所得,仍不爲菲。《舊五代史·鄭雲叟傳》:唐昭宗朝,嘗應進士舉,不第,因欲攜妻子隱於林壑,其妻非之,不肯行,雲叟乃薄遊諸郡,獲數百緡,以贍其妻,辭訣而去,則其事矣。

當時爲人作文字者,獲報頗豐,亦贈遺之類也。《舊書·張嘉貞傳》:爲定州刺史。至州,於恒嶽廟中立頌。嘉貞自爲其文。嶽祠爲遠近社賽,有錢數百萬。嘉貞自以爲頌文之功,納其數萬。史書此事,意蓋譏其不廉?《新書·韓思彥傳》:客汴州。張僧徹者,廬墓三十年,詔表其閭,請思彥爲頌,餉縑二百,不受。時歲凶,家窶甚,僧徹固請,爲受一匹。獲旌表者多非悃愊之士,已見第十六章第二節。思彥之不受,蓋亦以此?《李絳傳》:興安國佛祠,吐突承璀請立石紀聖德焉,欲使絳爲之頌,將詒錢千萬。絳上言,請罷之。帝悟,命百牛倒石。承璀蓋亦以貨取也?《韋貫之傳》:裴均子持萬縑請撰先銘,答曰:"吾寧餓死,豈能爲是哉?"《司空圖傳》:王重榮父子雅重之,數饋遺，弗受。嘗爲作碑，贈絹數千，圖置虞鄉市，人得取之，一日盡。亦皆視爲不義之財。《皇甫湜傳》：爲工部郎中，辨急使酒，數忤同省。求分司東都。留守裴度，辟爲判官，度修福先寺，將立碑，求文於白居易。湜怒曰：“近捨湜而遠取居易，請從此辭。”度謝之。湜即請斗酒。飲酣，援筆立就。度贈以車馬、繒采甚厚。湜大怒曰：“自吾爲顧況集序，未嘗許人。今碑字三千，字三縑。何遇我薄邪？”度笑曰：“不羈之才也。”從而酬之。此以狂文其貪耳。《五代史補》云：鍾傳雖起商販，尤好學重士。江西士流有名第者，多因傳薦。四遠騰然，謂之英明。諸葛浩素有詞學。嘗爲泗州館驛巡官。仰傳之風，因擇其所行事赫赫可稱者十條，列於啓事以投之。十啓凡五千字，皆文理典贍。傳覽之驚歎。謂賓佐曰：“此啓事每一字可以千錢酬之。”遂以五千貫贈，仍辟在幕下。此尤諂諛不足道矣。

　　臧賄之可考者，數亦頗巨。《隋書·劉行本傳》：雍州別駕元肇言於高祖曰：“有一州吏，受人餽錢三百文，依律合杖一百。然臣下車之始，與其有約。此吏故違。請加徒一年。”則臧不及千，罪已頗重，然史之所載，其數乃有十百千萬於此者。杜黃裳納高崇文賂四萬五千貫，乃薦之討劉闢。弓箭庫使劉希先，取羽林大將軍孫璹錢二十萬，以求方鎮，事發賜死，辭相告訐。事連吐突承璀。李齊運薦李錡爲浙西觀察使，受賂數十萬計。王鍔在河東，用錢數千萬賂遺權幸，求兼宰相。《舊書·李藩傳》。伊慎爲金吾衛大將軍，以錢三千萬賂宦人，求帥河中。皆以賂求官者也。婺州刺史鄧珽，坐臧八千貫，湖南判官馬彝，舉屬令臧罪至千貫。《舊書·竇參傳》。竇易直爲京兆尹，萬年尉韓晤姦臧事發，易直令曹官韋正晤訊之，得臧三十萬。憲宗意其未盡，詔重鞠，坐臧三百萬。易直以貶金州。陳子昂，縣令段簡聞其富，欲害之，家人納錢二十萬，令薄其賂。捕送獄，竟死獄中。渾瑊子鐬，累擢至豐州刺史，坐臧七百萬。此地方官之臧賄也。崔元略任京兆尹，爲橋道使，造東渭橋，被本典鄭位、判官鄭復虛長物價，抬估給用，不還人工價直，率斂工匠，破用計臧二萬一千七百九貫。楊虞卿爲吏部員外郎。太和二年，南曹令史李賓等六人僞出告身籤符，賣鑒空僞官令赴任者六十五人，取受錢一萬六千七百三十貫。虞卿按得僞狀，捕賓等移御史臺鞫劾。賓稱六人共率錢二千貫與虞卿廳典溫亮，求不發舉僞濫事迹。此下吏之贓賄也。金部員外郎韓益判度支案，子弟受人賂三千餘貫，半是擬贓。《舊書·歸崇敬傳》。則又家人藉勢而受贓賄者也。唐玄宗時，中人出使受賄之多，已見第五章第一節。《舊書·鄭餘慶傳》云：自至德已來，方鎮除授，必遣中使領旌節就第宣賜，皆厚以金帛遺之，求媚者惟恐其數不廣，故王人一來，有獲錢數百萬者。《孟簡傳》：簡在襄陽，以腹心吏陸翰知上都進奏，委以關通中貴。翰持簡陰事，漸不可制。簡怒，追至州，以土囊殺之。且欲滅口。翰子弟詣闕進狀訴冤，且告簡贓狀。御史臺按驗，獲簡賂吐突承璀錢帛等共計七千餘貫匹。是中葉以後，又變本加厲也。太平公主之敗，籍惠範家產亦數十萬。《舊書·外戚傳》。則方外亦不免矣。《新五代史·袁象先傳》：子正辭。初以父任爲飛龍副使。唐廢帝時，獻錢五萬緡，領衢州刺史。晉高祖入立，復獻五萬緡，求爲真刺史。拜雄州刺史。州在靈武之西吐蕃中，正辭不欲行，復獻錢數萬，乃得免。正辭不勝其憤，以衣帶自經。其家人救之而止。《閩世家》：泉州刺史余延英，嘗矯曦命，掠取良家子。曦怒，公下御史劾之。延英進買宴錢十萬。曦曰："皇后土貢何在？"延英又獻皇后錢十萬，乃得不劾。則雖人主亦躬爲之矣。

穆宗、敬宗之立，賜神策軍甚厚。蓋因得之不以其正，非可以常理論。李萬榮謀代劉士寧，乘士寧畋城南，召所留親兵告曰："天子有詔召大夫，俾我代節度，人賜錢三萬。"劉悟之反，李師古令曰："入鄆人賞錢十萬。"皆見《新書·藩鎮傳》。《舊五代史·周太祖紀》：廣順二年，平慕容彥超，諸處差到人夫内有遭矢石者，各給絹三匹。皆與歷代平民之賜，數略相近。《舊書·劉玄佐傳》：謂李萬榮謀篡士寧，許其兵人賜錢三千貫，蓋三十貫之誤也？武元衡之死，詔京城、諸道能捕賊者賞錢萬貫，仍與五品官。乃積錢三萬貫於京都市。《舊書·憲宗本紀》

元和十年。此亦特異之事，不可以常理論。

## 第二節 地 權

自北魏立均田之制，周、齊皆仍之，隋亦承之。《通典》云：隋文帝自諸王已下至都督，皆給永業田各有差。多至百頃，少至三十頃。其丁男、中男永業、露田，皆遵後齊之制。並課植以桑及棗。其田宅，率三口給一畝。《新唐書·食貨志》云：授田之制，丁及男年十八以上者人一頃。其八十畝爲口分，二十畝爲永業。老及篤疾、廢疾者人四十畝。寡妻妾三十畝。當户者增二十畝。皆以二十畝爲永業，其餘爲口分。永業之田，樹以榆、棗、桑及所宜之木，皆有數。田多可以足其人者爲寬鄉，少者爲狹鄉。狹鄉授田，減寬鄉之半。其地有薄厚，歲一易者倍授之，寬鄉三易者不倍授。工商者寬鄉減半，狹鄉不給。凡庶人徙鄉及貧無以葬者，得賣世業田。自狹鄉徙寬鄉者，得并賣口分田。已賣者不復授。死者收之，以授無田者。凡收、授，皆以歲十月。授田先貧及有課役者。《舊書·職官志》：户部，凡授田，先課後不課，先貧後富，先少後多。凡田，鄉有餘以給比鄉，縣有餘以給比縣，州有餘以給近州。《舊書·職官志》：户部，凡給口分田，皆從便近。居城之人，本縣無田者，則隔縣給授。又云：自王公以下，皆有永業田。又云：凡新附之户：春以三月，免役；夏以六月，免課；秋以九月，課役皆免。徙寬鄉者，縣覆於州，出境則覆於户部，官以閒月達之。自畿内徙畿外，自京縣徙餘縣皆有禁。四夷降户，附以寬鄉，給復十年。奴婢縱爲良人，給復三年。没外蕃人，一年還者給復三年，二年者給復四年，三年者給復五年。浮民、部曲、客女縱爲良者附寬鄉。案鄉有寬狹，授田又須先貧後富，先有課役而後無課役者；即可見其田不給授。《困學紀聞》引劉氏曰："魏、齊、周、隋，兵革不息，農民少而曠土多，故均田之制存。至唐，承平日久，丁口滋衆，官無閒田，不復給授，故田制爲空文。"又引范氏曰：＂唐初定均田，有給田之制，蓋由有在官之田也。其後給田之制不復見，蓋官田益少矣。＂案隋開皇十二年，因京輔、三河地少人衆，議者咸欲徙就寬鄉，文帝嘗發使四出均天下之田，狹鄉每丁纔至二十畝，老小又少焉，事見第十六章第四節，則如法授田，隋初已不能行矣。《隋書・煬帝紀》：大業五年正月，詔天下均田。《通鑑》同。《地理志》：是年户八百九十萬七千五百四十六，口四千六百一萬九千九百五十六，墾田五千五百八十五萬四千四十一頃，亦人得一頃餘，然計賬之不實久矣，文帝所不能行者，而謂煬帝能行之邪？此所謂均田者，當亦是均稅，與周世宗事同，見下。

　　田不給授，非由生齒之日繁，實由豪強之兼併。蓋人不能無緩急，官無救貧之政；貨力爲己之世，任卹亦非可常恃；則土田之賣買，必不可免，賣買盛而井授之意荒矣。《新書・食貨志》述開元時事云：初，永徽中禁買賣世業口分田，其後豪強併兼，貧者失業，於是詔買者還地而罰之，此其勢豈可行邪？《通典》謂其時併兼踰漢成、哀。至於代宗，卒以畝定稅而斂以夏秋，德宗相楊炎，遂立兩稅之法，丁稅與田稅分離，而均田之法，告朔餼羊之意盡矣。自晉武帝定户調式至此，適得五百年。

　　租庸調之法既廢，則賣買愈得恣行無忌。《舊書・憲宗紀》：元和八年十二月，勅應賜王公、公主、百官等莊宅、碾磑、店鋪、車坊、園林等，一任帖典貨賣。其所緣稅、役，便令府縣收管。蓋賜田本不許賣，至此亦不能禁也。《盧羣傳》：貞元十六年，拜天成軍節度鄭滑觀察等使。先寓居鄭州，典質良田數頃。及爲節度使，至鎮，各與本地契書。分付所管令長，令召還本主。《新書》云：羣嘗客於鄭，質良田以耕。至是則出券貸直，以田歸其人。云質田以耕恐誤。觀《舊書》之文，其田必分在數縣，不徒躬耕，即雇人耕而己督之，力亦豈可及邪？合上條觀之，而知賣買之外，典質亦甚通行矣。《哀帝紀》：天祐二年十月，勅洛城坊曲内，舊有朝臣、諸司宅舍，經亂荒榛，張全義葺理已來，皆已耕墾。既供軍賦，即係公田。或恐每有披論，論爲世業，須煩案驗，遂啓幸門。其都内坊曲及畿内已耕殖田土,諸色人竝不得論認。如要業田,一任買置。凡論認者,不在給還之限。如有本主元自差人句當,不在此限。如荒田無主,即許識認。此詔雖指舊私田為公田,然於自行差人句當者,仍不奪之;已耕墾者,雖禁追認,亦仍許買置;則所謂既供軍賦,即係公田者,乃謂當其耕墾時,國家視同公田而許之,非謂既經耕墾之後,仍以為公田也。

有官自為豪強,以事兼併者,職分田、公廨田等是也。唐制,文武官皆有職分田,親王以下有永業田,其數並不為少。職分田自十二頃至八十頃,永業田自百頃至六十頃,皆見《新書・食貨志》。京師及州縣,又有公廨田,以供公私之費。內官職分田,皆給百里內之地。永業田,五品以上受於寬鄉,六品以上受於本鄉。此並不易給,而內官之職田尤甚,故屢罷之以授民,然終不能絕。貞觀十一年,以職田侵漁百姓,詔給逃還貧戶,視職田多少,每畝給粟二升。十八年,以京兆府、岐、同、華、邠、坊州隙地、陂澤可墾者,復給京官職田。開元十年,籍內外職田,賦逃還戶及貧民。十八年,復給京官職田。二十九年,以京畿地狹,計丁給田猶不足,諸司官在都者,給職田於都畿,以京師地給貧民。新書庾敬休傳:敬休以文宗時為戶部侍郎,言蜀道米價騰踊,百姓流亡,請以本道關官職田振貧民,詔可。則並有官已闕而猶不還之於民者矣。其後具籍之以給軍糧焉。事在上元後。大曆二年,復給京兆府及畿縣官職田,而以其三分之一供軍餉。職田及廨田等,皆由民佃而收其租。《新書・食貨志》云:凡給田而無地者,畝給粟二斗,此蓋法令所定租額?然《志》又云:開元十九年,置職田頃畝簿,租價無過六斗,地不毛者畝給二斗,則三倍元額矣。又云:天寶十二載,楊國忠以兩京百官職田送租勞民,請五十里外輸於縣倉,斗納直二錢,百里外納直三錢,使百官就請於縣。上元元年,復令京官職田以時輸送。受加耗者以枉法贓論。是佃職田者,又有加耗及輸送之勞也。又云:開元末,詔公廨職田有桑者毋督絲課。元和十三年,以職田多少不均,每司草粟,以多少為差。則又取諸粟米之外矣。元稹《同州均田狀》云:當州百姓田地,每畝祇稅粟九升五合,草四分,地頭、榷酒錢共出二十一文已下,而諸色職田,每畝稅粟三斗,草三束,脚錢百二十文。若是京官上司職田，又須變米雇車般送。比量正稅，近於四倍。州縣抑配百姓租佃，有隔越鄉村，被配一二畝者。並有身居市井，亦令虛額出租者。其公廨田、官田、驛田等，皆與職田相似。要之，官稅輕而私租重，官乃自爲地主，效私家之收租而已。故曰：官自爲豪強事兼併也。

永業田等定制外，權貴之特蒙賜與者亦多。楊素平江南，賜公田百頃，已失之厚，後爲獨孤皇后陵，又賜田三十頃，則更爲無名矣。猶曰：素久居權要也。來和，徒以善相術，開皇末上書自陳，言龍潛時已知高祖之貴，亦賜田十頃，此豈恭儉者之所爲邪？煬帝幸榆林，還過張衡宅，賜宅旁田三十頃，自更不足責。唐世則李勣來降，給田五十頃。李子通降杜伏威，伏威送之京師，賜宅一區，田五十頃。元結曾祖仁基，從太宗征遼，以功賜宜君田二十頃。劉幽求，睿宗立，賜良田千畝。讓皇帝既讓儲位，賜奴婢十房，上田三十頃。田悅將符令奇，悅叛，命子璘降唐，見殺，賜璘晉陽第一區，祁田五十頃。皆其較厚者也。《舊書·于志寧傳》：嘗與張行成、高季輔俱蒙賜地。奏曰："臣居關右，代襲箕裘，周、魏以來，基址不墜。行成等新營莊宅，尚少田園。於臣有餘，乞申私讓。"高宗嘉其意，乃分賜行成及季輔。《新書·李襲志傳》：弟襲譽，嘗謂子孫曰："吾性不喜財，遂至宴乏。然負京有賜田十頃，能耕之足以食；河內千樹桑，事之足以衣。"《柳宗元傳》：宗元詒京兆尹許孟容書曰："城西有數頃田，樹果數百株，多先人手自封殖，今已荒穢，恐便斬伐，無復愛惜。"《牛僧孺傳》：隋僕射奇章公弘之裔，幼孤，下杜樊鄉有賜田數頃，依以爲生。可見士夫於先業，守之頗篤。夫其守之彌久，則平民之得之愈難矣。而在勢者又乘時豪奪。楊素，《隋書》傳言其貪冒財貨，營求產業。東西二京，居宅侈麗，朝毁夕復，營繕無已。爰及諸方都會處，邸店、水磑并利田宅以千百數。唐李憕雖稱忠義，然《舊書》傳言其豐於產業。伊川膏腴，水陸上田，修竹茂樹，自城及闕口，別業相望，與吏部侍郎李彭年皆有地癖。鄭巖，天寶中仕至絳郡太守，入爲少府監，產業亞於憕。《新書·盧從愿傳》：數充考校使，宇文融將以括田戶功爲上下考，從愿不許，融恨之，乃密白從愿盛殖產，佔良田數百頃。玄宗自此薄之，目爲多田翁。後欲用爲相屢矣，卒以是止。融或不免要功近利，從愿亦終爲鄙夫也。太平公主，田園徧於近甸膏腴。李林甫，京城邸第、田園、水磑，利盡上腴。元載，城南膏腴、別墅，連疆接畛，凡數十所。宋彥筠，良田、甲第，相望於郡國。將終，以伊、洛間田莊十數區上進。彥筠入城都，據一甲第，因微忿殺其主母，事見第三節。自後常有所覩，心不自安，乃修浮屠以禳之，故臨終有此舉。劉弘病，給諸子奴婢各十五人，田五頃。曰："使賢，固不藉多財，即不賢，守此可以脫饑凍。"餘悉散之親黨，則爲賢者矣。王績、陸龜蒙，號稱隱逸。然績有田十六頃，在河渚間。又有奴婢數人。龜蒙居松江甫里，亦有田數百畝，屋三十楹。雖曰田苦下，雨潦則與江通，常苦饑，身畚鍤茠刺無休時，然又能置園顧渚山下，歲取租茶。其所佔地，亦不爲少矣。甚者如《新書·宦者傳》言：玄宗時，中人占京師甲第、池園、良田、美產什六，民復何以自業哉？長孫無忌族叔順德，太宗時刺澤州，前刺史張長貴、趙士達佔部中腴田數十頃，奪之以給貧單。賈敦頤，永徽五年，遷洛州刺史。時豪富之室，皆籍外佔田，敦頤都括獲三千餘頃，以給貧乏。《舊書·良吏傳》。《新書》云：舉没三千餘頃。案此租庸調法存時，多佔猶爲非法也。兩稅行而此意盡矣。此等人蓋不多遘矣？隋文帝時，蘇威立議，以爲戶口滋多，民田不贍，欲減功臣地以給民。王誼奏曰："百官者，歷世勳賢，方蒙爵土，一旦削之，未見其可。如臣所慮，正恐朝臣功德不建，何患人田有不足？"上然之，竟寢威議。人田不足不患，豈知治之言乎？

《新書·羅立言傳》：遷河陰令。始築城郭。地所當者，皆富豪大賈所佔。下令使自築其處。吏籍其闊陿，號於衆曰："有不如約，爲我更完。"民憚其嚴，數旬畢。民無田者不知有役。合天祐二年之詔觀之，知城市中地，亦均爲豪富所佔矣。

寺觀亦爲佔地者之一。《舊書·王縉傳》言：代宗時，京畿之豐田美利，多歸於寺觀，吏不能制是也。此乃京畿之地，又直君相崇信深摯之時,尋常自不能然。《新書·食貨志》:武宗廢浮屠,天下毁寺四千六百,招提蘭若四萬。籍僧尼爲民二十六萬五千人。奴婢十五萬人。田數千萬頃。以口除田,人得一頃餘,似亦與平民相去無幾。但人民受田,徒有空文,即得之亦須贍一家,而僧徒則徒以奉一身,則即以佔田論,所享亦倍蓰於民不翅矣,况又得坐享布施乎?此度牒之所以貴歟?

多田者或不善經營。如《舊五代史·世襲·李從曬傳》,言其汧、隴之間,有田千頃,竹千畝,恐奪民利,不令理之,致岐陽父老,再陳借寇之言是也。此言即實,亦係罕遘之事,尋常則取之甚酷。陸贄均節賦稅之奏曰:"今制度弛紊,疆理隳壞;人擅相吞,又無畔限;富者兼地數萬畝,貧者無容足之居。依託強豪,以爲私屬。貨其種子,貸其田廬。終歲服勞,日無休息。罄輸所假,常患不足。有田之家,坐食租稅。貧富懸絶,乃至於此?厚斂促徵,皆甚公賦。今京畿之内,每田一畝,官稅五升,而私家收租,殆有至一石者,是二十倍於官稅也。降及中等,租猶半之,是十倍於官稅也。"其剝削之情形,可以想見矣。

《通鑑》:宣宗大中十年,上以京兆久不理,以翰林學士工部侍郎韋澳爲京兆尹。鄭光莊吏恣橫,胡《注》曰:莊吏,掌主家田租者也。積年租稅不入。澳執而械之。上於延英問澳。澳具奏其狀。上曰:"卿何以處之?"澳曰:"寘於法。"上曰:"鄭光甚愛之,何如?"對曰:"陛下自内廷用臣爲京兆。欲以清畿甸之積弊,若鄭光莊吏,積年爲蠹,得寬重辟,是陛下之法,獨行於貧户,臣未敢奉詔。"上曰:"誠如此,但鄭光殢我不置,卿與杖貸其死,可乎?"對曰:"臣不敢不奉詔。願聽臣且繫之,俟徵足乃釋之。"上曰:"灼然可。朕爲鄭光故撓卿法,殊以爲愧。"澳歸府,即杖之。督租數百斛。足,乃以吏歸光。《新書·澳傳》云:帝問其故。澳具道姦狀。且言必實以法。帝曰:"可貸不?"答曰:"陛下自内署擢臣尹京邑,安可使畫一法獨行於貧下乎?"帝入白太后,曰:"是不可犯。"后爲輸租,乃免。又後周太祖廣順元年,衡山指揮使廖偃,與其季父節度巡官匡凝謀,率莊户及鄉人悉爲兵,胡《注》曰:佃豪家之田而納租,謂之莊户。與彭師暠共立希萼爲衡山王。觀此二事，知當時所謂莊者，亦頗足爲政治之梗也。

農民恆樂自有其田，故以其所佃者畀之，則其效立見。《舊五代史·周太祖紀》：廣順三年正月乙丑，詔諸道州府係屬户部營田及租稅課利等，除京兆府莊宅務、贍國軍權鹽務、兩京行從莊外，其餘並割屬州縣。所徵租稅、課利，官中祇管舊額。其職員節級，一切停廢。應有客户元佃係省莊田，桑土舍宇，便賜逐户充爲永業。仍仰縣司給與憑由。應諸處元屬營田户部院及係縣人户所納租中課利，起今年後並與除放。所有牛犢，並賜本户，官中永不收係云。帝在民間，素知營田之弊。至是以天下係官莊田僅萬計，悉以分賜見佃户充永業。是歲出户三萬餘。百姓既得爲己業，比户欣然。於是葺屋、植樹，敢致功力。又東南郡邑，各有租牛課户。往因梁太祖渡淮，軍士掠民牛以千萬計，太祖盡給與諸州民輸租課，自是六十餘載，時移代改，牛租猶在，百姓苦之，至是特與除放。未幾，京兆府莊宅務及權鹽務，亦歸州縣依例處分。或有上言：以天下係官莊田，甚有可惜者。若遣貨之，當得三十萬緡，亦可資國用。帝曰："苟利於民，與資國何異？"《通鑑》曰：前世屯田，皆在邊地，使戍兵佃之。唐末，中原宿兵，所在皆置營田，以耕曠土，其後又募高貲户使輸課佃之，户部別置官司總領，不隸州縣。或丁多無役，或容庇姦盜，州縣不能詰。營田之由來如此，原其故，亦不過官以收稅爲不足，欲自同於私家之收租；而挾官力以爲之，則其暴又有甚於私家者。周祖能毅然除之，其度量誠超越於當時之武人矣。是歲十一月，又廢共城稻田務，任人佃蒔。亦見《舊史·本紀》。又《通鑑》：世宗顯德三年，唐主詔淮南營田，害民尤甚者罷之。其弊亦必有不可忍者也。

《舊書·宣宗紀》：大中三年，既復三州七關，制曰："其秦、威、原三州及七關側近，訪聞田土肥沃，水草豐美，如百姓能耕墾種蒔，五年內不加稅賦，五年已後，重定户籍，便任爲永業。"《舊史·周世宗紀》：顯德二年正月乙未，詔應逃户莊田，並許人請射承佃，供納稅租，如三周年內本户來歸者，其莊田不計荒熟，並交還一半。五周年內歸業者,三分交還一分。如五周年外歸業者,其莊田除本户墳塋外,不在交付之限。其近北地諸州,應有陷蕃人户,自蕃界來歸業者,五周年內來者,三分交還二分。十周年內來者,交還一半。十五周年來者,三分交還一分。十五周年外來者,不在交還之限。此等無主之地,並可收爲官有,而皆許爲私業者,非此固無以勸耕也。

碾磑私有,亦爲厲民之一大端。楊素、李林甫,事已見前。《新書・王方翼傳》:遷肅州刺史。儀鳳間,河西蝗,獨不至方翼境,而他郡民或餒死,皆重繭走方翼治下。乃出私錢,作水磑,簿其贏以濟飢療。構舍數十百楹居之,全活甚衆。即此一事,可見其利之厚。而倚以剝削者遂相踵。《李元紘傳》:仕爲雍州司户參軍。時太平公主勢震天下,百司順望風指。嘗與民競碾磑,元紘還之民。長史竇懷貞,大驚,趣改之。元紘大書判後曰:"南山可移,判不可搖也。"開元初爲萬年令,賦役稱平。擢京兆少尹。詔決三輔渠。時王、主、權家,皆旁渠立磑,潴遏争利。元紘敕吏盡毁之。分溉渠下田。民賴其恩。此兩事可謂差强人意。然高力士於京城西北截澧水作碾,並轉五輪,日破麥三百斛,莫能正也。玄宗晚年,綱紀可謂頹弛盡矣。《李栖筠傳》:進工部侍郎。關中舊仰鄭、白二渠溉田,而豪戚壅上游取磑利且百所,奪農用十七。栖筠請皆徹毁,歲得租二百萬。《諸公主傳》:代宗女齊國昭懿公主,下嫁郭曖。大曆末,寰内民訴涇水爲磑壅,不得溉田。京兆尹黎幹以請,詔徹磑,以水與民。時主及曖家皆有磑,勾留。帝曰:"吾爲蒼生。若可爲諸戚倡,"即日毁。由是廢者八十所。二者所述,蓋即一時之事。亦可謂差强人意。然《舊書・李吉甫傳》言其再入相時,京城諸僧,有以莊磑免税者。吉甫奏曰:"錢米所徵,素有定額。寬緇徒有餘之力,配貧下無告之民,必不可許。"憲宗乃止。權戚雖遭裁抑,緇徒仍敢覬覦,可見其所去不過泰甚不可忍者,其未至此者,則習焉而不以爲怪矣。僖宗幸蜀,賜陳敬瑄上都田宅邸磑各十區,更不成話。

五代之世,有志於均税者爲周世宗。《舊史・本紀》云:顯德五年七月丁亥,賜諸道節度使《均田圖》各一面。唐同州刺史元稹在郡日,奏均戶民租賦。帝因覽其文集而善之。乃寫其辭爲圖,以賜藩郡。時將均定賦稅,故先以此圖徧賜之。《新史·本紀論》曰:嘗夜讀書,見唐元稹《均田圖》,慨然歎曰:"此致治之本也,王者之政自此始。"乃詔頒其圖法,使吏民先習知之。期以一歲,大均天下之田。《困學紀聞》曰:考之《會要》,世宗見元稹在同州時所上《均田表》,因製素爲圖賜諸道。《崔頌傳》云:世宗讀唐元稹《均田疏》,命頌寫爲圖賜近臣,遣使均諸道租賦。史謂元稹圖,誤也。《續通曆》云:唐同州刺史元稹奏均租賦,帝覽文集而善之,寫其辭爲圖以賜。案《會要》載詔辭云:"近覽元稹《長慶集》,見在同州時所上《均田表》。較當時之利病,曲盡其性,俾一境之生靈,咸受其賜。傳於方策,可得披尋。因令製素成圖,直書其事。庶王公觀覽,觸目驚心。利國便民,無亂條制。背經合道,盡繫變通。但要適宜,所冀濟務。繄乃勳舊,共庇黎元。今賜元稹所奏《均田圖》一面,至可領也。"不云今所製元稹《均田圖》,而曰元稹所奏《均田圖》。《通鑑》記此事亦曰:帝欲均田租,以元稹《均田圖》徧賜諸道。竊疑稹奏本自有圖,而後來之傳本佚之,即深寧亦未得見。若歐陽公及司馬公之語,則自本舊文,不可謂之誤也。不然,今稹集所存奏文,辭甚簡略,安見所謂曲盡其情者哉?惟歐《史》言王者之政自此始,使人億想世宗似有意於哀多益寡,大均天下之土田,則易致誤會。稹在同州,推行之節目,雖已無存,其指意則尋繹奏文,自有可見。除論職田等弊已見前文外,大要言:"當州兩稅地,並是貞元四年檢責。至今已是三十六年。其間人戶逃移,田地荒廢。又近河諸縣,每年河路吞侵,沙苑側近,日有沙磧填掩。百姓稅額已定,皆是虛額徵率。其間亦有豪富兼併,廣佔阡陌,十分田地,纔稅二三,致使窮獨逋亡,賦稅不辦。州縣轉破,實在於斯。"其措施,則令百姓自通手實狀,又令里正書手等傍爲穩審。據其所通,除去逃戶荒地及河侵、沙掩等地,餘爲見定頃畝。乃取兩稅之額均配。職田、州使田、官田等,則皆以與百姓。其意衹是除無田之稅,出無稅之田,非謂奪諸連阡接陌之家，以畀無地置錐之子。乃均稅，非均田也。《通鑑》又載是歲詔散騎常侍艾穎等三十四人分行諸州，均定田租。蓋即《崔頌傳》所謂遣使均諸道租賦者也。此雖未足語於本原，而在當時，則自爲善政矣。

山澤之利，亦有爲豪強所擅者。《隋唐·地理志》云：梁州，其邊野富人，多規山澤，以財物雄使夷獠，故輕爲姦臧，權傾州縣。此亦其舊俗乎？《新書·王播傳》：弟子式，爲明、越觀察使，以平仇甫。餘姚民徐澤，擅魚鹽之利，慈谿民陳瑊，冒名仕至縣令，皆豪縱，州不能制。式曰：｢甫竊發不足畏，若澤、瑊乃巨猾也。｣窮治其姦，皆榜死。此等事多在山海之濱。以政令之力，至此遂成弩末耳。

## 第三節　侈靡之俗

隋、唐、五代，爲風俗侈靡之世，蓋承南北朝之後，南方既習於縱恣，北方又漸染胡俗也。隋、唐王室，皆承魏、齊、周之舊風，未能革正，而安、史之亂作，安、史亂後，則武夫攘臂，又復於魏、晉以來割據分裂之局矣。從來論風俗者，皆狃於舊說，以爲上好禮則舉國從風，此乃氏族之世，上下生活，本無大差殊，而一輩之人，咸有其必遵之軌範，故制禮節則年雖大殺，衆不恇懼。至國家興而上下等級，截然畫分。其生活本不相侔，抑且彼此隔絕。上奢縱，下未必能效之，上節儉，化亦不及於下，風行草偃，徒虛言耳。歷代所謂奢侈，祇是政府中人，次則駔儈者流，承平既久，獲利愈豐，其所以自奉養者，遂縱恣而無極。至於閭陌之民，則雖時和年豐，兵革不作，其爲人所役屬，含辛茹苦如故也，夫安得而奢縱？以風俗之侈靡，歸咎於舉國之人，一若其無不違禮者，繆矣。然居高明者而能節儉，惠未必及於下，及其奢縱，則由物力之屈而誅求愈甚，終至民不聊生，干戈起而舉國之人咸受其弊矣。此則可爲浩歎者也。

史家極稱隋文帝之恭儉，謂其令行禁止，上下化之，舉開皇、仁壽之間，丈夫不衣綾綺，而無金玉之飾爲證。《隋書·本紀贊》。此亦庶僚爲然耳，居高明者，奢縱曷嘗少減？如楊素即其一也。賀若弼，史稱其家珍玩不可勝計，婢妾曳羅綺者數百，功名之士如此，下焉者可知。《舊唐書·宗室傳》：河間王孝恭，性奢豪，重遊燕，歌姬舞女，百有餘人。隴西王博乂，高祖兄子。有妓妾數百人，皆衣羅綺。食必粱肉，朝夕絃歌自娛，驕奢無比。皆前世之餘風也。太宗雖享美名，實亦奢侈，高宗以後愈甚，說已見前。《舊書·五行志》：神龍元年，洛水漲，壞百姓廬舍二千餘家。詔九品以上直言極諫。右衛騎曹宋務先疏曰："數年已來，公私俱竭。戶口減耗。家無接新之儲，國無候荒之蓄。陛下不出都邑，近觀朝市，則以爲率土之人，既康且富，及至踐閭陌，視鄉亭，百姓衣牛馬之衣，食犬彘之食。十室而九空。丁壯盡於邊塞，孤孀轉於溝壑。猛吏淫威奮其毒，暴徵急政破其資。馬困斯跌，人窮乃詐，或起爲姦盜，或競爲流亡，從而刑之，良可悲也。臣觀今之甿俗，率多輕佻。人貧而奢不息，法設而僞不止。長吏貪冒，選舉私謁。樂多繁淫，器尚浮巧。稼穡之人少，商旅之人多。誠願坦然更化，以身先之，端本澄源，滌瑕盪穢。"讀此疏，當道者恣行剝削之情形，可以概見。《穆宗紀》：長慶元年二月丙子，上觀雜伎樂於麟德殿，歡甚。顧謂給事中丁公著曰："比聞外間公卿士庶，時爲歡宴，蓋時和民安，甚慰予心。"對曰："誠有此事。然臣之愚見，風俗如此，亦不足嘉。百司庶務，漸恐勞煩聖慮。"上曰："何至於是？"對曰："國家自天寶以後，風俗侈靡，宴席以諠譁沈湎爲樂，而居重位、秉大權者，優雜倨肆於公吏之間，曾無愧恥，公私相效，漸以成俗。由是物務多廢。獨聖心求理。安得不勞宸慮乎？"時上荒於酒樂，公著因對諷之。穆宗誠爲荒淫，然公著所言士大夫之弊風，必不能無中生有也。《鄭覃傳》：文宗謂宰臣曰："朕聞前時内庫惟二錦袍，飾以金鳥。一袍玄宗幸溫湯御之，一即與貴妃。當時貴重如此。如今奢靡，豈復貴之？料今富家，往往皆有。"《新書·諸公主·順宗女漢陽公主傳》：文宗尤惡世流侈。因主人問曰："姑所服何年法也？今之弊何代而然？"對曰："妾自貞元時辭宮，所服皆當時賜，未嘗敢變。元和後數用兵，悉出禁藏纖麗物賞戰士，由是散於人間，狃以成風。"觀此，知世愈亂，奢侈愈甚。蓋亂世雖四海困窮，自有乘機幸獲者，奢侈之甚，由貧富之不均，非由物力之豐足也。因此乃愈以召亂。《新五代史·前蜀世家》云：唐莊宗遣李嚴聘蜀。衍與俱朝上清。蜀都庶士，簾帷珠翠，夾道不絕。嚴見其人物富盛而衍驕淫，歸乃獻策伐蜀。以區區之蜀，而其慢藏誨盜如此，況其大焉者乎？

唐初雖失之侈，尚非不可挽救，流蕩忘返，實始高宗，至武后而大縱，玄宗初，頗有志懲革，後乃變本加厲，事具見前。其時權戚，為太平公主、李林甫、楊國忠等無論矣。即下於此者，亦復豪無軌範。如王琚，史言其著勳中朝，又食實封，典十五州。常受餽遺。下檐帳設，皆數千貫。玄宗念舊，常優容之。侍兒二十人，皆居寶帳。家累三百餘口。作造不遵法式。每移一州，車馬填路，數里不絕。携妓從禽，恣為歡賞，垂四十年焉。此等人而亦漫無裁制，能無速天下之亂乎？天寶喪敗，餘風未殄。裴冕徒以勸進，實無大功，乃兼掌兵權留守之任，俸錢每月二千餘貫。性本侈靡，好尚車服，及營珍饌。名馬在櫪，直數百金者常十數。每會賓友，滋味品數，坐客有昧於名者。綱紀如此，而克復兩京，平相州，寧非天幸？不特此也。邵說歷事思明、朝義，常掌兵事。朝義之敗，降於軍前。郭子儀愛其才，留於幕下。累授長安令、秘書少監，遷吏部侍郎、太子詹事，以才幹稱。談者或以宰相許之。金吾將軍裴儆謂諫議大夫柳載曰："以鄙夫所度，說得禍不久矣。且說與史思明父子定君臣之分，居劇官，掌兵柄，亡軀犯順，前後百戰；於賊廷掠名家子女以為婢僕者數十人；剽盜寶貨，不知紀極；力屈然後降，朝廷宥以不死，獲齒班序，無厚顏，而又皇皇求財，崇飾第宅，附託貴幸，以求大用。不知愧懼，而有得色，其能久乎？"然後亦不過貶謫而已。此無他，風氣既成，故舉朝皆順逆不明，莫知其非也。元載等之怙權黷貨，復何怪乎？

至於武人，則尤不可説。郭子儀，元勳也，史稱其侈窮人欲而君子不之罪。《舊書》本傳。案此語出於裴垍，見《新書·傳贊》。《傳》述其事曰："歲入官俸二十萬貫，私利不在焉。其宅在親仁里，居其里四分之一。中通永巷。家人三千，相出入者不知其居。前後賜良田、美器、名園、甲館。聲色珍玩，堆積羡溢，不可勝紀。"當民授穗供軍，裂紙為裳之日而如此，於汝安乎？《傳》又云：子儀薨後，楊炎、盧杞相次秉政。姦諂用事。尤忌勳族。子儀之壻太僕卿趙縱，少府少監李洞清，光禄卿王宰，皆以家人告訐細過，相次貶黜。曜子儀長子。家大恐。賴宰相張鎰，力為庇護。姦人幸其危懼，多論奪田宅、奴婢。曜不敢訴。德宗微知之。詔其家前時與人為市，以子儀身殁，或被誣搆，欲論奪之，有司無得為理，方已。史又稱子儀權傾天下而朝不忌，功蓋一代而主不疑，蓋其為人本無足疑忌。子儀戰略，本無足稱，特乘安史之自敗而成功耳。故《舊書》本傳，亦謂其威略不逮李光弼。《舊書》所著評語，多係時人議論，惡直醜正處甚多，然亦時有真知灼見也。其於御下，則失之寬縱，故下皆樂就之，然亦無為之死黨者。楊炎、盧杞等搆之何為？然則羣起而攻之者，特睨其財而思奪之耳。彼其與人為市，豈得無所侵陵？然則目擊其侈，窮人欲而不之罪者，其人果君子乎？馬璘、馬燧、李晟皆號稱名將。璘、燧皆身為縱侈。晟與子懇，世濟其美，而愿、聽皆驕以亡身。高崇文之入成都，珍寶山積，市井不移，而及其去也，帑藏之富，百工之巧，舉以自隨，蜀都一罄。然則一時以節制稱者，其人又可終恃乎？而嚴武、郭英乂、崔寧、陳少遊輩之公然攘奪者，更無論矣。逮於末葉，裂冠毀冕愈甚，遂有如高駢在淮南之所為，而五代偏方之國踵之。其殘民以逞，可勝道哉？

又不必武夫也。白居易，士大夫之賢者也。而其自叙所居曰："東都風土水木之勝在東南偏，東南之勝在履道里，里之勝在西北隅。西閈北垣第一第，即白氏叟樂天退老之地。地方十七畝，屋室三之一，水五之一，竹九之一，而島樹橋道間之。初樂天既為主，喜且曰：雖有池臺，無粟，不能守也，乃作池東粟廩。又曰：雖有子弟，無書，不能訓也,乃作池北書庫。又曰:雖有賓朋,無琴酒,不能娛也,乃作池西琴亭,加石樽焉。樂天罷杭州刺史。得天竺石一,華亭鶴二以歸,始作西平橋,開環池路。罷蘇州刺史時,得太湖石五、白蓮、折腰菱、青板舫以歸,又作中高橋通三島逕。罷刑部侍郎時,有粟千斛,書一車,泊臧獲之習管磬絃歌者指百以歸。"此竭幾農夫、幾織女之力,而後能供之乎?《舊書・杜亞傳》曰:出爲淮南節度,承陳少遊之後,淮南之人,望其剗革舊弊,而亞自以才當公輔,連出外職,志頗不適,政事多委參佐。招引賓客,談論而已。又盛爲奢侈。江南風俗,春中有競渡之戲,萬舟並進,以急趨疾進者爲勝。亞乃令以漆塗船底,貴其速進。又爲綺羅之服,塗之以油,令舟子衣之,入水而不濡。亞本書生,奢縱如此。《段文昌傳》曰:文昌布素之時,所向不偶。及其達也,揚歷顯重,出入將相,泊二十年。其服飾玩好,歌童妓女,苟悅於心,無所愛惜。乃至奢侈過度,物議貶之。然則所謂書生者,又豈大愈於武夫哉?

　　五代風氣,更如橫流潰決,不可收拾。貴戚如袁象先,世臣如趙巖,手握重兵,關係存亡者如楊師厚、杜重威,皆不知有君,不知有國,惟賄之求;而文臣如蘇逢吉等,亦肆無忌憚。景延廣身搆滔天之釁,石晉而亡,豈有全理?乃猶大治第宅,園置妓樂,惟意所爲。終以顧慮其家,不能引決,爲虜所縶。桑維翰智計逾於延廣矣,而歐《史・賈緯傳》言:漢隱帝時,詔與王伸、竇儼等同修晉高祖、出帝、漢高祖實錄。初維翰爲相,惡緯爲人,待之甚薄。緯爲惟翰傳,言惟翰死有銀八千鋌。翰林學士徐台符以爲不可,數以非緯。緯不得已,更爲數千鋌。緯訐惟翰之賄,或出私意,然謂維翰不好賄,不可得也。《五代史補》云:高郁與馬殷俱起行陳,貪且僭。常以所居之井,不甚清澈,思所以澄汰之,乃用銀葉護其四方,自内至外皆然,謂之拓裏。其自奉過差皆此類。不亦匪夷所思乎?

　　此等貪冒,不待充類至義之盡,業已行同盜賊矣,乃又有甚於此者。《舊書・王鍔傳》:子稷。鍔在藩鎮,常留京師,以家財奉權要。

廣治第宅。作複垣洞穴,實金錢於其中。長慶二年,爲德州刺史,廣齎金寶僕妾以行。節度使李全略利其貨而圖之,致本州軍亂,殺稷。其室女爲全略所擄,以妓媵處之。《胡証傳》:素與賈餗善。及李訓敗,禁軍利其財,稱証子溵匿餗。乃破其家。一日之內,家財並盡。軍人執溵入左軍,仇士良命斬之以徇。是內外軍人,皆躬爲殺人越貨之行也。《舊五代史・張筠傳》云:雍州康懷英以病告,詔筠往代之。比至,懷英已卒,因除筠爲永平軍節度使大安尹。懷英在長安日,家財甚厚,筠盡奪之。涇陽鎮將侯莫陳威,前與溫韜同剽唐氏諸陵,大貯瓌異之物,筠乃殺威而籍其家。同光末,隨魏王繼岌伐蜀。奏弟篯權知西京留守事。蜀平,王衍挈族入朝,至秦川驛,莊宗遣中使向延嗣乘驛騎盡戮衍族。所有奇貨,盡歸於延嗣。俄聞莊宗遇內難,繼岌軍次興平,篯乃斷咸陽浮橋,繼岌浮渡至渭南死,一行金寶妓樂,篯悉獲之。俄而明宗使人誅延嗣,延嗣暗遁,衍之行裝,復爲篯有。《祕瓊傳》云:董溫琪爲鎮州節度使,擢瓊爲衙內指揮,倚以腹心。及溫琪陷蕃,瓊乃害溫琪之家,載其尸,都以一坎瘞之。溫琪在任貪暴,積鏹巨萬,瓊悉輦之以藏其家。遂自稱留後。高祖即位,遣安重榮代之。授瓊齊州防禦使。瓊不敢拒。槖其奇貨,由鄴中赴任。先是鄴帥范延光謀叛,遣衙將范鄴持書構瓊,瓊不答,延光深忿之。及聞瓊過其境,密使精騎殺瓊於夏津,以滅其口。一行金寶侍伎,皆爲延光所有。而後來楊光遠之殺延光,又未始不以其賄也。《李金全傳》云:晉高祖即位之明年,安州屯將王暉殺節度使周瓌。詔遣金全以騎兵千人鎮撫其地。未及境,暉爲部下所殺。金全至,亂軍數百人皆不安。金全說遣赴闕,密伏兵於野,盡殺之。又擒其軍校武彥和等數十人斬之。初金全之將行也,高祖戒之曰:"王暉之亂,罪莫大焉。但慮封守不寧,則民受其弊。"因折矢飛詔,約以不戮一人,仍許以暉爲唐州刺史。又謂金全曰:"卿之此行,無失吾信。"及金全聞彥和等當爲亂之日,劫掠郡城,所獲財貨,悉在其第,遂殺而奪之。《鄭仁誨傳》云:王殷受詔赴闕,太祖使仁誨赴鄴都巡檢。及殷得罪,仁誨不奉詔,即殺其子,蓋利其家財妓樂也。《宋彥筠傳》云:伐蜀之役,率所部從康延孝爲前鋒。入成都,據一甲第。第中資貨巨萬,妓女數十人,盡爲其所有。一旦與其主母微忿,遽擊殺之。《王守恩傳》云:歷諸衛將軍。開運末,契丹陷中原。守恩時因假告歸於潞。潞州節度使張從恩,懼契丹之盛,將朝於契丹,以守恩婚家,甚倚信之,乃移牒守恩,請權爲巡檢使。從恩既去,守恩以潞城歸於漢祖。仍盡取從恩家財。此等皆殺人越貨者所不爲,而此輩忍爲之,又豈獨豺狼當道乎?然身亦未嘗不受其禍。《白再榮傳》云:高祖以爲鎮州留後。爲政貪虐難狀,鎮人呼爲白麻荅。未幾,移授滑州節度使。箕斂誅求,民不聊生。乃徵還京師。周太祖入京城,軍士攻再榮之第,迫脅再榮,盡取財貨。既前啓曰:"某等嘗趨事麾下,一旦無禮至此,今後何顏謁見?"即奮刃擊之。挈其首而去。後家人以帛贖葬之。《安叔千傳》云:契丹以爲鎮國軍節度使。漢高祖入,立罷歸京師。自以嘗私附契丹,頗懷媿懼,以太子太師致仕。周太祖兵入京師,軍士大掠。叔千家貲已盡,而軍士意其有所藏,箠掠不已。傷重,歸於洛陽,卒,年七十二。曾子曰:"戒之戒之,出乎爾者,反乎爾者也。"處其境者自不悟耳。

《隋書·李德林傳》云:年十六,遭父艱。自駕靈輿,反葬故里。時正嚴冬,單衰跣足。州里人物,由是敬慕之。博陵豪族有崔諶者,僕射之兄。因休假還鄉,車服甚盛。將從其宅詣德林赴弔。相去十餘里,從者數十騎,稍稍減留,比至德林門,纔餘五騎。云:"不得令李生怪人熏灼。"此與楊綰相而郭子儀自減其坐中聲樂同。知守禮,則雖富而不敢驕。雖非善俗之本,較之隨俗波靡者,自爲賢矣。《柳公綽傳》言其性謹重,動循禮法。屬歲飢,其家雖給,每飯不過一器,歲稔復初。此雖未能振施,亦愈於坐視人之飢而飲食若流者也。段秀實,史言其清約率易。非公會不聽樂飲酒,私室無妓媵,無贏財,退公之後,端居静慮而已。陸長源,史言其清白自將。去汝州,送車二乘,曰:"吾祖罷魏州,有車一乘,而圖書半之,吾愧不及先人。"此並志士,清節挺挺,終死義烈,良非偶然。劉晏、韓滉,皆非純白,然晏,史言其所居修行里，廡樸卑陋，飲食儉狹，室無媵婢。既死，簿錄其家，惟雜書兩乘，米麥數斛而已。滉，史言其雖宰相子，而性節儉。衣裘茵衽，十年一易；甚暑不執扇；居處陋薄，取蔽風雨；當門列戟，以父時第門不忍壞，乃不請。堂先無挾廡。弟洄稍增之。滉見即徹去，曰："先君容焉。吾等奉之，常恐失墜。若摧圮，繕之則已。安敢改作，以傷儉德？"居重位，清潔疾惡，不爲家人資產。自始仕至將相，乘五馬，無不終櫪下。此亦功名之士，所好自與流俗殊也。馮道，丁父憂，持服景城，遇歲儉，所得俸餘，悉振鄉里，所居惟蓬茨而已。牧宰餽遺，斗粟匹帛無所受。一日上謁，既退，明宗顧謂侍臣曰："馮道性純儉。頃在德勝寨，居一茅菴，與從人同器食，臥則芻藁一束。其心晏如也。及以父憂，退歸鄉里，自耕樵採，與農夫雜處，略不以素貴介懷。真士大夫也。"道蓋以儉德避禍者也。張仁愿兄仁穎，善理家，勤而且約。婦女衣不曳地。什物多歷年所如新市。此乃田舍翁善居積者。姚顗，不知錢陌銖兩之數。御家無法。卒之日，家無餘貲，官爲賵贈乃能斂。崔居儉，拙於爲生。居顯官，衣服常乏。死之日，貧不能葬。則適與相反耳。皆不足尚也。

遊觀燕樂，爲人情之所不能無，古人乃因之以置節，此原不足爲病。然其後踵事增華，寖忘初意，則其弊有不可勝窮者矣。此等事不勝枚舉，生日之浪費，其一端也。慶祝生辰，古無此舉，蓋因其時尚無曆日之故。故唐人尚以其事爲胡俗。《舊書・韋綬傳》：穆宗即位，以師友之恩，召爲尚書右丞，兼集賢院學士。綬以七月六日是穆宗載誕節，請以是日百官詣光順門賀太后，然後上皇帝壽。時政道頗僻，勅出，人不敢議。久之，宰相奏古無生日稱賀之儀，其事終寢。《通鑑》後漢隱帝乾祐三年《注》引《容齋隨筆》，謂明年復行賀禮，受賀之事，蓋自長慶至今用之，則其失卒未能正。然在唐時，夫固人知其非禮。《新書・唐臨傳》：孫紹，中宗時爲太常博士，四時及列帝誕日，遣使詣陵如事生，紹以爲非禮，引正誼固爭，亦其一證。臧榮緒以宣尼庚子日生，是日陳五經而拜之，爲史言生日之始，亦漸染胡俗者也。隋文帝仁壽三年，下詔言六月十三是朕生日，宜令海內爲武元皇帝、元明皇后斷屠，見《隋書・本紀》。爲帝王自言生日之始。然此尚出於追念劬勞,爲亡者資福之意,非以其日稱慶也。唐玄宗始以生日爲千秋節,令天下諸州燕集,休假三日。仍編爲令。《舊書·玄宗紀》開元十七年。《通鑑》云:尋又移社就千秋節。《注》云:後改千秋節爲天長節。自此,歷代帝王,皆以生日置節。唐惟德、順、憲、穆四朝,不立節名。然德宗生日,王虔休仍作繼天誕聖樂以進。《舊書·哀帝紀》:帝以八月丙午即位,甲寅,中書奏皇帝九月三日降誕,請以其日爲乾和節,從之。丁巳,勅乾和節方在哀疚,其内道場宜停。庚申,勅乾和節文武百寮、諸軍、諸使、諸道進奏官準故事於寺觀設齋,不得宰殺,祇許酒果脯醢。辛酉,勅三月二十三日嘉會節,伏以大行皇帝仙駕上升,靈山將卜,神既遊於天際,節宜輟於人間,準故事,嘉會節宜停。是時唐已朝不保夕,而旬日之間,因生日降勅者四焉。豈不哀哉?《新書·禮樂志》論玄宗,謂其君臣共爲荒樂,當時流俗,多傳其事以爲盛,其後巨盜起,陷兩京,自此天下用兵不息,而離宮苑囿,遂以荒堙,獨其餘聲遺曲傳人間,聞者爲之悲涼感動。其事適足爲戒,而不足考法。《志》又云:帝幸驪山,楊貴妃生日,命小部張樂長生殿,因奏新曲。未有名。會南方進荔枝,因名曰荔枝香。其荒淫如此。然自此已後,休假燕樂,遂成故事矣。《舊書·文宗紀》:開成二年九月甲申,詔曰:"慶成節朕之生辰,天下錫宴,庶同歡泰。不欲屠宰,用表好生,非是信尚空門,將希無妄之福。恐中外臣庶,不諭朕懷,廣置齋筵,大集僧衆,非獨彫耗物力,兼恐致惑生靈。自今宴會蔬食,任陳醑醢,永爲常例。"觀此,知廣置齋筵,費轉甚於陳醑醢者也。又勅:慶成節宜合準上巳、重陽例,於曲江會文武百寮。延英奉觴宜權停。蓋自甘露變後,帝居常忽忽不懌之故?然於燕集則無損也。休假例爲三日,節日及節前後,各一日,至五代未改,見《舊史·梁太祖紀》開平元年,末帝紀乾化元年,《唐明宗紀》天成元年。武宗即位,以二月十五日爲玄元皇帝降生日,立爲降聖節,休假一日,見《舊書·本紀》。《舊史·唐明宗紀》:天成三年正月,中書上言;"舊制降聖節應休假三日,準會昌元年二月勅,休假一日,請準近勅。"從之。則亦嘗有三日之制矣。《末帝紀》:清泰二年正月,中書、門下奏:"遇千春節,凡刑獄公事奏覆,候次月施行。今後請重繫者即候次月,輕繫者即節前奏覆決遣。"從之。《晉高祖紀》:天福六年二月,詔天下郡縣,不得以天和節禁屠宰輟滯刑獄,則其廢事,又有出於休假之外者矣。唐文宗開成二年甲申之詔,《舊紀》上無九月字,然是年八月壬辰朔,其月不得有甲申,故知紀奪九月字也。玄宗千秋節,王公已下獻鏡及承露囊;亦見《舊書·本紀》。吏部尚書崔日用採《毛詩·大小雅》二十篇,及司馬相如《封禪書》表上之。其後改稱天長節,則張九齡獻《金鏡錄》。德宗誕日,皇太子獻佛像。此尚未爲多費,且頗有箴規之意。然藩鎮遂藉進獻以邀恩,並有借此以牟利者。如王智興以敬宗誕月,於泗州置僧壇度人,人納二縉,李德裕謂江淮已南,當失六十萬丁壯,則智興可得百二十萬縉矣。藩鎮進奉,流弊孔多。《新書·常袞傳》言代宗誕日,諸道爭以侈麗奉獻,不則爲老子、浮屠解禱事。袞以爲節度、刺史,非能男耕而女織也,類出於民,是斂怨以媚上也。請皆還之。然《食貨志》言代宗於四方貢獻至數千萬者,加以恩澤,則豈徒不能還之而已。齊映爲銀瓶高八尺,於德宗誕日以獻,見第七章第六節。《舊書·盧徵傳》:貞元八年春,同州刺史闕,特詔用徵。數歲,轉華州刺史。故事,同、華以地近人貧,正、至、端午、降誕,所獻甚薄。徵遂竭其財賦,有所進獻,輒加常賦。人不堪命。《新書·鄭珣瑜傳》:爲河南尹。未入境,會德宗生日,尹當獻馬。吏欲前取印。白珣瑜視事。且納贄。珣瑜徐曰:"未到官而遽事獻,禮歟?"不聽。蓋羣下之務求自媚如此。《舊五代史·梁太祖紀》:開平元年,大明節,內外臣寮,各以奇貨良馬上壽。二年,諸道節度、刺史各進獻鞍馬、銀器、綾帛。三年,諸道節度、刺史及內外諸司、使,咸有進獻。《明宗紀》:即位後,詔天下節度、防禦使,除正、至、端午、降誕四節,量事進奉,達情而已。自於州府圓融,不得科斂百姓。其刺史雖遇四節,不在貢奉。《晉高祖紀》:天福六年正月,詔應諸州無屬州錢處,今後冬至、寒食、端午、天和節及諸色謝賀,皆不得進貢。是其餘風至五代而未殄也。《漢隱帝紀》:乾祐三年三月,"鄴都留守高行周,兗州符彥卿,鄆州慕容彥超,西京留守白文珂,鎮州武行德,安州楊信,潞州常思,府州折從阮,皆自鎮來朝,嘉慶節故也。"則諸州鎮於進奉之外,又有身自來朝者。《唐明宗紀》:天成二年九月,僞吳楊溥遣使以應聖節貢獻,則鄰國亦有來者矣。此又徒增館驛宴犒之費而已。《舊書·睿宗諸子傳》,謂玄宗至憲生日,必幸其宅,移時燕樂。《舊史·晉少帝紀》:天福七年七月,遣中使就中書賜宰臣馮道生辰器幣。道以幼屬亂離,早喪父母,不記生日,堅讓不受。道喪父在其仕後唐時,見上,此不可謂早,蓋以其賜爲非禮,故託辭以謝耳。則不徒君上,即臣下亦以其日事燕樂,相餽遺。而生辰稱慶,遂成習俗矣。苦樂皆有生後事,論生則本無可欣,亦無可戚,遇生日而稱慶者,與謂有生爲憂患之始,同爲不達。必謂其日足爲記念,則如契丹有再生之儀,《遼史·禮志》:再生儀:凡十有二歲,皇帝本命前一年,禁門北除地置再生室、母后室,先帝神主輿,在再生室東南,倒直三岐木。其日,以童子及產醫嫗置室中。一婦人執酒,一叟持矢箙,立於室外。有司請神主降輿,致奠。奠訖,皇帝出寢殿,詣再生室。羣臣奉迎,再拜。皇帝入室,釋服,跣,以童子從,三過岐木之下。每過,產醫嫗致詞,拂拭帝躬。童子過岐木七,皇帝臥木側。叟擊箙曰:"生男矣。"太巫幪皇帝首,興。羣臣稱賀再拜。產醫嫗受酒於執酒婦以進。太巫奉襁褓采結等物贊祝之。

豫選七叟,各立御名,繫於采,皆跪進。皇帝選嘉名受之。賜物。再拜退。羣臣皆進襁褓采結等物。皇帝拜先帝諸御容,遂宴羣臣。此儀於行柴册儀前亦行之。《遼史》云：二儀皆阻午可汗所制。猶使人穆然於生我之劬勞,行遺體之不可不慎,且懍然於赤子之心之不可失,思更始自新也。而嬉遊廢業,以事宴樂,則其志荒矣。此亦俗之流失,不可不思變革者也。《舊書·太宗紀》：貞觀二年六月庚寅,皇子治生。宴五品已上,賜帛有差。仍賜天下是日生者粟。《高宗紀》：龍朔二年六月己未朔,皇子旭輪生。七月丁亥朔,以東宮誕育滿月,大赦天下,賜酺三日。案旭輪此時非東宮,《新紀》云以子旭輪生滿月大赦,賜酺三日是也。又永淳元年二月,癸未,以太子誕皇孫滿月,大赦,改開耀元年爲永淳元年。觀此數條,知生子滿月相慶,唐時亦已有之。五品賜宴,已爲浪費,賜粟、賜酺,亦濫恩,大赦則更成亂政矣。

禁奢之令,仍歷代有之,但皆無驗耳。《舊書·高宗紀》：永隆二年正月,詔雍州長史李義玄禁紫服赤衣及商賈富人厚葬。玄宗開元二年禁令,已見第四章第一節。《新書·肅宗紀》：至德二載十二月,禁珠玉寶鈿平脫、金泥刺繡。《舊書·代宗紀》：廣德二年五月,禁鈿作珠翠等。大曆六年四月,詔綾錦花文所織盤龍、對鳳、麒麟、師子、天馬、辟邪、孔雀、仙鶴、芝草、萬字、雙勝、透背,及大綢綿竭鑿六破已上,並宜禁斷。其長行高麗白錦,大花綾錦,任依舊例織造。《新書》云：禁大綢竭鑿六破錦,及文紗、吳綾爲龍鳳、麒麟、天馬、辟邪者。《新書·德宗紀》：即位後赦文："士庶田宅,車服踰制者,有司爲立法度。"《舊書·文宗紀》：太和三年九月,勅兩軍諸司、內官不得著紗縠綾羅等衣服。十一月,南郊禮畢,大赦節文：禁止奇貢,云四方不得以新樣織成非常之物爲獻。機杼纖麗,若花絲布、繚綾之類,並宜禁斷。勅到一月,機杼一切焚棄。四年四月,詔內外班列職位之士,各務素樸。有僭差尤甚者,御史糾上。六年六月,右僕射王涯奉勅准令式條疏士庶衣服、車馬、第舍之制。勅下後浮議沸騰。杜悰於勅內條件易施行者寬其限,事竟不行。公議惜之。《新書·車服志》：文宗即位,以四方車服僭奢,下詔準儀制令品秩、勳勞爲等級。詔下,人多怨者。京兆尹杜悰條易行者爲寬限,而事遂不行。惟淮南觀察使李德裕令管內婦人衣袖四尺者闊一尺五寸,裙曳地四五寸者減三寸。《王涯傳》：文宗惡俗侈靡,詔涯懲革。涯條上其制。凡衣服、室宇,使略如古,貴戚皆不便,謗訕罷然,議遂格。八年八月甲申朔,御宣政殿。册皇太子永。是日降詔云:"比年所頒制度,皆約國家令式,去其甚者,稍謂得中。而士大夫苟自便身,安於習俗,因循未革,以至於今。百官士族,起今年十月,衣服、輿馬,並宜準太和六年十月七日勅。如有固違,重加黜責。"六年十月七日勅,蓋即杜悰之所條也?

毀非禮之物者:文宗勅織麗機杼,勅到一月焚棄,已見前。隋文焚綾文布,見第二章第一節。秦王俊薨後,所爲侈麗之物,亦悉命焚之。《舊書·張玄素傳》:貞觀四年,詔發卒修洛陽宫乾陽殿,以備巡幸。玄素上書諫曰:"陛下初平東都,層樓廣殿,皆令撤毀,天下翕然,同心欣仰。豈有初則惡其侈靡,今乃襲其彫麗?"又曰:"今時功力,何爲隋日?役創夷之人,襲亡隋之弊。以此言之,恐甚於煬帝。"太宗曰:"卿謂我不如煬帝,何如桀、紂?"對曰:"若此殿卒興,所謂同歸於亂。且陛下初平東都,太上皇勅大殿高門,並宜焚毀。陛下以瓦木可用,不宜焚灼,請賜與貧人。事雖不行,然天下翕然,謳歌至德。今若遵舊制,即是隋後復興。五六年間,趨捨頓異,何以昭示子孫,光敷四海?"《竇璡傳》:爲將作大匠,修葺洛陽宫。璡於宫中鑿池起山,崇飾彫麗。太宗怒,遽令毁之。《通鑑》:玄宗開元二年三月,毀天樞。《舊書·本紀》云:"去年九月,有詔毀天樞,至今春始",語不可解,蓋下有奪文。先是韋后亦於天街作石臺,高數丈,以頌功德,至是並毀之。《舊書·本紀》:是歲六月,内出珠玉、錦繡等服玩,於正殿前焚之。《新書》事在七月乙未。其詳已見第五章第一節。《通鑑》:開元二十五年,是歲,命將作大匠康䁞素之東都毀明堂。䁞素上言"毀之勞人,請去上層,卑於舊九十五尺,仍舊爲乾元殿"。從之。《舊書·德宗紀》:大曆十四年七月,"毀元載、馬璘、劉忠翼之第,以其雄侈踰制也"。參看第二十章第四節。《文宗紀》:太和元年四月,"壬寅,毁昇陽殿東放鴨亭。戊申,毀望仙門側看樓十間。並敬宗所造也"。《舊五代史·周太祖紀》:廣順元年二月,内出寶玉器及金銀結縷寶裝飲食之具數十,碎之於殿廷。仍詔所司:凡珍華悦目之物,不得入宫。《舊書·田弘正傳》:魏州自承嗣已來，館宇服玩，有踰常制者，悉命徹毀之。此等於物力皆無所惜，意在維持制度而已。然制度之克立，自有其源，不澄其源，而欲潔其流，則旋毀而旋復，亦徒耗物力而已。

## 第四節　官私振貸

公家振恤，時愈晚則愈微，而出舉興生之事，顧日盛焉。《隋書·食貨志》：開皇八年五月，高熲奏：諸州無課調處，及課州管户數少者，官人禄食，乘前已來，恒出隨近之州。但判官本爲牧人，役力理出所部。請於所管户內，計户徵稅。帝從之。先是京官及諸州，竝給公廨錢，迴易取利，以給公用。至十四年六月，工部尚書安平郡公蘇孝慈等以爲所在官司，因循往者，以公廨錢物，出舉、興生，惟利是求，煩擾百姓。敗損風俗，莫斯之甚。於是奏皆給地以營農。迴易取利，一皆禁止。《高祖紀》：開皇十四年六月，詔省、府、州、縣，皆給公廨田。不得治生，與人爭利。《蘇孝慈傳》：先是以百寮供費不足，臺、省、府、寺，咸置廨錢，收息取給。孝慈以爲與民爭利，非興化之道，上表請罷之。公卿以下，給職田各有差。《通鑑》亦云：詔公卿以下皆給職田。則所給似兼有廨田、職田二者。十七年十一月，詔在京及外諸司公廨，在市迴易，及諸處興生並聽之，惟禁出舉收利。魏孝文帝頒官禄，罷諸商人，見《兩晉南北朝史》第二十章第三節。隋初公廨錢，必沿自周、齊。疑在魏世，官家之出舉、興生，亦未能全絕也。至唐世則更甚。

《新書·食貨志》云：諸司置公廨本錢，以番官貿易取息，計員多少爲月料。貞觀十二年，罷之。以天下上户七千人爲胥士，視防閤制而收其課，計官多少而給之。十五年，復置。以諸司、令史主之，號捉錢令史。每司九人，補於吏部。所主纔五萬錢以下。市肆販易，月納息錢四千。歲滿受官。諫議大夫褚遂良上疏，言京七十餘司，更一二歲，捉錢令史百餘人。太學高第，諸州進士，拔十取五，猶有犯禁罹法者,況廛肆之人,苟得無恥?不可使其居職。太宗乃罷捉錢令史,復詔給百官俸。二十二年,置京諸司公廨本錢,捉以令史、府史、胥士。永徽元年,廢之。以天下租脚直爲京官俸料。其後又薄斂一歲稅,以高户主之,月收息給俸。尋顓以稅錢給之。天下置公廨本錢,以典史主之。收贏十之七,以供佐史以下不賦粟者常食,餘爲百官俸料。公廨出舉典史,有徹垣墉、鬻田宅以免責者。州縣典史捉公廨本錢者,收利十之七。富户幸免徭役。貧者破産甚衆。祕書少監崔沔請計户均出。每丁加升尺,所增蓋少。流亡漸復,倉庫充實,然後取於正賦,罷新加者。《通鑑》繫開元六年,云:唐初州縣官俸,皆令富户掌錢,出息以給之。息至倍稱。多破産者。祕書少監崔沔上言:請計州縣官所得俸,於百姓常賦之外,微有所加以給之。從之。開元十年,中書舍人張嘉貞又陳其不便。遂罷天下公廨本錢。復稅户以給百官。籍内外職田,賦逃還户及貧民。十八年,復給京官職田。州縣籍一歲稅錢爲本,以高户捉之,月收贏以給外官。復置天下公廨本錢,收贏十之六。德宗時,祠祭、蕃夷賜宴別設,皆長安、萬年人吏主辦。二縣置本錢配納質積户收息以供費。諸使捉錢者,給牒免徭役。有罪,府縣不敢劾治。民間有不取本錢立虛契,子孫相承爲之。嘗有毆人破首,詣閑厩使納利錢,受牒貸罪。御史中丞柳公綽奏諸主捉錢户府縣得捕役,給牒者毁之。自是不得錢者不納利矣。元和九年,户部除陌錢每緡增墊五錢,四時給諸司、諸使之餐,置驅使官督之。御史一人,覈其侵漁。起明年正月,收息五之一。號元和十年新收置公廨本錢。初捉錢者私增公廨本,以防耗失,而富人乘以爲姦,可督者私之,外以迫官錢迫蹙閭里。民不堪其擾。御史中丞崔從奏增錢者不得踰官本。其後兩省捉錢官給牒逐利,江淮之民,鬻茶鹽以撓法。宰相李珏、楊嗣復奏堂厨食利錢擾民煩碎。於是罷堂厨捉錢官,置庫量入計費。《志》所言唐代公家出舉、興生之事如此。其散見他處者:《舊書・玄宗紀》:開元二十六年正月。長安、萬年兩縣,各與本錢一千貫,收利供驛。三月,河南、洛陽亦借本錢一千貫,收利充人吏課役。《代宗紀》:永泰元年三月,詔左僕射裴冕等十三人並集賢院待詔。上以勳臣罷節制者，京師無職事，乃合於禁門書院間，以文儒公卿寵之也。仍特給殖本錢三千貫。《穆宗紀》：元和十五年八月，賜教坊錢五千貫，充息利本錢。長慶三年十月，賜內圊使公廨本錢一萬貫，軍器使三千貫。《懿宗紀》：咸通五年五月，以南蠻侵犯，湖南、桂州，是嶺路係口，諸道兵馬綱運，無不經過，頓遞供承，動多差配，潭、桂兩道，各賜錢三萬貫，以助軍錢，亦以充館驛息利本錢。江陵、江西、鄂州三道，比於潭、桂，徭配稍簡，令本道觀察使詳其閒劇，准此例興置。《禮樂志》：永泰二年，國子學成，貸錢一萬貫，五分收錢，以供監官學生之費。《新書·宦者·魚朝恩傳》云：賜錢千萬，取子錢供秩飯。其藉以供經費者，可謂廣矣，而弊竇亦層見疊出。《舊書·沈傳師傳》：父既濟，建中二年夏，勅中書門下兩省分置待詔官三十員，以見官、前任及同正、試、攝九品以上，擇文學、理道、韜鈐、法度之深者為之。各準品秩給俸錢。廩餼、幹力、什器、館宇之設，以公錢為之本，收息以贍用。既濟上疏論之曰："置錢息利，是有司權宜，非陛下經理之法。今官三十員，皆給俸錢，幹力及厨廩、廳宇，約計一月不減百萬。以他司息利準之，當以錢二千萬為之本。若均本配人，當復除二百戶，或許其入流。反覆計之，所損滋甚。當今關輔大病，皆為百司息錢。傷人破產，積於府縣。實思改革，以正本源。"《新書·李德裕傳》：始二省符江淮大賈使主堂厨食利，因是挾貨行天下，所至州鎮為右客，富人倚以自高。德裕一切罷之。是內外交受其弊也。《忠義傳》：王同皎孫潛，元和中，擢累將作監。監無公食，而息錢舊皆私有。至潛，取以具食。遂為故事。《杜兼傳》：子中立，文宗時，拜司農卿。初度支度六宮殖錢移司農，司農季一出付吏。大吏盡舉所給於人，榷其子錢以給之。既不以時，黃門來督責、慢罵。中立取錢納帑舍，率五日一出。吏不得為姦。後遂以為法。是官吏皆有因以自潤者也。其弊可謂博矣。然民間事業，亦有籍置本以謀經費者。《苗晉卿傳》：為魏郡太守。會入計，因上表請歸鄉里，出俸錢三萬為鄉學本，以教授子弟，是其事也。可見民間資本之乏矣。

惟其然,故私家亦競事出舉以求利。《隋書·秦王俊傳》,言其鎮并州時出錢求息,民吏苦之。《舊書·高季輔傳》:季輔於太宗時上封事,言公主、勳貴,放息出舉,追求什一。《杜亞傳》:充東都留守,既病風,尚建利以固寵。奏請開苑内地爲營田,以資軍糧,減度支每年所給,從之。亞不躬親部署,但委判官張薦、楊暎。苑内地堪耕食者,先爲留司中官及軍人等開墾已盡。亞計急,乃取軍中雜錢,舉息與畿内百姓。每至田收之際,多令軍人車牛,散入村鄉,收斂百姓所得菽粟將還。軍民家略盡,無可輸税。人多艱食。由是大致流散。《新書·徐有功傳》:博州刺史琅邪王冲責息錢於貴鄉,家奴督斂,與尉顔餘慶相聞知。《通鑑》:後漢高祖乾祐元年,蜀司空兼中書侍郎同平章事張業,於私第置獄,繫負債者或歷年,至有庾死者。此等皆恃勢放債者也。亦有恃勢借債者:《舊書·高宗諸子傳》:章懷太子子守禮,常帶數千貫錢債。或諫之。守禮曰:"豈有天子兄没人葬?"《李晟傳》:子慹,累官至右龍武大將軍。沉湎酒色,恣爲豪侈。積債至數千萬。其子貸迴鶻錢一萬餘貫不償,爲迴鶻所訴。文宗怒,貶慹爲定州司法參軍。是其事矣。然恃勢負債之人,亦自有能與之交涉者。《舊書·武宗紀》:會昌二年二月,中書奏"赴選官人多京債,到任填還。致其貪求,罔不由此。今年三銓,於前件州府得官者,許連狀相保,户部各備兩月加給料錢,至時折下。所冀初官到任,不帶息債,衣食稍足,可責清廉。"從之。則清代所謂京債者,唐時已有之矣。《高瑀傳》:太和初,忠武節度使王沛卒,物議以陳、許軍四征有功,必自擇帥。或以禁軍之將得之。宰相裴度、韋處厚議:瑀深沈方雅。曾刺陳、蔡,人懷良政;又熟忠武軍情;欲請用瑀。事未聞,陳、許表至,果請瑀爲帥。乃授忠武節度使。自大曆已來,節制除拜,多出禁軍中尉。凡命一帥,必廣輸重賂。禁軍將校當爲帥者,自無家財,必取資於人,得鎮之後,則膏血疲民以償之。及瑀之拜,以内外公議,縉紳相慶曰:"韋公作相,債帥鮮矣。"此又武官之京債也。《后妃傳》:穆宗貞獻皇后蕭氏,福建人。生文宗。后因亂去鄉里。自入王邸,不通家問。別時父母已喪,有母弟一人。文宗詔閩、越連率於故里求訪。有戶部茶綱役人蕭洪,自言有姊流落。估人趙縝,引洪見后姊徐國夫人女婿呂璋。夫人亦不能省認;俱見太后,嗚咽不自勝。上以爲復得元舅,遂拜河陽懷節度使。遷鄜坊。先是有自神策兩軍出爲方鎮者,軍中多資行裝,至鎮三倍償之。時有自左軍出爲鄜坊者,資錢未償而卒於鎮,乃徵錢於洪。宰相李訓,雅知洪詐稱國舅,洪懼,請訓兄仲京爲鄜坊從事以彌縫之。洪恃與訓交,不與所償。又徵於卒者之子。洪俾其子接訴於宰相,李訓判絕之。左軍中尉仇士良深銜之。時有閩人蕭本者,復稱太后弟。士良以本上聞,發洪詐假。自鄜坊追洪下獄,御史台按鞫,具服其僞,詔長流驩州,賜死於路。趙縝、呂璋亦從坐。軍人放京債者之聲勢,可以想見。神策吏李昱假貸長安富人錢八千貫不償,大賈賈陟負五坊息錢,鉤考又得盧羣逋券,事見第六章第六節。貞元時頒藏錢之禁,高貲大賈,亦多倚左右軍官錢之名以拒,事見第十八章第四節。又可見軍中出舉,所及頗廣,並不以本軍爲限也。

　　商人所畜,本多流通蕃息之財,兼事出舉,勢自甚便。劉從諫署賈人子爲衙將,使行賈州縣,而其人遂所在暴橫,責子貸錢,以此也。回紇來者,亦多商人,故亦多事出舉。《通鑑》:德宗貞元三年,河、隴既沒於吐蕃,自天寶已來,安西、北廷奏事及西域使人在長安者,歸路既絕,人馬皆仰給於鴻臚。禮賓委府縣供之,於度支受直。度支不時付直。長安市肆,不勝其弊。李泌知胡客留長安久者或四十餘年,皆有妻子,買田宅,舉質取利,安居不欲歸。命檢括胡客有田宅者停其給。凡得四千人。胡《注》曰:"舉者,舉貸以取倍稱之利也。質者,以物質錢,計月而取其利也。"開成元年,京兆府奏禁舉取蕃客錢,以產業奴婢爲質,見第十五章第一節。正指此輩。西域奉使,本多賈胡,即不盡然,而其同族既多此曹,自亦易與之合流。《新書·回鶻傳》言其至中國常參以九姓胡,往往留京師至千人,居貲殖產甚厚,亦西胡,非北狄也。

《新書·薛仁貴傳》：子訥，遷藍田令。富人倪氏，訟息錢於肅政臺。中丞來俊臣受賕，發義倉粟數千斛償之。訥曰："義倉本備水旱，安可絕衆人之仰私一家？"報上不興。會俊臣得罪，亦止。訟息錢而判以義倉粟爲償，其事殊不可解。度其貸款必與地方公務有關涉也。《宋璟傳》：京兆人權梁山謀逆，勑河南尹王怡馳傳往按。牢械充滿，久未決。乃命璟爲京留守復其獄。初梁山詭稱婚集，多假貸，吏欲并坐貸人。璟曰："婚禮借索大同，而狂謀率然，非所防億。使知而不假，是與爲反。貸者弗知，何罪之云？"平縱數百人。假貸何必分向數百人，數百人何以能皆信之？其事亦殊不可解。梁山殆豪傑者流，貸與之人，實爲所脅耳。《舊書·崔衍傳》：繼母李氏，不慈於衍，而衍事李氏益謹。李氏所生子郃，每多取子母錢，使其主以契書徵負於衍，衍歲爲償之。故衍官至江州刺史，而妻子衣食無所餘。郃之舉取，習以爲常，與之者蓋專以此爲業，所謂子錢家也？

借貸者不必皆相知，子錢家欲廣其業，則必有物以爲質。德宗征山東，括僦櫃質錢，《通鑑》胡《注》曰："民間以物質錢，異時贖出，於母錢之外，復還子錢，謂之僦櫃。"建中三年。此即今之典肆。《五代史補》：慕容彥超被圍，勉其麾下曰："吾庫中金銀如山積。若全此城，盡以爲賜。汝等勿患富貴。"有卒私言曰："侍中銀皆鐵胎，得之何用？"諸軍聞之，稍稍解體。高祖入，有司閱其庫藏銀，鐵胎者果什七八。初彥超令人開質庫，有以鐵胎銀質錢者，經年後，庫吏始覺，言之。彥超初甚怒。頃之，謂吏曰："此易致耳。汝宜僞實庫牆，凡金銀器用暨縑帛等，速皆藏匿，仍亂撤其餘，以爲賊踐。吾當擒此輩矣。"庫吏如其教。彥超下令："恐百姓疑彥超隱其物，宜令三月內各投狀，明言質物色，自當陪償之。"百姓以爲然，投狀相繼。翼日，鐵胎銀主果出。於是擒之。置之深屋中，使教部曲輩晝夜造用廣府庫。此銀是也。則官亦自設質庫以牟利矣。

《全唐文》三載玄宗禁放重利詔曰："比來公私舉放，取利頗深，有損貧下，事須釐革。自今已後，天下私舉質宜四分收利，官本五分收利。"沈既濟謂百萬之息,當以錢二千萬爲之本,正係月息五分,此蓋唐代官中出舉取息常率? 不輕減以抑民間重利,反抑民間利率,使下於官,寧可得乎? 月息五分,二十閱月即利倖於本,使再計息,盤剝未免過深,故子本相侔,即不許再計利息。《舊五代史·梁末帝紀》:貞明六年四月丁亥,制私放遠年債負,生利過倍,自違格條。所在州縣,不在更與徵理之限。龍德元年五月丙戌,制公私債負納利及倍已上者,不得利上生利。《唐明宗紀》:長興元年圜丘赦制:應私債出利已經倍者,祇許徵本。已經兩倍者,本利並放。《晉高祖紀》:天福六年赦詔:私下債負徵利一倍者並放。數詔意旨相同,所謂格條,當出唐代也。

借債有約以他物爲償者。《新五代史·常思傳》:廣順三年,徙鎮歸德。居三年,來朝,又徙平盧。思因啓曰:"臣居宋,宋民負臣絲息十萬兩,願以券上進。"太祖頷之。即焚其券,詔宋州悉蠲除之。蓋知其剝削之酷也。然計臣亦有以此爲籌款之策者。《通鑑》:後唐莊宗同光二年,孔謙貸民錢,使以賤價償絲,屢檄州縣督之。翰林學士承旨權知汴州盧質上言:"梁趙巖爲租庸使,舉貸誅斂,結怨於人。陛下革故鼎新,爲人除害,而有司未改其所爲,是趙巖復生也。今春霜害稼,繭絲甚薄,但輸正稅,猶懼流移,況益以稱貸,人何以堪?"此等出舉之法,疑民間舊有之,聚斂之臣,乃從而效之,而貪殘者亦行之一州也。

爭名者於朝,爭利者於市,而窮鄉僻壤之民,殊有告貸無門之苦,則不得不如魚之相濡以沫。《新書·循吏傳》:韋宙,出爲永州刺史。民貧無牛以力耕,宙爲置社,二十家月會錢若干,探名得者先市牛。以是爲準。久之,牛不乏。此深得教民相助之道。人孰能無緩急,窮僻之處,既爲出舉者所不顧,非其人能自相救卹,尚安得維持延續? 其間睦婣任卹之行必甚多,特無聞於世,遂無傳於後耳。語曰:"善者因之,其次利道之,其次整齊之,最下者與之爭。"如韋宙之所爲,蓋所謂利導之、整齊之者。《隋書·郎茂傳》:遷民部侍郎。尚書右僕射蘇威立條章，每歲責民間五品不遜。又爲餘糧簿，擬有無相贍。茂以爲繁紆不急，皆奏罷之。夫民非不能爲也，然不能承文敎而爲之。而爲之强立條章，而責之以行，是與之爭也。宜卽茂之弗聽也。

公家救卹之政，後世已幾絕迹，而惟藉佛家稍存之。《舊書·武宗紀》：會昌五年十一月甲辰，勅悲田養病坊，僧尼還俗，無人主持，恐殘疾無以取給。兩京量給寺田振濟，諸州府七頃至十頃，各於本管選耆壽一人句當，以充粥料。《新書·食貨志》云：兩京悲田養病坊給寺田十頃，諸州七頃，主以耆壽。是佛敎未廢時，悲田養病坊，固徧於兩京及諸府州也。然其細已甚矣。《玄宗紀》：開元二十二年，是歲斷京城乞兒。既斷之，亦必有以活之，其亦如悲田坊之類邪？

# 第十九章　隋唐五代時實業

## 第一節　農　業

自晉室東渡而後，荊、揚二州，農業日見興盛，已見《兩晉南北朝史》第二十章第一節。隋、唐而後，此等情勢，仍有加無已。《舊書·劉晏傳》：晏遺書元載，言潭、桂、衡陽，必多積穀。關輔汲汲，祇緣兵糧，漕引瀟、湘洞庭，萬里幾日？淪波挂席，西指長安。三秦之人，待此而飽；六軍之衆，待此而強。《嚴震傳》言：梁、漢之間，刀耕火耨，民以採梠爲事。雖節察十五郡，而賦額不敵中原三數縣。《新書·權德輿傳》：貞元八年，關東、淮南、浙西州縣大水。德輿建言："江淮田一善熟，則旁資數道。故天下大計，仰於東南。今霪雨二時，農田不開，逋亡日衆。宜擇羣臣明識通方者，持節勞徠。"合此三事觀之，荊、揚農業，甲於全國，斷可識矣。

隋文帝遣使均田，狹鄉每丁纔至二十畝，見第十八章第二節。此在近世農家，得之亦足自活，而當時意以爲少。《新書·玄宗紀》：開元二十二年十一月，免關內、河南八等以下戶田不百畝者今歲租。此蓋唐時授田，本以百畝爲率，今不及此，戶等又下，而兩畿賦役煩重，故特優之，非謂田不百畝，遂爲貧下也。然《舊書·袁高傳》言：貞元二年，上以關輔禄山之後，百姓貧乏，田疇荒穢，詔諸道進耕牛，委京兆府勸課民戶，勘責有地無牛百姓，量其地著，以牛均給之。其田五十畝已下人，不在給限。高上疏論之曰："聖慈所憂，切在貧下。有田不滿五十畝者，尤是貧人。請量三兩家共給牛一頭，以濟農事，"從之。則地不及五十畝，遂爲下貧矣。肅、代時，議錢幣者，謂人日食二升，終歲當米七斛二斗，而衣倍之，吉凶之禮再倍，則人終歲當得米二十一斛六斗，已見第十七章第一節。議者又謂田以高下肥瘠豐耗爲率，一頃出米五十餘斛，則畝纔五斗餘耳。此固從少計之，然當時農田收獲之數，遠遜今日，則無疑矣。此等皆生業自然之演進也。開元時，鎮戍地可耕者，人給十畝以供糧，見下。以歲食七斛二斗計之，一畝之獲，亦不及一斛。

陸龜蒙有田數百畝，而常苦飢，此乃其田所處之汙下，而非頃畝之不足也。見第十八章第二節。故農田之命脈，實繫於水利。隋、唐水利，掌於工部之水部及都水監。晉世，傅玄早言謁者一人之力，行天下諸水，無時得徧，見《兩晉南北朝史》第二十章第一節。則亦徒有其名而已。故水利之命脈，又繫於地方官。隋、唐、五代之世，能盡心於此者，莫如姜師度。《舊書》本傳云：師度好溝洫，所在必發衆穿鑿，雖時有不利，而成功亦多。先是太史令傅孝忠善占星緯。時人爲之語曰："傅孝忠兩眼看天，姜師度一心穿地。"《新書·戴叔倫傳》云：試守撫州刺史。民歲爭漑灌，爲作均水法，俗便利之。此則乏水之地之要圖也。論者恒謂北方少水，不便藝稻，其實不然。《舊書·食貨志》言：宇文融嘗畫策開河北王莽河，漑田數千頃，以營稻田，事未果而融敗。又《孟元陽傳》言：曲環使董作西華屯。元陽盛夏芒屩立稻田中，須役者退而後就舍。故其田歲無不稔。則北方非不可營稻田，特其水利有待人爲，非如南方自然饒足，故種稻者較少耳。戴冑說太宗興義倉，請自王公已下，爰及衆庶，計所墾田稼穡頃畝，至秋熟，準其見在苗，以理勸課，盡令出粟。稻麥之鄉，亦同此稅。詳見第二十章第二節。此說當據中原情勢言之，其所藝者，似以粟爲主，而稻麥爲輔也。

《新書·食貨志》曰：唐開軍府，以扞要衝。因隙地置營田，天下屯總九百九十二。司農寺每屯三頃，《通典》：開元令：諸屯隸司農寺者，每三十頃已下,二十頃已上爲一屯,此奪十字。州鎮諸軍,每屯五十頃。水陸腴瘠,播殖地宜,與其功庸煩省,收率之多少,皆決於尚書省。《舊書·職官志》:屯田郎中、員外郎,掌天下屯田之政令。凡邊防鎮守,轉運不給,則設屯田以益軍儲。其水陸腴瘠,播種地宜,功庸煩省,收率等級,咸取決焉。諸屯田役力,各有程數。凡天下諸軍州管屯總九百九十有二。大者五十頃,小者二十頃。凡當屯之中,地有良薄,歲有豐儉,各定爲三等。凡屯,皆有屯官、屯副。苑内屯以善農者爲屯官、屯副,御史巡行苽輸。上地五十畝,瘠地二十畝,稻田八十畝,則給牛一。諸屯以地良薄與歲之豐凶爲三等。其民田歲獲多少,取中熟爲率。有警,則以兵若夫千人助收。隸司農者,歲三月,卿、少卿循行,治不法者。凡屯田收多者褒進之。歲以仲春,籍來歲頃畝,州府、軍鎮之遠近上兵部,度便宜遣之。開元二十五年,詔屯官敘功,以歲豐凶爲上下。鎮戍地可耕者,人給十畝以供糧。方春,屯官巡行,謫作不時者。天下屯田收穀百九十萬斛。此唐盛時之制也。建中初,楊炎請鑿陵陽渠,置屯田於豐州,嚴郢沮之,不見聽,而炎議亦未行。元和中,李絳請開屯田於振武。其後王起、畢誠奏開屯田於靈武、邠寧,已略見第六章第一節,郢之言曰:"五城舊屯,其數至廣。以開渠之糧貸諸城,約以冬輸。又以開渠功直布帛,先給田者,據估轉穀。如此,則關輔免調發,五城田闢,比之浚渠,利十倍也。"此爲一時計或然,爲經久計,渠成固萬世之利。憲宗用李絳議,以韓重華爲振武、京西營田、和糴、水運使。起代北,墾田三百頃。出臧罪吏九百餘人,給以未耜、耕牛,假種、糧,使償所負粟。二歲大熟。因募人爲十五屯。每屯百三十人。人耕百畝。就爲堡,東起振武,西踰雲州,極於中受降城,凡六百餘里。列柵二十,墾田三千八百餘頃。歲收粟二十萬石。省度支錢二千餘萬緡。重華入朝,奏請益開田五千頃。法用人七千。可以盡給五城。會絳已罷,後宰相持其議而止。使如其議行之,其效必更有可觀也。張儉,貞觀初遷朔州刺史。廣營屯田,歲至數十萬斛。邊糧益饒。婁師德,上元初,累補監察御史。屬吐蕃犯塞,募猛士以討之。師德抗表請爲猛士。高宗大悅。特授朝散大夫,從軍西討,頻有戰功。遷殿中侍御史,兼河源軍司馬,並知營田事。天授初,累授左金吾將軍,檢校豐州都督。仍依舊知營田事。則天降書勞曰:"自卿受委北陲,總司軍任。往還靈夏,檢校屯田。收率既多,京坻遽積。不煩和糴之費,無復轉輸之艱。兩軍及北鎮兵,數年咸得支給。勤勞之誠,久而彌著。覽以嘉尚,欣悅良深。"長壽元年,召拜夏官侍郎,判尚書事。明年,同鳳閣鸞臺平章事。則天謂師德曰:"王師外鎮,必藉邊境營田。卿須不憚劬勞,更充使檢校。"又以爲河源、積石、懷遠等軍及河、蘭、鄯、廓等州檢校營田大使。其後更歷内外。至神功元年,復充隴右諸軍大使,仍檢校河西營田事。師德專綜邊任,前後三十餘年。其戰績無足稱,營田之功,則不可没也。宋慶禮之復營州也,開屯田八十餘所。數年間,營州倉廩頗實,居人漸殷。殁後,太常博士張星,謂其有事東北,所亡萬計,欲與惡謚。張九齡駁之,稱其"罷海運,收歲儲,邊亭晏然,河朔無擾",則功固餘於過矣。凡此皆屯田之利。但以邊垂爲限,行諸内地,則非所宜。開元時廢京師職田,議者欲置屯田。李元紘曰:"軍國不同,中外異制。若人間無役,地棄不墾,以間手耕棄地,省餽運,實軍糧,於是有屯田。其爲益尚矣。今百官所廢職田不一縣,弗可聚也。百姓私田,皆力自耕,不可取也。若置屯,即當公私相易,調發丁夫。調役則業廢於家,免庸則賦闕於國。内地爲屯,古未有也,恐得不補失,徒爲煩費。"遂止。其後户部所領營田,正坐此弊。《新書‧食貨志》曰:憲宗末,天下營田皆雇民或借庸以耕,又以瘠地易上地,民間苦之。穆宗即位,詔還所易地,而耕以官兵。不耕以兵而雇民或借庸,蓋以其耕作優於兵耳。則官自爲地主以收私租,何屯之云?李元紘謂置屯即當公私相易,乃謂往往分佈之田,不便置屯,非謂肥瘠,然以瘠地易上地,遂借其名以行矣。《舊書‧良吏‧薛珏傳》:遷楚州刺史,本州營田使。先是州營田,宰相遥領使,刺史得專達,俸錢及他給百餘萬,田官數百員,奉厮役者三千户,歲以優授官者,復十餘人。珏皆條去之,十留一二,而租有贏。然則中葉後多置營田,尚非徒利其租入,而更有窟穴其中以自潤者矣。

內地置屯，舉非所宜乎？是亦不然。大亂之後，赤地無餘，非由公家資助，則民無以奉耕，而攻剽隨地皆是，非屯聚又無以自衞也，則屯田尚焉。漢末之行事是已。然農民習於私有，非至耕作皆用機器，積習必不易變；而屯官多係武人，使久假之以權，必且虐用其下，故屯田既有成效，又宜舉所墾分之於民，而罷屯官，以其民屬州縣。此魏世之所以廢典農也。參看《秦漢史》第十六章第一節。每當風塵澒洞之時，武人中亦必有一二，能招流移，事稼穡者。若漢末之段熲，唐末之北韓南郭其人。成汭，初嘗更姓名爲郭禹。《新書》本傳云：汭始治州，民版無幾，未再期，自者萬餘。時鎮國節度使韓建，亦以治顯，號北韓南郭。《舊五代史·建傳》云：河潼經大寇之後，户口流散。建披荆棘，闢汙萊。勸課農事，樹殖疏果。出入閭里，親問疾苦。不數年，流亡畢復，軍民充實。《汭傳》云：荆州經巨盜之後，居民纔十七家。汭撫輯凋殘，厲精爲理。通商訓農，勤於惠養。比末年，僅及萬户。《新書·建傳》云：建少賤，習農事。周知裕，史言其老於軍旅，勤於稼穡，凡爲勸課，皆有政聲，亦韓、郭之儔也。而尤莫盛於張全義。《洛陽搢紳舊聞記》云：全義始至洛，於麾下百人中，選可使者一十八人，命之曰屯將。每人給旗一口，榜一道，於舊十八縣中，令招農户，令自耕種。流民漸歸。於百人中又選可使者十八人，命之曰屯副。民之來者撫綏之。除殺人者死，餘但加杖而已。無重刑，無租税。流民之歸漸衆。又於麾下選書計一十八人，命之曰屯判官。不一二年，十八屯申每屯户至數千。農隙選丁夫，授以弓矢槍劍，爲坐作進退之法。行之一二年，每屯增户大者六七千，次者四千，下之二三千。共得丁夫閑弓矢槍劍者二萬餘人。有賊盜，即時捕之，刑寬事簡，遠近歸之如市，五年之內，號爲富庶。於是奏每縣除令、簿治之。全義爲治之妙，全在疏節闊目，而又教之以自衛。此固非屯官莫能爲，然不過五年而還之於縣，則又深知蘧廬一宿之義者矣。

教稼之事，後世罕聞。以士不習農，官又與民相隔也。《舊書·文宗紀》：太和二年二月，勅李絳所進則天太后刪定《兆人本業》三卷，宜令所在州縣寫本散配鄉村。此亦徒費紙墨耳。況未必眞能寫配也。是歲,閏三月,内出水車樣,令京兆府造水車散給緣鄭白渠百姓,以溉水田。王方翼遷夏州都督,屬牛疫,造人耕之法,施關鍵,使人推之,百姓賴焉。韋宙之知永州也,俗不知法,多觸罪。宙爲書制律,並種殖爲生之宜,户給之。此等或轉切實際耳。

《舊書·五行志》:開元四年五月,山東螟蝗害稼,分遣御史捕而埋之。汴州刺史倪若水拒御史,執奏曰:"蝗是天災,自宜修德。劉聰時除既不得,爲害滋深。"宰相姚崇牒報之曰:"劉聰僞主,德不勝妖,今日聖朝,妖不勝德。古之良守,蝗蟲避境,若言修德可免,彼豈無德致然?今坐爲食苗,忍而不救,因此饑饉,將何以安?"卒行埋瘞之法。獲蝗一十四萬,乃投之汴河流者,不可勝數。朝議喧然。上復以問崇。崇曰:"凡事有違經而合道,反道而適權者,彼庸儒不足以知之。縱除之不盡,猶勝養之以成災。"帝曰:"殺蟲太多,有傷和氣。公其思之。"崇曰:"若救人殺蟲致禍,臣所甘心。"八月四日,勅河南、河北檢校捕蝗使狄光嗣、康瓘、敬昭道、高昌、賈彦璿等,宜令待蟲盡而刈禾將畢,即入京奏事。諫議大夫韓思復上言曰:"伏聞河北蝗蟲,頃日益熾。經歷之處,苗稼都盡。臣望陛下省咎責躬,發使宣慰。損不急之務,去至冗之人。上下同心,君臣一德,持此至誠,以答休咎。前後捕蝗使,望並停之。"上出符疏付中書。姚崇乃令思復往山東檢視蟲災之所及,還具以聞。崇此事,屢爲後世言救荒者所稱引,其益非徒在一時也。《新五代史·漢隱帝紀》:乾祐元年七月,鸜鵒食蝗,禁捕鸜鵒,亦合今世保護益蟲之義。

《舊書·憲宗紀》:元和七年四月,勅天下州府民户,每田一畝,種桑二樹。長吏逐年檢計以聞。《武宗紀》:會昌二年四月,勅勸課種桑,比有勅命。如能增數,每歲申聞。比知並無遵行,恣加剪伐,列於廛市,賣作薪蒸。自今州縣所由,切宜禁斷。觀茲告諭之殷拳,具見蠶桑之切要。《新書·尹思貞傳》:爲青州,治州有績,蠶至歲四熟。《舊書·文藝傳》:劉憲,父思立,高宗時爲侍御史。河南北旱,詔遣使振給。思立以蠶功未畢上疏諫。詳見第二十章第六節。觀此,又知唐時河域,蠶業尚盛,非如後世之偏在江、浙也。

《舊書·劉世龍傳》：附《裴寂劉文靜傳》。從平京城,改名義節。時草創之始,傾竭府藏,以賜勳人,而國用不足。義節進計曰:"今義師數萬,並在京師,樵薪貴而布帛賤。若採街衢及苑中樹爲樵,以易布帛,歲收數十萬,立可致也。"高祖從之,大收其利。《舊五代史·漢隱帝紀》：乾祐元年三月,殿中少監胡崧上言:"請禁伐桑棗爲薪,城門所由,專加捉搦。"從之。合會昌二年勑文觀之,知當日民間,薪樵頗乏,因不免濫施翦伐。此亦林木減少之一因歟？

馬牧之盛,當推有唐。《新書·兵志》曰:"監牧所以蕃馬也。其制起於近世。唐之初起,得突厥馬二千匹,又得隋馬三千於赤岸澤,在今陝西大荔縣西南。徙之隴右。監牧之制始此。其官領以太僕。其屬有牧監。初用太僕少卿張萬歲領羣牧。自貞觀至麟德四十年間,馬七十萬六千。置八坊岐、豳、涇、寧間,地廣千里。八坊之田,千二百三十頃。募民耕之,以給芻秣。八坊之馬,爲四十八監。而馬多地狹不能容,又析八監,佈列河西豐曠之野。凡馬,五千爲上監,三千爲中監,餘爲下監。監皆有左右,因地爲之名。方其時,天下以一縑易一馬。萬歲掌馬久,恩信行於隴右。後以太僕少卿鮮于匡俗檢校隴右牧監。儀鳳中,以太僕少卿李思文檢校諸牧監使。監牧有使自是始。後又有羣牧都使,有閑廄使。又立四使:南使十五,西使十六,北使七,東使九。分統諸坊。其後益置八監於鹽州,三監於嵐州。鹽州使八,嵐州使三。凡征伐而發牧馬,先盡彊壯,不足則取其次,錄色、歲、膚第、印記、主名送軍,以帳馱之數上於省。自萬歲失職,馬政頗廢。永隆中,夏州牧馬之死失者十八萬四千九百九十。景雲二年,詔羣牧歲出高品、御史按察之。開元初,國馬益耗。太常少卿姜誨,乃請以空名告身市馬於六胡州。率三十匹餇一遊擊將軍。命王毛仲領内外閑廄。九年,又詔天下之有馬者,州縣皆先以郵遞軍旅之役,定户復緣以升之,百姓畏苦,乃多不畜馬,故騎射之士減曩時。自今諸州民勿限有無蔭,能家畜十馬以下,免帖驛、郵遞、征行,定户無以馬爲貲。

毛仲既領閑廏,馬稍稍復。始二十四萬,至十三年,乃四十三萬。其後突厥款塞,玄宗厚撫之。歲許朔方軍西受降城爲互市,以金帛市馬,於河東、朔方、隴右牧之。既雜胡種,馬乃益壯。天寶後,諸軍戰馬,動以萬計。王侯、將相、外戚,牛、駝、羊、馬之牧佈諸道,百倍於縣官。皆以封邑號名爲印自別。將校亦備私馬,議者謂秦、漢以來,唐馬最甚。天子又銳志武事,遂弱西北蕃。十一載,詔二京旁五百里勿置私牧。十三載,隴右羣牧都使奏馬、牛、駝、羊總六十萬五千六百,而馬三十二萬五千七百。禄山以内外閑廏都使兼知樓煩監,陰選勝甲馬歸范陽,故其兵力傾天下而卒反。肅宗收兵,至彭原,率官吏馬;抵平涼,搜監牧及私羣,得馬數萬;軍遂振。至鳳翔,又詔公卿百寮以後乘助軍。其後邊無重兵,吐蕃乘隙陷隴右,苑牧畜馬皆没矣。"案唐畜馬之多,與其兵力之强,頗有關係,《志》稱其遂弱西北蕃是也。此亦非盡由於政府,王侯、將相、外戚、將校,咸有力焉,即庶民亦能家畜十馬,此豈後世所敢望也?《志》又云:"永泰元年,代宗欲親擊虜。魚朝恩乃請大搜城中百官士庶馬輸官,曰團練馬。下制禁馬出城者。已而復罷。德宗建中元年,市關輔馬三萬實内廏。貞元三年,吐蕃、羌、渾犯塞,詔禁大馬出潼關、武關者。"可見是時但關輔馬即不少矣。然兵力雖强,民業究不免見奪。《志》又云:"其始置四十八監,地據隴西、金城、平涼、天水,員廣千里。繇京度隴置八坊,爲會計都領。其間善水草腴田皆隸之。後監牧使與坊皆廢,故地存者,一歸閑廏。旋以給貧民及軍吏,間又賜佛寺道館,幾千頃。元和十二年,閑廏使張茂宗舉故事,盡收岐陽坊地。民失業者甚衆。十三年,以蔡州牧地爲龍陂監。十四年,置臨漢監於襄州,牧馬三千二百,費田四百頃。穆宗即位,岐人叩闕訟茂宗所奪田。事下御史按治,悉與民。"張脈僨興於外,而内無以奉之,遂終至不戢自焚矣。末葉馬少,多恃貿諸羌胡,而西北來者最盛,已見第十四章第三節。《通鑑》:後唐明宗天成二年三月,初置監牧,蕃息國馬。胡《注》曰:"此時監牧,必置於并、代之間,若河、隴諸州,不能復盛唐之舊。"是後,帝問樞密使范延光:"馬數幾何?"對曰:"騎軍三萬五千。"帝曰:"吾居兵間四十年。太祖在太原時,馬數不過七千,莊宗與梁戰河上,馬纔萬匹,今馬多矣。不能一天下,奈何?"延光曰:"一馬之貴,足以養步卒五人。"帝曰:"肥戰馬以瘠吾人,其愧多矣。"

嗣源之馬，遠過存勗，蓋貿諸西北之效？然身死未幾，契丹長驅直入，瘠人肥馬，果何益也？觀范延光之言，而知盛唐之竭民力甚矣。又，唐昭宗天復三年四月，王建遣判官韋莊入貢，亦修好於朱全忠。全忠遣押衙王殷報聘。建與之宴。言"蜀甲兵誠多，但乏馬耳"。建作色曰："當道江山險阻，騎兵無所施，然馬亦不乏。押衙少留，當共閱之。"乃集諸州馬，大閱於星宿山。官馬八千，私馬四千，部隊甚整。殷歎服，建本騎將，故得蜀之後，於文、黎、維、茂州市胡馬，十年之間，遂及茲數。蜀中之馬，亦恃貿諸外夷，蓋天時地利使然也。

戰馬而外，他畜牧之利蓋微。《隋書·高祖紀》：開皇元年二月，以官牛分賜貧人。《新書·德宗紀》：大曆十四年十月，以沙苑豕豭三千給貧民。此皆官家之畜，然其細已甚矣。即民間亦鮮事此者。《舊書·杜伏威傳》：齊州章丘人。少落拓，不事產業。家貧無以自給，每穿窬爲盜。與輔公祐爲刎頸之交。公祐姑家以牧羊爲業，公祐數攘羊以餽之。姑有憾焉。因發其盜事。郡縣捕之急。伏威與公祐遂俱亡命，聚衆起義。公祐齊州臨濟人，其姑家當亦在此。蓋濱海之人，有以此爲業者，若內地則農田且虞不給，無復曠土可爲牧場矣。

射獵亦惟深山窮谷中有之。憲宗征淮西，李師道東都留邸兵與山棚謀竊發。史言"東畿西南通鄧、虢，川谷曠深，多麋鹿，人業射獵而不事農，遷徙無常，趫悍善鬥，號曰山棚"是也。唐制，凡採捕漁獵，屬於虞部，必以其時。其禁令，亦或能行於京畿耳。《新書·高宗紀》：咸亨四年閏五月，禁作篝捕魚，營圈取獸者。蓋所以防盡物？然此等政令，亦未必能行也。

礦業，屬少府監之掌冶署。《新書·食貨志》云："凡銀銅鐵錫之冶一百六十八。陝、宜、潤、饒、衢、信，五州銀冶五十八，銅冶九十六。計共六州。原文作五州，疑有誤。鐵山五，錫山二，鉛山四，汾州礬山七。麟德二年，廢陝州銅冶四十八。開元十五年，初稅伊陽五重山銀錫。德宗時,戶部侍郎韓潤,建議山澤之利,宜歸王者,皆隸鹽鐵使。元和初,天下銀冶廢者四十,歲採銀萬二千兩,銅二十六萬六千斤,鐵二百七萬斤,錫五萬斤,鉛無常數。開成元年,復以山澤之利歸州縣,刺史選吏主之。其後諸州牟利以自殖,舉天下不過七萬餘緡,不能當一縣之茶稅。及宣宗增河湟戍兵,衣絹五十二萬餘匹,鹽鐵轉運使裴休請復歸鹽鐵使,以供國用。增銀冶二,鐵山七十一。廢銅冶二十七,鉛山一。天下歲率銀一萬五千兩,銅六十五萬五千斤,鉛十一萬四千斤,錫萬七千斤,鐵五十三萬二千斤。"此唐礦業之大略也。唐代錢貴,故於諸礦獨重銅。元和三年六月,將設畜錢之令,詔天下銀坑不得私採。《舊書・本紀》。其詔曰:"天下有銀之山必有銅。銅者可資於鼓鑄,銀者無益於生人。權其重輕。使務專一。其天下自五嶺已北見採銀坑,並宜禁斷。恐所在坑戶,不免失業,各委本府州長吏勸課,令其採銅,助官中鑄作。仍委鹽鐵使條疏聞奏。"《舊書・食貨志》。《新志》云:五嶺以北,採銀一兩者流他州。四年六月,"勅五嶺以北所有銀坑,依前任百姓開採。禁見錢出嶺。"《舊書・食貨志》,《紀》同。蓋欲使銀山坑戶,改業銅冶,卒不可得,故復有此勅也。山澤自然之利,本應歸諸公家,然公家亦當務利民。苟徒爲籌款計,則其弊有不可勝窮者。《新五代史・劉審交傳》:遷陳州防禦使。出視民田,見民耕器薄陋,乃取河北耕器爲範,爲民更鑄。耕器薄陋,豈由公家欲專冶利故邪?《舊書・德宗紀》:大曆十四年七月,詔"邕州所奏金坑,城爲潤國。語人以利,非朕素懷。其坑任人開採,官不得禁"。貞元二年四月,陝州觀察使李泌奏盧氏山冶出瑟瑟,請禁以充貢奉。上曰:"瑟瑟不產中土,有則與民共之,任人採取。"事亦見《泌傳》。《懿宗紀》:咸通四年七月,制"廉州珠池,與人共利。近聞本道禁斷,遂絕通商,宜令本州,任百姓採取,不得止約"。《新書・孔巢父傳》:從子戣。憲宗時拜嶺南節度使,免屬州黃金稅歲八百兩。蓋封禁徒供官吏侵漁,而民之失業者,又無以安插,故尚不如曠然捐棄其利也。然爲豪貴所擅,則亦有弊。《隋書・郎茂傳》:工部尚書宇文愷、右翊衛大將軍于仲文競河東銀窟。茂奏劾之曰："臣聞貴賤殊禮，士農異業。所以人知局分，家識廉恥。宇文愷位望已隆，禄賜優厚。拔葵去織，寂爾無聞，求利下交，曾無愧色。于仲文宿衛近臣，趨侍階廷，朝夕聞道。虞芮之風，抑而不慕，分銖之利，知而必争。何以詔範庶寮，示民軌物？"愷與仲文竟坐得罪。則所謂與民共之者，乃與凡民共之，非與豪貴之家共之也。然其人既擅山澤之利，則雖素賤，亦必漸成爲豪貴。此則法家之學既微，無復能知此義者矣。《通鑑》後周世宗顯德三年，周行逢少時嘗坐事黥隸辰州銅阬。或説行逢："公面有文，恐爲朝廷使者所嗤，請以藥滅之。"行逢曰："吾聞漢有黥布，不害爲英雄，吾何恥焉？"胡三省曰："唐文宗之世，天下銅阬五十，辰州不在其數。辰州銅阬，蓋馬氏所置也。"而以黥面之徒充阬夫，則又唐代未聞之虐政矣。

《新書·突厥傳》曰：杜佑謂"秦以區區關中，滅六彊國，今竭萬方之財，上奉京師，外有犬戎憑陵，陷城數百，内有兵革未寧，三紀矣，豈制置異術，古今殊時乎？周制步百爲畝，畝百給一夫。商鞅佐秦，以爲地利不盡，更以二百四十步爲畝，畝百給一夫。又以秦地曠而人寡，晉地狹而人夥，誘三晉之人耕而優其田宅，復及子孫，使秦人應敵於外，非農與戰，不得入官。大率百人以五十人爲農，五十人習戰，故兵彊國富。其後仕宦途多，末業日滋，今大率百人纔十人爲農，餘皆習他技。又秦、漢鄭渠溉田四萬頃，白渠溉田四千五百頃，永徽中，兩渠灌浸不過萬頃，大曆初減至六千畝。畝朘一斛，歲少四五百萬斛。地利耗，人力散，欲求彊富，不可得也。漢時長安北七百里即匈奴之地，侵掠未嘗暫息。計其舉國之衆，不過漢一大郡。鼂錯請備障塞，故北邊妥安。今潼關之西，隴山之東，鄜坊之南，終南之北，十餘州之地，已數十萬家。吐蕃縣力薄材，食鮮藝拙，不及中國遠甚。誠能復兩渠之饒，誘農夫趣耕，擇險要繕城壘，屯田蓄力，河隴可復，豈惟自守而已？"謂百人纔十人爲農，未免過當。然其論關中之貧富，與其强弱息息相關，則誠足資儆惕矣。

## 第二節 工　　業

　　智巧之士，歷代有之，但爲驕侈者所用，則不能有益於民，而轉貽之以害而已。若隋世之宇文愷、閻毗、何稠是也。愷造觀風行殿，及其營建東都，已見第一章第四節。閻毗者，隋初以技藝侍東宮。數以珊麗之物，取悅於皇太子。皇太子廢，毗坐杖一百，與妻子俱配爲官奴婢。後二歲，放免爲民。煬帝嗣位，盛修軍器，以毗性巧，諳練舊事，詔典其職。尋授朝請郎。毗立議，輦服車輿，多所增損。長城之役，毗總其事。及帝有事恒岳，詔毗營立壇場。將營遼東之役，自洛口開渠，達於涿郡，以通運漕，毗督其役。明年，又營建臨朔宮。何稠者，妥之兄子。妥，《隋書・儒林傳》云："西城人。父細胡，通商入蜀，遂家郫縣。事梁武陵王紀，主知金帛。因致巨富，號爲西州大賈。妥年十七，以技巧事湘東王。稠父通，善斲玉。"西城疑西域之誤，其家世實以西胡而擅技巧者也。江陵陷，稠隨妥入長安。仕周，爲御飾下士。及高祖爲丞相，召補參軍，兼掌細作署。開皇初，授都督。累遷御府監。歷太府丞，稠博覽古圖，多識舊物。波斯嘗獻金線錦袍，組織殊麗。上命稠爲之。稠錦既成，踰所獻者。上甚悅，時中國久絕琉璃之作，匠人無敢厝意，稠以綠瓷爲之，與真不異。後與宇文愷參典文獻皇后山陵制度。高祖疾篤，又以山陵之事屬之。煬帝將幸揚州，命造輿服羽儀送江都，亦見第一章第四節，後復令造戎車萬乘。《傳》又言其制行殿及六合城。蓋二者實亦稠爲之，宇文愷特尸其名而已。時又有劉龍者，性強明有巧思，齊後主知之。令修三爵臺，甚稱旨。因而歷職通顯。及高祖踐阼，大見親委。拜右衛將軍，兼將作大匠。遷都之始，與高熲參掌制度，代號爲能。大業時，有黃亶者，及其弟袞，俱巧思絕人。煬帝每令其兄弟直少府、將作。於時改創多務，亶、袞每參典其事。凡有所爲，何稠先令亶、袞立樣。當時工人，皆稱其善,莫能有所損益。又有耿詢者,造渾天儀及欹器,已見第十七章第三節。《傳》又云:詢作馬上刻漏,世稱其妙。

唐代智巧之士,當推李淳風及僧一行。淳風始造渾儀。太宗令置宮中,尋而失其所在。玄宗開元九年,太史令頻奏日食不效,詔一行改造新曆。時官無黃道遊儀。率府兵曹梁令瓚待制於麗正書院,因造遊儀木樣,甚爲精密。一行乃上言曰:"黃道遊儀,古有其術而無其器。以黃道隨天運動,難用常儀格之,故昔人潛思,皆不能得。令瓚創造此圖,日道月交,莫不自然契合。既於推步尤要,望就書院更以銅鐵爲之。庶得考驗星度,無有差舛。"從之。至十三年造成。玄宗親爲製銘。置之靈臺,以考星度。又詔一行與令瓚及諸術士更造渾天儀。鑄銅爲圓天之象。上具列宿赤道及周天度數。注水激輪,令其自轉。一日一夜,天轉一周。又別置二輪,絡在天外,綴以日月,令得運行。每天西轉一帀,日東行一度,月行十三度十九分度之七。凡二十九轉有餘而日月會,三百六十五轉而日行帀。仍置木櫃,以爲地平,令儀半在地下。晦明、朔望,遲速有準。又立二木人於地平之上,前置鐘鼓,以候辰刻。每一刻自然擊鼓,每辰則自然撞鐘,皆於櫃中,各施輪軸。鉤鍵交錯,關鏁相持。既與天道合同,當時共稱其妙。鑄成,命之曰水運渾天俯視圖。置於武成殿前,以示百寮。無幾而銅鐵漸澀,不能自轉,遂收置於集賢院,不復行用。此器雖行之未久,然其製作,則不可謂不巧也。

指南車、記里鼓車,始修於元和九年十二月,成於十五年十月,見《舊書·本紀》。又《李皋傳》云:常運心巧思,爲戰艦,挾二輪蹈之,翔風鼓疾,若掛帆席。所造省易而久固。又造欹器,進入內中。《新書·姜謩傳》:子確。字行本,以字顯。高昌之役,爲行軍副總管。出伊州,距柳谷百里,依山造攻械。增損舊法,械益精。《李若初傳》:附《劉晏傳》。子濛,會昌初擢給事中,以材爲宰相李德裕所知。時回鶻衰,朝廷經略河湟,建遣濛按邊,調兵械糧餉,爲宣慰靈、夏以北党項使。始議造木牛運。亦皆智巧之士也。其不知名者,若武后所造之明堂、天樞、九鼎等，既係巨工，亦必有巧匠，特不見記載耳。《隋書·柳䛒傳》，言䛒爲煬帝所親狎，退朝之後，便命入閣。言宴諷讀，終日而罷。帝每與嬪后對酒。時逢興會，輒遣命之。至與同榻共席，恩若友朋。猶恨不能夜召，於是命匠刻木偶人，施機關，能坐起拜伏，以象於䛒，每在月下對酒，輒令宮人置之於坐，與相酬酢，而爲歡笑。《新書·回鶻傳》：延陀亡後，鐵勒十一部皆來。明年，復入朝。天子方招寵遠夷，作絳黃瑞錦文袍、寶刀、珍器賜之。帝坐祕殿，陳十部樂。殿前設高坫，置朱提瓶其上，潛泉浮酒，自左閣通坫址注之瓶。轉受百斛鐐盎。回紇數千人飲畢，尚不能半。《叛臣傳》：高駢爲寓鵠廷中，設機關，觸人則飛動。駢衣羽衣乘之，作仙去狀。此等，亦皆巧匠所爲也。

民間用器，間由官造者惟鐵。《舊書·職官志》：少府掌冶署。西北諸州，禁人無置鐵冶及採鐵。若器用所須，具名移於所由，官供之。蓋防鐵出境外，爲蕃戎所得。《新志》云：邊州不置鐵冶，器用所須皆官供。所謂邊州，亦即指西北諸州言之也。《新志》又云：諸監掌鑄兵農之器，給軍士、屯田居民，其所供亦至狹耳。民間用器，有特精者，觀《地理志》所載諸州土貢，可見其略。又兩《書·韋堅傳》：皆載堅穿廣運潭成，豫取洛、汴、宋、山東小斛舟三百貯之潭。舟署某郡，以所產暴陳其上。其所陳，亦必各郡名產，特不皆人工所成耳。《新書·于頔傳》：初襄有髹器，天下以爲法。至頔驕蹇，故方帥不法者號襄樣節度。此則一方名產，無意中留名於後世者也。凡物之持以交易者，必求其價廉易售。如是則成本輕，物必不能皆堅善。《通鑑》則天聖曆元年，默啜移書數朝廷曰："金銀器皆行濫，非真物。"胡《注》曰："市列爲行。市列造金銀器販賣，率殽他物以求贏，俗謂之行作。濫，惡也。開元八年，頒租庸調法於天下，好不過精，惡不至濫。濫者，惡之極者也。"案《唐律·器用絹布行濫條》云："諸造器用之物及絹布之屬，有行濫短狹而賣者，各杖六十。"《疏議》云："行濫，謂器用之物不牢、不真。短狹，謂絹匹不充四十尺，布端不滿五十尺，幅闊不充一尺八寸之屬。"行濫似專指器物。然《舊書·食貨志》載開元八年勅云:"頃者以庸調無憑,好惡須準,故遣作樣,以頒諸州,令其好不得過精,惡不得至濫。任土作貢,防源斯在。而諸州送物,作巧生端。苟欲副於斤兩,遂則加其丈尺,至有五丈爲匹者。理甚不然。闊一尺八寸,長四丈,同文共軌,其事久行。立樣之時,亦載此數。若求兩而加尺,甚暮四而朝三。宜令所司簡閱,有踰於比年常例,丈尺過多奏聞。"則行濫固兼絹布言之也。今語猶稱物之美者曰自貨,惡者曰行貨。蓋自用之物,必求精良,出之市列者,則不能然耳。此固市儈之惡習,交易盛而欺詐隨之,然觀行作之成爲專名,亦可見自爲而用之者日少,而求之於市者益多,亦生計演進必然之勢也。

都會之地,實爲工巧所集。《舊書·杜元穎傳》,言其出鎮蜀州,昭愍即位,童心多辟,元穎求蜀中珍異玩好之具,貢奉相繼,以固恩寵。以故箕斂刻削,工作無虛日。太和三年,南詔蠻攻陷戎、巂等州,徑犯成都。兵及城下,一無備擬,方率左右固衙城而已。蠻兵大掠蜀城玉帛、子女、工巧之具而去。蠻兵之所掠,蓋正元穎之所求?哀斂於民以奉敵,傷矣。然放大眼光觀之,偏隅之工藝,必因此而有進,亦文明傳播之一道也。

何稠以綠瓷爲琉璃,則其先必已有瓷。案瓷字始見於《字林》,則晉世已有之。然其製至唐而始工,亦且益多。豫章所產,韋堅即以之陳列。邢州亦以磁爲貢,見《新書·地理志》。陸羽《茶經》,第各地之瓷,以越州爲上,洪州爲下。豈其時與韋堅異,各地物產,亦有進退邪?

《通鑑》:代宗大曆十三年,召李泌入見。語以元載事。因言路嗣恭初平嶺南,獻琉璃盤徑九寸,朕以爲至寶,及破載家,得嗣恭所遺載琉璃盤徑尺。胡三省曰:"程大昌曰:《漢西域傳》:罽賓國有琥珀、流離。師古《注》曰:《魏略》云:大秦國出赤、白、黑、黃、青、綠、縹、紺、紅、紫十種流離。此蓋自然之物,采澤光潤,踰於衆玉。今俗所用,皆消冶石汁,加以衆藥,灌而爲之。虛脆不耐,實非真物。案流離,今書附玉旁爲琉璃字。師古之記是矣,亦未得其詳也。《穆天子傳》：天子東征，有采石之山，凡好石之器於是出。升山取采石，鑄以成器。《注》云：采石，文采之石也。則鑄石爲器，古有之矣。顏氏謂爲自然之物，恐不詳也。《北史·大月氏傳》：魏太武時，月氏人商販京師，自云能鑄石爲五色琉璃。於是採礦於山中，即京師鑄之。既成，光澤乃美於西方來者。自是琉璃遂賤。用此言推之，則雖西域琉璃，亦用石鑄，無自然生成者。兼外國奇產，中國未始無之，獨不聞有所謂真琉璃也。然中國所鑄，有與西域異者。鑄之中國，色甚光鮮，而質則輕脆。沃以熱酒，隨手破裂。其來自海舶者，製差鈍樸，而色亦微暗。其可異者，雖百沸湯注之，與磁、銀無異，了不復動，是名蕃琉璃也。蕃琉璃之異於中國，其別如此，未嘗聞以石琢之也。余謂路嗣恭所獻者，蓋師古所謂大秦琉璃，自然之物。否則代宗何以謂之至寶哉？程大昌考之不詳耳。"愚案《穆天子傳》偽書不足信，然正可考見魏晉後西域情形。程大昌之說蓋是？代宗所以貴之者，實緣鑄造之術，雖經月氏商人傳入，其後又復失傳，即能爲之，其質亦不如西域耳。《新書·五行志》云："唐末，京都婦人梳髮，以兩鬢抱面，狀如椎髻，時謂之拋家髻。又世俗尚以琉璃爲釵釧，近服妖也。拋家琉璃，皆播遷之兆。"足見唐末，俗尚甚貴之也。

## 第三節　商　　業

古代之市，皆別爲一區，而設官加以管理，後世此制漸壞，然其遺意猶存。隋制：司農市統平準署。署有令二人。京市有肆長四十人。州有市令、丞，郡縣亦皆有市令。緣邊交市監，置監、副各一。畿內者隸司農，自外隸諸州。煬帝改交市監曰互市監，改隸四方館，而以平準、京市隸太府。京師有東、西兩市。東都有東、南、北三市。唐兩京諸市署，京師有東、西兩市，東都有東、北兩市，皆令一、丞二。《舊書·玄宗紀》：開元十三年六月，廢都西市，則東都亦嘗有三市。平準署，令二人，丞四人。互市監，監、丞各一人。皆屬太府。自都督府至縣，亦皆有市令。《舊書·職官志》。《新志》云：開元中，京兆、河南府諸縣，戶三千以上置市令一人，則餘縣不能皆置。平準署，掌供官市易之事。凡百司不任用之物，則以時出貨。其沒官物亦如之。"市肆皆建標築土爲候。凡市，日中擊鼓三百以會衆，日入前七刻，擊鉦三百而散。有果毅巡迴。平貨物爲三等之直。"《新書·百官志》文。《舊志》云："以二物平市。"《注》曰："秤以格，斗以槩。""以三價均市。"《注》曰："價有上中下之差。"《通鑑》：唐昭宗天復三年，劉鄩爲王師範取兗州，將精兵五百，夜自水竇入，比明，軍城悉定，市人皆不知。胡《注》曰："軍城，泰寧軍衙城也。以此觀之，軍人與市人異處。營屋之立，自唐然矣。"愚案此亦可見市之別爲一區，不與民居相雜也。

《舊書·宣宗紀》：大中六年七月，勅犯贓人平贓，據律以當時物價上旬估。請取所犯之處其月內上旬時估平之。從之。此條似有奪文。然據此，亦可考見其時物價，旬各有估也。《新書·曹王臯傳》：《太宗諸子傳》。所至常平物估，豪舉不得擅其利。《裴垍傳》：先是天下賦法有三：曰上供，曰送使，曰留州。建中初，釐定常賦，而物重錢輕。其後輕重相反，民輸率一倍其初。而所在以留州，送使之入，捨公估，更實私直以自潤。故賦益苛，齊民重困。垍奏禁之。一以公估準物。觀此二事，公估似於民有益。然《通鑑》：高宗永徽元年十月己未，監察御史韋思謙劾奏中書令褚遂良抑買中書譯語人地。大理少卿張叡冊以爲準估無罪。思謙奏曰："估價之設，備國家所須。臣下交易，豈得準估爲定？叡冊舞文，附下罔上，罪當誅。"是日，左遷遂良爲同州刺史，叡冊循州刺史。則公估實不免強抑物直，如後世所謂官價者也。

輕重斂散之政，自桑弘羊後，久已無人知之，至唐乃復有趙贊。此實爲曠世之高識，且欲行之於艱難之際，其魄力尤不可及。事雖不成，不可不表而出之也。《舊書·食貨志》：建中三年九月，戶部侍郎趙贊上言曰："伏以舊制置倉儲粟，名曰常平。軍興已來，此事闕廢。或因凶荒流散，餓死相食者，不可勝紀。古者平準之法，使萬室之邑，必有萬鍾之藏,千室之邑,必有千鍾之藏,春以奉耕,夏以奉耘,雖有大賈富家,不得豪奪吾人者。蓋謂能行輕重之法也。自陛下登極已來,許京城兩市置常平,官糴鹽米,雖經頻年少雨,米價騰貴,《新志》作"米不騰貴",當從之,此價乃誤字。此乃即日明驗,實要推而廣之。當興軍之時,與承平或異。事須兼儲布帛,以備時須。臣今商量,請於兩都並江陵、成都、揚、汴、蘇、洪等州府,各置常平輕重本錢。上至百萬貫,下至數十萬貫。隨其所宜,量定多少,惟置斛斗、段匹、絲麻等。候物貴則下價出賣,物賤則加價收糴。權其輕重,以利疲人。"從之。贊於是條奏諸道要、都會之所,皆置吏閱商人財貨。計錢每貫稅二十;天下所出竹、木、茶、漆,皆什一稅之;以充常平本。時國用稍廣,常賦不足,所稅亦隨時而盡,終不能爲常平本。亦見《德宗本紀》。案輕重斂散之說,本兼百物言之,後世商人之資本愈豐,則公家之財力,愈相形而見絀,遂至除穀價外一不能問,即穀價之常平,亦有名無實矣。趙贊際艱難之會,顧欲擴充之以及於段匹、絲麻,其魄力可謂甚大。《劉晏傳》言晏自諸道巡院距京師,重價募疾足,置遞相望。四方物價之上下,雖極遠,不四五日知。故食貨之重輕,盡權在掌握。朝廷獲美利,而天下無甚貴甚賤之憂。其事亦良不易。然晏實計臣,徒能濟財政之急,豈若贊之能兼顧人民,有稱物平施之意哉?

　　官與民爲賣買者,在穀曰和糴,在物曰和市。《舊書·職官志》:度支郎中、員外郎之職,凡和糴、和市,皆量其貴賤,均天下之貨,以利於人,亦儼然有哀多益寡之意。然及其行之,則國用有關,強市諸民而已。是賦也,非市也。《舊書·裴耀卿傳》:開元初,累遷長安令。長安舊有配戶和市之法,百姓苦之。耀卿到官,一切令出儲蓄之家,《新書》云:一切責豪門坐賈。則所謂儲畜之家,乃居其物以待價者,即今所謂屯積,非徒厚藏也。豫給其直,遂無姦儥之弊。公私甚以爲便。《新書·元結傳》:拜道州刺史。請免百姓所負稅及租庸使和市雜物十三萬緡。許之。以是爲寬恤民力,而所謂和糴、和市者可知矣。然二者雖皆有弊,究可稍省輦運之勞。吳武陵言朔方和糴,先取商人,而後求牒還都受錢。見第十八章第一節。此即宋代入中,入邊之法所本,尤省費省事,且除弊之良策也。至於宫市,則直是攘奪,不足論,已見第六章第六節。

爭名者於朝,爭利者於市,故豪商大賈,必集於趙贊所謂道要、都會之地。《新書·李勣傳》:説翟讓曰:"宋、鄭商旅之會,御河在中,舟艦相會。往邀取之,可以自資。"讓然之。劫公私船取財,由是大振。此道要也。《隋書·令狐熙傳》:高祖將祠泰山,還次汴州,惡其殷盛,多有姦俠,以熙爲汴州刺史。下車,禁遊食,抑工商。民有向街開門者,杜之。船客停於郭外。《舊書·李襲志傳》:弟襲譽,轉揚州大都督府長史。"江都俗好商賈,不事農桑。襲譽乃引雷陂水,又築句城塘,漑田八百餘頃,百姓獲其利。"揚、汴則所謂都會也。天下攘攘,皆爲利往,天下熙熙,皆爲利來,豈令狐熙、李襲譽輩所能變其俗邪?

然賤商之見,斯時初未化除。《新書·太宗紀》:貞觀二年十二月,禁五品以上過市。《舊書·路隋傳》:調授潤州參軍。爲李錡所困,使知市事。隋翛然坐市中,一不介意。觀此二事,可知當時賤商之甚。然利之所在,遂不惜屈身以與之交。劉昉,富商大賈,朝夕盈門。宇文述,富商大賈及隴右諸胡子弟,皆接以恩意,呼之爲兒。其子化及,常與屠販者遊,以規其利。張易之,内殿賜宴,引蜀商宋霸子等數人於前博戲。見《舊書·韋安石傳》。此皆嬖幸之流,不足責也。顔師古,學人也。貞觀七年,拜祕書少監,專典刊正,其官不可謂不清,乃引富商大賈爲讎校,何哉?觀劉義節爲少府監,坐貴入賈人珠,廢爲民,徙嶺南,而知惟賄之求,雖士大夫亦在所不免矣。《舊五代史·張筠傳》:海州人,父傳古,世爲郡之大商。唐乾符末,徙家彭門。時溥擢筠爲偏將。《李彦傳》:太原人,本以商賈爲業。周太祖鎮鄴,置之左右。此亦猶梁太祖之寵李友讓也。劉陟廣務華靡。末年起玉堂珠殿,飾以金碧翠羽。嶺北行商,或至其國,皆召而示之,誇其壯麗,《舊五代史·僭僞列傳》。《新史》云:召之使昇宫殿,示以珠玉之富,則爲别示之以珠玉,而非誇其宫殿之壯麗矣。語恐未審。可謂分庭抗禮矣。《唐明宗紀》:長興二年九月,詔天下州縣官不得與部内富民於公廳同坐。《周世宗紀》:顯德三年三月,"延州留後李彥頵奏蕃棄與部民爲亂,尋與兵司都監閻縉掩殺,獲其酋帥高鬧兒等十人,磔於市。彥頵本賈人也,貪而好利,蕃、漢之民;怨其侵刻,故至於是"。其人且躬縮州符,又豈特公廳一坐哉?

不徒與商賈儕偶也,亦且躬爲商賈之行。《舊書·高祖諸子傳》:霍王元軌,嘗使國令徵封。令白請依諸國賦物,貿易取利。元軌曰:"汝爲國令,當正吾失,反説吾以利耶?"拒而不納,善矣。然高季輔訾當時王公勳戚,追求什一,見第十八章第四節。德宗亦禁百官置邸販鬻;見第七章第一節。《舊書·本紀》:大曆十四年七月己卯,詔王公卿士不得與民爭利。諸節度觀察使於揚州置迴易邸並罷之。則滔滔者天下皆是矣。中葉後武人擅土,綱紀更形掃地。陳少遊三總大藩,皆天下殷厚處,徵求、貿易無虛日,斂積財寶,累巨億萬。趙在禮歷十餘鎮,殖貨積財巨萬。兩京及所到藩鎮,皆邸店羅列。其巨擘也。又其甚者,如劉從諫署賈人爲衙將,使之乘勢虐民,而其毒痛愈廣矣。見第九章第三節。李崧、桑維翰,在末世尚爲賢者。然崧以其弟嶼任僕行賈致禍。見第十七章第三節。維翰,楊光遠論其營邸肆於兩都,與民爭利,此其所以能致金數千鋌歟? 見第十八章第三節。不徒在本國然也,即出使他國亦然。《舊書·趙璟傳》云:使回紇者多私齎繒絮,蕃中市馬,迴以規利。《歸崇敬傳》云:使新羅者,至海東多有所求,或攜帛而往,貿易貨物,規以爲利。《舊史·張籛傳》:籛既盡獲繼岌、向延嗣所有,事見第十八章第三節。湖南馬希範,與籛有舊,奏請命籛爲使。允之。籛又密齎蜀之奇貨往售,獲十餘萬緡以歸。是其事矣。又不徒大者也,即微利亦無所遺。隋張威在青州,遣家奴於民間鬻蘆菔根是矣。又非獨男子也,即婦人亦能爲之。《新書·諸公主傳》:肅宗女和政公主,自兵興,財用耗,主以貿易取奇贏千萬贍軍。《新史》後唐莊宗劉后,分遣人爲商賈,至於市肆之間,薪芻果茹,皆稱中宮所賣。王衍尊其母徐氏爲皇太后,后妹淑妃爲皇太妃。太后、太妃,皆於通都大邑,起邸店以奪民利。而李繼韜母楊氏，居積行販，貲至百萬焉。有知盡能索耳，終不餘力而讓財，豈不信哉？又非獨私家也。後唐明宗即位赦詔有云："租庸司先將繫省錢物與人迴圖，宜令盡底收納，以塞幸門。"《舊史·本紀》：天成元年。則雖公家，且恃爲籌款之策矣。在勢者之追求什一如此，商人安得不依附之？而率循正軌之商業，又安得而滋長哉？

通工易事，勢不可一日輟也，故雖當海宇分崩之際，商賈仍無時而不通。王師範之舉兵，一時欲入十餘州，而多詐爲商賈，史稱詐爲商賈及貢獻，然必以詐爲商賈者爲多。《舊五代史·張歸弁傳》：爲齊州指揮使。屬青帥王師範叛，遣將詐爲賈人，挽車數十乘，匿兵器於其中，將謀竊發，歸弁察而擒之，州城以寧，是其一事。即可見商賈之靡國不到。王延羲弒王昶，遣商人間道奉表稱藩於晉，而昶先使鄭元弼至大梁，晉人惡其致執政書辭不遜，又求用敵國禮，下之於獄。後釋之。延羲又因商人奉表自理，乃獲封授。其後留從效稱藩於周，亦遣牙將蔡仲贇衣商人服，以絹表置革帶中，間道北行。可見南北雖隔絕，商賈實無時而不通矣。楊行密破孫儒，入揚州，議出鹽、茗畀民，輸帛幕府。高勗曰："創破之餘，不可以加。且帑資何患不足？若悉我所有，易四鄰所無，不積日，財有餘矣。"行密納之。此可見喪亂後欲求蘇息者，莫通商若也。是時田頵爲行密守宣州，亦以能通利商賈，民愛之，行密歸馬殷弟賨，謂之曰："何以報我？"答曰："願通二國好，使商賈相資。"行密喜，而殷亦不征商旅，又用高郁策，鑄鉛鐵爲錢。商旅出境，無所用之，皆易他貨而去。庸能以境內所餘，易天下百貨，國以富饒，《通鑑》：後唐莊宗同光三年。通商之效可見矣。《舊五代史·梁太祖紀》：開平二年六月，"岳州爲淮賊所據。帝以此郡五嶺三湘水陸會合之地，委輸商賈，靡不由斯，遂令荆湘湖南北舉舟師同力致討。"梁祖豈恤鄰封？亦以商賈委輸，於己有利也。接境之邦，貿易自更難隔絕。何福殷以玉枕易茗於淮南，已見第十七章第三節。范延策獻封章於後唐明宗，請不禁過淮豬羊，而禁絲綿匹帛，以實中國。《舊五代史·高行珪傳》。《舊五代史·漢隱帝紀》：乾祐元年十二月，李璟奉書於帝，云："先因河府李守貞求援，又聞大國緣淮屯軍,當國亦於境上防備。昨聞大朝收軍,當國尋已撤備。其商旅請依舊日通行。"朝廷不報。然及周太祖篡立,廣順元年三月,即敕朝廷與唐,本無仇怨,緣淮軍鎮,各守疆域,商旅往來,無得禁止。《通鑑》。四月,又詔緣淮州縣,許淮南人就淮北糴易餱糧。《舊書·本紀》云:時淮南饑故也。周祖亦豈計恤鄰?蓋實兩有所利矣。其中遭間隔者,亦不憚繞道以求通。《新五代史·劉銖傳》:漢高祖即位,拜永興軍節度使。徙鎮平盧。是時江淮不通,吳越使者,常泛海以至中國。而濱海諸州,皆置博易務,與民貿易。民負失期者,務吏擅自攝治,置刑獄,不關州縣。而前爲吏者利其厚賂,縱之不問,民頗爲苦。銖一切禁之。然則吳越之必泛海而來者,蓋有所利焉?《通鑑》:梁均王貞明二年七月,上嘉吳越王鏐貢獻之勤,加鏐諸道兵馬元帥。朝議多言鏐之入貢,利於市易,不宜過以名器假之。翰林學士竇夢徵執麻以泣,坐貶蓬萊尉。朝議蓋有所見也?《舊史·銖傳》云:銖告所部不得與吳越徵負,擅行追攝。則獄由吳越自置,追攝仍中原官吏爲之,是攝己民而致諸他國在吾國境内所置之獄也。賂使他國官吏爲之用如此,其厚可知,而商利之厚,彌可想矣。《通鑑》後唐明宗長興元年六月,董璋遣兵掠遂、閬鎮戍。七月,兩川以朝廷遣兵屯遂、閬,復有論奏。自是東北商旅,少敢入蜀。似干戈確足以阻貿遷者,然此特一時觀望耳,事小定則往來如故矣。《新五代史·安從進傳》:南方貢輸,道出襄陽者,多擅留之。邀遮商旅,皆黥以充軍。《南漢世家》云:劉晟遣巨艦指揮使暨彥贇以兵入海,掠商人金帛。《吳越世家》云:錢氏多掠得嶺南商賈寶貨。初未聞其足寒商人之膽也。

　　四境之外,商利亦無不饒。突厥當都藍時,即遣使請緣邊置市貿易。其後啓民順服,貿易自無不通。大業初,煬帝幸榆林,宇文化及與弟智及違禁與突厥交市。帝大怒,囚之數月。還至青門外,欲斬之而後入城,解衣辮髮,以公主故,久之乃釋,並智及賜其父述爲奴。足見違禁交市,其利甚厚。《新書·突厥傳》:武德七年,頡利遣使來,願款北樓關請互市。帝不能拒,毗伽可汗時,又詔朔方西受降城許互市。回紇交市之盛，事已見前。此北方之貿易也。韋藝遷營州都督，大治產業，與北夷貿易，家貲鉅萬。韋雲起，契丹入營州。詔護突厥兵往討。入其界，使突厥詐云向柳城郡欲共高麗交易，遂致克捷。則是時諸夷亦互有交易，李正己貨市渤海名馬，未必不道由契丹也。入五代來，契丹與後唐，搆兵不息，然明宗天成二年八月，新州奏契丹請置互市，《舊史·本紀》。則兵雖交，貿易初不因之而絕矣。石晉之世，契丹入中國販易者甚衆，故景延廣得殺其人而奪其貨。《新書·白居易傳》：居易於文章精切，然最工詩。雞林行賈鬻其國相，率篇易一金，云僞者，相輒能辨之。《新羅傳》：龍朔元年，春秋死，子法敏襲王，以其國爲雞林州大都督府，授法敏都督。此説蓋近於誣？然時中國與新羅有商賈往來，則不虚矣。此東北方之貿易也。《舊書·李安遠傳》：武德時使於吐谷渾，與敦和好。於是伏允請與中國互市，安遠之功也。《新書》云：邊場利之。蓋以是爲其功？其後吐谷渾爲吐蕃所滅，而吐蕃開元時言和，亦請交馬於赤嶺，互市於甘松嶺。宰相裴光庭曰：甘松中國阻，不如許赤嶺。乃聽以赤嶺爲界。見《新書·本傳》。憲宗時款隴州塞丐互市，詔可。河湟之復，詔言三州七關，創置戍卒，自要務静，如蕃人求市，切不得通。蓋因邊人求利，慮啓釁端，然蕃人求互市之切，則於此可見矣。《舊五代史·王思同傳》：明宗用爲同州節度使。未幾，移鎮隴右，長興元年入朝。明宗問秦州邊事，對曰：“秦州與吐蕃接境，蕃部多違法度。臣設法招懷。緣邊置寨四十餘所，控其要害。每蕃人互市，飲食之界上，令納器械。”此自漢人言之則然，其實邊人與蕃戎貿易者，多恣剥削以自利，未必無激怒彼處也。此當謀善爲管理。因此而拒絕通商，未免因噎廢食矣。中葉以後，党項之入居内地者甚多，商賈齎繒貨入貿羊馬者亦衆。藩鎮又或强市馬而不鬻其直，遂至時有叛亂焉。《舊書》本傳。又崔慎由傳：父從，長慶二年，爲鄜坊丹延節度使。党項羌以羊馬來市者，必先遺帥守。從皆不受，撫諭遣之。羣羌不敢爲盜。蓋官之廉者，不徒無所誅求，且必能善爲管理，羌人自不致爲變也。此西北邊之貿易也。三邊貿易，多係游牧部族。其物之最要者爲馬。《新書·王忠嗣傳》：初在朔方，至互市，輒高償馬直。諸蕃争來市。故蕃馬浸少，唐軍精。高價能使蕃馬浸少，此乃侈辭，然中國自可收其用。山南之距回紇遠矣,而李皋在襄州,乃市其馬以益騎兵,可見其所裨之大。若乃藉進貢爲名,以求錫賚,雜駑良以求多讎,致使國家空耗財幣,此則措置之失,非通商之本意也。參看第十五章第三節。回紇亦以駑馬求高價,此則中國直是畏其強,藉名賂遺之耳,不可以貿易論。《通鑑》:後周世宗顯德二年,定難節度使李彝興以折德扆亦爲節度使,與己並列,恥之,塞路不通周使。上謀於宰相。對曰:"夏州邊鎮,朝廷向來每加優借。府州褊小,得失不繫重輕。且宜撫諭彝興,庶全大體。"上曰:"德扆數年已來,盡忠戮力,以拒劉氏,奈何一旦棄之?且夏州惟產羊馬,貿易百貨仰中國。我若絶之,彼何能爲?"乃遣供奉官齊藏珍齎詔書責之。彝興皇恐謝罪。此事可見游牧部族求與中國通商之所以切也。

北狄與中國貿易,所持者羊馬耳。西胡則文明程度較高。其自陸路來者,多與北狄相雜,突厥之交市,有明珠一篋,價直八百萬,見第十八章第一節。此非突厥所有,乃西胡所有。回紇既亡,時時以玉馬與邊州相市,馬回紇物,玉亦西域物也。宋慶禮之復營州也,招輯商胡,爲立店肆。而安禄山與史思明皆能六蕃語,同爲互市郎。禄山之得志也,潛遣賈胡行諸道,歲輸財百萬。至大會,禄山踞重牀燎香,陳怪珍,胡人數百侍左右,引見諸賈。其爲之用者,亦胡人也。隋齊王暕使庫狄仲錡、陳智偉詣隴西,槶炙諸胡,責其名馬,可見胡人之來者本衆,初不待裴矩之招。《隋書·高昌傳》云:"從武威西北有捷路,度沙磧千餘里,四面茫然,無有蹊徑。欲往者尋人畜骸骨而去。路中或聞歌哭之聲,行人尋之,多致亡失,蓋魑魅罔兩也。故商客往來,多取伊吾路。"《舊書·侯君集傳》云:高昌王麴文泰遏絕西域商賈。太宗徵文泰入朝,稱疾不至。詔君集討之。文泰聞王師將起,謂其國人曰:"唐國去此七千里,涉磧闊二千里,地無水草。冬風凍寒,夏風如焚,風之所吹,行人多死,常行百人,不能得至。安能致大軍乎?"其往來之艱如此。然《魏徵傳》云:文泰將入朝,西域諸國咸欲因文泰遣使貢獻。太宗令文泰使人往迎之。徵諫曰:"中國始平,創痍未復,微有勞役，則不自安。往年文泰入朝，所經州縣，猶不能供，況加此輩。若任其商賈來往，邊人則獲其利，若為賓客，中國即受其弊矣。"可見此時商人仍有往來。玄奘之遊西域，實與商人俱行，《舊書·方技傳》。其徵也。唐世西胡留居中國者甚多。若回紇所從之九姓胡，見第七章第一節。若僖宗所欲籍之蕃旅皆是。見第十章第一節。並有久居中國，成為中國商人者。《五代史補》云：周世宗在民間，嘗與鄴中大商頡跌氏忘其名往江陵販賣茶貨。至江陵，見有卜者王處士，其數如神。世宗因頡跌氏同往問焉。方布卦，忽有一蓍躍出，卓然而立。卜者大驚曰："吾家筮法，十餘世矣。常記曾祖已來遺言：凡卜筮而蓍自躍而出者，其人貴不可言。況又卓立不倒？得非為天下之主乎？"遽起再拜。世宗雖陽為詰責，而私心甚喜，於逆旅中夜置酒，與頡跌氏半酣。戲曰："王處士以我當為天子，若一旦到此，足下要何官？請言之。"頡跌氏曰："某三十年作估來，未有不由京洛者。每見稅官，坐而獲利，一日所入，可以敵商賈數月，私心羨之。若大官為天子，某願得京洛稅院足矣。"世宗笑曰："何望之卑邪？"及承郭氏之後踐阼，頡跌猶在。召見，如初言以與之。此說誕謾不足信，然時有頡跌氏其人則真。頡跌蓋跌跌異譯，鐵勒十五部之一也。居於鄴，遷於江陵，三十年與京洛稅官為緣，其為中國商人，復何疑乎？北夷以馬易中國繒帛，可謂兩得其利，西胡徒以寶貨來，則以無用易有用而去矣。然時法禁私市，於財政亦小有裨。見第十五章第三節。宋代香藥、寶貨，為三說所資，南渡後兼以稱提關會，自此昉也。

　　南方海道，來者尤多，以其交通便易也。唐代中國所以管理之者曰市舶使。《新、舊志》及《六典》皆不載。《舊書·玄宗紀》：開元二年十二月，右威衛中郎將周慶立為安南使舶使，與波斯僧廣造奇巧，將以進內，監選使殿中侍御史柳澤上書諫，上嘉納之。又《代宗紀》：廣德元年十二月甲辰，宦官市舶使呂太一逐廣南節度使張休，大掠廣州，正史中可考見者，惟此二事而已。慶立事亦見《新書·柳澤傳》。太一事見兩《書·韋倫傳》。《文獻通考》所載，亦僅此二事。使舶使，柳澤傳作市舶使。呂太一事，

《通鑑》繫是年十一月,張體作張休。波期,當係波斯之誤。兩《書·盧奐傳》,皆附父《懷慎傳》後。皆謂其官南海有清節,中使之市舶者,亦不敢干其法,似市舶皆由中使司之。然《舊書·盧鈞傳》言:鈞以開成元年爲廣州刺史、嶺南節度使,南海有蠻舶之利,珍貨畢湊,舊帥作法興利以致富,凡爲南海者,靡不捆載而還。鈞遣監軍領市舶使而已,一不干與,則其使務本由刺史兼之,委任宦官,或轉係偶然之事耳。官南海者,貪墨者多。《舊書·盧奐傳》:天寶初,爲晉陵太守。時南海郡利兼水陸,環寶山積。劉巨麟、彭果相替爲太守五府節度,皆坐贓巨萬而死。乃特授奂爲南海太守。遐方之地,貪吏斂迹,人用安之。以爲自開元已來四十年,廣府節度清白者有四:謂宋璟、裴伷先、李朝隱及奂。又《李勉傳》:大曆四年,除廣州刺史,兼嶺南節度觀察使。前後西域舶泛海至者,歲纔四五,勉性廉潔,舶來都不檢閱,故末年至者四十餘。在官累年,器用車服無增飾。及代歸,至石門,停舟,悉搜家人所貯南貨犀象諸物,投之江中。耆老以爲可繼前朝宋璟、盧奂、李朝隱之徒。《新書·盧奐傳》無裴伷先之名,曰:"時謂自開元後治廣有清節者,宋璟、李朝隱、奂三人而已。"案伷先,兩《書》皆附其從父炎傳。《舊書》無事迹,《新書》謂其流北廷時無復名檢,專居賄,五年至數千萬,娶降胡女爲妻,妻有黃金駿馬牛羊,以財自雄。養客數百人。自北庭屬京師多其客。詗候朝廷事,聞知什常七八。蓋以跌弛非廉隅之士,故於奂傳削其名?然伷先是時之志,蓋欲有所爲?不得繩以小節。且人固有瑕瑜不相掩,亦有後先易轍者。伷先縱早歲跌弛,亦不害其晚節之能廉。更謂爲不廉,而時人以與璟、朝隱、奂並稱,自係當時輿論。著其事而斥其不足信可也,徑刪其名,而謂輿論所稱者,祇有三人,則謬矣。又《李勉傳》謂其在廣末年蕃舶至者四十餘。勉既在官累年,則自非其至廣明年之事。《新書》乃謂明年至者四千餘柁。殿本《考證》:沈德潛云:"夷舶至者四十餘,未見不暴征之效,《新書》爲允。"何以十倍之數,不足見寬政之效,而必有待於千倍?且當時夷舶至者,豈能至四千餘柁乎?此千字恐正是十字之誤,不足爲子京咎,然以勉居官之末年爲明年,則必子京之疏矣。盧奐等四人外,史稱其清廉者,尚有王方慶、孔戣、馬總、蕭俛、李尚隱、馮立、劉崇龜、韋正貫。言其貪墨者,則有遂安公壽、路元叡、路嗣恭、王鍔、王茂之、鄭權、李象古、徐浩、郎餘慶、韓鈞、胡證、李琢。然孔戣及劉崇龜,自雖清廉,仍未能禁其家人之不貪取也。遂安公壽,見《舊書·盧祖尚傳》。路元叡,兩《書》皆見《王方慶傳》。李琢見《舊書·懿宗紀》。餘各見本傳。遂或至於激變。《舊書·波斯傳》:乾元元年,波斯與大食同寇廣州。《新書》云襲。劫倉庫,焚廬舍,《新書》作焚倉庫廬舍。浮海而去。彼爲通商來,何事如此?疑必有激之使然者矣。《新書·韋皋傳》:弟子正貫,擢嶺南節度使。南海舶賈

始至，大帥必取象犀、明珠、上珍，而售以下直。正貫既至，無所取，吏
咨其清。《盧鈞傳》：擢嶺南節度使。海道商舶始至，異時帥府爭先
往，賤售其珍，鈞一不取，時稱絜廉。先官買而後聽其與民交易，官買
與私買異直，此蓋相沿権法？官吏遂藉以自潤。雖傷廉，究尚與私取
有異也。《孔戣傳》：舊制海商死者，官籍其貨。滿三月無妻子詣府，
則没入。戣以海道歲一往復，苟有驗者，不爲限，悉推與。户絶者貨
產入官，中國法亦如是，初非岐視蕃商，然海道歲一往復，則不應三月
即没入，蓋故立苛例以規利？《傳》又云：蕃舶泊步有下碇稅，始至有
閱貨宴，所餉犀琲，下及僕隸。戣禁絶，無所求索。此則後世之規費
矣。《徐申傳》：進嶺南節度使。外蕃歲以珠、瑇瑁、香、文犀浮海至。
申於常貢外未嘗脧索，商賈饒盈。可見其貢有常典，五代時閩廣進
奉，猶以南琛爲多，見《舊五代史·本紀》：梁開平元年、二年、四年、乾化元年。足
見其爲利之厚。故至宋代而市舶遂爲要司矣。

西來商舶，前世本集交州，南朝以來，漸徙東北，而廣州遂奪交州
之席，蓋以其去中原近也？《通鑑》：貞元八年六月，嶺南節度使奏：
"近日海舶珍異，多就安南市易。欲遣判官就安南收市。乞命中使一
人與俱。"上欲從之。陸贄上言，以爲"遠國商販，惟利是求，緩之斯
來，擾之則去。廣州素爲衆舶所湊，今忽改就安南，若非侵刻過深，則
必招攜失所。曾不内訟，更蕩上心。況嶺南、安南，莫非王土。中使、
外使，悉是王臣，豈必信嶺南而絶安南，重中使以輕外使？所奏望寢
不行"。觀贄之言，而知交州之貿易，遠非廣州之敵矣。不特此也，
《舊書·鄧景山傳》，言其引田神功以討劉展，神功至揚州，大掠居人
資産。大食、波斯等商旅，死者數千人。《神功傳》曰："商胡波斯被殺者數千
人。"《新書》皆略同。是商胡之居揚州者亦甚多也。《新五代史·閩世
家》：王審知招來海中蠻夷商賈，海上黄崎，波濤爲阻。一夕，風雨，
雷電震擊，開以爲港。閩人以爲審知德政所致，號爲甘棠港。此蓋蒙
蕃舶之利者歸美之辭？然可見五代時閩海亦有賈胡蹤跡矣。凡此皆
通商港步，日拓而北之證也。《隋書·食貨志》云：晉自寓居江左，嶺

外酋帥,因生口、翡翠、明珠、犀象之饒,雄於鄉曲者,朝廷多因而署之,以收其利。歷宋、齊、梁、陳,皆因而不改。《權武傳》:武檢校潭州總管,多造金帶,以遺嶺南酋領,其人答以寶物,武皆納之,由是致富。朝廷之收其利,蓋亦如是?《新書·趙弘智傳》:兄弘安曾孫矜,客死柳州,官爲斂葬。後十七年,子來章始壯,自襄陽往求其喪。不得。野哭再閱旬。卜人秦訆爲筮曰:"宜遇西人,深目而髯,乃得其實。"明日,有老人過其所。問之,得矜墓。乃歸葬弘安墓次。此所謂西人,殆亦賈胡?則深入今粵西境矣。《舊書·懿宗紀》:咸通四年七月朔,制曰:"安南溪洞首領,素推誠節。雖蠻寇竊據城壁,而酋豪各守土疆。如聞溪峒之閒,悉藉嶺北茶藥。宜令諸道,一任商人興販,不得禁止往來。"溪洞之於茶藥,亦必有以南琛爲易者。《王鍔傳》言:鍔日發十餘艇,重以犀象、珠貝,稱商貨而出諸境。《新書》云:與商賈雜出於境。周以歲時,循環不絕。凡八年。京師權門,多富鍔之財。則其運輸之暢達,更不待論矣。然奇貨雖可北行,運輸必求便易,此則商港之所以日闢而北也。

## 第四節　錢　幣　上

自隋滅陳,統一中國,至安、史之亂,凡經百五十年,雖中更隋末之亂,然歷時不久,商業實大可振興。商業振興,必資錢幣。魏、晉、南北朝,幣制紊亂,且其數不足用,統一後自更甚,故此時之所求者,實爲增鑄及畫一。隋、唐兩代,皆思致力於此,而力弗克勝,遂至依然淆亂,依然闕乏,而種種厲民之政,轉因整理圜法而起焉,此則可爲浩歎者也。

《隋書·食貨志》云:"高祖既受周禪,以天下錢貨,輕重不等,乃更鑄新錢。背面肉好,皆有周郭,文曰五銖,重如其文。每錢一千,重四斤二兩。《本紀》:開皇元年九月,"行五銖錢"。是時錢既新出,百姓或私有鎔鑄。三年四月,詔四面諸關,各付百錢爲樣,從關外來,勘樣相似,然後得過。樣不同者,即壞以爲銅入官。詔行新錢已後,前代錢有五行大布,永通萬國,及齊常平,所在用以貿易不止。四年,詔仍依舊不禁者,縣令奪半年禄。然百姓習用既久,尚猶不絶。五年正月,詔又嚴其制。自是錢貨始一。所在流布,百姓便之。是時見用之錢,皆須和以錫鑞。錫鑞既賤,求利者多,私鑄之錢,不可禁約。其年,乃詔禁出錫鑞之處,並不得私有采取。十年,詔晉王廣聽於揚州立五鑪鑄錢。其後姦狡稍漸磨鑢錢郭,取銅私鑄;又雜以錫錢,遞相放效;錢遂輕薄,乃下惡錢之禁。京師及諸州邸肆之上,皆令立榜置樣爲準,不中樣者,不入於市。十八年,詔漢王諒聽於并州立五鑪鑄錢。是時江南人間錢少,晉王廣又聽於鄂州白紵山有銅礦處錮銅鑄錢,置十鑪。又詔蜀王秀聽於益州立五鑪鑄錢。是時錢益濫惡。乃令有司括天下邸肆見錢,非官鑄者皆毀之,其銅入官。而京師以惡錢貿易,爲吏所執,有死者。數年之間,私鑄頗息。大業已後,王綱弛紊,鉅姦大猾,遂多私鑄,錢轉薄惡。初每千猶重二斤,後漸輕至一斤。或翦鐵鍱、裁皮、糊紙以爲錢,相雜用之。貨賤物貴,以至於亡。"《新書·食貨志》:"隋末行五銖白錢。天下盜起,私鑄錢行,千錢初重二斤,其後愈輕,不及一斤。鐵葉、皮紙,皆以爲錢。高祖入長安,民間行綖環錢。其製輕小,凡八九萬,纔滿半斛。"案用金屬爲錢,私鑄私銷,均極難禁,隋所以暫收畫一流布之效者,蓋徒恃嚴法?嚴法本難久恃,況聽諸王鑄錢,必不能皆合法乎?況又益之以大業之弛紊乎?終至大亂不可收拾,宜矣。

唐興,又圖治理,《舊書·食貨志》云:"高祖即位,仍用隋之五銖錢。武德四年七月,廢五銖錢,行開元通寶錢。徑八分,重二銖四累,積十文重一兩,一千文重六斤四兩。仍置錢監於洛、并、幽、益等州。秦王、齊王,各賜三鑪鑄錢。裴寂賜一鑪。敢有盜鑄者,身死,家口配没。五年五月,又於桂州置監。議者以新錢輕重大小,最爲折衷,遠近甚便之。後盜鑄漸起,而所在用錢濫惡。顯慶五年九月,勅以惡錢轉多,令所在官私爲市取。私字疑衍。以五惡錢酬一好錢。百姓以惡錢價賤，私自藏之，以候官禁之弛。高宗又令以好錢一文買惡錢兩文，弊仍不息。至乾封元年封嶽之後，又改造新錢，文曰乾封泉寶。《本紀》：事在四月。徑一寸，重二銖六分。仍與舊錢並行。新錢一文，當舊錢之十。周年之後，舊錢並廢。初開元錢之文，給事中歐陽詢制詞及書，時稱其工。其字含八分及隸體。其詞先上後下，次左後右讀之，自上及左回環讀之，其義亦通。流俗謂之開通元寶錢。及鑄新錢，乃同流俗。乾字直上，封字在左。尋悟錢文之誤；又緣改鑄，商賈不通，米帛增價；乃議卻用舊錢。二年正月，下詔曰：泉布之興，其來自久。實古今之要重，爲公私之寶用。年月既深，僞濫斯起。所以採乾封之號，改鑄新錢。靜而思之，將爲未可。高祖撥亂反正，爰創規模。太宗立極承天，無所改作。今廢舊造新，恐乖先旨。其開元通寶，宜依舊施行，爲萬代之法。乾封新鑄之錢，令所司貯納，更不須鑄。仍令天下置鑄之處，並鑄開元通寶錢。"案自隋初至是，畫一錢文之意頗堅，故隋鑄五銖而盡禁舊錢，唐初鑄開元，亦廢隋五銖，高宗鑄乾封則欲廢開元，復開元又必廢乾封也。乾封較之開元，所重甚微，而欲以一當十，似已悟惡幣驅逐良幣之理，而欲令人民自毀之，不悟因此錢文減少，商賈轉至不通也。開元雖復，恐銷毀已多，故私鑄復起。

《志》又云："既而私鑄更多，錢復濫惡。高宗嘗臨軒，謂侍臣曰：錢之爲用，行之已久。公私要便，莫甚於斯。比爲州縣不存檢校，私鑄過多。如聞荊、潭、宣、衡，犯法尤甚。遂有將船栰宿於江中。所部官人，不能覺察。自令嚴加禁斷。所在追納惡錢，一二年間使盡。當時雖有約勒，而姦濫不息。儀鳳四年四月，令東都出遠年糙米及粟，就市給糶，斗別納惡錢百文。其惡錢，令少府、司農相知，即令鑄破。其厚重合斤兩者，任將行用。時米粟漸貴，議者以爲鑄錢漸多，所以錢賤而物貴，於是權停少府監鑄錢。尋而復舊。《新書·食貨志》云：永淳元年，私鑄者抵死，鄰保里坊村正皆從坐。則天長安中，又令懸樣於市，令百姓依樣用錢。俄又簡擇艱難，交易留滯。又降勅：非鐵錫、銅蕩、穿六者,並許行用。其有熟銅、排斗、沙澁厚大者,皆不許簡。自是盜鑄蜂起,濫惡益衆。江、淮之南,盜鑄者或就陂湖鉅海深山之中,波濤險峻,人迹罕到,州縣莫能禁約。以至神龍、先天之際,兩京用錢尤濫。其郴、衡私鑄小錢,纔有輪廓;及鐵錫五銖之屬,亦堪行用。乃有買錫鎔銷,以錢模夾之,斯須則盈千百,便齎用之。開元五年,車駕往東都。宋璟知政事,奏請一切禁斷惡錢。六年正月,又切斷天下惡錢,行三銖四累錢。《紀》云:行二銖四分已上好錢。《新志》云:行二銖四參錢。三字當誤。不堪行用者,並銷破覆鑄。二月,又勅申明舊章,縣設諸樣。時江淮錢尤濫惡。有官鑪、偏鑪、棱錢、時錢等數色。璟乃遣監察御史蕭隱之充江淮使。隱之乃令率户出錢。務加督責。百姓乃以上青錢充惡錢納之。其小惡者,或沈之於江湖,以免罪戾,於是市井不通,貨價騰起。流聞京師,隱之貶官。《新志》云:宋璟又請出米十萬斛收惡錢,少府毀之。璟因之罷相。乃以張嘉貞知政事。嘉貞乃弛其禁,人乃安之。《新書》云:十一年,詔所在加鑄。禁賣銅錫造銅器者。二十年,千錢以重六斤四兩爲率。每錢重二銖四參。禁麩頓、沙澁、蕩染、白彊黑彊之錢。首者官爲市之。銅一斤爲錢八千。二十二年,中書侍郎張九齡初知政事,奏請不禁鑄錢。玄宗令百官詳議,皆以爲不便。《本紀》事在三月。但勅郡縣嚴斷惡錢而已。《新志》云:信安郡王褘復言國用不足,請縱私鑄。議者皆畏褘帝弟之貴,莫敢與抗。獨倉部郎中韋伯陽以爲不可。褘議亦格。至天寶之初,兩京用錢稍好,米價豐賤。數載之後,漸又濫惡。府縣不許好者加價回博,好惡通用。富商姦人,漸收好錢,潛將往江淮之南,每錢貨得私鑄惡者五文,假託官錢,將入京私用。京城錢日加碎惡,鵝眼、鐵錫、古文、綖環之類,每貫重不過三四斤。十一載二月,勅令所司出錢三數十萬貫,分於兩市百姓閒。應交易所用錢不堪久行用者,官爲換取。仍限一月日內使盡。是時京城百姓,久用惡錢,制下之後,頗相驚擾。時又令於龍興觀南街開場,出左藏庫內排斗錢,許市人博換。貧弱者又争次不得。俄又宣勅:除鐵錫、銅沙、穿穴、古文、餘並許依舊行用。久之乃定。”《新志》云:開元二十六年,宣、潤等州初置錢監。兩京用錢稍善,米粟價益下。其後錢又漸惡。詔出銅所在置監,鑄開元通寶錢。京師庫藏皆滿。天下盜鑄益起。廣陵、丹陽、宣城尤甚。京師權豪，歲歲取之，舟車相屬。江淮偏鑪錢數十種，雜以鐵錫，輕漫無復錢形。公鑄者號官鑪錢，一以當偏鑪錢七八。富商往往藏之，以易江淮私鑄者。兩京錢有鵝眼、古文、綫環之別。每貫重不過三四斤。至翦鐵而緡之。宰相李林甫請出絹布三百萬匹，平估收錢。物價踊貴。訴者日萬人。兵部侍郎楊國忠欲招權以市恩，揚鞭市門曰：「行當復之。」明日，詔復行舊錢。天寶十一載，又出錢三十萬緡易兩市惡錢。出左藏庫排斗錢，許民易之。國忠又言錢非鐵錫、銅沙、穿穴、古文，皆得用之。《舊紀》云：禁惡錢，官出好錢以易之。既而商旅不便，訴於國忠，乃止之。案改革幣制，非有精心毅力不可。當時之所爲，實漫無策畫。好惡錢敵價相易，辦法雖寬，而限期太促。貧弱者争次不得，則獨受其殃耳。其勢已不復可以堅持，亦非盡由國忠之欲招權市恩也。此唐自天寶已前公家與私鑄相争之大略也。安、史亂作，而苟且之政興，承其流者救過不給，乃無暇更言整頓矣。

《舊書・食貨志》又云：「乾元元年七月，詔御史中丞第五琦奏請改錢，以一當十，別爲新鑄，不廢舊錢。宜聽於諸監別鑄一當十錢，文曰乾元重寶。《新志》云：徑一寸，每緡重十斤。其開元通寶者，依舊行用。二年三月，琦入爲相，又請更鑄重輪乾元錢。一當五十，二斤成貫。《新志》云：徑一寸二分。其文亦曰乾元重寶，背之外郭爲重輪。每緡重十二斤。詔可之。於是新錢與乾元、開元通寶錢三品並行。《本紀》事在九月，云：以二十二斤成貫。尋而穀價騰貴，米斗至七千，餓死者相枕於道。乃擡舊開元錢，以一當十，減乾元錢，以一當三十。緣人厭錢價不定，人閒擡加價錢爲虛錢。米斗七千，若抬價五十倍，則實價爲百四十。參看第十八章第一節。長安城中，競爲盜鑄。寺觀鐘及銅像，多壞爲錢。姦人豪族，犯禁者不絶。京兆尹鄭叔清擒捕之，少不容縱。數月間，榜死者八百餘人。人益無聊矣。《新志》云：先是諸鑪鑄錢窳薄，鎔破錢及佛像，謂之盤陀，皆鑄爲私錢。犯者杖死。叔清蓋援是例。上元元年，詔重棱五十價錢，宜減作三十文行用。其開元舊時錢，宜一當十文行用。其乾元十當錢，宜依前行用。仍令中京及畿縣內依此處分，諸州待進止。七月，勅重棱五十價錢，先令畿內減至三十價行，其天下諸州，並宜準此。寶應元年四月，改行乾元錢，一以當三。蓋去開元錢擡價？乾元重棱小錢，亦以一當二。重棱大錢，一以當三。尋又改行乾元大小錢，並以一當一。其私鑄重棱大錢，不在行用之限。"觀此，知官鑄重棱，亦有大小之別。其小者實直且不及乾元錢，並不如私鑄重棱大錢之大也。《本紀》：乾元大小錢並一當一在五月丙戌。《新志》云：代宗即位，乾元重寶錢以一當二，重輪錢以一當三，凡三日而大小錢皆以一當一。則前者除本計在癸未，連本計在甲申也。《舊志》載上元元年六月詔曰："如聞官鑄之外，私鑄頗多。吞併小錢，踰濫成弊。"則是時小錢見毀者頗多。《新志》云："自第五琦更鑄，犯法者日數百。州縣不能禁止。至是，人甚便之，其後民間乾元，重棱二錢鑄爲器，不復出矣。"又云："史思明據東都，亦鑄得一元寶錢。徑一寸四分。以一當開元通寶之百。既而惡得一非長祚之兆，改其文曰順天元寶。"又云："德宗時，判度支趙贊采連州白銅鑄大錢，一當十，以權輕重。"蓋一時主計之臣，無論順逆，無不思藉鑄造爲鑄款之策者？其極，則轉使小錢毀失而已。德宗立，行兩稅，須錢益多，錢價遂日貴，終至不得不兼用實物。

　　《新書·食貨志》云："自初定兩稅，貨重錢輕。乃計錢而輸綾絹。既而物價愈下，所納愈多。絹匹爲錢三千二百，其後爲錢一千六百，輸一者過二。度支以稅物頒諸司，皆增本價爲虛估給之，而謬以濫惡督州縣剝價，謂之折納。帝以問宰相陸贄。贄請釐革其甚害者。稅物估價，宜視月平。物價旬各有估，見上節。此所云者，蓋謂校三旬之估而取其平？至京與色樣符者，不得虛稱折估。有濫惡，罪官吏，勿督百姓。國朝著令，稅出穀，庸出絹，調出繒絁布麻。今兩稅估資產爲差，以錢穀定稅，折供雜物。歲目頗殊。增價以市所無，減價以貨所有。耕織之力有限，而物價貴賤無常。初定兩稅，萬錢爲絹三匹，價貴而數不多，及給軍裝，計數不計價，此稅少國用不充也。近者萬錢爲絹六匹，價賤而數加，計口鹽織不殊，而所輸倍，此供稅多人力不及也。宜令所司覆初定兩稅之歲絹匹定估爲布帛之數。復庸調舊制，隨土所宜，各修家技。物甚賤所出不加，物甚貴所入不減。"贄此疏，《通鑑》繫貞元十年。十二年，河南尹齊抗復論其弊，以爲"百姓本出布帛，而稅反配錢，至輸時復取布帛，更爲三估計折，州縣升降成姦。若直定布帛，無估可折。蓋以錢爲稅,則人力竭而有司不之覺。今兩稅出於農人,農人所有,惟布帛而已。用布帛處多,用錢處少,又有鼓鑄以助國計,何必取於農人哉?"《新書·食貨志》。《權德輿傳》:德輿於貞元十九年上陳闕政,言"大曆中一縑直錢四千,今止八百,稅入如舊,則出於民者五倍其初"。情勢如此,法遂不得不變。二十年,命市井交易,以綾羅絹布雜貨與錢並用。《新書·食貨志》。憲宗元和六年二月,又制公私交易,十貫錢已上,即須兼用匹段。《舊書·食貨志》。其時李翱條興復太平,又請改稅法,不督錢而責布帛。《新書·本傳》。然朝廷之所行者,則僅制留州送使之入,一準公估而已。見上節。終未能曠然大變賦稅之法也。而因禁錢流通之故,又引起軒然一大波。

禁錢出境之令,始於德宗時。《新書·食貨志》云:"貞元初,駱谷、散關,禁行人以一錢出者。"又云:"民間錢益少,繒帛價輕,州縣禁錢不出境,商賈皆絶。浙西觀察使李若初請通錢往來。事亦見《若初傳》,附《劉晏傳》後。而京師商賈,齎錢四方貿易者,不可勝計。詔復禁之。"自此禁錢遂爲恒法。至後唐莊宗同光二年圜丘禮畢赦詔,猶有"勿令商人載錢出境"之文焉。《舊五代史·本紀》。《食貨志》云:緣邊州鎮,設法鈐轄,勿令商人般載出境。此已足撓亂澄清之局,而憲宗復推此意而禁及飛錢。軒然大波,遂不可免矣。

《新志》述憲宗時事云:"時商賈至京師,委錢諸道進奏院及諸軍、諸使、富家,以輕裝趨四方,合券乃取之,號飛錢。京兆尹裴武請禁與商賈飛錢者。搜索諸坊,十人爲保。"又云:"自京師禁飛錢,家有滯藏,物價寖輕。判度支盧坦、兵部尚書判户部事王紹、鹽鐵使王播請許商人於户部、度支、鹽鐵三司飛錢,每千錢增給百錢。然商人無至者。復許與商人敵貫而易之。然錢重帛輕如故。"《舊志》云:"元和七年五月,户部王紹、度支盧坦、鹽鐵王播等奏:伏以京都時用,多重見錢,官中支計,近日殊少。蓋緣比來不許商人便換,因茲家有滯藏。所以物價轉高,錢多不出。臣等今商量:伏請許令商人於三司任便換見錢,一切依舊禁約。伏以比來諸司、諸使等,或有便商人錢,多留城中，逐時收貯。積藏私室，無復通流。伏請自今已後，嚴加禁約。從之。"案《新志》所謂物價寖輕者，乃對錢而言。《舊史》所謂物價轉高者，則對布帛而言。商人之飛錢者，委錢京師，而取諸四方，不啻將四方之錢，轉運入京。諸有錢者，積其錢於京師，果何爲乎？換爲借錢之別名，已見《兩晉南北朝史》第二十章第五節。《通鑑》後唐莊宗同光二年，豆盧革嘗以手書便省庫錢數十萬。胡《注》曰："今俗謂借錢爲便錢，言借貸以便用也。"然則便換即借貸。不許商人便換，遂至家有滯藏，則諸軍、諸使及諸富家之錢，由飛錢匯畫入京者，仍是借諸商人。京師小商，蓋恃此等大商爲顧客。大商不至，則市井蕭條。唐時易中，錢帛並用，而人多重錢。商人多錢，平民則祇有布帛。市面既失其常，有以布帛往買者，市肆中人將高其價以靳之，故曰物價轉高；有以見錢往買者，其人度錢價將長，雖廉儲亦可獲利，又將貶價以事招徠，故曰物價寖輕也。既以飛錢通中外匯兌，又以便換給商人資本，實爲版克(Bank)之權輿，使能利道整齊之，豈獨可救錢荒之弊？顧乃從而阻遏之，已又欲攘其什一取息之利，則庸人自擾之矣。

因此措置，糾紛遂多。元和八年四月，出内庫錢五十萬貫，令兩市收市布帛。每端、匹估加十之一。十二年，又出見錢五十萬貫，令京兆府揀擇要便處開場，以市價交易。《舊書·食貨志》。杯水車薪，何濟於事？錢一脱手，即爲人所貯藏耳。於是蓄錢之禁起矣。

蓄錢之禁，肇自憲宗元和三年。《舊書·食貨志》載其年六月詔曰："泉貨之法，義在通流。若錢有所壅，貨當益賤。故藏錢者得乘人之急，居貨者必損己之資。今欲著錢令以出滯藏，加鼓鑄以資流布。若革之無漸，恐人或相驚。應天下商賈先蓄見錢者，委所在長吏令收市貨物。官中不得輒有程限，逼迫商人。任其貨易，以求便利。計周歲之後，此法徧行。朕當別立新規，設蓄錢之禁。所以先有告示，許有方圓，意在他時，行法不貸。"又禁斷五嶺已北銀坑，令院户采銅，助官中鑄作。見第一節。時蓋欲與鼓鑄並行？然周歲之後，寂焉無聞。蓋鼓鑄非易，而錢荒情勢，時亦尚未十分急迫也？至十二年正月，乃敕"近日布帛轉輕。見錢漸少,皆緣所在壅塞不通。宜令京城內自文武官僚,不問品秩高下,並公、郡、縣主、中使等,下至士庶商旅、寺觀、坊市,所有私貯見錢,並不得過五千貫。如有過此,許從敕出後限一月內任將市別物收貯。如錢數較多,處置未了,任於限內於地界州縣陳狀更請限。縱有此色,亦不得過兩個月。若一家內別有宅舍店舖等,所貯錢並須計用在此數。其兄弟本來異居,曾經分析者,不在此限。如限滿後有違犯者:白身人宜付所司決痛杖一頓處死。其文武官及公主等,並委有司聞奏,當重科貶。戚屬中使,亦具名銜聞奏。其朕貯錢不限多少,並勒納官數內五分取一分充賞錢。止於五千貫。此外察獲及有人論告,亦重科處分。並量給告者。"《志》言時京師里閈區肆,所積多方鎮錢,王鍔、韓弘、李惟簡,少者不下五十萬貫。於是競買第屋,以變其錢。多者竟里巷,傭僦以歸其直。而高貲大賈者,多依倚左右軍官錢爲名,府縣不得窮驗。法竟不行。至太和四年十一月,敕應私貯見錢家,除合貯數外,一萬貫至十萬貫,限一周年內處置畢。十萬貫至二十萬貫以下者,限二周年處置畢。如有不守期限,安然蓄積,過本限即任人糾告及所由覺察。其所犯家錢,並準元和十二年敕納官,據數五分取一分,充賞糾告人賞錢。數止於五千貫。應犯錢法人色目決斷科貶,並準元和十二年敕處分。其所由覺察,亦量賞一半。《志》又云:事竟不行。其後後唐莊宗圜丘敕詔,仍有應諸州府,不得令富室分外收貯見錢之文,亦見《舊史·本紀》及《食貨志》。則其成爲具文,更不待論矣。

　　穆宗雖再失河北,然其於計政,則實能竟前人未竟之緒。賦稅改收實物,其一端也。《新書·食貨志》云:"自建中定兩稅,而物輕錢重,民以爲患。至是四十年,當時爲絹二匹半者爲八匹,大率加三倍。建中時絹匹三千二百,則此時絹匹千文。豪家大商,積錢以逐輕重。故農人日困,末業日增。詔百官議革其弊。議者多請重挾銅之律。户部尚書楊於陵曰:制錢以權百貨。古者權之於上,今索之於下;昔散之四方,今藏之公府;昔廣鑄以資用,今減鑪以廢功;昔行之於中原,今泄之於邊裔；又有閭井送終之含；商賈貸舉之積；江湖壓覆之耗；則錢焉得不重，貨焉得不輕？開元中，天下鑄錢七十餘鑪，歲盈百萬，今纔十數鑪，歲入十五萬而已。大曆已前，淄青、太原、魏博雜鉛鐵以通時用，嶺南雜以金、銀、丹砂、象齒，今一用泉貨，故錢不足。今宜使天下兩稅、榷酒、鹽利、上供，及留州、送使錢，悉輸以布帛、穀粟，則人寬於所求。然後出內庫之積，收市廛之滯，廣山鑄之數，限邊裔之出，禁私家之積，則貨日重而錢日輕矣。宰相善其議。由是兩稅、上供、留州，皆易以布帛、絲纊；租庸課調，不計錢而納布帛。惟鹽、酒本以榷率計錢，與兩稅異，不可去錢。"此處語氣未完，疑下有奪文。《舊志》載中書門下奏云："伏以羣臣所議，事皆至當，深利公私。請商量付度支，據諸州府應徵兩稅供上都及留州留使舊額，起元和十六年以後，並改配端匹斤兩之物爲稅額。如大曆已前租庸課調，不計錢令其折納。使人知定制，供辦有常。仍約元和十五年徵納布帛等估價，其舊納虛估物，與依虛估物回計。如舊納實估物並見錢，即於端匹斤兩上量加估價。回計變法在長其物價。價長則永利公私，初雖微有加饒，法行即當就實。比舊給用，固利而不害。仍作條件處置，編入旨符。其鹽利、酒利本以榷率計錢。有殊兩稅之名，不可除去錢額。中有令納見錢者，亦請令折納時估匹段。上既不專以錢爲稅，人得以所產輸官。錢貨必均其重輕，隴畝自廣於蠶織。便時惠下，庶得其宜。其土之絲蘇，或地連邊塞，風俗更異，賦入不同，亦請商量委所司裁酌，隨便處置。"此事勅議在閏正月十七日，亦見奏，至八月朔，楊於陵乃總百寮之議，請中書、門下、御史臺、諸司官長重議施行，爲時踰半年，實當時一大事也。《志》又載太和四年五月，西川宣撫使崔戎奏："準詔旨制置西川事條，今與郭釗商量，兩稅錢數內三分二分納見錢，一分折納匹段。每二貫加饒百姓五百文，計一十三萬四千二百四十三貫文。"即依此旨措置。然事至太和四年然後行，又可見當時雖有此議，並未能施行於全國也。此實行陸贄、齊抗、李翱之論，蓋勢之所迫，不得不然也。而鼓鑄之議，亦起於此時。

唐代諸鑄錢監，本內總於少府，而以所在都督、刺史判焉。德宗時，韓洄爲度支，乃言"銅鐵之冶，時曰山澤之利，當歸於王者。今諸道節度、都督、團練使皆占之，非宜也。請總隸鹽鐵使。"從之。洄之意，蓋欲收利權歸中樞？以當時事勢論，自不得謂爲非是。然欲大行鼓鑄，則必非一使之力所能給，故是時，又欲分其權於州郡焉。元和十五年八月，中書門下奏："伏準郡官所議鑄錢，或請收市人間銅物，令州郡鑄。當開元已前,未置鹽鐵使,亦令州郡句當鑄造。欲令諸道公私銅器,各納所在節度、團練、防禦、經略使,便據元勅,給與價直,並折兩稅,仍令本處軍人鎔鑄。其鑄本,請以留州、留使年支未用物充。所鑄錢便充軍、府、州、縣公用。當處軍人,自有糧賜,亦較省本。所資衆力,並收衆銅,天下並功,速濟時用,待一年後鑄器物盡則停。其州府有出銅鉛可以開鑄處,具申有司,便令同諸監冶例,每年與本充鑄。其收市銅器期限,並禁鑄造買賣銅物等。待議定,便令有司條疏聞奏。其上都鑄錢及收銅器續處分。將欲頒行,尚資周慮。請令中書、門下兩省,御史臺并諸司長官商量,重議聞奏。"從之。《舊書·食貨志》。此次所籌議鑄錢之規模,不可謂不大,所定辦法,亦頗費苦心,鼓鑄所最難者爲得銅。此時銅之來源,出於收市,自極不足恃。然所鑄錢便充軍、府、州、縣公用,則有以鼓舞之,使竭其力。加以有銅鉛處皆令開鑄,當時所能籌畫者,亦不過如斯而已。鑄本出於留州、留使,無待別籌;鼓鑄以責軍人,又自有糧賜;則其事可以速舉。故能冀天下並功,速濟時用。不特此也,事歷久則姦生。果使期月克觀厥成,天下同時施行,惡錢是處禁絕,則私鑄私銷者,雖欲作姦,亦有所不及。故此次之議,實有沃焦捧漏之精神也。然其事久未能行,蓋時方多故,有所不及邪?然銅不易得,終恐爲其大原因也。至武宗會昌五年,並省天下佛寺,得銅甚多,而機會乃至。

是歲七月,中書奏:"天下廢寺銅像、鐘磬,委鹽鐵使鑄錢。其鐵像委本州鑄爲農器。金銀、鍮石等像,銷付度支,衣冠士庶之家,所有金銀銅鐵之像,勅出後限一月納官。如違,委鹽鐵使以禁銅法處分。"《舊紀》。《新志》云:"永平監官李郁請以銅像、鐘磬、鑪鐸,皆歸巡院,州縣銅益多矣。鹽鐵使以工有常力,不足以加鑄,許諸道觀察使皆得置錢坊。淮南節度使李紳請天下以州名鑄錢,京師爲京錢,大小徑寸如開元通寶。交易禁用舊錢。"《舊書·本紀》:會昌六年二月勅:"京城、諸道,宜起來年正月已後,公私行用,並取新錢。其舊錢權停三數年。如有違犯,同用鉛錫錢例科斷。其舊錢並沒納。"又勅:"文武百寮俸料,起三月一日,並給見錢。一半先給匹段,對估時價,皆給見錢。"起來年正月已後,《食貨志》作起今年十月以後。一半先給匹段,《食貨志》作先給虛估匹段。會宣宗即位,盡黜會昌之政,新錢以字可辨,復鑄爲像。"

《舊書·柳公綽傳》：子仲郢，爲京畿鑄錢使。錢工欲於模加新字，仲郢止之。惟淮南加新字。後竟爲僧人取之爲像設鐘磬。案楊於陵言開元時天下鑄錢，歲盈百萬。今以他文考之，《新志》述天寶時事云：「天下鑪九十九，每鑪歲鑄錢三千三百緡，天下歲鑄緡三十二萬七千緡。」並無如於陵所言者之鉅。於陵言穆宗時歲鑄十五萬緡。《新志》又言：憲宗時歲鑄十三萬五千緡，文宗時不及十萬。此固遠遜開、天，然唐中葉後，鼓鑄實不爲不力。大曆四年，第五琦請於絳州汾陽、銅原兩監增置五鑪鑄錢，見《舊志》。《新志》云：「劉晏以江嶺諸州任土所出，皆重麤賤弱之貨，輸京師不足以供道路之值，於是積之江淮，易銅鉛薪炭炭鑄錢，歲得十餘萬緡，輸京師及荆、揚二州。自是錢日增矣。」《舊書·韓滉傳》言其弟洄以户部侍郎判度支，上言「江淮七監，歲鑄錢四萬五千貫，輸於京師，度工用轉送之費，每貫計錢二千，是本倍利也。今商州有紅崖冶，出銅益多。又有洛源監，久廢不理。請增工鑿山以取銅，與洛源故監，置十鑪鑄之，歲計出錢七萬二千貫，度工用轉送之費，貫計錢九百，則利浮本矣。其江淮七監請皆罷。」從之。《舊志》：元和三年，「李巽請於郴州舊桂陽監置鑪兩所，采銅鑄錢，每日約二十貫。計一年錢成七千貫。」從之。六年，河東節度使王鍔奏「請於當管蔚州界加置鑪鑄銅錢，廢管內錫錢。」許之。仍令加至五鑪。《新志》云：「鍔置鑪疏拒馬河水鑄錢，工費尤省。以刺史李聽爲使。以五鑪每鑪月鑄錢三十萬。自是河東錫錢皆廢。」《聽傳》亦云：「開五鑪官鑄錢，日五萬。」則月得百五十萬矣。《志》又云「太和時，河東錫錢復起。鹽鐵使王涯置飛狐鑄錢院於蔚州。」《舊紀》事在八年二月。此等合計之，其數亦當不少也。即令所鑄非多，積之久，數亦不爲不鉅。何至岌岌不可終日？然則錢之乏，非鑄之少，實耗之多也。所耗者果何往哉？《新志》述肅、代時議者之説，謂「歲毀於棺瓶埋藏焚溺，銅貴錢賤，又有鑄以爲器者，不出十年幾盡。」案古葬多瘞錢；又其時銀不如後世之通用，窖藏者率多以錢；此二者所費誠較後世爲鉅，他端則今古等耳。曷嘗見其多費？墳墓之遭發掘者多矣；窖藏者非失所在，亦終將復出；何至不十年而盡天下之錢？然則錢之耗，當仍以破大爲小及銷鎔以爲器物兩端爲多耳。張九齡欲通私鑄，左監門録事參軍劉秩議謂「公錢重，與銅之價頗等，故盜鑄者破重錢以爲輕錢。輕錢禁寬則行，禁嚴則止，止則棄矣。此錢之所以少也。」貞元九年，張滂奏「國家錢少，損失多門。興販之徒，潛將銷鑄。錢一千爲銅六斤，造寫器物，則斤直六百餘。有利既厚，銷鑄遂多。江淮之間，錢日減耗。」《舊書·食貨志》。開成三年,李珏言:"禁銅之令,朝廷常典。行之不嚴,不如無令。今江淮已南,銅器成肆。市井逐利者,銷鑄一緡,可爲數器,雠利三四倍。遠民不知法令,率以爲常。縱國家加鑪鑄錢,何以供銷鑄之弊?"《舊書·楊嗣復傳》。觀此數事,錢之耗,原因可以想見。自天寶以前,政府與私銷私鑄者之搏鬥,非一日矣,而皆不勝。會昌之政縱不廢,其效亦豈能勝於開、天以前?然宣宗之不擇而盡廢之,則其事終可誅也。自此以後,唐遂無力更與私銷私鑄者爭矣。

　　五代之世,後唐明宗長興元年,鴻臚少卿郭在徽嘗請鑄當五千、三千、一千大錢。朝廷以其指虚爲實,無識妄言,左遷之。《通鑑》。蓋鑑於第五琦之敗,不敢輕試也?而晉高祖乃放民鼓鑄,此則唐開元所不敢行者矣。《新史·本紀》:天福三年十一月,壬戌,除鑄錢令。《通鑑》:是月癸亥,敕聽公私自鑄銅錢。無得雜以鉛鐵。每十錢重一兩。以天福元寶爲文。仍令鹽鐵頒下模範。惟禁私作銅器。《注》引《五代會要》云:"時令三京。鄴都諸道州府,無問公私,應有銅者,並令鑄錢。仍以天福元寶爲文,左環讀之。委鹽鐵鑄樣,頒下諸道。每一錢重二銖四參,十錢重一兩。或慮諸色人接便將鉛鐵鑄造,雜亂銅錢,仍令所屬依舊禁斷。尚慮逐處銅數不多,宜令諸道應有久廢銅冶,許百姓取便開鍊。永遠爲主,官私不取課利。其有生熟銅,仍許所在中賣入官。或任自鑄錢行用,不得接便別鑄銅器。"案銅錢搬運爲難,不得不分於諸處鑄,然型式宜於畫一,此由鹽鐵頒下模範是也。不取課利,以獎開採,亦爲善策。但放鑄根本既非,此等枝葉,自不足論矣。《通鑑》又云:"癸亥,敕先許公私鑄錢,慮銅難得,聽輕重從便,但勿令缺漏。"《舊史·本紀》云:"十二月戊寅,詔宜天下無問公私,應有銅欲鑄錢者,一任所便,酌量輕重鑄造。"當即此事。其事在癸亥後旬有五日也。至此則藩籬盡撤矣。其勢自不可久。故至明年七月,丙辰,遂有"私錢多用鉛錫,小弱缺薄,宜皆禁之,專令有司自鑄"之敕也。《通鑑》。其時有志於改革者爲周世宗。《新紀》:顯德二年五月甲戌,大毁佛寺。九月,丙寅朔,頒銅禁。《舊紀》云:詔禁天下銅器,始議立監鑄錢。《贊》曰:"廢天下諸寺三千三百三十六。是時中國乏錢,乃詔悉毁天下銅佛像以鑄錢。嘗曰:吾聞佛説,以身世爲妄,而以利人爲急。使其真身尚在,苟利於世,猶欲割截,況此銅像,豈有所惜哉？由是羣臣皆不敢言。"五年七月，又使市銅於高麗。見第十五章第一節。世宗英銳，使天假之年，鑄錢之事，當可有所成就，然其督責之力，恐亦未必能強於隋文帝也。

偏方諸國，《舊五代史·食貨志》云："江南因唐舊制，饒州置永平監，池州永寧監，建州永豐監，並歲鑄錢。杭州亦置保興監鑄錢。"唐舊制之存者，蓋惟此而已。而閩、楚等國，則競鑄鐵錫錢及大錢以圖利，南唐終亦效尤焉。楚事已見上節。王曦鑄大鐵錢，事在晉天福七年。文曰永隆通寶。永隆，曦年號。歐《史》云："以一當十。"此指銅錢言之，而《通鑑》云："一當鉛錢百。"則閩銅錢一當鉛錢十也。開運三年，唐攻福州，吳越錢弘佐救之。募兵，久無應者。弘佐命糾之，曰："糾而爲兵者，糧賜減半。"明日，應募者乃雲集。弘佐議鑄鐵錢以益將士祿賜。其弟弘億諫曰："鑄鐵錢有八害：新錢既行，舊錢皆流入鄰國，一也。可用於吾國，而不可用於他國，則商賈不行，百貨不通，二也。銅禁至嚴，民盜鑄，況家有鐺釜，野有鏵犂？犯法必多，三也。閩人鑄鐵錢而亂亡，不足爲法，四也。國用幸豐，而自示空乏，五也。祿賜有常，而無故益之，以啓無厭之心，六也。法變而弊，不可遽復，七也。錢者國姓，易之不祥，八也。"弘佐乃止。《通鑑》。弘億所言，頗爲中理。馬殷鑄鉛鐵錢，史云商旅出境無所用，皆易他貨而去，庸能以境內所餘易天下百貨，而弘億謂鐵錢不可用於他國，則商賈不行者？情勢因時地而不同，貿易通塞，致之者非一端，不害其言之皆是也。南唐李景行大錢與鐵錢，事在周顯德六年七月。《通鑑》云："唐自淮上用兵，及割江北，臣事於周，歲時貢獻，府藏空竭，錢益少，物價騰貴。禮部侍郎鍾謨請鑄大錢，一當五十。中書舍人韓熙載請鑄鐵錢。唐主始皆不從。謨陳請不已，乃從之。是月，始鑄當十大錢。文曰永通泉貨。又鑄當二錢，文曰唐國通寶。與開元錢並行。"十月，謨流饒州。未幾殺之，永通錢遽廢，則其行之才三月耳。而鐵錢遂行。歐《史·世家》云："民間多藏匿舊錢。舊錢益少。商賈多以十鐵錢易一銅錢出境，官不可禁。李煜因下令以一當十。"順其勢之自然，較諸以法令之力,強維其名價者,猶爲賢也。

錢荒既甚,除陌之弊斯起。《舊書·食貨志》載天寶九載二月勅云:"除陌錢每貫二十文。"此蓋當時民間習俗？中葉後錢荒日甚,其數遂隨之而增。《志》又云:"元和四年閏三月,京城時用錢,每貫頭除二十文陌內欠錢,及有鉛錫錢等。貞元九年三月二十六日勅:陌內欠錢,法當禁斷。慮因捉搦,或亦生姦,使人易從,切於不擾。自今已後,有因交關用欠陌錢者,宜但令本行頭及居停主人牙人等檢察送官。如有容隱,兼許賣物領錢人糾告。其行頭、主人、牙人,重加科罪。府縣所由祇承人等,並不須干擾。若非買賣,自將錢於街衢行者,一切勿問。"所謂陌內欠錢,即短陌之異名耳。《志》又載十四年六月勅:"應屬諸軍、諸使,更有犯時用錢每貫除二十文,足陌內欠錢,及有鉛錫錢者,宜令京兆府枷項收禁,牒報本軍、本使,府司差人就軍及看決二十。如情狀難容,復有違拒者,仍令府司聞奏。"《新志》云:"民間墊陌,有至七十者。鉛錫錢益多。吏捕犯者,多屬諸軍、諸使。譁集市人强奪,毆傷吏卒。京兆尹崔元略請犯者本軍、本使泣決。帝不能用。詔送本軍、本使,而京兆府遣人泣決。"捉搦既慮生姦,而諸軍、諸使,又恃勢橫行,則其法不得不廢。《舊志》又載長慶元年九月勅:"如聞比來用錢,所在除陌不一。與其禁人之必犯,未若從俗之所宜。交易往來,務令可守。其內外公私給用錢,宜每貫一例除墊八十,以九百二十文成貫,不得更有加除及陌內欠少。"遂卒折而從之矣。《新志》云:"昭宗末年,京師用錢,八百五十爲貫。河南府以八十爲陌。"案短陌本不中理,然《新志》言李泌爲相時,中外給用,每貫墊二十,號户部除陌錢,以給京官歲費,則官且自爲之,後遂遷流愈甚。《新五代史·梁太祖紀》:開平三年十二月,國子監奏"創造文宣王廟,仍請率在朝及天下現任官寮俸錢,每貫每月剋一十五文,充土木之值。"允之。此襲唐昭宗時京師用錢之例。《食貨志》:唐同光二年,度支奏"請牓示府、州、縣、鎮軍民商旅,凡有買賣,並須使八十陌錢",則沿其時河南府之俗也。《王章傳》:授三司使。舊制官庫出納緡錢,皆以八十爲陌,至是民輸者如舊,官給者以七十七爲陌。遂爲常式,則更明肆攘奪矣。然其弊遂沿至宋代云。《容齋隨筆》云:"唐之盛際,純用足錢。天祐中,以兵亂窘乏,始令以八十五爲陌。後唐天成,又減其三。漢乾祐中,王章爲三司使,復減三。皇朝因漢制。其輸官者亦用八十至八十五。然諸州私用,猶有隨俗,至於四十八錢。太平興國二年,始詔民間緡錢,定以七十七爲陌。自是以來,天下承用,公私出納皆然,故名省錢。"

欲鼓鑄而乏銅,則不得不嚴銅禁,此亦厲民之一端也。其事始於高宗時。"儀鳳中,瀕江民多私鑄爲業。詔巡江官督捕。載銅錫蠟過百斤者没官。"《新書·食貨志》。開元十一年,禁賣銅錫及造銅器者,已見前。天寶十三載,勅鉛銅錫不許私家買賣貨易。《舊書·趙涓傳》。大曆七年十二月,禁鑄銅器。《舊書·本紀》。貞元初,鹽鐵使張滂奏禁江淮鑄銅爲器,惟鑄鑑而已。《新書·食貨志》。九年正月,禁賣劍、銅器,天下有銅山,任人採取。其銅官買。除鏡外不得鑄造。《舊書·本紀》。十年,詔天下鑄銅器,每器一斤,其直不得過百六十。銷錢以盜鑄論。《新書·食貨志》。元和元年,以錢少禁用銅器。《舊書·本紀》。寶曆元年十月,河南尹王起奏盜銷錢爲佛像者,請以盜鑄錢論。《舊書·本紀》。亦見《新書·食貨志》。太和三年,詔佛像以鉛錫土木爲之,飾以金銀、鍮石、烏油、藍鐵。惟鑑、磬、釘、鐶、鈕得用銅,餘皆禁之。盜鑄者死。文宗時雖禁銅爲器,而江淮、嶺南,列肆鬻之。鑄千錢爲器,儹利數倍。宰相李珏請加鑪鑄錢。於是禁銅器,官一切爲市之。《新書·食貨志》。後唐莊宗同光二年,圜丘禮畢赦文,禁工人鎔錢爲銅器。明宗天成元年八月,中書門下奏:"訪聞近日諸道州府所賣器價貴,多是銷鎔見錢,以邀厚利。"乃下詔曰:"宜令徧行曉告。如舊係銅器及碎銅,即許鑄造。仍令生銅器物,每斤價定二百文,熟銅器物,每斤四百文。如違省價,買賣之人,依盜鑄錢律文科斷。"皆見《舊五代史·本紀》及《食貨志》。晉高祖天福三年三月,亦禁造銅器云。《新五代史·本紀》。

亂銅錢者,鐵錫錢也,故其禁尤亟。天寶前事已見前。元和二年四月,禁鉛錫錢。《舊書·本紀》。《舊書·食貨志》云:太和三年六月,中書門下奏：“準元和四年閏三月勅：應有鉛錫錢，並合給官。如有人糾得一錢賞百錢者。當時勅條，貴在峻切，今詳事實，必不可行。只如告一錢賞百錢，則有人告一百貫錫錢，須賞一萬貫銅錢。執此而行，事無畔際。今請以鉛錫交易者，一貫已下，以州府常行決脊杖二十。十貫已下決六十，徒三年。過十貫已上，所在集衆決殺。其受鉛錫錢交易者，亦準此處分。其用鉛錫錢仍納官。其能糾告者，每一貫賞五千文。不滿貫者，準此計賞，累至三百千，仍且取當處官錢給付。其所犯人罪不死者，徵納家資，填充賞錢。”可之。此條例亦未嘗不峻切也。五代時，仍時申其禁。薛《史·唐莊宗紀》：同光二年三月，禁用鉛錫錢。《明宗紀》：天成元年十二月，詔嚴禁鑞錢。四年四月，禁鐵鑞錢。《末帝紀》：清泰二年十二月，禁用鉛錢。天成四年之禁，《通鑑》作鐵錫錢。云：“時湖南專用錫錢，銅錢一直錫錢百，流入中國，法不能禁。”《注》引《五代會要》云：“同光二年三月勅：泉布之弊，雜以鉛錫。江湖之外，盜鑄尤多。市肆之間，公行無畏。因是綱商挾帶，舟載往來。換易好錢，藏貯富室。實爲蠧弊，須有條流。宜令京城及諸道，於市行使錢內點檢，雜惡鉛錫，並宜禁斷。緣江州縣，每有舟船到岸，嚴加覺察。若私載往來，並宜收納。”天成元年十二月，敕“行使銅錢之內，如聞挾帶鐵錢，若不嚴加科流，轉恐私加鑄造。應中外所使銅錢內鐵鑞錢，即宜毀棄，不得輒更有行使。如違，其所使錢不計多少，並納入官，仍科深罪。”均可考見當時鐵錫錢流衍之情形也。

## 第五節　錢幣下

隋、唐、五代之世，銅錢闕乏，所恃以濟其窮者，實爲布帛。《唐律疏議》以絹匹不充四十尺，布端不滿五十尺，幅闊不充一尺八寸爲短狹，已見第二節。《新書·百官志》織染署云：“掌供冠冕組綬及織紝色染錦羅紗縠綾紬絁絹布,皆廣尺有八寸,四丈爲匹。布五丈爲端。綿六兩爲屯。絲五兩爲絢。麻三斤爲綟。"《通鑑》:開元十五年,上命妃嬪以下宮中育蠶。夏至,賜貴近絲人一綟。胡《注》曰:"杜佑曰:《唐令》麻三斤爲綟,未知絲綟輕重何如?"《舊書·職官志》金部曰:"凡賜十段,其率絹三匹,布三端,綿四屯。若雜采十段,則絲布二匹,紬二匹,綾二匹,縵四匹,若賜番客錦采,率十段則錦一張,綾二匹,縵三匹,綿四屯。"《舊五代史·唐明宗紀》:長興元年十月,詔凡賻贈布帛,言段不言端匹。段者,二丈也,宜令三司依此給付,此其權度及用之之法也。布帛雖重滯,較之穀物,究易搬運,且便藏貯,故其用較穀物爲廣。然較之銅錢,則此諸德,尚相去甚遠。民間造之,利於行濫短狹,官取之又務求其長大,已見第二節。《舊書·李皋傳》言皋"於官匹帛皆印之,絕吏之私",是吏之掌管者有弊也。《舊五代史·周世宗紀》:顯德三年五月,詔天下公私織造布帛及諸色匹段,幅尺斤兩,並須依向來制度,不得輕弱假僞。犯者擒捉送官。此詔用意雖重在私,然兼言公私,則官中製造,亦未嘗無弊矣。故鑄錢究不容已也。惟偏僻之區,有竟無錢者,不得不專藉布帛以爲用耳。如《新五代史·四裔附錄》載胡嶠《陷虜記》,謂西樓有邑屋市肆,然交易無錢而用布是也。

金銀之爲用亦日廣,首於賞賜見之。梁睿平王謙,賜金二千兩,銀三千兩。楊素平江南,賜黃金四十斤。討突厥,賜黃金百斤。周法尚平李光仕,賜黃金百五十兩,銀百五十斤。慕容三藏破王仲宣,賜奴婢百口,加以金銀雜物。鄭善果爲魯郡太守,與武威太守樊子蓋考爲天下第一,各賜黃金百兩。唐太宗平王世充,賜黃金六千斤。元吉亦賜二千斤。屈突通從平薛舉,時珍物山積,諸將皆爭取之,通獨無所犯,高祖聞之,特賜金銀六百兩。竇威子琮,從隱太子平劉黑闥,賞黃金十斤。樊興,從太宗積戰功,賜黃金三十鋌。蕭瑀,遷內史令,奏便宜數十條,賜金一函。杜淹,楊文幹作亂,辭連東宮,歸罪於淹及王珪、韋挺等,並流越巂,太宗知其非罪,贈以黃金三百兩。《舊書·杜如晦傳》。尉遲敬德,尋相叛,諸將疑其必叛,囚於軍中,太宗釋之,引入卧內,賜以金寶。是日從獵,遇王世充領步騎數萬來戰。世充驍將單雄信領騎直趨太宗。敬德躍馬大呼,橫刺雄信墜馬,翼太宗以出。特賜金銀一篋。秦叔寶,從破宋金剛於介休,錄前後勳,賜黃金百斤。從討王世充,平,賜黃金百斤。李君羨,每戰必單騎先鋒陷陣,前後賜宮女、馬、牛、黃金、雜采,不可勝數。薛收,上書諫獵,賜黃金四十鋌。魏徵陳不克終十漸,賜黃金十斤。孔穎達為太子右庶子,以數有匡諫,與左庶子于志寧各賜黃金十斤。《舊書・太宗諸子傳》。《志寧傳》同。新、舊《書・穎達傳》皆作一斤,恐誤。程務挺,父名振,以功賜黃金三百兩。江夏王道宗,將討高麗,以百騎度遼窺形勢,還賜金五十斤。黑齒常之,與吐蕃戰,拔出李敬玄,賜金五百兩。姚崇,言酷吏之弊,則天大悅,遣中使賜銀千兩。魏元忠,中宗復位為相,請歸鄉里拜掃,特賜銀千兩。朱泚,至京師及出鎮奉天,皆賜金銀。穆宗幸五方,賜從官金銀鋌有差。《舊紀》長慶三年八月。殷侑,開成元年,召為刑部尚書,中謝,令中使就第賜金十斤。王檀,柏鄉敗後全邢州,賜銀千兩。孟昶好打球走馬,又為方士房中之術,多采良家,以充後宮。樞密副使韓保貞切諫。昶大悟,即日出之。賜保貞金數斤。周世宗,顯德六年六月,賜江南進奉使銀一萬兩。此皆徑以金銀為賜者也。隋煬帝以金蛇、金駞進宣華夫人,已見第二章第三節。楊素平江南,黃金之外,又賜銀瓶,實以金錢。獻皇后崩,山陵制度多出於素,賜金鉢一,實以金,銀鉢一,實以珠。賜王公已下射,素箭為第一,高祖手以外國所獻金精盤賜之。周法尚,平陳後,安集嶺南,賜銀甕。樊子蓋與蘇威、宇文述陪宴積翠亭,煬帝以金杯屬子蓋酒,因以賜之。唐制:內侍省內府局,掌中藏寶貨給納名數。凡朝會,五品已上賜絹帛金銀器於殿庭者並供之。諸將有功,並蕃酋辭還,亦如之。秦叔寶,戰美良川,破尉遲敬德,功多,高祖賜以黃金瓶。隱太子、巢剌王謀害太宗,密致書招尉遲敬德,仍贈以金銀器物一車。高季輔,貞觀十八年,兼吏部侍郎,凡所銓叙,時稱允當,太宗賜金背鏡一面,以表其清鑒。高宗將立武昭儀,密遣使賜長孫無忌金銀寶器各一車,以悅其意。裴行儉,平阿史那匐延、都支、李遮匐,賜金銀器皿三千餘事。胡楚賓,屬文敏甚,必酒中然後下筆,高宗常以金銀杯斟酒飲之,文成輒賜焉。《新書·文藝傳》,附《元萬頃》後。閻朝隱,則天不豫,令往少室山祈禱,朝隱以身爲犧牲,賜金銀器十事。《舊書·文苑傳》。劉幽求,睿宗即位,賜金銀雜器。先天二年七月三日誅逆,玄宗宴於內殿,賜功臣金銀器皿各一牀。《舊書·王琚傳》。九月己卯,宴王公百寮於承天門,令左右於樓下撒金錢,許中書、門下、五品已上官,及諸司三品已上官爭拾。《舊書·本紀》。郭知運平康待賓,賜金銀器百事。張守珪斬可突干,詣東都獻捷,賜金銀器物。安祿山,玄宗爲置第宇,窮極壯麗,以金銀爲筹、筐、笫籬等。李嗣業,天寶十二載,自疏勒鎮使入朝。賜酒帝前,醉起舞。帝寵之,賜采百,金皿五十物,錢十萬,曰:"爲解酲具。"郭子儀,肅宗不豫,請見,引至臥內,賜御馬、銀器、雜采。賈耽,獻《隴右山南圖》,賜銀餅盤各一。獻《海內華夷圖》及《古今郡國縣道四夷述》,賜銀餅盤各一,銀榼二。韋處厚與路隨進所撰《六經法言》,賜銀器二百事。《舊書·穆宗紀》長慶二年。諫昭愍畋,賜銀器四事。崔郾,昭愍即位,選爲侍講學士。進《諸經纂要》,賜銀器等。牛僧孺節度山南,辭日賜觚散樽杓等金銀古器。龐勛之平,其宿州守將張玄稔以城降,遂復徐州,賜金榼一杖,蓋椀一具,金要帶一條。《舊書·懿宗紀》咸通九年。天復三年,岐人啓壁,唐昭宗賜梁太祖紫金酒器。《舊五代史·梁太祖紀》。梁太祖乾化元年十二月,延州節度使高萬興奏殺戮寧、慶兩州賊軍,以銀器賜其入奏軍將。唐明宗天成元年,諫議大夫蕭希甫奏宰相豆盧革、韋說罪,革、說皆貶謫,賜希甫銀器五十兩。皆見《舊史·本紀》。周世宗顯德二年,賜張湜等九人各銀器二十兩,以嘗刪定《刑統》之勞也。《新史·刑法志》。三年,李景使鍾模等來,許稱臣納貢,賜模等銀器一百兩。五年四月,賜李景金器千兩,銀器萬兩。六年,賜兩浙進奉使銀器三千兩。凡此皆以金銀器物爲賜者也。

此時宮廷器物,以金銀爲之者極多,故臣下之圖貢媚者,亦爭以是爲獻。《隋書・蘇威傳》：威見宮中以銀爲幔鉤，因盛陳節儉之美。高祖爲之改容。雕飾舊物，悉命除毀。《何稠傳》：煬帝將幸揚州，命造輿服羽儀送至江都，所役工二十餘萬人，用金銀錢物鉅萬計。唐太宗以朱提瓶鐐盎燕回紇，已見第二節。武后作九鼎，欲以黃金千兩塗之，納言姚璹諫，乃止。事見《舊書・璹傳》，亦見《禮儀志》。德宗即位，詔銀器勿以金飾，《舊書・本紀》大曆十四年五月。敬宗嘗詔度支進銅三千斛，金薄十萬，翻修清思院新殿及昇陽殿圖障。又令浙西造盞子二十具，計用銀一萬三千兩，金一百三十兩。皆見第八章第五節。《舊書・薛存誠傳》云：「敬宗造清思院新殿，用銅鏡三千片，黃白金薄十萬番。」《新書》作「銅鑑三千，薄金十萬餅。」宣宗女萬壽公主，下嫁鄭顥，舊制，車輿以鐐金釦飾，帝易以銅。懿宗女衞國文懿公主薨，許百官祭以金貝寓車，廞服，火之，民爭取煨以汰寶。及葬，冶金爲俑。《新書・諸公主傳》。參看第十章第一節。凡此，皆可見當時宮廷用金銀制器物之廣。其臣下之以是爲獻者：齊映，獻高八尺銀餅，已見第七章第六節。李敬玄弟元素，爲武德令。懷州刺史李文暕將調率金銀，造常滿樽以獻，百姓甚弊之。官吏無敢異議者。元素抗辭固執。文暕乃損其制度，以家財營之。田神功，朝京師，獻金銀器五十件。韓弘，自汴入覲，進銀器二百七十件。王播，自淮南還，獻玉帶十有三，銀盌數千，綾四十萬，遂得再相。皆可見寵賂之彰。襄陽裴均，違詔書獻銀壺甕數百具。李絳請歸之度支，示天下以信。憲宗可之，仍赦均罪。《新書・絳傳》。文宗太和二年五月，勑應諸道進奉內庫四節及降誕進奉金花銀器。並纂組文繡雜物，並折充鋌銀及綾絹。其中有賜與所須，待五年後續有進止。《舊書・本紀》。化私爲公，化無用爲有用，已爲難得。若德宗即位之初，貢器以金銀飾者還之，《新書・本紀》。則直是絕無僅有矣。《新五代史・梁太祖紀》：天復三年，唐昭宗發鳳翔，權駐蹕帝營，帝以金銀器進。造次顛沛之際，何須乎是？蓋已習爲事例矣。開平二年十月，大明節，諸道節度刺史各進獻鞍馬、銀器、綾帛以祝壽。四年，寒食假，諸道節度使、郡守、勳臣競以春服賀。又連清明宴，以鞍轡馬及金銀器、羅錦進者逮千萬。乾化元年，廣州貢犀象、奇珍及金銀等，其估數千萬。二年五月，至東都。博王友文以新創食殿上言，並進準備内宴錢三千貫，銀器一千五百兩。此等皆是竭澤而漁，梁祚之不長，實由於此，觀第十二章第二節所引《舊史·袁象先傳》可見也。《唐明宗紀》：天成二年三月，任圜奏諸道藩府，請依天復三年已前許貢綾絹、金銀，隨其土產，折進馬之直。《五代會要》詳紀其事云："圜奏三京留守、諸道節度、觀察、諸州防禦使、刺史，每年應聖節及正、至等節貢奉，或討伐勝捷，各進獻馬。伏見本朝舊事，雖以獻馬爲名，多將綾絹、金銀，折充馬價。蓋跋涉之際，護養稍難，因此羣方，俱爲定制。自今後，伏乞除蕃部進駞馬外，諸州所進馬，許依天復三年已前事例，隨其土產，折進價值。"唐畜馬本最盛，中葉後兵力雖衰，與西北蕃戎交易之殷繁如故，馬本不難多致，而遽一蹶不振；沙陀久處朔方，明宗又留意戎備，而騎兵亦不過三萬五千；見第一節。蓋皆化作綾絹、金銀，以供耗費矣？四年六月，高從誨進銀三千兩贖罪。長興三年十月，復與馬希範並進銀、茶，乞賜戰馬。帝還其直，各賜馬有差。此等皆同市道交。《周世宗紀》：顯德三年，李景遣鍾謨等奉表來，叙願稱臣納貢之意，仍進金器千兩。孫晟來，仍進金一千兩，銀十萬兩。又進賞給將士金銀。五年三月，景遣馮延已獻犒軍銀十萬兩。四月，宴從臣及江南進奉使於行宫。徐遼代景奉壽觴以獻，進金酒器及金銀。窮兵黷武之所求，亦不過如是而已。

　　臣下之藏金銀若以金銀爲器物者亦多，故亦以之相餽遺。吕用之給楊行密：有白金五十鋌，瘞於所居之廡下，寇平之日，願備將士一醉之資。《舊五代史·行密傳》：五十鋌，《通鑑》作五萬鋌，事繫光啓三年。其言雖誣，然其時必有此等事，乃足以爲誑。梁太祖之征趙匡凝也，入襄城，周視府署，帑藏悉空。惟西廡下有一亭，牕户儼然，扃鎖甚密。命破鎖啓扉，中有一大匱，緘鐍甚至。又令破櫃，内有金銀數百鋌。《舊五代史·梁太祖紀》天佑二年。而張筌亦積白金萬鎰，藏於窟室。觀此二事，便知用之誑語，所以能見信於人。抑揚、越，鄰道也，董昌之帥越也，於常賦之外,加斂數倍,以充貢賦及中外餽遺。旬發一綱,金萬兩,銀五千鋌,越綾萬五千匹,他物稱是。《通鑑》乾寧元年。越之厚藏如是,用之有銀數十鋌,豈足異哉?然則房知溫死,而其子獻其錢三萬緡,金百兩,銀千兩,誠九牛之一毛矣。或曰:此等皆武人,乘時攘奪,與盜賊無異,何足論?然王瑜,不忍其父陷於契丹,而以兵諫,亦志節之士也,而畜聚金幣萬計,則初不必全無心肝之人而後然矣。王任,史謂其室中爲無門大櫃,惟開一竅,足以受物,以藏金寶,其妻或寢臥於其上,此必厚誣之辭。然桑維翰有白金數千鋌,則事非子虛。見第十八章第三節。則並不必武人矣。猶曰仕歷通顯也。陳保極爲維翰所賊,蹭蹬宦途,銜憤以卒,性又鄙吝,而帷囊中亦貯白金十鋌。盧簡辭爲侍御史,福建鹽鐵院官坐贓,簡辭窮按之,得金牀、瑟瑟枕大如斗,敬宗曰:"禁中無此物。昂爲吏可知矣。"則又不必達官貴人矣。金銀之爲衆所好尚如是。元孝矩季弟褒,諸兄議欲別居。泣諫不得,家素富,多金寶,褒無所受,脫身而出。盧懷愼,器用服飾,無金玉綺文之麗。誠如鳳毛麟角矣。競以金銀若其所成之器物相贈遺,又曷足怪哉?裴敦復欲害裴寬,令子婿以五百金賂貴妃姊楊三娘。《舊書·裴漼傳》。《新書》作金五百兩。尉遲敬德子姓陷大逆,韓思彥按釋其冤,贈黃金、良馬,思彥不受。劉乂持韓愈金數斤去,曰:"此諛墓中人得耳,不若與劉君爲壽。"柳公權爲勳戚家碑版,問遺歲時鉅萬,多爲主藏豎海鷗、龍安所竊。別貯酒器杯盂一笥,緘縢如故,其器皆亡。訊海鷗,乃曰:"不測其亡。"公權哂曰:"銀杯羽化耳。"不復更言。楊復光引段彥謨爲荆南節度,彥謨給行邊,詣復光,以黃金數百兩爲謝。高漢筠在襄陽,有孽吏,常課外獻白金二十鎰。漢筠曰:"非多納麥麰,則刻削閭閻。吾有正俸,此何用焉?"戒其主者不復然。其白金皆以狀上進。潘環歷六部兩鎮,所至以聚斂爲務。在宿州時,有衙將因微過見怒,環紿言笞之。衙校因託一尼嘗熟於環者獻白金兩鋌。尼詣環,白衙校餉鐵腳兩枚,求免其責。環曰:"鐵本幾腳?"尼曰:"三腳。"環復曰:"今兩腳能成鐵乎?"尼則以三數致之。當時號爲潘鐵腳。李繼韜之降也,其母楊氏,齎銀數十萬至京師,厚賂宦官、伶人。然則問遺、報謝、請託、搆陷、誅求、乞匄,無不以之矣。第五琦之貶也,在道有告其受人黃金二百兩者。遣御史劉期光追之。琦對曰:"二百兩金,十三斤重。忝爲宰相,不可自持。若其付受有憑,即請準法科罪。"期光以爲伏罪,遽奏之。僕固懷恩上書自訟,言"李抱玉與臣馬兼銀器四事,臣於回紇處得絹,便與抱玉二千匹,以充答贈。今被抱玉共相組織,將此往來之貺,便爲結託之私"。琦之見誣不待論,即懷恩亦未必意存結託,然當時賄賂公行,誣搆者遂得因而中之矣。

不徒王公貴人也,即平民亦多有金銀。《舊書·崔光遠傳》:率花驚定等討平段子璋。將士肆剽劫。婦女有金銀臂釧者,兵士皆斷其腕以取之,亂殺數千人。此有金銀臂釧者,必不能皆爲貴婦人也。薛《史·趙光逢傳》:嘗有女冠,寄黃金一鎰於其家。時屬亂離,女冠委化於他土。後二十年,金無所歸,納於河南尹張全義,請付諸宮觀。其舊封尚在。此女冠蓋亦以黃金爲貯蓄,猶近世婦人得錢則以買金銀飾物耳。人民之多藏金銀,蓋以其行用之廣。《新書·李勉傳》:勉少貧狹,客梁、宋,與諸生共逆旅。諸生疾且死,出白金曰:"左右無知者,幸君以此爲我葬,餘則君自取之。"勉許諾。既葬,密置餘金棺下。後其家謁勉,共啓墓,出金付之。薛《史·晉少帝紀》:開運二年,是歲,帝每遇四方進獻器皿,多以銀於外府易金而入。謂左右曰:"金者,貴而且輕,便於人力。"識者以爲北遷之兆。行旅皆以金銀爲資,即見其是處可用。魏元忠之請歸拜掃而蒙賜銀也,中宗手勅曰:"散金敷惠,諒屬斯辰。"而元忠至鄉里,自藏其銀,無所振施,爲史所譏。尤可見鄉里間人,無不知寶金銀者矣。梁太祖嘗以銀萬兩請糴於魏,《通鑑》唐僖宗文德元年。蓋非徒以爲賂,亦以是俾其求諸貴庾之家邪?秦、漢用金,多以斤計,南北朝時,稍以兩計,可見其行用之廣,說見《兩晉南北朝史》第二十一章第五節。至唐、五代時,則金銀器物,亦有以兩言者矣。蓋亦非徒珍藏,乃將權其輕重而用之也。

不惟民間爲然也,軍中亦多有金銀。《新書·阿史那社爾傳》:

與郭孝恪討龜兹。孝恪之在軍,牀帷器用,多飾金玉,以遺社爾,社爾不受。此或掠諸西域,然師行内地者亦然。故王子顔父難得,從肅宗幸靈武,行在闕軍賞,難得乃進絹三千匹及銀器。代宗討田承嗣,使中人出黄白金萬計勞賚。《新書·藩鎮魏博傳》。憲宗元和十二年二月,亦出内庫銀五千兩付度支供軍也。《舊紀》。魯炅爲南陽節度使,以嶺南、黔中、山南東道子弟五萬人屯葉北,賊將武令珣等擊之,盡没。嶺南、黔中、荆襄子弟半在軍,多懷金銀爲資糧;軍資器械,盡棄於路如山積;賊徒不勝其富。《舊書·炅傳》。黄頭軍之怨怒也,田令孜置酒會諸將,以黄金樽行酒,即以賜之。時溥之敗,徙金玉與妻子登燕子樓自焚。朱全忠入關,韓建遣使納降,又以銀三萬助軍。《舊五代史·梁太祖紀》。畢師鐸攻廣陵,兵傅城。吕用之分兵守,且自督戰。令曰:"斬一級賞金一餅。"及師鐸徙高駢東第,擒諸葛殷,要下得金數斤。駢出金遺守者,師鐸知之,加兵苛督。秦彦爲楊行密所迫,大出金求救於張雄。雄引兵至東塘,得金,不戰去。彦使師鐸出戰,行密僞北,諸軍奔其壁,争取金玉資糧,伏噪而出,俘殺旁午,横尸十里。《新書·高駢傳》。劉守光見圍,獻銀千兩於周德威。後唐莊宗許以魏王所運金銀賜將士。鳳翔兵潰,閔帝亦出銀、絹、錢厚賜諸軍。皆足見軍中金銀爲用之廣。齎此果何爲哉?王世充之簒也,皇甫無逸棄母妻斬關自歸。追騎將及,無逸解金帶投之地,騎争下取,由是獲免。陸贄疏論裴延齡,追溯在奉天之時,言宫壼之中,服用有闕,剥親王飾帶之金,賣以給直。《舊書·延齡傳》。然則軍中之有金銀,亦取其貴且輕,便於人力,而緩急可以爲資糧耳。柏鄉之役,王景仁所將神威、龍驤、拱宸等軍,皆梁精兵,人馬鎧甲,飾以金銀,其光耀目。周德威勉其衆曰:"其一甲直數十千,得之足爲吾資,無徒望而愛之,當勉以往取也。"安重榮乘鎮州旱蝗,聚飢民驅以向鄴。晉高祖遣杜重威逆之。兵已交,其將趙彦之與重榮有隙,臨陳卷旗以奔晉軍。其鎧甲鞍轡,皆裝以銀。晉軍不知其來降,争殺而分之。戰而勝可也,戰而不勝,遂爲澤中之麋,蒙虎之皮矣。士卒如斯,將校尤甚。梁太祖開平二年六月,詔諸道進獻，不得以金寶裝飾戈甲劍戟，雕勒不用塗金及雕刻龍鳳。七月，詔內外將相，許以銀飾鞍勒。其刺史、都將、內諸司使以降，衹許用銅。晉少帝開運元年十月，詔今後作坊製器械，指兵器。不得更用金銀裝飾。裝飾者後起，其初意，固亦以爲資糧也。

造像爲耗金之一大端。王昶以黃金數千斤鑄寶皇及元始天尊、太上老君像，蓋隋、唐、五代之世造像之費金最多者？然合天下寺觀而計之，恐此數千斤者，又區區不足計矣。《舊書·五行志》：景龍中，東都凌空觀災，金銅諸像，銷鑠並盡。可見寺觀銅像而外，多有金像。然觀此時金銀流布之廣，則即合天下寺觀造像所費計之，恐亦不足齒數也。

金銀行用之廣，蓋緣貨幣之不足。然運用爲易中者，亦惟嶺南。《日知錄》引韓愈奏狀，謂五嶺賣買一以銀。元積奏狀，謂自嶺以南，以金銀爲貨幣。又引張籍詩曰："蠻州市用銀"是也。金價太貴，銀之用蓋尤多，後世銀銅並用之基，實奠於此。案唐世幣制之壞，可謂是處皆然，中原貿易殷繁，自必更以爲苦，然以金銀爲幣，仍限於五嶺以南者。錢幣者度物價之尺，尺可一不可二，既用銅錢，又用金銀，是二之也。金銀通用，廣狹不侔，設並用之，比價豈能不變？若有變，是三之也。職是故，圜法雖壞，人民仍願用錢。楊於陵謂大曆已前，嶺南雜用金銀、丹砂、象齒，而後亦用錢，其明徵矣。然此特銅錢初有流入南方者耳，其數固不能多，而金銀且有流衍而北者。憲宗欲謀鼓鑄，但斷嶺北銀阬，而嶺南則置諸不問者，知其勢不可以遽變也。已又許其重開而禁錢踰嶺者，知嶺北銀阬，所出無幾，不足以亂圜法，而嶺南則慮其運銀而來，易錢而去也。然則是時嶺南之銀蓋多矣？銀果何自來邪？近人王毓瑚，嘗考《新書·地理志》所載產銀之州縣三十四，而屬於嶺南者惟三。釋之曰：有銀之地，不必皆事開採，嶺南則記載較略也。又考諸《通典》，貢銀之郡三十二，而其三十屬於嶺南。因謂嶺南產銀必多。王氏文見文通書局《文史雜志》第六卷第三期。予謂唐時嶺南生計，尚遠落北方之後，謂其能大開銀礦，亦有可疑。土貢固當重土產，亦不必皆土地所生，交易所得，亦土產也。宋世徐豁嘗論中宿俚民，每丁課銀半兩，而其地實不出銀，皆買銀而輸之，則其明證。見《兩晉南北朝史》第二十章第一節。《新書·孔戣傳》：附其從父《巢父》傳。拜嶺南節度使。既至，免屬州逋負十八萬緡，米八萬斛，黃金稅歲八百兩。豈有礦業大興，而以八百兩之稅爲苦者？更觀徐豁論始興之民採銀之苦，數十郡同時開採，殆勢所不能也。果其有之，則孔戣所恤，亦當兼及礦丁，而不徒在於金稅矣。然則銀果何自來邪？殆來自海表也？西胡夙用金銀。《舊書·魏徵傳》言：太宗遣使詣西域立葉護可汗，未還，又使多齎金銀帛歷諸國市馬。徵諫，太宗納其言而止。《新書·波斯傳》云："劫盜囚終老，偷者輸銀錢。"高仙芝破石國，獲黃金五六橐駝。可見西域金銀之富。烏質勒將闕啜忠節，密使齎金七百兩賂宗楚客，請停娑葛統兵，此非突厥所自爲，乃漸染西胡之俗也。肅宗之還西京，回紇葉護自東京至，賜以金銀器皿。突董之死也，使源休歸其尸。可汗使謂休曰："所欠馬直絹一百八十萬匹，當速歸也。"遣散支將軍康赤心等隨休來。尋遣之歸，與帛十萬匹、金銀十萬兩償其馬直。朱邪執宜之來朝，唐賜以錦綵銀器。《舊書·穆宗紀》長慶二年九月。回紇、沙陀，其先皆處西域，故知貴金銀，唐亦順其俗而與之也。賈胡既咸用金銀，自必流入所與交易之國。然西北陸路，來者究少，至南方海道，則不然矣。《舊書·太宗紀》：貞觀十四年閏月，十月。吐蕃遣使獻黃金器千斤以求婚。《本傳》云：復請婚，太宗許之。弄讚遣其相祿東贊致禮，獻金五千兩。自餘寶玩數百事。太宗伐遼東還，遣祿東贊來賀，作金鵝奉獻。其鵝黃金鑄成，其高七尺，中可實酒三斛。器弩悉弄求婚，獻金二千兩。開元十七年求和，獻金胡瓶一，金盤一，金椀一。金城公主又別進金鴨、盤盞、雜器物等。二十四年正月，使貢方物、金銀器玩數百事，皆形制奇異，上令列於提象門外，以示百寮。《新書》傳云："其官之章飾，最上瑟瑟，金次之，金塗銀又次之，銀次之，最下至銅止。"《郝玼傳》云：贊普常等玼身鑄金象，令於國曰："得生玼者以金玼償之。"此言自誣，然吐蕃之多金，則可見矣。此非來自南海而何自哉?《投和傳》云:"銀作錢。"《名蔑傳》云:"交易皆用金準直。"《驃傳》云:"以金銀為錢,形如半月。"豈有南海之金銀,能入吐蕃、投和、名蔑、驃而不能入中國者?《隋書‧食貨志》謂自梁初,交、廣之域,即全以金銀為貨,則其積之也久矣,其多又曷足怪乎?《隋書‧地理志》云:"諸獠並鑄銅為大鼓。初成,縣於庭中,置酒以招同類。來者有豪富子女,則以金銀為大釵,執以叩鼓。竟,乃留遺主人。名為銅鼓釵。"《史萬歲傳》:文帝既殺之,下詔曰:"勅令將爨翫入朝,多受金銀,違勅令住。"《梁毗傳》云:出為西寧州刺史。在州十一年。先是蠻夷酋長,皆服金冠,以金多者為豪儁。由是遞相陵奪,每尋干戈。邊境略無寧歲。毗患之。後諸酋長相率以金遺毗。於是置金坐側,對之慟哭,而謂之曰:"此物饑不可食寒不可衣。汝等以此相滅,不可勝數。今將此來,欲殺我邪?"一無所納,悉以還之。於是蠻夷感悟,遂不相攻擊。《新書‧諸夷蕃將傳》:馮盎族人子猷,貞觀中入朝,載金一舸自隨。高宗時,遣御史許瓘視其貲。瓘至洞,子猷不出迎。後率子弟數十人擊銅鼓,蒙排執瓘,而奏其罪。帝馳遣御史楊璟驗訊。璟至,卑辭以結之,委罪於瓘。子猷喜,遺金二百兩,銀五百兩。璟不受。子猷曰:"君不取此,且留不得歸。"璟受之。還奏其狀。帝命納焉。《松外蠻傳》云:"富室娶妻,納金銀、牛羊、酒。女所齎亦如之。姦淫則強族輸金銀請和,而棄其妻。處女氂婦不坐。"《嘉良夷傳》云:"王、酋帥以金飾首,胸垂金花,徑三寸。"蓋南蠻之多金又如此。薛《史‧唐明宗紀》:天成二年八月,昆明九部落各差使隨牂牁、清州八郡刺史來朝,各賜官告、繒采、銀器放還,亦順其俗而與之也。其金又何自來哉?《隋書‧食貨志》言嶺外酋帥,因生口、翡翠、明珠、犀象之饒,雄於鄉曲,而其所由來者可知矣。豈有能入此等部族,而不能入中國者乎?抑又不僅此。過折之殺可突干也,唐授以松漠都督,賜銀器十事。《舊書‧本傳》。唐明宗天成二年十一月,契丹遣使來乞通和。十二月,遣飛勝指揮使於契丹,賜契丹主錦綺、銀器等。四年十一月,雲州奏契丹主在黑榆林南,造攻城之具。遣使賜以銀器、采幣。周太祖廣順元年,遣朱憲伴送契丹來使歸蕃,兼致書叙革命之由,仍以金酒器一副遺兀欲。皆見薛《史・本紀》。泉男生與李勣攻平壤,擒高藏,詔遣其子齎手製金皿即遼水勞賜。《新書・諸夷蕃將傳》。玄宗賜新羅興光金銀精器,興光亦上黄金。《新書・本傳》。則雖東北諸國,距西胡較遠者,亦咸知貴金銀矣,而謂其不能入中國乎?

《舊書・方技傳》:孟詵,垂拱初,累遷鳳閣舍人。詵少好方術。嘗於鳳閣侍郎劉禕之家見其勅賜金,謂曰:"此藥金也。若燒火其上,當有五色氣。"試之果然。則天聞而不悦。因事出爲台州司馬。賜金而用僞物,事殊可駭。如此,唐時僞金不將徧天下乎? 此殊不然。《良吏傳》:睿宗時,突厥默啜請尚公主,許之。和逢堯以御史中丞攝鴻臚卿充使報命。既至虜廷,默啜遣其大臣謂曰:"勅書送金鏤鞍檢,乃銀胎金塗。豈是天子意? 爲是使人换卻? 如此虛假,公主必應非實。請還信物,罷和親之事。"遂策馬而去。逢堯大呼,命左右引馬回。謂曰:"漢法重女婿。令送鞍者,祇取平安長久之義,何必以金銀爲升降? 若爾,乃是可汗貪金而輕銀,豈是重人而貴信?"默啜聞之,曰:"承前漢使,不敢如此,不可輕也。"遂設宴備禮。銀胎金塗,無可誤爲金之理,此直是有司貪冒,使勅書不信耳。武后賜金之爲僞物,亦猶是也。孟詵發明其僞,聞於后者,必謂金實非僞,而詵妄言,故后不悦而出之耳。不然,豈有不責主藏者,反咎詵之理乎? 其時綱紀之廢弛可見矣。若人民則原不可欺。慕容彦超之鐵胎銀,且不可以欺士卒也,而況商賈富人歟? 見第十八章第四節。

# 第二十章　隋唐五代人民生活

## 第一節　飲　食

南人多食稻米，北人多食菽麥，而北方之人，亦未嘗不以稻米爲美；北人之食麥者，多以之作餅。皆見《兩晉南北朝史》第二十一章第一節。隋、唐、五代時，此風似仍未變。隋蔡王智積延文學之士，所設惟餅果，酒纔三酌。庫狄士文爲貝州刺史，子噉官廚餅，士文枷之於獄累日，杖之一百，步送還京。皆餅爲常食之徵。《通鑑》：唐昭宗天復二年十二月，與李茂貞議與朱全忠和，曰："在内諸王及公主、妃嬪，一日食粥，一日食湯餅，今亦竭矣。"《注》曰："湯餅者，磑麥爲麫，以麫作餅，投之沸湯烹之，黄庭堅所謂煮餅深注湯是也。程大昌《續演繁露》曰：《釋名》：餅，併也，溲麥使之合併也。蒸餅、湯餅之屬，各隨形名之。"此蓋恒人常食？帝王在危難中亦食之，平時固未必然。杜陵《後出塞》之詩曰："杭稻來東吳。"此指范陽安禄山軍驕縱之狀，可見北人豪侈者之多食稻米矣。

平民則有倂菽麥而亦不易得者。《舊書·高宗諸子傳》：其第五子弘，以顯慶元年立爲皇太子。咸亨二年，駕幸東都，留京師監國。時屬大旱，關中飢乏。令取廊下兵士糧視之。見有食榆皮蓬實者。乃令家令等各給米使足。《蘇瓌傳》：瓌以景龍三年轉僕射。言禁衛兵有三日不得食者。禁衛如此，豈況他軍？又豈況平民？《隋書・食貨志》言：煬帝時百姓廢業，屯集城堡，無以自給，然所在倉庫，猶大充牣，吏皆懼法，莫肯振救，由是益困。初皆剝樹皮食之，漸及於葉。皮葉皆盡，乃煑土或擣藁爲末而食之。《新書・食貨志》言：肅宗時，百姓殘於兵盜，米斗至錢七千，鬻秔爲糧，民行乞食者屬路。又云：懿宗時，自關東至海大旱，冬蔬皆盡。貧者以蓬子爲麪，槐葉爲齏。此據盧攜之言，見第十章第四節。《杜佑傳》：孫悰，鎮淮南。時方旱，道路流亡藉藉。民至漉漕渠遺米自給，呼爲聖米。取陂澤茭蒲實皆盡。悰更表以爲祥。《新五代史・牛存節傳》：李罕之圍張全義於河陽。全義乞兵於梁。梁太祖以存節故事諸葛爽於河陽，知其間道，使以兵爲前鋒。是歲飢，兵行乏食。存節以金帛就民易乾葚以食軍。擊走罕之。又《豆盧革傳》：言莊宗滅梁之初，大水，四方地連震，流民殍死者數萬人。軍士妻子皆採稆以爲食。皆不穀食時之情形也。《新書・崔融傳》：曾孫從，少孤貧，與兄能偕隱太原山中。會歲飢，拾橡食以飯，講學不廢。《韋貫之傳》：居貧啖豆糜自給。《陽城傳》：歲飢，屛迹不過鄰里，屑榆爲粥，講論不輟。有奴都兒，化其德，亦方介自約。或哀其餒，與之食，不納。後致糠覈數梋，乃受。則士大夫亦有不辦麥飯者矣。又《王世充傳》：唐兵傅城，塹而守之。世充糧且盡，人相食。至以水汨泥，去礫，取浮土，糅米屑爲餅。民病腫股弱，相藉倚道上。《通鑑》：唐僖宗光啓三年，楊行密圍廣陵且半年，秦彥、畢師鐸大小數十戰，多不利。城中無食，米斗直錢五十緡。草根木實皆盡，以菫泥爲餅食之，餓死者大半。胡《注》曰："菫泥，黏土也。"劉守光圍滄州，滄州民食菫土，見第十八章第一節。此與隋煬帝時民所食土，皆近世所謂觀音土者類邪？

肉類尚非常食。《庫狄士文傳》言其官貝州，買鹽菜必於外境。可見雖刺史家，亦以鹽菜爲常食矣。《舊書・竇建德傳》云：不啖肉，常食惟有菜蔬，脫粟之飯。此或食性使然，亦或故貧賤習於是。建德雖農夫，實游俠，而凡民可知矣。然亦不徒平民。《舊書・裴休傳》：

父肅，生三子：儔、休、俅。童齓時，兄弟同學於濟源別墅。虞人有以鹿贄儔者，儔、俅烹之，召休食。休曰："我等窮生，菜食不充。今日食肉，翼日何繼？無宜改饌。"獨不食。《新書·鄧景山傳》：子弟饌不過草具，待上賓惟豚魚而已。《舊五代史·劉贊傳》：父玭，每肉食，別置蔬食以飯贊。謂之曰："肉食，君之禄也。爾欲食肉，當苦心文藝，自可致之，吾禄不可分也。"是士大夫家子弟，以疏食為常也。《新書·盧懷慎傳》：既屬疾，宋璟、盧從愿候之。見敝簀單藉，門不施箔。會風雨至，舉席自障，日晏設食，蒸豆兩器，菜數杯而已。則待客且然矣。又《馬周傳》：周每行郡縣，食必進雞。小吏訟之。太宗曰："我禁御史食肉，恐州縣廣費，食雞尚何與？"榜吏斥之。御史肉食，尚有禁令，盧懷慎以豆菜待客，自不為慢。《諸公主傳》：憲宗女岐陽莊淑公主，下嫁杜悰。悰為澧州刺史，主與偕。從者不二十。婢乘驢，不肉食，於理於法，皆當爾，不足誇矣。《舊書·良吏蔣沇傳》：乾元後，授陸渾、墊屋、咸陽、高陵四縣令。郭子儀每統兵由其縣，必誡軍吏曰："蔣沇清而嚴幹，供億故當有素，士衆得蔬飯見饋則足，無撓清政。"然則軍吏之撓政而求肉食者多矣。

雞彘同為田家常畜。太宗禁御史食肉而不禁其食雞者？雞之為物小，食之易盡，羊豕等則不然，食之不盡，棄之可惜，故非屠肆不殺牲，而屠肆非都會不能有，此肉食之所以不為常饌也。《舊五代史·高行珪傳》言其在安州，副使范延策因入奏，獻封章於闕下，事有三條：一請不禁過淮豬羊而禁絲縣匹帛，以實中國。此豬羊蓋鬻諸屠肆者？王緒為壽州屠者，《通鑑》唐僖宗中和元年。茛弘簡世本屠羊，《新五代史本傳》。皆以是為業者也。《漢書·樊噲傳》，言其以屠狗為事。顏師古《注》曰："時人食狗，亦與羊豕同，故噲專屠以賣。"似唐人已不甚食狗。然《舊五代史·唐景思傳》，言其幼以屠狗為業，則食之者亦未嘗絕矣。《新史·前蜀世家》云：王建少無賴，以屠羊、盜驢、販私鹽為事。殺牛賣肉，律有專條，惟自死牛乃得貨賣，見第十八章第一節。

魚不待畜養，故在肉食中恒為最賤。然北方人不如南方人之習食之。《舊五代史・齊藏珍傳》：周世宗問以揚州事。對曰："揚州地實卑溼，食物例多腥腐。臣去歲在彼，人有以鱣魚饋臣者，視其盤中，虯屈一如虵虺之狀。假使鸛雀有知，亦應不食，豈況於人哉？"《傳》言藏珍殘忍辯給，人無不畏其利口，其言蓋非由衷？然北人不甚識鱣魚，則於此可見矣。然有遠道難得之物，則又不恤勞人而致之。《通鑑》：唐憲宗元和十二年七月，初國子祭酒孔戣爲華州刺史。明州歲貢蚶、蛤、淡菜，水陸遞夫勞費，戣奏疏罷之。嶺南節度使崔詠薨，宰相奏擬代詠者，上皆不用，曰："頃有諫進蚶、蛤、淡菜者，可求其人與之。"以戣爲嶺南節度使。似能納諫矣，然不數歲而又復，《困學紀聞》云：孔戣爲華州刺史，奏罷明州歲貢淡菜、蛤、蚶之屬，見《昌黎集・戣墓志銘》。元稹爲越州，復奏罷之，見《白樂天集・稹墓志銘》。蓋嘗罷於元和，而復貢於長慶也。《集證》引閻若璩云：按稹奏狀云：海味起自元和四年，而九年以一縣令論罷，十五年復令供進。若孔戣奏罷，則在元和二年，當云一罷於元和二年孔戣，再罷於元和九年某縣令，三罷於長慶二年元稹也。其不恤以口腹勞人，亦可謂甚矣。今人宴客，仍重海味。海味豈必美於他味？亦沿前世貴遠物之習耳。不徒務厭飫也，而又以多財相誇，此則勢利之見，並不足語於養小體者矣。

飲食若流之世，能少節其口腹之欲者，實惟佛家果報之說。此其所欲者不同，其爲有欲則同也。隋文帝始以生日令海內斷屠，已見第十八章第三節。爾後斷屠遂成故事。《舊書・睿宗紀》：先天元年十二月，詔禁人屠殺犬雞。此亦見唐人食狗之俗，尚未大衰。《舊五代史・梁太祖紀》：開平二年七月，敕禁屠宰兩月。乾化二年四月，敕近者星辰違度，式在修禳。宜令兩京及宋州、魏州，在此月至五月，禁斷屠宰，仍各於佛寺開建道場，以迎福應。五月，詔曰："生育之仁，爰當暑月。乳哺之愛，方及薰風。儻肆意於刲屠，豈推恩於長養？俾無殄暴，以助發生。宜令兩京及諸州府，夏季內禁斷屠宰及採捕。"梁祖之嗜殺人亦甚矣，而欲爲是以求福應，不亦放飯流歠而問無齒決乎？帝王生日之斷屠，意亦不過如是而已。乃唐文宗生辰宴會蔬食之詔，必曰："非是信尚空門，將希無妄之福"，亦見第十八章第三節。又何其舍曰欲之而必爲之辭邪？

《新書·摩揭它傳》云："太宗遣使取熬糖法。即詔揚州上諸蔗，柞瀋如其劑。色味愈西域遠甚。"南北朝時，中國尚未有蔗糖，見《兩晉南北朝史》第二十一章第一節。唐初得之西域，後乃求諸印度，疑西域之糖，亦自印度來也。《新書·地理志》：太原郡土貢有葡萄酒。《陳叔達傳》：嘗賜食，得葡萄，不舉。高祖問之。對曰："臣母病渴，求不能致，願歸奉之。"帝流涕曰："爾有母遺乎？"因賜之。葡萄西域產，此時蓋移殖中國，且能釀爲酒矣？《新五代史·四裔附錄》載胡嶠《陷虜記》云："自上京東去四十里至真珠寨，始食菜。明日東行，地勢漸高。西望平地，松林鬱然數十里。遂入平川。多草木。始食西瓜。云契丹破回紇得此種，以牛糞覆棚而種。大如中國東瓜而味甘。"此西瓜移殖東方之始也。

耕稼之邦，以肉食爲貴，游牧之國，則有正相反者。《新書·黠戛斯傳》：諸部食肉及馬酪，惟阿熱設餅餌。蓋以其難得，故貴之也。《新五代史·晉本紀》：莊宗手以酥啗高祖，啗酥夷狄所重。然中國亦未嘗無之。《新書·穆寧傳》：四子：贊、質、員、賞。皆和粹，世以珍味目之。贊少俗，然有格，爲酪，質美而多入，爲酥，員爲醍醐，賞爲乳腐云。

茶至唐世，通行尤廣。《新書·食貨志》言：王播增天下茶稅。江淮、浙東西、嶺南、福建、荊襄茶，播自領之，兩川以户部領之，是此諸道皆產茶也。《新書·藩鎮傳》：吴少陽時時掠壽州茶山，劫商賈。《李紳傳》：遷滁、壽二州刺史。霍山多虎，攓茶者病之，治機阱，發民迹射，不能止。紳至，盡去之，虎不爲暴。此淮南之茶也。《舊書·文宗紀》：太和七年正月，吴蜀貢新茶，皆於冬中作法爲之。上務恭儉，不欲逆其物性，詔所貢茶宜於立春後造。此浙東及兩川之茶也。《新書·循吏·韋丹傳》：爲容州刺史，教種茶、麥。此嶺南之茶也。《舊書·哀帝紀》：天祐二年六月，勅福建每年進橄欖子。比因奄豎，出自閩中，牽於嗜好之間，遂成貢奉之典。雖嘉忠蓋，伏恐煩勞。今後只供進臘茶，其進橄欖子宜停，此福建之茶也。《穆宗紀》：元和十五年三月，罷申州歲貢茶，此荊襄之茶也。其販運亦大盛。《舊五代史·世襲列傳》言：馬殷據湖南，民間採茶，並抑而買之，於中原賣茶，利歲百萬計。《新史・楚世家》云：自京師至襄、唐、郢、復等州，置邸務以賣茶，其利十倍。又令民自造茶，以通商旅而收其算，歲入萬計。是楚於茶，實兼行官粥、通商兩法也。《舊史・王鎔傳》云：鎔次子昭誨，當鎔被禍之夕，爲軍人攜出府第。置之地穴十餘日，乃髡其髮，被以僧衣。屬湖南綱官李震南還，軍士以昭誨託於震。震置之茶褚中。既至湖湘，乃令依南嶽寺僧習業，歲給其費。此綱官蓋即湖南所使賣茶於中原者？又《周太祖紀》：廣順二年正月，徐州奏"破淮賊於沭陽，斬首千餘級，擒賊將燕敬權。"時慕客彥超求援於淮南，李景發兵援之，師於下邳，聞官軍至，退趨沭陽。遂破之。徐州部送敬權等四人至闕下，詔賜衣服、金帛，放歸本土。帝召見，謂之曰："惡凶邪，獎忠順，天下一也。我之賊臣，撓亂國法，嬰城作逆，殃及生靈，不意吳人，助玆凶惡，非良算也。爾當歸言之於爾君。"初漢末遣三司軍將路昌祚於湖南市茶，屬邊鎬陷長沙，昌祚被賊送金陵。及敬權歸，具以帝言告李景。景乃召昌祚延坐，從容久之。且稱美大朝，深有依附之意。及罷，遣僞宰相宋齊邱宴昌祚於別館。又令訪昌祚在湖南遭變之時亡失綱運之數，命依數償之。給茗荈萬八千斤，遣水運至江夏。仍厚給行裝，遣之歸闕。則不徒賣茶遣官，即買茶亦遣官矣。《新書・裴休傳》：休於大中時，以兵部侍郎領諸道鹽鐵轉運使，立稅茶十二法。時方鎭設邸閣居茶取直，因視商人他貨橫賦之，道路苛擾，休建言許收邸直，毋擅賦商人。則方鎭之賣茶，初不自馬殷始，蓋其利實厚也。然私商之販運者仍多。何福殷於淮南買茶，見第十七章第三節。頡跌氏於江陵販賣茶貨，見第十九章第三節。楊行密破孫儒，甫還揚州，即議出鹽、茗畀民，使之輸帛，可見其相須之殷。劉仁恭禁江表茶商，自擷山中草葉爲茶，號其山曰大恩，可見其爲利之厚。房知溫之死也，其子獻其茶千五百斤。蓋當時豪富，以茶爲奇貨者多矣？《新書・陸羽傳》：羽嗜茶，著經三篇，言茶之原、之法、之具尤備。天下益知飲茶矣。時鬻茶者，至陶羽形，置之煬突間，祀爲茶神。有常伯熊者，因羽論，復廣著茶之功。御史大夫李季卿宣慰江南，次臨淮，知伯熊善茗茶，召之。伯熊執器前，季卿爲再舉杯。至江南，又有薦羽者。召之。羽衣野服，挈具而入。季卿不爲禮。羽愧之。更著毀茶論。其後尚茶成風。時回紇入朝，始驅馬市茶。懿宗咸通四年，制言安南溪洞之間，悉藉嶺北茶藥，見第十九章第三節。則茶且北走胡，南走越矣。王播之加茶稅也，拾遺李珏言其不可，曰："茶爲食物，無異米鹽。田閒之間，嗜好尤切。流弊於民，先及貧弱。"《舊書·穆宗本紀》長慶元年及《珏傳》。《新書·食貨志》及《珏傳》略同。案陸羽、陸龜蒙皆貧士，龜蒙置園顧諸山下，歲收租茶，見第十八章第二節。又有朱桃椎者，亦見《新書·隱逸傳》云：成都人。澹泊絕俗。結廬山中，夏則臝，冬緝木皮葉自蔽，贈遺無所受。嘗織十芒屩置道上。見者曰："居士屩也。"爲鬻米茗易之，置其處，輒取去。終不與人接。如此之人，而亦須茗，茗爲田間所嗜，無異米鹽，信矣。《舊書·王涯傳》：甘露之變，涯與同列歸中書會食，倉皇步出，至永昌里茶肆，爲禁兵所擒。又云：涯以榷茶事，百姓怨恨，詬罵之，投瓦鑠以擊之。真百姓未必如此，此蓋因榷茶而失利者爲之？然亦可見其人頗衆矣。《李石傳》：開成改元大赦，石等商量節文。諸道除藥物、口味、茶果外，不得進獻。亦茶爲食物之一證也。

職是故，當時貢獻，《舊書·劉晏傳》云："江淮茶橘，晏與本道觀察使各歲貢之。皆欲其先至。有土之官，或封山斷道，禁前發者，晏厚以財力致之，常先他司。由是甚不爲藩鎮所便。"以晏理財之才力，而用之於此，不亦哀乎？《舊五代史·梁太祖紀》：乾化二年十二月，兩浙進大方茶二萬斤。《唐明宗紀》同光四年四月，天成二年五月，皆書楊溥進新茶。長興三年，湖南馬希範、荆南高重誨並進銀茶，乞賜戰馬，已見第十九章第五節。《周世宗紀》：顯德三年，李景遣鍾謨等奉表叙願稱臣納貢，仍進茶茗、藥物等。又遣孫晟奉表，進賞給將士茶、絹、金銀、羅帛等。五年，陳覺奉表陳情，兼貢乳茶三千斤。又遣馮延已獻茶五十萬斤。此則實同劫奪耳。賞賜，《舊五代史·梁太祖紀》：開平二年三月，巡幸澤潞，以劉知俊爲潞州行營招討使。燕扈駕羣臣，並勞知俊賜以金帶、戰袍、寶劍、茶藥。《唐武皇紀》：乾寧二年，攻王行瑜，天子以武皇爲天下兵馬都招討使，遣延王、丹王賜武王御衣，及大將茶酒、弓矢。《明宗紀》：天成四年三月，中書奏："今後羣臣有乞假覲省者，請量賜茶藥。"從之。《晉高祖紀》：天福五年三月，詔"朝臣覲省父母，依天成例頒賜茶藥。"《周世宗紀》：顯德二年二月，遣使赴西京賜太子太師致仕侯益、白文珂、宋彥筠等茶藥、錢帛各有差，仍降詔慰問。《新五代史·盧文紀傳》：唐明宗時，爲御史中丞。初上事，百官臺參，吏白諸道進奏官賀。文紀問當如何？吏對曰：「朝廷在長安時，進奏官見大夫、中丞如胥史。自唐衰，天子微弱，諸侯強盛，貢奉不至，朝廷姑息方鎮，假借邸吏，大夫、中丞上事，進奏官至客次通名，勞以茶酒而不相見。相傳以爲故事。」皆賞賜重茶之徵。《遼史·太宗紀》：會同三年四月丙辰，晉遣使進茶藥。則不惟域內，即於域外，亦用之已。**贈遺**，張鎰遺陸贄錢百萬，贄惟受新茶一串，見第十八章第一節。無不以茶，而軍中尤以爲重。《新書·陸贄傳》：贄陳西北邊事，言「關東戍士，衣廩優厚，繼以茶藥，資以蔬醬」。《兵志》云：德宗時，邊兵衣餉多不贍，而戍卒屯防，藥茗、蔬醬之給最厚。諸將務爲詭辭，請遙隸神策軍，廩賜遂贏舊三倍，蓋即據贄疏言之。《舊五代史·李守貞傳》：守貞之討楊光遠，行營將士賞賜，盡以麤茶、染木、薑藥之類分給之。軍中大怨。乃以帛苞所得物，如人首級，目之爲守貞頭，懸於樹以詛之。其怨毒至於如此。兵士得茶，不必皆自飲，蓋亦可以鬻賣換易？凡飲食之物，有刺激之性者，人多謂其可以治病，古之酒，明末之菸則然。茶之初興，蓋亦如此？故唐世尚與藥並稱。此亦人競求之之一端歟？

侈於飲食者，歷世皆有。如《隋書·樊叔略傳》，言其食必方丈，備水陸是也。然尚多受人譏議。《宇文士及傳》言其撫幼弟孤兄子以友睦稱。好周卹親戚故人。然過自奉養，服玩食飲，必極豐侈。有司諡曰恭。黃門侍郎劉洎曰：「士及居家侈肆，不可謂恭。」乃改曰縱。則雖有他善，曾不掩其縱恣之失矣。侈惡之大，豈不信乎？

## 第二節　食儲漕運糴糶

漕運之事，至隋、唐之世而大盛。《隋書·食貨志》曰：開皇三年，朝廷以京師倉廩尚虛，議爲水旱之備。於是詔於蒲、陝、虢、熊、伊、洛、鄭、懷、邵、衛、汴、許、汝等水次十三州置募運米丁。又於衛州置黎陽倉，洛州置河陽倉，陝州置常平倉，華州置廣通倉，轉相灌注。漕關東及汾、晉之粟，以給京師。又遣倉部侍郎韋瓚向蒲、陝以東募人，能於洛陽運米四十石，經砥柱之險，達於常平者，免其征戍。其後以渭水多沙，流有深淺，漕者苦之。四年，命宇文愷率水工鑿渠，引渭水自大興城東至潼關，三百餘里。名曰廣通渠。事亦見《本紀》及《愷傳》。《詔》曰：「京邑所居，五方輻湊。重關四塞，水陸艱難。大河之流，波瀾東注，百川海漬，萬里交通。雖三門之下，或有危慮，若發自小平，陸運至陝，還從河水，入於渭川，兼及上流，控引汾晉，舟車來去，爲益殊廣。而渭川水力，大小無常。流淺沙深，即成阻閡。計其途路，數百而已，動移氣序，不能往復。東發潼關，西引渭水，因藉人力，開通漕渠，可使官及私家，方舟鉅舫，晨昏漕運，沿泝不停。旬日之功，堪省億萬。」轉運通利，公私賴之。《高祖紀》：開皇七年四月，於揚州開山陽瀆，以通運漕。此即古之邗溝。煬帝復開通濟渠。見第二章第四節。遂令江、淮、河、汴、汾、渭之水，互相灌輸。其間不能舟運者，僅自洛至陝一節而已。《高祖紀》：開皇十五年六月，詔鑿砥柱。其功蓋未有成？

高祖於民瘼，極爲留心。《食貨志》言其於諸州水旱凶飢之處，便開倉振給。其後關中連年大旱，而青、兗、汴、許、曹、亳、陳、仁、譙、豫、鄭、洛、伊、潁、邳等州大水，百姓飢饉。乃命蘇威等分道開倉振給。又命司農丞王亶發廣通之粟三百餘萬石，以拯關中，又發故城中周代舊粟，賤糶與人。買牛驢六千餘頭，分給尤貧者，令往關東就食。其遭水旱之州，皆免其年租賦。十四年，關中大旱，人飢。上幸洛陽，因令百姓就食。從官並准見口振給，不以官位爲限。其後山東頻年霖雨，杞、宋、陳、亳、曹、戴、譙、潁等州，達於滄海，皆困水災，所在沈溺。十八年，天子遣使將水工巡行川源，相視高下。發隨近丁以疏導之。困乏者開倉振給。前後用穀五百餘萬石。隋世倉儲，爲古今之冠。前述諸倉之外，煬帝又置興洛及迴洛倉。亦見《食貨志》。又有永豐倉，不知其置於何時。《舊書·任瓌傳》云：義師起，瓌至龍門謁見，勸於梁山船濟，入據永豐。高祖乃遣沈演壽、史大奈領步騎六千趨梁山渡河，使瓌及薛獻爲招慰大使。瓌説下韓城縣，與諸將進擊飲馬泉,破之。拜光禄大夫,留守永豐倉。則其地當在韓城。此等皆倉之最大者,其郡縣仍各自有倉。觀高祖遇飢荒輒命開倉振給,可知其亦皆充實。天下爲家之世,恒有弱枝强幹之謀。高祖漕關東、汾晉之粟,以實關中,自亦不免有私見,然其於民事,要不可謂不盡心。然官吏能實心爲民者少,徒知奉法獻媚者多,則終必岐國計與民生爲二,而積貯之本以爲民者,遂至坐視民困而莫之恤矣,然究何益哉?《舊書·李襲志傳》:弟襲譽,隋末爲冠軍府司兵。"時陰世師輔代王爲京師留守。所在盜賊蜂起。襲譽説世師遣兵據永豐倉,發粟以賑窮乏。出庫物賞戰士。移檄郡縣,同心討賊。世師不能用",而永豐倉遂爲唐奉。李密之起也,河南、山東大水。煬帝令飢人就食黎陽。倉司不時賑給,死者日數萬人。李勣言於密,襲克之。開倉恣食,一旬之間,勝兵餘二十萬。《舊書·勣傳》。其後密亡,唐使魏徵安輯山東。徵與勣書,勣定計歸唐,乃開倉運糧,以餽淮安王神通之軍。《舊書·徵傳》。其倉廩之充實如此。唐高祖之起也,裴寂上粟九萬斛。後元吉棄晉陽,高祖惜其粟支十年,亦必非起兵後所積也。薛擧、劉武周、羅藝、李子和之起,皆藉歲飢民困,有司閉倉不發,以激怒其衆。及其得志,則皆開倉以賑貧乏。朱粲,所克州縣,亦皆發藏粟以充食。惟許紹爲夷陵郡守,能自開倉振給,甚得人心,遂克保全郡境。

正倉祇爲州縣之儲,並不能徧及民間,昔之言積貯者亦知之,故隋長孫平有義倉之設焉。《隋書·食貨志》:"開皇五年五月,工部尚書長孫平奏曰:古者三年耕而餘一年之積,九年作而有三年之儲,雖水旱爲災,而人無菜色,皆由勸導有方,蓄積先備故也。去年亢陽,關内不熟。陛下哀愍黎元,甚於赤子。運山東之粟,置常平之官。開發倉廩,普加振賜。少食之人,莫不豐足。鴻恩大德,前古未比。其强宗富室,家道有餘者,皆競出私財,遞相賙贍。此乃風行草偃,從化而然。但經國之理,須存定式。於是奏令諸州百姓及軍人,勸課當社,共立義倉。收穫之日,隨其所得,勸課出粟及麥,於當社造倉窖貯之。即委社司,執帳檢校。每年收積,勿使損敗。若時或不熟,當社有飢饉者，即以此穀振給。自是諸州儲峙委積。"《平傳》云："開皇三年，徵拜度支尚書。平見天下州縣，多罹水旱，百姓不給，奏令民間每秋家出粟麥一石已下，貧富差等，儲之閭巷，以備凶年，名曰義倉。因上書曰：臣聞國以民爲本，民以食爲命。勸農重穀，先王令軌。古者三年耕而餘一年之積，九年作而有三年之儲，雖水旱爲災，而民無菜色，皆由勸導有方，蓄積先備故也。去年亢陽，關右飢餒。陛下運山東之粟，置常平之官，開發倉廩，普加振賜，大德鴻恩，可謂至矣。然經國之道，義資遠算。請勒諸州刺史、縣令，以勸農積穀爲務。上深嘉納。自是州里豐衍，民多賴焉。後數載，轉工部尚書。"案《本紀》明言五年五月甲申，詔置義倉，則《志》所著年月不誤。然本傳所言，亦非子虛。蓋平令民秋出粟麥，儲之閭巷，實在三年爲度支尚書之時，五年乃請下詔著爲定式？《傳》因三年之事終言之，而未計其事在平遷工部尚書之後，遂至齟齬不合也。《志》又云："義倉貯在人間，多有費損。十五年二月，詔曰：本置義倉，止防水旱，百姓之徒，不思久計。輕爾費損，於後乏絕。又北境諸州，異於餘處。雲、夏、長、靈、鹽、蘭、豐、鄀、涼、甘、瓜等州，所有義倉雜種，並納本州。若人有旱儉少糧，先給雜種及遠年粟。十六年正月，又詔秦、疊、成、康、武、文、芳、宕、旭、洮、岷、渭、紀、河、廓、豳、隴、涇、寧、原、敷、丹、延、綏、銀、扶等州社倉，並於當縣安置。二月，又詔社倉准上中下三等稅。上戶不過一石，中戶不過七斗，下戶不過四斗。"案《志》云義倉之立，收穫之日，隨所得勸課，則五年猶無定數，而《傳》云一石已下，貧富差等，若三年已有成規者？其所言實十六年二月之制，亦要其終而言之，而未計其歲月之不合也。古書之不審諦，固多如是。義倉精意，全在創辦由民自願，既立之後，亦由人民自行管理。故勸課初無定額，而存貯必於當社。觀所出多少，後由詔書指定，則知其所出有非出自願者，更移之於州縣，則本意全失矣。輕爾費損，必非貧弱所能爲，而轉由富強之專擅。十五、十六兩年詔書所指諸州，蓋皆近寇，慮遭侵掠，爲入保之計。若所慮止此，所移亦當止於邊州。至防豪強之專擅，則非舉所有之義倉而悉移之不可矣。此亦或出於不得已，然州縣之侵漁，又隨之而起。《舊書·食貨志》載戴胄之言曰："開皇立制，天下之人，節級輸粟，多爲社倉。終於文皇，得無飢饉。及大業中年，國用不足，並貸社倉之物，以充官費，故至末塗，無以支給。"亦必由移之州縣，故官易於借用也。然正倉既不能濟民，常平又不足平抑市價，社倉究爲人民自救之良策，故至朱子，猶欲師其意而變通之也。

《隋書·高祖紀》：仁壽三年九月壬戌，置常平官。《通鑑》同，胡《注》曰："開皇初置義倉，今置常平官掌之。"案常平、義倉，各有司存，胡《注》未知何據？《食貨志》云："開皇三年正月，帝入新宮。"下云："是時突厥犯塞，吐谷渾寇邊，軍旅數起，轉輸勞敝。帝乃令朔州總管趙仲卿於長城以北，大興屯田，以實塞下。又於河西勒百姓立堡，營田積穀。京師置常平監。"是時二字，雖不敢云即指開皇三年，然長孫平稱頌帝置常平之官，則其事必在五年以前。此所云者，蓋專管京師穀價，仁壽三年所立，則總領天下義倉邪？

唐制：京師有太倉，諸州縣各有正倉，又有常平倉以均貴賤，義倉以備不足。《舊書·職官志·倉部》。《舊書·食貨志》云："武德元年九月，置社倉。其月二十二日，詔置常平監官，以均天下之貨。市肆騰踴，則減價而出，田穡豐羨，則增糴而收。五年十二月廢。"蓋時天下未定，未能舉其職也？《志》又云："貞觀二年四月，尚書左丞戴胄請自王公已下，爰及衆庶，計所墾田稼穡頃畝，至秋熟，准其見在苗，以理勸課，盡令出粟。稻麥之鄉，亦同此稅。各納所在，爲立義倉。若年穀不登，百姓飢饉，當所州縣，隨便取給。下所司議立條制。戶部尚書韓仲良奏王公已下，墾田畝納二升。其粟麥粳稻之屬，各依土地，貯之州縣，以備凶年。可之。自是天下州縣始置義倉。每有飢饉，則開倉振給。"《本紀》：貞觀二年四月，詔天下州縣並置義倉。《新志》云："詔畝稅二升。粟麥秔稻，隨土地所宜。寬鄉斂以所種，狹鄉據青苗簿督之。田耗十四者免其半，耗十七者皆免。商賈無田者，以其戶爲九等。出粟自五石至於五斗爲差，下下戶及夷獠不取焉。歲不登則以振民，或貸爲種子,則至秋而償。"其所言較《舊志》爲詳也。《舊志》又云:"高宗永徽二年六月,勑義倉據地收稅,實是勞煩。宜令率戶出粟。上上戶五石,餘各有差。"蓋時無據地收稅之法,義倉獨引之,有履畝之煩,故革之也。《新志》又云:"其後洛、相、幽、徐、齊、并、秦、蒲州又置常平倉,《舊紀》事在貞觀十三年十二月。粟藏九年,半藏五年。下溼之地,粟藏五年,米藏三年。皆著於令。"《舊志》云:"永徽六年,京東西二市置常平倉。顯慶二年十二月,京常平倉置常平署官員。"常平署,屬太府寺。《新書·百官志》云:顯慶三年置署。武后時東都亦置署。又云:"自始置義倉,以至高宗、則天,數十年間,義倉不許雜用。其後公私窮迫,漸貸義倉支用。自中宗神龍之後,天下義倉,費用向盡。"《新志》則云:"高宗以後,稍假義倉,以給他費,至神龍中略盡。玄宗即位,復置之。"案唐之義倉,名與隋同,實則大異。戴胄之請立義倉,太宗云:"爲百姓豫作儲貯,而由官爲舉掌。"則其事本係官辦。故官之移用尤易。雖云不許雜用,其後終成具文也。朱子所立社倉,意實與長孫平大同。特承荆公青苗法之後,兼師其意,多一斂散出舉耳。長孫平之所立,自人民自相周贍言之,則曰義倉,自其藏貯之地言之,則曰社倉,二名可以互稱。唐之義倉,由州縣設立,與社無涉。朱子復修長孫平之法,乃專就其設立之地稱之曰社倉以別之。故在隋世,義倉、社倉是一,唐以後則是二。《舊志》又云:"開元二年九月,勑天下諸州:今年稍熟,穀價全賤,或慮傷農。常平之法,行之自古。宜令諸州加時價三兩錢糴。不得抑斂,仍交相付領,勿許懸欠。鹽麥時熟,穀米必貴,即令減價出糶,豆穀等堪貯者,熟亦准此。其常平所須錢物,宜令所司支料奏聞。七年六月,勑關內、隴右、河南、河北五道及荆、揚、襄、夔、縣、益、彭、蜀、漢、劍、茂等州,並置常平倉。其本,上州三千貫,中州二千貫,下州一千貫。"宇文融括得客戶後,制曰:"客戶所稅錢,宜均充所在常平倉用,仍許豫付價直。任粟麥兼貯。并舊常平錢粟,並委本道判官句當處置。又委使司與州縣商量,勸作農社,貧富相恤,耕耘以時。"《通鑑》繫開元十三年二月,云:委使司與州縣議作勸農社,使貧富相恤,耕耘以時。胡《注》曰:"使司,勸農使司也。"案《通鑑》勸作二字恐誤倒。蓋常平而外,兼具社倉振贍之意矣。《志》又云："十六年十月，勑令歲普熟，穀價至賤，必恐傷農。加錢收糴，以實倉廩，縱逢水旱，不慮阻飢，公私之間，或亦爲便。宜令所在以常平本錢及當處物，各於時價上量加三錢，百姓有糴易者爲收糴。事須兩和，不得限數配糴。訖，具所用錢物及所糴物數申所司。仍令上佐一人專句當。天寶六載三月，太府少卿張瑄奏准四載五月並五載三月勑節文，至貴時賤價出糴，賤時加價收糴。若百姓未辦錢物者，任準開元二十年七月勑，量事賒糴，至粟麥熟時徵納。臣使司商量，且糴舊糴新，不同別用。其賒糴者，至納錢日，若粟麥雜種等時價甚賤，恐更迴易艱辛，請加價便與折納。"此等法令，亦未嘗不意在便民。然韋堅既取州縣義倉粟轉市輕貨以獻媚，亦見《舊書·食貨志》。楊國忠又悉天下義倉及丁租地課易布帛以充天子禁藏，《新書·外戚·國忠傳》。本實先撥，枝葉亦無足論矣。《舊志》又云："廣德二年正月，第五琦奏每州常平倉及庫使司量置本錢，隨當處米物時價，賤則加價收糴，貴則減價糴賣。"《本紀》：琦奏諸道置常平倉，使司量加本錢和糴，許之。云米物，似兼指布帛，則已開趙贊之先路矣。又云："建中元年七月，勑令後米價貴時，宜量出官米十萬石，麥十萬石，量付兩市行人，下價糴貨。"據趙贊說，又兼糴鹽，見第十九章第三節。三年，趙贊請於兩都並江陵、成都、揚、汴、蘇、洪等州府，各置常平輕重本錢，兼及絲麻匹段，事竟無成，已見第十九章第三節。《韋倫傳》：倫表請置義倉以防水旱，事在德宗自梁州還後。元和元年正月，制應天下州府，每年所稅地子數內，宜十分取二分，均充常平倉及義倉。仍各逐穩便收貯，以時出糴。務在救人，振貸所宜，速奏。《新志》："太和九年，以天下回殘錢置常平、義倉本錢，歲增市之。非遇水旱不增者，判官罰俸，書下考。州縣假借，以枉法論。"此唐代常平、義倉之大略也。唐於倉粟，管理頗嚴。《舊書·蕭復傳》：爲同州刺史，州人阻飢。有京畿觀察使儲廩在境內，復輒以振貸，爲有司所劾削階。《李皐傳》：貶溫州長史。無幾，攝行州事。歲儉，州有官粟數十萬斛，皐欲行振救。掾吏叩頭，乞候上旨。皐曰："夫人日不再食當死，安暇稟命？若殺我一身，活數千人命，利莫大焉。"於是開倉悉散之，以擅貸之罪，飛章自劾。天子聞而嘉之，答以優詔，就加少府監。此二事,可見擅動倉粟者,其誅甚嚴。《文宗紀》:開成元年十一月,忠武帥杜悰、天平帥王源中奏當道常平、義倉斛斗,除元額外,請別置十萬石。可見帥臣亦不能專決也。常平之法,行諸偏方,往往有效,《新書·韓滉傳》:弟洄,劉晏被罪,擢户部侍郎,判度支,積米長安、萬年二縣,各數十萬石,視年豐耗而發斂焉,故人不艱食。《循吏·韋丹傳》:子宙,出爲永州刺史。州負嶺,轉餉艱險,每飢,人輒殍死。宙始築常平倉,收穀羨餘以待乏。況於義倉之徧及諸縣?《舊書·戴胄傳》言:先是每歲水旱,皆以正倉出給;無倉之處,就食他州,百姓多致飢乏。胄乃上言請置社倉。《高宗紀》:咸亨元年,是歲,天下四十餘州旱及霜蟲,百姓飢乏,關中尤甚。詔令任往諸州逐食,仍轉江南租米以振給之。逐食者多,豈能皆返?況尚有羸弱不能逐食者乎?無倉之處如此,即有倉之處,亦豈能徧及哉?義倉之設,其利蓋非淺鮮。然其行之亦不能無弊。《舊書·食貨志》:"長慶四年三月,制曰:義倉之制,其來日久,近歲所在盜用沒入,致使小有水旱,生人坐委溝壑。宜令諸州錄事參軍專主句當。苟爲長吏迫制,即許驛表上聞。考滿之日,户部差官交割。如無欠負,與減一選。如欠少者,量加一選。欠數過多,户部奏聞,節級科處。"又《宣宗紀》:大中六年四月,勑常平義倉斛斗,每年檢勘,實水旱災沴處,錄事參軍先勘人户多少支給。先貧下户,富户不在支給之限。觀此二事,而當時官吏豪強,互相句結,以侵削貧下之情形可見矣。此官爲舉掌所必不能免之弊也。

　　唐世振貸,京師多用太倉粟,東都則用含嘉倉。《舊書·高宗紀》:永徽六年八月,先是大雨,道路不通。京師米價暴貴。出倉粟糶之。京師東西二市置常平倉。永隆元年十一月,洛州飢,減價官糶,以救飢人。《玄宗紀》:開元二十一年,是歲,關中久雨害稼,京師飢。詔出太倉粟二百萬石給之。天寶十二載八月,京城霖雨,米貴,令出太倉米十萬石,減價糶與貧人。十三載,是秋霖雨,積六十餘日,京城垣屋頹盡,物價暴貴,人多乏食。令出太倉米一百萬石,開十場賤糶,以濟貧民。《代宗紀》:大曆四年八月,丙申朔,自夏四月連雨至此月,《五行志》云至九月。京城米斗八百文。官出米二萬石,減估而糶，以惠貧民。《五行志》云：官出太倉米賤糶。又云：五年夏，復大雨。京城飢，出太倉米減價以救之。《德宗紀》：貞元十四年十月癸酉，以歲凶穀貴，出太倉粟三十萬石開場糶以惠民。十二月癸酉，出東都含嘉倉粟七萬石開場糶，以惠河南飢民。《食貨志》云：是年六月，詔以米價稍貴，令度支出官米十萬石於兩街賤糶。九月，以歲飢，出太倉粟三十萬石出糶。冬，河南府穀貴人流，令以含嘉倉粟七萬石出糶。十五年二月，出太倉粟十八萬石糶於京畿諸縣。《食貨志》同。《憲宗紀》：元和九年二月，詔以歲飢，放關內元和八年已前逋租錢粟，振常平、義倉粟三十萬石。五月，旱，穀貴，出太倉粟七十萬石開六場糶以惠飢民。《食貨志》云：并振貸外縣百姓，至秋熟徵納，便於外縣收貯，以防水旱。《紀》又云：十二年四月，出太倉粟二十五萬石糶於西京，以惠飢民。《食貨志》同。《敬宗紀》：長慶四年二月，以米貴，出太倉粟四十萬石，於兩市賤糶，以惠貧民。《食貨志》云：勅出太倉陳粟三十萬石，於兩街出糶，皆京都振貸之事也。其諸州振貸，多用常平、義倉，即京畿亦有然者。《食貨志》：元和十二年九月，詔諸道應遭水州府人戶，宜令本州厚加優恤，仍各以當處義倉斛斗，據所損多少，量事振給。《穆宗紀》：長慶二年十月，詔江淮諸州，旱損頗多，所在米價，不免踴貴，宜委淮南、浙西東、宣歙、江西、福建等道觀察使，各於當道有水旱處，取常平、義倉斛斗，據時估減半價出糶，以惠貧民。《文宗紀》：太和六年正月，詔自去冬已來，踰月雨雪，寒風尤甚。應京畿諸縣，宜令以常平、義倉斛斗振恤。二月，蘇、湖二州水，振米二十二萬石，以本州常平、義倉斛斗給。七年正月，詔關輔、河東，去年亢旱，秋稼不登。京兆府振粟十萬石，河南府、河中府、絳州各賜七萬石，同、華、陝、虢、晉等州各賜十萬石，並以常平、義倉物充。開成三年正月，詔去秋蝗蟲害稼處放逋賦，仍以本處常平倉振貸，是其事也。《高宗紀》：永徽二年正月，詔去歲關輔之地，頗弊蝗螟，天下諸州，或遭水旱。今東作方始，其遭蟲水處，有貧乏者，得以正、義倉振貸。振貸兼用正倉見於《紀》者，惟此一詔而已。《玄宗紀》：開元十五年，是秋，六十三州水，十七州霜旱。河北飢，轉江淮之南租米百萬石以振給之，則災區廣，並非當地倉儲所能給矣。以常平、義倉振貸者，旋或免之。如《憲宗紀》：元和六年二月，以京畿民貧，貸常平、義倉粟二十四萬石。諸道州府，依此振貸。十月，詔今春所貸義倉粟，方屬歲飢，容至豐熟歲送納。七年二月，詔以去秋旱歉，振京畿粟三十萬石。其元和六年春振貸百姓粟二十四萬石，並宜放免是也。亦見《食貨志》。此固爲寬政，然常平本錢，不宜耗散，實不可以充振，蓋因義倉不給，不得已而用之，又不得已，乃並免其徵償也。

雖有義倉，益以常平，猶不足以蘇民困，穀價自亦不能平，故通商仍爲最亟。《通鑑》：元和三年七月，以盧坦爲宣歙觀察使。坦到官，直旱飢，穀價日增。或請抑其價。坦曰："宣歙土狹穀少，所仰四方之來者，若價賤，則商船不復來，益困矣。"既而米斗二百，商旅輻湊，《新書》本傳曰：商以米坌至，乃多貸兵食出諸市，估遂平。凶歲不抑穀價，後此夫人知之，實坦發之也。胡三省說。《舊書·崔倰傳》：附《崔祐甫傳》後。轉潭州刺史湖南都團練觀察使。湖南舊法，豐年貿易不出境，鄰部災荒不相恤。倰至，謂屬吏曰："此非人情也。無宜閉糴，重困於民也。"自是商賈通流。《新書·王播傳》：關中飢，諸鎮或閉糴，播以爲言，三輔不乏。《通鑑》：穆宗長慶三年《考異》引《柳氏叙訓》，謂柳公綽爲山南東道節度使。有齊衰者哭且獻狀，曰："遷三世十二喪於武昌，爲津吏所遏，不得出。"公綽召軍吏擒之。破其十二柩，皆實以稻米。時歲儉，鄰境尤甚，人以爲神明之政。謂"閉糴非美事，今不取。"觀此數事，知當時遏糴者甚多。蓋緣俗吏無識，又時無通盤籌畫之政，遂皆苟顧目前也。《新書·王播傳》：播弟起，歷河中節度使。方蝗旱，粟價騰踴，起下令家得儲三十斛，斥其餘以市。否者死。神策士怙勢不從，寘於法。繇是廥積咸出，民賴以生。《舊五代史·唐莊宗紀》：同光四年正月，應京畿内人户有停貯斛斗者，並令減價出糶。如不遵行，當令檢括。此等刑驅勢迫，究非善策也。《通鑑》：後周太祖廣順元年四月，濱淮州鎮上言："淮南飢民，過淮糴穀，未敢禁止。"詔曰：

"彼之生民,與此何異?宜令州縣津鋪,無得禁止。"三年七月,唐大旱,井泉涸,淮水可涉。飢民度淮而北者相繼。濠、壽發兵禦之,民與兵鬥而北。帝聞之曰:"彼我之民一也。"聽糴米過淮。唐人遂築倉多糴以供軍。八月,詔唐民以人畜負米者聽之,以舟車運載者勿予。周祖武夫,然文臣之識出其下者多矣。

倉粟久藏,每至陳腐,故推陳出新亟焉。《舊書·順宗紀》:貞元二十一年七月,度支使杜佑奏:"太倉見米八十萬石,貯來十五年,東渭橋米四十五萬,支諸軍皆不悅。今歲豐阜,請權停北河轉運。於濱河州府和糴二百萬石,以救農傷之弊。"乃下百寮議,議者同異,不決而止。米藏至十五年,其不紅朽者幾希矣。《高適傳》:適於哥舒翰敗後,謁玄宗陳敗亡之勢,曰:"士於赤日之中,食倉米飯,且猶不足,欲其勇戰得乎?"意以倉米為惡食,蓋亦久藏致之也。《食貨志》:"開元四年五月二十一日,詔諸州縣義倉,本備飢年振給。近年已來,每三年一度,以百姓義倉糙米遠赴京納,仍勒百姓私出腳錢。自今已後,更不得義倉變造。"義倉變造,弊矣。然裴耀卿議漕事,謂江淮義倉,下濕不堪久貯,若無船可運,三兩年色變,即給貸費散,公私無益。欲望江南船至河口即卻還,本州更得其船充運。并取所減腳錢,更運江淮變造。參看下文。則開元初,諸州縣每三年一度,以義倉之米赴京,亦有所不得已也。要之,既有耕三餘一之圖,即宜有推陳出新之計。計不夙定,臨事乃圖補救,則一弊除而一弊復起矣。為義倉計推陳出新,固莫如於奉耕奉耘之時出貸。惜乎能行之者甚少也。

太倉、含嘉倉之貯,全恃東南之轉漕。高祖、太宗之時,歲不過二十萬石。自高宗已後,歲益增多。《新書·食貨志》云:"初江淮漕租米至東都輸含嘉倉,以車或駄陸運至陝。而水行來遠,多風波覆溺之患,其失常十七八。故其率一斛得八斗為成勞。而陸運至陝纔三百里,率兩斛計庸錢千。民送租者,皆有水陸之直。而河有三門底柱之險。顯慶元年,苑西監褚朗議鑿三門山為梁,可通陸運。乃發卒六千鑿之。功不成。其後將作大匠楊務廉又鑿為棧以輓漕舟。輓夫繫二鈬於胥，而繩多絕，輒墜死。則以逃亡報，因繫其父母妻子。人以爲苦。開元十八年，宣州刺史裴耀卿朝集京師。玄宗訪以漕事。耀卿條上便宜曰：江南戶口多而無征防之役，然送租庸調物，以歲二月至揚州入斗門，四月已後，始度淮入汴，常苦水淺，六七月乃至河口，而河水方漲，須八九月水落，始得上河入洛，而漕路多梗，船檣阻隘。江南之人，不習河事，轉雇河師水手，重爲勞費。其得行日少，阻滯日多。今漢、隋漕路，瀕河倉廩，遺迹可尋。於河口置武牢倉，鞏縣置洛口倉，使江南之舟，不入黃河，黃河之舟，不入洛口，而河陽、柏崖、太原、永豐、渭南諸倉，節級轉運。水通則舟行，水淺則寓於倉以待。則舟無停留，而物不耗失。此甚利也。玄宗初不省。二十一年，耀卿爲京兆尹。京師雨水，穀踴貴，玄宗將幸東都，復問耀卿漕事，耀卿因請罷陝陸運，而置倉河口，使江南漕舟至河口者，輸粟於倉而去，縣官雇舟，以分入河、洛。置倉三門東西，漕舟輸其東倉，而陸運輸其西倉，復以舟漕，以避三門之水險。玄宗以爲然。乃於河陰置河陰倉，河西置柏崖倉，三門東置集津倉，西置鹽倉。《舊書·本紀》：高宗咸亨三年六月，於洛州柏崖置倉。玄宗開元十年九月，廢河陽柏崖倉。蓋至此復置？又開元二十二年八月，先是駕至東都，遣侍中裴耀卿充江淮河南轉運使，河口置輸場。壬寅，於輸場東置河陰縣。又遣使張九齡於許、豫、陳、亳等州置水屯。鑿山十八里以陸運。自江淮漕者，皆輸河陰倉。自河陰西至太原倉，謂之北運。《舊志》云：自河陰送納含嘉倉，又送納太原倉，謂之北運。自太原倉浮渭以實關中。玄宗大悅。拜耀卿爲黃門侍郎，同中書門下平章事。兼江淮都轉運使。以鄭州刺史崔希逸，河南少尹蕭炅爲副使。益漕晉、絳、魏、濮、邢、貝、濟、博之租輸諸倉，轉而入渭。凡三歲，漕七百萬石。省陸運僦錢三十萬緡。是時民久不罹兵革，物力豐富，朝廷用度亦廣，不計道里之費，而民之輸送所出水陸之直，增以函腳營窖之名，民間傳言用斗錢運斗米，其糜耗如此。及耀卿罷相，北運頗艱。米歲至京師纔百萬石。二十五年，遂罷北運。《舊書·本紀》：玄宗開元二十五年二月戊午，罷江淮運，停河北運。而崔希逸爲河南陝運使，歲運百八十萬石。其後以太倉積粟有餘，歲減漕數十萬石。二十九年,陝郡太守李齊物鑿底柱爲門以通漕。開其山巔爲輓路。燒石沃醯而鑿之。然棄石入河,激水益湍怒,舟不能入新門。候其水漲,以人輓舟而上。天子疑之,遣宦者按視。齊物厚賂使者,還言便。齊物入爲鴻臚卿,以長安令韋堅代之,兼水陸運使。堅治漢、隋運渠,起關門抵長安,通山東租賦。乃絕灞、滻並渭而東,至永豐倉與渭合。又於長樂坡瀕苑牆鑿潭於望春樓下,以聚漕舟。堅因使諸舟各揭其郡名,陳其土地所產寶貨諸奇物於栿上。先時民間唱俚歌曰得體紇那邪,其後得寶符於桃林,於是陝縣尉崔成甫更得體歌爲得寶弘農野。堅命舟人爲吳楚服,大笠廣袖芒屨以歌之。成甫又廣爲之歌辭十闋。自衣闕後綠衣錦半臂,紅抹額,立第一船爲號頭以唱。集兩縣婦女百餘人,鮮服靚妝,鳴鼓吹笛以和之。衆艘以次轓樓下。天子望見大悅。賜其潭名曰廣運。是歲,漕山東粟四百萬石。自裴耀卿言漕事,進用者常兼轉運之職,而韋堅爲最。初耀卿興漕路,請罷陸運,而不果廢。自景雲中,陸運北路分八遞,雇民車牛以載。開元初,河南尹李傑爲水陸運使,運米歲二百五十萬石,而八遞用車千八百乘。耀卿罷久之,河南尹裴迥以八遞傷牛,乃爲交場兩遞,濱水處爲宿場,分官總之。"案唐代漕運之盛,實恃隋時所開水路。史家侈言水運之便,而民間仍有用斗錢運斗米之言,蓋窟穴其中,倚爲利藪者衆也?陸運之勞民,自更不待論。《舊書·高宗紀》。總章二年十一月,發九州人夫轉發太原倉米冀入京。即此一事,可以想見其槩。帝王所居之處,用度因之奢廣,又存一強幹弱枝之心,遂至竭天下之力以奉之,雖轉輸之費,倍蓰於生之費而不恤,其事殊不可恕。而如韋堅等之長君之惡,其罪更不容誅矣。

安、史亂後,局面一變。《新書·食貨志》又云:"肅宗末年,史朝義兵分出宋州,淮運阻絕。租庸鹽鐵,泝漢江而上。河南尹劉晏爲户部侍郎,兼句當度支轉運鹽鐵鑄錢使。江淮粟帛,繇襄漢越商於以輸京師。及代宗出陝州,關中空窘,於是盛轉輸以給用。廣德二年,廢句當度支使,以劉晏顓領東都、河南、淮西、江南東西轉運租庸鑄錢鹽鐵，轉輸至上都。度支所領諸道租庸觀察使，凡漕事亦皆決於晏。晏即鹽利雇庸，分吏督之。《舊志》云：不發丁男，不勞郡縣，蓋自古未之有也。隨江、汴、河、渭所宜。故時轉運船縴潤州陸運至揚子，斗米費錢十九，晏命囊米而載以舟，減錢十五。縴揚州距河陰，斗米費錢百二十，晏爲歇艎支江船二千艘，每船受千斛。十船爲綱，每綱三百人，篙工五十人，自揚州遣將部送至河陰上三門，號上門填闕船。米斗減錢九十。未十年，人人習河險。江船不入汴，汴船不入河，河船不入渭。江南之運積揚州，汴船之運積河陰，河船之運積渭口。渭船之運入太倉。歲轉粟百一十萬石，無升斗溺者。輕貨自揚子至汴州，每駄費錢二千二百，減九百，歲省十餘萬緡。"晏之所行，實裴耀卿之畫，其善在分數明而已。晏後，江淮米至渭橋寖減。至李巽，乃復如晏之多。其後復少。大中五年，裴休爲使，居三歲，米至渭橋復百二十萬石。《志》言："德宗時歲漕經底柱，覆者幾半，河中有山號米堆，運舟入三門，雇平陸人爲門匠，執標指麾，一舟百日乃能上。諺曰古無門匠墓，謂皆溺死也。"又言："元和時，漕益少，江淮米至渭橋者纔二十萬斛，諸道鹽鐵轉運使盧坦糶以備一歲之費，省冗職八十員。自江以南，補署皆專屬院監。而漕米亡耗，於路頗多。刑部侍郎王播代坦，建議米至渭橋五百石亡五十石者死。其後判度支皇甫鎛議萬斛亡三百斛者償之，千七百斛者流寨下，過者死。盜十斛者流，三十斛者死。而覆船敗耗，至者不得十之四五，部吏舟人，相挾爲姦，榜笞號苦之聲，聞於道路。禁錮連歲，赦下而獄死者，不可勝數。其後貸死刑，流天德、五城。人不畏法，運米至者十亡七八。鹽鐵轉運使柳公綽請如王播議加重刑。太和初，歲旱，河涸，掊沙而進。米多耗，抵死甚衆，不待覆奏。"可謂陷民於水火之中矣。《通鑑》：後周世宗顯德二年正月，上以漕運自晉漢已來不給斗耗，綱吏多以虧欠抵死，詔自今每斛給耗一斗。

　　漕運之艱難如此，故其事並不足深恃，而不得不藉他策以補之，則和糴尚已。《新書·食貨志》云："貞觀、開元後，邊土西舉高昌、龜茲、焉耆、小勃律，北抵薛延陀故地。緣邊數十州戍重兵，營田及地租,不足以供軍,於是初有和糴。牛仙客爲相,有彭果者,獻策廣關輔之糴。京師糧廩益羨。自是玄宗不復幸東都。天寶中,歲以錢六十萬緡賦諸道和糴,斗增三錢。每歲短遞輸京倉者百餘萬斛。米賤則少府加估而糴,貴則賤價而糴。貞元初,吐蕃劫盟,召諸道兵十七萬戍邊,關中爲吐蕃蹂躪者,二十年矣。北至河曲,人户無幾。諸道戍兵,月給粟十七萬斛,皆糴於關中。宰相陸贄以關中穀賤,請和糴,可至百餘萬斛。計諸縣船車至太倉,穀價四十有餘,米價七十,則一年和糴之數,當轉運之二年,一斗轉運之資,當和糴之五斗。江淮米至河陰者罷八十萬斛,河陰米至太原倉者罷五十萬。太原米至東渭橋者罷二十萬。以所減米糴江淮水菑州縣,斗減時五十以救乏。京城東渭橋之糴,斗增時三十以利農。以江淮糴米及減運直市絹帛送上都。帝乃命度支增估糴粟三十三萬斛。然不能盡用贄議。憲宗即位之初,有司以歲豐熟,請畿内和糴。當時府縣配户督限,有稽違則迫蹙鞭撻,甚於稅賦。號爲和糴,其實害民。"此史所述唐時和糴之大略也。其起雖由邊餉,然自牛仙客而後,已用實天廩之儲,且借以調節穀價矣。《通鑑》載陸贄之議,視《新志》爲詳。其言曰:"舊制以關中用度之多,歲運東方租米,至有斗錢運斗米之言,習聞見而不達時宜者,則曰:國之大事,不計費損,雖知勞煩,不可廢也。習近利而不防遠患者,則曰:每至秋成之時,但令畿内和糴,既易集事,又足勸農。臣以兩家之論,互有長短。將制國用,須權重輕。食不足而財有餘,則弛於積財而務實倉廩。食有餘而財不足,則緩於積食而嗇用貨泉。近歲關輔屢豐,公儲委積,足給數年。今夏江淮水潦,米貴加倍,人多流庸。關輔以穀賤傷農,宜加價以糴而無錢,江淮以穀貴人困,宜減價以糶而無米。而又運彼所乏,益此所餘。斯所謂習見聞而不達時宜者也。今江淮斗米直百五十錢,運至東渭橋,僦直又約二百。米糙且陳,尤爲京邑所賤。據市司月估,斗糴三十七錢。耗其九而存其一,餒彼人而傷此農。制事若斯,可謂深失矣。頃者每年自江湖淮浙運米百一十萬斛至河陰,留四十萬斛,輸東渭橋。今河陰大原倉見米,猶有三百二十餘萬斛,京兆諸縣,斗米不過直錢七十。請令來年江淮止運三十萬斛至河陰。河陰、陝州,以次運至東渭橋。其江淮所停運米八十萬斛,委轉運使每斗取八十錢於水災州縣糴之,以救貧乏。計得錢六十四萬緡,減僦直六十九萬緡。請令戶部先以二十萬緡付京兆,令糴米以補渭橋倉之缺數。斗用百錢,以利農人。以一百二萬六千緡付邊鎮,使糴十萬人一年之糧。餘十萬四千緡,以充來年和糴之價,其江淮米錢僦直,並委轉運使折市綾絹絁綿,以輸上都,償先貸戶部錢。"剖析利害,較然甚明。《通鑑》載是疏於貞元八年,吐蕃劫盟,事在三年,則十七萬之邊兵,仰給和糴者,既五年矣。是謂關中之穀,不足以給經用,而必有待於轉漕東方者必誣也。《舊書·王播傳》:弟起,遷戶部尚書,判度支。以西北邊備,歲有和市以給軍,勞人餽輓,奏於靈武、邠、寧起營田。此較諸營田則然,較諸漕轉東方,則究爲短運,其所省者多矣。此陸贄稱爲習近利者所謂易於集事也。又《張儉傳》:儉以貞觀初遷朔州刺史,廣營屯田。後檢校勝州都督,以母憂去職。前在朔州,屬李靖平突厥之後,思結部落,貧窮離散,儉招慰安集之。其不來者,或居磧北。既親屬分住,私相往還。儉並不拘責,但存綱紀,羈縻而已。及儉移任,州司謂其將叛,遽以奏聞。朝廷議發兵進討,仍起儉爲使,就觀動静,儉單馬推誠,入其部落。召諸首領,佈以腹心,咸匍匐稽顙而至。便移就代州,即令檢校代州都督。儉遂勸其營田,每年豐熟。慮其私蓄富實,易生驕侈,表請和糴,擬充貯備。蕃人喜悅,邊軍大收其利。思結如此,而況漢人?此贄稱爲習近利者所謂足以勸農者也。然則贄謂兩説互有長短,猶是調停之論,實則恃和糴已足集事矣。《舊書·代宗紀》:大曆九年,五月,詔度支使支七十萬貫,轉運使五十萬貫和糴,歲豐穀賤也。《敬宗紀》:長慶四年八月,詔於關內、關東折糴、和糴粟一百五十萬石。寶曆元年八月,兩京、河西大稔,勑度支和糴、折糴粟二百萬石。《文宗紀》:太和四年八月,内出綾絹三十萬正付戶部充和糴。《食貨志》載勑文云:"今年秋稼似熟,宜於關內七州府及鳳翔府和糴一百萬石。"然則和糴之事,唐代實屢行之。所以然者,穀賤傷農,不得不然也。而謂其不足以代漕運乎?然而終不能以代漕運者何也?陸贄又述和糴之弊曰:"陛下頃設就軍和糴之法以省運,制與人加倍之價以勸農。此令初行,人皆悦慕。而有司競爲苟且,專事纖嗇。歲稔則不時斂藏,艱食則抑使收糴,遂使豪家貪吏,反操利權。賤取於人,以俟公私之乏。又有勢要近親,羈遊之士,委賤糴於軍城,取高價於京邑。又多支絺紵充直,窮邊寒不可衣,鬻無所讎。上既無信於下,下亦以僞應之。度支物估轉高,軍城穀價轉貴。度支以苟讎滯貨爲功利,軍城以所得加價爲羨餘。雖設巡院,轉成囊橐。《胡注》曰:元和四年十二月十二日,勑遠處州使,率情違法,臺司無由盡知。轉運使、度支,悉有巡院,委以訪察。當道使司及州縣,有兩稅外權率,及違格勑文法等事,狀報臺司。蓋劉晏始置巡院,自江淮以來,達於河渭,其後遂及緣邊諸道亦置之。至有空申簿帳,僞指囷倉,計其數則億萬有餘,考其實則百十不足。"其病國賊民,可謂更無顧忌。《舊書·憲宗紀》:元和六年十月,京兆府每年所配折糴粟二十五萬石宜放於百姓,有粟情願折納者,時估外特加優饒。此亦《新志》所謂配户督限之類。又《高鍨傳》:元和十四年,上疏請不以内官爲京西北和糴使。《鄭覃傳》:憲宗用内官五人爲京西北和糴使,覃上疏論罷。《穆宗紀》:長慶元年三月,罷京西、京北和糴使,擾人故也。蓋即二人所論,則其賊民,又有出於府縣配户督限之外者矣。吳武陵言朔方兵餉,皆先取商人,而後求牒還都受錢,見第十八章第一節。此即陸贄所稱委賤糴於軍城,取高價於京邑者。此法實爲宋代入邊芻粟所本,既省轉運,又勸農商,而亦爲黷法者所敝,所謂和糴者如此,其法又安可行?此所以中葉已後,國貧民困,論者明知和糴之利,而終不能廣行之以救漕運之弊歟?然《新書·高力士傳》言:力士謂玄宗:"和糴不止則私藏竭。"則其時恐已不免抑配。《舊書·盧從愿傳》:從愿以開元十六年留守東都,坐子起居郎論糴米入官有剩利,爲憲司所糾,出爲絳州刺史。則官吏之蠹國以自利,亦自和糴初行時即然矣。不誠令聞者戰栗哉?

《舊書·食貨志》載開元二十五年三月勅云:"關輔庸調,所税非少,既寡鹽桑,皆資菽粟。常賤糴貴買,損費逾深。又江淮等苦變造之勞,河路增轉輸之弊。每計其運腳,數倍加錢。今歲屬和平,庶物穰賤。南畝有十千之穫,京師同水火之饒。均其餘以減遠費,順其便使農無傷。自今已後,關內諸州庸調資課,並宜準時價變粟取米,送至京逐要支用。其路遠處不可運送者,宜所在收貯,便充隨近軍糧。其河南、河北,有不通水利,宜折租造絹,以代關中調課。所司仍爲條件,稱朕意焉。"審國用之所須,各取之於所宜之地。又籌計其轉運之方,此桑弘羊平準之法之精意也。雖以精心運之,猶不易行,而況於開元末之怠荒哉?

抑糴之弊更甚者,則爲迫借。《舊五代史·唐末帝紀》:清泰二年六月,以邊儲不給,詔河東戶民積粟處量事抄借。仍於鎮州支絹五萬匹,送河東充博採之直。《新史·晉紀》:出帝天福八年,括借民粟是也。《舊書·憲宗紀》:元和十二年七月,詔以定州飢,募人入粟受官,及減選、超資。雖亦非政體,然較之迫借等,則猶賢矣。

## 第三節　服　　飾

隋、唐之世,爲胡化與中國舊俗漸相融合之時。隋文帝盡革胡服,已見第二章第一節。其時高昌慕化,請解辮,已見第二章第五節。服制之定也,開皇三年正月朔旦,大陳文物。時突厥染干朝見,慕之,請襲冠冕。帝不許。明日,復率其下拜表固請。帝大悦。謂牛弘等曰:"昔漢制初成,方知天子之貴,今衣冠大備,足致單于解辮,卿之功也。"賜帛各有差。《隋書·禮儀志》。此特朝廷禮儀,至於民間習俗,則初未能盡改。《舊書·孫伏伽傳》:高祖平王世充、竇建德,大赦天下,既而責其黨羽,並令配遷。伏伽上表諫曰:"東都城內及建德部下,有與陛下積小故舊,編髮友朋,猶尚有人,敗後始至。此等豈忘陛下?

皆云被壅故也。"編髮即辮髮。此云編髮,意謂少時,猶中國人言結髮。足見高祖家中,尚沿北族舊習也。《新書·車服志》云:初婦人施冪羅以蔽身。永徽中始用帷冒,施裙及頸,坐檐以代乘車。命婦朝謁,則以馳駕車。數下詔禁而不止。武后時,帷冒益盛。中宗後乃無復冪羅矣。宫人從駕,皆胡冒乘馬,海內效之,至露髻馳騁,而帷冒亦廢。有衣男子衣而鞾,如契丹之服。武德間,婦人曳履及綫鞾。開元中初有綫鞋,侍兒則著履,奴婢服襴衫,而士女衣胡服。其後安禄山反,當時以爲服妖之應。參看第十六章第一節。《五行志》亦云:天寶初,貴族及士民,好爲胡服、胡冒,《舊五代史·漢高祖紀》:天福十二年閏七月,禁造契丹樣鞍轡、器械、服裝。此等多由見異思遷;抑中國衣服寬博,可以備禮容,而不便於作事,西北夷之服,於此或有所長也。外夷入居中國,改從華俗者亦多。《舊書·德宗紀》:大曆十四年七月庚辰,詔鴻臚寺:蕃客入京,各服本國之服。《通鑑》云詔回紇諸胡,由其或衣華服,誘取妻妾,已見第十六章第一節。

其原出胡狄,而爲中國人所習用者莫如鞾。皇甫鎛以積年庫物給邊軍,爲裴度所奏,引其足奏曰:"此鞾乃内庫出者,堅韌可久服。"已見第十八章第一節。《舊書·王鍔傳》:鍔善小數。嘗聽理,有遺匿名書於前者,左右取以授鍔,鍔内之鞾中。鞾中先有他書,及吏退,鍔探取焚之。人信其以所匿名者焚也。既歸,省所告者。異日,以他微事連,固窮按驗之以謫衆。《酷吏·來子珣傳》:永昌元年四月,以上書陳事,除左臺監察御史。時朝士有不帶鞾而朝者。子珣彈之曰:"臣聞束帶立於朝。"舉朝大噱。《朱泚傳》:段秀實與劉海賓謀誅泚。同入見。海賓於鞾中取匕首。爲所覺,遂不得前,《新書·温造傳》:興元軍殺李絳,造往代,悉殺之,監軍楊叔元擁造鞾祈哀。《韋安石傳》:子斌,天性質厚。每朝會,不敢離立笑言。嘗大雪,在廷者皆振裾更立,斌不徙足。雪甚,幾至鞾,亦不失恭。《李光弼傳》:河陽之戰,光弼内刀於鞾,曰:"戰危事。吾位三公,不可辱於賊。萬有一不捷,當自刎以謝天子。"《崔戎傳》:爲華州刺史,徙兗、海、沂、密觀察使。民擁留於道,不得行。乃休傳舍。民至抱持取其靴。《裴度傳》:王承宗、李師道謀緩蔡兵,乃伏盜京師,刺用事大臣。已害宰相元衡,又擊度。刃三進,斷靴、刺背、裂中單,又傷首。度冒氈得不死。《李訓傳》:甘露之變,仇士良手搏訓而躓。訓壓之。將引刀靴中,救至,士良免。《文藝·李白傳》:白嘗侍帝,玄宗。醉,使高力士脫靴。《新五代史·李仁矩傳》:董璋置酒召仁矩,仁矩辭醉不往。於傳舍與倡妓飲。璋怒,率衙兵露刃之傳舍。仁矩皇恐,不韤而靴,走庭中。《王彥章傳》:晉取鄆州,梁人大恐。宰相敬翔顧事急,以繩內靴中,入見末帝。泣曰:"先帝取天下,不以臣爲不肖,所謀無不用。今強敵未滅,陛下棄忽臣言。臣身不用,不如死。"乃引繩將自經。末帝使人止之。問所欲言。翔曰:"事急矣,非彥章不可。"皆文武官吏著靴之證也。《舊書·元稹傳》:稹還京,宿敷水驛,内官劉士元後至爭廳,排其户。稹靴而走廳後。《李石傳》:中使田金操、劉行深巡邊迴,走馬入金光門,從者譌言兵至。百官朝退,倉皇駭散,有不及束帶、韤而乘者。《新書·叛臣·李錡傳》:裴行立攻衙門。錡拊膺曰:"行立亦叛吾邪?"跣足逃於女樓下。《舊五代史·殷鵬傳》:馮玉爲樞密使,擢爲本院學士。每有庶寮,秉鞹謁玉。故事,宰臣以履見之。鵬多在玉所,見客亦然。此諸事,除馮玉外,其餘亦未必履而不靴,觀李仁矩事可知也。《新五代史·梁家人傳》:太祖元貞皇后張氏。郴王友裕攻徐州,破朱瑾於石佛山。瑾走,友裕不追。太祖大怒,奪其兵。友裕皇恐,與數騎亡山中。久之,自匿於廣王。后陰使人教友裕脱身自歸。友裕晨馳入見太祖。拜伏庭中,泣涕請死。太祖怒甚,使左右捽出,將斬之。后聞之,不及履,走庭中,持友裕泣曰:"汝束身歸罪,豈不欲明非反乎?"太祖意解,乃免。則婦人耳。然則靴之通行誠廣矣。《舊書·音樂志》:長壽樂、天授樂、萬歲樂、破陳樂皆用龜兹樂,舞人皆著靴。惟龍池樂備用雅樂而無鐘磬,舞人躡履。其高麗樂、扶南樂、高昌樂、疎勒樂、康國樂、安國樂,舞人亦皆著靴,而百濟樂用皮履,天竺樂著碧麻鞋。南北兩派服飾之異,固自分明也。高麗、扶南之樂,蓋皆受諸胡狄。《通鑑》：唐肅宗乾元二年胡《注》曰："《實錄》曰：韡，胡履也。趙武靈王好胡服，常短靿，以黃皮爲之。後漸以長靿。軍戎通服。唐馬周殺其靿，加以靴氈。開元中，裴叔通以羊爲之隱麏，加以帶子裝束。故事，胡虜之服，不許著入殿省，至馬周加飾，乃許之。"則韡入中國，其製亦有變遷也。

袴褶之服，其原疑亦出北夷，而中國效之。說見《兩晉南北朝史》第二十一章第三節。《宋書·禮志》謂爲車駕親戎，中外戒嚴之服。然《隋書·禮儀志》謂隋服制定後，師旅務殷，車駕多行幸，百官行從，惟服袴褶。而軍旅間不便，至開皇六年後，詔從駕涉遠者，文武官等皆戎衣，則又以爲不便矣。《新書·百官志》：九品已上，自十月至二月，袴褶以朝。御史臺。《舊書·歸崇敬傳》：崇敬以百官朔望朝服袴褶非古，上疏云："按三代典禮，兩漢史籍，並無袴褶之制，亦未詳所起之由。隋代已來，始有服者。事不師古，伏請停罷。"從之。代宗時。蓋宋代惟用諸車駕親戎，中外戒嚴，至隋服之始廣也？《新書·婁師德傳》：檢校豐州都督，衣皮袴率士屯田，則唐世軍中亦服之。

氈之行用甚廣。裴度因冒氈而得不死，即其一證。《舊傳》云：度帶氈帽，故創不至深。《新書·高宗紀》：顯慶二年閏正月，如洛陽宮。二月，賜百歲以上氈衾粟帛。四年閏十月，如東都。詔所過供頓，免今歲租賦之半。賜民八十已上氈衾粟帛。五年三月，皇后宴親族隣里於朝堂，會命婦於內殿。婦人八十已上，版授郡君，賜氈衾粟帛。皆可見其相須之殷。《五行志》謂長孫無忌以烏羊毛爲渾脫氈帽，人多效之，謂之趙公渾脫。近服妖，蓋以其制之不衷，而非氈之不可用也。

袍衫之用亦日廣。《新書·車服志》：中書令馬周上議："禮無服衫之文。三代之制有深衣。請加襴袖褾襈，爲士人上服。開骻者名曰缺骻衫，庶人服之。"《志》又云：軍將有從戎缺骻之服。不在軍者服長袍。庶人之服缺骻衫，蓋取其便於動作也。以袍衫代深衣，勢本最便，特格於禮文，慣習不易驟變，自有此制，則於禮文無扞格，衣裳愈可不用矣。《通鑑》：唐僖宗乾符元年，王凝母，崔彥昭之從母。

凝、彥昭同舉進士。凝先及第,嘗衩衣見彥昭。且戲之曰:"君不若舉明經。"彥昭怒,遂爲深仇。《注》云:"衩衣,便服,不具禮也。"衩衣亦缺䐁之倫。亦取其便於動作,故以爲燕居之服耳。

中原衣服,始自古初,製本寬博,而南北皆較短窄,人情多好新奇,遂有互相放效以爲美者,然終不易大變也。《舊書·令狐德棻傳》:高祖問曰:"比者丈夫冠,婦人髻,競爲高大,何也?"對曰:"在人之身,冠爲上飾,所以古人,方諸君上。昔東晉之末,君弱臣強,江左士女,皆衣小而裳大,及宋武正位之後,君德尊嚴,衣服之製,俄亦變改,此卽近事之徵。"高祖然之。此可見短窄之製,起自南方。《文宗紀》:太和二年五月,命中使於漢陽公主及諸公主第宣旨:"今後每遇對日,不得廣插釵梳。不須著短窄衣服。"短窄衣服,亦必非禮容,故被禁止也。韋堅之通廣運潭,篙工柂師,皆大笠、侈袖、芒屨,爲吳、楚服,其袖雖侈,其製必短。堅自衣缺䐁衫錦半臂,正取其動作之便,不得篙工柂師,轉衣寬博之服。《新書》本傳。參看上節。此南方衣服短窄之明徵,侈袖蓋堅特爲之。太和時諸主之服,或亦規橅楚製矣。然《舊書·文宗紀》:開成四年正月丁卯夜,於咸泰殿觀燈作樂。三宮太后諸公等畢會。上性節儉。延安公主衣裾寬大,卽時斥歸。駙馬竇澣待罪。詔曰:"公主入參,衣服踰制。從夫之義,過有所歸。澣宜奪兩月俸錢。"距太和曾幾何時,又以寬大爲戒矣。衣服宜適起居,然其緣起,實非爲取煖而爲裝飾,故易失之寬大。俗尚旣成,卽難驟變。其亟變者,不過趨時,並無根柢,故時搖蕩不定也。《新書·車服志》:文宗卽位,以四方車服僭奢,下詔準《儀制令》品秩、勳勞爲等級。衣曳地不過二寸,袖不過一尺三寸;婦人裙不過五幅,曳地不過三寸;襦袖不過一尺五寸。後其制未能行。見第十八章第三節。《舊五代史·唐莊宗紀》:同光二年圜丘禮畢赦詔云:"近年已來,婦女服飾,異常寬博。倍費縑綾。有力之家,不計卑賤,悉衣錦繡。宜令所在糾察。"《張仁愿傳》:兄仁穎,善理家。婦女衣不曳地。可見好尚寬大之風,久而未變矣。《新書·南蠻傳》:初裏五姓,婦人衣黑繒,其長曳地。

東欽蠻二姓,婦人衣白繒,長不過膝。其所處之境,無以大異也,而被服適相反,亦可見習俗各有所受之,而不易驟變也。

女子出門,必擁蔽其面,此俗相沿甚久。已見第十六章第一節。夫如是,故僞爲婦人甚易。《舊書·丘和傳》:漢王諒之反也,以和爲蒲州刺史。諒使兵士服婦人服,戴羃䍦,奄至城中。和脱身而免。由是除名。又《李密傳》:密入唐後,復起事,簡驍勇數千人,著婦人衣,戴羃䍦,藏刀裙下,詐爲妻妾,自率之入桃林縣舍。須臾,變服突出。因據縣城。二事相類。所以不易發覺,皆由羃䍦爲之蔽也。

婦女服飾,好趨時尚,髻亦爲其一端。《新書·五行志》言楊貴妃常以假鬢爲首飾,而好服黄裙。時人爲之語曰:"義髻抛河裏,黄裙逐水流。"元和末,婦人爲圓鬟椎髻。不設鬢飾。不施朱粉,惟以烏膏注脣,狀似悲啼者。僖宗時,内人束髮極急。及在成都,蜀婦人效之。時謂爲囚髻。唐末,京都婦人梳髮,以兩鬢抱面,狀如椎髻,時謂之抛家髻。皆其事也。

趨時者勢必流於奢侈,故歷代皆有禁令。《舊書·高宗紀》:永隆二年正月,上詔雍州長史李義玄曰:"朕思還淳反樸,示天下以質素。如聞游手墮業,此類極多。時稍不豐,便致饑饉。其異色綾錦並花間裙衣等,糜費既廣,俱害女工。天后我之匹敵,常著七破間裙。豈不知更有靡麗服飾?務遵節儉也。其紫服赤衣,閭閻公然服用。兼商賈富人厚葬越禮。卿可嚴加捉搦,勿使更然。"《文宗紀》:太和三年九月,勅兩軍諸司内官不得著紗縠綾羅等衣服。駙馬韋處仁戴夾羅巾。帝謂之曰:"比慕卿門地清素,以之選尚。如此巾服,從他諸戚爲之,惟卿非所宜也。"《舊五代史·唐明宗紀》:天成二年正月,詔曰:"亂離斯久,法制多隳。不有舉明,從何禁止?諸都軍將衙官使下繫名糧者,只得衣紫皂。庶人商旅,只著白衣。"皆其事也。然此等所禁,實非其至侈者,其至侈者,則法令不能行矣。《舊書·五行志》云:張易之爲母阿臧爲七寶帳,有魚龍鸞鳳之形,仍爲象牀犀簟。中宗女安樂公主有尚方織成毛裙。合百鳥毛。正看爲一色。旁看爲一色。

日中爲一色。影中爲一色。百鳥之狀,並見裙中。凡造兩要,一獻韋氏。計價百萬。又令尚方取百鳥毛爲鞯面。視之各見本獸形。韋后又集鳥毛爲鞯面。安樂初出降武延秀,蜀川獻單絲碧羅籠裙。縷金爲花鳥,細如絲髮。鳥子大如黍米,眼鼻嘴甲俱成,明目者方見之。自安樂公主作毛裙,百官之家多效之。江嶺奇禽異獸毛羽,採之殆盡。其窮奢極欲如此。文宗言前時内庫惟有二金鳥錦袍,一玄宗幸溫湯御之,一與貴妃。今富家往往皆有。又問漢陽公主:"今之弊何代而然?"主言元和後多出禁藏纖麗物賞戰士,由是散在人間,狃以成風,皆見第十八章第三節。此可見奢侈之風,皆居高明之地者啓之也。風尚既成,羣相放效,而力有不贍,則詐偽起焉。《舊五代史·梁太祖紀》:開平三年五月,詔曰:"應東西兩京及諸道州府,創造假犀、玉、真珠、要帶、璧、珥,並諸色售用等,一切禁斷,不得更造作。如公私人家先已有者,所在送納長吏,對面毀棄。如行敕後有人故違,必當極法。仍委所在州府,差人檢察收捕,明行處斷。"日出多僞,民安取不僞?且珠玉等非如金銀有錢幣之用,僞造則凡民將受其害也,而以極法處之,不亦賤人命而爲縱侈者作保障邪?

斯時蠶織之業,中原似尚勝於江南。觀范延策請不禁過淮豬羊而禁絲縣匹帛可知。見第十九章第三節。至能織纖麗之品者,則並不以中原之地爲限。南詔因攻蜀而工文織,後唐莊宗命蜀匠織十幅無縫錦爲被材,被成,賜名六合被,見《青異錄》。可見蜀中文織之工。蓋其技自古相傳,其地又較安靜,工業未曾破壞耳。偏北之區,亦有無蠶業者。《新書·藩鎮傳》:朱滔欲救田悅,士弗聽。裨將蔡雄好諭士曰:"始天子約取成德,所得州縣,賜有功者。拔深州者燕也。本鎮嘗苦無絲纊,冀得深州,以佐調率。今顧不得。又天子以帛賜有功士,爲馬燧掠去。今引而南,非自爲也。"蓋幽州絲纊甚希,故以是歆動之耳。《狄仁傑傳》:仁傑爲來俊臣所構,捕送制獄。守者寖弛。即丐筆書帛,置楮衣中,請付家撤絮。其子光遠得之,乃上變。《孝友·許伯會傳》:母喪,負土成墳,不御絮帛。似絮爲人所多有。然《魏徵傳》言徵疾甚,家初無正寢,太宗令輟小殿材爲營構,五日畢,並賜素褥布被,以從其尚,則其用之。尚不甚普徧矣。

卉服,野人仍多用之。朱桃椎緝木葉自蔽,又織芒屩以易米茗是已。見第一節。《通鑑》:晉高祖天福六年,唐主性節儉,常躡蒲履。《注》云:"織蒲爲履,江淮之人多能之。"此即韋堅使篙工柂師所服也。其技蓋自唐至宋未變。又有以紙爲衣者。《舊書·迴紇傳》:東京之平,朔方軍及郭英乂、魚朝恩等軍與迴紇縱掠坊市,及汝、鄭等州。比屋蕩盡,人悉以紙爲衣是也。此則祇取蔽體,無益禦寒矣。

喪服不可與人接,然泥古之士,仍有守禮不變者。《新書·文藝·孫逖傳》:子成,通經術。嘗有期喪,弔者至,成不易縗而見。客疑之,請故。答曰:"縗者古居喪常服,去之則廢喪也。今而巾幞,失矣。"此古義也。然《舊書·文苑·蕭穎士傳》:李林甫採其名,欲拔用之,乃召見。時穎士寓居廣陵,母喪,即衰麻而詣京師。徑謁林甫於政事省。林甫素不識,遽見衰麻,大惡之。即令斥去。則其事之不諧於俗久矣。

服飾有以爲符契之用者,隋之軍記帶,唐之佩魚是已。《隋書·禮儀志》:大業七年征遼東,通諸道合三十軍,亙一千四十里。諸軍各以帛爲帶。長尺五寸,闊二寸。題其軍號爲記,御營內者,合十二衛、三臺、五省、九寺,並分隸內外前後左右六軍。亦各題其軍號,不得自言。臺省王公已下,至於兵丁廝隸,悉以帛爲帶,綴於衣領,名軍記帶。諸軍並給幡數百,有事使人交相去來者執以行。不執幡而離本軍者,他軍驗軍記帶,知非部兵,則所在斬之。此軍中所用也。《新書·車服志》:隨身魚符者,以明貴賤,應召命。左二右一。左者進內,右者隨身。皇太子以玉契召,勘合乃赴。《舊書·崔義玄傳》:子神慶,則天時爲太子右庶子。時有突厥使入朝,準儀注,太子合與朝參,未降勑書。神慶上疏曰:"伏以五品已上所以佩龜者,比爲別勑徵召,恐有詐妄,內出龜合,然後應命。況太子元良國本,萬方所瞻?古來徵召,皆用玉契。此誠重慎之極,防萌之慮。昨緣突厥使見,太子合與朝參,直有文符下宮,曾不降勑處分。今人稟淳化,內外同心,然古人慮事於未萌之前,所以長無悔吝之咎。況太子至重,不可不深爲誡慎。以臣愚見,太子既與陛下異宮,伏望每召太子,豫報來日。非朔望朝參,應須別喚,望降墨勅及玉契。"則天甚然之。親王以金,庶官以銅,皆題其位姓名。官有貳者加左右。皆盛以魚袋。三品以上飾以金,五品以上飾以銀。刻姓名者去官納之,不刻者傳佩相付。此平時所用也。又云:高宗給五品以上隨身魚銀袋,以防召命之詐。出內必合之。三品以上金飾袋。垂拱中,都督刺史始賜魚。天授二年,改佩魚皆爲龜。其後三品以上龜袋飾以金,四品以銀,五品以銅。中宗初,罷龜袋,復給以魚。郡王嗣王亦佩金魚袋。景龍中,令特進佩魚。散官佩魚,自此始也。然員外、試、檢校官猶不佩魚。景雲中,詔衣紫者魚袋以金飾之,衣緋者以銀飾之。開元初,駙馬都尉從五品者假紫金魚袋,都督、刺史品卑者假緋魚袋。五品以上檢校、試、判官皆佩魚。中書令張嘉貞奏致仕者佩魚終身。自是百官賞緋紫,必兼魚袋,謂之章服。當時服朱紫佩魚者衆矣。此則符契變爲服飾之漸也。安重榮以爲金魚袋不足貴,刻玉爲魚佩之。《新史》本傳。好奢者可謂無微不至矣。

## 第四節　宮　　室

隋、唐兩代,於宮室頗侈。以隋文帝之恭儉,猶營仁壽宮以勞民,見第二章第一節。而煬帝無論矣。煬帝事皆見第二章第四節。竇璡營洛陽宮,失之壯麗,唐太宗毀之,見第十八章第三節。而閻立德爲營玉華、翠微二宮,徐惠不以爲儉。見第三章第一節。宮爲立德所營,見《舊書》本傳。此所謂作法於貪。至武后,遂大縱恣。事皆見第四章第三節。中宗集羣臣於梨園毬場,令其分朋拔河,見第四章第六節。武崇訓、楊慎交注膏作場,以利其澤。此眞匪夷所思。至睿宗,又爲金仙、玉眞二主作觀。見第五章第一節。中葉後,則穆宗於禁中造百尺樓,見《新書·李珏傳》。敬宗以鉅金飾清思院。見第八章第五節。其仍世侈靡,不亦甚乎?《新書·韋弘機傳》:

高宗言:"兩都我東西宅,然因隋宮室,日僕不完。朕將更作,奈財用何?"弘機即言:"臣任司農十年,省惜常費,積二十萬緡。以治宮室,可不勞而成。"帝大悦,詔兼將作、少府二官督營繕。初作宿羽、高山等宮。徙洛中橋於長夏門,廢利涉橋。人多便之。天子乃登洛北絶岸,延眺良久,歎其美。詔即其地營宮。所謂上陽者。尚書左僕射劉仁軌謂侍御史狄仁傑曰:"古天子陂池臺榭,皆深宫複禁,不欲百姓見之,恐傷其心,而今列岸誃廊,亘王城外,豈愛君哉?"烏乎!可不懼乎?

禁苑之地,孟子所謂壞宫室以爲汙池,民無所安息,棄田以爲苑囿,使民不得衣食者也。此猶奪民之地而已,貪夫爲之,則更出其所有,以與民爭利。則天時裴匪躬檢校西苑,欲鬻苑中果菜是已。見《舊書·蘇良嗣傳》。此猶僅與民爭利,乃如煬帝,課天下諸州各貢草木、花果、奇禽、異獸,以實苑囿,見第二章第四節。則宋代花石綱所取法,受其害者更非止一方矣。則天幸三陽宫,自夏涉秋不還。張説疏諫曰:"宮城褊小,萬方輻凑。填城溢郭,併鍤無所。排斥居人,蓬宿草次。風雨暴至,不知庇託。孤煢老病,流轉衢巷。"又曰:"池亭奇巧,誘掖上心,削巒起觀,竭流漲海。俯貫地脈,仰出雲路。易山川之氣,奪農桑之土。延木石,運斧斤。山谷連聲,春夏不輟。勸陛下作此者,豈正人哉?"苑囿緣地廣而所營建少,則其勞民力不甚深;宫室用力多而其面積小,則其占民地不甚廣;逮作宫於風景清嘉之地,而二者兼之矣。

高明之家,亦皆縱恣不守法度。隋秦王俊,史言其盛治宮室,窮極侈麗。楊素則東西二京,居宅侈麗。朝毁夕復,營繕無已。賀若誼於郊外構别廬,多植果木。每邀賓客,列女樂,遊集其間。許敬宗第舍華僭。至造連樓,使諸妓走馬其上。長寧公主下嫁楊慎交,造第東都。使楊務廉營總。第成,府財幾竭。乃擢務廉將作大匠。又取西京高士廉第、左金吾衛故營合爲宅。右屬都城,左頰大道。作三重樓以馮觀。築山浚池。帝及后數臨幸,置酒賦詩。又並坊西隙地廣鞠場。東都廢永昌縣,主勾其治爲府。以地瀕洛,築障之。崇臺蜚觀相聯屬。無慮費二十萬。魏王泰故第,東西盡一坊,瀦沼三百畝,泰薨,以與民,至是,主勾得之。亭閣華詭埒西京。東都第成,不及居,韋氏敗,斥慎交絳州別駕。主偕往,乃請以東都第爲景雲祠。而西京鬻第,評木石直,爲錢二十億萬。安樂公主下嫁武崇訓,營第及安樂佛廬,皆憲寫宮省,而工致過之。嘗請昆明池爲私沼。帝曰:"先帝未有以與人者。"主不悅。自鑿定昆池,延袤數里。定,言可抗訂之也。司農卿趙履溫爲繕治。累石肖華山。隱衍橫邪,迴淵九折。以石潀水。又爲寶鑪,鏤怪獸神禽,間以璆、貝、珊瑚,不可涯計。崇訓死,主素與武延秀亂,即嫁之。奪臨川長公主宅以爲第。旁徹民廬,怨聲嘲然。第成,禁藏空殫。楊貴妃姊妹昆仲五家,甲第洞開,僭擬宮掖。每構一堂,費踰千萬計。見制度宏壯於己者,即徹而復造,土木之工,不舍晝夜。玄宗爲安禄山起第京師。以中人督役。戒曰:"善爲部署。禄山眼孔大,毋令笑我。"爲瑣户交疏。臺觀華僭。帝幕率緹繡。金銀爲筹筐瓜籬。此等皆所謂木妖也。天寶亂後,武人跋扈,綱紀彌不可問。《舊書·德宗紀》:大曆十四年七月,毀元載、馬璘、劉忠翼之第。以其雄侈踰制也。《璘傳》云:天寶中,貴戚勳家,已務奢靡,而垣屋猶存制度。然衞公李靖家廟,已爲嬖臣楊氏馬廄矣。及安、史大亂之後,法度隳弛。内臣戎帥,競務奢豪。亭館第舍,力窮乃止。時謂木妖。璘之第,經始中堂,費錢二十萬貫。他室降等無幾。及璘卒於軍,子弟護喪歸京師,士庶觀其中堂,或假稱故吏,爭往赴弔者,數十百人。德宗在東宮,宿聞其事。及踐阼,條舉格令,第舍不得踰制。仍詔毀璘中堂及内官劉中翼之第。璘之家園,進屬官司。自後公卿賜宴,多於璘之山池。按《本紀》貞元十一年二月、三月、九月,十九年二月,二十年九月,皆書其事。子弟無行,家財尋盡。其時崔寬有别墅,池館臺榭,當時第一。楊綰爲相,乃潛遣毀拆;見第六章第六節。而穆宗幸郭鏦城南莊,鏦亦以莊爲獻;《舊書·本紀》元和十五年。則能長保所有者亦鮮。然爲之者仍不絶。張延賞,東都舊第在思順里,亭館之麗,甲於都城。子孫五代，無所加工。李抱真，大起臺榭，穿池沼以自娛。杜佑，城南樊川有佳林亭，卉木幽邃。子式方，甲第在安仁里。杜城有別墅。令狐峘，南山豹林谷有別墅。胡証，於京城修行里起第，連亘閭巷。裴度，東都立第於集賢里。築山穿池，竹木叢翠。有風亭水榭，梯橋架閣，島嶼迴環。又於午橋創別墅。花木萬株。中起涼臺暑館，名曰綠野堂。引甘水貫其中，釃引脈分，縈帶左右。牛僧孺，洛都築第於歸仁里。任淮南時，佳木怪石，置之階廷。館宇清華，竹木幽邃。李德裕，在長安私第別構起草院。院有精思亭。東都於伊闕南置平泉別墅。清流翠篠，樹石幽奇。盧鈞為尚書左僕射，常移病不視事。與親舊遊城南別墅，或累日一歸。此等猶皆顯者。若白居易，仕宦不為得志，而其居地亦殊勝，已見第十八章第三節。王維尤偃蹇，猶得宋之問藍田別墅。輞水周於舍下。雖司空圖，猶有先人別墅。在中條山之王官谷。泉石林亭，頗稱幽棲之趣。張全義，側身隴畝之間，而私第在會節坊，室宇園池，亦為一時鉅麗。而朱漢賓有第在懷仁里，北限洛水，南枕通衢，層屋連甍，修木交幹。孫彥韜罷密州赴闕，起甲第於洛陽，華堂廣廡，亞王公之家。不足異矣。《舊書·李義琰傳》：義琰宅無正寢。弟義璡為司功參軍，乃市堂材送焉。及義璡來觀，義琰謂曰："以吾為國相，豈不懷愧？更營美室，是速我禍。此豈愛我意哉？"義璡曰："凡人仕為丞、尉，即營第宅。兄官高祿重，豈宜卑陋以偪下也？"義琰曰："事難全遂，物不兩興。既有貴仕，又廣其宇。若無令德，必受其殃。吾非不欲之，懼獲戾也。"竟不營構。其木為霖雨所腐而棄之。觀義璡之言，可知時人之好營居宅。馬周為御史，遣人以圖購宅。衆以其興書生，素無貲，皆竊笑。他日，白有佳宅，直二百萬。周遽以聞。詔有司給宅，並賜奴婢什物。人乃悟。程權受代，以靖安里私第側狹，賜地二十畝，以廣其居。朝廷之待士大夫，不為薄矣。文宗即位，以四方車服奢僭，下詔準《儀制令》品秩勳勞為等級。王公之居，不施重栱藻井。三品堂五間九架，門三間五架。五品堂五間七架，門三間兩架。六品七品堂三間五架，庶人四架，而門皆一間兩架。

苟遵儀制，安用廣地？然詔下人多怨者，京兆尹杜悰條易行者爲寬限，而事遂不行矣。《新書・車服志》。《舊書・魏知古傳》：睿宗爲金仙、玉真二主造觀，知古上疏，言"兩觀之地，皆百姓之宅。卒然逼迫，令其轉移。扶老攜幼，投竄無所"。則京都之中，空宅甚少。此蓄錢令下，富家所由買宅以事僦賃也。見第十九章第四節。《舊書・穆宗紀》：元和十五年四月，勅內侍省見管高品官，白身都四千六百一十八人。除官員一千六百九十六人外，其餘單貧無屋室居止，宜每人加衣糧半分。亦可見京師僦屋之艱，僦價之貴也。然李守貞平楊光遠後，晉高祖以光遠東京地賜之，守貞因取連宅軍營，以廣其第。大興土木，治之歲餘，爲京師之甲。軍營如此，而況民居？因勢豪之攘奪而流離失所者，史蓋不能盡記矣。《舊五代史・唐莊宗紀》：同光二年八月，詔洛京應有隙地，任人請射修造。有主者限半年令本主自修蓋。如過限不見屋宇，許他人占射。《明宗紀》：天成四年六月，詔京城空地，課人蓋造。如無力者，許人請射營構。合第十八章第二節所引哀帝天祐二年十月勅觀之，可見京城之內，地多有主。別墅雖在郊坰，然《舊史・皇甫遇傳》言：遇鎮河陽，於部內創別業，開畎水泉，以通溉灌。所經墳墓悉毀之。部民以朝廷方姑息郡帥，莫敢訴。墳墓如此，於廬舍豈尚有所顧忌乎？《新書・柳公綽傳》言：元載於昭應有別墅，以奴主務。自稱郎將，怙勢縱暴，租賦未嘗入官。於國如此，而況於人民乎？《舊書・隱逸・田遊巖傳》。高宗將營奉天宮於嵩山，遊巖舊宅，先居宮側，特令不毀。仍親書題額懸其門，曰隱士田遊巖宅。此等事史每以爲美談，實僅千百之十一耳。曰特令不毀，則此外之見毀者多矣。隱士宅不當毀，非隱士宅當毀邪？山居者孰非隱淪之人？以名聞於帝京者，又豈真辟世之士邪？

　　能以儉德自將者，亦非無之，如李義琰即其一也。魏徵家無正寢，疾革，太宗乃爲營構。馮道持服景城，所居惟茅茨，皆已見前。徵事見上節。道事見第十八章第三節。溫彥博家亦無正寢，卒之日，殯於別室。太宗命有司爲造堂焉。李吉甫，服物食味，必極珍美，而不殖財產。京師一宅之外，無他第墅。公論以此重之。鄭覃，所居未嘗增飾，纔庇風雨，家無媵妾，人皆仰其素風。李愚，初不治第。既命爲相，官借延賓館居之。此等雖或戒滿盈,或以避禍,不必皆出純德,要不可謂不異於流俗。《新書·白居易傳》:李師道上私錢六百萬,爲魏徵孫贖故第。居易言:"徵任宰相,太宗用殿材成其正寢,後嗣不能守,陛下猶宜以賢者子孫,贖而賜之。師道人臣,不宜掠美。"憲宗從之。其《諷諫集》所謂"魏公宅猶存,元和詔還五代孫"者也。則亦未嘗不獲報。其以奢侈見菲薄者,則如潘孟陽,居第頗極華峻。憲宗微行,至樂遊原,見其宏敞,工猶未已,問之。左右以孟陽對。孟陽懼而罷作。范傳正,歷三郡,以政事修理聞,擢爲宣歙觀察使。受代至京師,憲宗聞其里第過侈,薄之。因拜光祿卿。以風惡卒。楊行密登城,見王茂章營第,曰:"天下未定,而茂章居寢鬱然,渠肯爲我忘身乎?"茂章遽毀損。此等皆僅至於敗。其終至隕越者,則如馬璘等是矣。然終不足以止滔滔之勢也。

《日知錄》曰:"讀孫樵《書褒城驛壁》,乃知其有沼、有魚、有舟。讀杜子美《秦州雜詩》,又知其驛之有池、有林、有竹。今之驛舍,殆於吏人之垣矣。予見天下州之爲唐舊治者,其城郭必皆寬廣,街道必皆正直。廨舍之爲唐舊創者,其基址必皆宏敞。宋以下所置,時彌近者制彌陋。此又樵所謂州縣皆驛,而人情之苟且,十百於前代矣。"又曰:"今日所以百事皆廢者,正緣國家取州縣之財,纖豪盡歸之於上,而吏與民交困,遂無以爲修舉之資。延陵季子游於晉,曰:吾入其都,新室惡而故室美,新牆卑而故牆高,吾是以知其民力之屈也。元注:《說苑》。又不獨人情之苟且也。"可謂言之痛矣。然知其一未知其二也。宋以後民力固屈矣,唐以前亦曷嘗紓哉?城郭、街道、衙、驛,皆後不如前,蓋以役法稍善,庸雇多而徵發少,興建遂不如前世之易。多取州縣之財歸之於上,誠足使吏民交困,然留之地方,恐吏多幸而民亦未必獲其福也。《舊五代史·李從溫傳》:從溫始以明宗本枝,歷居藩翰,無文武才略,資濟代之用。凡臨民,以貨利爲急。在常山日,覘衙署池潭凡十餘頃,皆立木爲岸,而以修篁環之。從溫曰:"此何用爲?"悉命伐竹取木,鬻於列肆,獲其直以實用帑焉。從溫之取民,或不免於爲繭絲,然此事則不能謂其非是。衙署池潭十餘頃,果以奉官乎?抑以利民乎?且違山澤不得障管之義矣。王峻爲樞密使,於本院之東,別建公署,廊廡聽事,高廣華侈,亦竭民力以奉官吏也。《舊書·文宗紀》:太和九年二月,發神策軍修淘曲江。"如諸司有力,要於曲江置亭館者,宜給與閑地。"不遏其流,而反揚其波,何哉?

　　貴富之家,保守先業之志頗篤。《新書·李遜傳》:弟子訥,居與宰相楊收接。收欲市訥宂舍以廣第。訥叱曰:"先人舊廬,爲權貴優笑地邪?"《楊嗣復傳》:子損,家新昌里,與路巖第接。巖方爲相,欲易其廄以廣第。損族仕者十餘人,議曰:"家世盛衰,繫權者喜怒,不可拒。"損曰:"今尺寸土皆先人舊貲,非吾等所有,安可奉權臣邪?窮達命也。"卒不與。皆其事也。《舊書·李皋傳》:初扶風馬彝未知名,皋始辟之,卒以正直稱。漢陽王張柬之有林園在州西,公府多假之游宴。皋將買之。彝歛袵而言曰:"張漢陽有中興功,遺業當百代保之。王縱欲之,奈何令其子孫自鬻焉?"皋謝曰:"主吏失辭,爲足下羞。微足下,安得聞此言。"合此及李師道欲購魏徵故宅觀之,可見時人視名賢舊居之重。行路如此,而況子孫?其欲世保之宜矣。然其事亦非易。《蕭復傳》:廣德中,連歲不稔,穀價翔貴,家貧,將鬻昭應別業。宰相王縉聞其林泉之美,心欲之。乃使弟紘誘焉。曰:"足下之才,固宜居右職。如以別業奉家兄,當以要地處矣。"復對曰:"僕以家貧而鬻舊業,將以拯濟孀幼耳。以易美職,令門內凍餒,非鄙夫之心也。"縉憾之,乃罷復官。沈廢數年。此雖能拒權相,然卒不能不因貧而鬻矣。《新書·柳渾傳》:左丞田季羔從子伯強,請賣私第,募兵助討吐蕃。渾曰:"季羔先朝號名臣。由祖以來世孝謹,表闕於門。隋時舊第,惟田一族耳。討賊自有國計,豈容不肖子毀門構,徼一時倖,損風教哉?"德宗嘉納。隋時舊第惟一族,可見保守先業之難。《舊史·李敬義傳》:"德裕之孫,初隨父貶連州,遇赦得還。嘗從事浙東,自言遇涿道士,謂之曰:子方厄運,不宜仕進。敬義悚然,對曰:

吾終老賤哉？涿曰：自此四十三年，必遇聖王大任子其志之。敬義以爲然，乃無心仕宦，退歸洛南平泉舊業，爲河南尹張全義所知。歲時給遺特厚，出入其門，欲署幕職，堅辭不就。初德裕之爲將相也，大有勛於王室，出藩入輔，綿歷累朝，及留守洛陽，有終焉之志。於平泉置別墅，採天下奇花異竹，珍木怪石，爲園池之玩。自爲家戒序錄，志其草木之得處刊於石。云：'移吾片石，折樹一枝，非子孫也。'洎巢、蔡之亂，洛都灰燼。全義披荆榛而創都邑。李氏花木，多爲都下移掘，樵人鬻賣，園亭掃地矣。有醒酒石，德裕醉即踞之，最保惜者。光化初，中使有監全義軍，得此石，置於家園。敬義知之。泣謂全義曰：'平泉別業，吾祖戒約甚嚴。子孫不肖，動違先旨。'因託全義請石於監軍。他日宴會，全義謂監軍曰：'李員外泣告，言内侍得衛公醒酒石。其祖戒堪哀。内侍能迴遺否？'監軍忿然，厲聲曰：'黃巢敗後，誰家園池完復？豈獨平泉有石哉？'全義始受黃巢偽命，以爲訐己，大怒曰：'吾今爲唐臣，非巢賊也。'即署奏笞斃之。"夫德裕，忘其父一宅之外無他第墅之美，而溺志於游處，身日蹈危機而不自知，不以清德詒子孫，並不能以經籍文藝垂教，而殷殷以卉木爲屬，可不謂之悖乎？敬義不知蓋前人之愆，而垂泣於一石，可以謂之孝乎？内官當唐末，所居何世，而猶失色於杯酒之間，以取殺身之禍，可不謂之至愚乎？全義硜硜，身披荆榛，一若能圖晚蓋者，而亦一怒而殺人，不亦陰賊著於心，卒發於睚眦如故乎？敬義後歸太原，張承業尤不悅唐朝宰輔子孫，或面折於公宴，或指言德裕過惡。敬義不得志，鬱憤而卒。凶德參會，而皆戕其身，豈不哀哉？唐德宗之行間架稅也，史言衣冠士族，或貧無他財，獨守故業，坐多屋出算者動數十萬，不勝其苦。即終克保守，其所得者，亦不過如是而已，安用高牆圍大屋哉？

古有宅經而無葬經。所謂宅經，蓋亦相其陰陽，觀其流泉之意，乃所以圖安居，而非謂所居之地，足以禍福人也。然形家之説稍盛，則又自墓而貤之宅。唐太宗以陰陽書漸致譌僞，穿鑿既甚，拘忌亦多，命吕才與學者十餘人共加刊正。《舊書·才傳》載其叙《宅經》之辭曰："近代師巫，更加五姓之說，謂天下萬物，悉配屬之，行事吉凶，依此爲法。"其矯誣概可見矣。然信之者仍不乏。《新書·杜正倫傳》云：倫與城南諸杜，昭穆素遠，求同譜不許，銜之。諸杜所居號杜固。世傳其地有壯氣，故世衣冠。正倫既執政，建言鑿杜固通水以利人。既鑿，川流如血，閱十日止。自是南杜稍不振。觀此等傳說，而知其說入人之深也。無他，患得患失之心中之而已。

營造寺觀，亦爲耗費之一大端。《新書·辛替否傳》：武崇訓死，安樂公主棄故宅別築第，侈費過度。又盛興佛寺。替否上疏曰："今天下之寺無數。一寺當陛下一宮，壯麗用度，尚或過之。"侈於居室者，不能隨地皆有，寺觀則不然，此其耗盡生民，所以爲尤甚也。高力士於來庭坊造寶壽佛寺，興寧坊造華封道士觀，寶殿珍臺，侔於國力。魚朝恩獻通化門外賜莊爲寺，以資章敬太后冥福。仍請以章敬爲名。復加興造。窮極壯麗。以城中材木不足充費，乃奏壞曲江亭館、華清宮觀樓及百司行廨，將相沒官宅給其用。土木之役，僅逾萬億。高駢於府第別建道院。院有迎仙樓、延和閣。高八十尺，飾以珠璣金鈿。侍女數百，皆羽衣霓服，和聲度曲，擬之鈞天。日與呂用之、殷守一談論其間，賓佐罕見其面。而用之亦建大第，又建百尺樓，託云占星，實窺伺城中之有變者。此等耗費，誠使人聞之變色。然玄宗出內庫錢五十萬爲僧一行起塔，業已自啟之矣。上行下效，豈不信哉？

宏偉壯麗之工，必有智巧之匠而後能爲之。然此等名皆不傳，尸其名者，特官吏之總其事者耳。隋世之宇文愷、閻毗、何稠則其人。見第十九章第二節。唐世姜確，史稱其有巧思，凡朝之營繕，必諮而後行，亦其倫也。何稠有所爲，皆先令黃亘及其弟袞立樣，當時工人皆稱其善，莫能有所損益。亦見第十九章第二節。味此言，便知立樣皆出工人。隋時欲造明堂，宇文愷嘗再爲木樣以獻。唐高宗初年欲造明堂，亦內出九室樣，令有司損益之。見《隋書》及《舊唐書·禮儀志》。此等樣，亦必匠人所爲也。《舊書·裴延齡傳》，訾其"追捕夫匠，迫脅就功"，可見營造之必用匠人矣。匠人之中，必有有智巧能指揮眾匠者。柳宗元《梓人傳》，意雖不在傳梓人，亦可藉以窺見當時匠人之情形也。民間簡陋之室，或有不必匠人而亦能爲之者。如《新書·隱逸·張志和傳》：言其兄鶴齡，恐其遁世不還，爲築室越州東郭。茨以生草，椽棟不施斤斧。此蓋民居之稍精潔者，即昔人所謂精舍也。或凡民皆能爲之耳。

《舊書·張玄素傳》：貞觀四年，詔發卒修洛陽宮乾陽殿，以備巡幸。玄素上書諫。有曰："臣嘗見隋室造殿，櫨棟宏壯，大木非隨近所有，多從豫章採來。二千人曳一柱。其下施轂，皆以生鐵爲之。若用木輪，即便火出。鐵轂既生，行一二里，即有破壞，仍數百人，別齎鐵轂以隨之。終日不過進三二十里。略計一柱，已用數十萬功。"蓋北方原野，已無大木，故不得已而求諸南方山間也。《裴延齡傳》言：德宗時計料造神龍寺，須長五十尺松木。延齡奏曰："臣近於同州檢得一谷，木可數千條，皆長八十尺。"上曰："人言開元、天寶中，側近求覓長五六十尺木尚未易，須於嵐、勝州採市，如今何爲近處便有此木？"延齡奏曰："臣聞賢材、珍寶、異物，皆在處常有，遇聖君即出。見今此木生關輔，蓋爲聖君？豈開元、天寶合得有也？"其辭似甚誕妄。然史於延齡多誣辭，前已言之，此言亦不足信。蓋林木必近水陸道，採伐後易運出，乃有人求之，不則封閟終古耳。在側近而人莫之知，亦無足異也。不然，延齡敢斥玄宗非聖君乎？且既計度造寺，則旦晚便須採用，言之虛實立見，又豈可以面謾哉？然有材木而不便採伐，即同於無有。故其時木材，終虞闕乏也。《傳》又載德宗謂延齡："朕所居浴堂院殿一栿，以年多之故，似有捐盡，欲換之未能。"可以見其艱得矣。

材木之足用與否，既繫於採伐運送而不繫於有無，故僻陋之區，雖密邇山林，仍有覺其不足者，而甄瓦亦或難得，民乃多以茅竹代之。此可見隋、唐、五代時，豪富者之所居，雖侈費而無極，而民居則仍甚簡陋矣。《舊書·宋璟傳》：轉廣州都督。廣州舊族，皆以竹茅爲屋，屢有火災。璟教人燒瓦，改造店肆，自是無復延燒之患。此所改造，蓋僅及店肆,以民居不如店肆之密比也。又《李復傳》:附《李暠傳》後。遷廣州刺史。勸導百姓,變茅屋爲瓦舍。《新書·楊於陵傳》:出爲嶺南節度使。教民陶瓦易蒲屋,以絶火患。此皆指嶺外。然《王仲舒傳》言其爲蘇州,變屋瓦,絶火災。《韋丹傳》言其爲江南西道觀察使,始民不知爲瓦屋,草茨竹椽,久燥則夏而焚。丹召工教爲陶。聚材於場,度其費爲估,不取贏利。人能爲屋者,受材瓦於官。免半賦,徐取其償。逃未復者,官爲爲之。貧不能者畀以財。則嶺北亦有之矣。《舊書·牛僧孺傳》:刺鄂州。江夏城風土散惡,難立垣墉。每年加版築,賦菁茅以覆之。吏緣爲姦,盡弊縣歲。僧孺至,計茆苫版築之費,歲十餘萬。即賦之以甄,以當苫築之價。凡五年,墉皆甃茸。盡弊永除。《高駢傳》:爲成都尹。蜀土散惡,成都比無垣墉。駢乃計每歲完葺之費,甃之以甎甓。雉堞由是完堅。《舊五代史·趙犨傳》:季弟玥。充忠武軍節度使。陳州土壤卑疏,每歲壁壘摧圮,工役不暇。玥營度力用,俾以甓周砌四墉,自是無霖潦之虞。則是時甄之爲用,亦不甚普徧也。《舊書·李光弼傳》:史思明等攻太原,光弼躬率士卒百姓,於城外作掘壕以自固,作塹數十萬。衆莫知所用。及賊攻城於外,光弼即令增壘於内,壞輒補之。作掘壕以自固,作塹數十萬,語不可解。王鳴盛謂上作字衍,塹當作墼,其説是也。此雖倉卒閒事,然可見太原平時,亦多用墼,故民習爲之也。

《新書·地理志》:舒州桐城縣。自開元中徙治山城。地多猛虎毒虺。元和八年,令韓震焚蕩草木,其害遂除。又袁州宜春縣,西南十里有李渠,引仰山水入城。刺史李將順鑿。《舊書·李皋傳》:爲江陵尹。先江陵東北有廢田。傍漢古隄二處。每夏則溢。皋始命塞之。廣田五千頃。畝得一鍾。規江南廢洲爲廬舍。架江爲二橋。流人自占二千餘戶。自荆至樂鄉,凡二百里。旅舍鄉聚凡數十,大者皆數百家。楚俗佻薄,不穿井,飲陂澤。皋始命合錢開井以便人。《新書》傳略同。又見《地理志·江陵縣》下。《新書·長孫無忌傳》:從父弟操,徙陝州,城中無井,人勤於汲。操爲醽河溜入城。百姓利安。《賈曾傳》:子至。肅宗時爲中書舍人。蒲州刺史以河東瀕賊,徹傅城廬舍五千室,使賊不得保聚。民大擾。詔遣至慰安。官助營完,蒲人乃安。《元結傳》:拜道州刺史。初西原蠻掠居人數萬去,遺戶裁四千。結爲民營舍。給田免徭役,流亡歸者萬餘。此與宋璟等,皆良吏之能留意民居者也。

晉天福中,户部奏李自倫旌表之式,已見第十六章第二節。此頗可見鄉間大戶房屋式樣。《新書·孝友傳》:劉君良,四世同居。武德中,深州別駕楊弘業至其居。凡六院,共一庖。一院蓋即今所謂一進也。《舊書·宗室傳》:河間王孝恭之子晦,私第有樓,下臨酒肆。其人嘗候晦言曰:"微賤之人,雖則禮所不及,然家有長幼,不欲外人窺之。家逼明公之樓,出入非便,請從此辭。"晦即日毀其樓。此可見當時居宅,有樓者尚少也。

《日知錄》云:"北人以土爲牀,而空其下以發火,謂之炕。古書不載。元注:"詩瓠葉傳:炕火曰炙。正義曰:炕,舉也。謂以物貫之而舉於火上以炙之。"《左傳》:宋寺人柳熾炭於位,將至則去之。《新序》:宛春謂衞靈公曰:君衣狐裘,坐熊席,陬隅有竈。《漢書·蘇武傳》:鑿地爲坎,置熅火。是蓋近之,而非炕也。元注:"庾信小園賦:管寧藜牀,雖穿而可坐,嵇康鍛竈,既煖而堪眠。"愚案此謂既煖則可寢之瞑目以息耳,非如今人之炕,寢處其上也。《舊唐書·東夷·高麗傳》:"冬月皆作長坑,下然熅火以取煖,此即今之土炕也。但作坑字。"愚案此俗後由女真傳入中國,而女真實受諸高麗。女真初穴居,必不能作炕也。陬隅有竈,蓋特然火以取煖。尋常人之煬竈,則特因炊爨之便,或又移其餘爐於室内以爲熅耳。北方人之發火以暖炕,亦有與炊爨合爲一事者。此於費用尤省,故貧民便之。高麗蓋亦如此?故《舊書》元文,上有"其俗貧窶者多"六字,《新書》則云"窶民盛冬作長坑熅火以取煖"也。此寒地之俗,有裨貧民者。故能傳入中國。《新五代史·晉本紀》:天福七年,北京留守劉知遠進百頭穹廬。《注》曰:"穹廬,夷狄之用也。"此則無道之主,好尚新奇,如衞侯之效夷言耳。史故記之,以見其爲北遷之兆歟?

築城多爲守禦之計。隋煬帝令發人城府縣驛,又令人悉城居,已見第二章第六節。此蓋圖堅壁清野？後唐莊宗以潞州叛，詔天下州鎮無得修城濬隍，悉毀防城之具。潞州平，又命夷之，《通鑑》同光二年。則如秦始皇之隳名城矣。《通鑑》：唐宣宗大中十二年正月以王式爲安南都護經略使。"式有才略。至交趾，樹笂木爲栅，可支數十年。深塹其外，泄城中水。塹外植竹。寇不能冒。"胡《注》曰："史炤曰：笂，都聊切，又音調。余案《廣韻》笂都聊切又音調者，葦華也，其字從草從刀。又《類篇》有從草從力者，香菜也。歷得切。昔嘗見一書從草從力者，讀與棘同。棘，羊矢棗也。此木可以支久。范成大《桂海虞衡志》笂竹，刺竹也。芒刺森然。廣東新州素無城。桂林人黃齊守郡，始以此竹植之，羔豚不能徑，號竹城，至今以爲利。傳聞交趾外城，亦是此竹。正王式所植者也。"此又偏方之地，各因其宜以爲固者也。惟周世宗之城大梁，兼欲整街衢市里。《舊五代史·本紀》：帝之爲澶州節度也，澶之里衢湫隘，公署毀圮。帝即廣其街肆，增其廨宇，吏民賴之。及即位，顯德二年四月，詔於京城四面，別作羅城。以來春興役。三年正月，遂發丁夫十萬城京師羅城。《通鑑》云：發開封府曹、滑、鄭州之民十餘萬築大梁外城。又唐憲宗元和十四年胡《注》曰："凡大城謂之羅城，小城謂之子城，又有第三重城，以衛節度使居宅，謂之衙城。"《通鑑》：顯德二年四月，帝以大梁城中迫隘，詔展外城。先立標幟。俟今冬農隙興版築。東作動則罷之，更俟次年。以漸成之。且令自今葬埋皆出所標七里之外。其標內俟縣官分畫。街衢、倉場、營廨之外，聽民隨便築室。十一月，先是大梁城中民侵街衢爲舍，通大車者蓋寡。上命悉直而廣之。廣者至三十步。又遷墳墓於標外。上曰："近廣京城，於存歿擾動，誠多怨謗之語，朕自當之，他日終爲人利。"《新五代史·王朴傳》曰：朴性剛果，又見信於世宗。凡其所爲，當時無敢難者。世宗征淮，朴留京師。廣新城，通道路，壯偉宏闊。今京師之制，多其所規爲。《默記》引《聞談錄》云：朴性剛烈，大臣藩鎮皆憚之。世宗收淮南，俾朴留守。時以街巷隘狹，例從展拆。朴怒廂校弛慢，於通衢中鞭背數十。其人忿然。歎云："宣補廂虞候，豈得便從決？"朴微聞之。命左右擒至，立斃於馬前。世宗聞之，笑謂近臣曰："此大愚人。去王朴面前誇宣補厢虞候，宜其死矣。"街衢市里，誠合整齊，然居民之流離失所者，亦合曲爲之計。不此之圖，徒欲侈耳目之觀，而以操切之道行之，視人命如草芥，終爲武夫悖戾之氣也。

隋築長城，已見第二章第六節。唐世則不復事此。《新書·地理志》：媯州懷戎縣北九十里有長城。開元中張說築。《劉弘基傳》：突厥患邊，督步騎萬人備塞。自幽北東拒子午嶺，西抵臨涇，築障遮虜。此特偶一爲之，以備寇鈔。唐初突厥爲患最深。或請築古長城，發兵乘塞，太宗不聽。其後思摩渡河，遣使謝曰："有如延陀侵逼，願入保長城。"詔許之。則因前世所築以爲用耳。《舊書·李勣傳》：太宗謂侍臣曰："隋煬帝不能精選賢良，安撫邊境，惟築長城，以備突厥。情識之惑，一至於此。朕今委任李世勣於并州，遂使突厥畏威遁走，塞垣安静，豈不遠勝築長城邪？"蓋長城原以捍小寇，非以禦大敵。唐初突厥擁衆百萬，非長城所能禦，修築徒以勞民；其後塞垣安静，則又無事乎此；更後，默啜再興，則又非長城所能禦也。《舊書·高麗傳》云：貞觀五年，詔遣廣州都督府司馬長孫師往收瘞隋時戰亡骸骨，毀高麗所立京觀。建武懼伐其國，乃築長城，東北自扶餘城，西南至海，千有餘里。此乃億測之辭，殊非情實。隋、唐時句麗之所以拒中國者，專恃棄地以徼中國之師，豈有築長城之理？長城亦豈足以禦中國之師？此長城，亦所以備北族之寇鈔者耳。

牀仍爲尊者之坐。《新書·李峴傳》：故事，政事堂不接客。自元載爲相，中人傳詔者引升堂，置榻待之。峴至，即敕吏撤榻。《李吉甫傳》：初政事堂會食有巨牀，相傳徙者，宰相輒罷，不敢遷。吉甫笑曰："世俗禁忌，何足疑邪？"撤而新之。《裴坦傳》：令狐綯當國，薦爲職方郎中，知制誥，而裴休持不可。故事，舍人初詣省視事，四丞相逆之，施一榻堂上壓角而坐。坦見休，重愧謝。休勃然曰："此令狐丞相之舉，休何力？"顧左右索肩輿亟出。省吏貽駭，以爲唐興無有此辱。人爲坦羞之。是官署中惟尊者有牀也。《舊書·封倫傳》：楊素負貴恃才,多所陵侮,惟擊賞倫。每引與論宰相之務,終日忘倦。因撫其牀曰:"封郎必當據吾此坐。"《李靖傳》:楊素、牛弘皆善之。素嘗拊其牀謂靖曰:"卿終當坐此。"《韋雲起傳》:子方質,則天初,同鳳閣鸞臺平章事。武承嗣、三思,當朝用事,諸宰相咸傾附之,方質疾假,承嗣等詣宅問疾,方質據牀不爲之禮。《文苑·杜甫傳》:甫性褊躁無器度,恃恩放恣。嘗馮醉登嚴武牀,瞪視武曰:"嚴挺之乃有此兒?"《新書·李勉傳》:父擇言累爲州刺史,以吏治稱。張嘉貞爲益州都督,性簡貴,接部刺史倨甚。擇言守漢州,獨引同榻坐,講繹政事。名重當時。《張守珪傳》:再遷幽州良杜府果毅。時盧齊卿爲刺史,器之。引與共榻坐。謂曰:"不十年,子當節度是州,爲國重將。願以子孫託,可僚屬相期邪?"是尊卑相接,尊者皆有牀也,而燕居無論已。《新五代史·劉贊傳》:父玭,每食則自肉食,而以蔬食食贊於牀下。參看第一節。此蓋故抑之,欲其勉學? 非然者,子弟亦未必不得牀坐。《舊書·高開道傳》:張君立奔開道,與其將張金樹潛相結連。開道親兵數百人,皆勇敢士也,號爲義兒,常在閤内。金樹每督兵於閤下。將圍開道,潛令數人入閤内,與諸義兒陽爲遊戲。日將夕,陰斷其弓弦。又藏其刀仗,聚其稍於牀下。逮暝,金樹以其徒大呼來攻。閤下向所遣人抱義兒稍,一時而出。是雖義兒亦皆有牀矣。牀之安者,以繩爲之。《舊書·穆宗紀》:羣臣請立太子,上於紫宸殿御大繩牀見百官。《文苑·王維傳》:齋中無所有,惟茶鐺、藥臼、經案、繩牀是已。其便於攜取者,則爲胡牀。《隋書·列女傳》:鄭善果母,每善果出聽事,母恒坐胡牀,於障後察之是也。雖軍中亦攜之。《舊書·張亮傳》:伐高麗,爲滄海道行軍大總管。率舟師自東萊渡海襲沙卑城,破之。進兵頓建安城下。營壘未固,士卒多樵牧。敵奄至。軍中皇駭。亮素怯懦,無計策,但踞胡牀直視而無言。將士見之,翻以亮爲有膽氣。其副總管張金樹等乃鳴鼓令士衆,擊破之。《郝處俊傳》:詔李勣爲浿江道大總管,以處俊爲副。征高麗,未皇置陳,敵奄至。軍中大駭。處俊獨據胡牀,方餐乾糒。乃潛簡精銳擊敗之。是其事也。亦謂之坐牀。《舊五代史》：梁太祖欲殺朱珍，霍存等數十人叩頭救，太祖怒，以坐牀擲之，乃退。《新史》云舉胡牀擲之是也。用筵席者甚少。《舊書·王珪傳》：子敬直，尚南平公主。禮有婦見舅姑之儀。自近代，公主出降，此禮皆廢。珪曰："今主上欽明，動循法制。吾受公主謁見，豈爲身榮？所以成國家之美耳。"遂與其妻就席而坐，令公主親執笲行盥饋之道，禮成而退。此特所以備禮。《舊五代史·李愚傳》：嘗有疾，詔近臣宣諭，延之中堂，設席惟筦秸，此貧者之爲。又《李茂貞傳》：御軍整衆，都無紀律。當食則造庖厨，往往席地而坐，此則當時賤者皆如此也。《新五代史·盧程傳》：既拜相，人有假驢夫於程者。程帖與唐府給之。府吏啓無例。程怒，笞吏背。少尹任圜，莊宗姊壻也，詣程訴其不可。程戴華陽巾，衣鶴氅，據几決事。視圜罵曰："爾何蟲豸？恃婦家力邪？宰相取給州縣，何爲不可？"此則沐猴而冠耳。然其時之用几案，究尚不如後世之普徧。《新書·薛收傳》：子元超，爲中書舍人。省中有盤石，道衡爲侍郎時，嘗據以草制。元超每見，輒泫然流涕。收道衡子。若在近世，屬草必無據石者已。

前世譏富者之侈曰木土被文錦，蓋以飾牆屋而已。至唐世，乃又有所謂地衣者。懿宗時，李可及爲《歎百年曲》，以綀五千匹爲地衣，已見第十章第一節。又有織絲爲毯以被地者，元和時宣州進之。白居易《新樂府·紅綫毯》篇嘗詠之。曰："宣州太守加樣織，自謂忠臣能竭力。百夫同擔進宮中，綫厚絲多捲不得。"又曰："宣州太守知不知？一丈毯，千兩絲。地不知寒人要暖，少奪人衣作地衣。"亦慨乎其言之矣。《通鑑》：後晉齊王開運二年，帝自陽城之捷，謂天下無虞，奢侈益甚。四方貢獻珍奇，皆歸内府。多造器玩，廣宮室，崇飾後庭。近朝莫之及。作織錦樓以織地衣，用織工數百。期年乃成。則其全無心肝，又非唐元和、咸通之比矣。杜亞製油衣，令舟子衣之以入水，見第十八章第三節。此雖奢侈，猶以之衣人。《新書·馬璘傳》，謂其治第京師，寢堂無慮費錢二十萬緡。方璘在軍，守者覆以油幔，則又地衣之類矣。

燈檠以鐵爲之。《新書·胡証傳》：証膂力絶人。裴度未顯時，贏服私飲，爲武士所窘。証聞，突入。坐客上，引觥三釂。客皆失色。因取鐵燈檠，摘枝葉櫟合其跗，橫膝上。謂客曰："我欲爲酒令，飲不釂者，以此擊之。"衆唯唯。証一飲輒數升。次授客。客流離盤杅不能盡。証欲擊之。諸惡少叩頭請去。証悉驅出。是其事也。尊者蓋多用蠟燭？《柳公權傳》：文宗復召侍書，遷中書舍人，充翰林書詔學士。嘗夜召對子亭，燭窮而語未盡，宮人以蠟液濡紙繼之是也。貧者或無膏油，則然薪代之。《舊書·馬懷素傳》：家貧無燈燭，晝採薪蘇，夜然讀書。《新書·畢誠傳》：早孤，夜然薪讀書。《柳璨傳》：少孤貧好學，晝採薪給費，夜然葉照書是也。

漢人言舜造漆器，諫者七人，可見其時尚以施漆爲侈靡之事，而《宋書·禮志》則反以爲儉，已見《兩晉南北朝史》第二十章第二節。唐時亦然。劉秩之議幣制曰："夫鑄錢用不贍者，在乎銅貴，銅貴在採用者衆。夫銅，以爲兵則不如鐵，以爲器則不如漆，禁之無害，陛下何不禁於人？"《舊書·食貨志》。可見銅之用日微，而鐵與漆之用則日廣矣。《舊書·盧承慶傳》：臨終戒其子："墓中器物，瓷漆而已。"《新書·鄧景山傳》稱其清約，用器止烏漆。亦皆以用漆器爲儉。

## 第五節 葬 埋

古重神不重形，故嬴博去吳，千有餘里，季子不歸葬。然此特古俗之一，附經義而傳者耳。信此義者蓋寡？不然，何由有墦間之祭，而厚葬者亦何其多邪？重視形魄之見，蓋歷代流俗皆然，雖士君子亦不能免。崔損，身居宰相，母野殯不言展墓，不議遷祔，則士君子罪之。《舊五代史·周太祖紀》：廣順二年十一月，詔應內外文武官寮幕職州縣官舉選人等，今後有父母、祖父母亡殁，未經遷葬者，其主家之長,不得輒求仕進。所司亦不得申舉解送。則雖叔世之武夫,亦知此義矣。而俗視歸葬尤重。《舊書·列女傳》:王和子,徐州人。父及兄爲防秋卒,戍涇州。元和中,吐蕃寇邊,戰死,無子。母先亡。和子時年十七。被髮徒跣衰裳,獨往涇州,行丐,取父兄之喪,歸徐營葬。手植松柏,翦髮壞形,廬於墓所。又:大中時,兗州瑕丘縣人鄭仁佐女,年二十四。先許適驍雄衙官李玄慶。神佐亦爲官健,戍慶州。時党項叛,神佐戰死。其母先亡,無子。女乃翦髮壞形,自往慶州,護父喪還,與母合葬。便廬於墳所,手植松檜。誓不適人。《新書·列女傳》:楊含妻蕭,父歷,爲撫州長史,以官卒。母亦亡。蕭年十六,與娣皆韶淑。毀貌載二喪還鄉里。貧不能給舟庸,次宣州戰鳥山,舟子委柩去。蕭結廬水濱,與婢穿壙納棺成墳,蒔松柏,朝夕臨。長老爲立舍,歲時進粟縑。喪滿不釋衰。人高其行。或請昏。女曰:"我弱不能北還,君誠爲我致二柩葬故里,請事君子。"於是含以高要尉罷歸,聘之。且請除素。蕭以親未葬,許其載,辭其採。已葬,乃釋服而歸楊焉。觀三女之見稱,而知世視歸葬之重矣。崔玄亮,晚好黃、老,而猶遺言:"山東士人利便近,皆葬兩都,吾族未嘗遷,當歸葬滏陽,正首丘之義",而况方内之士?能如李乂之遺令薄葬,毋還鄉里者,蓋亦寡矣?《舊書·德宗紀》:大曆十四年八月,詔人死亡於外,以棺柩還城者勿禁。《宣宗紀》:大中三年六月,勅先經流貶罪人,不幸歿於貶所,有情非惡逆,任經刑部陳牒,許令歸葬。絕遠之處,仍量事官給棺櫬。蓋亦所以順俗?晉李太后病亟,欲焚骨送范陽佛寺,趙瑩被疾,求歸骨南朝,自更無足怪矣。皆見第十三章第三節。張礪爲蕭翰鎖之北去,卒於鎮州,家人燼其骨,歸葬於滏陽,見《舊五代史》本傳。《舊五代史·陸思鐸傳》:典陳郡日,甚有惠政。常戒諸子曰:"我死則藏骨於宛丘,使我棲魂於所理之地。"魂無不之,欲棲其地,何待瘞藏?此適足見其視形魄之重,非能破歸葬之惑者也。

夫如是,厚葬自不能免。薛舉區區,而起墳塋,置陵邑,豈特沐猴而冠哉?李義府改葬其祖父,營墓於永康陵側。三原令李孝節,私課丁夫車牛，爲其載土築墳，晝夜不息。於是高陵、櫟陽、富平、雲陽、華原、同官、涇陽等七縣，以孝節之故，懼不得已，悉課丁車赴役。高陵令張敬業，恭勤怯懦，不堪其勞，死於作所。王公已下，争致贈遺。其羽儀導從，轜輴器服，並窮極奢侈。又會葬車馬，祖奠供帳，自灞橋屬於三原七十里間，相繼不絶。此成何事體乎？猶可諉曰：權相縱恣，不可以常理論也。蘇味道以模棱稱，而長安中請還鄉改葬其父，優制令州縣供其葬事，味道因此侵毁鄉人墓田，役使過度，爲憲司所劾，左授坊州刺史，不亦異乎？猶可諉曰：其位究居宰相也。李光進不過一戰將，而葬其母，將相致祭者四十四幄，窮極奢靡，此何爲乎？猶可諉曰：光進固有戰功，位通顯也。高宗永隆二年正月，詔雍州長史李義玄：商賈富人，厚葬越禮，可嚴加捉搦，勿使更然。《舊書·本紀》。太極元年，左司郎中唐紹上疏曰："臣聞王公已下送終明器等物，具標甲令，品秩高下，各有節文。近者王公百官，競爲厚葬。偶人像馬，雕飾如生。徒以眩耀路人，本不因心致禮。更相扇慕，破産傾資。風俗流行，下兼士庶。若無禁制，奢侈日增。望諸王公已下送葬明器，皆依令式。並陳於墓所，不得衢路行。"《舊書·輿服志》。玄宗時，王皇后欲厚葬其父，見下。宋璟等諫，亦言"比來蕃夷等輩，及城市間人，遞以奢靡相高，不以禮儀爲意"，則爲此者正不待高官厚禄矣。太宗貞觀十七年，即禁送終違令式者。《新書·本紀》。玄宗開元二年九月，制曰："自古帝王，皆以厚葬爲戒。近代已來，共行奢靡。遞相放效，浸成風俗。既竭家産，多至凋弊。且墓爲貞宅，自有便房。今乃别造田園，名爲下帳。又冥器等物，皆競驕侈。失禮違令，殊非所宜。戮尸暴骸，實由於此。承前雖有約束，所司曾不申明。喪葬之家，無所依准。宜令所司據品令高下，明爲節制。冥器等物，仍定色數及長短大小。園宅下帳，並宜禁絶。墳墓塋域，務遵簡儉。凡諸送終之具，竝不得以金銀爲飾。如有違者，先決杖一百。州縣長官，不能舉察，並貶授還官。"《舊紀》。二十九年正月，又禁厚葬。《新紀》。代宗大曆七年六月，詔誡薄葬。不得造假花果及金手脱寶鈿等物。《紀》。法令非不具也，然亦具文而已。

以言教不如以身教。下之於上也,不從其令而從其意,法令之不行,在上者固有以啓之也。唐太宗嘗自定陵地於九嵕山。詔言豫爲此制,務從儉約。《舊紀》貞觀十一年。然高祖之崩也,有詔山陵制度,準漢長陵故事,務從隆厚。虞世南疏諫,不聽,再疏言之。公卿亦再奏請遵遺詔,乃獲頗有減省。《舊書·世南傳》。善夫,世南之言之也。曰:"漢家即位之初,便營陵墓,近者十餘歲,遠者五十年,方始成就,今以數月之間,而造數十年之事,其於人力,亦已勞矣。"然則太宗自定之終制,所謂"積以歲月,漸而備之"者,得毋欲使勞民之迹不顯,諫者無所發口邪?《新五代史·溫韜傳》云:韜在鎮七年,韜事見第十二章第四節。唐諸陵在其境內者,悉發掘之。取其所藏金寶。而昭陵最固。昭陵,太宗陵。韜從埏道下,見宮室制度閎麗,不異人間。中爲正寢。東西廂列石牀。牀上石函。中爲鐵匣。悉藏前世圖書。鍾、王筆迹,紙墨如新。韜悉取之。遂傳人間。惟乾陵風雨不可發。乾陵,高宗陵。然則太宗所謂儉約者安在也?世南論漢家陵墓之皆遭發掘也,曰:"無故聚斂百姓,爲盜之用。"太宗實躬蹈之矣。其所謂能納諫者,又何在也?高宗第五子弘,即嘗爲太子,而諡爲孝敬皇帝者,其墓亦稱恭陵,制度一準天子之禮。《舊書·高宗諸子傳》。《傳》又云:功費巨億。萬姓厭役,呼嗟滿道,遂亂投甎瓦而散。《狄仁傑傳》云:司農卿韋機兼領將作、少府二司。高宗以恭陵玄宮狹小,不容送終之具,遣機續成其功。機於埏之左右爲便房四所。又造宿羽、高山、上陽等宮,莫不壯麗。仁傑奏其太過。機竟坐免官。機,《新書》作弘機,以迎迕高宗作宮室,得兼將作、少府,事見上節。蓋其賈民怨實深,不得已乃罷斥之以自解也。唐諸太子陵,皆有令、丞,同諸陵署,見《職官志》。《新書·儒學·盧粲傳》:武崇訓死,詔墓視陵制。粲曰:"凡王、公主墓,無稱陵者。惟永泰公主,事出特制,非後人所援比。崇訓塋兆,請視諸王。"詔曰:"安樂公主與永泰不異。崇訓於主當同穴,爲陵不疑。"粲固執以"陵之稱本施尊極,雖崇訓之親,不及雍王。雍墓不稱陵,崇訓緣主而得假是名哉?"詔可。主大怒,出粲陳州刺史。永泰亦中宗女,以郡主下嫁武延基,爲武后所殺,中宗追贈,以禮改葬,墓號爲陵。見《新書·諸公主傳》。雍王,即章懷太子。玄宗兄憲之歿,雖勅其子,務令儉約,送終之物,皆令衆見,然后父王仁皎歿,將築墳,皎子駙馬都尉守一請同昭成皇后父孝諶故事，墳高五丈一尺。宋璟及蘇頲請一依禮式。上初從之，翼日，又令準孝諶舊例。璟等再言之。乃慰勉，分賜以采絹四百匹。《新書·宋璟傳》。德宗初政，度越貞觀，然嘗欲厚奉元陵，代宗陵。令狐峘疏諫，乃已。《舊書·峘傳》。或謂此亦如太宗之欲奉獻陵，高祖陵。故爲是言，待臣子之諍而後罷之，乃所以爲僞耳。然後其第五子蕭王詳薨，欲如西域造塔，以李岩諫而止。《舊書·德宗諸子傳》。如山南也，長女唐安公主歿於城固，詔所司厚其葬禮，宰相姜公輔諫，帝怒，陸贄救之，怒不已，公輔卒罷相。其後義陽、義章二主，咸於墓所造祠堂百二十間。憲宗女永昌公主薨，令京兆尹元義方減其制之半。宰相李吉甫諫，乃已。文敬太子謜者，順宗子，德宗愛之，命爲子者也。其薨，帝亦悼念，厚葬之，車土治墳，至廢農事。《新書·吳湊傳》。則其欲厚奉元陵也，謂其實非所欲可乎？貞元十四年，以昭陵舊宮爲野火所焚，所司請修奉。昭陵舊宮在山上，緣供水稍遠，百姓勞弊，欲於見住行宮處修創，冀久遠便人。令宰臣百寮集議。議者多云宜就山下，上意不欲，遂於山上重造。命宰相崔損爲八陵修奉使。於是獻、昭、乾、定、泰五陵造屋五百七十間，橋陵一百四十間，元陵三十間。惟建陵仍舊，但修葺而已。定陵，中宗陵。泰陵，玄宗陵。橋陵，睿宗陵。建陵，肅宗陵。所緣陵寢中牀蓐帷幄，一事以上，帝親自閱視，然後授損，送於陵所。《舊書·崔損傳》。修舊如此，而況營新？若懿宗之於文懿，則更不足論矣。見第十章第一節。上以是爲慈孝，而誡下之人以薄葬，是使天下之人儉其親也。其可得乎？五代諸主，惟周太祖臨終遺命，見《舊史·本紀》。頗出肺府，則緣其時民力實竭，抑亦親見唐家陵墓，無不發掘故也。

讓皇帝之葬也，所司請依諸陵舊例，内置千味食。監護使左僕射裴耀卿奏曰：“尚食所料水陸等味，一千餘種。每色餅盛，安於藏内。皆是非時瓜果，及馬、牛、驢、犢、麋、鹿等肉，並諸藥酒三十餘色。儀注禮料，皆無所憑。動皆宰殺。盛夏胎養，聖情所禁。又須造作什物，動逾千計。求徵市井，實謂煩勞。伏望依禮減省。”制從之。孟子曰:"仲尼曰:始作俑者,其無後乎?爲其象人而用之也,如之何其使斯民飢而死也?"今尚食之所料,飢民幾人食乎?《舊書·穆宗紀》:元和十五年五月,詔入景陵玄宮合供千味食。魚肉肥鮮,恐致薰穢。宜令尚藥局以香藥代食。此以避宰殺慈於物則得矣,其所費,恐更廣於尚食之所料也。

唐有皇帝謁陵之禮。不躬謁,則使公卿行陵。朔望、節日上食,日祭,薦新,禮極煩瑣,所費亦多。皆見《新書·禮樂志》。寒食上墓,本非華俗,而開元二十年,編入五禮,永爲恒式。是教民墓祭也。見《舊書·本紀》。按是時王室尚無之。《通鑑·後漢紀》:天福十二年,高祖命郭從義入大梁清宮,密令殺李從益及王淑妃。淑妃且死,曰:"吾兒爲契丹所立,何罪而死?何不留之,使每歲寒食,以一盂麥飯洒明宗陵乎?"聞者泣下。注引《五代會要》曰:人君奉先之道,無寒食野祭。近代莊宗每年寒食出祭,謂之破散,故襲而行之。歐陽修曰,寒食野祭,而焚紙錢,中國幾何其不爲夷狄矣。按唐開元敕,寒食上墓,同拜掃禮。蓋唐許士庶之家行之,而人君無此禮也。愚案歐公語見《新五代史·晉家人傳》。其於羣臣,亦以是爲寵。如樊子蓋爲武威太守,朝於江都,煬帝謂之曰:"富貴不還故鄉,真衣繡夜行耳。"勅廬江郡設三千人會,賜米麥六千石,使謁墳墓,宴故老。當時榮之。來護兒從駕江都,亦賜物千段,令上先人冢,宴父老。魏元忠求歸鄉里拜掃,中宗賜銀千兩,已見第十九章第五節。張行成爲太子少詹事,太宗東征,皇太子於定州監國,即行成本邑也。太子謂行成曰:"今者送公衣錦還鄉。"令有司祀其先人墓。憲宗元和元年三月,詔常參官寒食拜墓,在畿內聽假月往還,他州府奏取進止。是亦教其拜墓也。邴元真之降王世充也,世充以爲行臺僕射,鎮渭州。李密故將杜才幹恨其背密,僞以兵歸之,斬取其首祭密冢,乃歸唐。賀魯之平也,高宗曰:"先帝賜賀魯二千帳主之,今罪人既得,獻昭陵其可乎?"許敬宗曰:"古者軍凱還則飲至於廟,若諸侯獻馘天子,未聞獻於陵。然陛下奉園寢與宗廟等,可行不疑。"於是執而獻昭陵,赦不誅。此何異邴元真之智乎?文德皇后既葬,太宗即苑中作層觀以望昭陵。引魏徵同升。徵熟視曰:"臣眊昏不能見。"帝指示之。徵曰:

"此昭陵邪？"帝曰："然。"徵曰："臣以爲陛下望獻陵。若昭陵，臣固見之。"帝泣，爲毁觀。獨孤皇后崩，代宗亦欲近城爲陵，以朝夕臨望。《新書·姚南仲傳》。要之皆以魂神爲棲於丘墓而已。夫如是，民安得不厚葬？況國又以侈葬爲崇德報功之禮乎？如郭子儀卒，舊令一品墳高丈八尺，詔特加十尺。雖有一二知禮之士，遺命薄葬，又安能挽其頽風哉？主張薄葬之士，亦有數科。蕭瑀、白敏中，信佛者也。傅奕、王績，近道者也。此外則多爲守禮或尚儉之士，然亦不必皆達者。如馮宿，雖遺命薄葬，而悉以平生書納墓中是也。《舊書·李勣傳》：既遇疾，忽謂弟弼曰："我似得小差，可置酒以申宴樂。"於是堂上奏女伎，簷下列子孫。宴罷，謂弼曰："我自量必死。欲與汝一別耳。恐汝悲哭，詭言似差。未須啼泣，聽我約束。我見房玄齡、杜如晦、高季輔，辛苦作得門户，亦望垂裕後昆，並遭癡兒，破家蕩盡。我有如許狆犬，將以付汝。汝可防察。有操行不倫，交遊非類，急即打殺，然後奏知。又見人多埋金玉，亦不須爾。惟以布裝露車，載我棺柩。棺中斂以常服。惟加朝服一副。死儻有知，庶著此奉見先帝。明器惟作馬五、六匹。下帳用幔布爲頂，白紗爲裙，其中著十箇木人，示依古禮芻靈之義。此外一物不用。姬媪已下，有兒女而願住自養者聽之。餘並放出。事畢，汝即移入我堂，撫恤小弱。違我言者，同於戮尸。"此後略不復語。觀其言似能守禮尚儉，實則其貪癡更甚耳。

　　唐王室之所爲，尚有甚非禮者。《舊書·代宗紀》：大曆三年五月，追謚故齊王倓爲承天皇帝，興信公主亡女張氏爲恭順皇后，祔葬。此冥婚也，而殆於用殉矣。殉葬之禮，中國久絶。太宗之崩，阿史那社爾、契苾何力請以身殉。寧國公主下嫁磨延啜。磨延啜死，其國人欲以主殉。主曰："中國人婿死，朝夕臨，喪期三年，此終禮也。回紇萬里結昏，本慕中國，吾不可以殉。"乃止。然剺面哭，亦從其俗云。吐蕃，其君臣自爲友五六人，曰共命，君死，皆自殺以殉。欽陵之死，左右徇而死者百餘人。劉元鼎入吐蕃，記所經見曰："河之西南，地如砥，原野秀沃。夾河多檉柳。山多柏。坡皆丘墓，旁作屋，赭塗之，繪白虎。皆虜貴人有戰功者。生衣其皮，死以旌勇，徇死者瘞其旁。"皆戎狄之俗也。其在中國，則惟杜伏威，士有戰死，以其妻殉耳。

　　助人營喪，在城市中亦成職業。《舊五代史·鄭阮傳》，言其爲趙州刺史，嘗以郡符，取部内凶肆中人隸其籍者，遣於青州昇喪至洛郡。

人憚其遠,願輸直百緡,以免其行。又《晉高祖紀》:天福二年九月,將作少監高鴻漸上言:"伏覩近年已來,士庶之家死喪之苦,當殯葬之日,被諸色音聲、伎藝人等作樂攪擾,求覓錢物。請行止絕。"從之。此凶肆及音聲伎藝人,皆藉助人營喪以謀食者也。又《宋史·陶穀傳》:嘗上言:"坊市死亡喪葬,必候臺司判狀。奴婢病亡,亦須檢驗。吏因緣爲姦,而邀求不已,經旬不獲埋瘞。望申條約,以革其弊。"此事亦在晉世。

厚葬之弊既起,而發掘之禍,亦即隨之。《新書·王徽傳》,言"沙陀會諸軍平京師。大亂之後,宮觀焚殘,園陵皆發掘,鞠爲丘莽,乘輿未有東意。詔徽充大明宮留守京畿安撫制置修奉使。徽外調兵食,內撫綏流亡,踰年稍稍完聚。興復殿寢,裁制有宜,即奉表請帝東還"。則唐室諸陵,黃巢之亂時,已遭發掘,而其後復遭溫韜之禍。《舊五代史·唐莊宗紀》:同光三年,詔曰:"關內諸陵,頃因喪亂,例遭穿穴,多未掩修。其下宮、殿宇、法物等,各令奉陵州府,據所管陵園修製。仍四時各依舊例薦饗。"蓋自黃巢之亂至此,迄未修復也?《晉高祖紀》:天福四年正月,盜發唐閔帝陵。《少帝紀》:天福八年正月,盜發唐坤陵,莊宗母曹太后之陵也。此其見發尤速。《唐明宗紀》:長興二年二月,詔禁天下不得再發無主墳墓。可見遭開發者之多矣。《新書·柳仲郢傳》:拜東都留守。以盜發父墓,棄官歸華原。《伊慎傳》:乾符中,盜發其墓,賜絹二百修瘞。《文藝·李頻傳》:表丐建州刺史。既至,以禮法治下。更佈條教。時朝政亂,盜興相椎敓,而建賴頻以安。卒官下。喪歸,父老相與扶柩葬永樂。州爲立廟梨山,歲祠之。天下亂,盜發其冢。則雖有主且爲衆所共護之墓,亦不能免矣。《舊書·本紀》:元和十四年二月,勅淄青行營諸軍,所至開發墳墓,宜嚴加止絕。會昌三年,討澤潞,詔諸道進軍,並不得焚燒廬舍,發掘墳墓。《舊史·晉高祖紀》:天福三年八月,詔魏府城下,自屯軍以來,墳墓多經剗掘。雖已差人收掩,今更遣太僕卿邢德昭往伸祭奠。又可見軍士之競事椎埋也。《新書·趙犨傳》:弟珝,黃巢之亂時，畏先冢見殘鬺，即夜縋死士取柩以入。此在將帥則然耳。凡民之柩，安可盡取乎？抑且不必兵燹。《新書·百官志》：諸陵四至有封，禁民葬，惟故墳不毀。然《舊書·韓滉傳》言其以國家多難，恐有永嘉渡江之事，築石頭五城，以爲備豫。去城數十里內，先賢丘墓，多令毀廢。《舊史·皇甫遇傳》：言其鎮河陽，於部內開別業，所經墳墓悉毀。見上節。則官吏且躬自爲之矣。《新書·郭子儀傳》曰：破吐蕃靈州，魚朝恩使人發其父墓。盜未得。子儀自涇陽來朝，中外懼有變。及入見，帝唁之。即號泣曰："臣久主兵，不能禁士殘人之墓。人今發臣先墓，此天譴，非人患也。"子儀之無足忌，說已見第十八章第三節。朝恩即忌之，又何必毀其父墓？《舊傳》云：捕盜未獲，人以魚朝恩素惡子儀，疑其使之。子儀心知其故。及自涇陽將入，議者慮其構變，公卿憂之。及子儀入見，帝言之。子儀號泣奏曰："臣久主兵，不能禁暴，軍士殘人之墓，固亦多矣。此臣不忠不孝，上獲天譴，非人患也。"朝廷乃安。然則謂子儀先冢之見發，由朝恩所使，乃揣測之辭，《新書》以爲實然，誤矣。子儀富可敵國，其葬父，蓋必有慢藏誨盜者？使其中有可欲，雖錮南山猶有隙，此其所以聲勢赫奕，父墓一見發，而疑其將構變之浮議即起，而州縣終不能善護之歟？軍士殘人之墓多矣，此則其自書供狀耳。李載義，母葬范陽，爲楊志誠掘發。後志誠被逐，道太原，載義奏請剔其心償母怨，不許。又欲殺之。官屬苦救，乃免。然盡戕其妻息士卒。《新書·藩鎮傳》。時人之報發墓，亦云酷矣，而終不能戢椎埋者之心。使其中有可欲，雖錮南山猶有隙，豈不信哉？楊行密之死也，夜葬山谷，人不知所在，《新書》本傳。不亦心勞日拙乎？

以重視尸體之故，遂至於殘賊尸體，此二者其事雖殊，其心則一也。楊玄感之圍東都也，衛玄援之，至華陰，掘楊素冢，焚其骸骨，夷其塋域，示士卒以必死。此已爲野蠻，猶曰：爭戰之際，以作士氣也。《新書·李泌傳》曰：肅宗在東宮，李林甫數構譖，勢危甚。及即位，怨之，欲掘冢焚骨。此言不知信否。然韋后之敗，睿宗夷其父玄貞、兄洵墓，天寶九載，復詔發掘；《新書·外戚傳》。元載之死，亦發其父祖冢,斲棺棄尸;則此言亦不敢謂爲非信。來子珣誣雅州刺史劉行實弟兄謀反,已誅,復掘夷先墓,轉不足責矣。李錡誅,有司將毀其祖墓,盧坦諫止,而董昌敗卒發其先墓。此何爲者哉?楊行密先冢皆爲蔡儔所發。後史請夷儔世墓,行密不許,其識轉非唐朝所及矣。後唐莊宗滅梁,欲掘梁太祖墓,斲棺戮尸。張全義以爲梁雖讎敵,今已屠滅其家,足以報怨。剖棺之戮,非王者以大度示天下也。莊宗以爲然,鏟去墓闕而已。《新五代史·全義傳》。梁祖之爲人不足取,然當唐末沙陀橫行之際,實藩衛民族之一人也,而其塋墓,乃藉張全義之巽辭以免禍,不亦悲乎?參看《兩晉南北朝史》第二十一章第五節。《舊五代史·漢隱帝紀》:乾祐三年十一月庚寅,樞密使郭威奏"左軍巡勘得飛龍使後贊,款伏與蘇逢吉、李業、閻晉卿、聶文進、郭允明等同謀,令散員都虞候奔德等下手殺害史弘肇等。權開封尹劉銖,具伏朋附李業爲亂,屠害將相家屬。其劉銖等準詔旨處置訖。併蘇逢吉、郭允明、閻晉卿、聶文進首級,並梟於南北市。其骨肉放棄。"此爲未葬而不許其收葬者。事與剖棺戮尸異,而其爲殘賊則同也。

　　貴富者競爲厚葬,若貧民,則有身死而不獲瘞埋者。《舊書·于頔傳》:出爲湖州刺史。州境陸地褊狹,送終者往往不掩其棺椁,頔葬朽骨凡十餘所。《新書》云:頔爲坎瘞枯骨千餘。此雖葬而如未葬者也。《李大亮傳》云:罄其家貲,收葬五葉宗族無後者三十餘喪,可見貧不能葬者之衆矣。此尚在平時,若直兵亂,則更有不堪設想者。《隋書·煬帝紀》:大業十年二月,詔曰:"往年出車問罪,將屆遼濱。廟算勝略,具有進止。而諒闇凶,罔識成敗。高熲愎很,本無智謀。臨三軍猶兒戲,視人命如草芥。不遵成規,坐詒撓退。遂令死亡者衆,不及埋藏。今宜遣使人,分道收葬設祭。於遼西郡立道場一所。"此身征遼喪敗,而移其責於前人也。亦可笑矣。雖有此詔,然唐太宗貞觀五年七月,遣使毀高麗所立京觀,仍命收隋人骸骨,祭而葬之。十九年,伐高麗,次遼澤,又命瘞隋人戰亡者。見新、舊《書·本紀》及《高麗傳》。則可見死亡之衆,而收葬之不易徧矣。《隋書·韓擒傳》:弟洪,爲代州總管。仁壽元年,突厥達頭可汗犯塞。洪拒之,遇於恒安。衆寡不敵。潰圍而出。死者大半。煬帝北巡,見白骨被野,以問侍臣。侍臣曰:"往者韓洪與虜戰處也。"帝閔然。收葬骸骨。命五郡沙門,爲設佛供。《舊書·劉昌傳》:昌至平涼劫盟之所,收聚亡殁將士骸骨,坎瘞之。因感夢於昌,有愧謝之意。昌上聞。德宗下詔深自刻責。遣祕書少監孔述睿及中使以御饌、内造衣服數百襲令昌收其骸骨。分爲大將三十人,將士百人,各具棺槥衣服,葬於淺水原。分建二冢。大將曰旌義,將士曰懷忠。《新書·元結傳》:攝監察御史,爲山南西道節度參謀。募義士,於唐、鄧、汝、蔡降劇賊五千,瘞戰死露胔於泌南,名曰哀丘。皆令人讀之酸鼻。然此特其記載之較詳者耳,其暴骨如莽,而史不能紀其詳者,蓋不知凡幾矣。且如唐高祖武德三年六月,瘞州縣暴骨。《新書·本紀》。太宗貞觀二年四月,詔骸骨暴露者,令所在埋瘞。《舊紀》。《新紀》云:瘞隋人暴骸。四年九月,令收瘞長城之南骸骨,仍令致祭。《舊紀》。《新紀》云:瘞長城南隋人暴骨。五年二月,詔諸州有京觀處,無問新舊,宜悉剗削,加土爲墳,掩蔽枯朽,勿令暴露。此京觀非有意爲之以示武功,特野死而莫之殣耳。以此推之,貞觀五年所毀,亦未必高麗所立。高麗此時,用兵極矜慎有謀,何爲此以激怒中國邪?皆隋末喪亂,野死不葬者也。亦奚减征遼之所喪哉?此特舉其最著者,餘類此者,尚不勝枚舉。契丹主北去時,屠相州,後王繼弘鎮相州,於城中得髑髏十餘萬,已見第十三章第四節。《舊五代史·漢隱帝紀》:乾祐三年正月,分命使臣赴永興、鳳翔、河中收葬用兵已來所在骸骨。時已有僧聚髑髏二十萬矣,所指即相州事也。永興、鳳翔、河中等處,爲數亦不少,然史不能紀其詳矣。而凶荒疾疫之所被,其所傷害,亦不必减於兵死也。豈不哀哉?《舊書·高宗紀》:咸亨元年十月癸酉,大雪,平地三尺餘。行人凍死者,贈帛給棺木。永隆元年九月,河南、河北諸州大水。遣使振恤。死者給以棺槥,其家賜物七段。永淳元年六月,關中初雨,麥田澇損,後旱,京兆、岐、隴螟蝗食苗立盡。加以民多疫癘,死者枕藉於路。詔所在官司埋瘞。《文宗紀》:太和六年五月,詔如聞諸道水旱害人,疾疫相繼。其遭災疫之家,一門盡殁者,官給凶器,皆凶災疾疫之仍至者。《新書·代宗紀》:寶應元年十月,詔浙江民疫死不能葬者爲瘞之。時直袁晁之亂,蓋兵災疾疫,相因而至也。

　　古之論葬地者,皆兼望氣言之,已見《兩晉南北朝史》第二十一章

第五節。《隋書・藝術・蕭吉傳》：獻皇后崩，上令吉卜擇葬所。吉歷筮山原，至一處，云卜年二千，卜世二百，具圖而奏之。上曰："吉凶由人，不在於地。高緯父葬，豈不卜乎？國尋滅亡。正如我家墓田，若云不吉，朕不當爲天子，若云不凶，我弟不當戰歿。"然竟從吉言。吉表曰："去月十六日，皇后山陵西北，雞未鳴前，有黑雲方圓五六百步，從地屬天。東南又有旌旗、車馬、帳幕，佈滿七八里，並有人往來檢校，部伍甚整。日出乃滅。同見者十餘人。謹案葬書云：氣王與姓相生大吉。今黑氣當冬王，與姓相生，是大吉利，子孫無疆之候也。"上大悦。又云：嘗行經華陰，見楊素冢上有白氣屬天，密言於煬帝。帝問其故，吉曰："其候，素家當有兵禍滅門之象。改葬者庶可免乎？"帝後從容謂楊玄感曰："公家宜早改葬。"玄感亦微知其故，以爲吉祥，託以遼東未滅，不遑私門之事。未幾而玄感以反族滅。帝彌信之。亦兼望氣與卜筮言之也。吉著《宅經》八卷，《葬經》六卷，新、舊《志》皆作二卷。《新志》吉《五姓宅經》二十卷。則亦兼圖陽宅矣。獻皇后之葬，山陵制度，多出楊素。素因之受賞。詔曰："葬事依禮，惟卜泉石。至如吉凶，不由於此。素義存奉上，情深體國。欲使幽明俱泰，寶祚無窮。以爲陰陽之書，聖人所作，禍福之理，特須審慎。乃徧歷川原，親自占擇。纖芥不善，即更尋求。志圖元吉，孜孜不已。心力備盡，人靈協贊，遂得神皋福壤，營建山陵。論素此心，事極誠孝。豈與夫平戎定寇，比其功業？非惟廊廟之器，實是社稷之臣。"其言吉凶不由葬地，亦與《蕭吉傳》同，而又盛稱素忠，不恤其辭之自相矛盾，則禍福之念中之也。《舊書・方技・嚴善思傳》：則天崩，欲開乾陵合葬，善思奏議不宜以卑動尊，似能據禮立言。然又云："修築乾陵之後，國頻有難，遂至則天太后，權總萬機，二十餘年，其難始定。今乃更加營作，伏恐還有難生。漢時諸陵，皇后多不合葬，魏、晉以降，始有合葬者。然兩漢積年，向餘四百，魏晉之後，祚皆不長。雖受命應期，有因天假，然循機享德，亦在天時。但陵墓所安，必資勝地。後之胤嗣，用託靈根。或有不安，後嗣亦難長享。山川精氣，土爲星象。若葬得其所,則神安後昌。若葬失其宜,則神危後損,所以先哲垂範,具之《葬經》。欲使生人之道必安,死者之神必泰。"亦以禍福言之也。

《葬經》之名,見於經籍志者尚多,而呂才叙葬書之文,則略見於《舊書》傳中。其説曰:"《孝經》云:卜其宅兆而安厝之。以其顧復事畢,長爲感慕之所,窀穸禮終,永作魂神之宅,朝市遷變,不得豫測於將來,泉石交侵,不可先知於地下;是以謀及龜筮,庶無後艱。斯乃備於慎終之禮,曾無吉凶之義。暨乎近代以來,加之陰陽葬法。或選年月便利,或量墓田遠近。一事失所,禍及死生。巫者利其貨賄,莫不擅加妨害。遂使葬書一術,乃有百二十家。"又云:"葬書云:富貴官品,皆由安葬所致,年命延促,亦曰墳隴所招。"又云:"今之喪葬吉凶,皆依五姓便利。古之葬者,並在國都之北,域兆既有常所,何取姓墓之義?"又云:"野俗無識,皆信葬書。巫者詐其吉凶,愚人因而徼幸。遂使擗踊之際,擇葬地而希官品;荼毒之秋,選葬時以規財禄。"可以見其迷信之概。《溫大雅傳》:大雅將改葬其祖父。筮者曰:《新書》云:卜人占其地。"葬於此地,害兄而福弟。"大雅曰:"若得家弟永康,我將含笑入地。"葬訖,歲餘而卒。此等蓋即巫者之所傳也。《舊史·王建立傳》:疾作,謂其子守恩曰:"榆社之地,桑梓存焉。桑以養生,梓以送死。予生爲壽宮,刻銘石室。死當速葬。葬必從儉。違吾是言,非孝也。"建立先人之墳,在於榆社。其岡阜重複,松檜藹然。占者云後出公侯。故建立自爲墓,恐子孫易之也。可謂固矣。李義琰不營居宅,似乎恭儉,見上節。而後改葬父母,乃使舅氏移塋。其恭儉也,得毋正其貪癡邪?

《唐書·禮儀志》:牛弘撰儀禮,在京師葬去城七里外。周世宗欲展築大梁外城,先立標識,令葬者皆出七里外,見上節。所行者當即此禮。然恐亦未必能行也。

前世立碑有禁。牛弘制禮:"三品已上立碑,七品已上立碣。若隱淪道素,孝義著聞者,雖無爵,奏請立碣。"《舊書·懿宗紀》:咸通九年,龐勛平後,詔"先賢墳墓碑記,爲人所知,被賊毁廢者,即與掩藏,仍量致祭。"《舊史·唐明宗紀》:長興二年四月,"禁人毀廢所在碑碣,恐名賢遺行失所考也。"則其視之頗重。然碑碣皆有制限,志銘則不然,故爲之者漸多。《舊書·傅奕傳》:常醉臥,蹶然起曰:"吾其死矣。"因自爲墓誌曰:"傅奕,青山白雲人也。因酒醉死。烏乎哀哉。"《辛祕傳》:元和十二年,爲昭義節度使。凡四歲。及歸,道病,先自爲墓誌,皆其事也。立碑之禁,本所以戢虛美。然誌銘後亦漸染其習。《盧承慶傳》:臨終誡其子曰:"碑誌但記官號年代,不須廣事文飾。"則其證。然立碑亦爲致寇之媒。《通鑑》:後周太祖廣順二年五月,唐司徒致仕李建勳卒。且死,戒其家人曰:"時事如此,吾得良死,幸矣。勿封土立碑。聽人耕種於其上。免爲它日開發之標。"及江南之亡也,諸貴人高大之冢,無不發者,惟建勳冢莫知其處。斯爲賢知者乎?

殊俗葬法,亦有傳於中國者。德宗欲爲肅王詳造塔,已見前。姜公輔之諫厚葬唐安也,德宗謂陸贄曰:"唐安夭亡,不欲於此爲塋隴,宜令造一磚塔安置,功費甚微,不合關宰相論列。"是亦欲爲之造塔也。《舊書·李暠傳》:遷黃門侍郎,兼太原尹,仍充太原已北諸軍節度使。太原舊俗,有僧徒以習禪爲業,及死,不斂,但以尸送近郊,以飼鳥獸。如是積年。土人號其地爲黃坑。側有餓狗千數,食死人肉,因侵害幼弱,遠近患之。前後官吏,不能禁止。暠到官,申明禮憲,期不再犯。發兵捕殺羣狗。其風遂革。此等風氣,疑皆來自印度。《隋書·達奚長孺傳》:開皇二年,突厥沙鉢略可汗併弟葉護及潘那可汗衆十餘萬,寇掠而南。詔以長孺爲行軍總管,率衆二千擊之。遇於周槃。衆寡不敵。長孺慷慨,神色愈烈。轉鬥三日,殺傷萬計。虜氣稍奪。於是解去。突厥本欲大掠秦、隴,既逢長孺,兵皆力戰,虜意大沮。明日,於戰處焚尸,慟哭而去。《新書·突厥傳》:太宗數頡利之將亡曰:"俗死則焚,今葬者皆起墓,背父祖命,慢鬼神也。"則突厥之於火葬,行之甚舊。僕固懷恩死,部曲焚其尸以葬,蓋亦此俗?然《新五代史·王建立傳》言明宗爲代州刺史,以建立爲虞候將。莊宗嘗遣女奴之代州祭墓,女奴侵擾代人,建立捕而笞之,則沙陀又行土葬之法也。

## 第六節　交　通

　　隋、唐兩代,交通之業,遠邁前朝者,莫如運河,其功實成於隋世。則以南北久分,驟見統一,而南方之富庶,又遠非分裂以前比也。煬帝開通濟渠,已見第二章第四節。自此已前,文帝已開山陽瀆。《隋書·高祖紀》:開皇七年四月,於揚州開山陽瀆,以通運漕。《通鑑》胡《注》曰:"春秋吳城邗,溝通江淮,山陽瀆通於廣陵尚矣。隋特開而深廣之,將以伐陳也。"及是帝又發淮南民十餘萬開邗溝至揚子入江。《通鑑》大業元年。大業六年,敕穿江南河,自京口至餘杭,八百餘里。《通鑑》。《鑑》又云:廣十餘丈,使可通龍舟。併置津官草頓,欲東巡會稽。唐開元時,齊澣復開伊婁河,自京口直達揚子。《十七史商榷》云:"夫差開邗溝,通江淮,與今瓜洲抵揚州之路,不知是一是二,要爲近之。然夫差時此道但可運糧,不勝戰艦。其用兵爭霸上國,仍沿江入海,自海泝淮,不由邗溝也。《漢志》:廣陵國江都縣注:渠水首受江,北至射陽入湖,此即夫差邗溝。然漢時大兵大役,亦必不以此爲渡江之路。直至隋大業中,大發淮南夫開邗溝,自山陽至揚子入江,江淮始大通,而汴泗亦通矣。而道猶淺,六朝都建業,南北往來,以瓜步爲通津。《舊唐書·齊澣傳》:開元二十五年,遷潤州刺史。潤州北界隔吳江,至瓜步,沙尾紆匯六十里。船繞瓜步,多爲風濤所漂損。澣乃移其漕路,於京口塘下直渡江二十里。又開伊婁河二十五里,即達揚子縣。與《新書·地理志》略同。皆不言是瓜洲,其實則瓜洲也。澣既改道,卻於江北遥領。至大曆,乃又改爲。《張延賞傳》:延賞爲揚州刺史。瓜洲懸屬江南,奏請以江爲界。《新傳》亦載此事,而謬改瓜洲爲瓜步。"於是江、淮、河三水交通,漕轉東南,以給西北,安、史亂後,唐室遂倚此道爲命脈矣。然運河之開,初非專便漕轉。李勣之歸翟讓也,説之曰:"宋、鄭兩郡,地管御河,商旅往還,船乘不絶,就彼邀截,足以自資。"讓然之。劫公私船取物,兵衆大振。可見其兼爲商旅所資矣。然及唐末,其道幾廢。《通鑑》唐昭宗天復二年,楊行密發兵討朱全忠。軍吏欲以巨艦運糧。都知兵馬使徐温曰：「運路久不行，葭葦湮塞。請用小艇，庶幾易通。」軍至宿州，會久雨，重載不能進，士有飢色，而小艇先至。行密由是寄溫，始與議軍事。周世宗顯德五年三月，浚汴口，導河流達於淮，江淮舟楫始通。《注》云：「此即唐時運路也。自江淮割據，運漕不通，水路湮塞。今復浚之。」緬想斯時，商旅之出其間者，亦必極少矣。先一年，顯德四年。四月，詔疏汴水北入五丈河。由是齊、魯舟楫，皆達於大梁。其明年，顯德六年。二月，又發徐、宿、宋、單等州丁夫數萬浚汴水。又自大梁城東導汴水入於蔡水，以通陳、潁之漕。浚五丈渠，東過曹、濟、梁山泊，以通青、鄆之漕。發畿內及滑、亳丁夫數千，以供其役。亦據《通鑑》。《注》云「魏收《地形志》曰：汴水在大梁城東，分爲蔡渠。《九域志》曰：浚儀縣之琵琶溝，即蔡河也。《會要》曰：惠民河與蔡河一水，即閔河也。建隆元年，始命陳承昭督丁夫導閔河自新鄭與蔡水合。貫京師，南歷陳、潁達壽春，以通淮右。舟楫相繼，商賈畢至，都下利之。於是以西南爲閔河，東南爲蔡河。至開寶六年，始改閔河爲惠民河。」此又宋代漕轉之所資也。煬帝又開永濟渠，亦見第二章第四節。此皆其較大者。其功僅及於一方者，則未易枚舉。《新書・地理志》所載頗多。如元和中，嚴礪自長舉而西，疏嘉陵江三百里，焚巨石沃醯而碎之，通漕以餽成州戍兵。《新書・地理志》。又如高駢爲靜海軍節度，由安南至廣州，江漕梗險，多巨石。駢募工劚治。由是舟得安行，儲餉畢給。《新書》本傳。據《舊紀》，事在咸通八年。皆其工之較艱巨者也。

隋煬帝大業三年，北巡，發河北十餘郡丁男鑿大行山，達於并州，以通馳道。六月，頓榆林。欲出塞耀兵，徑突厥中指於涿郡。恐啓民驚懼，先遣長孫晟諭指。於是發榆林北境，至其衙，東達於薊，長三千里，廣百步，舉國就役，開爲御道。八月，至太原，欲過張衡宅。上太行，開直道九十里。九月，至濟源。衡，濟源人。唐玄宗幸東都，次永寧之崤谷，馳道隘狹，車騎停擁。河南尹李朝隱，知頓使王怡，並失於部伍。上令黜其官爵。宋璟諫，乃舍之。此皆帝王巡幸，以馳道勞民者也。《舊書・敬宗紀》：寶曆二年正月，興元節度使裴度奏修斜谷路及館驛皆畢功。《文宗紀》：開成元年五月，昭義奏開夷儀山路通太原、晉州，從之。《新書·地理志》：商州，貞元七年，刺史李西華自藍田至内鄉，開新道七百餘里。迴山取途，人不病涉。謂之偏路。行旅便之。《高駢傳》：爲静海軍節度。使者歲至，乃鑿道五所，置兵護送。其徑青石者，或傳馬援所不能治，既攻之，有震碎其石，乃得通，因名道曰天威云。此等雖暫勞民，或於交通有益。亦有反堙塞之者。如《隋書·高祖紀》：王謙平後，更開平道，毁劍閣之路，立銘垂誡是也。此等用意，雖在防負固，然舍險就夷，亦足利民。《舊書·閻立德傳》：太宗征遼，立德以將作大匠從。師至遼澤，東西二百餘里，泥淖，人馬不通。立德填道造橋，兵無留礙。此則僅取濟一時耳。煬帝北巡時，敕有司不得踐暴禾稼。其有須開爲路者，有司計地所收，即以近倉酬賜，務從優厚。此似頗能恤民，然恐亦虚文而已。

《舊書·輿服志》：景龍二年七月，皇太子將親釋奠於國學，有司草儀注，令從臣皆乘馬著衣冠。太子左庶子劉子玄進議曰：“古者自大夫已上皆乘車，而以馬爲騑服。魏、晉已降，迄於隋代，朝士又駕牛車。歷代經史，具有其事，不可一二言也。至如李廣北征，解鞍憩息；馬援南伐，據鞍顧盼；斯則鞍馬之設，行於軍旅，戎服所乘，貴於便習者也。案江左，官至尚書郎，而輒輕乘馬，則爲御史所彈。又顏延之罷官後，好騎馬出入閭里，當代稱其放誕。此則專車馮軾，可擐朝衣，單馬御鞍，宜從褻服，求之近古，灼然之明驗矣。皇家撫運，沿革隨時。至如陵廟巡幸，王公册命，則盛服冠履，乘彼輅車；其士庶有衣冠親迎者，亦時以服箱充馭；在於他事，無復乘車，貴賤所通，鞍馬而已。《新書·車服志》：王公車輅，藏於太僕，受制行册命、巡陵、昏葬則給之。餘皆以騎代車。臣伏見比者鑾輿出幸，法駕首途，左右侍臣，皆以朝服乘馬。非惟不師古道，亦自取驚今俗。儻馬有驚逸，人從顛墜，固以受嗤行路，有損威儀。今議者皆云：祕閣有《梁武帝南郊圖》，有衣冠乘馬者，此則近代故事，不得謂無其文。臣案此圖是後人所爲，非當時所撰。且觀當今，有古今圖畫者多矣。如張僧繇畫羣公祖二疎，而兵士有著芒屩者。閻立本畫昭君入匈奴，而婦人有著帷帽者。夫芒屩出於水鄉，非京華所有,帷帽創於隋代,非漢宮所作,豈可徵此二畫,以爲故實?乘馬衣冠,竊謂宜從省廢。"皇太子手令付外宣行,仍編入令,以爲恒式。觀此,當時貴賤,已無復乘車者矣。惟婦人猶或有之。《舊五代史·史圭傳》:罷歸,閉門杜絶人事。雖親戚故人造者,不見其面。每遊行別墅,則乘婦人氈車,以自蔽匿,其證也。

乘馬實亦爲體制起見,不則多用牛驢。運載亦然。《隋書·牛弘傳》:有弟曰弼,好酒而酗。嘗因醉射殺弘駕車牛。此尚以牛駕車。《舊書·李密傳》:嘗欲尋包愷,乘一黃牛,被以蒲韉,仍將《漢書》一帙,挂於角上。一手捉牛靷,一手翻卷書讀之。尚書令越國公楊素見於道,從後按轡躡之。既及,問曰:"何處書生,耽學若此?"密識越公,乃下牛再拜,自言姓名。則以牛供騎乘矣。《五行志》:景龍中,東都霖雨百餘日,閉坊市北門。駕車者苦汙,街中言曰:"宰相不能調陰陽,令我汙行。"會中書令楊再思過,謂之曰:"於理則然,亦卿牛劣耳。"《張孝忠傳》:子茂昭入朝。順宗聽政,加中書門下平章事,且令還鎮。賜女樂二人。三表辭讓。及中使押犢車至第,茂昭立謂中使曰:"女樂出自禁中,非臣下所宜目覿。昔汾陽、咸寧、西平、北平,嘗受此賜,不讓爲宜。茂昭無四賢之功,述職入覲,人臣常禮,奈何受此寵賜?"順宗聞之,深加禮異,允其所讓。《新書·高祖諸子傳》:虢莊王鳳之曾孫巨,爲河南尹,征乘牛之出入市者,斥所得佐用度。此等皆城市之中,以牛車運載者。《隋書·宇文化及傳》:行至徐州,水路不通,奪人車牛,得二千兩。並載宮人珍寶。其戈甲戎器,悉令軍士負之。《舊書·韋思謙傳》:中宗崇飾寺觀,思謙子嗣立上疏諫,謂其"轉運木石,人牛不停。"憲宗用兵淮蔡,《紀》謂京畿民户供軍,車乘相錯於路,牛皆餒軍,民户多以驢耕。見第八章第二節。《元積傳》:積自叙分蒞東都時事云:朝廷餒東師,主計者誤命牛車四千三百乘,飛芻越太行。《李石傳》:石奏咸陽令韓遼請開興成渠舊漕。在咸陽縣西十八里,東達永豐倉。自秦、漢已來疏鑿,其後堙廢。昨遼計度,用功不多。此漕若成,自咸陽抵潼關三百里内,無車輓之勤,則轅下牛盡得歸耕，永利秦中矣。《舊五代史·楊思厚傳》：於黎陽採巨石，將紀德政。以鐵車負載，驅牛數百以曳之。所至之處，丘墓廬舍，悉皆毁壞。《唐莊宗紀》：同光三年三月，至戚城。時宮苑使王元平、伶人景進爲帝廣採宮人，不擇良家委巷，殆千餘人。車駕不給，載以牛車，縈縈於路焉。此道路之間，以牛車運載者。《舊書·房琯傳》：陳濤斜之戰，琯用春秋車戰之法，以車二千乘，馬步夾之。既戰，賊順風揚塵鼓譟，牛皆震駭。因縛芻縱火焚之。人畜撓敗，爲所傷殺者，四萬餘人。則戰陳亦有用之者矣。蓋馬不給而當時駕車習用牛故也？其用驢者：《隋書·食貨志》言：高祖時關中連年大旱，買牛驢六千餘頭，分給尤貧者，令往關東就食。又言：煬帝西巡，經大斗拔谷，士卒死者十二三，馬驢十八九。又言：大業九年，詔又課關中富人，計其資產出驢，往伊吾、河源、且末運糧。多者至數百頭。價至萬餘。又云：益遣募人征遼。馬少不充，八馱而許爲六馱。《通鑑》唐僖宗廣明元年，上幸興元，道中無供頓，漢陰令李康以騾負糗糧數百馱獻之。從行軍士始得食。《注》云："以驢馬負物爲馱。唐遞馱每馱一百斤。"案此蓋行之車道不通之處。又不足，聽半以驢充。《楊義臣傳》：與漢王將喬鍾葵戰。以兵少，悉取軍中牛驢，得數千頭。復令兵數百人，人持一鼓，潛驅之澗谷間。出其不意。兵初合，命驅牛驢者疾進。一時鳴鼓，塵埃張天。鍾葵不知，以爲伏兵發，大潰。《舊書·來瑱傳》：瑱之被刑也，門客四散，掩於坎中。校書郎殷亮後至，獨哭於尸側，貨所乘驢，以備棺衾。《新書·食貨志》：貞元中，盜鬻兩池鹽一石者死。至元和中，減死流天德、五城。皇甫鎛奏論死如初。一斗以上杖背，沒其車驢。《高開道傳》：幽州饑，開道許輸以粟。羅藝遣老弱湊食，皆厚遇之。藝悦，不爲虞，更發兵三千，車數百，馬驢千，往請粟。開道悉留不遣。《諸公主傳》：憲宗女岐陽莊淑公主，下嫁杜悰，悰爲澧州刺史，主與偕，從者不二十，婢乘驢，不肉食。《舊五代史·梁太祖紀》：開平三年八月，敕所在長吏："自今後州、縣、府、鎮，凡使命經過，若不執敕文券，併不得妄差人驢，及取索一物已上。"《安王友寧傳》：攻博昌，月餘未能拔。太祖怒，遣劉捍督戰。友寧乃下俘民衆十餘萬，各領負木石，牽牛驢，於城南爲土山。既至，合人畜木石，排而築之。冤枉之聲，聞數十里。皆可見驢之用，殆與牛馬等也。

亦有用騾及橐駝者。《隋書·五行志》：仁壽二年，西河有胡人，乘騾在道，忽爲迴風所飄，併一車上千餘尺乃墜，皆碎焉。《舊書·吳少誠傳》：地既少馬，廣畜騾，乘之教戰，謂之騾子軍，尤稱勇悍。《劉沔傳》：少事李光顏，爲帳中親將。元和末，光顏討吳元濟，常用沔爲前鋒。蔡將有董重質者，守洄曲。其部下乘騾即戰，號騾子軍，最爲勁悍。官軍常警備之。沔驍銳善騎射。每與騾軍接戰，必冒刃陷堅，俘馘而還。故忠武一軍，破賊第一。《安祿山傳》：自祿山陷兩京，常以駱駝運兩京御府珍寶於范陽，不知紀極。《新五代史·王章傳》：魏州南樂人，爲州孔目官。張令昭逐節度使劉延皓，章事令昭，令昭敗，章婦翁白文珂與副招討李周善，乃以章託周。周匿章褚中，以橐駝負之洛陽，藏周第。皆其事也。

其貴人則多乘馬。《新書·車服志》，有皇太子乘馬之服。《舊書·王毛仲傳》：天寶中，玄宗在華清宮，乘馬出宮門，欲幸虢國夫人宅。陳玄禮曰："未宣勅報臣，天子不可輕去就。"玄宗爲之迴轡。則雖天子微行，亦乘之矣。《隋書·盧思道傳》：從父兄昌衡，嘗行至浚儀，所乘馬爲佗牛所觸，因致死。牛主陳謝，求還價直。拒而不受。《舊書·李懷遠傳》：雖久居榮位，而彌尚簡率。常乘款段馬。左僕射豆盧欽望謂曰："公榮貴如此，何不買駿馬乘之？"答曰："此馬幸免驚蹶，無假別求。"聞者莫不歎美。《韓滉傳》：性持節儉。入仕之初，以至卿相，凡四十年，相繼乘馬五匹，皆及敝帷。《良吏·賈敦頤傳》：貞觀中，歷遷滄州刺史。在職清潔。每入朝，盡室而行。惟弊車一乘，羸馬數匹。羈勒有闕，以繩爲之。見者不知其刺史也。《忠義·王義方傳》：少孤貧。初舉明經。因詣京師。中路，逢徒步者。自云父爲潁上令，聞病篤，倍道將往。徒步不前，計無所出。義方解所乘馬與之，不告姓名而去。《新書·朱敬則傳》：出爲鄭州刺史。侍御史冉祖雍誣與王同皎善，貶涪州刺史。既明非其罪，改廬州。代還，無淮南一物。所乘止一馬,子曹步從以歸。《樊澤傳》:少孤,依外家,客河朔。相衛節度使薛嵩表爲堯山令。舉賢良方正。次潼關,雨淖,困不能前。有熊執易者,同舍逆旅,哀之,輟所乘馬,傾裝以濟,自罷所舉。此等皆廉儉者,亦無不乘馬。其豪奢者,則如裴冕櫪馬直百金者常十數矣。其乘他畜者,則爲特異之事。《隋書・文學・崔儦傳》:楊素重儦門地,爲子玄縱娶其女。親迎之始,公卿滿坐。素令騎迎儦。儦故敝其衣冠,騎驢而至。《舊書・馮宿傳》:弟定,于頔牧姑蘇也,定寓焉,頔友於布衣間。後頔帥襄陽,定乘驢詣軍門,吏不時白,定不留而去。《新書・隱逸傳》:王績,乘牛經酒肆,留或數日。史德義居虎丘山,騎牛帶瓢,出入廛野。陸龜蒙,居松江甫里。不乘馬、升舟,設蓬席,齎束書,茶竃,筆牀,釣具往來,時謂江湖散人。此等非傴僂之徒,則隱逸之士也。《舊書・韋綬傳》:爲長安縣尉。遭朱泚之亂,變服乘驢赴奉天,蓋欲自儕於氓庶?《舊史・王師範傳》:將至汴,縞素乘驢;《劉鄩傳》:鄩聞師範之命降,亦素服跨驢而發;則當喪亡之際也。《舊書・魏少遊傳》:乾元二年十二月,議率朝臣馬以助軍,少遊與漢中郡王瑀沮其議,上知之,貶渠州刺史,可見朝官無不有馬者。參看第十九章第一節。《薛收傳》:子元超,拜東臺侍郎。右相李義府以罪配流巂州。舊制,流人禁乘馬。元超奏請給之,坐貶爲簡州刺史。《新書・魏元忠傳》:上封事,言"師行必藉馬力。不數十萬,不足與虜爭。請自王公及齊人,挂籍之口,人税百錢。又弛天下馬禁。使民得乘大馬,不爲數限。官籍其凡,勿使得隱。不三年,人間畜馬,可五十萬。即詔州縣,以所税口錢市之。若王師大舉,一朝可用。且虜以騎爲強,若一切使人乘之,則市取其良,以益中國,使得漸耗虜兵之盛,國家之利也。"皆可見當時乘馬之限。此實維體制之虛文而壞戎備也。然《舊書・穆宗紀》:長慶元年正月,靈武節度使李聽奏,請於淮南、忠武、武寧等道防秋兵中,取三千人衣賜月糧賜當道,自召募一千五百人馬驍勇者以備邊。仍令五十人爲一社,每一馬死,社人共補之。馬永無闕。從之。可見民間自有有馬者可募。苟弛馬禁,實可使馬大蕃息也。

單馬雖捷,究不如乘車之安,故車廢而肩舁遂盛。《隋書・禮儀志》云:"今輦制象軺車而不施輪,用人荷之。"又云:"今輿制如輦,但小耳。"此車變爲舁之漸也,其初蓋惟宮中用之?《舊書・李訓傳》:甘露之變,文宗乘軟舁出紫宸門。升含元殿。《通鑑》作軟輿,《注》曰:"軟輿,蓋以裀褥積而爲之,下施榻,令人舉之",其物也。《新五代史・唐家人傳》:莊宗有愛姬,甚有色,而生子,劉后心患之。莊宗燕居宮中,元行欽侍側。莊宗問:"爾新喪婦,其復娶乎?吾助爾聘。"后指愛姬請曰:"帝憐行欽,何不賜之?"莊宗不得已,陽諾之。后趣行欽拜謝、行欽再拜。起顧愛姬,肩輿已出宮矣。《張彥澤傳》:彥澤遷出帝於開封府。帝與太后、皇后肩輿,宮嬪宦者十餘人皆步從。《晉家人傳》:耶律德光入京師,帝與太后肩輿至郊外。皆宮中習用肩輿之證。既利其安,則歷險阻之地者,亦欲用之。《舊書・王方慶傳》:則天嘗幸萬安山玉泉寺,以山逕危懸,欲御要輿而上。方慶諫止。要輿者,《通鑑》:玄宗開元三年九月,以馬懷素爲左散騎常侍,使與右散騎常侍褚無量更日侍讀。每至閤門,令乘肩輿以進。或在別館,道遠,聽於宮中乘馬。親送迎之。待以師傅之禮。以無量羸老,特爲之造要輿,在內殿,令內侍舁之。《注》云:"要輿,令人舉之,適與要平"是也。房玄齡晚節多病,太宗幸玉華宮,詔玄齡居守,聽臥治事。稍棘,召許肩輿入殿。帝視流涕。玄齡亦感咽不自勝。李綱,以足疾賜步輿,聽乘至閣。韋思謙,辭疾不許,詔肩輿以朝,聽子孫侍。苗晉卿,代宗之立,年已衰暮,又患兩足,特許肩輿至中書,入閣不趨。崔祐甫被疾,肩輿至中書,臥而承旨。李叔明朝京師,以病足,賜錦輦,令宦寺肩舁以見。僧神秀,則天追赴都,肩輿上殿,親爲跪禮。張果至東都,舍集賢院,肩輿入宮。王建立,天福五年入觀。晉高祖曰:"三紀前老兄,宜賜不拜。"仍許肩輿入朝。上殿,則使二宦者掖之。七年三月,賜宰臣李崧白藤肩輿。周太祖廣順二年八月,賜宰臣李穀白藤肩輿。皆見《舊史・本紀》。皆以尊賢,特蒙優禮。唐玄宗開元二十年四月乙亥,燕百官於上陽東州,醉者賜以牀褥,肩輿而歸,相屬於路,《舊書·本紀》。則出特旨,蒙其恩者非一人矣。其不待命得乘之者,蓋惟官之最貴者爲然。《通鑑》:唐昭宗景福二年,李茂貞使其黨糾合市人數百千人,擁觀軍容使西門君遂馬訴曰:"岐帥無罪,不宜致討,使百姓塗炭。"君遂曰:"此宰相事,非吾所及。"市人又邀崔昭緯、鄭延昌肩輿訴之。二相曰:"茲事主上專委杜太尉,吾曹不與知。"市人因亂投瓦石。二相下輿走匿民家,僅自免。喪堂印及朝服。《注》云:"舊制,朝臣入朝皆乘馬,宋建炎播遷,以揚州街路滑,始許朝士乘擔子。觀此,則唐末宰相,亦有乘肩輿者矣。"案裴休索肩輿出省,見上節,此尚在崔昭緯、鄭延昌之前。《舊五代史·盧程傳》:後唐莊宗即位,與豆盧革竝命爲平章事。受命之日,即乘肩輿,騶導喧沸。莊宗聞,詢於左右。曰:"宰相擔子入門。"莊宗駭異,登樓見之,笑曰:"所謂似是而非者也。"則遂沿爲故事矣。然亦可見其時惟宰相得乘之也。《新書·宦者傳》:王仲先乘肩輿造朝,此爲僭逆,不足論。非輦轂之下,亦官之尊者乘之。張弘靖入燕,肩輿於三軍之中,已見第八章第四節。盧程使晉陽宮册皇太后,山路險阻,安坐肩輿,亦見《舊史》本傳。自更無足怪矣。《新五代史·王建立傳》:子守恩,以潞州降漢。漢高祖即位,以爲昭義節度使,徙鎮靜難。西京留守,加同中書門下平章事。周太祖以樞密使將白文珂等軍西平三叛。還過洛陽,守恩以使相自處,肩輿出迎。太祖怒。即日以頭子命文珂代守恩爲留守。足見雖在外,位稍卑者,尚不敢乘之也。《舊書·王鐸傳》:僖宗自蜀將還,以鐸爲滄景節度使。時楊全玫在滄州,聞鐸之來,訴於魏州樂彥禎。鐸受命赴鎮。至魏州旬日,彥禎迎謁,宴勞甚至。鐸以上台元老,功蓋羣后,行則肩輿,妓女夾侍。賓寮服御,盡美一時。彥禎子從訓,凶戾無行,竊所慕之。令甘陵州卒數百人,伏於漳南之高雞泊。及鐸行李至,皆爲所掠。鐸與賓客十餘人皆遇害。此固由二鎮之悖戾,然亦可見乘肩輿者尚罕,故爲衆所屬耳目也。

無關體制之處,則人得乘之。其初蓋偏於婦女?唐世婦女乘檐子,已見第十六章第一節。《舊書·輿服志》云:奚車,契丹塞外用之。開元天寶中,漸至京城。兜籠,巴蜀婦人所用。乾元已來,蕃將多著勳於朝;兜籠易於擔負;京城奚車、兜籠,代於車輦矣。《舊書·文苑·元德秀傳》:事母以孝聞。開元中,從鄉賦歲遊京師。不忍離親,每行則自負板輿,與母詣長安。《新書·裴玢傳》:爲山南西道,以疾辭位。入朝,不事騶仗,妻乘竹輿。《新五代史·唐六臣傳》:張策,王行瑜辟觀察支使。李克用攻行瑜,策與婢肩輿其母東歸。行積雪中,行者憐之。《楚世家》:周行逢果於殺戮。夫人嚴氏諫。行逢怒曰:"此外事,婦人何知?"嚴氏不悦。紿曰:"家田佃户,以公貴,頗不力農,多恃勢以侵民,請往視之。"至則營居以老。歲時衣青裙押佃户送租入城。行逢强邀之,以羣妾擁升肩輿,嚴氏卒無留意。皆婦人乘肩舁之證。久則老者病者亦乘之。《舊書·白居易傳》:致仕,與香山僧如滿結香火社,每肩輿往來,白衣鳩杖,自稱香山居士。《李洧傳》:附《李正已傳》。以徐州歸順,加徐、海、沂都團練觀察使,尋加密州。未幾,疽發背。稍平,乃大具糜餅,飯僧於市。洧乘平肩輿,自臨其場。市人歡呼。洧驚,疽潰於背而卒。《牛僧孺傳》:子蔚,黃巢攻京師,方病,子徽與其子自扶藍輿,投竄山南。《孝友·裴敬彝傳》:乾封初,累轉監察御史。時母病,有醫人許仁則,足疾不能乘馬,敬彝每肩輿之以候母焉。《新書·鄭權傳》:穆宗立,以左散騎常侍持節,爲回鶻告哀使。以足疾辭。不許。肩舁就道。《新五代史·宦者·張承業傳》:莊宗已諾諸將即皇帝位,承業方臥病,自太原肩輿至魏諫,不聽,復肩輿歸太原。《楚世家》:陳瞻殺劉建鋒,軍中推行軍司馬張佶爲帥。將入府,乘馬輒蹵齧。傷佶髀。佶卧病,語諸將曰:"吾非汝主也。馬公英勇,可共立之。"諸將乃共殺瞻,磔其尸,遣姚彥章迎馬殷於邵州。殷至,佶乘肩輿入府。殷拜謁於庭中。佶召殷上,乃率將吏下,北面再拜,以位與之。皆其事也。《舊書·郗士美傳》:出爲鄂州觀察使。貞元十八年,伊慎有功,特授安黃節度。二十年,慎來朝,其子宥主留事。朝廷未能去。會宥母卒於京師,利主軍權,不時發喪。士美命從事託以他故過其境。宥果迎之。告以凶問。先備肩籃,即日遺之。肩籃,《通鑑》作籃輿。《注》云:"籃輿,即今之轎也。"元和五年。此有喪者,亦以病者待之也。

輦初供軍用,後乃供凡運載之用。《通鑑》:開元十三年,東封,發東都,有司輦載供具之物,數百里不絕。《注》云:"司馬法及賈公彥所云,皆言行軍之用,此所謂輦載,兼凡器物而言"是也。人之所乘,亦曰步輦。後唐明宗長興四年,以盧文紀、吕琦爲蜀王册禮使。至成都,孟知祥服衮冕,備儀衛詣驛降階北面受册。升玉輅。至府門,乘步輦以歸。《注》曰:"步輦,以人挽之"是也。《新書·王求禮傳》:武后時爲左拾遺。監察御史。后方營明堂,琱飾譎怪,侈而不法,求禮以爲鐵鷟金龍,丹艧珠玉,乃商瓊臺、夏瑶室之比,非古所謂茅茨採椽者。自軒轅來,服牛乘馬。今輦以人負,則人代畜,上書譏切。此亦襲舊論耳。檐子等方日興,又何譏於步輦邪?

《新書·百官志》:駕部郎中、員外郎,掌輿輦、車乘、傳驛、厩牧、馬牛雜畜之籍。凡給馬者:一品八匹,二品六匹,三品五匹,四品、五品四匹,六品三匹,七品以下二匹。給傳乘者:一品十馬,二品九馬,三品八馬,四品、五品四馬,六品、七品二馬,八品、九品一馬。三品以上勅召者給四馬,五品三馬,六品以下有差。凡驛馬,給地四頃,蒔以苜蓿。凡三十里有驛。驛有長。舉天下四方之所達,爲驛千六百三十九。阻險無水草鎮戍者,視路要隙置官馬。水驛有舟。凡傳驛馬驢,每歲上其死損肥瘠之數。其制頗爲精詳。然不過統屬而已。能舉其職與否,實在地方官吏。唐制:在州,道路、逆旅屬户曹,門户、管鑰、烽候、傳驛屬兵曹。津梁、舟車屬士曹。然官吏之能舉其職者少,而過者又不免恣睢自便,驛遂爲困民之一大端矣。國家於驛傳經費,時亦藉出舉以維持之。如玄宗開元二十六年正月,長安、萬年兩縣,各與本錢一千貫,收利供驛。《舊書·本紀》。懿宗咸通五年五月,制以南蠻亂後,潭、桂兩道,各賜錢三萬貫文,以助軍錢,亦以充館驛息利本錢。其江陵、江西、鄂州三道,令本道觀察使准此例興置是。詳見第十八章第四節。此亦非善政也。元稹之分司東都,徐州監軍孟昇死。節度使王沼傳送其喪柩還京,給券乘驛,仍於郵舍安置喪柩。柩至洛,其下歐詬主郵吏。稹令徙柩於外,不得復乘傳。《舊書·稹傳》。而身旋遭宦官爭廳之禍,爲所箠擊傷面,反遭貶斥。已見第八章第三節。《舊書·方技·金梁鳳傳》:梁鳳在河隴,謂呂諲曰:"判官骨相,合得宰相,須得一大驚怖即得。"諲後至驛,責讓驛長,榜之。驛吏武將,性黶猛,持弓矢突入射諲。矢兩發,幾中諲面。諲踰牆得免。驛吏固黶猛,諲安可擅榜驛長乎?《新書·柳公綽傳》:長慶元年,復爲京兆尹。時幽鎮用兵,補置諸將,使驛係道。公綽奏曰:"比館遞匱乏,驛置多闕。敕使衣緋紫者,所乘至三四十騎,黃綠者不下十數。吏不得視券,隨口輒供,驛馬盡,乃掠奪民馬。怨嗟驚擾,行李殆絕。請著定限,以息其弊。"有詔中書條檢定數。由是吏得紓罪。《高元裕傳》:兄少逸,出爲陝、虢觀察使。中人責峽石驛吏供餅惡,鞭之。少逸封餅以聞。宣宗怒,召使者責曰:"山谷間是餅豈易具邪?"謫隸恭陵。觀此諸事,可知乘驛者暴橫之甚。《舊書·崔衍傳》:爲虢州刺史,上陳人困,特以當郵傳衝要爲言,宜矣。申飭之令,亦非無有。如《舊書·憲宗紀》:元和十一年十月,勅諸道奏事官,非急切不得乘驛馬。《舊史·周世宗紀》:顯德二年四月,詔應自外新除御史,未經朝謝,行過州縣,不得受館驛供給及所在公禮是也。然其奉行與否,正是難言。且如唐代,擾亂驛傳,中人爲甚,而憲宗顧以中人爲館驛使,事見第八章第三節。《舊書·裴潾傳》。憲宗寵任內官,有至專兵柄者。又以內官充館驛使。有曹進玉者,恃恩暴戾,遇四方使多倨。有至捶辱者。宰相李吉甫奏罷之。十二年,淮西用兵,復以內官爲使。潾上疏曰:"館驛之務,每驛皆有專知官。畿內有京兆尹,外道有觀察使、刺史,迭相監臨。臺中又有御史充館驛使,專察過闕。伏知近有敗事,上聞聖聰。但明示科條,督責官吏,據其所犯,重加貶黜,敢不惕懼,日夜厲精?若令宮闈之臣,出參館驛之務,則內臣外事,職分各殊,切在塞侵官之原,絕出位之漸。事有不便,必戒以初。令或有妨,不必在大。"其言可謂深切著明矣。不亦翩其反而乎?

韋孝寬之代尉迥也,知其叛,西遁。每至亭驛,輒盡驅傳馬而去,復謂驛司曰:"蜀公將至,宜速具酒食。"迥尋遣騎追孝寬。至驛,輒逢盛饌,又無馬,遂遲留不進。《隋書·韋世康傳》。吉溫,安禄山加河東節,奏爲副使,復奏爲魏郡太守。楊國忠入相,追入爲御史中丞。溫於范陽辭禄山,禄山令累路館驛作白紬帳以俟之。《舊書·酷吏溫傳》。合亭林所稱當時驛舍之美觀之,見第四節。而隋、唐驛傳之情形可以想見矣。職是故,當時公私行旅,尚多棲止其間。《新書·忠義·顏杲卿傳》:禄山反,令與假子李欽湊以兵七千屯土門。杲卿矯賊命詔欽湊計事,欽湊夜還。杲卿辭城門不可夜開,舍之外郵。使長吏袁履謙及參軍馮虔、郡豪翟萬德等數人飲勞。既醉,斬之。先是禄山將高邈召兵范陽,未還,杲卿使藁城尉崔安石圖之。邈至滿城,虔、萬德皆會傳舍。安石紿以置酒。邈舍馬。虔叱吏縛之,而賊將何千年自趙來,虔亦執之。日未中,送二賊首。《卓行傳》:權皋,安禄山表爲薊尉,署幕府。皋度禄山且叛,詐死南奔。客臨淮,爲驛亭保,以詗北方。《孝友傳》:武后時,下邽人徐元慶,父爽,爲縣尉趙師韞所殺。元慶變姓名,爲驛家保。久之,師韞以御史舍亭下,元慶手殺之。《舊書·姚南仲傳》:貞元十五年,代李復爲鄭滑節度使。監軍薛盈珍,恃勢奪軍政。南仲數爲盈珍讒毀。德宗頗疑之。十六年,盈珍遣小使程務盈馳驛奉表,誣奏南仲陰事。南仲裨將曹文洽亦入奏事,伺知盈珍表中語,私懷憤怒。晨夜兼道追務盈。至長樂驛,及之。與同舍宿。中夜,殺務盈,沈盈珍表於厠中,乃自殺。《舊五代史·烏震傳》:好爲詩,善筆札。凡郵亭、佛寺,多有留題之迹。《賈馥傳》:故王鎔判官。張文禮殺鎔,遣馥至鄴都勸進。因留鄴下,棲遲郵舍。《趙思綰傳》:遣供奉官王益部署思綰等赴闕。益至永興,副使安友規、巡檢使喬守溫出迎,於郊外離亭置酒。並當時行旅棲止傳舍之證。《舊書·李翛傳》,言其爲坊、絳州,常飾厨傳,以奉往來中使及禁軍中尉賓客,以求善譽。《新書·王播傳》:弟子式,大中中,爲晉州刺史,飾郵傳,器用畢給。《循吏·何易于傳》:爲益昌令。餽給往來,傳符外一無所進,故無異稱。《舊史·華溫琪傳》:拜華州節度使。以己俸補葺祠廟廨舍千餘間,復於郵亭創待客之具,華而且固,往來稱之。悃愊之與聲華,皎然異路矣。

偏僻之地,郵驛之不修者蓋多?《舊書·憲宗紀》:元和元年正月,復置斜谷路館驛。時高崇文方由此出兵也,可謂臨渴掘井矣。《宣宗紀》:大中三年十一月,東川節度使鄭涯、鳳翔節度使李玭奏修文川谷路,自靈泉至白雲,置十一驛。下詔襃美。經年,爲雨所壞。又令封敖修斜谷舊路。足見其廢壞時多也。惟實心爲民者,乃能於此等地方,加以修飾。《新書·竇懷貞傳》:從子兢,調鄠令。修郵舍道路,百姓德之。《循吏·賈景駿傳》:神龍中,歷肥鄉令。後爲趙州長史,道出肥鄉,民喜,爭奉酒食迎犒。有小兒亦在中。景駿曰:"方兒曹未生,而吾去邑,非有舊恩,何故來?"對曰:"耆老爲我言:學廬、館舍、橋障,皆公所治,意公爲古人,今幸親見,所以來。"景駿爲留終日。後遷房州刺史。州窮險,無學校,好祀淫鬼。景駿爲諸生貢舉。通隘道,作傳舍,罷祠房無名者。此等皆非欲奉過客以干聲譽,真能有益於民,故爲民所稱道也。亦可見民之不可欺矣。

驛馬之誅求,厲民最甚。《舊書·李渤傳》:澤潞節度使郗士美卒,渤充弔祭使。路次陝西,上疏言道途不修,驛馬多死。憲宗覽疏驚異。即以飛龍馬數百匹付畿內諸驛。《文苑·劉憲傳》:父思立,高宗時爲侍御史。屬河南、河北旱,遣御史中丞崔謐等分道存問振給。思立上疏言:"無驛之處,其馬稍難簡擇。公私須預追集。每爲一馬,遂勞數家。望且委州縣振給。"無驛處如此,有驛處更不必論。憲宗時設非有李渤上陳,亦必誅求於民矣。《新書·王翃傳》:兄曾孫凝,出爲商州刺史。驛道所出,吏破產不能給。而州有冶賦羨銀,常權直以優吏奉,凝不取,則以市馬,故無橫擾,人皆慰悦。《盧鈞傳》:拜華州刺史。關輔驛馬疲耗,鈞爲市健馬,率三歲一易。自是無乏事。能如此彌縫匡救者,恐不多也。《通鑑》:唐玄宗天寶六載,羅希奭自青州如嶺南,所過殺遷謫者。郡縣皇駭。排馬牒至宜春,李適之憂懼,仰藥自殺。《注》云:"御史所過,沿路郡縣給驛馬,故未至先有排馬牒。"亦可見供應之嚴切也。

《舊書·職官志》：度支郎中、員外郎之職，轉運、徵斂、送納，皆準程而節其遲速。凡天下舟車，水陸載運，皆具爲脚直。輕重貴賤，平易險澀，而爲之制。《通鑑》：唐昭宗乾寧元年，董昌苛虐，於常賦之外，加斂數倍，以充貢獻及中外餽遺。每旬發一綱，金萬兩，銀五千鋌，越綾萬五千匹，他物稱是。用卒五百人。或遇雨雪風水，違程皆死。《注》云："唐制陸行之程：馬日七十里，步及驢五十里，車三十里。水行之程：舟之重者，沂河日三十里，江四十里，餘水四十五里。空舟，沂河四十里，江五十里，餘水六十里。沿流之舟，則輕重同制，河日一百五十里，江一百里，餘水七十里。轉運、徵斂、送納，皆準程節其遲速。其三峽、砥柱之類，不拘此限。若遇風水淺不得行者，即於隨近官司申牒驗記，聽折半功。不及是則爲違程。董昌蓋計日限程以至長安，又不許以雨雪風水準折也。"《舊書·高宗紀》：貞觀十八年，太宗將伐高麗。令太子留鎮定州。及駕發有期，悲啼累日。因請飛驛遞表起居，併遞勅垂報。並許之。飛表奏事，自此始也。《通鑑》：後晉齊王開運三年十二月乙巳朔，李穀自書密奏，具言大軍危急之勢，請車駕幸滑州，遣高行周，符彥卿扈從，及發兵守澶州、河陽，以備虜之奔衝。遣軍將關勛走馬上之。《注》云："走馬上之，急報也。宋自寶元、康定以前，邊鎮率有走馬承受之官。"此等，皆出常程之外者也。

《通鑑》：唐懿宗咸通九年，龐勛於遞中申狀於崔彥曾。《注》云："遞中，謂入郵筒遞送使府。"又僖宗乾符三年，蠻遣李瑶還，遞木夾以遺高駢。已見第十二章第二節。皆可見唐人傳命之法。

驛在愈荒僻之處，爲用愈大，故收復舊疆，或開拓境宇者，多事設置。《舊書·憲宗紀》：元和八年十一月，以鹽州隸夏州。自夏州至豐州，初置八驛。此所以經略邊境。《太宗紀》：貞觀二十一年，於突厥之北，至於回紇部落，置驛六十六所，以通北荒。《新書·回鶻傳》：延陀亡後，鐵勒諸部入朝，請於回紇、突厥部治大涂，號參天至尊道。乃詔磧南鸊鵜泉之陽，置過郵六十八所，具羣馬、湩肉待使客，即此事也。此其規模,可謂甚遠。然此等郵驛,非藉兵力不能維持,而維持之所費尤巨,終不免勞中國以事四夷也。驛傳於通信最便,用兵之際尤亟,故好武之國,雖荒陋亦能置之。《舊書·吐蕃傳》,記徐舍人與僧延素語,適有飛鳥使至。飛鳥,猶中國驛騎也。云術者上變,召軍急還,遂歸之。《新書》略同。又云:其舉兵,以七寸金箭爲契。百里一驛。有急兵,驛人臆前加銀鶻。甚急,鶻益多。告寇舉烽。則其制亦頗詳備矣。驛既所以便通訊,故有力而欲速知機密者,亦或置之。此爲法令所不許。《隋書·榮毗傳》:爲華州長史。時晉王廣在揚州,每令人密覘京師消息。遣張衡於路次,往往置馬坊,以畜牧爲辭,實給私人也。州縣莫敢違。毗獨遏絕其事。上聞而嘉之,賚絹百匹。是其事矣。若唐玄宗時之店有驛驢,見第十八章第一節。則如鄭當時之置驛馬長安諸郊,存諸故人,請謝賓客,見《秦漢史》第十七章第六節。取節畜力而已,不爲干禁也。

烽候所置,大率相去三十里。若有山岡隔絕,須逐便安置,得相望見,不必要限三十里。逼邊境者,築城置之。每烽置帥、副各一人。其放烽,有一炬、兩炬、三炬、四炬,隨賊多少爲差。每日初夜,放煙一炬,謂之平安火。《通鑑》至德元載、元和七年《注》,皆據《唐六典》。《通鑑》:哥舒翰敗於潼關,麾下來告急,玄宗不時召見,及暮,平安火不至,始懼,是也。

《隋書·楊素傳》:素再討江南之亂,至會稽。先是泉州人王國慶,南安豪族也。殺刺史劉弘,據州爲亂。諸亡賊皆歸之。自以海路艱阻,非北人所習,不設備伍。素泛海掩至。國慶皇遽,棄州而走。似當時閩、浙間海道,尚未暢通者。然唐懿宗時,陳磻石遂能海運以餉安南之師。事見第十章第二節。《舊書·本紀》:咸通三年,磻石詣闕上書,言有奇計以餉南軍。天子召見。磻石奏臣弟聽思,曾任雷州刺史。家人隨海船至福建。往來大船,一隻可致千石。自福建裝船,不一月至廣州,得船數十艘,便可致三萬石至廣府矣。又引劉裕海路進軍破盧循故事。執政是之。以磻石爲鹽鐵巡官,往揚子院,專督海運。於是康承訓之軍，皆不闕供。五年五月丁酉，制淮南、兩浙海運，虜隔舟船，訪聞商徒失業頗甚。所由縱捨，爲弊實深。亦有般貨財委於水次，無人看守，多至散亡。嗟怨之聲，盈於道路。宜令三道據所般米石數，牒報所在鹽鐵巡院，令和雇入海舼船，分付所司。通計載米數足外，輒不更有隔奪，妄稱貯備。其小舸短船，到江口，使司自有船，不在更取商人舟船之限。如官吏妄行威福，必議痛刑。則自淮南、兩浙至閩、粵，海道悉已暢通，且商人有大船頗多。《新書·王義方傳》：補晉王府參軍，直弘文館。素善張亮，亮抵罪，故貶吉安丞。道南海，舟師持酒脯請福。義方酌水誓曰："有如忠獲戾，孝見尤。四維廓氛，千里安流。神之聽之，無作神羞。"是時盛夏，濤霧蒸涌，既祭，天雲開露，人壯其誠。則自長安至江西，反有取道於海者矣。然則王國慶之不虞，特謂北兵不能航海而至，而非其時閩、浙海道之不通也。五代割據，閩、浙與中原隔絕，皆道海而來。歐《史·吳越世家》云：朝廷遣使，皆由登、萊泛海，歲常飄溺。《閩世家》云：審知歲遣使泛海自登、萊朝貢於梁。使者入海，覆溺十常三四。中原使閩、浙，入海失事，見於史者頗多。孔崇弼,事見第十八章第一節。司馬鄴、張文寶、李專美、程遜、裴羽、段希堯、司徒詡等,皆見《舊史》本傳。程遜事且特書於晉高祖紀天福四年。如此，安得通行無阻。薛《史·司馬鄴傳》言："時揚州諸步多賊船，過者不敢循岸，必高帆遠引海中。"蓋使節之行，與尋常商民有異，故多覆溺之患也。《舊書·陸元方傳》：則天革命，使元方安輯嶺外。將涉海，風濤甚壯。舟人莫敢舉帆。元方曰："我受命無私，神豈害我？"遽命之濟。既而風濤果息。則自中原至南方者，久習於海矣。《舊五代史·方太傳》：青州千乘人。少隸本軍爲小校。嘗成登州，劫海客,事洩,刺史淳于晏匿之，遇赦免。可見其時戍將，有爲盜賊之行者也。

　　海外交通，已見第十五章第二節。《隋書·經籍志》：子部天文家有《海中星占》、《星圖海中占》各一卷。蓋時尚未能用羅盤鍼，憑此以決方向。唐、五代之世，亦尚如此。而蓄鴿傳信之法，唐時業已有之。桑原隲藏《蒲壽庚傳》云："李肇《國史補》下曰：南海舶，外國船也。師子國舶最大。梯而上下數丈。皆積寶貨。舶發之後，海路必養白鴿爲信。舶没，鴿雖數千里亦能歸也。段成式《酉陽雜俎》十六：大理丞鄭復禮言：波斯舶上多養鴿。鴿能飛行數千里，輒放一隻至家，以爲平安信。考印度遠洋船，養鴿及他飛行力强之鳥，以搜索陸地，起原頗早。中國記南洋貿易船養鴿事，則始自唐。張九齡養白鴿，用以通信，稱曰飛奴，見王仁裕《開元天寶遺事》。九齡嶺南產，使鴿傳書，實傳自外國貿易船也。"《考證》三十一。

造船之技頗精。隋文帝詔括江南諸州船長三丈已上者入官，已見第二章第一節。煬帝乘龍舟如江都，見第二章第四節。《通鑑》述其制云："龍舟四重，高四十五尺，長二百丈。上重有正殿、內殿、東西朝堂。中二重有百二十房。皆飾以金玉。下重內侍處之。皇后乘翔螭舟，制度稍小，而裝飾無異。別有浮景九艘，三重，皆水殿也。又有漾采、朱鳥、蒼螭、白虎、玄武、飛羽、青鳬、陵波、五樓、道場、玄壇、板艦、黃篾等數千艘，後宮、諸王、公主、百官、僧尼、道士、蕃客乘之，及載內外百官供奉之物。共用挽船士八萬餘人。其挽漾采以上者，九千餘人，謂之殿脚。皆以錦采爲袍。又有平乘、青龍、艨艟、漕舸、八擢、艇舸等數千艘，並十二衛兵乘之，併載兵器帳幕。兵士自引，不給夫。舳艫相接，二百餘里。"唐太宗伐高麗，命張亮率江、淮、嶺、硤勁卒四萬，戰船五百艘，自萊州泛海趣平壤。見《舊書·高麗傳》。《新書·閻立德傳》：即洪州造浮海大航五百艘，蓋即亮所將者也。貞觀二十二年，以高麗困弊，議以明年發三十萬衆一舉滅之。或以爲大軍東征，須備經歲之糧，非畜乘所能載，宜具舟艦爲水運。隋末，劍南獨無寇盜，屬者遼東之役，劍南復不與，及其百姓富庶，宜使之造舟艦。上從之。七月，遣右領左右府長史强偉於劍南道伐木造舟艦。大者或長百尺。其廣半之。別遣使行水道。自巫峽抵江、揚趨萊州。八月，敕越州都督府及婺、洪等州造海船及雙舫千一百艘。强偉等發民造船，役及山獠，雅、邛、眉三州獠反。遣茂州都督張士貴、右衛將軍梁建方發隴右、峽中兵二萬餘人以擊之。蜀人苦造船之役，或乞輸直，雇潭州人造船。上許之。州縣督迫嚴急，民至賣田宅、鬻子女不能供。穀價踴貴，劍外騷然。上聞之,遣司農少卿長孫知人馳驛往視之。知人奏稱"蜀人脆弱,不耐勞劇。大船一艘,庸絹二千二百三十六匹。山谷已伐之木,挽曳未畢,復徵船庸,二事併集,民不能堪。宜加存養。"上乃勑潭州船庸,皆從官給。《通鑑》。太宗是時之勞民,幾與隋煬帝無異。然觀造船之大而且多如是,隋、唐二代之工藝,亦略可見矣。戰鬥利用大船,觀宋武帝克盧循事可知,說見《兩晉南北朝史》,然亦有不利之時。《舊五代史·李珽傳》:成汭之鎮荊州,辟爲掌書記。天復中,淮寇大舉圍夏口,逼巴陵。太祖患之。飛命汭率水軍十萬援鄂。珽入言曰:"今艦艫容介士千人,載稻倍之,緩急不可動。吳人剽輕,若爲所絆,則武陵、武安,皆我之讎也,將有後慮。不如遣驍將屯巴陵大軍對岸。一日不與戰,則吳寇糧絶,而鄂州圍解矣。"不聽。淮人果乘風縱火,舟盡焚,兵盡溺,汭亦自沈於江。朗人、潭人,遂入荊渚,一如所料。即恃大之殷鑒也。《新書·歸崇敬傳》:大曆初,授倉部郎中,充弔祭册立新羅使。海道風濤,舟幾壞。衆驚,謀以單舸載而免。答曰:"今共舟數十百人,我何忍獨濟哉?"少選風息。則航海大船,亦別有小舟隨之。《通鑑》:周世宗顯德三年,太祖皇帝乘皮船入壽春濠中,城上發連弩射之。矢大如屋椽。裨將張瓊,遽以身蔽之,矢中瓊髀,死而復蘇。鏃著骨不可出。瓊飲酒一大卮,令人破骨出之。流血數升,神色自若。《注》云:"皮船,縫牛皮爲之。"蓋正所以禦矢石也。《舊書·李臯傳》:常運心巧思,爲戰船,挾二輪踏之,疾若挂帆席。《新書》略同。案此船宋楊太亦用之,未必傳諸臯,則工匠必有能爲之者。臯與太乃從而用之耳。未必真臯所創也。輪船雖捷,然用人力必多,則所費巨而戰陳以外不可用,此所以雖有其製,而卒失其傳歟?

《舊書·職官志》:水部郎中、員外郎之職。凡天下造舟之梁四,《注》云:河則蒲津、大陽、河陽,洛則孝義。石柱之梁四,《注》云:洛則天津、永濟、中橋,霸則霸橋。木柱之梁三,《注》云:皆渭川、便橋、中渭橋、東渭橋也。巨梁十有一,皆國工修之。其餘皆所管州縣,隨時營葺。其大津無梁,皆給船人。量其大小、難易,以定其差。國工所修,爲數甚少。故津梁濟渡之便否，實視乎州縣之能舉其職與否也。造橋之技，似不如造船之精。《李昭德傳》：初都城洛水天津之東，立德坊西南隅，有中橋及利涉橋，以通行李。上元中，司農卿韋機始移中橋置於安衆坊之左街，當長夏門。都人甚以爲便。因廢利涉橋。所省萬計。然歲爲洛水衝注，常勞治葺。昭德創意，積石爲脚，銳其前以分水勢。自是竟無漂損。《良吏·韋機傳》：孫景駿，神龍中，累轉肥鄉令。縣北界漳水，舊有架柱長橋，每年修葺，景駿改造爲浮橋。足見石柱、木柱之梁，工程均不甚堅實。《新書·地理志》：河中府河西縣，有蒲津關，一名蒲阪。開元十三年，鑄八牛。牛有一人策之。牛下有山，皆鐵也。夾岸以維浮梁。其工程可謂甚巨。然《李固言傳》云：領河中節度使，蒲津歲河水壞梁，吏撤筏用舟，邀丐行人。固言至，悉除之。則造舟之梁，亦有不安固者矣。《舊五代史·王周傳》：周爲定州，橋敗，覆民租車。周曰：“橋梁不飭，刺史之過也。”乃還其所沈粟，出私財以修之。民庶悅焉。此雖爲德政，然州縣橋梁之不飭，亦於此可見矣。太宗征遼，詔所過水可涉者，勿作橋梁。《新書·高麗傳》。張守珪北伐，次灤河，屬凍泮，欲濟無梁，賈循揣廣狹爲橋以濟。《新書》本傳。則偏僻之地，橋梁尤少。然濟渡亦未見善。《舊五代史·崔梲傳》：兄棆，閒居滑州。嘗欲訪人於白馬津。比及臨岸，歎曰：“波勢洶涌如此，安可濟乎？”乃止。白馬爲今古通津，乃使人臨河而歎，得毋津吏亦有不盡其職者耶？

　　城市中路，爲造屋者所侵，殆於古今一轍。《舊書·杜亞傳》：出爲揚州刺史。揚州官河填淤，漕輓湮塞，又僑寄衣冠及工商等，多侵衢造宅，行旅擁弊。亞乃開拓疏啓，公私悅賴。《于頔傳》：改蘇州刺史。濬溝瀆，整街衢，至今賴之。皆其事也。《宣宗紀》：大中三年六月，御史臺奏義成軍節度使韋讓於懷真坊侵街造屋九間，已令毀拆訖。身膺旄節，而所爲如此，不亦異乎？然侵占者恐正始於此等人。《五代史補》云：羅紹威有詞學，尤好戲判。嘗有人向官街中鞴驢，置鞍於地。值牛車過，急行，碾破其鞍。驢主怒，毆駕車者。爲廂司所擒。紹威更不按問,遂判其狀云:"鄴城大道甚寬,何故駕車碾鞍?領轡驢漢子科決,待駕車漢子喜歡。"詞雖俳諧,理甚切當,論者許之。鄴城大道果寬乎?若然,亦不過通都大邑,政令之力較强,侵占不致過甚,如清末南北京、保定、瀋陽等地,街衢尚較小城市爲寬耳。如韋讓之所爲,設非在長安,恐未易令其毁拆矣。故工商之侵占爲蠶食,衣冠之侵占爲鯨吞也。至於日久而地益繁盛,則其擁弊,恐有更甚於尋常城市者矣。周世宗之治大梁,取一切之法,見上節。蓋亦有所不得已也。路工亦不堅實。莊憲太后崩,李儉爲山陵橋道置頓使,靈駕至渭城北門,門壞,已見第八章第三節。《舊書·儉傳》云:先是橋道司請改造渭城北門,儉以勞費不從。令深鑿軌道以行。掘土既深,旁柱皆懸,因而頓壞。掘土而損及城門旁柱,路基之不堅實可知。

街衢之旁,尚多植樹,此則勝於後世者也。劉世龍説唐高祖伐六街樹爲樵,已見第十九章第一節。《舊書·玄宗紀》:開元二十八年正月,兩京路及城中苑内種果樹。《僖宗紀》:廣明元年四月甲申朔,大風。拔兩京街樹十二三。東都長夏門内古槐,十拔七八。宫殿鴟尾皆落。《吴湊傳》:官街樹缺,所司植榆以補之。湊曰:"榆非九衢之玩。"亟命易之以槐。及槐陰成而湊卒,人指樹而懷之。皆官街有樹之證。《范希朝傳》:爲振武節度使。單于城中舊少樹。希朝於他處市柳子,命軍人植之。俄遂成林。居人賴之。則雖邊方,亦有能留意於此者矣。

門、關之政,唐制掌於司門郎中、員外郎。凡關二十有六。新、舊《志》同。《新書·太宗紀》:武德九年八月,廢潼關以東瀬河諸關。《武后紀》:長安三年十二月,天下置關三十。則亦時有廢置。爲上、中、下之差。京城四面有驛道者爲上關,無驛道及餘關有驛道者爲中關,他皆爲下關。上、中關有令、丞,下關但有令。關呵而不征。入一關者,餘關不譏。蕃客往來,閲其裝重。司貨賄之出入。其犯禁者,舉其貨,罰其人。闌遺之物,揭於門外,牓以物色,期年没官。凡度關,先經本部、本司請過所。在京則省給之,在外則州給之。雖非所部,有來文者,所在亦給。出塞踰月者給行牒。獵手所過給長籍,三月一易。兼據新、舊《志》司門職文。《十七史商榷》云:《舊志》關令,凡行人車馬,出入往來,必據過所以勘之,語本《六典》。《新》作車馬出入,據過所爲往來之節,改得殊不如《舊》。又有所謂公驗者。《隋書·高祖紀》:開皇十八年九月,勅舍客無公驗者,坐及刺史、縣令。《通鑑》:唐宣宗大中六年十二月,中書、門下奏:"度僧不精,則戒法墮壞。造寺無節,則損費過多。請自今諸州準元勅許置寺外,有勝地靈迹許修復。繁會之縣,許置一院。嚴禁私度僧尼。若官度僧尼有闕,則擇人補之。仍申祠部給牒。其欲遠遊尋師者,須有本州公驗。"從之。《注》云:"公驗者,自本州給公文,所至以爲照驗。"《舊書·德宗紀》:貞元八年閏十二月,門下省奏:"郵驛條式,應給紙券,除門下外,諸使、諸州,不得給往還券。至所詣州府納之,別給俾還朝。常參官在外除授,及分司假寧往來併給券。"從之。往還券亦公驗之類。然持之太久,流弊必多,故禁之也。《舊史·梁太祖紀》:開平三年十月,詔以寇盜未平,凡諸給過所,竝令司門郎中、員外郎出給,以杜姦詐。四年十一月,詔曰:"關防者,所以譏異服,察異言也。況天下未息,兵民多姦,改形易衣,覘我戎事。比者有諜,皆以詐敗,而未嘗罪所過地。叛將逃卒,竊其妻孥而影附使者,亦未嘗詰其所經。今海內未同,而緩法弛禁,非所以息姦詐,止奔亡也。應在京諸司,不得擅給公驗。如有出外須執憑繇者,其司門過所,先須經中書、門下點檢。宜委趙光逢專判出給。俾繇顯重,冀絕姦源。仍下兩京、河陽及六軍諸衛、御史臺,各加鈐轄。公私行李,復不得帶挾家口向西。其襄、鄧、鄘、延等道,並同處分。"可見其重之之由矣。然其事亦難嚴行。《新史·楊邠傳》:邠雖長於吏事,而不知大體。以故秉大政而務苛細。凡前資官不得居外,而天下行旅,皆給過所然後得行。旬日之間,人情大擾。邠度不可行而止。其明驗矣。

關雖云呵而不征,後亦不能維持。《新書·張知謇傳》:弟知泰,武后革命,奏置東都諸關十七所,譏斂出入。百姓驚駭。樵米踴貴。

卒罷不用。議者羞薄之。《舊書·崔融傳》：長安三年，有司表稅關市。事條不限工商，但是行人盡稅。融上疏諫，則天納之，乃寢其事。融疏有曰："關必據險路，市必憑要津。富商大賈，豪宗惡少，輕死重義，結黨連羣，喑嗚則彎弓，睚眦則挺劍，小有失意，且猶如此，一旦變法，定是相驚。乘玆困窮，便恐南走越，北走胡。非惟流逆齊人，亦自攪亂殊俗。又如邊徼之地，寇賊爲鄰。興胡之旅，歲月相繼，儻同科賦，致有猜疑，一從散亡，何以制禁？"又云："天下諸津，舟航所聚。旁通巴、漢，前指閩、越，七澤、十藪，三江、五湖，控引河、洛，兼苞淮、海。弘舸巨艦，千軸萬艘。交貿往還，昧旦永日。今若江津、河口，置鋪納稅，納稅則檢覆，檢覆則遲留，此津纔過，彼鋪復止。非惟國家稅錢，更遭主司僦略。船有大小，載有多少，量物而稅，觸途淹久。統論一日之中，未過十分之一。因此擁滯，必致吁嗟。一朝失利，則萬商廢業，萬商廢業，則人不聊生。其間或有輕訬任俠之徒，斬龍刺蛟之黨，鄱陽暴虐之客，富平悍壯之夫，居則藏鋌，出便梜劍。加之以重稅，因之以威脅。獸窮則搏，鳥窮則攫，執事者復何以安之哉？"其辭可謂危矣。然肅宗時，李巨爲東京留守，於城市橋梁稅出入車牛等錢，頗有乾沒，士庶怨讟。韓滉爲鎮海，涇師之亂，命所部閉關梁，禁牛馬出境。而大中時，方鎮且設邸閣居茶，橫賦商人。見第一節。至於孔謙，則竟障塞山谷徑路矣。

門禁亦司門掌之。凡著籍，月一易之。流內記官爵姓名，流外記年齒狀貌，非遷解不除。凡有名者，降墨敕，勘銅魚、墨契而後入魚、契之制，見《新書·車服志》。

巡警之務，屬於金吾、千牛二衛，見《新書·百官志》：德宗尚苛伺，中朝士相過，金吾輒飛啓，宰相至閤門謝賓客，事見第七章第六節。閻知微之使突厥，裴懷古監其軍。默啜脅知微稱可汗，又欲官懷古。懷古不肯拜。囚軍中。因得亡。而素氓弱，不能騎，宛轉山谷間，僅達并州。時長史武重規縱暴，左右妄殺人取賞。見懷古至，爭執之。有果毅嘗識懷古，疾呼曰："裴御史也。"乃免。其司苛察者，亦軍人也。吳元濟禁偶語於道，夜不然燭，酒食相餽遺者，以軍法論。《新書·裴度傳》。朱泚亦禁居人夜行。三人以上，不得聚飲食。果何益邪？劉琢，宣宗時爲宣武節度使，下令不伺止夜行，使民自便，境內以安。世豈有專務司察，而可以爲治者哉？

儒家之不達時務，莫過於不知社會之變遷，謂商業可以禁遏，欲驅天下而復返諸農。率是見也，遂併交通而亦欲阻塞之矣。如蘇威是也。《隋書·李諤傳》云：威以臨道店舍，乃求利之徒，事業汙雜，非敦本之義。遂奏高祖，約遣歸農。有願依舊者，所在州縣，錄附市籍。仍撤毀舊店。並令遠道限以時日。正值冬寒，莫敢陳訴。諤因別使，見其如此，以爲四民有業，各附所安。逆旅之與旗亭，自古非同一概，即附市籍，於理不可。且行旅之所依託，豈容一朝而廢？徒爲勞擾，於事非宜。遂專決之，並令依舊。使還詣闕，然後奏聞。高祖善之，曰："體國之臣，當如此矣。"逆旅之不可廢，潘岳論之已詳，威豈未之見邪？《舊書·馬周傳》：西遊長安，宿於新豐逆旅。主人惟供諸商販而不顧待。周遂命酒一斗八升，悠然獨酌。主人深異之。《楊再思傳》：少舉明經，授玄武尉，充使詣京師，止於客舍。會盜竊其囊裝。再思邂逅遇之。盜者伏罪。再思謂曰："足下當苦貧匱，至此無行。速去，勿作聲，恐爲他人所擒。幸留公文，餘財盡以相遺。"盜者齎去。再思初不言其事。假貸以歸。馮定詣於頔，不留而去，頔愍，馳載錢五十萬謝之，定亦飯於逆旅，復書責以貴敖，而返其遺。李勉遊梁、宋，與諸生共逆旅，已見第十九章第五節。《張祎傳》：釋褐壽州防禦判官。于琮布衣時，客遊壽春，郡守待之不厚。祎以琮衣冠子，異禮遇之。琮將別，謂祎曰："吾餉逆旅翁五十千，郡將之惠，不登其數，如何？"祎方奉母家貧，適得俸絹五十匹，盡以遺琮。約曰："他時出處窮達，交相卹也。"舉此數事，足見當時依於逆旅者之多。《文苑·崔咸傳》：父銳，初佐李抱眞爲澤潞從事。有道人，自稱盧老，曾事隋朝雲際寺李先生，豫知過往未來之事。屬河朔禁遊客，銳館之於家。一旦辭去。且曰："我死，當與君爲子。"因指口下黑子，願以爲志，咸之生也，果有黑子，其形神即盧老也。父即以盧老字之。禁遊客之時，當不能復舍逆旅，然亦遊客爲然，工商者未必然也。高崇文之討劉闢，軍至興元，軍中有折逆旅匕箸，斬之以徇。朱泚走涇州，田希鑒拒之，泚亦更舍逆旅。則雖行師之際，亦有依之者矣。

# 第二十一章　隋唐五代政治制度

## 第一節　政　體

　　時代愈後,則君位愈尊,積重之勢然也。晉、南北朝之世,習以皇帝之稱爲最尊,天王次之,王又次之,已見《兩晉南北朝史》第二十二章第一節。《十七史商榷》云:"李克用似未便與曹孟德一例,故薛《史》雖作本紀,稱爲武皇,削一帝字,稍示別異。陶岳、王禹偁,皆有此稱。《宋史·郭從義傳》,猶仍此名。大約當時人語如此。"可見此義在唐、五代之世,猶爲人所共知。然君主之肆然自大者,已不能守。歐《史·馬縞傳》:縞以後唐莊宗時判太常卿。明宗入立,繼唐太祖。莊宗而不立親廟。縞言:"漢諸侯王入繼統者,必別立親廟。光武皇帝立四親廟於南陽。請如漢故事,立廟以申孝享。"明宗下其議。禮部尚書蕭頃等請如縞議。宰相鄭珏等議引漢桓、靈爲比。以謂桓帝尊其祖解瀆亭侯淑爲孝元皇,父萇爲孝仁皇。請下有司,定諡四代祖考爲皇,置園陵,如漢故事。事下太常博士王丕議:漢桓帝尊祖爲孝穆皇帝,父爲孝崇皇帝。縞以爲孝穆、孝崇,有皇而無帝。惟吳孫皓尊其父和爲文皇帝,不可以爲法。右僕射李琪等議與縞同。明宗詔曰:"五帝不相襲禮,三王不相沿樂。惟皇與帝,異世殊稱,爰自嬴秦,已兼厥號。朕居九五之位,爲億兆之尊。奈何總二名於眇躬,惜一字於先世?"乃命宰臣集百官於中書,各陳所見。李琪等請尊祖禰爲皇帝,曾高爲皇。宰相鄭珏合羣議奏曰:"禮非天降,而本人情。可止可行,有損有益。今議者引古,以漢爲據,漢之所制,夫復何依?開元時尊皋陶爲德明皇帝,涼武昭王爲興聖皇帝,皆立廟京師,此唐家故事也。臣請四代祖考皆加帝如詔旨,而立廟京師。"詔可其加帝,而立廟應州。邀佶烈之意,蓋以是爲能盡孝矣。客星據位,原爲沐猴而冠,縞以申孝享立議,又引漢家故事諍之,亦可謂不可與言而與之言矣。盧文紀以縞爲迂儒而鄙之,誠有由也。

不徒追尊祖考也,抑且馳及於子弟。事始魏孝莊之於孝宣,亦已見《兩晉南北朝史》。唐高宗子弘之死,時人以爲武后所酖。《通鑑》語。《考異》曰:"《新書·本紀》云:己亥,天后殺皇太子。《新傳》云:后將遜志,弘奏請數佛旨。從幸合璧宮,遇酖薨。《唐曆》云:弘仁孝英果,深爲上所鍾愛。自升爲太子,敬禮大臣、鴻儒之士,未嘗居有過之地。以請嫁二公主,失愛於天后,不以壽終。《實錄》、《舊傳》,皆不言弘遇酖。按李泌對肅宗云:高宗有八子,睿宗最幼,天后所生四子,自爲行第,故睿宗第四。長曰孝敬皇帝。爲太子,監國。仁明孝弟。天后方圖聽朝,乃酖殺孝敬,立雍王賢爲太子。《新書》蓋據此及《唐曆》也。按弘之死,其事難明,今但云時人以爲天后酖之也,疑以傳疑。"乃追諡爲孝敬皇帝,蓋以息物議也。玄宗既篡儲位,兄憲死,追諡爲讓皇帝。肅宗立,亦追諡其兄琮曰奉天皇帝。代宗則追諡建寧曰承天。蓋其得位皆有慙德,其爲是,正所以掩其爭奪之迹也。失禮之本意矣。合於經義、故事與否,又何足論?

尊號二字,昉自秦世。《史記·秦始皇本紀》:李斯等與博士議帝號曰:"臣等昧死上尊號,王爲泰皇"是也。陸贄言尊號之始,乃在聖劉、天元。聖劉別有取義,天元與皇帝之稱,則皆意在自尊大耳。然皆非自美也。李斯等之言曰:"古有天皇,有地皇,有泰皇,泰皇最貴。"泰與天地,義不相配,疑本作人。篆書大,象人形,字譌爲大,又音假作泰耳。議言"五帝地方千里,其外或朝或否,天子不能制",蓋以古三皇爲不然? 故以其稱相尊。始皇則習見時人以宰制天下者爲帝,欲留其號,而又取斯等之議,加一皇字,以明其非僅制千里之帝耳。此自尊,非自美也。漢哀帝號陳聖劉太平皇帝者? 陳田同音,土田同義,言帝雖姓劉,所行者實土德之政,說見《秦漢史》第二十章第三節。此則別有取義,並非自尊。周宣帝自號天元,乃出童駤之性,説見《兩晉南北朝史》第十五章第一節。此亦妄自尊大耳。陸贄告德宗之辭曰:"古之人君,或稱皇稱帝,或稱王,但一字而已。至暴秦,乃兼皇帝二字。後代因之。及昏僻之君,乃有聖劉、天元之號。是知人之輕重,不在自稱。與其增美稱而失人心,不若黜舊號以祇天戒。"陳戒之意,昭然可見,非欲考尊號之所自來也。《通鑑》天授二年胡《注》,以漢哀帝稱陳聖劉太平皇帝爲尊號之始,似非。**降逮唐世,乃有稱美之辭,生前及死後皆用之。生前所加者,即後世所謂徽號,死後所用,則與諡相淆,而當時皆謂之尊號,實非古尊號二字之義也。**《十七史商榷》云:"唐諸帝有生前所上之尊號,如舊《玄宗紀》:開元二十七年二月,加尊號開元聖文神武皇帝,又肅宗奉上皇尊號曰太上至道聖皇帝是也。有崩後所上之尊號,如上元二年四月,上皇崩,羣臣上諡曰至道大聖大明孝皇帝是也。此稱爲諡。而其餘如高祖,則云:貞觀九年五月,高祖崩,羣臣上諡曰大武皇帝。高宗上元元年八月,改上尊號曰神堯皇帝。天寶十三年二月,上尊號曰神堯大聖大光孝皇帝。太宗則云:貞觀二十三年五月,上崩,百僚上諡曰文皇帝。上元元年,改上尊號曰文武聖皇帝。天寶十三載,改上尊號爲文武大聖大廣孝皇帝。凡此之類,皆或稱諡,或稱尊號者,蓋生上尊號,固起於唐,前世未有,即殁而上諡,前世亦用一字而已,無連累數字者。若至道、大聖,皆不得爲諡,故云尊號也。"案前世廟號、諡法,皆止一字,東晉、蕭梁、北魏、北齊,間有兩字,唐世始累數字爲諡,詰屈不可誦,史家於諸帝乃多稱其廟號,已見第十章第四節。唐世亦間有稱諡者:一如玄宗諡七字,末三字曰大明孝,肅宗諡九字,末三字曰大宣孝,大孝之諡,諸帝所同,乃稱玄宗爲明皇,肅宗爲宣皇是也。又其一,則如敬宗,《舊書》列傳中屢稱爲昭愍,亦間有一篇之中,忽稱敬宗,忽稱昭愍者。蓋石晉之世,羣臣避諱爲之,後人校改未盡。至如《蕭俛》、《白居易傳》,前稱憲宗,後稱章武,《李德裕傳》前稱武宗,後云昭肅,則僅偶一見之,蓋史臣雜采他書,未及整理者耳。説見《廿二史考異》。《通鑑》:代宗大曆十四年,禮儀使吏部尚書顔真卿上言:"上元中政在宫壺,始增祖宗之諡。玄宗末姦臣竊命,累聖之諡,有加至十一字者。按周之文、武,稱文不稱武,言武不稱文,豈盛德所不優乎?蓋羣臣稱其至者故也。故諡多不爲褒,少不爲貶。今累聖諡號太廣,有踰古制。請自中宗以上,皆從初諡。睿宗曰聖真皇帝,玄宗曰孝明皇帝,肅宗曰宣皇帝,以省文尚質,正名敦本。"上命百官集議,儒學之士,皆從真卿議。獨兵部侍郎袁傪,官以兵進,奏言"陵廟玉册木主,皆已刊勒,不可輕改",事遂寢。不知陵中玉册所刻,乃初諡也。胡《注》曰:"唐陵中玉册,自睿宗聖真皇帝以上,所刻皆初諡。然玄宗諡册曰至道大聖大明孝皇帝,肅宗諡册曰文明武德大聖大宣孝皇帝。袁傪所謂木主、玉册,皆已刊勒,有見乎此耳。"案玉册雖刊,不害稱名之從簡,袁傪終未嘗知禮也。胡氏又云:"天寶十三載,加祖宗諡號,並廟號皆爲九字,而羣臣上玄宗尊號,凡十四字。未知顔真卿所謂加至十一字何帝也。"案《舊書‧懿宗紀》:咸通十三年,制追諡宣宗爲玄聖至明成武獻文睿智章仁神聰懿道大孝皇帝。《廿二史考異》云："諸帝之謐,皆具載本紀,紀首又冠以最後增加之謚。獨宣宗紀祇載初上之謚,紀首亦但書聖文獻武孝皇帝,於史例未合。但高祖、太宗,受命之君,謚止七字,肅、順、憲三宗,亦止九字,宣宗德薄於前朝,而驟加至十八字,九廟有靈,何以自安?史臣略而不書,非無見也。"愚謂此直是遺漏,不必求之深而反失之。史文既有闕遺,則真卿以前,諸帝謚號,未必無加至十一字者也。又案稱美之辭,當與張大之辭有別。故唐世生前所加,亦稱徽號。見下引《舊書》本紀之文。後世遂專稱徽號矣。**然雖太后、皇后亦有之。**武后之加尊號,始於垂拱四年。是歲,武承嗣造瑞石,文曰:"聖母臨人,永昌帝業。"令雍州人唐同泰獻之,稱獲之洛水。后加尊號曰聖母神皇。時尚為唐太后也。載初元年,既革唐命,加尊號曰聖神皇帝,降皇帝為皇嗣。二年,正月朔,受尊號於萬象神宮。長壽二年九月,又加尊號曰金輪聖神皇帝。明年,為延載元年,又加號曰越古金輪聖神皇帝。證聖元年,又加號曰慈氏越古金輪聖神皇帝。旋以明堂災,去慈氏越古之號。九月,親祀南郊,復加尊號為天冊金輪大聖皇帝。至聖曆三年五月,以疾疹改元久視,乃去天冊金輪大聖之號。此皆在其為帝時。中宗以景龍元年稱尊號曰應天神龍皇帝。韋后亦加尊號曰順天翊聖皇后。以上皆兼據《舊書·本紀》及《通鑑》。《舊書·本紀》:肅宗乾元二年二月,壬子望,月食既。百官請加皇后張氏尊號曰翊聖。上以月食陰德不修而止。李揆傳:其為舍人也,宗室請加皇后翊聖之號。肅宗召揆問之。對曰:"臣觀往古,后妃終則有謚。生加尊號,未之前聞。景龍失政,韋氏專恣,加號翊聖。今若加皇后之號,與韋氏同。陛下明聖,動遵典禮,豈可蹤景龍故事哉?"肅宗驚曰:"凡才幾誤我家事。"遂止。《通鑑》云:百官請加皇后尊號曰順聖。《考異》曰:"舊紀作翊聖,今從實錄。"**玄宗嘗六受尊號。**一在開元元年,曰開元神武皇帝。二在其二十七年,曰開元聖文神武皇帝。三在天寶元年,得靈符,加號曰開元天寶聖文神武皇帝。四在其七載,曰開元天寶聖文神武應道皇帝。五在其八載,曰開元天地大寶聖文神武應道皇帝。六在其十三載,追謚諸帝皆為孝,羣臣上尊號曰開元天地大寶聖文神武證道孝德皇帝。以上亦兼據《舊紀》及《通鑑》。**及為上皇,肅宗又奉上尊號。自此遂沿為故事。惟肅宗嘗一去之,兼及年號。**未幾大漸,代宗監國,旋復。肅宗去尊號及年號,事在上元二年九月。是月,並以建子月為歲首。明年建巳月,上皇崩,上亦大漸,命太子監國,復建寅,以是月為四月,而改元曰寶應。**德宗在奉天時,亦嘗去尊號。**興元元年正月朔詔。**貞元時,羣臣請復,不許。**《舊紀》:貞元五年十月,百寮請復徽號,不允。六年十月,文武百寮、京城道、俗抗表請復徽號。上曰:"朕以春夏亢旱,粟麥不登,精誠祈禱,獲降甘雨,既致豐穰。告謝郊廟。朕儻因湮祀而受徽號,是有為號之,勿煩固請也。"**開成中,羣臣請上尊號,文宗亦嘗拒之。**《舊紀》:開成二年,以彗星見下赦詔曰:"近者內外臣寮,繼貢章表,欲加徽號。夫道大爲帝,朕膺此稱,祗愧已多,矧鍾星變之時,敢議名揚之美? 非懲既往,且儆將來。中外臣寮,更不得上表奏請。表已在路,並宜追還。"二君皆賢君,其所爲固終異於庸主邪? 南唐始終不用尊號,實較唐代爲優。《通鑑》:晉高祖天福四年正月,唐羣臣江王知證等累表請唐主復姓李,立唐宗廟。唐主許之。羣臣又請上尊號。唐主曰:"尊號虚美,且非古。"遂不受。其後子孫皆踵其法,不受尊號;又不以外戚輔政;宦者不得與事;皆他國所不及也。漢隱帝加錢俶母以順德之號,則踵唐之失而又甚焉者矣。薛《史·本紀》:乾祐二年十一月,以吳越國王錢弘俶母吳氏爲順德太夫人。時議者曰:"封贈之制,婦人有國邑之號,死乃有謚。后妃、公主亦然。唐則天女主,自我作古,乃生有則天之號。韋庶人有順聖之號。知禮者非之。近代梁氏賜張宗奭妻號曰賢懿,又改爲莊惠。今以吳氏爲順德,皆非古之道也。"

又古者祖有功,宗有德,其廟乃世祀不祧,至唐則無帝不稱宗,而臣議君之意益微矣。

皇王之稱,非他族所知,彼而欲尊中國之天子,則亦習以其稱尊者之辭爲稱號耳。晉世夷狄,以大單于之號統北蠻,由此也。唐世北夷尊中國皇帝爲天可汗,事亦如此。事在貞觀二十年。《舊書·本紀》云:"咸請至尊爲可汗。"《新書·本紀》亦云:"請上號爲可汗。"《通鑑》云:"咸云願得天至尊爲天可汗。"《新書·回紇傳》云:"請於回紇、突厥部治大涂,號參天至尊道。"或云至尊,或云天至尊;或云可汗,或云天可汗;疑天字皆唐人所加。在彼則但云可汗耳。北族同時本可有數可汗,如突利在頡利時亦爲東方可汗是也。一族如此,合諸部族自更然。成吉思、達延,皆嘗再正汗位,其初所爲者,蒙古本部族之汗,後所爲者,則諸部族之汗也。當此之時,諸部族之長,亦未必全去汗號,特諸汗相遇時,共仞成吉思、達延爲最尊耳。此即所謂至尊。事出臨時,一時自不能有二,安用於其上再加天字乎? 諸汗之同時竝立,正猶周時吳楚在南方各自稱王。但在會盟時不欲抑周而上之,即不爲叛周矣。《新舊·回紇傳》云:"私自號可汗,署官吏,壹似突厥。"似以其稱汗爲不然,亦未免蓬之心也。又外人不知君臣之分,則以稱父子、叔姪爲尊卑,說見第十二章第二節,第十三章第十三節。然則中國之見屈於北夷,正不待趙宋之世矣。

世惟自足於中者,不待炫鬻於外。漢宣帝時,呼韓邪單于來朝,詔公卿議其儀。丞相霸、御史大夫定國議:其禮儀宜如諸侯王,位次在下。蕭望之以爲"單于非正朔所加,故稱敵國,宜待以不臣之禮,位在諸侯王上。使匈奴後嗣,闕於朝享,不爲叛臣。"天子采之,下詔曰:"蓋聞五帝三王,教化所不施,不及以政。今匈奴單于稱北蕃,朝正朔,朕之不逮,德不能弘覆,其以客禮待之。"令單于位在諸侯王上,贊謁稱臣而不名。詔書所稱,義見《書·傳》,亦經説也。唐世,此義猶有存焉。《新書·高麗傳》:高祖謂左右曰:"名實須相副。高麗雖臣於隋,而終拒煬帝,何臣之爲?朕務安人,何必受其臣?"裴矩、温彦博諫曰:"遼東本箕子國,魏、晉時故封内,不可不臣。中國與夷狄,猶太陽於列星,不可以降。"乃止。高祖之言善矣,矩、彦博之意,亦謂故封不可由我而失,非謂凡荒外政教所不及者,皆當責以臣禮也。《大食傳》:開元初,遣使獻馬、鈿帶。謁見不拜。有司將劾之。中書令張説謂"殊俗慕義,不可寘於罪。"玄宗赦之。使者又來,辭曰:"國人止拜天,見王無拜也。"有司切責,乃拜。張説之言,亦與清世斷斷争公使跪拜者,大異其趣矣。薛《史·周恭帝紀》:顯德六年七月,尚輦奉御金彦英,本高麗人也。奉使高麗,稱臣於其王,故及於罪。何其褊歟?

　　外族演進遲,其俗乃有足與中國古俗相證者。《新書·吐蕃傳》:其君臣自爲友,五六人曰共命。君死,皆自殺以殉。此秦穆之所以殺三良也。《舊書·波斯傳》:其王初嗣位,便密選子才堪承統者,書其名字,封而藏之。王死後,大臣與王之羣子共發封而視之。奉所書名者爲主焉。與清世建儲之法,若合符節,事相類,所以處置之者自亦相類,固不必其相師也。

## 第二節　封　　建

　　封建之制,秦、漢而後,久已理不可行,而亦勢不能行,而昧者猶時欲復之。其説亦可分二等:晉初之議復封建,猶有爲天下之意也,至唐則純乎視天下爲一家之私産而欲保之矣。

封建之所以不可復行也，以其勢不能，固也。當列國未一之時，國各有其自立之道，欲替之而不可得，故其勢足以相雠，而亦足以相輔。秦、漢而後，則異是矣。秦、漢之所以獲統一，本因其力在列國中爲獨强，統一之後，更欲樹國使爲己藩輔，則必使其力足與己相抗而後可。何也？樹國於外，本所以防竊據於中也。然如是，安能保其不與己相抗？吳、楚不滅，新莽或不易代漢，然吳、楚不滅，能保其當哀、平之世，無裂冠毀冕之志乎？晉初議封建者，莫如劉頌之得其實。頌謂建國欲以爲藩輔，則其國必不可替，然其勢可替也，安能保執中央之權者不之替乎？抑其勢可替者，雖强存之亦奚益？故郡縣之世，更言封建，其道終窮也。然晉初之言封建者，實非徒欲爲一家保其私産。蓋自當時之閱歷言之，替舊朝者，其道有二：一爲權臣之移國，王莽、曹操是也。一爲匹夫之崛起，張楚、黃巾是也。欲絕此二者，時人所見，自謂非封建莫由。司馬氏之欲復封建，固不敢謂其無欲私天下之心，然如陸機、劉頌之徒，則必非爲一姓計者也。參看《兩晉南北朝史》第二章第三節。至唐而其意迥異矣。

封建之制，本有兩元素：君國子民，子孫世襲，一也，此自其爲部落酋長之舊。錫以榮名，畀之租入，二也，此則凡人臣之所同矣。前者勢不能行，而後者不容遽廢，而財力又有給有不給，則錫以榮名，而於租入則或與之，或靳之，又其勢也。故自魏、晉以來，大率存五等之名，而封户則或有或無，隋、唐雖異其名，不能異其實也。《隋書・百官志》：隋初封爵，本有國王、郡王、國公、郡公、縣公、侯、伯、子、男，凡九等。煬帝惟留王、公、侯三等，餘並廢之。《新書・百官志》：唐爵九等：一曰王，食邑萬户。二曰嗣王、郡王，食邑五千户。三曰國公，食邑三千户。四曰開國郡公，食邑二千户。五曰開國縣公，食邑千五百户。六曰開國縣侯，食邑千户。七曰開國縣伯，食邑七百户。八曰開國縣子，食邑五百户。九曰開國縣男，食邑三百户。《舊書・職官志》：武德令惟有公、侯、伯、子、男，貞觀十一年，加開國之稱也。皇兄弟、皇子皆封國爲親王。皇太子之子爲郡王。親王之子，承嫡者爲嗣王，諸子爲郡公,以恩進者封郡王。襲嗣郡王、嗣王者封國公。皇姑爲大長公主,姊爲長公主,舊書作姊妹。女爲公主。皇太子女爲郡主。親王女爲縣主。凡封户,三丁以上爲率。歲租三之一入於朝廷。《六典》云:舊制户皆三丁已上,一分入國。開元中,定以三丁爲限,租賦全入封家。食實封者得真户,分食諸州。皇后、諸王、公主食邑,皆有課户。名山、大川、畿内之地,皆不以封。此自七國亂後歷代通行之制也,而唐高祖、太宗,曾不以是爲已足。

《舊書·宗室傳》曰:高祖受禪,以天下未定,廣封宗室,以威天下。皇從弟及姪,《通鑑》云:再從、三從弟及兄弟之子。見武德九年。年始孩童者數十人,皆封爲郡王。太宗即位,因舉宗正屬籍,問侍臣曰:"徧封宗子於天下,便乎?"尚書右僕射封德彝對曰:"歷觀往古,封王者今最爲多。兩漢已降,惟封帝子及親兄弟,若宗室疏遠者,非有大功如周之郇、滕,漢之賈、澤,並不得濫封,所以別親疏也。先朝敦睦九族,一切封王,爵命既隆,多給力役。蓋以天下爲私,殊非至公馭物之道。"太宗曰:"朕理天下,本爲百姓,非欲勞百姓以養己之親也。"於是宗室率以屬疏降爵爲郡公,惟有功者數十人封王。《通鑑》云:降宗室郡王,皆爲縣公,惟有功者數人不降。似高祖純乎自私,而太宗頗能幹蠱者。其實太宗之私心,乃更甚於其父。《舊書·蕭瑀傳》,太宗嘗謂瑀曰:"朕欲使子孫長久,社稷永安,其理如何?"瑀對曰:"臣觀前代,國祚所以長久者,莫若封諸侯以爲磐石之固。秦併六國,罷侯置守,二代而亡。漢有天下,郡、國參建,亦得年餘四百。魏、晉廢之,不能永久。封建之法,實可遵行。"太宗然之,始議封建。此事《通鑑》繫貞觀元年七月,實在太宗即位之初。《新書·宗室傳贊》曰:始唐興,疏屬畢王。至太宗,稍稍降封。時天下已定,帝與名臣蕭瑀等喟然講封建事,欲與三代比隆。而魏徵、李百藥皆謂不然。徵意以唐承大亂,民人彫喪,始復生聚,遽起而瓜分,故有五不可之説。《通鑑》曰:徵以爲"若封建諸侯,則卿、大夫咸資俸祿,必致厚斂。又京畿賦稅不多,所資畿外,若盡以封國、邑,經費頓闕。又燕、秦、趙、代,俱帶外夷。若有警急,追兵内地,難以奔赴。"百藥稱帝王自有命曆，祚之短長，不緣封建。又舉春秋二百四十二年之禍，亟於哀平、桓靈，而詆曹元首、陸士衡之言，以爲繆悠。而顏師古獨議建諸侯當少其力，與州縣雜治，以相維持。然天子由是罷不復議。此事《舊書·李百藥傳》繫貞觀二年，《通鑑》於貞觀五年追敘。下云：十一月，詔皇家宗室及勳賢之臣，宜令作鎮藩部，貽厥子孫。非有大故，毋或黜免。所司明爲條制，定等級以聞。則雖云罷議，其心初未嘗回也。《舊書·百藥傳》云：太宗竟從其議，謂其後封建終廢耳，非謂當時即聽其說。十年三月，出諸王爲都督。《新紀》。十一年，定制諸王、勳臣爲世封刺史。新、舊《紀》同。以諸王爲世封刺史詔，見《舊書·高祖二十二子傳》。以功臣爲世封刺史詔，見《舊書·長孫無忌傳》。《舊書·長孫無忌傳》：無忌等上言曰："臣等披荊棘以事陛下。今海內寧一，不願遠離。而乃世牧外州，與遷徙何異？"乃與房玄齡上表。太宗覽表，謂曰："割地以封功臣，古今通義。意欲公之後嗣，翼朕子孫，長爲藩翰，傳之永久，而公等薄山河之誓，發言怨望，朕亦安可強公以土宇邪？"於是遂止。下乃敘十二年太宗幸其第事。《新書》略同。一似其事實未嘗行者。然停世襲刺史事，新、舊《紀》皆在十三年二月。《通鑑》亦同。《鑑》云：上既詔宗室襲封刺史，左庶子于志寧上疏爭之，侍御史馬周亦上疏。會司空趙州刺史長孫無忌等皆不願之國，上表固讓。表與《舊書·無忌傳》所載，辭異意同。無忌又因子婦長樂公主固請於上。且言"臣披荊棘事陛下，今海內寧一，奈何棄之外州？與遷徙何異？"上曰："割地以封功臣，古今通義。意欲公之後嗣，輔朕子孫，共傳永久，而公等乃復發言怨望，朕豈強公等以茅土邪？"乃詔停世封刺史。新、舊《書·于志寧、馬周傳》，亦皆載其諍封建事。《新書·周疏》有"伏見詔宗室功臣悉就藩國"之語。則世封之制，雖定於十一年，實至十三年就國詔下而其事始亟，而諸臣乃力辭，而太宗乃從而允之，在當時則初未嘗止也。然世封之詔雖停，而以皇子爲都督、刺史之事仍未廢。十七年，褚遂良又上疏諍之，《舊傳》雖云帝深納之，《新傳》亦云帝嘉納。終未聞其發明詔遂罷其事也。自漢已後，藩王已習不與政，勢已不足爲禍，而兼方面者則不然。晉之八王是也。太宗雖罷世封,而不革皇子督州之法,其自私之心,可謂始終不變矣。幸而時無永康之釁,皇子又多幼小,獲免於前世之禍耳,豈其能與治同道哉?而尚論者皆以爲賢君,仲任《治期》之論,信不誣也。

《新書·宗室傳贊》又載諸家之論曰:"名儒劉秩,目武氏之禍,則建論,以爲設爵無土,署官不職,非古之道。故權移外家,家廟絶而更存。存之之理,在取順而難逆,絶之之原,在單弱而無所憚。至謂郡縣可以小寧,不可以久安。大抵與曹、陸相上下。而杜佑、柳宗元深探其本,據古驗今而反復焉。佑之言曰:夫爲人置君,欲其蕃息,則在郡縣,然而主祚常促。爲君置人,不病其寡,則在建國,然而主祚常永。故曰:建國利一宗,列郡利百姓。且立法未有不敝者,聖人在度其患之長短而爲之。建國之制,初若磐石,然敝則鼎峙力爭,陵遲而後已,故爲患也長。列郡之制,始天下一軌,敝則世崩俱潰,然而戡定者易爲功,故其爲患也短。又謂三王以來,未見郡縣之利,非不爲也。後世諸儒,因泥古彊爲之説,非也。宗元曰:封建非聖人意,然而歷堯、舜、三王莫能去之,非不欲去之,勢不可也。秦破六國,列都會,置守宰,據天下之圖,攝制四海,此其得也。二世而亡,有由矣。暴威刑,竭人力,天下相合,劫令殺守,囷視而並起,時則有叛民無叛吏。漢矯秦枉,剖海内,立宗子、功臣。數十年間,奔命扶傷不給,時則有叛國無叛郡。唐興,制州縣,而桀黠時起。失不在州而在於兵。時則有叛將無叛州。以爲矯而革之,垂二百年,不在諸侯明矣。又言湯之興,諸侯歸者三千,資以勝夏。武王之興,會者八百,資以滅商。徇之爲安,故仍以爲俗。是湯、武之不得已,非公之大者也,私其力於己也。秦革之者,其爲制,公之大者也,其情私也。然而公天下之端自秦始云。"杜、柳二家之論,自爲通識也。唐時論封建者,尚有朱敬則,《舊書》備載其説。知世異變不可泥古,而未能探世變之原,無甚足觀。

高祖、太宗之於封建,可謂極其渴慕,然而終不能行者,勢使然也。然不行遂不足以禍天下乎?是又不然。裂地雖徒有其名,然封君皆得自徵租,則分人猶有其實,與凡人臣未盡同,即封建之弊未盡去也。唐代封戶之制,見於《新書·十一宗諸子傳》:《舊書·玄宗諸子傳》略同。親王八百,增至千。公主三百。長公主止六百。高宗時,沛、英、豫三王,太平公主武后所生,户始踰制。垂拱中,太平至千二百户。聖曆初,相王、太平皆三千,壽春等五王各三百。神龍初,相王、太平至五千,《主傳》云:薛、武二家女皆食實封。衛王三千,溫王二千,壽春等王皆七百,嗣雍、衡陽、臨淄、巴陵、中山王五百。安樂公主二千,長寧千五百,宣城、宜城、宣安各千,相王女爲縣主各三百。相王增至七千,安樂三千,長寧二千五百,宜城以下二千。相王、太平、長寧、安樂以七丁爲限,雖水旱不蠲,以國租庸滿之。中宗遺詔,雍、壽春王進爲親王,户千。《太平公主傳》云:睿宗即位,加實封至萬户,《舊書·外戚傳》同。開元後,天子敦睦兄弟,故寧王户至五千五百,岐、薛五千。申王以外家微,户四千,邠王千八百,帝妹户千,《諸公主傳》云:開元新制:長公主封户二千,帝妹千。中宗諸女如之,通以三丁爲限。及皇子封王户二千,公主五百。咸宜公主以母惠妃故封至千,自是諸公主例千户止。《諸公主傳》云:開元新制:皇子王户二千,主半之。觀其踰制之甚,而知其朘民之烈矣。而猶不止此。《舊書·韋思謙傳》:子嗣立,以中宗景龍三年同中書門下三品。上疏言:"食封之家,其數甚衆。昨略問户部,云用六十餘萬丁。一丁兩匹,《新書》云:人課二絹。即是一百二十萬已上。臣頃在太府,知每年庸調絹數,多不過百萬,少則七八十萬已來。比諸封家,所入全少。儻有蟲霜旱潦,曾不半在。國家支供,何以取給?皇運之初,功臣共定天下,當時食封,纔上三二十家。今以尋常特恩,遂至百家已上。《通鑑》同。《新書》云:國初功臣共定天下,食封不二十家。今横恩特賜,家至百四十以上。封户之物,諸家自徵。或是官典,或是奴僕。多挾勢逞威,陵奪州縣。凡是封户,不勝侵擾。或輸物多索裹頭,《通鑑》注:裹頭,謂行橐齎裹以自資者。或相知要取中物。百姓怨歎,遠近共知。復有因將貨易,轉更生釁,徵打紛紛,曾不寧息。貧乏百姓,何以克堪?若限丁物送太府,封家但於左藏請受,不得輒自徵催,則必免侵擾,人冀蘇息。"《新書·嗣立傳》言:時恩倖食邑者衆,封户凡五十四州,皆據天下上腴。一封分食數州，隨土所宜，牟取利入。至安樂、太平公主，率取高貲多丁家，無復如貧民有所損免。爲封戶者，亟於軍興。監察御史宋務光建言願停徵，一切附租庸輸送。不納。《務光傳》言其以監察御史巡察河南道。時滑州輸丁少而封戶多，每配封，人皆亡命失業。務光建言：「通邑大都不以封。今命侯之家，專擇雄奧。滑州七縣，而分封者五。《通鑑》云：滑州地出綾縑，人多趨射，尤受其弊。王賦少於侯租，人家倍於輸國。請以封戶均餘州。」又請食賦附租庸送，停封使，息傳驛之勞。不見納。《通鑑》繫景龍三年。《舊書・宋璟傳》：言其在中宗時，檢校貝州刺史。時河北頻遭水潦，百姓飢餒。武三思封邑在貝州，專使徵其租賦，璟拒而不與。《韋安石傳》言：三思有實封數千戶在貝州。時屬大水，刺史宋璟議稱租庸及封丁，並合捐免。安石從祖兄子巨源，以爲穀稼雖被湮沈，其蠶桑見在，可勒輸庸調。由是河朔戶口，頗多流散。韋庶人之難，巨源爲亂兵所殺，太常博士李處直議謚曰昭，户部員外郎李邕駁之，謂「租庸捐免，甲令昭明。匪今獨然，自古不易。三思慮其封物，巨源啓此異端。」其肆無忌憚，可謂甚矣。然《新書・張廷珪傳》言：景龍中，宗楚客、紀處訥、武延秀、韋溫等封戶多在河南、河北，諷朝廷詔兩道蠶產所宜，雖水旱得以蠶折租。廷珪謂「若以桑蠶所宜而加別稅，則隴右羊、馬，山南椒、漆，山之銅、錫、鉛、錯，海之蜃、蛤、魚、鹽，水旱皆免，寧獨河南、北外於王度哉？願依貞觀、永徽故事，準令折免。」詔可。則弁髦法令者，正不獨巨源一人矣。上則病國，下則病民，有國家者，亦何樂而有此喬木世臣哉？

太宗雖欲分封諸子，又欲使爲都督刺史，然其後並不克維持。《新書・十一宗諸子傳》云：初文德皇后崩，晉王最幼，太宗憐之，不使出閣。豫王亦以武后少子不出閣。嗣聖初即帝位，及降封相王，乃出閣。中宗時，譙王失愛遷外藩。溫王年十七，猶居宮中，遂立爲帝。開元後，皇子幼，多居禁內。既長，詔附苑城爲大宮，分院而處，號十王宅。以十舉全數，非謂適十人也。既諸孫多，又於宅外置百孫院。天子歲幸華清宮，又置十王、百孫院於宮側。宮人每院四百餘，百孫院亦三四十人。可謂縱侈無度矣。《贊》

曰：" 唐自中葉，宗室子孫，多在京師，幼者或不出閤。雖以國王之實，與匹夫不異。故無赫赫過惡，亦不能爲王室軒輊。運極不還，與唐俱殫。然則曆數短長，自有底止。彼漢七國，晉八王，不得其效，愈速禍云。" 足見太宗之計之過矣。

　　文致太平之事，天寶時嘗行之。《通鑑》：天寶七載五月，羣臣上尊號，赦天下，擇後魏子孫一人爲三恪。《注》云：蓋以後魏子孫與周、隋子孫爲三恪也。明年，尋罷魏後。九載八月，處士崔昌上言："國家宜承周、漢，以土代火。周、隋皆閏位，不當以其子孫爲二王後。" 事下公卿集議。集賢殿學士衞包上言："集議之夜，四星聚於尾，天意昭然。" 上乃命求殷、周、漢後爲三恪，廢韓、介、酅公。《注》：韓，元魏後。介，後周後。酅，隋後。以昌爲左贊善大夫，包爲虞部員外郎。此亦邪説干進而已矣。

　　封爵至唐中葉後而大濫。《陔餘叢考》云："唐初，李靖、李勣、尉遲敬德、秦叔寶等戰功，皆衹封公。其膺王爵者，惟外蕃君長内附，及羣雄來降者而已。《通鑑》：後唐莊宗同光二年，吳越王鏐復修本朝職貢。帝因梁官爵而命之。鏐厚貢獻，並賂權要，求金印、玉册，賜詔不名。稱國王。有司言故事惟天子用玉册，王公皆用竹册；又非四夷無封國王者。帝皆曲從鏐意。武后欲大其族，武氏封王者二十餘人，王爵始賤。中宗復位，遂亦封敬暉、張柬之等五王。並李多祚亦王。案中宗復位後，敬暉等言諸武不當王，而帝言攸暨、三思，皆與去二張，纔降封一級爲郡王，餘則降爲國公及郡公，見《新書·外戚傳》。韋后外戚追王者亦五人。然不久皆革除。開元以來，無復此事。天寶末，安禄山封北平郡王，哥舒翰封西平郡王，火拔歸仁封燕山郡王，於是又有圭爵之制，《通鑑》：天寶九載，賜安禄山爵東平郡王，唐將帥封王自此始。然亦未濫也。肅宗起靈武，府庫空竭，專以官爵賞功。諸將出征，皆給空名告身，自開府、特進、列卿、大將軍，皆聽臨時注授。有至異姓王者。案《舊書·代宗紀》：永泰元年十月，丙午，封朔方大將孫守亮等九人爲異姓王，李國臣等十三人爲同姓王。蓋王爵之濫之始，故鄭重書之也。及德宗奉天之難，危窘萬狀，爵賞尤殷。是時王爵幾徧天下，稍有宣力，無不王者矣。大概肅宗以後王者有數種：有以大功封者，有功不必甚大而封者，並有不必戰功而亦封者。

有自賊中自拔來歸而封者,有未能自拔,但送款即封者,有賊將來降而亦封者。有藩鎮跋扈,不得已而封之者,有兵盛欲其立功而先封者。其時封王者不必皆高官顯秩。《通鑑》謂軍中但以職任相統攝,不復計爵之高下,至有僮僕衣金紫、稱大官而執賤役如故者。今按郭子儀麾下,宿將數十,皆王侯貴重,子儀頤指若部曲,家人亦僕隸視之。可見是時爵命,人皆不以爲貴,身受者亦不以爲榮。爵賞馭人之柄,於是乎窮,可以觀世變也。"爵賞之濫至是,實封自難徧及。《舊書·代宗紀》:永泰二年正月,減子孫襲實封者半租,永爲常式,蓋不得已而爲之限。《職官志·户部》:凡有功之臣,賜實封者,皆以課户充。凡食封,皆傳於子孫。此不必濫,但積之久,其數即已甚廣矣,況其濫邪?憲宗時,定實封節度使兼宰相者,每食實封百户,歲給絹八百匹,縣六百兩。不兼宰相者,每百户給絹百匹。諸衛大將軍,每百户給三十五匹。《陔餘叢考》謂"至是始改制,封家不得自徵,而概給於官。"漢唐食封之制"條。蓋病國厲民之制,雖無意於去之,其勢亦自窮而不得不變矣。然雖有此改革,濫授者之必不能徧及,亦無疑也。

柳宗元謂漢世有叛國而無叛郡,郡固不足以叛也。魏、晉以後,欲行封建者,其所樹,率不能過於郡,此其所以不克立也。然使所樹者而過於郡,則干戈必旋起,亦安能如古之國,歷千餘載,相藩輔哉?太宗與建成、元吉相齮齕,高祖嘗欲王太宗於東。使其事行,則其規模,又過於漢初之國矣。然可一朝居乎?且必一戰而勝負之局決,又不能如楚、漢之相持五年,亦無疑也。而欲以是爲安,可見高祖之昏愚矣。然亦可以覘世變矣。朱滔、田悦、王武俊、李納之相王,貌擬古之諸侯,沐猴而冠,更可發一大噱。

## 第三節　官制上

隋以太師、太傅、太保爲三師,不主事,不置府僚。太尉、司徒、司空爲三公，參議國之大事，依後齊置府僚，無其人則闕。尋亦省府及僚佐。煬帝即位，廢三師官。唐復置。亦皆不設僚屬。

尚書省：隋置令、左右僕射各一人。總吏部、禮部、兵部、都官、度支、工部六曹尚書，是爲八座。屬官有左右丞各一人，都事八人，分司管轄。六尚書分統三十六侍郎，分司曹務。後改都官爲刑部，度支爲民部。煬帝改三十六曹曰司，侍郎曰郎，惟六曹仍稱曹，各置侍郎一人，以貳尚書。唐太宗嘗爲尚書令，臣下避不敢居，乃以僕射爲長官。郭子儀嘗以功高拜尚書令，末年李茂貞亦嘗一守尚書令，旋亦辭避。見《舊紀》天復三年。六部：《武德令》以禮部次吏部，兵部次之，民部次之。貞觀年，改以民部次禮部，兵部次之。高宗即位，改民部曰户部。則天初，以户部次吏部，禮部次之，兵部次之。六部各領四司。改諸司郎曰郎中，而以員外郎副焉。

門下省：隋諱忠，改侍中曰納言，置二人。煬帝改曰侍内。唐復爲侍中。下有給事黃門侍郎四人。煬帝減二人，去給事之名。下有散騎常侍、通直散騎常侍、諫議大夫、散騎侍郎、員外散騎常侍、通直散騎侍郎、給事郎、員外散騎侍郎等，皆前世集書省之官也。唐門下侍郎二人，以貳侍中。散騎常侍、諫議大夫，皆分左右。常侍之分左右，事在顯慶二年。諫議之分左右，事在貞元四年。武后時，置補闕、拾遺，亦分左右。皆左隸門下，右屬中書。給事中之職，凡百司奏抄，侍中既審，則駁正違失。詔敕不便者，塗竄奏還，謂之塗歸。於糾繆繩愆，所關尤大。《舊書·李藩傳》：遷給事中，制勅有不可，遂於黃勅後批之。吏曰："宜别連白紙。"藩曰："别以白紙，是文狀，豈曰批敕邪？"裴垍言於帝，以爲有宰相器。屬鄭絪罷免，遂拜藩門下侍郎，同平章事。此事在元和四年。《藩傳》又云：河東節度使王鍔，用錢數千萬賂遺權倖，求兼宰相。藩與權德輿在中書，有密旨曰："王鍔可兼宰相，宜即擬來。"藩遂以筆塗兼相事，卻奏上云不可。德輿失色曰："縱不可，宜别作奏，豈可以筆塗詔邪？"曰："勢迫矣，出今日便不可止，又何暇别作奏邪？"事果寢。此事《通鑑》繫元和五年。《考異》曰："《會要》：崔鉉曰：此乃不諳故事者之妄傳，史官之繆記耳。既稱奉密旨，宜擬狀中陳論，固不假以筆塗詔矣。凡欲降白麻，若商量於中書門下，皆前一日進文書，然後付翰林草麻。又稱藩曰勢迫矣，出今日便不可止，尤爲疏闊。蓋由史氏以藩有直諒之名，欲委曲成其美，豈所謂直筆哉?"

中書省：隋曰內史。煬帝改爲內書。唐復爲中書。隋置監、令各一人，尋廢監，置令二人。侍郎初置四人，煬帝減爲二人。唐皆因之。舍人八人，煬帝減爲二人，唐置六人。通事舍人十六人，煬帝改隸謁者臺，唐仍隸中書。唐舍人以一人知制誥，顓進畫，給食於政事堂。其餘分署制勅。以六員分押尚書六曹，佐宰相判案，同署乃奏。開元初，以他官掌詔勅策命，謂之兼知制誥。肅宗即位，又以他官知中書舍人事。兵興，急於權便，政去臺閣，決遣顓出宰相，自是舍人不復押六曹之奏。會昌末，宰相李德裕建議：臺閣常務，州縣奏請，復以舍人平處可否焉。

隋、唐定制，本以尚書、中書、門下三省長官爲宰相，然尚書究不敵中書、門下之親，故其後惟兩省長官爲真相；而兩省之職，中書取旨，門下封駁，事亦嫌於遲滯，故後亦合議於政事堂。任宰相者，不必身爲兩省長官，但就他官界以他名，特以兩省究爲樞要之地，故同中書門下三品，同中書門下平章事，遂爲習用之名，而尚書，僕射，非加此名者，遂不爲宰相矣。《舊書・職官志》云："武德、貞觀故事，以尚書省左右僕射各一人及侍中書令各二人爲知政事官。其時以他官與議國政者，云與宰相參議朝政，或云平章國計，或云專典機密，或云參議政事。貞觀十七年，李勣爲太子詹事，特詔同知政事，始謂同中書門下三品。自是僕射常帶此稱。自餘非兩省長官與知政事者，亦皆以此爲名。永淳中，始詔郭正一、郭待舉、魏玄同等與中書門下同承受進旨平章事。自天后已後，兩省長官及同中書門下三品並平章事爲宰相，其僕射不帶同中書門下三品者，但釐尚書省而已。總章二年，東臺侍郎張文瓘、西臺侍郎戴至德等始以同中書門下三品入銜。自是相承至今。永淳二年，黃門侍郎劉齊賢知政事，稱同中書門下平章事。自後兩省長官及他官執政未至侍中、中書令者，皆稱同中書門下平章事也。"案《通鑑》：中宗神龍元年，"五月，以唐休璟爲左僕射，同中書門下三品如故。豆盧欽望爲右僕射。六月，命右僕射豆盧欽望有軍國重事，中書、門下可共平章。先是僕射爲正宰相，其後多兼中書門下之職，午前決朝政，午後決省事，至是欽望專爲僕射，不敢與政事，故有是命。是後專拜僕射者，不復爲宰相矣。"此神龍復辟，仍沿武后以來之舊制也。開元元年，嘗改左右僕射爲丞相，然亦徒有其名。十六年《通鑑》云："初張說、張嘉貞、李元紘、杜暹相繼爲相，用事。源乾曜以清謹自守，常讓事於說等，唯諾署名而已。元紘、暹議事多異同，遂有隙，更相奏列。上不悦。六月,甲戌,貶黃門侍郎同平章事杜暹荆州長史,中書侍郎同平章事李元紘曹州刺史,罷乾曜兼侍中,止爲左丞相,以户部侍郎宇文融爲黃門侍郎,兵部侍郎裴光庭爲中書侍郎,並同平章事。"此丞相徒有虚名之證。《舊書·王璠傳》:"轉御史中丞,恃李逢吉之勢,與左僕射李絳相遇於街,交車而不避。絳上疏論之曰:左右僕射,師長庶僚,開元中名之丞相,其後雖去三事機務,猶總百司之權。"謂此也。其以他官居職而假他名者:《新書·百官志》云:"太宗時,杜淹以吏部尚書參議朝政,魏徵以祕書監參與朝政。其後或曰參議得失、參知政事之類,其名非一,皆宰相職也。"《通典》云:"隋有內史、納言,是爲宰相,亦有他官參與焉。"《注》曰:"柳述爲兵部尚書,參掌機事。又楊素爲右僕射,與高熲參掌朝政。"則隋世已然矣。同三品之名,《新志》亦謂起於李勣。同平章事之名,則謂起於貞觀八年,僕射李靖,以疾辭位,詔疾小瘳,三兩日一至中書、門下平章事。又云:"二名不專用,他官居職者,猶假他兩名如故。自高宗以後,爲宰相者,必加同中書門下三品,雖品高者亦然,惟三公、三師、中書令則否。"《舊書·高宗紀》:貞觀二十三年,"以開府儀同三司英國公李勣爲尚書左僕射,同中書門下三品,僕射始帶中書門下。"説與《職官志》小異。《廿二史考異》云:"唐初以三省長官爲宰相。尚書令與左右僕射皆二品,侍中、中書令皆三品。論班序,當由侍中轉中書令,乃遷僕射。李勣以僕射同中書門下三品,是以上兼下也。然自後僕射不帶中書門下者,遂不復與聞政事,則宰相惟兩省長官任之,而南省不得與。僕射雖居人臣之極地,不過備員而已。"案《舊志》言武德、貞觀故事,以僕射、侍中、中書令爲知政事官,則唐世宰相,實出差遣,不過初用三省長官,而後專於兩省而已,原非有何制限。故以他官參與,亦無所不可。此實最爲靈活。觀朱朴、柳璨之登相位可知。《舊書·代宗紀》:大曆二年十一月,詔侍中、中書令昇入正二品,門下、中書侍郎昇入正三品,亦以其職高位下而改之。然是時知政事者已習用平章事之名,本不曰同三品矣。《新志》云:"初三省長官議事於門下省之政事堂。其後裴炎自侍中遷中書令,乃徙政事堂於中書省。開元中,張説爲相,又改政事堂號中書門下。列五房於其後:一曰吏房,二曰樞機房,三曰兵房,四曰户房,五曰刑禮房。分曹以主衆務焉。"《文獻通考》載元祐初司馬光之議,謂"唐始合中書、門下之職,故有同三品同平章事。其後又置政事堂。蓋以中書出詔令,門下掌封駁,日有爭論,紛紜不決,故使兩省先於政事堂議定,然後奏聞。開元中,張説奏改政事堂爲中書門下。自是相承,至於國朝,莫之能改。非不欲分,理勢不可復分也。"馬君云:"門下審覆之説始於唐。然唐以中書、門下爲政事堂,則已合而爲一矣。但門下省之官,有給事中,任出納王命,有散騎常侍、左右司諫,任諫争闕失,皆所謂覆審,而貞觀時太宗又命諫官隨宰相入閣議事,有失輒諫,則門下省無不舉職之官矣。坐廟堂者,商訂於造命之初,毋或擅權而好勝,居糾駁者,審察於出令之後,不憚糾繩以弼違,則上下之間,始無曠職,而三省之設,不爲具文。固不必爲宰相者各據一省,顯分爾汝,然後謂之稱其職也。"蓋審覆之職不可無,而以糾駁者與商訂者竝列爲宰相,則理不可通,而勢亦不能行。然若知唐初本以三省或兩省之長爲知政事官,而非以三省爲相職,則此疑又無從作耳。又按《舊書・文宗紀》:太和四年六月,"以守司徒門下侍郎平章事裴度爲守司徒平章軍國重事,待疾損日,三日五日一度入中書。"則平章軍國重事之名,亦起於唐。

君權既尊,則輔相之權,往往移於其所私暱。漢、魏之世,公府之權,稍移於三省,唐中葉後,兩省之權,又嬗於翰林,其道一也。《新書・百官志》曰:"學士之職,本以文學言語被顧問,出入侍從,因得參謀議,納諫諍。其禮尤寵。而翰林院者,待詔之所也。唐制,乘輿所在,必有文辭、經學之士,下至卜、醫、技術之流,皆直於別院,以備燕見。而文書詔令,則中書舍人掌之。自太宗時,名儒學士,時時召以草制,然猶未有名號。乾封以後,始號北門學士。玄宗初置翰林待詔,以張說、陸堅、張九齡等爲之。掌四方表疏批答,應和文章。既而又以中書務劇,文書多壅滯,乃選文學之士,號翰林供奉,與集賢院學士分掌制詔書敕。開元二十六年,又改翰林供奉爲學士。別置學士院,專掌內命。凡拜免將相,號令征伐,皆用白麻。"《通鑑》廣明元年注引韋執誼翰林故事曰:"故事:中書省用黃白二麻,爲綸命重輕之辨。近者所出,獨得黃麻。其白麻皆在翰林院。自非國之重事,拜授將相,德音赦宥,則不得由於斯。"《通考》引石林葉氏曰:"自張垍爲學士,始別建學士院於翰林院之南,則與翰林院分而爲二。然猶冒翰林之名。蓋唐有弘文館學士,麗政殿學士,故此特以翰林別之。其後遂以名官,訖不可改。然院名至今但云學士,而不冠以翰林,則亦自唐以來沿襲之舊也。"可見後來學士之職,實與始之所謂待詔者殊絕矣。《舊書・本紀》:敬宗寶曆二年,命興唐觀道士孫準入翰林待詔。《新書・本紀》:文宗即位,省教坊樂工。翰林伎術冗員千二百七十人,此則仍是前此之待詔耳。其後選用益重,而禮遇益親,至號爲內相。《舊書・陸贄傳》:"贄初入翰林,特承德宗異顧,歌詩戲狎,朝夕陪遊。及出居艱阻之中,雖有宰臣,而謀猷參決,多出於贄。故當時目爲內相。"此人所指目也。《杜悰傳》:"元和中,翰林學士獨孤郁,權德輿之女壻,時德輿作相,郁避嫌辭內職,上頗重學士,許之。"《哀帝紀》:天祐二年三月,"勅翰林學士戶部侍郎楊注,是宰臣楊涉親弟。兄既秉於樞衡,弟故難居宥密,可守本官,罷內職。"則詔令亦以爲言矣。又以爲天子私人,凡充其職者無定員。《廿二史考異》云:"學士無定員,見於李肇《翰林志》。然《舊書・職官志》稱翰林例置學士六人,內擇年深德重者一人爲承旨;白居易有同時六學士之句;則非無定員也。"案石晉開運元年復學士院敕亦云:"翰林學士與中書舍人,分爲兩制,各置六員。"見薛《史・職官志》。蓋制無定員,而例則置六。翰林學士不見《唐六典》,本差遣,非正官也。自諸曹尚書下至校書郎,皆得與選。入院一歲,則遷知制誥。未知制誥者,不作文書。班次各以其官。內宴則居宰相之下,一品之上。憲宗時,又置學士承旨。《舊書‧職官志》云:"貞元已後,爲學士承旨者,多至宰相。"《新書‧沈旣濟傳》:"子傳師,召入翰林爲學士。改中書舍人。翰林缺承旨,次當傳師,穆宗欲面命。辭曰:學士院長,參天子密議,次爲宰相,臣自知必不能。願治人一方,爲陛下長養之。因稱疾出。"唐之學士,弘文、集賢,分隷中書、門下省,弘文館:武德四年置,隷門下省,曰修文館。九年,改曰弘文。神龍元年,避孝敬皇帝諱,改曰昭文。二年曰修文。景雲中,復爲昭文。開元七年,復爲弘文。集賢殿書院:開元五年,乾元殿寫四部書,置乾元院使。六年,更號麗正修書院,置使及檢校官,改修書官爲麗正殿直學士。十二年,改集賢殿書院。隷中書省。弘文、集賢,皆五品已上爲學士,六品已上爲直學士。而翰林學士獨無所屬,故附列於此云。"《舊志》附中書省後。案唐世之尊崇學士,始於太宗爲天策上將時。時作文學館,下教,以杜如晦等十八人以本官爲學士。凡分三番,遞宿閣下。暇日訪以政事,討論墳籍。見《新書‧褚亮傳》。此時雖或與祕謀,究非國政,即貞觀時召以草制,亦不過取其文辭。其密參政事以分宰相之權者,實始於高宗時之北門學士。見新、舊《書‧劉禕之、元萬頃傳》。然未幾仍復其舊。《新書‧張說傳》:"常典集賢圖書之任。後宴集賢院。故事,官重者先飲。說曰:吾聞儒以道相高,不以官閥爲先後。太宗時修史十九人,長孫無忌以元舅每宴不肯先舉爵。長安中與珠英,當時學士,亦不以品秩爲限。於是引觴同飲。時伏其有體。中書舍人陸堅以學士或非其人,而供擬太厚,無益國家者,議白罷之。說聞曰:古帝王功成則有奢滿之失。今陛下崇儒向道,躬自講論,詳延豪俊,則麗正乃天子禮樂之司,所費細而所益者大。陸生之言,蓋未達邪?"又《隱逸‧賀知章傳》:"張說爲麗正殿修書使,表知章及徐堅、趙冬曦入院撰《六典》等書。累年無功。開元十三年,遷禮部侍郎,兼集賢院學士。一日並謝。宰相源乾曜語說曰:賀公兩命之榮,足爲光寵,然學士侍郎孰爲美?說曰:侍郎衣冠之選,然要爲具員吏。學士懷先王之道,經緯之文,然後處之,此其閒也。"當時之尊學士,不過如此而已。然此已爲崇儒重道之意。《文藝傳》云:"中宗神龍二年,於修文館置大學士四員,學士八員,直學士十二員,象四時、八節、十二月,凡天子饗會游豫,惟宰相及學士得從,當時人所歆慕。然皆狎猥佻佻,忘君臣禮法,惟以文華取幸。"此則弄臣而已。《舊書‧熊望傳》云:"昭愍嬉遊之隙,學爲歌詩。以翰林學士崇重不可褻狎,乃議別置東頭學士,以備曲宴賦詩。令采卑官才堪任學士者爲之。"昭愍之荒縱,豈必愈於中宗,而所爲相異如此,可見翰林學士之位望,前後不同矣。《新書‧張說傳》之陸堅,《舊書》作徐堅。中葉以後,時事艱難，侍從者乃多參祕計。如代宗時之柳伉，伉上書請誅程元振，事見第五章第四節。《困學紀聞》云："東坡謂及其有事且急也，雖代宗之庸，程元振之用事，柳伉之賤且疏，而一言以入之，不終朝而去其腹心之疾。愚按登科記：伉乾元元年進士。翰林院故事載寶應以後，伉自校書郎充學士，出鄂縣尉，改太常博士、兵部員外、諫議大夫，皆充學士。《新唐書·程元振傳》云：太常博士翰林待詔柳伉上疏，以翰林故事考之，伉是時爲學士，非待詔也。伉以博士在禁林，職近而親，不可謂賤且疏。"案伉是疏蓋出代宗授意，說已見前。德宗時之陸贄，德宗任贄最久，然即位即召張涉，後吳通玄等亦居翰林中，尚不獨一贄也。順宗時之王叔文，文宗時之李訓是也。至此，其所司者已非復文辭。而陸贄攻吳通玄，猶以還職舍人爲言，亦可謂昧於時務矣。其辭云："承平時，工藝書畫之徒，待詔翰林，比無學士。祇自至德後，天子召集賢學士於禁中草書詔，因在翰林院待進止，遂以爲名。奔播之時，道途或豫除改，權令草制。今四方無事，百揆時序，制書職分，宜歸中書舍人。學士之名，理須停寢。"所攻者正其身所曾經，可謂過河拆橋矣。五代時，後唐明宗不通文字，四方章奏，常使安重誨讀之。重誨亦不知書，奏讀多不稱旨。孔循教重誨求儒者置之左右。而兩人皆不知唐故事，於是置端明殿學士，以馮道及趙鳳爲之。初班在翰林學士下，而結銜又在官下。明年，鳳遷禮部侍郎，因諷任圜升學士於官，又詔班在翰林學士上。《新五代史·趙鳳傳》。此實通事之職，未足擬唐之學士也。石晉時，李瀚爲翰林學士，好飲而多酒過。高祖以爲浮薄。天福五年九月，詔廢翰林學士。按《唐六典》，歸其職於中書舍人。而端明殿、樞密院學士皆廢。及出帝立，桑維翰爲樞密使，復奏置學士，而悉用親舊爲之。《新五代史·桑維翰傳》。可見其職仍居親近也。南唐亦嘗置宣政院於禁中，以翰林學士給事中常夢錫領之，專典機密云。《通鑑》後晉齊王開運三年。

御史臺：自漢改大夫爲司空後，中丞出外爲臺主。隋諱忠，改爲大夫。置治書侍御史二人，侍御史八人，殿内侍御史，唐曰殿中。監察御史各十人。煬帝增監察御史爲十六人。唐長官仍曰大夫。貞觀末，避高宗名，改治書侍御史爲中丞，爲之貳。其屬有三院：一曰臺院，侍御史隸焉。二曰殿院，殿中侍御史隸焉。三曰察院，監察御史隸焉。貞觀初，馬周以布衣進用。太宗令於監察御史裏行，因置裏行之名。監察御史，掌分察百寮，巡按郡縣，屯田、鑄錢、嶺南、黔府選補，知大府、司農出納，監決囚徒，其權頗大。武后文明元年，改御史臺曰肅政臺。光宅元年，即文明，亦即中宗嗣聖元年。分左右。左臺知百司，監軍旅。右臺察州縣，省風俗。尋命左臺兼察州縣。兩臺歲發使八人，春曰風俗，秋曰廉察，以四十八條察州縣。神龍復爲御史臺。景雲三年，以兩臺望齊，糾舉苛察，百寮厭其煩，乃廢右臺。延和元年，即景雲三年。是歲五月，改元爲延和。復置。月餘，復廢。先天二年，延和元年八月，傳位於太子，改元先天。復置。十月，復廢。至德後，諸道使府參佐，皆以御史爲之，謂之外臺。《新書·高元裕傳》：故事，三司監院官帶御史者號外臺，得察風俗，舉不法。元和中，李夷簡因請按察本道州縣。後益不職。元裕請監院御史隸本臺，得專督察。詔可。東都留臺：有中丞一人，侍御史一人，殿中侍御史二人，監察御史五人。元和後不置中丞，以侍御史、殿中侍御史、監察御史主留臺務。而三院御史，亦不常備。《舊書·韋思謙傳》：授監察御史，嘗謂人曰："御史出都，若不動搖山岳，震攝州縣，誠曠職耳。"《新書·李華傳》：天寶十一載，遷監察御史。宰相楊國忠支婭所在橫猾，華出使，劾按不撓，州縣肅然。權幸見疾，徙右補闕。天寶十三載《通鑑注》引宋白曰："唐故事，侍御史各二人，知東西推。又各分京城諸司及諸道州府爲東西之限。隻日則臺院受事，雙日則殿院受事。又有監察御史，出使推按，謂之推事御史。"御史之威棱可想。然《舊書·德宗紀》：貞元元年三月，詔宰臣宣諭御史："今後上書彈奏，人自陳論，不得羣署章疏。"蓋時朋黨之風日盛，雖御史，亦有結黨相攻者矣？御史者人君耳目之司，君主之位日尊，則爲之司糾察者，其權亦愈大，此固事之無可如何，或亦出於勢不容已，獨無如其身即下比何。此則督責之術，存乎其人，有治人無治法者矣。

謁者，司隸二臺，皆煬帝所置。並御史爲三臺。謁者臺：大夫一人，掌受詔勞問，出使慰撫，持節察授，及受冤枉而申奏之。又有通事謁者二十人。內史通事舍人改。次有議郎二十四人，通直三十六人，將事謁者三十人，謁者七十人，皆掌出使。其後廢議郎、通直、將事謁者，謁者等員，而置員外郎八十員。尋詔門下、內史、御史、司隸、謁者五司監受表，以爲恒式，不復專謁者矣。尋又置散騎郎二十人，承議郎、通直郎各三十人，宣德郎、宣義郎各四十人，徵事郎、將仕郎、常從郎、奉信郎各五十人。是爲正員，並得祿。當品又各有散員郎，無員無祿。尋改常從爲登仕，奉信爲散從。自散騎已下，皆主出使。量事大小，據品以發之。司隸臺：大夫一人，掌諸巡察。別駕二人，分察畿內。一人案東都，一人案京師。刺史十四人，巡察畿外諸郡。從事四十人，副刺史巡察。其所掌六條：一察品官以上理正能否。二察官人貪殘害政。三察豪強姦猾，侵害下人，及田宅踰制，官司不能禁止者。四察水旱蟲災，不以實言，枉徵賦役，及無災妄蠲免者。五察部內賊盜，不能窮逐，隱而不申者。六察德行孝弟，茂才異行隱不貢者。每年二月，乘軺巡郡縣。十月入奏。後罷臺而留司隸從事之名，不爲常員，臨時選京官清明者權攝以行。謁者、司隸二臺，規模太大，置員太多，將不免於閒冗，故不久即有變更，至唐遂廢之也。

太常、光祿、衛尉、宗正、太僕、大理、鴻臚、司農、太府爲九卿。各置卿、少卿、丞。隋、唐同，其職掌，亦與前世無異。《舊書·劉祥道傳》：轉司禮太常伯。高宗龍朔二年，嘗改官名，尚書爲太常伯，侍郎爲少常伯，而禮部爲司禮。將有事於泰山。有司奏依舊禮，以太常卿爲亞獻，光祿卿爲終獻。祥道駁之曰："昔在三代，六卿並重，故得佐祠。漢、魏已來，權歸臺、省，九卿皆爲常伯屬官。今登封大禮，不以八座行事，而用九卿，無乃徇虛名而忘實事乎？"高宗從其議，竟以司徒王元禮爲亞獻，祥道爲終獻。"總羣官而聽曰省，分務而專治曰寺，"楊收語，見《新書》本傳。其權力自不侔也。九卿之職，唐太僕寺統諸監牧，司農掌倉屯、鹽池、司竹、溫泉等監。京市，隋與平準署，京師諸苑監並隸司農，唐則兩都諸市及常平署並隸太府。左右藏署，隋、唐並隸太府。左掌天下賦調、錢帛，右掌寶貨、銅鐵、骨角齒毛等。皆其較重要者也。

煬帝分太府置少府，與長秋、國子、將作、都水爲五監。唐改長秋監爲內侍省，而有軍器監，亦五監也。少府監：初置監、少監、丞，後改監、少監曰令、少令,掌百工技巧之政。武德初廢之,以所屬諸署還隸太府。貞觀元年,復置,而諸冶、鑄錢、互市等監亦隸焉。互市監:隋時隸四方館。四方館者,煬帝所置,以待四方使者。後罷之。有事則置,名隸鴻臚寺。唐以互市監隸少府。可見是時之互市,重在皇室之所求也。

國子,隋初曰寺。置祭酒一人。統國子、大、四門、書、算五學。開皇十三年,改寺為學,隸太常。仁壽元年,又罷學。惟立太學一所。煬帝復置曰監。加置司業及丞。唐初曰國子學,隸太常。貞觀改監。時分將作為少府,通將作為三監。統國子、大、四門、律、書、算六學。律學隋隸大理。天寶五載,置廣文館,亦隸焉。

將作:隋初為寺,置大匠一人。開皇二十年為監,以大匠為大監,加置副監。煬帝改曰大匠、少匠,旋復。後又改曰令、少令。武德初,仍稱大匠、少匠。後又改曰大監、少監。掌土木工匠之政。百工等監采伐材木者亦隸焉。

都水:隋初曰臺。置使者及丞。有河隄謁者六十人,領掌船局有都水尉二人。及諸津。上津尉一人,丞二人。中津尉丞各一人。下津典作一人,津長四人。開皇三年,廢入司農。十三年,復置。仁壽元年,改監。更名使者為監。煬帝復為使者。大業五年,復為監。加置少監。又改為令、少令。統舟楫、河渠二署。皆有令丞。武德初,廢都水監為署。貞觀六年,復為監。改令曰使者。開元二十五年,不隸將作監。明年,廢舟楫署,仍領河渠署。河隄謁者屬焉。諸津改尉曰令,皆有丞。

軍器監:開元三年置,有監、丞。唐初有武器監,後廢,軍器皆出少府左藏署。總弩坊、甲坊二署。掌繕甲弩,以時輸武庫。兩京武庫署屬衛尉寺。

祕書省:隋置監、丞各一人。煬帝增置少監一人。後改監、少監為令、少令。武德初,復為監、少監。隋領著作、太史二曹。武德改曰局。後太史或曰監,或曰局,其名亦或曰渾天,或曰渾儀,或曰太史,又或隸祕書,或否。天寶元年以後,不復隸祕書。乾元元年,改其名曰司天臺。

隋初，以尚書、門下、內史、祕書、內侍爲五省。煬帝改內侍省爲長秋監，而取殿內監之名，以爲殿內省。置監、少監、丞各一人。唐少監、丞各二人。掌諸供奉。統尚食、尚藥、尚衣、尚舍、尚乘、尚輦六局。各置奉御，而以直長貳之。唐因之，而更省名曰殿中。尚乘局，本太僕之職，掌左右六閑。武后萬歲通天元年，置仗內六閑，亦號六廄，以殿中丞檢校仗內閑廄，以中官爲內飛龍使。聖曆中，置閑廄使，以殿中監承恩遇者爲之，分領殿中太僕之事，而專掌輿輦牛馬。自是宴游供奉，殿中監皆不與。開元初，閑廄馬至萬餘匹，駱駝、鉅象皆養焉，以駝、馬隸閑廄，尚乘局名存而已。《新書·百官志》。《舊書·職官志》曰："開元初，以尚乘局隸閑廄使，乃省尚乘，其左右六閑及局官，並隸閑廄使。"閑廄使押五坊以供時狩，厲民殊甚。參看第八章第三節。

隋內侍省有內侍、內常侍、內給事、內謁者監、內謁者、內寺伯等官，領內尚食、掖庭、宮闈、奚官、內僕、內府六局，竝用宦者。煬帝改爲長秋監。置令、少令各一人，丞二人，並用士人。餘用宦者。《通典》。而改內常侍曰內承奉，內給事曰內承直。罷內謁者官。後復置。其屬有掖庭、宮闈、奚官三署，亦參用士人。唐復爲內侍省，專用宦者。內侍、內常侍、內給事之名，亦復其舊。所領有掖庭、宮闈、奚官、內僕、內府及太子內坊六局。初隸東宮。開元二十七年，隸內侍爲局。太宗定制，內侍省不置三品官。內侍是長官，階四品。《舊書·宦者傳》。天寶十三載，置內侍監二員，正三品，始隳其制。《通鑑注》曰："楊思勖以軍功，高力士以恩寵，皆拜大將軍，階至從一品，猶曰勳官也。今則職事官矣。中葉後，京師兵柄，歸於內官，號左右軍中尉。將兵於外者，謂之觀軍容使。而天下軍鎮節度使，皆內官一人監之。《舊書·職官志》。五代時，前蜀王衍，且以宦者王承休爲天雄軍節度使焉。歐《史·前蜀世家》。而唐末之樞密使，爲禍尤烈，見下。

隋有左右衛，掌宮掖禁禦，督攝仗衛。左右武衛，領外軍宿衛。左右武候，掌車駕出先驅後殿。晝夜巡察，執捕姦非，烽候道路水草所曁，巡狩師田，則掌其營禁。又有左右領，掌侍衛左右，供御兵仗。左右府，各大將軍一人，將軍二人。左右監門府,掌宮殿門禁及守衞事。各將軍一人。左右領軍府,各掌十二軍籍帳、差科、辭訟之事。不置將軍。開皇十八年,又置備身府。煬帝改左右衞爲左右翊衞,左右備身爲左右驍衞,左右武衞依舊名。改領軍爲左右屯衞,加置左右禦,改左右武候爲左右候衞,是爲十二衞。各置大將軍一人,將軍二人。又改左右領、左右府爲左右備身府,掌侍衞左右。各置備身郎將一人,左右監門依舊名。改將軍爲郎將,各置一人。凡十六府。唐有左右衞,隋左右翊衞。武德五年,改曰左右衞府。龍朔二年去府字。左右驍衞,武德五年,改左右驍騎衞曰左右驍騎府。龍朔二年,省府字。光宅元年,改曰左右武威衞。神龍元年曰左右驍衞。左右武衞,唐初仍舊名爲府。龍朔二年,省府字。光宅改爲鷹揚衞。神龍復。左右威衞,隋左右屯衞。武德五年改。龍朔二年曰左右武威衞。光宅曰豹韜。神龍復。左右領軍衞,唐采舊名置,見《通典》。龍朔曰戎衞。咸亨元年復。光宅曰玉鈴。神龍復。左右金吾衞,隋候衞。龍朔取古名改。左右監門衞,本府,龍朔去府字爲衞。左右千牛衞,煬帝左右備身府。武德仍曰左右府。顯慶五年,改爲左右千牛衞。龍朔二年曰奉宸衞。神龍復。凡十六衞,各有大將軍一人,將軍總三十人。是爲南衙。其北衙:《舊志》數左右羽林、左右龍武、左神武,蓋據肅宗前言之?《新志》云左右龍武、左右神武,左右神策,則據德宗後言之。《新書·宦官傳》崔胤言:"貞元、元和,分羽林衞爲左右神策軍,"則羽林入於神策矣。及誅宦官,胤判六軍十二衞,則其名仍爲羽林、龍武、神武,參看第九節。北衙六軍,亦置大將軍各一人,將軍各三人,左右神策軍又有護軍中尉。興元元年,嘗勅左右羽林、左右龍武、左右神武各置統軍一人。貞元二年,又勅十六衞各置上將軍一員。

東宮官:隋有太、少師、傅、保。開皇初置詹事。二年定令罷之。有門下、典書二坊。家令、率更、僕三寺及十率府。唐亦有三師、三少。惟其人,不必備。置詹事府,以統三寺、十率府之政。改門下曰左春坊,典書曰右春坊,設官較隋世尤詳。王國有令及大農,掌判國司。郡王以下遞減。大長公主、長公主、公主、郡主有家令及丞,掌其田園、財貨等。弊天下以奉一家,遠不如嬴秦子弟爲匹夫者之大公矣。

時事多變,則官制之變遷亦多,而當紀綱頹廢之際,則其變往往爲弊竇之所叢焉。唐、五代之三司、租庸諸使是已。薛《史·職官志》云:"唐朝已來,户部、度支掌泉貨,鹽鐵時置使名。户部、度支,則尚書省本司郎中、侍郎判其事。天寶中,楊慎矜、王鉷、楊國忠繼以聚貨之術媚上受寵,然皆守户部度支本官,別帶使額,亦無所改作。下及劉晏、第五琦,亦如舊制。自後亦以宰臣各判一司,不置使額。《通鑑》至德元載注引宋白曰:"故事,度支案,郎中判入,員外判出,侍郎總統押案而已。官銜不言專判度支。開元已後,時事多故,遂有他官來判者,乃曰度支使,或曰判度支,或曰知度支事,或曰句當度支使。雖名稱不同,其事一也。"乾符後,天下兵興,隨處置租庸使,以主調發,兵罷則停。梁時乃置租庸使,專天下泉貨。案租庸使之名,實始於第五琦。《通鑑》後唐明宗天成元年注引宋白曰:"同光二年,左諫議大夫竇專奏請廢租庸使名目歸三司。略曰:伏見天下諸色錢穀,比屬户部,設度支、金部、倉部,各有郎中、員外,將地賦、山海、鹽鐵,分擘支計徵輸。後爲租賦繁多,添置三司使額。同資國力,共致豐財。安、史作亂,民户流亡,征租不時,經費多闕。惟江淮、嶺表,郡縣完全。總三司貨財,發一使徵賦。在處勘覆,名曰租庸。收復京城,尋復其職。廣明中,黃巢叛逆,僖宗播遷,依前又以江淮徵賦置租庸使。及至還京,旋亦停廢。僞梁將四鎮節制徵輸,置宮使名目。後廢宮使,改置租庸。"述租庸使緣起,較爲詳備也。莊宗中興,秉政者不嫻典故,踵梁朝故事,復置租庸使。以魏博故吏孔謙專使務。同光二年正月,勅鹽鐵、度支、户部三司,凡關錢物,並委租庸使管轄。天成元年四月,詔廢租庸院,依舊爲鹽鐵、户部、度支三司,委宰臣一人專判。長興元年八月,許州節度使張延朗入掌國計。白於樞密使,請置三司名。宣下中書議其事。宰臣以舊制、覆奏,授延朗特進行工部尚書,充諸道鹽鐵轉運等使,兼判户部度支事,從舊制也。明宗不從,竟以三司使爲名焉。"《通鑑》云:"三司使之名自此始。"案《鑑》天祐三年三月云:"以朱全忠爲鹽鐵、度支、户部三司都制置使,三司之名始於此。全忠辭不受。"蓋因其不受,使名亦未立也。歐《史·劉審交傳》曰:晉高祖分户部、度支、鹽鐵爲三使。歲餘,三司益煩弊,乃復合爲一,拜審交三司使。此唐中葉後使務紛紜,而卒並爲三司之略也。《新書·吴武陵傳》:長慶初,竇易直以户部侍郎判度支，表武陵主鹽北邊。易直以不職薄其遇。會表置和糴貯備使，擇郎中爲之。武陵諫曰："天下不治，病權不歸有司也。鹽鐵、度支，一户部郎事。今三分其務，吏萬員。財賦日蹙。西北邊院官，皆御史、員外郎爲之。始命若責可信，今又加使權其務，是御史員外久於事，反不可信也。今更旬月，又將以郎中之爲不可信，即更時歲，相公之爲，亦又不可信，上下相阻，一國交疑，誰爲可信者？況一使之建，胥徒走卒殆百輩，督責騰呼，數千里爲不寧。誠欲邊隅完實，獨募浮民，徙罪人，發沃土，何必加使而增吏也？"巡院之設，始自江、淮，繼及河、渭，終乃抵於緣邊，已見第十九章第二節。緣邊之弊如此，而況内地富厚之區？大曆、建中、貞元三欲廢使，攝其務歸中樞，而卒不可得，豈不以權利所在，窟穴其中者衆，遂深固而不可拔哉？《十七史商榷》云："《新書·班宏傳》：貞元初，宰相竇參爲度支使，宏以尚書副之。揚子院，鹽鐵轉運之委藏也。宏任徐粲主之。以賄聞。參議所以代之。宏不可。二人不相合。參知帝薄己，乃讓使。知張滂與宏交惡，薦滂爲户部侍郎鹽鐵轉運使，而以宏判度支。分滂關内、河東、劍南、山南西道鹽鐵、轉運隸宏，以悦其意。愚案唐時天下財賦，轉運使掌外，度支使掌内，雖有此分，然此等使名，實無定員，其爵秩職掌，隨時變易。有以宰相兼領者，有以節度、觀察等使兼領者。楊國忠爲相領 四十餘使，新舊《唐書》皆不詳載其職，洪邁考得中有度支。至轉運雖有特遣使者，而中葉後節度、觀察兼之者尤多。如浙西觀察使李錡領江淮鹽鐵轉運使是也。轉運在外，亦遥隸度支。故揚子院爲轉運委藏，則主之者自宜轉運擇置，而度支使及副使，乃從中制之，及班宏爲正使，而關内諸道轉運使隸之，則可見矣。揚子院在廣陵。《舊書·温庭筠傳》：咸通中，失意歸江東，路由廣陵，乞索於揚子院是也。轉運委藏，他無所見，而於揚子特設之。且宰相與尚書，爭欲以私人主其事。而往來游客如庭筠者，從而乞索之。可見鹽利聚於揚州，委積富厚，甲於他道矣。案《舊書·憲宗紀》：元和六年，停河南水陸運、陝府陸運使額。詔言"轉運重務，專委使臣，每道有院，分督其任。"可見設院之多。凡設院處皆不能無委積。雖不如揚州之富厚，其爲利權之地則一，正未可以其不見紀載而忽之也。

所謂樞密使者，内諸司之一，而其初並未嘗設司也。薛《史·職官志》曰："唐朝擇中官一人爲樞密使，以出納帝命。至梁開平元年五月，改樞密院爲崇政院，始命敬翔爲院使。仍置判官一人。自後改置副使一人。二年十一月，置崇政院直學士二員。選有政術文學者爲之。其後又改爲直崇政院。後唐同光元年十月,崇政院依舊爲樞密院。命宰臣郭崇韜兼樞密使。亦置直院一人。晉天福四年四月,以樞密副使張從恩爲宣徽使,權廢樞密院故也。先是晉祖以宰臣桑維翰兼樞密使,懇求免職,只在中書,遂以宣徽使劉處讓代之。每有奏議,多不稱旨。其後處讓丁憂,乃以樞密印付中書、門下,故有是釐改也。開運元年六月,勅依舊置樞密院,以宰臣桑維翰兼樞密使,從中書、門下奏請也。周顯德六年六月,命司徒平章事范質、禮部尚書平章事王溥並參加樞密院事。"此唐、五代之世樞密使一職變遷之大略也。胡三省《通鑑注》曰:"代宗永泰中,置內樞密使,以宦者爲之。初不置司局,但有屋三楹,貯文書而已。其職掌:惟受表奏於內中進呈;若人主有所處分,則宣付中書、門下施行。後僖、昭時,楊復恭、西門季玄欲奪宰相權,乃於堂狀後帖黃,指揮公事。"憲宗元和三年。案堂狀帖黃,起於楊復恭,見《新書·嚴遵美傳》。胡氏云內樞密使置自永泰,當有所據。《廿二史劄記》以《李吉甫傳》憲宗初有中書小吏滑渙,與樞密使劉光琦昵,頗竊權,又《裴洎傳》李絳承旨翰林,有中人梁謙掌密命,謂其職當始德宗或憲宗之初,似未審。則後雖擅作威福,而其起實甚微。昭宗末年,朱溫大誅宦官,以蔣玄暉爲使。《廿二史劄記》謂"此爲樞密移於朝士之始。"梁祖改爲崇政院,用敬翔爲使,事見第十二章第二節。歐《史·翔傳》云:"友珪立,以翔先帝謀臣,不欲翔居內職,乃以李振代翔,拜翔中書侍郎,同中書門下平章事。翔以友珪畏己,多稱疾未嘗省事。"可見其職仍關重要。然《郭崇韜安重誨傳論》曰:"予讀梁宣底,見敬翔、李振爲崇政院使。凡承上之旨,宣之宰相而奉行之。宰相有非其見時而事當上決者,與其被旨而有所復請者,則具記事而入,因崇政使以聞,得旨則復宣而出之。梁之崇政使,乃唐樞密之職,蓋出納之任也。唐常以宦者爲之。至梁戒其禍,始用士人。其備顧問,參謀議於中則有之,未始專行事於外也。至崇韜、重誨爲之,始復唐樞密之名,然權侔於宰相矣。"然則敬翔、李振之所爲,乃唐樞密使之初,崇韜、重誨之所爲,則如楊復恭、西門季玄矣。二人皆自中門使起,見歐《史》本傳。崇韜之爲中門使,乃由孟知祥之薦,亦見前蜀世家。參看第十二章第三節。其起也,亦唐樞密使之初也。薛《史·劉處讓傳》云:"處讓以莊宗已來,樞密使罕有宰臣兼者,因盟心以覬其位。"歐《史》云:"唐制,樞密使常以宦者爲之。自梁用敬翔、李振,至莊宗始用武臣,而權重將相。高祖時,以宰相桑維翰、李崧兼樞密使。處讓與諸宦者,心不平之。"薛《史·晉少帝紀》云:"初高祖事後唐明宗,覯樞密使安重誨秉政專權,賞罰由己,常惡之。及登極,故斷意廢罷,一委中書。至是,馮道等厭其事繁,故復請置之,庶分其權。表凡三上,不允。"二説皆非其實。晉祖之廢樞密,事在天福四年,實非登極即然。劉處讓亦非與宦者比以争權勢之流。竊疑當日攻桑維翰、李崧甚者,實爲楊光遠,處讓轉圖和緩其争。因其本無意於此,故及其丁母憂而遂廢。然特不用人而非廢其職。馮道等《請復樞密表》曰:"頃歲樞密使劉處讓,偶屬家艱,爰拘喪制。既從罷免,暫議改更。不曾顯降勅文,永停使額。"馮道者,全身遠害之流。《通鑑》叙是事云:"勳舊皆欲復置樞密使。道等三奏,請以樞密舊職讓之。"可見晉祖不欲任人之故。雖少帝,亦卒以委桑維翰,而不肯以畀當時所謂勳舊者矣。此亦可見其職之重要也。《廿二史劄記》曰:"唐莊宗時,郭崇韜爲使。明宗時安重誨爲使,晉高祖時,桑維翰爲使,漢隱帝時,郭威爲使。其後出鎮魏州,史弘肇又令帶使以往。蘇逢吉力争之不得,遂至稱兵犯闕,莫不響應。"可以見其權勢。經此積重,至宋,遂與中書對掌文武大柄,號稱二府矣。歐《史·唐本紀》:於存勗僭即偽位後,書以"豆盧革、盧程同中書門下平章事。"又書"中門使郭崇韜,昭義監軍張居翰爲樞密使。"《注》曰:"樞密使唐故以宦者爲之,其職甚微,至此始參用士人,而與宰相權任鈞矣。故與宰相並書。"《通鑑注》駁之曰:"唐末,兩樞密與兩神策中尉,號爲四貴,其職非甚微也,特專用宦者爲之耳。"又引項安世曰:"唐於政事堂後列五房,有樞密房以主曹務,則樞密之要,宰相主之,未始他付。其後寵任宦人,始以樞密歸之内侍。"《十七史商榷》曰:"五代必兼樞密者,方爲有相權,如豆盧革輩,但有相名耳。"又曰:"唐宦者所以擅國,樞密出納王命,神策掌握禁軍也。五代則鑒其弊,樞密以大臣爲之,改左右神策爲侍衛親軍,其都指揮使,亦以大臣充之。官制隨時不同如此。"愚案事局久則不易更,故但易其人而不能革其官。歷代官制之變遷,如是者多也。宣徽者,唐置南北院,有使、副使。梁因之。後唐省副使。掌總領内諸司及三班内侍之籍,郊祀、朝會、宴饗、供帳之事。應内外進奉,悉檢其名物而已。至宋,亦以處勳舊大臣之罷政者焉。《通考》。

都指揮使,本方鎮軍校之名。自梁起宣武,乃以其鎮兵因仍舊號,置在京馬步軍都指揮使而自將之。蓋於唐六軍諸衛之外,別爲私兵。至後唐明宗,遂改爲侍衛親軍,以康義誠爲馬步軍都指揮使,從榮以河南尹爲大元帥,典六軍。此侍衛司所從始也。及從榮以六軍反入宫,義誠顧望不出兵,而侍衛馬軍都指揮使朱弘實擊之。其後遂不廢。殿前軍起於周世宗。是時宋太祖爲殿前司都虞候。初詔天下選募壯士送京師,命太祖擇其武藝精高者爲殿前諸班,而置都檢點,位都指揮使上,太祖實由此受禪焉。《通考》引石林葉氏說。

## 第四節　官制下

隋文帝開皇三年,罷郡,以州統縣,已見第一章第一節。其時有州三百一十,郡五百有八,見《通典》。隋於雍州置牧。州、縣亦如北齊,分爲九等。開皇十四年,改爲四等:曰上,曰中,曰中下,曰下。鎮置將、副。戍置主、副。關置令、丞。文帝以并、益、荆、揚四州置大總管。其餘諸州置總管者,列爲上中下三等,總管刺史加使持節。《通典》曰:"魏置使持節,寵奉使官之任。隋氏廢郡而以刺史牧人,既非使官,則合罷持節之稱。其時制置,不以名實相副爲意,仍舊存之。後改爲太守,亦不復省。所以使持節之名,及於邊遠小郡,乃不徵典故之失。"煬帝悉罷之。並罷州置郡。京兆、河南則爲尹。舊有兵處,刺史帶諸軍事以統之,至是別置都尉、副都尉,與郡不相知。又置京輔都尉,立府於潼關。並置副都尉。置諸防主、副官,掌同諸鎮。其監察則歸司隸臺,已見前。此實有意復兩漢郡縣舉職,刺史監察之舊者也。

唐武德元年,改郡爲州,《通典》云:加號持節,後加號爲使持節諸軍事,而實無節,但頒銅魚符而已。天寶元年,改州爲郡,至德二載,又改郡爲州。《舊書・職官志》上州刺史下注云乾元元年，誤也。其叙及《新紀》、《通鑑》，皆云至德二載。通計唐代稱郡者僅十五年，然前後雖稱爲州，論其實，則皆古之郡也。《舊書・地理志》惟列州名。《新書》及《通典》、《元和郡縣志》皆州郡名竝舉。蓋明其中間曾爲某郡，非謂其同時名州又名郡也。《新志》間有但舉州名者，於渭州下發其凡，曰："凡乾元後所置州，皆無郡名。"間有乾元前所置亦無郡名者，則於威州下注云"郡闕"，以起其例，蓋其地嘗没於吐蕃，史失其傳也。宋承唐，以州統縣，而仍留郡名，以備王公封號。故《宋史・地理志》每州亦兼著郡名，其用意與《唐志》又異。《舊書・韋安石傳》言其子陟爲吳郡太守，其時衹有蘇州，則作史者措辭之不諦耳。說詳《十七史商榷》、《廿二史考異》。唐於西都、東都、北都皆置牧，以親王爲之，而以長史理人。開元元年，改雍州爲京兆府，洛州爲河南府；十一年，改并州爲太原府，升長史爲尹。初太宗伐高麗。置京城留守。其後車駕不在京師，則置留守，以右金吾大將軍爲副。開元以尹爲留守，少尹爲副，謂之三都留守。其後鳳翔、成都、河中、江陵、興元，亦皆爲府置尹焉。唐初諸州復有總管。亦加號使持節。武德五年，以洺、荆、并、幽、交五州爲大總管。七年，改大總管府爲大都督府，總管府爲都督府。太極初，以并、益、荆、揚爲四大都督府。詳見下。開元十五年，加潞州爲五。其餘都督定爲上中下之差。都護，永徽中置於邊方，掌統諸蕃。大都督亦親王遙領，以長史主事。都護親王領之，則曰大都護，以副大都護兼王府長史。其後諸王拜節度使者，亦留京師，而副大使知節度事。薛《史・職官志》：後唐天成二年詔曰："頃因本朝，親王遙鎮，其在鎮者，遂云副大使知節度事。年代已深，相沿未改。今天下侯伯，竝正節旄，惟東西兩川，未落副大使字。宜令今後只言節度使。"則其制至五代刊落始盡也。羈縻都督府、州，皆邊州都督、都護所領也。《新書・地理志》。開元中，定天下州、府，自京都及都督、都護府之外，以近畿之州爲四輔，其餘爲六雄、十望、十緊及上、中、下之差。縣亦有赤、畿、望、緊、上、中、下七等。《通典・職官典》。《新書・戴叔倫傳》云："天下州縣有上、中、下、緊、望、雄、輔者，有司銓擬，皆便所私。"說與此合。其《百官志》注言文宗世，宰相韋處厚議復置兩輔、六雄、十望、十緊州別駕，亦見《舊書・處厚傳》，蓋謂兩畿之州爲輔，非謂稱輔之州止兩也。《新書・地理志》渭州下云："季世所置州，不列上、中、下之第。"則前世所置皆有之，特不能無變易耳。《通典》備舉四輔、六雄、十望之名，而云"初有十緊，後人緊者甚多，不復具列"，則其一證。《典》又云："户四萬已上爲上州，二萬五千以上爲中州，不滿二萬爲下州。亦有不約户,以別敕爲上州者。又謂近畿者爲畿内州,户雖不滿四萬,亦爲上州。其親王任中下州刺史者,亦爲上州。王去任後,即依舊式。"足見州之分等,條例甚多。雖云究以户口爲主,然《舊紀》開元十八年三月云:"改定州縣上、中、下户口之數。"則其率亦非無變易矣。抑近畿之州,《通典》述開元定制曰四輔,而韋處厚稱爲兩輔者?或正以其數有變易,故改據兩畿言之邪?《舊志》言户口滿二萬已上爲中州,《通典》五千字似衍。縣:《通典注》云:"京都所治爲赤縣,京之旁邑爲畿縣,其餘則以户口多少、資地美惡爲差。"而《舊志》云:"長安、萬年、河南、洛陽、太原、晉陽,謂之京縣。京兆、河南、太原所管諸縣,謂之畿縣。"則赤縣亦稱京縣,而稱畿者又不僅雍、洛矣。《通鑑》:大曆十二年,定節度使以下至主簿、尉俸禄。注述令、丞、簿、尉俸禄之數,縣有鴋、赤之稱。胡氏云:"類篇鴋翻阮切,鷹二歲色。《新地理志》唐京兆有赤縣、次赤縣,諸負郭亦皆爲次赤縣,鴋赤字義不可曉,蓋次赤也?"今案七等益一次赤,則八等矣。又《十七史商榷》引宋謝維新《合璧事類》後集第七十九卷縣官門知縣云:"國朝建隆元年,應天下諸縣,除赤、畿外,有望、緊、上、中、下。四千户爲望,三千户以上爲緊,二千户以上爲上,千户以上爲中,不滿千户爲中下,五百户以下爲下。"則其制宋尚相沿,而於中等之中,又析出中下,則亦八等矣。《通典·職官典》言州縣皆七等,而《選舉典》言郡自輔至下,縣自赤至下皆八等,未知何故。若次赤中下亦列爲一等,則其數適得八。豈此分別實起自《通典》成書以前,又爲一等中之小別,可云無改於七等之舊,故輯選舉、職官二典時,各有所據歟?要之州縣等級變易,恐甚紛繁,多少名目,難以具詳也。《選舉典》云:"初州縣混同,無等級之差。凡所拜授,或自大而遷小,或始近而後遠,無有定制。其後選人既多,叙用不給,遂累增郡縣等級之差,其折衝府亦有差爾。"又載沈既濟請改革選舉事類:請準舊令,州爲上、中、下三等,縣爲赤。畿、上、中、下五等,而廢緊、望、雄、輔之名。云"等級繁多,則仕進淹滯。使其周歷,即務速選。官非久安,政亦苟且。"其緣起如此,自不免如戴叔倫傳所謂有司銓擬,皆便所私之弊矣。要之州縣等級之分,實無與於民生之厚薄,亦不足深考也。鎮以五百人爲上,三百人爲中,不及者爲下。戍以五十人爲上,三十人爲中,不及者爲下。各置將副、主副。關亦分上、中、下。上、中關皆置令、丞,下關惟有令。監察之制,文明後嘗欲以隸御史臺,已見前。《新書·百官志》云:"貞觀初,遣大使十三人巡省天下。諸州水旱則遣使,有巡察、安撫、存撫之名。"《舊書·太宗紀》:貞觀二十年正月,遣大理卿孫伏伽、黄門侍郎褚遂良等二十二人以六條巡察四方,黜陟官吏。《新紀》云:遣使二十二人以六條黜陟於天下。神龍二年,以五品已上二十人爲十道巡察使,按舉州縣,再周而代。景雲二年,置都督二十四人,察刺史已下善惡。置司舉從事二人,秩比侍御史。

揚、益、并、荊四州爲大都督。汴、兗、魏、冀、蒲、絳、秦、洪、潤、越十州爲中都督。齊、鄜、涇、襄、安、潭、遂、通、梁、夔十州爲下都督。當時以爲權重難制，罷之。惟四大都督府如故。置十道按察使各一人。《舊紀》：六月，依漢代故事，分置二十四都督府。閏六月，初置十道按察。七月，新置都督府並停。惟雍、洛州長史，揚、益、并、荊四大都督府長史階爲三品。《通鑑》云：時遣使按察十道。議者以山南所部闊遠，乃分爲東西道。又分隴右爲河西道。六月，壬午，分天下置汴、齊、兗、魏、冀、并、蒲、鄜、涇、秦、益、絳、遂、荊、岐、通、梁、襄、揚、安、閩、越、洪、潭二十四都督，各糾察所部刺史以下善惡。惟洛及近畿州不隸都督府。太子右庶子李景伯、舍人盧俌等上言：都督專生殺之柄，權任太重，或用非其人，爲害不細。今御史秩卑望重，以時巡察，姦宄自禁。其後竟罷都督，但置十道按察使而已。李景伯、盧俌之議，見《新書·景伯傳》，附其父《懷遠傳》後。《舊書·王志愔傳》：景雲二年，制依漢置刺史監郡。於天下衝要大州置都督二十人，妙選有威重者爲之，遂拜志愔齊州都督，事竟不行。開元二年曰十道按察采訪處置使。《通鑑》：開元元年九月，復置右御史臺，督察諸州，罷諸道按察使。二年閏二月，復置十道按察使。《舊紀》但書又置右御史臺，不書按察之罷，而亦書其復置。《新書·張廷珪傳》：請復十道按察使，帝然納之，因詔陸象先等分使十道，此時事也。至四年罷。《舊紀》：四年十二月，停十道采訪使。《通鑑》：三年十二月，或上言按察使徒繁擾公私，請精簡刺史、縣令，停按察使。上命召尚書省官議之。姚崇以爲今止擇十使，猶患未盡得人，況天下三百餘州，縣多數倍，安得刺史、縣令，皆稱其職乎？乃止。四年閏十二月，罷十道按察使。八年，復置十道按察使，秋冬巡視州、縣。《通鑑》在五月。十年，又罷。《通典》同《通鑑》在十二年五月。十七年，復置十道京都兩畿按察使。《通鑑》在五月。二十年曰采訪處置使。分十五道。《通鑑》在二十一年，云：歲分天下爲京畿、都畿、關內、河南、河東、河北、隴右、山南東、西、劍南、淮南、江南東、西、黔中、嶺南，凡十五道。各置采訪使。以六條檢察非法。兩畿以中丞領之。餘皆擇賢刺史領之。非官有遷免，則使無廢更。惟變革舊章，乃須報可。自餘聽便宜從事，先行後聞。《新書·地理志序》亦云事在二十一年。《舊書·張九齡傳》，言其在相位時，建議復置十道采訪使。九齡之相，事在二十一年十二月，則此奪一字也。《新書·韓思復傳》：子朝宗，開元二十二年初置十道采訪使，朝宗以襄州刺史兼山南東道。《李尚隱傳》云：自開元二十二年置京畿采訪處置等使，用中丞盧奐爲之。尚隱以大夫不充使。永泰以後，大夫王翊、崔渙、李涵、崔寧、盧杞乃爲之。乃據朝宗、奐任職之時言之，非謂置使在二十二年也。《舊書·地理志》：貞觀元年，分天下爲十道：一曰關內，二曰河南，三曰河東，四曰河北，五曰山南，六曰隴右，七曰淮南，八曰江南，九曰劍南，十曰嶺南。開元二十一年,分天下爲五十道,每道置采訪使,檢察非法,如漢刺史之職。京畿采訪使,理京師城內。都畿理東都城內。關內以京官遥領。河南理汴州。河東理蒲州。河北理魏州。隴右理鄯州。山南東道理襄州。西道理梁州。劍南理益州。淮南理揚州。江南東道理蘇州。西道理洪州。黔中理黔州。嶺南理廣州。五十者十五之倒誤。薊州當作蘇州。此分山南、江南各爲二道,就關內、河南析出京畿、都畿,又增置黔中也。天寶末,又兼黜陟使。乾元元年,改曰觀察處置使。"案《舊書·李嶠傳》:初置右御史臺。嶠上疏陳其得失,言"垂拱二年,諸道巡察使所奏科目,凡有四十四件。別準格勅令察訪者,又有三十餘條。巡察使率是三月已後出都,十一月終奏事,而每道所察文武官多至二千餘人,少者一千已下。但準漢之六條,推而廣之,則無不苞矣。無爲多張科目,空費簿書。且機事之動,恒在四方。是故冠蓋相望,郵驛繼踵。今巡使既出,其他外州之事,悉當委之,則傳驛大減矣。請大小相兼,率十州置御史一人,以周年爲限。使其親至屬縣,或入閭里,督察姦譌,觀采風俗。然後可以求其實效,課其成功。"則天善之。乃下制分天下爲二十道,簡擇堪爲使者。會有沮議者,竟不行。神龍已後所行,則嶠之説也。委任郡縣,而於其上設監察之司,持霜簡以肅紀綱,而勿與郡縣之事,於法究爲最善。隋、唐之世,屢經改革,終不能不循此而行,宜矣。然天寶已還,邊兵日重,至德而後,加之天下兵興,卒復於魏、晉、南北朝刺史握兵之舊。

《新書·兵志》云:"唐初,兵之戍邊者,大曰軍,小曰守捉,曰城,曰鎮,而總之者曰道。其軍、城、鎮、守捉皆有使,而道有大將一人,曰大總管。已而更曰大都督。至太宗時,行軍征討曰大總管,在其本道曰大都督。"《百官志》云:武德初,邊要之地,置總管以統軍,加號使持節,蓋漢刺史之任。七年,改總管曰都督。總十州者爲大都督。貞觀二年,去大字。凡都督府有刺史以下如故,然大都督又兼刺史,而不檢校州事。其後都督加使持節則爲將,諸將亦通以都督稱使。惟朔方猶稱大總管。邊ட別置經略使。沃衍有屯田之州,則置營田使。自高宗永徽以後,都督帶使持節者,始謂之節度使。然猶未以名官。景雲二年,以賀拔延嗣爲涼州都督河西節度使。《通鑑》:景雲元年十月,以幽州鎮守經略節度大使薛訥爲左武衛大將軍,兼幽州都督。節度使之名自訥始。《考異》曰:《統紀》:景雲二年四月，以賀拔延秀爲河西節度使，節度之名自此始。《會要》云，景雲二年，賀拔延嗣爲涼州都督，充河西節度，始有節度之號。又云：范陽節度，自先天二年始除甄道一。《新表》：景雲元年，置河西諸軍州節度支度營田大使。按訥先已爲節度大使，則節度之名，不始於延嗣也。今從《太上皇實錄》。案此以節度使之名號言之，論其職守，則初不始於此等也。說見第九節。自此而後，接乎開元，朔方、隴右、河東、河西諸鎮，皆置節度使。《舊書·地理志》云：開元中置十節度，已見第四章第七節，其《職官志》云：天寶中置八節度，蓋安西、北庭，天寶中嘗合爲一，而嶺南則至德已前初無節度之名也。說見《廿二史考異》；《通典·州郡篇》稱節度使十，《職官篇》云：開元中凡八節度，曰磧西，曰河西，曰隴右，曰朔方，曰河東，曰幽州，曰劍南，曰嶺南。《考異》曰：“磧西即安西，而不別出北庭之名，《舊史》蓋本於此。”又曰：“《唐六典》：凡天下節度使有八：一朔方，二河東，三幽州，四河西，五隴右，六劍南，七磧西，八嶺南，蓋并平盧、幽州爲一，磧西、北庭爲一也。”及范陽節度使安祿山反，犯京師，天子之兵，弱不能抗，遂陷兩京。肅宗起靈武，而諸鎮之兵，共起誅賊。其後祿山子慶緒及史思明父子繼起，中國大亂。肅宗命李光弼等討之，號九節度之師。久之，大盜既滅，而武夫戰卒，以功起行陳，列爲侯王者，皆除節度使，由是方鎮相望於內地。”《通典》云：“分天下州縣，制爲諸道。每道置使，理於所部。其邊方有寇戎之地，則加以旌節，謂之節度使。自景雲二年四月，始以賀拔延嗣爲涼州都督，充河西節度使。其後諸道因同此號。得以軍事專殺。行則建節，府樹六纛，外任之重莫比焉。”《舊書·職官志》：門下省符寶郎職，旌節之制，命大將帥及遣使於四方，則請而佩之。旌以專賞，節以專殺。《新書·百官志》：元帥、都統、招討使掌征伐，兵罷則省。都統總諸道兵馬，不賜旌節。《舊書·職官志》云：“漢代奉使者皆持節，故刺史臨郡皆持節。至魏、晉，刺史任重者，爲使持節都督，輕者爲持節。後魏、北齊總管刺史，則加使持節諸軍事。以此爲常。隋開皇三年，罷郡，以州統縣，刺史之名存而職廢，而於刺史太守官位中，不落使持節之名，至今不改，有名無實也。至德之後，中原用兵，大將爲刺史者，兼治軍旅。遂依天寶邊將故事，加節度之號。連制數郡。奉辭之日，賜雙旌雙節。如後魏、北齊故事。名目雖殊，得古刺史督郡之制也。”此節度專擅，實魏、晉後刺史復起之徵也。斯制也，歷代承平之際，皆盡力欲除之。唐中葉後亦未嘗不然,特力不能勝耳。《舊書·職官志》又云:"至德後,中原置節度,又大郡要害之地,置防禦使治軍事,刺史兼之。《通典》云:以采訪使並領之。采訪理州縣,防禦理軍事。初節使與采訪各置一人,天寶中始一人兼領之。不賜旌節。上元後,改防禦使爲團練守捉使。又與團練兼置防禦使名。"《地理志》云:"至德之後,中原用兵,刺史皆治軍戎,遂有防禦、團練、制置之名。下文列舉諸使之名,凡四十七,不見防禦制置之名。蓋前世使名甚長,諸史爲求省文,所舉皆不全也。要衝大郡,皆有節度之類,當作額。寇盜稍息,則易以觀察之號。"《新書·百官志》云:"武后聖曆元年,以夏州都督領鹽州防禦使。及安禄山反,諸郡當賊衝者,皆置防禦守捉使。乾元元年,置團練守捉使、都團練守捉使。大者領州十餘,小者二三。代宗即位,廢防禦使。惟山南西道如故。元載秉政,思結人心,刺史皆得兼團練守捉使。楊綰爲相,罷團練守捉使。惟澧、朗、峽、興、鳳如故。建中後,行營亦置節度使、防禦使、都團練使。大率節度、觀察、防禦、團練使,皆兼所治州刺史。"觀察初不握兵,意亦在挽此危局。然"節度列銜,往往稱某軍節度某處管内觀察處置等使,則觀察但爲節度兼銜,且節度無不兼本州刺史,則權盡歸於一家,而守土之臣,幾無復分其任者矣。"《十七史商榷》。此其所以終至尾大不掉歟?

使節既張,支郡遂爲之隸屬。《新書·百官志》云:"觀察處置使,掌察所部善惡,舉大綱。凡奏請皆屬於州。"則觀察原不應奪刺史之職。然《舊書·文宗紀》太和二年,南郊大赦節文云:"刺史分憂,得以專達,事有違法,觀察使然後奏聞",則其於權限,實未能嚴守。節度兵權在握,自尤不待論矣。《新書·李吉甫傳》:元和二年,杜黄裳罷相,擢吉甫同平章事。吉甫連蹇外遷十餘年,究知閭里疾苦。常病方鎮彊恣。至是爲帝從容言:"使屬郡刺史,得自爲政,則風化可成。"帝然之。出郎吏十餘人爲刺史。時尚無如藩鎮何,特欲藉刺史之才望以與之抗,使稍得自主而已。至淮西平,則中樞形勢驟彊,得行其志,乃由烏重胤還職刺史以爲之唱。遂下支郡兵馬並屬刺史之詔。事見第八章第二節。《舊書·陸亘傳》:"亘刺兗州,延英面奏:凡節度使握兵分屯屬郡者,刺史不能制,遂爲一郡之弊,宜有處分。因詔天下兵分屯屬郡者隸於刺史。"疑即此事也。薛《史·職官志》:梁開平四年九月,詔曰:"魏博管内刺史,比來州務,竝委督郵。遂使曹官擅其威權,州縣同於閒冗。俾循通制,宜塞異端。並宜依河南諸州例,刺史得以專達。時議者曰:烏重胤以所管三州,各還刺史職分,是後雖幽、鎮、魏三道,以河北舊風,自相傳襲,滄州一道,獨稟命受代,自重胤制置使然也。則梁氏之更張,正合其事矣。"然孔謙直以租庸帖調發諸州,觀察使乃以唐制制勑不下支郡,刺史不專奏事諍之,見第十二章第三節。則可見憲宗、文宗之詔,能行之者實甚寡也。

外官之專橫,率由其久握兵權,干涉民政而然。隋及唐初,皆有尚書行臺。唐代又有元帥、副元帥、都統、副都統元帥、都統,皆以親王爲之,有名無實。副元帥、副都統則皆有實權。及招討使等名目。然皆兵罷即撤,故不能爲害。後來之節度、防禦、團練等使,則不然矣。《舊書‧職官志》敍次,先府、都督府、州、縣,次以都護府,以其專設於邊境,以掌諸蕃也。次乃及節度、都統、招討、防禦、團練等使,明其本爲軍官,後雖經久設立,寖與民政,實非本意也。《新書‧百官志》首元帥,次都統,次節度,次觀察,次團練,次防禦,乃以府都督府繼之,又繼之以都護,終乃及於州縣,且總標之曰外官,混文武及常設暫設之官爲一,似欠條理。今文家五等之封,爲百里、七十里、五十里,古文家則爲五百里、四百里、三百里、二百里、百里,蓋皆按切時勢以立言。今文家所言,蓋周初之制,古文家所言,則東周後事矣。百里之國,滕、薛、邾、莒之倫。此等國爲大國所滅,則以之置縣。秦、漢時縣大率方百里是也。歷代縣之疆域,雖時有贏縮,然其本則未變。此等國,在春秋時已無足重輕矣。五百里之國,魯、衛、宋、鄭是也。在春秋時尚足自立,入戰國乃日益削弱,以至於亡。此其區域,在秦、漢時則爲郡。漢有叛國而無叛郡,明大小若此者,亦無能爲。其在春秋時則爭霸,在戰國時則竝稱王,爭爲帝,而終之以併吞者,則齊、晉、秦、楚是也。此等國之封域,即古書所言邦畿千里之制。封國無能若是其大者,亦無若是其大,而猶受封於人者。故言封建之制者,皆不之及。此等國不徒在春秋、戰國之世,爲兵爭之原,即漢初之地,更倍於此等國,亦未足以戢吳、楚七國之心也。然則欲求一統,其道無他,祇是防邦畿千里之國之再起而已矣。而魏、晉、南北朝之州郡,唐、五代之藩鎮,則此等國之再起者也。此中國統一與分裂之鍵也。

閭里編制,隋、唐略同。《隋書·高祖紀》:開皇九年二月,"制五百家爲鄉,正一人。《通鑑》作"置鄉正一人"。百家爲里,長一人"。《通鑑》作"置里長一人。"《百官志》:"煬帝時,京都諸坊改爲里,皆省除里司官,以主其事。"《舊書·職官志》:户部,"百户爲里,五里爲鄉。兩京及州縣之郭分爲坊,郊外爲村。里及坊、村,皆有正以司督察。四家爲鄰,五鄰爲保,保有長以相禁約。"《食貨志》云:"五家爲保。"家蓋誤字。又云:"在邑居者爲坊,在田野者爲村",則辭異意同。又云:"村、坊、鄰、里,遞相督察。"《太宗紀》:貞觀九年三月,"每鄉置長一人,佐二人。"十五年十一月,"廢鄉長。"《通典》云:"大唐凡百户爲一里,里置正一人;五里爲一鄉,鄉置老一人;以耆年平謹者縣補之,亦曰父老。貞觀九年,每鄉置長一人,佐二人,至十五年省。"是其編制及名目皆同也。薛《史·張全義傳》云:"全義爲縣嗇夫,嘗爲令所辱,乾符末,黄巢起冤句,全義亡命入巢軍。"唐時無嗇夫之名,歐《史》僅云"少以田家子役於縣",薛《史》蓋以古名相比附也。《隋書·李德林傳》云:蘇威奏置五百家鄉正,即令理民間辭訟。德林以爲"本廢鄉官判事,爲其里閭親戚,剖斷不平。今令鄉正專治五百家,恐爲害更甚。且今時吏部總選人物。天下不過數百縣,於六七百萬户内,詮簡數百縣令,猶不能稱其才,乃欲於一鄉之内,選一人能治五百家者,必恐難得。又即時要荒小縣,有不至五百家者,復不可令兩縣共管一鄉。"勅令内外羣官就東宫會議。自皇太子以下,多從德林議。開皇十年,虞慶則等於關東諸道巡省,使還,立奏云:"五百家鄉正,專理辭訟,不便於民,黨與愛憎,公行貨賄。"上令廢之。德林復奏"政令不一,深非帝王設法之義。"因此忤意外出。案古者地治之職,皆有聽訟之權,豈必能皆得其平?然事屬相沿,民習有嚴上之心,故猶可以相安,既廢之矣,而又復之,則蹴然之聲起矣。鄉官之始,必由人民推擇;其後或由官命,亦必采聽民意;歷年愈久,則民之願與官日益離,其桀黠者依附獻媚之術愈工,且或有以脅其衆,使不敢誹己,其人乃去民日遠。自左雄已言"鄉官部吏,職斯禄薄，車馬衣服，一出於民"，見《秦漢史》第十八章第三節。而可畀以聽訟之權乎？既明知其不便矣，又豈可以護前而憚改作？德林之初議是，而其再奏則非矣。因此忤旨，不得咎文帝之聽熒也。煬帝令省除里司，蓋以京都爲貴勢豪猾所萃，什伍之長，勢不足相檢制，與魏甄琛請取武官領里尉之意同，見《兩晉南北朝史》第二十二章第三節。非所語於外州縣也。《新書·韓滉傳》：滉爲兩浙觀察使，里胥有罪，輒殺無貸。人怪之。滉曰："袁晁本一鞭背史，禽賊有負，聚其類以反。此輩皆鄉縣豪黠，不如殺之，用年少者，惜身保家不爲惡。"足見正長中桀黠者之多。然滉殘酷而好要功，徒以便於己私，而殘民以逞，其心更可誅矣。薛《史·胡饒傳》：饒與唐明宗部將王建立相善。明宗即位，建立領常山，奏饒爲真定少尹。平棘令張鵬者，獻策，請建立於境内，每縣所管鄉，置鄉直一人，令月書縣令出入行止。饒乃導而薦焉。建立行之彌年，辭訟蠭起，四郡大擾，此等教猱升木之舉，其必無以善其後也審矣。《通典》："天寶七載，詔三十里置一驛，元注："其非通途大路則曰館。"驛各有將，以州里富强之家主之，以待行李。自至德之後，民貧不堪命，遂以官司掌焉。"此則本非可責之民。雖承平之世，民力亦不能堪，而況於喪亂之後邪？

官品：隋分爲九，各有正從；自四品以下，復分爲上下階，凡三十階；謂之流内。又有流内視品十四等；無一品及正四五品。又有流外勳品、二品、三品、四品、五品、六品、七品、八品、九品之差；又視流外亦有視勳品、視二品、視三品、視四品、視五品、視六品、視七品、視八品、視九品；皆無上下階。煬帝三年，定令，除上下階。唐自四品已下復有之。又有視流内，起正五品至從九品。流外、視流外，亦自勳品至九品，如隋之舊。

隋高祖又采後周之制，置上柱國、柱國、上大將軍、大將軍、上開府儀同三司、開府儀同三司、上儀同三司、儀同三司、大都督、帥都督、都督，總十一等，以酬勳勞，是爲勳官。又有特進、左右光禄大夫、金紫光禄大夫、銀青光禄大夫、朝議大夫、朝散大夫，以加文武官之德聲者。並不理事。六品已下，又有翊軍等四十三號將軍，品凡十六等，為散號將軍，以加汎授。居曹有職務者為執事官，無職務者為散官。上柱國已下為散實官，軍為散號官。開皇六年，吏部又別置朝議、通議、朝請、朝散、給事、承奉、儒林、文林八郎，武騎、屯騎、驍騎、游騎、飛騎、旅騎、雲騎、羽騎八尉。其品則正六品已下，從九品以上。上階為郎，下階為尉。案"漢制，光祿大夫、太中大夫、郎、議郎、中郎、侍郎、郎中皆無員，多至數千人；特進、奉朝請，亦皆無職守，優游祿秩；則官之有散，自漢有之。然當時仕於朝者，不任以事，則置之散，蓋以儲才待須，與職事均其勞佚。"其"以職為實，以散為號"，則實自隋始也。《文獻通考》引岳珂《愧郯錄》說。煬帝於舊都督已上至上柱國及八郎、八尉四十三號將軍皆罷之。並省朝議大夫。自一品至九品，置光祿、從品。左右光祿，左正二品，右從二品。金紫、正三品。銀青光祿、從三品。正議、正四品。通議、從四品。朝請、正五品。朝散、從五品。九大夫，建節、正六品。奮武、從六品。宣惠、正七品。綏德、從七品。懷仁、正八品。守義、從八品。奉誠、正九品。立信、從九品。八尉，以為散職。其制似較高祖為簡易。然及唐世，復有勳官，凡十二轉。見《新書·百官志·司勳職》。文散官二十九等，見《吏部》。武散官四十五等。見《兵部》。玄宗平內難，賜衛士葛福順等為唐元功臣。代宗以射生軍清難，有寶應之稱。德宗以涇軍扇逆，有定難之號。其後隨事而賜，亦無定名。《通考》。僖、昭頻年播遷，功臣差多。至後梁、後唐，則徧及戎卒矣。《通鑑》貞元七年《注》引宋白說。勳散官之名，皆古之高官。在隋世，蓋猶不失其貴，至唐，則止於服色、資蔭而已。杜佑《裁官議》云："柱國後魏末置，並是當時宿德，勳成業崇，皆主重兵，寵貴第一。周、隋以後，除授至多。暨乎國家，回作勳級，惟得三十頃地耳。"又云："後周改都督諸軍事為總管，則總管為都督之任矣。又有大都督、帥都督、都督，並以為散官。煬帝改大都督為校尉，帥都督為旅帥，都督為隊正；大唐武德七年，改上大都督為驍騎尉，大都督為飛騎尉，帥都督為雲騎尉，都督為武騎尉；則都督之名微矣。"《通鑑》興元元年，陸贄奏："國家命秩之制，有職事官，有散官，有勳官，有爵號。然掌務而授俸者，惟繫職事一官。勳、散、爵號，止於服色、資蔭而已。"《注》："資蔭，謂隨資品得蔭其子若孫及曾孫也。"文散官自四品已下，皆番上於吏部；武散官則番上於兵部;勳官亦番上於兵部及外州;殊爲困辱。見《新書·百官志》吏兵部及司勳。《舊書·職官志》云:"舊例,開府及特進,雖不執事,皆給俸禄,與朝會,行立在於本品之次。光禄大夫已下,朝散大夫已上,衣服依本品,無禄俸,不與朝會。朝議郎已下,黄衣執笏,於吏部分番上下,承使及親驅使,甚爲猥賤。每當上之時,至有爲主事、令史守局鑰、執鞭帽者。兩番已上,則隨番許簡。通時務者,始令參選。一登職事已後,雖官有代滿,即不復番上。"又云:"永徽已後,戰士授勳者,動盈萬計。每年納課。亦分番於兵部及本郡當上省司,又分支諸曹,身應役使,有類僮僕。據令乃與公卿齊班,論實在於胥吏之下。蓋以其猥多,又出自兵卒,所以然也。"案是時征役,又多取勳官,見第九節引劉仁軌奏。無實利而徒有虚名,未有能使人重之者也。此徒恃虚名者之所以終窮也。

官禄:《隋書·百官志》云:"京官:正一品禄九百石,其下每以百石爲差,至正四品,是爲三百石。從四品二百五十石,其下每以五十石爲差,至正六品,是爲百石。從六品九十石,其下每以十石爲差,至從八品,是爲五十石。食、封及官不判事者併九品,皆不給禄。其給皆以春秋二季。刺史、太守、縣令,則計户而給禄。各以户數爲九等之差。大州六百二十石,其下每以四十石爲差,至於下下則三百石。大郡三百四十石,其下每以三十石爲差,至於下下則百石。大縣百四十石,其下每以十石爲差,至於下下則六十石。其禄惟及刺史二佐及郡守、縣令。"其職分田:《通典》云:"京官一品者給田五頃,至五品則爲田三頃。其下每品以五十畝爲差,案自一品至五品,似每品亦以五十畝爲差。至九品爲一頃。外官亦各有職分田。"唐制:《通典》云:"京官正一品,米七百石,錢六千八百。從一品米六百石。從品不言錢數,蓋皆同正?正二品米五百石,錢六千。從二品米四百六十石。正三品米四百石,錢五千一百。從三品米三百六十石。正四品米三百石,錢四千二百。從四品米二百六十石。正五品米二百石,錢三千六百。從五品米一百六十石。正六品米一百石,錢二千四百。從六品米九十石。正七品米八十石,錢二千一百。從七品米七十石。正八品米六十七石,錢一千六百。從八品米六十二石。正九品米五十七石,錢一千三百。從九品米五十二石。《新書·食貨志》不載錢數。外官各降一等。一品以五十石爲一等,二品、三品以三十石爲一等,四品、五品以二十石爲一等,六品、七品以五石爲一等,八品、九品以二石五斗爲一等。其幹力及防閤、庶僕並別給。内外文武官,自一品以下,逓給職田。京官諸司及郡縣,又給公廨田。並有差。"職分田之數,自十二頃至一頃,見《新書·食貨志》。永徽中月俸、食料、雜用之數,見於《新書·食貨志》。《通典》云:"防閤庶僕,舊制季分、月俸、食料、雜用,即有分諸官應月給。開元二十四年六月,乃撮而同之,通謂之俸料。一品月俸六千,食料千八百,雜用千二百,防閤十五千,通計二十四千。二品、三品,月俸五千,食料千一百,雜用九百,防閤十千,通計十七千。四品月俸三千五百,食料七百,雜用七百,防閤六千六百六十七,通計十一千五百六十七。五品月俸三千,食料六百,雜用六百,防閤五千,通計九千三百。六品月俸二千,食料四百,雜用四百,庶僕二千五百,通計五千三百。七品月俸千七百五十,食料三百五十,雜用三百五十,庶僕千六百,通計四千五十。八品月俸千三百五十,食料三百,雜用三百,庶僕六百,通計二千五百五十。九品月俸千五十,食料二百五十,雜用二百,庶僕四百,通計千九百。"此承平時之制也。雖時有增減,大致不甚相遠。李吉甫謂"國家之制,官一品俸三千,職田、租米,大抵不過千石",蓋辜較言之也。開元以後,置使漸衆,各給雜錢,數乃甚鉅。《新書·食貨志》曰:"宰相楊國忠,身兼數官,堂封外月給錢百萬。幽州平盧節度使安禄山,隴右節度使哥舒翰,兼使所給,亦不下百萬。"兵興而後,權臣外官,乘機攘竊,尤有不可言者。《新書·食貨志》又云:"兵興,權臣增領諸使,月給厚俸,比開元制禄數倍。"又云:"代宗時,權臣月俸,有至九十萬者。刺史亦至十萬。"《裴冕傳》云:"領使既衆,吏白俸簿月二千緡。"楊綰、常衮,始加釐正,《新書·食貨志》云:"楊綰、常衮爲相,增京官正員官及諸道觀察使、都團練使、副使以下料錢。"《通鑑》事繫大曆十二年,云:"元載以仕進者多樂京師,惡其逼己,乃制俸禄,厚外官而薄京官。京官不能自給,常從外官乞貸。楊綰、常衮奏京官俸太薄。詔加京官俸歲十五萬六千餘緡。自兵興以來,州縣官俸給不一,重以元載、王縉,隨情徇私,刺史月給,或至千緡。或數十緡。至是始定節度使以下至主簿、尉俸禄。衮多益寡,上下有叙,法制粗立。"案兵興已後,舊法毀壞,新法不立,有權者乘機攘竊,政府無如之何;又財政窮蹙,坐視京官之困窘而無以救之;此亦事勢使然,盡以歸咎於元載,亦溢惡之辭也。是年所加京官之俸,見《通鑑注》引《唐會要》。德宗貞元四年，李泌奏京官俸太薄，請自三師以下，悉倍其俸，從之，亦見《通鑑》。史言其法制麤立，然《通考》載大中六年中書門下奏："應諸州刺史，既欲責其潔己，須令俸祿稍充。但以厚薄不同，等級無制，致使俸薄處無人願去，祿厚處終日爭先。"又《新書·食貨志》以會昌後百官俸錢，不復增減，特著其數，今覈之，則最多者三師，錢二百萬，最少者十六衛、六軍、十率府執戟、長上、左右中郎將，錢二千八百五十而已。則其所謂均者又安在邪？然此特官吏受其弊而已，其因官俸而厲民，則又有不止於此者。

歷代官俸之厲民，病在國家無充足之經費，於是或分之以田畝，或假之以事力，甚至畀以資財，使爲出舉、興生之事焉。官吏出舉、興生之弊，已見第十七章第四節。職分田及公廨田，亦"借民佃植，至秋冬受穀。"《通典·職官典》十七。然其誅求，實較民間之田主爲尤甚。觀第十七章第二節所引元結所言道州之情形可知。役民之事，名目尤繁。曰防閤，曰庶僕，曰邑士，曰仗身，曰親事，曰帳內，曰白直，曰執衣，曰事力，曰守當，曰廳子。甚有如門夫者，乃州縣無防人者，籍十八已上中男及殘疾，以守城門及倉庫門，番上不至者，閒月督課，爲錢百七十，忙月二百，至開元二十四年，亦以給州縣官焉。皆見《新書·食貨志》及《通典·職官典》十七。或役其身，或收其課，又有既收其課，旋復加以簽差者。以大體言之，收其課較之役其身者，民少寬貸，如《新書·食貨志》言："天寶初，天下白直歲役丁十萬，有詔罷之，計數加稅以供用，人皆以爲便"是也。薛《史·周太祖紀》：廣順元年三月，壬申，詔曰："諸州府先差散從親事官等，前朝創置，蓋出權宜，苟便一時，本非舊貫。近者徧詢羣議，兼采封章，且言前件抽差，於理不甚允當。一則礙州縣之色役，一則妨春夏之耕耘。貧乏者困於供須，豪富者幸於影庇。既爲煩擾，須至改更。況當東作之時，宜罷不急之務。其諸州所差散從親事官等，竝宜放散。"詔下，公私便之。然又云：是月，"辛卯，詔諸道節度副使、行軍司馬、兩京少尹、留守判官，竝許差定當直人力，不得過十五人。諸府少尹、書記、支使、防禦、團練副使不得過十人。節度推官、防禦、團練軍事判官，不得過七人。逐處係帳收管。此外如敢額外影占人戶，其本官當行朝典。先是漢隱帝時，有人上言：州府從事、令錄，皆請料錢，自合雇人驅使，不合差遣百姓丁戶。秉政者然之。乃下詔州府從事令錄本處先差職役，竝放歸農。自是官吏有獨行趨府縣者。帝頗知之，故有是命。"自壬申至辛卯，不過二十日耳。官吏果有獨行趨府縣者乎？即曰有之，其上聞又何其速也？又《漢隱帝紀》：乾祐三年七月，"三司使奏州縣令錄佐官，請據戶籍多少,量定俸户。縣三千戶已上,令月十千,主簿八千。二千戶已上,令月八千,主簿五千。二千戶已下,令月六千,主簿四千。每户月出錢五百。並以管内中等户充。録事參軍判司俸錢,視州界令佐取其多者給之。其俸户與免縣司差役,從之。"《通考》記此事云:"俸户與除二税外,免放諸雜差遣,不得更種職田。所定俸户,於中等無色役人户内置,不得差令當直及赴衙参。"此亦收其課而免其役也。然《周世宗紀》,又載顯德五年十二月,"詔重定諸道州府幕職、令録、佐官料錢,其州縣官俸户宜停。"《通鑑》載是事云:"詔凡諸色課户及俸户,並勒歸州縣。"《通考》載中書奏云:"其内外官課户、莊户、俸户、柴炭紙筆户等並停。如今後更有人户願充此等户者,仰本州勒充軍户,配本州牢城執役。"則其名目尤多,而民反以獲充此等色役爲幸,則周太祖詔所謂豪富幸於影庇者也。《通鑑注》云:"唐初,諸司置公廨本錢,以貿易取息,計員多少爲月料。其後罷諸司公廨本錢,以天下上户七千人爲胥士而收其課,計官多少而給之,此所謂課户也。唐又薄歛一歲税,以高户主之,月收息給俸,此所謂俸户也。"案罷公廨本錢置胥士,事在貞觀十二年,歛一歲税主以高户,事在高宗時;皆見《新書·食貨志》及《通典》。此二者蓋最普徧。餘如莊户、柴炭紙筆户等,則隨時隨地,巧立名目,事較瑣細,故作史者略而不書耳。然亦可見此等名目遺佚者之多矣。

**而去來之際,則有送迎。**《舊書·郝處俊傳》:"年十歲餘,父卒於滁州,故吏賻送甚厚,僅滿千餘匹,悉辭不受。"《杜暹傳》:"補婺州參軍,秩滿將歸,州吏以紙萬餘張贈之,暹惟受一百。"當時紙價貴,萬張之贈,亦不薄矣。薛《史·張萬進傳》:"所至不治。洎至涇原,凶恣彌甚。卒,假殯於精舍之下,至轜車東還,凡數月之間,郡民數萬,無一饋奠者。"可見以有饋奠爲常也。**居官之時,又有相沿之供奉及臨時之乞取。並有巧取豪奪,遂襲爲故常者。**歷代地方政費,相沿皆出自當地,故向來所謂陋規者,溯其原,實不可謂之非法,其説已見《兩晉南北朝史》矣。然因之而多取或且虐取之者亦甚多。《新書·列女傳》:李畬母。"畬爲監察御史,得廩米,量之三斛而贏。問於史,曰:御史米不概也。又問車庸有幾?曰:御史不償也。母怒。勑歸餘米償其庸。因切責畬。畬乃劾倉官自言狀。諸御史聞之有慚色。"此可謂其細已甚。然《錢徽傳》:"貶江州刺史。州有牛田錢百萬,刺史以給宴飲贈餉。徽曰:此農耕之備,可他用哉?命代貧民租入。"《循吏·韋宙傳》:"出爲永州刺史。州方災歉,乃斥官下什用所以供刺史者,得九十餘萬錢,爲市糧餉,"則爲數頗鉅矣。以其相沿已久,故民於取之者不以爲貪,偶有不取者,則羣譽爲廉,若其視少府所入爲人君私藏,偶出之以佐大農,遂羣稱其盛德焉。《舊書·長孫順德傳》:"拜澤州刺史。先是長吏多受百姓餽餉,順德糾摘,一無所容,稱爲良牧。"薛《史·安重霸傳》:"清泰初,移授西京留守京兆尹。先是秦、雍之間,令長設酒食私丐於部民者,俗謂之擣蒜。重霸之鎮亦爲之。秦人目爲擣蒜老。"《史弘肇傳》:"所領睢陽屬府公利,委親吏楊億就府檢校,貪利凶横,負勢生事,吏民畏之。副戎已下,望風展敬,聚斂刻剥,無所不至。月率萬繒以輸弘肇。一境之内,疾之如讎。"此等皆事未經久,故爲上所禁,爲下所疾,爲俗所譏。若其習而安焉,則亦江州之牛田,永州之什用也。《舊書・趙涓傳》:"侍御史盧南史坐事貶信州員外司馬。至郡,準例得廳吏一人。每月請紙筆錢。前後五年,計錢一千貫。南史以官閒冗放吏歸,納其紙筆錢六十餘千。"刺史姚驥劾以爲贓。德宗遣監察御史鄭楚相、刑部員外裴澥、大理評事陳正儀充三司使,同往按鞫。澥奏"事非鉅蠹",不須三司竝行,請獨往。德宗忻然,命改勅。德宗性嚴,然從澥如轉圜者,由其本謂"此事亦未爲甚"也。《宣宗紀》:大中五年九月,"勅條疏,刺史交代,須一一交割公事與知州官,方得離任。准會昌元年勅,刺史只禁科率由抑配人户。至於使州公廨及雜利潤,天下州府,皆有規制,不敢違越。緣未有明勅處分,多被無良人吏致使恐嚇,或致言訟起。今後應刺史下擔什物及除替後資送錢物,但不率斂官吏,不科配百姓。一任各守州縣舊例色目支給。如無公廨,不在資送之限。若輒有率配,以入己贓論。"此詔令明許相沿之陋規不爲違法者也。"科率由",當作"科率所由",蓋奪字。非法之求取如是,而於應給之禄,則國家困窮之際,又往往不能給之。然其所苦者,又不過無拳無勇之人,若乃工於攘竊者,又未嘗不反以爲幸也。亦足晞矣。唐自至德而後,屢減百官俸料,略見《新書・食貨志》。其甚者,代宗永泰元年十月,"詔税百官錢帛絹以賞回紇"。閏十月,"百寮上表,以軍興急於糧餉,請納職田以助費,從之"。蓋旬月之間,而奪其禄者再焉,事見《舊書・代宗紀》。《通鑑》:梁太祖開平三年正月,"以用度稍充,初給百官全俸"。《注》云:"唐自廣明喪亂已來,百官俸料,額存而已,至是復全給。"然薛《史・唐莊宗紀》,又載同光四年二月,宰臣豆盧革上言"請支州縣實俸",則開平三年所給,實僅指内官耳。宋真宗咸平四年,楊億疏言:"唐制,内外官俸錢之外,有禄米、職田,又給防閤、庶僕、親事、帳内、執衣、白直、門夫,各以官品差定其數,歲收其課,以資於家。本司又有公廨田、食本錢,以給公用。自唐末離亂,國用不充,百官俸錢,竝減其半,自餘别給,一切權停。今郡官於半俸之中,已是除陌,又於半俸三分之内,其二以他物給之,鬻於市廛,十裁一二。曾餬口之不及,豈代耕之足云? 昔漢宣帝下詔,言吏能勤事而俸禄薄,欲其無侵漁百姓,難矣。遂加吏俸,著於策書。竊見今之束髮登朝,陳力就列,其俸也,不能致九人之飽,不及周之上農,其禄也,未嘗有百石之入,不及漢之小吏。若乃左右僕射,百寮之師長,位莫崇焉,月俸所入,不及軍中千夫之帥"云云。顧亭林《日知録》"隋以後刺史"條引之,以爲"今代所循,大抵宋之餘弊"。然宋又未嘗不承唐之餘弊矣。仲長統論漢吏禄之薄,謂由秦刻之以豐軍用,已見《秦漢史》第十八章第三節。更觀楊億之言,則知兵争之際,未有不厚於兵而薄於吏者,且未有不久而不復者也。然承其弊者果吏乎?《舊書・陸亘傳》:爲浙東觀察使。"越之永嘉郡,城於海壖,常陷寇境,集官吏廩禄之半,以代常賦。因循相踵,吏反爲幸。亘按舉贓罪,表請郡守以降,增給其俸,人皆賴之。"刻吏禄而吏以爲幸,增吏禄而民皆賴之,其故不可深長思也哉?

## 第五節　選舉上

用人首重才德，才德必徵諸行實，行實必考諸鄉閭，此漢以前選舉之法所由立也。漢末，人士播遷，考詳無地，於是九品中正之制興焉。其法既極弊而不可挽救，而鄉舉里選之制，又卒不可復，而科目興矣。

《通典·選舉典》云："南朝至於梁、陳，北朝至於周、隋，選舉之法，雖互相損益，而九品及中正，至隋開皇中方罷。"歷代制中。其《職官典》云："隋有州都，大唐無。"總論州佐。又云："中正，隋初有，後罷，而有州都，大唐並無此官。"總論郡佐。然《通鑑》唐高祖武德七年正月云："依周、齊舊制，每州置大中正一人，掌知州內人物，品量望第，以本州門望高者領之，無品秩。"則初亦嘗設其職。然死灰不可復然，後蓋旋廢，故《通典》不之及矣。

《新書·選舉志》云："唐制，取士之科，多因隋舊。然其大要有三：由學館者曰生徒，由州縣者曰鄉貢，皆升於有司而進退之。其科之目：有秀才，有明經，有俊士，有進士，有明法，有明字，有明算，有一史，有三史，有開元禮，有道舉，有童子；而明經之別，有五經，有三經，有二經，有學究一經；有三禮，有三傳，有史科；此歲舉之常選也。其天子自詔者曰制舉，所以待非常之才焉。"此文頗傷凌亂。《十七史商榷》云："雖大要有三，其實惟二：以地言，學館、州縣異；以人言，生徒、鄉貢異；然皆是科目，皆是歲舉常選，與制舉非常相對。唐人入仕之途甚多，就其以言揚者，則有此三種耳。科之目十有二，蓋特備言之。其實：若秀才則為尤異之科，不常舉。若俊士，與進士實同名異。若道舉，僅玄宗一朝行之，旋廢。若律、書、算學，雖常行，不見貴。其餘各科不待言。大約終唐世，常選之最盛者，不過明經、進士兩科而已。王定保《摭言》卷一會昌五年舉格節文，及《兩監篇》載會昌五年正月勅文，《謁先師篇》載開元五年九月詔文，皆專舉明經、進士二科。又如裴庭裕《東觀奏記》卷十一條云：“京兆府進士、明經解送，設殊、次、平等三級，以甄別行實。韋澳爲京兆尹，至解送日，榜曰：朝廷將裨教化，廣設科場，當開元、天寶之間，始專重明經、進士是也。”愚案《舊書·職官志》禮部職云：“凡舉試之制，每歲仲冬，率與計偕。其科有六：一曰秀才，二曰明經，三曰進士，四曰明法，五曰書，六曰算。其有博綜兼學，須加甄獎，不得限以常科。”《通典·選舉典》亦云：“其常貢之科：有秀才，有明經，有進士，有明法，有書，有算。凡衆科有能兼學，則加超獎，不在常限。”雖所言不如《新志》之備，然實能分別輕重，提挈綱領。《新志》備列其名，而於其常行與否，不加分別；亦不別其輕重；未免失之汗漫矣。《十七史商榷》又云：“生徒與鄉貢，十二科皆有之。生徒是學、館中人。館惟京師有之，學則州縣皆有。肄業其中者，州縣試之送尚書省。鄉貢則庶人之俊異者，平日不在學中，徑懷牒自列於州縣，州縣試之而送省。玩下文所述，其制自明。”案此制之大異於前代者？前代選舉之權，操之郡縣，士有可舉之材，而郡縣不之及，士固無如之何，今則可以懷牒自列於州縣。夫苟懷牒自列，州縣即不得不試之；試之，即不得不於其中舉出若干人。是就一人言之，懷才者不必獲信，而合凡自列者而言之，則終必有若干人獲舉；而爲州縣所私而不能應試者，州縣亦無從私之；是遏選舉者之徇私，而俾懷才者克自致也。此選法之一大變也。又前世選舉，首重才德，而學猶次之。漢世四科：曰“德行高妙，志節清白”者德，曰“才任三輔令”者才，曰“經中博士”，曰“文中御史”，則皆學也。學可以言揚，而才與德皆不能。才德既無術覈實，而徒以虛文重之，其極，則徒舉學之較可覈實者而亦豁免之耳。科目興而此弊除矣。此選法之又一大變也。

鄉貢、學校，二者實互爲盛衰。《新志》云：“舉人舊重兩監，後世禄者以京兆、同、華爲榮而不入學。天寶十二載，乃敕天下罷鄉貢，舉人不由國子及郡、縣學者，勿舉送。”然及十四載，即“復鄉貢”矣。蓋學校有名無實；而不論其爲由鄉貢，由學校，凡應舉者皆意在得官，欲得官必求速化，騖聲華、事奔競之術正多，何必坐學？此則學校之所以日衰，鄉貢之所以日盛。至明世，法雖束縛之一出於學，究亦學校其名，鄉貢其實也。其機則唐代肇之矣。

舉試之法。《新志》述之云：凡學六：國子、太、四門、律、書、算；又都督府、州、縣皆有學；門下省有弘文館；東宮有崇文館；每歲仲冬，州、縣、館舉其成者送之尚書省。而舉選不繇館、學者，謂之鄉貢。皆懷牒自列於州縣。試已，長吏以鄉飲酒禮會屬僚，設賓主，陳俎豆，備管絃，牲用少牢，歌鹿鳴之詩，因與者艾叙長少焉。至省，由户部集閱，而關於考功員外郎試之。《通典》云：＂武德著制，以考功郎中監試貢舉。貞觀以後，則考功員外郎專掌之。＂又云：＂大唐貢士之法，多循隋制。上郡歲三人，中郡二人，下郡一人。有才能者無常數。＂又云：＂舊令諸郡雖有一、二、三人之限，而實無常數。＂開元二十四年，考功員外郎李昂爲舉人詆訶，帝以員外郎望輕，遂移貢舉於禮部，以侍郎主之。禮部選士自此始。禮部侍郎親故，移試考功，謂之別頭。貞元十六年，中書舍人高郢奏罷，議者是之。新、舊《書》、《郢傳》皆不載其事，而齊抗傳則皆云抗所奏罷。元和十三年，權知禮部侍郎庾承宣奏復。太和三年，高鍇爲考功員外郎，取士有不當，監察御史姚中立奏停。六年，侍郎賈餗又奏復之。初開元中，禮部考試畢，送中書門下詳覆，事在二十五年，見《舊書·錢徽傳》所載長慶元年勅。《通典》同，云事爲禮部侍郎姚奕所奏。其後中廢。錢徽所舉送，覆試多不中選，由是貶官，而舉人雜文，復送中書、門下。錢徽事在長慶元年，見第八章第五節。《新志》承庾承宣奏復別頭而云是歲，誤。抑豈承宣奏復別頭，實在元和十五年，而《志》誤作十三年邪？長慶三年，侍郎王起言故事，禮部已放榜，而中書、門下始詳覆，今請先詳覆而後放榜。議者以起雖避嫌，然失貢職矣。起，播弟，事見《舊書·播傳》。太和八年，宰相王涯以爲禮部取士，乃先以榜示中書，非至公之道。自今一委有司，以所試雜文、鄉貫、三代名諱送中書門下。以上皆據《新志》。武后載初元年二月，策問貢人於洛城殿，數日方了。《通典》云：＂殿前試人自此始。＂《通考》云：此＂於殿陛之間，行員外郎之事＂，非如後世"於省試之，外復有殿試"也。兩都試人：《新志》云始於廣德二年。時賈至爲侍郎，以歲方艱歉故。亦見《舊書·文苑》至本傳。案《通考》載唐《登科記總目》，至德二載，進士二十二人，江淮六人，成都府十六人，江東七人，則分試之地，尚不止兩都，蓋喪亂時之權制也。觀《通典》所載趙匡論舉選之弊，見下節。則以此爲患者，又不獨艱歉之歲矣。

南北朝至隋、唐，皆偏尚文辭，其時取士，率以是爲標準，雖最高之秀才科亦然焉。參看《兩晉南北朝史》第二十二章第四節。《新志》云：凡秀才，試方略策五道，以文理麤通，爲上上、上中、上下、中上，凡四等。《通典》云："案令文科第，秀才與明經，同爲四等，進士與明法，同爲二等。然秀才之科久廢，而自武德已來，明經惟有丁第，進士惟乙科而已。"又云："高宗永徽二年，始停秀才科。"《通考》引唐《登科記總目》同。《舊書·職官志》禮部亦云：秀才試方略策五條。又云："此科取人稍峻，貞觀已後遂絕。"《通典》則云："初秀才科等最高。貞觀中，有舉而不第者，坐其州長，由是廢絕。自是士族所趨向，惟明經、進士二科而已。"《注》云："開元二十四年以後，復有此舉。《通考》引《登科記總目》不載。其時進士漸難，而秀才本科，無帖經及雜文之限，反易於進士。主司以其科廢久，不願收獎，應者多落之。三十年來，無及第者。至天寶初，禮部侍郎韋涉，始奏請有堪此舉者，令官長特薦，其常年舉送者並停。"案《新書·韓思復傳》云：思復舉秀才高第。思復卒於開元初，年七十四，其生，早亦當在貞觀末。又《徐堅傳》云：十四而孤，及壯，寬厚長者，舉秀才及第。堅卒於玄宗東封後，年七十餘，東封在開元十三年，上距永徽元年，已七十六年矣。秀才果絕於貞觀，停於永徽，二人安能及第？《舊書·劉祥道傳》：祥道於顯慶二年上疏，言"國家富有四海，已四十年，百姓官寮，未有秀才之舉"。《職官志》論唐出身入仕者，亦云："其秀才，有唐已來無其人。"使以其言爲實，則自武德已來，即當無此科，而《通考》引唐《登科記總目》，永徽以前，秀才固歲有其人，何也？然則永徽之停，殆亦如韋陟之奏，特停其常年舉送者；貞觀後之廢絕，亦不過如此；其有才實拔出,或州長不憚見坐者,亦未必遂無舉送也。《通典》三十年來無及第者一語,似自天寶元年上溯至開元元年言之。果爾,則開元之有此舉,亦必非始二十四年,特二十四年已後、乃有常年舉送者耳。《隋書·文學傳贊》,言"隋世秀異之貢,不過十數,而杜正玄昆季三人與焉"。亦見新、舊《書·杜正倫傳》。《新書·任敬臣傳》:年十六,刺史崔樞欲舉秀才,自以學未廣,遁去。敬臣後爲祕書郎,爲監虞世南所賞,崔樞之欲舉,或亦在貞觀之初。又《張昌齡傳》:州欲舉秀才,以科久廢固讓,昌齡亦貞觀時人。此亦久廢特言其稀,非謂絕無之證。然則唐世所謂廢絕,亦不過如隋世之舉者甚稀耳。秀才無雜文之限,而論科第者猶以爲最貴,似乎不重文辭,實則事適相反。《隋書·杜正玄傳》言:楊素負才傲物,正言抗辭酬對,無所屈撓,素甚不悅。久之,林邑獻白鸚鵡,素促召正言,至,即令作賦。正言援筆立成,素始異之。因令更擬諸雜文筆十餘條。又皆立成,而辭理華贍。素乃歎曰:"此真秀才,吾不及也。"此正以其文辭賞之。隋世舉秀才,見於《隋書》及新、舊《書》者:尚有侯白、《隋書》附《陸爽傳》。崔儦、王貞,皆見《隋書·文學傳》。竇威、《舊書》本傳。許敬宗、《新書》本傳。其岑文本、薛收,則辭不應命。皆見《新書》本傳。侯白行類俳優,崔儦性近清狂,王貞但工書翰,亦皆文士之流。又《隋書》所載,見舉在陳世者有許善心,在齊世者有李德林。《德林傳》云:楊遵彦命製《讓尚書令表》,援筆立成,不加治點。因相賞異。以示吏部郎中陸卬,卬云已大見其文筆,浩浩如長河東注。《新書·張昌齡傳》,言其固讓秀才,更舉進士。與王公治齊名,皆爲考功員外郎王師旦所黜。太宗問其故。答曰:"昌齡等華而少實,其文浮靡,非令器也。取之則後生勸慕,亂陛下風雅。"後昌齡以翠微宮成獻頌獲進。然則爰自齊世,至於唐初,重秀才者,皆以其能爲雜文,楊素之賞杜正玄,初非特異之見,而開元二十四年已後主司之不欲收獎,乃正以其不如進士之浮靡而薄之耳。然則加雜文後之進士,正乃前此之秀才也。

隋煬帝始建進士科。《通典·選舉典》歷代制中,《舊書·楊纂傳》,大業中進士舉,授朔方郡司法書佐。《新志》云:"凡進士,試時務策五道,帖一大經。經策全通爲甲第,策通四、帖過四以上爲乙第。"又云:"永隆二年,考功員外郎劉思立建言:明經多鈔義條,進士惟誦舊策,皆無實才,而有司以人數充第。乃詔自今明經試帖,十得六以上,進士試雜文二篇,通文律然後試策。"此所言者皆不具。《舊書·薛登傳》:登言煬帝置進士等科,後生之徒,緝綴小文,名之策學;楊綰亦言:"煬帝置進士之科,當時猶試策而已";皆可見進士初僅試策。《通典》云:"明經、進士,初止試策。貞觀八年,詔加進士試讀經、史一部。至調露二年,考功員外郎劉思立始奏二科並加帖經。其後又加《老子》、《孝經》,使兼通之。"《新志》云:"上元二年,加試貢士老子策,明經二條,進士三條。"永隆二年,詔明經帖十得六,進士試文兩篇,通文律者然後試策。長壽二年,太后自製《臣軌》兩篇,令貢舉人習業,停《老子》。神龍二年二月,制貢舉人停《臣軌》,依舊習《老子》。開元二十一年,玄宗新注《老子》成,詔天下每歲貢士,減《尚書》、《論語》策而加《老子》。《新志》同。又云:"詔天下家藏其書。"二十五年二月,制明經每經帖十,取通五以上,免舊試一帖,仍按問大義十條,取六以上,免試經策十條,令答時務策三道,取麤有文、理者與及第。其進士停小經,準明經帖大經十,帖取通四以上,然後準例試雜文及策。天寶元年,明經停《老子》,加習《爾雅》。又云:"明經所試,一大經及《孝經》、《論語》、《爾雅》,帖各有差。既通而口問之,一經問十義,得六者爲通。問通而後試策,凡三條。三試皆通者爲第。進士所試,一大經及《爾雅》。帖既通而後試文、試賦,各一篇。文通而後試策,凡五條。三試皆通者爲第。"《注》云:"舊制帖一小經並注,開元二十五年,改帖大經。其《爾雅》亦並帖注。"又云:"經策全通爲甲第,通四以上爲乙第,通三帖以下,及策全通而帖經文不通四,或帖經通四以上而策不通四,皆爲不第。"此天寶已前明經、進士兩科試法也。《新志》僅據最後之制言之,而二科之加帖經,不在永隆二年,又因是年之加雜文而誤併爲一焉。觀《通典》帖既通而後試文賦之說,則知初所試者並無詩,而賦亦不該於文之內。《新志》云:"先是進士試詩、賦及時務策五道,明經策三道。建中二年,中書舍人趙贊權知貢舉,乃以箴、論、表、贊代詩、賦,而皆試策三道。太和八年,禮部復罷進士議論而試詩、賦。"然錢徽一案,内出《孤竹管賦》、《鳥散餘花落》詩題以重試進士,則詩賦之復,初不待太和八年矣。薛《史·李懌傳》:後唐明宗天成時,常侍張文寶知貢舉,中書奏落進士數人,仍請詔翰林學士院作一詩一賦,下禮部爲舉人格樣,則其制至五代未改。《周太祖紀》:廣順三年正月,戶部侍郎權知貢舉趙上交奏:"諸科舉人,欲等第各加場數,進士除詩、賦外别試雜文一場",從之。蓋至是始復有所加?觀此,亦可知詩、賦並不該於雜文之内。趙匡《舉選議》,請"進士雜文,試箋、表、論、議、銘、頌、箴、檄等有資於用者,不試詩賦,"可見同爲聱悦之飾,時人視之,仍有有用無用之别。然則劉思立請加雜文時,亦當並無詩賦,而趙匡之議,亦或正欲復雜文初興時之舊也。

進士科當唐之晚節,爲世所共患,《新志》。其弊在於尚文。然尚文之弊,初非進士科所獨,而進士實乃爲尚文之風氣所累。何也?案《隋書·李諤傳》,載諤上書論文體之弊曰:"開皇四年,普詔天下,公私文翰,並宜實録。其年九月,泗州刺史司馬幼之,文表華豔,付所司治罪。自是公卿大臣,咸知正路。如聞外州遠縣,仍踵弊風。選吏舉人,未遵典則。至有宗黨稱孝,鄉曲歸仁,學必典謨,文不苟合,則擯落私門,不加收齒;其學不稽古,逐俗隨時,作輕薄之篇章,結朋黨而求譽,則選充吏職,舉送天朝。臣既忝憲司,諤時爲治書侍御史。職當糾察。若聞風即劾,恐挂網者多。請勒諸司,普加搜訪。有如此者,具狀送臺。"《傳》云:上以諤前後所奏,頒示天下。四海靡然鄉風,深革其弊。《舊書·薛登傳》:登於天授中上疏論選舉,亦謂"文帝納李諤之策,風俗改勵,政化大行。煬帝嗣興,又變前法。置進士等科,於是後生之徒,復相放效。因陋就寡,赴速邀時。緝綴小文,名之策學。不以指實爲本,而以浮虚爲貴"。《通典》載沈既濟之議云:"顯慶已來,高宗不康,武太后任事,參決大政,太后頗涉文史,好雕蟲之藝,永隆中,始以文章選士。及永淳之後,太后君臨天下,二十餘年,當時公卿百辟,無不以文章達。因循日久,寖以成風。至於開元、天寶之中,五尺童子,恥不言文墨焉。是以進士爲士林華選,四方觀聽,希其風采。每歲得第之人,不浹辰而周聞天下。"觀此諸家之言,似乎隋煬帝、武則天、唐玄宗三人,於敗壞風氣,皆與有責。實則崇尚浮華之風已深,非隋文一時設施所能變,唐起關中,初較東方爲鄙樸,及高宗已後,乃亦與之俱化耳。當時於舉吏亦欲以策校之,《舊書·劉迺傳》:天寶中,致書於知銓舍人宋昱曰:"判者以狹辭短韻,語有定規爲體,亦猶以一小冶,而鼓衆金,雖欲爲鼎、爲鏞,不可得也。若引文公、尼父,登於銓廷,雖圖書、易象之大訓,以判體挫之,曾不及徐、庾。"《薛珏傳》:德宗時,詔天下舉可任刺史縣令者,有詔令與羣臣詢考。宰相將以辭策校之。珏曰:"求良吏不可兼責以文學。"於制科亦試以詩賦,見下。皆尚文之弊所發,與進士設科之意何涉?進士浮薄之舉,藉藉人口者誠多,則以此科爲世所重,奔競者多趨其途,而其事之傳者亦獨多耳。法制似剛,而實脆薄,風俗似柔,而實堅韌。其蝕法制,如水囓隄,名雖具存,實必潛變,而並其名而不克保者,又不知凡幾也。進士之浮華,亦與詩賦、雜文無涉。薛《史·馮道傳》云:工部侍郎任贊,因班退,與同列戲道於後曰:"若急行,必遺下《兔園策》。"道尋知之。召贊謂曰:"《兔園策》皆名儒所集,道能諷之。中朝士子,止看《文場秀句》,便爲舉業,皆竊取公卿,何淺狹之甚邪?"贊大媿焉。歐《史·劉岳傳》云:宰相馮道,世本田家,狀貌質野,朝士多笑其陋。道旦入朝,兵部侍郎任贊與岳在其後。道行數反顧。贊問岳:"道反顧何爲?"岳曰:"遺下《兔園册》耳。"《兔園册》者,鄉校俚儒教田夫、牧子之所誦也,故岳舉以誚道。道聞,大怒,徙岳祕書監。岳時爲吏部侍郎。《困學紀聞》云:"《兔園册府》三十卷,唐蔣王惲命僚佐杜嗣先放應科目策,自設問對,引經史爲訓注。惲,太宗子,故用梁王兔園名其書。馮道《兔園册》謂此也。"《宋史·藝文志》亦云:"《兔園策府》,三十卷,杜嗣先撰。"而晁公武《讀書志》云:"《兔園册》十卷,唐虞世南撰。"題名之異,蓋由纂集本非一人,無足爲怪,獨其卷數不同耳。晁氏又云:"奉王命,纂古今事爲四十八門,皆偶儷之語。至五代時,行於民間,村塾以授學童,故有遺《兔園冊》之誚。"孫光憲《北夢瑣言》云:"《兔園策》乃徐、庾文體,非鄙朴之談,但家藏一本,人多賤之。"合觀諸文,知士夫之尚此書,初蓋以供對策之用,然後所重者,惟在其儷語而不在其訓注,蓋有録其辭而删其注者?故卷帙止三之一,若寫作巾厢本,則並可藏之襟袖之間矣。村童無意科名,本無須乎誦此,然俚儒何知,但見名公貴人諷之,則亦以之教學童矣。吾幼時,尚見塾師以《故事瓊林》、《龍文鞭影》教學童者,其書皆爲儷句,下注故實,其體蓋與《兔園冊府》正同?則不惟因而用之,並有創意爲之者矣。何古今之相類邪?則以僻陋之區,風尚之變遷恒緩也。《文場秀句》,觀其名可知其體,其鄙陋,自必更甚於割裂之《兔園冊》,故馮道又轉以之誚任贊焉。趙匡《舉選議》曰:"人之心智,蓋有涯分,而九流七略,書籍無窮,主司徵問,不立程限,故修習之時,但務鈔略,比及就試,偶中是期,業無所成,固由於此。"此正《兔園冊》等之所以見尚。然諷其辭而遺其注,其足與於鈔略之事乎?對策者之所爲如此,於詩賦、雜文,又何尤焉?此等人之文采,亦可知矣。抑誠有文采者,其文采亦未必足尚。《舊書·張薦傳》云:祖鷟,聰警絶倫,書無不覽。初登進士第,對策尤工。考功員外郎騫味道賞之曰:"如此生,天下無雙矣。"調授岐王府參軍。又應下筆成章及才高位下,詞標文苑等科。鷟凡應八舉,皆登甲科。再授長安尉,遷鴻臚丞。凡四參選,判、策爲銓府之最。員外郎員半千謂人曰:"張子之文,如青錢,萬簡萬中,未聞退時。時流重之,目爲青錢學士。"如鷟者,應足以挫文公、尼父,而無藉於掃撐《兔園冊》、《文場秀句》矣。然吾未知其視近世之尤侗、何栻何如也。《柳宗元傳》云:江嶺間爲進士者,不遠數千里,皆隨宗元師法。凡經其門者,必爲名士。宗元之文,豈爲進士者所能知?毋亦徒以聲氣相標榜邪?

明經之科亦起隋。《通鑑》:唐高祖武德元年,"初北海賊帥綦公順,率其徒三萬攻郡城,明經劉蘭成糾合城中驍健百餘人襲擊之。"《注》云:"劉蘭成蓋嘗應明經科,因稱之。《新唐志》曰:唐制取士之科,多因隋舊,則明經科起於隋也。"案《舊書·韋雲起傳》云:隋開皇中明經舉。《孔穎達傳》云:隋大業初舉明經高第。天寶前試法,已見前。

《新志》云："凡明經，先帖文，然後口試，經問大義十條，對時務策三道。亦爲四等。"其所言亦不具。貞元二年，詔明經習律，以代《爾雅》。元和時，明經停口義，復試墨義十條，五經取通五，明經通六。其嘗坐法及爲州縣小吏，雖藝文可采勿舉。皆見《新志》。蓋是科爲時所輕，故應者流品較雜也。《通鑑》：僖宗乾符元年，王凝母，崔彦昭之從母。凝、彦昭同舉進士，凝先及第。嘗衩衣見彦昭。且戲之曰："君不若舉明經。"彦昭怒，遂爲深仇。及彦昭爲相，其母謂侍婢曰："爲我多作襪履。王侍郎母子，必將竄逐，凝時爲兵部侍郎。吾當與妹偕行。"彦昭拜且泣，謝曰："必不敢。"由是獲免。明經之爲人所輕如此。李珏甫冠，舉明經，李絳見之曰："日角珠廷，非庸人相，明經碌碌，非子所宜。"乃更舉進士，宜矣。張知謇兄弟五人，皆明經高第。惡請謁求進士。每敕子孫：經不明不得舉。蓋家本幽州，雖徙岐，尚沿河北舊風，較樸實也。珏、知謇事皆見《新書》本傳。

　　明經之見輕，昔人皆謂由其所試惟資記誦。《通典》云："帖經者，以所習經掩其兩端，中間開惟一行，裁紙爲帖，凡帖三字。隨時增損，可否不一，或得四、得五、得六者爲通。"《注》云："後舉人積多，其法益難，務欲落之，至有帖孤章絕句，疑似參互者以惑之。甚者或上抵其注，下餘一二字，使尋之難知，謂之倒拔。"《舊書·良吏·楊瑒傳》：開元十六年，遷國子祭酒。奏曰："竊見今之舉明經者，主司不詳其述作之意，曲求其文句之難。每至帖試，必取年頭、月日，孤經絕句。且今之明經，習左傳者十無二三。若此久行，臣恐左氏之學，廢無日矣。請自今已後，考試者盡帖平文，以存大典。"年頭、月日，《新書》作年頭、月尾。《日知錄》曰：帖試之法，用紙帖其上下文，止留中間一二句，困人以難記。年頭如元年、二年之類，月日如十有二月乙卯之類。今改曰年頭。月尾，屬對雖工，而義不通矣。既甚難矣，而舉人則有驅懸孤絕索幽隱，爲詩賦而誦習之，不過十數篇，則難者悉詳矣。此所謂帖括也。《舊書·楊綰傳》：綰言"明經比試帖經，殊非古義。皆誦帖括，冀圖徼幸。"其於平文大義，或多牆面焉。"《通典》又云："天寶十一載，禮部侍郎楊浚始開爲三行。"《注》云："不得帖斷絕疑似之言也。"《通考》：馬貴與曰："愚嘗見東陽麗澤呂氏家塾有刊本呂許公夷簡應本州鄉舉試卷，因知墨義之式。蓋十餘條？有云：作者七人矣，請以七人之名對，則對云七人某某也,謹對。有云:見有禮於其君者,如孝子之養父母也,請以下文對,則對云:下文曰:見無禮於其君者,如鷹鸇之逐鳥雀也,謹對。有云請以注疏對者,則對曰:注疏曰云云,謹對。有不能記者,則只云對未審。其上則具考官批鑿。如所對善,則批一通字,所對誤及未審者,則批一不字。大概如兒童挑誦之狀。故自唐以來賤其科。所以不通者,殿舉之罰特重,而一舉不第者,不可再應。案《考》載宋太祖乾德元年詔:"舊制九經一舉不第而止,自今一依諸科舉人,許令再應。"蓋以其區區記誦,猶不能通悉,則無所取材故也。"其言似矣。然業進士者之誦《册府》及《秀句》,亦何以異於業明經者之誦帖括邪?此則仍是尚文之風氣爲之耳。

明法:《新志》云:"試律七條,令三條。全通爲甲第,通八爲乙第。"《通典》云:"試律令各十帖,試策共十條。"《注》云:"律七條,令三條。"又云:"全通爲甲,通八以上爲乙,自七以下爲不第。"《新志》辭亦不具。

書學:《新志》云:"先口試,通,乃墨試。《說文》、《字林》二十條,通十八爲第。"《通典》云:"試《說文》、《字林》凡十帖,《注》云:《說文》"六帖,《字林》十帖。"口試無常限,皆通者爲第。"

《新志》云:"凡算學:錄大義本條爲問答,明數造術,詳明術理,然後爲通。試《九章》三條,《海島》、《孫子》、《五曹》、《張丘建》、《夏侯陽》、《周髀》、《五經算》各一條,十通六。《記遺》、《三等數》帖讀十得九爲第。試《綴術》、《緝古》,錄大義爲問答者,明數造術,詳明術理;無注者合數造術,不失義理;然後爲通。《綴術》七條,《緝古》三條,十通六,《記遺》、《三等數》帖讀十得九爲第。落經者雖通六不第。"其辭似有衍錯。《通典》云:"試《九章》、《海島》、《孫子》、《五曹》、《張丘建》、《夏侯陽》、《周髀》、《五經》、《綴術》、《緝古》帖各有差,《注》云:《九章》三帖,《五經》等七部各一帖,《綴術》六帖,《緝古》四帖。兼試問大義,皆通者爲第。"

《舊書·職官志》云:"舊無五經學科。自貞元五年一月,勅特置三禮、《開元禮》科。長慶二年二月，始置三傳、三史科。後又置五經博士，檢年月未獲也。"《通典·選舉典》云："貞元二年六月，勑自今已後，其諸色舉選人中，有能習《開元禮》者，舉一人同一經例。《新志》云：貞元二年，"詔習開元禮者舉同一經例。"辭不完具。選人不限選數許集。問大義一百條，試策三道。全通者超資與官。義通七十條，策通兩道以上者，不在放限。其有散試官能通者，亦依正員例處分。《新志》云：凡開元禮，通大義百條、策三道者，超資與官。義通七十、策通二者及第。散試官能通者依正員例，辭亦不確。五年五月，勑自今以後，諸色人中有習三禮，前資及出身人依科目選例，吏部考試，白身依貢舉例，禮部考試。每經問大義三十條，試策三道。所試大義，仍委主司於朝官、學官中揀擇精通經術三五人聞奏，主司與同試問。義、策全通者爲上等，特加超獎。大義每經通二十五條以上，策通兩道以上爲次第，依資與官。如先是員外、試官者，聽依正員例。其諸學生願習三禮及《開元禮》者並聽。仍永爲常式。九年五月，勑其習《開元禮》人，問大義一百條，試策三道。全通者爲上等。大義通八十條以上，策兩道以上爲次等。餘一切並準三禮例處分。仍永爲常式。其選授之法，亦同循前代。"則三禮始貞元五年，《開元禮》實始二年也。《十七史商榷》云：李涪以《開元禮》及第，見《北夢瑣言》第九卷。其三傳、三史，《新志》謂始長慶三年。云：是年，"諫議大夫殷侑言：三史爲書，勸善懲惡，亞於六經。比來史學都廢，至有身處班列，而朝廷舊章莫能知者。於是立史科及三傳科。"又云："凡三傳科：《左氏傳》問大義五十條，《公羊》、《穀梁傳》三十條。策皆三道。義通七以上，策通二以上爲第。白身視五經，有出身及前資官，視學究一經。""凡史科：每史問大義百條，策三道。義通七、策通二以上爲第。能通一史者，白身視五經三傳，有出身及前資官，視學究一經。三史皆通者獎擢之。"此數科，皆因當時治此學者少而設，寓有獎勸之意。然石晉天福五年，禮部侍郎張允奏罷明經之辭曰："竊窺前代，未設諸科，始以明經，俾升高第。"其時明經所試，"悉苞於九經、五經之中，無出於三禮、三傳之內，"薛《史·選舉志》。則設科實未免縷縷矣。

道舉：《新志》云："開元二十九年，始置崇玄學，習《老子》、《莊子》、《文子》、《列子》，亦曰道舉。其生，京、都各百人，諸州無常員。官秩、蔭第同國子，舉送、課試如明經。""天寶十二載，道舉停《老子》，加《周易》。"《通典》云："開元二十九年，始於京師置崇玄館，諸州置道學，生徒有差，謂之道舉。舉送、課試之法，與明經同。"《通鑑》則云："開元二十五年正月，初置玄學博士，每歲依明經舉。"三說互有異同，未知孰是。疑二十五年僅立博士，至二十九年，乃大備館、學之制也。《新志》崇玄學之名恐非是，當如《通典》作館。不言州學，亦漏也。

《新志》云："凡童子科，十歲已下，能通一經及《孝經》、《論語》，卷誦文十通者與官，通七者與出身。"案《舊書·王丘傳》：年十一，童子舉擢第，時類皆以誦經爲課，丘獨以屬文見擢，由是知名，則能屬文者，亦不限於諷誦也。《楊綰傳》：綰奏孝弟力田，宜有實狀；童子越衆，不在常科；同之歲貢，恐長僥幸之路。詔停之。《通考》：廣德二年，停童子歲貢，謂是也。《通考》又云："大曆三年，又復之。仍每歲令本貫申送，禮部同明經舉人之例，考試訖奏聞。十年，再停之。開成三年，敕諸道應薦萬言及童子，起今以後，不得更有聞薦。"《注》云："雖有是命，而以童子爲薦者，比比有之。"又云："後唐同光三年，禮部貢院奏：今後童子，委本州府依諸色舉人考試，經解送省，任稱鄉貢童子。長吏不得表薦。若無本處解送，本司不在考試之限。天成三年，敕近年諸道解送童子，皆越常規，或年齒漸高，或神情非俊，或道字頗多譌舛，或念書不合格文。此後應州府不考藝能，濫發文解，其逐處判官責罰。仍下貢院，將解到童子，精加考校。須是年顔不高，念書合格，道字分明，即放及第。長興元年，敕童子準往例委諸道表薦，不得解送。每年所放，不得過十人。仍所念書並須是正經，不得以諸子書虛成卷數。及第後十一選集，初任未得授親民官。廣順三年，戶部侍郎權知貢舉趙上交奏：童子元念書二十四道，今欲添念書通前五十道，念及三十道者放及第，從之。"合觀諸敕，而知當時童子一科，徼幸之習深矣。

《新書・藝文志》丁部別集類，有郁渾《百篇集》一卷。《注》云："渾嘗應百篇舉，壽州刺史李紳命百題試之。"案《通考》載宋太平興國五年，有趙昌國者，求應百篇舉。上出雜題二十字，曰"松風雪月天，花竹鶴雲煙，詩酒春池雨，山僧道柳泉。"各令賦五篇，篇八句。逮日旰，僅成數十首，率無可觀。上以此科久廢，特賜及第，以勸來者。仍詔有司："今後應百篇舉，約此題爲式。"《注》云："謂一日作詩百篇，不設此科，求應者即試之。"唐時疑亦如此，但如郁渾者，乃求試於州耳。晉天福五年，與明經並停，見下。然則五代時亦成常舉也。

武舉，《新志》敘於卷末，云起武后時。"長安二年，始置武舉。其制，有長垛、馬射、步射、平射、筒射，又有馬槍、翹關、負重、身材之選。翹關長丈七尺，徑三寸半。凡十舉。後手持關，距出處毋過一尺。負重者，負米五斛，行二十步。皆爲中第。亦以鄉飲酒禮送兵部。《舊書・職官志》：兵部，"員外郎一人，掌貢舉及雜請之事。凡貢舉，每歲孟春，亦與計偕。有二科：一曰平射，二曰武舉。"《通典》云："長安二年，教人習武藝。其後每歲如明經進士之法，行鄉飲酒禮，送於兵部。其課試之制：畫帛爲五規，置之於垛，去之百有五步，列坐引射，名曰長垛。又穿土爲埒，長與垛均，綴皮爲兩鹿，歷置其上，馳馬射之，名曰馬射。又斷木爲人，載方版於頂上，凡四偶人，互列埒上，馳馬入埒，運槍左右觸，必版落而人不踣，名曰馬槍。皆以儇好不失者爲上。兼有步射、穿劄、翹關、負重、身材、言語之選。通得五上者爲第。其餘復有平射之科。不拘色役，高第者授以官。其次以類升。又制爲土木馬，於里閈間教人習射。"其選用之法不足道，故不復書。"《通考》云："《選舉志》言唐武舉選用之法不足道，故不詳書，然郭子儀自武舉異等中出，豈可概言其不足道邪？唐《登科記》所載異科出身者衆，獨軼武舉，亦一欠事。案《舊書・子儀傳》："始以武舉高等，補左衛長史。"高等，《新傳》作異等。然亦常選也。沈既濟嘗欲停之，曰："武后置武舉，恐人忘戰。今內外邦畿，皆有師旅，偏裨將校，所在至多，誠宜設法減除，豈復張門誘入？況若此輩，又非驍雄。徒稱武官，不足守禦；雖習弓矢，不堪戰鬥；而坐享祿俸，規逃征徭。今請悉停，以絕姦利。"可以見其效矣。

《新志》云："凡弘文、崇文生，試一大經、一小經，或二中經，或《史記》、《前、後漢書》、《三國志》各一，或時務策五道，經史皆試策十道。經通六，史及時務策通三，皆帖《孝經》、《論語》共十條，通六爲第。"開元時，"又敕州縣學生年二十五以下，八品子若庶人二十一以下，通一經及未通經而聰悟有文辭、史學者，入四門學爲俊士。諸學生通二經，俊士通三經，已及第而願留者，四門學生補太學，太學生補國子學。""天寶九載，置廣文館於國學，以領生徒爲進士者。"此館、學選舉之法也。《舊書・職官志》禮部職云："弘文、崇文館學生，雖同明經、進士，以其資蔭全高，試取麤通文義。"則其事真不足道矣。

制舉爲非常之選。《新志》云："自漢以來，天子嘗稱制詔道其所欲問而親策之。唐自京師，外至州縣，有司常選之士，以時而舉，而天子又自詔四方德行、才能、文學之士，或高蹈幽隱，與其不能自達者，下至軍謀、將略、翹關、拔山、絶藝、奇伎，莫不兼取。其爲名目，隨其人主臨時所欲。而列爲定科者，如直言極諫；博通墳典；達於教化；軍謀弘遠，堪任將率；詳明政術，可以理人之類，其名最著。而天子巡守、行幸、封禪泰山、梁父，往往會見行在。其所以待之之禮甚優。而宏才偉論非常之人，亦時出於其間，不爲無得也。"《通考》云："唐制詔舉人，不有常科，皆標其目而搜揚之。試之日，天子親臨觀之。試已，糊其名，於中考之。文策高者，特授以美官。其次與出身。"下列唐制科名目及中制科人姓名，然不能具也。凡制科，得第、得官後仍可應，見《十七史商榷》。又有一科而可以再應者。《舊書・柳公綽傳》：年十八，應制舉，登賢良方正直言極諫科，授祕書省校書郎，貞元元年也。四年，復應制舉，再登賢良方正科。時年二十一，制出授渭南尉。《通考》引《容齋隨筆》曰："唐世制舉，科目猥多，徒異其名耳，其實與諸科等也。張九齡以道侔伊吕策高第，其策問殊平平，殊不及爲天下國家之要道，則其所以待伊吕者亦狹矣。"《舊書・楊綰傳》：天寶十三年，玄宗御勤政樓試博通墳典、洞曉玄經、辭藻宏麗、軍謀出衆等舉人。命有司供食。既暮而罷。取辭藻宏麗外，別試詩賦各一首。制舉試詩賦自此始。《新書》云：舉辭藻宏麗科。玄宗已試，又加詩賦各一篇，綰爲冠。由是擢右拾遺。制舉加詩賦繇綰始。辭藻宏麗而外,未必亦加詩賦。然云試詩賦自此始,則後此之加試詩賦者必多矣。此豈待奇士之道?非常之舉而如此,亦堪齒冷矣。然如劉蕡對策,殆爲千古一人。而穆質,史亦言其"應制策入第三等",而"其所條對,至今傳之"。質,寧子,《舊書》附《寧傳》。牛、李譏切李吉甫,不論其誰非誰是,亦不論其爲公爲私,而究之能譏切時政,非誦《册府》、《帖括》之士所能爲也。此仲尼所以重告朔之餼羊歟?《舊書·劉蕡傳》,言其"言論激切,士林感動。"又云:"守道正人,傳讀其文,至有相對垂泣者。"《龐嚴傳》亦云:蕡所對策,"大行於時"。則當時於譏切時政之語,雖莫能用,而民間之直道自在。《困學紀聞》云:"唐制舉之名,多至八十有六,至宰相者七十二人,策之書於史者,惟劉蕡一篇而已。"然觀穆質之文,傳至作史時,則傳於世者非獨一蕡,史自失書也。

科舉之敝,乍觀之似由於尚文,深求之則殊不止此。趙匡《舉選議》曰:"舉人大率二十人中方收一人,故没齒而不登科者甚衆。《通考》載唐《登科記總目》,又加案語云:"昌黎公贈張童子序,言天下之以明二經舉,其得升於禮部者,歲不下三千人,謂之鄉貢。又第其可進者,屬之吏部,歲不及二百人,謂之出身。然觀《登科記》所載,雖唐之盛時,每年禮部所放進士及諸科,未有及五七十人者,與昌黎所言不合。又開元十七年,限天下明經、進士及第,每年不過百人。又太和勅:進士及第,不得過四十人,明經不得過一百十人。然記所載逐年所取人數如此,則元未嘗過百人,固不必爲之限也。又明經及第者,姓名尤爲寥寥。今日不得過百一十人,則是每科嘗過此數矣。豈《登科記》所載未備而難憑邪?《唐史撮言》載華良人入京兆解不第,以書讓考官曰:聖唐有天下垂二百年,登進士科者三千餘人。以此證之,則每歲所放,不及二十人也,《登科記》不誤矣。"按《新書·楊瑒傳》:載瑒於開元時入爲國子祭酒,奏言"唐興,二監舉者千百數,當選者十之二。考功覆校以第,謂經明行修,故無多少之限。今考功聽天下明經、進士歲百人,二監之得無幾。"《權德輿傳》:德輿以德宗時知禮部貢舉,眞拜侍郎,取明經初不限員,蓋權復開元以前之舊。又許孟容傳載李絳之言,謂進士、明經歲大抵百人,說亦相合。三千人歲取其二十之一,則百二十,矗言之則曰不及二百耳。《登科記》所載,容有不備,明經姓名,更不能無遺漏也。收入既少,則爭第急切。交馳公卿,以求汲引。《舊書·薛登傳》:時選舉漸濫,登上疏曰:"鄉議決小人之筆,行修無長者之論。策第喧競於州府,祈恩不勝於拜伏。或明制纔出,試遣搜揚,驅馳府寺之門,出入王公之第,上啓陳詩,惟希欬唾之澤,摩頂至足,冀荷提攜之恩。故俗號舉人,皆稱覓舉。"又《楊綰傳》:上疏條奏貢舉之弊曰:"祖習既深,奔競爲務。矜能者曾無愧色,勇進者但欲陵人。以毁讟爲常談,以鄉背爲己任。投刺干謁,驅馳於要津。露才揚己,喧勝於當代。"《通考》引江陵項氏之言曰:"風俗之弊,至唐極矣。王公大人,巍然於上,以先達自居,不復求士。天下之士,什什伍伍,戴破帽,騎蹇驢,未到門百步,輒下馬奉弊刺再拜,以謁於典客者,投其所爲之文,名之曰求知己。如是而不問,則再如前所爲,名之曰溫卷。如是而又不問,則有執贄於馬前,自贊曰某人上謁者。"杜陵之詩曰:"騎驢三十載,旅食京華春,朝叩富兒門,暮隨肥馬塵,殘杯與冷炙,到處潛悲辛。"乃當時士林之實情,非文人之憤語也。**毀譽同類,用以爭先。**《新書·令狐楚傳》:貢進士,京兆尹將薦爲第一,時許正倫輕薄士,有名長安間,能作蜚語,楚嫌其爭,讓而下之。楚豈恬退之士?可見蜚語之可畏矣。《通考》引李肇《國史補》曰:"造請權要,謂之關節。激揚聲價,謂之還往。匿名造謗,謂之無名子。"**故業因儒雅,行成險薄。**唐代險薄之士最多。《舊書·李皋傳》:皋爲溫州長史行縣,見一嫗,垂白而泣。哀而問之。對曰:"李氏之婦。有二子:鈞、鍔,宦遊二十年不歸,貧無以自給。"時鈞爲殿中侍御史,鍔爲京兆府法曹,俱以文藝登科,名重於時。皋擧奏,並除名勿齒。此猶遺行於家,擴而充之,則如下引賈至所云,無所不至矣。董邵南、李益則其人也。見第十六章第一、第五節。**非受性如此,勢使然也。"**此皆所謂患得患失者。賈至云:"近代趨仕,靡然鄉風。致使禄山一呼,而四海震蕩,思明再亂,而十年不復。鄉使禮讓之道弘,仁義之道著,則忠臣孝子,比屋可封,逆節不得而萌,人心不得而搖也。"《舊書·楊綰傳》。此則所謂苟患失之,無所不至者矣。**諸科以進士爲重,**進士偏重,至唐叔世而極。《摭言》謂"縉紳雖位極人臣,不由進士者,終不爲美。"《通鑑》太和六年,李德裕還自西川,朝夕且爲相,李宗閔百方沮之,不能得。杜悰曰:"悰有一策,可平宿憾,恐公不能用。"宗閔曰:"何如?"悰曰:"德裕有文學,而不由科第,常用此爲慊慊。若使之知擧,必喜矣。"此説信否不可知,然時人有此等見地,則可見也。又後周世宗顯德六年,上欲相樞密使魏仁浦,"議者以仁浦不由科第,不可爲相",此則更甚於《摭言》所云矣。歐《史·桑維翰傳》:初擧進士,主司惡其姓,以爲桑喪同音。人有勸其不必擧進士,可從他求仕者。維翰慨然,著《日出扶桑賦》以見志。又鑄鐵硯,以示人曰:"硯弊則改而他仕。"卒以進士及第。亦有由也。**而進士之浮薄尤甚,**似乎尚文之風氣使然。然明、清兩朝,專以四書義取士,可謂黯然無華矣,其敦厚者安在?然則"敦厚浮薄,色色有之",信不誣也。《新志》云:文宗好學嗜古,鄭覃以經術位宰相,深嫉進士浮薄,屢請罷之。文宗曰:"敦厚浮薄,色色有之,進士取人,二百年矣,不可遽廢。"因得不罷。法敝誠不可不變,然法制似剛而實柔,風俗似柔而實剛,不揣其本,貿然變法,往往徒有其名,閲歷深者類能知之,故多不肯輕擧也。事之易致弊者,自不可無以防之,而法亦隨時而密。隋、唐時，科舉之制初立，其防弊之法，尚未甚周，故一切弊竇，隨之而起，唐世取士，校藝之外，不廢衡鑒，故考官與士子相交通，初非所禁；而屬人助爲搜采，亦非違法。如韋陟爲禮部侍郎，令舉人自通所工詩筆，知其所長，然後依常式考覈；陸贄知貢舉，輸心梁肅，肅與崔元翰推薦藝實之士是也。取舍次第，豫洩於外，亦不爲罪。韋貫之兄綬舉孝廉，又貢進士。禮部侍郎潘炎將以爲舉首，綬以其友楊凝親老，讓之，不對策輒去，凝遂及第。聶嶼、鄭珏之知貢舉，與鄉人趙都俱赴鄉薦。都納賂於珏，人報翼日登第。嶼聞不捷，詬來人以恐之。珏懼，俾俱成名。是其事矣。《新書·文藝傳》稱孫逖，開元時改考功員外郎，取顏真卿、李華、蕭穎士、趙驊等，皆海內有名士，則采取譽望，不徒無罪，且爲美談矣。職是故，干謁、屬託，遂乘之盛行。鄭璟以于琮屬李藩，已見第十七章第一節。李商隱以令狐綯獎譽甚力，故擢進士第。鄭珏，以父徽爲河南尹張全義判官，少依全義居河南。舉進士數不中。全義以珏屬有司，乃得及第。甚有如吳武陵：太和初，崔郾試進士東都，公卿祖道，武陵出杜牧所賦阿房宮，請以第一人處之。郾謝已得其人。至第五，郾未對，武陵勃然曰：“不爾，宜以賦見還。”郾曰：“如教。”牧果異等者。楊憑弟子敬之，史言其愛士類，得其文章，孜孜玩諷，人以爲癖。雅愛項斯爲詩，所至稱之，斯亦擢上第。此或出於愛好之誠，然借以行其私者必多矣。楊國忠子暄舉明經。禮部侍郎達奚珣欲落之。遣子撫往見國忠。國忠即詬曰：“生子不富貴邪？豈以一名，爲鼠輩所賣？”珣大驚，即致暄高第。則公然勢迫矣。崔梲，以石晉天福二年知貢舉。時有進士孔英，素有醜行，爲時所惡。梲受命，往見桑維翰。維翰語素簡，謂梲曰：“孔英來矣。”梲謂維翰以英爲言，考英及第。則幾於頤指氣使矣。主司亦有自爲姦利者，如宋之問，中宗將用爲中書舍人，太平公主發其知貢舉時賕餉狼籍是也。求如王丘、高郢、許孟容、韋貫之等，頗以方正，爲時所稱者，已不易得矣。《新書·高鍇傳》：子湜，咸通末，爲禮部侍郎，時士多繇權要干請。湜不能裁。既而抵帽曰：“吾決以至公取，得譴固吾分。”乃取公乘億、許棠、聶夷中等。足見自拔之難。弊竇既起，則所以防之者，亦繼之而起矣。所謂相激使然也。《舊書·宣宗紀》：大中九年三月，試宏辭舉人，漏洩題目，爲御史臺所劾，侍郎裴諗等皆獲譴，登科十人，並落下。又《文苑傳》：董思恭，知考功舉事，坐豫洩題目，配流嶺表而死。此漏題之事也。又《宣宗紀》：大中九年，禮部貢院捉到明經黃續之、趙弘成、全質等三人，僞造堂印、堂帖，兼黃續之僞著緋衫，將僞帖入貢院，令與舉人虞蒸、胡簡、党贊等三人及第，許得錢一千六百貫文。奉勅並準法處死。主司以自獲姦人並放。《新書·溫彥博傳》：裔孫廷筠，思神速，多爲人作文。大中末，試有司，廉視尤謹。廷筠不樂。上書千餘言。然私占授已八人。執政鄙其爲，授方山尉。此槍替之事也。觀此，知後世科場之弊，唐代必多有之，然防範殊疏。趙匡舉選議，謂試選人時，長吏當“親自監臨，皆分相遠，絕其口授及替代”，可見其本無檢束。又謂“俗間相傳，云入試非正身，十有三四，赴官非正身，十有二三"，後世綱紀雖極廢弛，能如是乎？《通考》引《國史補》曰：京兆府考而升之，謂之等第，外府不試而貢者，謂之拔解。薛《史·選舉志》：梁開平元年，勅"近年舉人，當秋薦之時，不親試者，號爲拔解，今後宜止絕"，即謂是也。則並考試而無之矣。後世能如是乎？《通考》又引《容齋隨筆》云：《摭言》載高鍇第一榜，裴思謙以仇士良關節取狀頭。鍇庭譴之；思謙回顧，厲聲曰："明年打脊取狀頭。"第二年，鍇知舉，誡門下不得受書題。思謙自携士良一緘入貢院。既而易紫衣，趨至階下，白曰："軍容有狀，薦裴思謙秀才。"鍇接之，書中與求狀魁。鍇曰："狀元已有人，此外可副軍容意旨。"思謙曰："卑吏奉軍容處分，裴秀才非狀元，請侍郎不放。"鍇俯首良久，曰："然則略要見裴學士。"思謙曰："卑吏便是也。"鍇不得已，遂從之。馬君案云：唐科目無糊名之法，故主司得以采取譽望，然以錢徽、高鍇之事觀之，權幸之屬託，亦可畏也。東漢及魏、晉已來，吏部尚書司用人之柄，其時誶曰取行實，甄材能，故爲尚書者，必使久於其任，而後足以察識。今唐人禮部所試，不過於寸晷之間，程其文墨之小技，則所謂主司者，當於將試之時，擇士大夫之有學識操守者，俾主其事可矣，不必專以禮部爲之。今高鍇之爲侍郎知貢舉也，至於三年，仇士良之挾勢以私裴思謙也，至於再屬，於是鍇亦不能終拂凶璫以取禍矣，此皆豫設與久任之弊也。案臨試乃擇典試之人，而又峻其關防，此正後世考試之法，而其弊果較少，足見防範之不可以已也。**然則後世科場，防弊之法日密，甚至待士子若奴虜，防主司如盜賊，亦有所不得已也。**待士之意，愈至後世而愈薄。即如糊名易書之法，唐代尚無之。《困學紀聞》云：鼂錯對策，首云平陽侯臣窋等所舉賢良方正太子家令臣錯，自言所舉之人及其官爵無所隱，漢制猶古也。自後史無所紀。惟唐張九齡對策，首云嗣魯王道堅所舉道侔伊吕科行祕書省校書郎張九齡。自糊名易書之法密，不復見此矣。《舊書·文苑·劉憲傳》云：則天時，勅吏部糊名考選人判，以求才彥，而《新書·選舉志》云：初試選人皆糊名，令學士考判，武后以爲非委任之方，罷之。則其法暫行而即廢。《張說傳》云：永昌中，武后策賢良方正，詔吏部尚書李景諶糊名較覆，蓋亦一時之事也。《李揆傳》：揆以肅宗時兼禮部侍郎，病取士不考實，徒露索禁所挾，乃大陳書廷中，進諸儒約曰："上選士第務得才，可盡所欲言。"《通考》引《容齋隨筆》，謂白居易集有奏狀論重試鄭朗事，言吏部進士，例許用書策，兼得通宵。昨重試之日，書策不容一字，木燭只許三條，乃知唐試進士，許挾書及見韻。則搜索事雖稍行，實非法所有。然《通考》載長興四年禮部新立條件，則入省門搜得文書者，不計多少，皆准例扶出，且殿將來兩舉矣。《新書·宗室傳》：高祖兄蜀王湛八世孫戡，舉進士，就禮部試，吏唱名乃入，戡恥之。明日，徑返江東。舒元輿傳。元和中舉進士，見有司鉤校苛切。既試尚書，雖水、炭、脂炬、飡具，皆人自將，吏唱名乃得入，列棘圍席坐廡下。因上書，言"古貢士未有輕於此者。且宰相、公卿繇此出，而有司以隸人待之，誠非所以下賢意。羅棘遮截疑其姦，又非所以求忠直也。此等事，在後世則習爲故常矣。薛《史·和凝傳》言：

貢院舊例,放榜之日,設棘於門,及閉院門,以防下第之不逞者。《通鑑》後漢隱帝乾祐二年,有舉人呼噪於貢院門,蘇逢吉命執送侍衛司,則所謂不逞者也。欲無閉門設棘,得乎?又薛《史·選舉志》載天福三年崔梲奏曰:"今年就舉,比常歲倍多。科目之中,凶豪甚衆。每駁榜出後,則時有喧張。不自省循,但言屈塞。互相朋煽,各出言辭:或云主司不公,或云試官受賂。實慮上達聖聽,微臣無以自明。欲請舉人落第之後,或不甘心,任自投狀披陳,卻請所試與疏義對證。兼令其日一甲,同共校量。若獨委試官,恐未息詞理。儻是實負抑屈,所司固難逭憲章,如其妄有陳論,舉人乞痛加懲斷。"從之。當時試官孤危之狀,可以想見。長興四年條件,試官錯書通不者,帖經、墨義,許以經疏照證。不當許陳訴,再加考校。貢院不理,即詣御史臺論訴。知貢舉、考官徇私,請行朝典。虛妄懲處。妄扇屈聲,誣玷他人,牒送本道,重處色役,並永不得入舉場,同保人亦請連坐殿三舉。後周太祖廣順三年敕,仍許陳訴,衹不得街市、省門,故爲喧競,及投無名文字,訕毀主司。故違者配流邊遠,同保人永不得赴舉。主司不得受薦託書題,密具姓名聞奏。其舉人不得就試。束濕之法,日甚一日,禮意亦更不可言矣。

　　科舉之用,在抑貴遊,登寒畯,其效亦非一時所致,於是科場之獄屢起焉。錢徽一案,固由黨爭,然《舊書·王播傳》言:其時貢舉猥濫,勢門子弟,交相酬酢,寒門俊造,十棄六七,則訐其事者雖出私意,所訐之事,則未必誣也。《舊書·劉太真傳》:轉禮部侍郎,掌貢舉。宰執姻族,方鎮子弟,先收擢之。《王正雅傳》:從孫凝,爲禮部侍郎。貢闈取士,拔其寒俊,權豪請託不行。爲所惡,出爲商州刺史。《新書·唐儉傳》:裔孫持,太和中爲渭南尉。試京兆府進士,時尹杜悰,欲以親故託之,持輒趨降階伏。悰語塞,乃止。可見是時請託之普徧。代徽者爲王起。《武宗紀》會昌四年云:時左僕射王起,頻年知貢舉,每貢院考試訖,上榜後,更呈宰相取可否,復人數不多。宰相延英論言:"主司試藝,不合取宰相與奪。比來貢舉艱難,放人絕少,恐非弘訪之道。"帝曰:"貢院不會我意。不放子弟即太過。無論子弟、寒門,但取實藝耳。"李德裕對曰:"鄭肅、封敖有好子弟,不敢應舉。"帝曰:"我比聞楊虞卿兄弟,朋比貴勢,妨平人道路。昨楊知至、鄭朴之徒,並令落下,抑其太甚耳。"《新書·楊收傳》:弟嚴,舉進士。時王起選士三十人,而楊知至、竇緘、源重、鄭朴及嚴五人皆世冑。起以聞。詔獨收嚴。德裕曰:"臣無名第,不合言進士之非。然臣祖,天寶末,以仕進無他岐,勉強隨計,一舉登第,自後不於私家置《文選》,蓋惡其祖尚浮華,不根藝實? 然朝廷顯官,須是公卿子弟。何者？自小便習舉業，自熟朝廷間事，臺閣儀範，班行準則，不教而自成。寒士縱有出人之才，登第之後，始得一班一級，固不能熟習也。則子弟成名，不可輕矣。"此事《新書》載《選舉志》，譏其論之偏異。此固然，然亦可見其時子弟，見抑頗甚。當時欲爲此論者恐甚多，特德裕得君專，乃敢盡言之耳。《紀》又載是年二月，陳商選士，三十七人中第，物論以爲請託，令翰林學士白敏中覆試，落七人。《新書‧鄭畋傳》：畋舉進士，時年甚少，有司上第籍，武宗疑，索所試自省，乃可。《舊書‧宣宗紀》：大中元年二月，禮部侍郎魏扶奏："臣今年所放進士三十三人。其封彥卿、崔琢、鄭延休三人，實有辭藝，爲時所稱，皆以父兄見居重位，不得令中選。"詔令翰林學士承旨戶部侍郎韋琮重考覆，敕可放及第。有司考試，只在至公。如涉請託，自有朝典。今後但依常例放榜，不得別有奏聞。《紀》言帝雅好儒士，留心貢舉。有時微行人間，採聽輿論，以觀選士之得失。宣宗好爲察察之明，其微行，蓋亦欲察貢舉之有無私弊，非意在搜揚儒士也。令狐綯以大中二年爲翰林學士，四年，同平章事，十年，懿宗即位，乃罷爲河中節度使。綯子滈，少舉進士，以父在內職而止。綯至河中，上言："臣二三年來，頻乞罷免。每年爲滈取得文解。意待纔離中書，便令赴舉。昨蒙恩制，寵以近藩。伏緣已逼吏部試期，便令就試"云云。詔令就試。是歲，中書舍人裴坦權知貢舉，登第者三十人。有鄭義者，故戶部尚書澣之孫；裴弘餘，故相休之子；魏簹，故相扶之子；及滈，皆名臣子弟，言無實才。諫議大夫崔瑄上疏論之，請下御史臺按問文解日月。《舊書‧綯傳》。《新書》云：瑄劾綯以十二月去位，而有司解牒盡十月。蓋其事亦不能無弊也？然王鐸從子葦，以鐸當國，亦不敢舉進士。《新書‧王播傳》。至哀帝天祐三年三月，朱全忠猶奏："河中判官劉崇子匡圖，今年進士登第，遽列高科，恐涉羣議，請禮部落下。"《舊書‧本紀》。則唐自長慶以後，考官之不克行其志者甚衆，而勢家子弟之見抑者亦頗深。薛《史‧李專美傳》：以父櫃唐昭宗時應進士舉，爲覆試所落，不許再入，心媿之，由是不遊文場；而蘇楷致挾私憾而駁昭宗之諡；見

第十一章第四節。薛《史·蘇循傳》云：楷與盧廙等四人落下，不得再赴舉場。可見其懲創之深矣。降迄五季，斯風未沫。薛《史·周太祖紀》：廣順二年，新進士中有李覯者，不當策名，物議喧然。中書、門下以覯所試詩賦失韻，句落姓名。知貢舉趙上交移官。《世宗紀》：顯德二年，取進士一十六人，四人放及第，一十二人句落，禮部侍郎劉溫叟放罪。五年，取十五人，八人放及第，其中王汾以頃曾剝落，熊若谷、陳保衡皆是遠人。七人退黜，知貢舉劉濤責授。皆其事也。六年正月，詔禮部貢院：今後及第舉人，依逐科等第定人數姓名，並所試文字奏聞，候敕下放榜，則試官益無權矣。士大夫蔽於氣類之私，每謂朝廷不當設防弊之法，然大爲之防而民猶踰之，況於縱而弗問？則行事彰彰不可掩矣。故知術家之論，終不可廢也。

貴勢之比周，雖稍見抑，然科舉中人比周之習復起，此則志徒在於富貴利達者所必不能免之弊矣。李肇《國史補》曰："互相推敬，謂之先輩，俱捷謂之同年，有司謂之座主，"此其黨類之相牽引者也。《舊書·鄭餘慶傳》：孫從讜，故相令狐綯、魏扶，皆父貢舉門生，爲之延譽。《王播傳》：弟起，李訓、起貢舉門生，欲援爲相。《新書·韓偓傳》：昭宗欲用爲相，薦御史大夫趙崇，帝知偓，崇門生也，歎其能讓。歐《史·裴皞傳》：皞以文學在朝廷久：宰相馬胤孫、桑維翰，皆皞禮部所放進士也。後胤孫知舉，放榜，引新進士詣皞。皞喜，作詩曰："門生門下見門生。"世傳以爲榮。維翰已作相，嘗過皞，皞不迎不送。人或問之。皞曰："我見桑公於中書，庶寮也。桑公見我於私第，門生也。何送迎之有？"人亦以爲當。又《和凝傳》：唐故事，知貢舉者所放進士，以己及第時名次爲重。凝舉進士及第時第五，後知貢舉，選范質爲第五。後質位至宰相，封魯國公，官至太子太傅，皆與凝同。當時以爲榮焉。又《王仁裕傳》：仁裕與和凝，於五代時皆以文章知名；又嘗知貢舉。仁裕門生王溥，凝門生范質，皆至宰相，時稱其得人。其互相援引，不以爲諱，反以爲榮，且爲世所欣慕如此。李商隱以令狐綯遊譽得第，而後依李德裕黨王茂元、鄭亞，則黨人以爲詭薄，共排笮之矣。《新書·許孟容傳》：弟季同，遷兵部郎中。孟容爲禮部侍郎，徙季同京兆少尹。時京兆尹元義方，出爲廊坊觀察使，奏劾宰相李絳與季同舉進士爲同年，纔數月輒徙。帝以問絳。絳曰："進士、明經，歲大抵百人，吏部得官至千人，私謂爲同年，本非親與舊也。今季同以兄嫌徙少尹，豈臣所助邪？"將同年之稱，推廣之及於同得官於吏部者，以見其情之不親，蓋遁辭也？此事《通鑑》繫元和七年，載絳對辭，但云"同年乃九州四海之人，偶同科第"，不及吏部同得官。《選舉志》曰：武宗即位，宰相李德裕，尤惡進士。初舉人既及第，綴行通名，詣主司第謝。其制：序立西階下，北上東向。主人席東階下，西向。諸生拜，主司答拜。乃叙齒謝恩。遂升階，與公卿觀者皆坐。酒數行，乃赴期集。又有曲江會題名席。至是，德裕奏："國家設科取士，而附黨背公，自爲門生。自今一見有司而止，其期集、參謁，曲江題名皆罷。"德裕之論正矣，然背公黨私，豈禁其會集所能止邪？

科目之弊如此，自有欲革之者。其事當以楊綰爲最著。綰以寶應二年，上疏條奏貢舉之弊。欲制："縣令察孝廉，薦之於州。刺史試其所通之學，通者送之於省。自縣至省，不得令舉人輒自陳牒，到狀、保辯、識牒等一切並停。所習經，每經問義十條。對策三道。其策皆問古今理體及當時要務，取堪行用者。明經、進士、道舉並停。其國子監舉人，亦請准此。"詔左右丞、諸司、侍郎、御史大夫、中丞、給、舍同議。給事中李栖筠、尚書左丞賈至、京兆尹兼御史大夫嚴武與綰同。至議曰："自典午覆敗，衣冠遷徙，南北分裂，人多僑處。聖朝一平區宇，尚復因循，版圖則張，閭井未設，士居鄉土，百無一二。欲依古制鄉舉里選，猶恐取士之未盡。請廣學校，以弘訓誘、保桑梓者，鄉里舉焉，在流寓者，庠序推焉。"《舊書·楊綰傳》，亦見《文苑·賈至傳》。議者更附至議。《新書·賈至傳》。《選舉志》以爲李栖筠等議，蓋栖筠等附之也。宰臣等奏以舉人舊業已成，難於速改。其今歲舉人，望且許應舊舉，來歲奉詔。仍勅禮部具條例奏聞。代宗以廢進士科問翰林學士。對曰："進士行來已久，遽廢之，恐失人業。"乃詔孝廉與舊舉並行。《舊書·楊綰傳》。《通典》云：其明經、進士、道舉並停，旋復故矣。《通考》：建中元年，六月九日敕孝廉科宜停。此與清季議改科舉時，議者諰諰於士子之失職同，即北宋亦如是。蓋士之視貢舉，徒以爲出身之路久矣。文宗太和七年，李德裕請依楊綰議，進士試論議，不試詩賦。八月，下制，進士停試詩賦。八年十月，貢院奏進士復試詩賦，從之。《通鑑》。蓋德裕罷相故也。開成初，鄭覃奏宜罷進士科。《舊書·本傳》。《新書·選舉志》云：屢請罷之。文宗曰："敦厚浮薄，色色有之，未必獨在進士。此科置已二百年，不可遽改。"《舊書·覃傳》。乃得不罷。《新書·選舉志》。此唐時議變科舉之事也。其私家論議，當以趙匡爲最詳。其文見於《通典》。欲以《禮記》、《尚書》爲本，《論語》、《孝經》爲之協助。明經通《書》、《禮》者，謂之兩經舉。其試之，則停試帖而用策試、口問，兼及經義及時務。此外更通《周易》、《毛詩》者名四經舉。加《左氏》爲五經舉。不習《左氏》者，任以公、穀代之。學《春秋》兼三傳者，則稱春秋舉。但習《禮記》及《論語》、《孝經》者，名一經舉。明法亦不帖，但策問義並口問。進士試《禮記》、《尚書》、《論語》、《孝經》及一史。匡議以《史記》、《漢書》、《後漢書》並劉昭所注《志》、《三國志》、《晉書》、《南史》兼《宋、齊志》、《北史》兼《後魏、隋書志》。國朝自高祖及睿宗《實錄》並《貞觀政要》，各爲一史。雜文試箋、表、論、議、銘、頌、箴、檄等，不試詩賦。策於所習經史內徵問，並時務。其《禮記》、《尚書》、《論語》、《孝經》外更通諸子者，爲茂才舉。學兼經史，達於政體，策略深致，出辭典雅者，謂之秀才舉。策試經、史、時務，而以談論代口問。學倍秀才，辭策同之，談論貫通，究識成敗，謂之宏才舉。國子監舉人，亦准前例。案唐世議革貢舉者，所言不外兩端：一冀稍近於鄉舉里選，一則欲去明經之固陋，進士之浮華，而代之以較有用之學而已。《通典》：太宗謂吏部尚書杜如晦曰："今吏部取人，獨舉其言辭、刀筆，而不詳才行。或授職數年，然後罪彰。雖刑戮繼及，而人已弊矣。如之何？"對曰："昔兩漢取人，必本於鄉閭之選。今每歲選集，動踰數千，厚貌飾辭，何可知也？選曹但校其階品而已，若擬才辨行，未見其術。"上由是將依漢法，令本州辟召。會功臣議行封建，事乃寢。使封建之事而成,太宗必且令諸邦君,各擇其國之士矣,可見時人於鄉舉里選鄉往之深。人之才德,吏部誠無由知之,而不知吏部之專,本由鄉舉里選之敝。帖經墨義,詩賦雜文,誠無用矣,然能鈔略備策對者,相去又幾何?此在今日,人人知之,在當時,固難責人以共諭也。

科舉之法敝矣,然謂當時仕途之混濁,即由科舉致之,則又不可。何者?科舉而外,封爵、親戚、資蔭、勳庸、技術、胥吏,其途正多也。顯慶初,黃門侍郎劉祥道言:"每年入流,數過千四百人,經學、雜流、時務,比雜色三分不居其一。"開元中,國子祭酒楊瑒亦言:"諸色出身,每歲向二千餘人,方諸明經、進士,多十餘倍。"即趙匡亦謂"舉人大率二十人中方取一人,而雜色之流,廣通其路,此一彼十,此百彼千"也。且唐制登第未即釋褐,《通考·選舉考·辟召門》引呂東萊說,謂:"唐進士登第者尚未釋褐,或爲人論薦,或再應皆中,或藩方辟舉,然後釋褐。"《十七史商榷》有一條,以韓愈、李商隱事證之,頗詳。即釋褐亦不過得八九品官。秀才甲第正八品上,乙第正八品下,丙第從八品上,丁第從八品下。明經甲第從八品下,乙第正九品上,丙第正九品下,丁第從九品下。進士甲第從九品上,乙第從九品下。見《新志》。《通典》云:自武德已來,明經惟丁第,進士惟乙科,見上。則其取之者雖非,而任之者猶未甚重也。

《新書·鍾傳傳》曰:廣明後州縣不鄉貢,惟傳歲薦士,行鄉飲酒禮,率官屬臨觀,資以裝齎,故士不遠千里走傳府。案唐登科之記,訖於天祐四年,則謂廣明後州縣不鄉貢者實非,特南方諸州,有時如此耳。五代之世,貢舉不廢。其見於薛《史·本紀》者:後唐明宗長興二年六月,復置明法科,同《開元禮》。末帝清泰二年九月,禮部貢院奏進士請夜試,童子依舊表薦,重置明算、道舉。晉高祖天福五年四月,禮部侍郎張允奏請廢明經、童子科,從之。因詔宏詞、拔萃、明算、道舉、百篇等科並停。亦見《選舉志》。少帝開運元年八月,詔復置明經、童子二科。亦見《選舉志》。周世宗顯德二年五月,禮部侍郎竇儀奏請廢童子、明經二科及條貫考試次第,從之。五年八月,兵部尚書張昭上疏,望准唐朝故事置制舉。帝覽而善之。因命昭具制舉合行事件，條奏以聞。十月，詔懸制科。凡三：其一曰賢良方正，能直言極諫科，其二曰經學優深，可爲師法科，其三曰詳閑吏理，達於教化科。不限前資、見任職官，黃衣、草澤，並許應詔。《通考》載五代登科記總目，自梁開平二年，迄周顯德六年。《按》云："五代五十二年，惟梁與晉各停貢舉者二年，梁乾化四年、貞明七年。晉天福四年、五年。則降敕以舉子學業未精之故。朝代更易，干戈擾攘之歲，貢舉未嘗廢也。然每歲所取進士，其多者僅及唐盛時之半，而晉、漢以來，明經、諸科中選者，動以百計。蓋帖書、墨義，承平之時，士鄙其學而不習，國家亦賤其科而不取，喪亂以來，文學廢墜，舉筆能文者罕見，國家亦姑以是爲士子進取之塗，故其所取，反數倍於盛唐之時也。"案謂五季喪亂，而能舉筆爲文者罕見，恐未合實際。特唐時爲進士者，多貴遊若騖聲華之士，此輩至此時，未必藉科目以自見，而業明經及諸科者，則猶以是爲進取之途而已。此亦可見唐、五代之世，科舉所取，尚未甚下逮於平民也。《通考》又云：開元時，以禮部侍郎專知貢舉。其後或以他官領。多用中書舍人及諸司四品清資官。五代時，或以兵部尚書，或以户部侍郎，刑部侍郎爲之，不專主於禮侍矣。又云：後唐莊宗同光三年，敕今年新及第進士，令翰林院覆試。今後禮部所試，委中書、門下子細詳覆奏聞。周世宗顯德二年，尚書禮部侍郎知貢舉竇儀奏乞依唐穆宗時，考試及第進士，先具姓名、雜文申送中書，請奏覆訖，下當司，與諸科一齊放榜。此五代時貢舉之大略也。

其偏隅諸國，則孟昶於其廣政十二年，置吏部三銓，禮部貢舉。劉龑於其四年置選部貢舉，放進士、明經十餘人，如唐故事，歲以爲常。皆見歐《史·世家》。《通鑑》云：梁貞明六年，漢楊洞潛請立學校，開貢舉，設銓選，漢主嚴從之。又云：梁貞明二年，淮南初置選舉。唐長興三年，吳越元瓘置擇能院，掌選舉殿最。周廣順二年，唐之文雅，於諸國爲盛，然未嘗設科舉，多因上書言事拜官。至是，始命翰林學士江文蔚知貢舉。廬陵王克貞等三人及第。唐主問文蔚："卿取士何如前朝？"對曰："前朝公舉私謁相半，臣專任至公耳。"唐主悅。

中書舍人張緯,前朝登第,聞而銜之。時執政皆不由科第,相與沮毁,竟罷貢舉。三年,祠部郎中知制誥徐鉉言:"貢舉初設,不宜遽罷。"乃復行之。而《通考》謂至宋開寶中,南唐猶命張佖典貢舉,放進士云。

## 第六節　選舉下

舉官之制,隋、唐時亦爲一大變。其事維何?辟舉之廢是已。《隋書·百官志》曰:"舊周、齊州、郡、縣職,自州都、郡、縣正已下,皆州、郡將、縣令至而調用,理時事,至是不知時事,直謂之鄉官。別置品官,皆吏部除授。每歲考殿最。刺史、縣令,三年一遷,佐官四年一遷。開皇十五年,罷州、縣鄉官。"《通典·職官典·總論州佐》曰:"北齊州、郡佐吏,皆州府辟除。及後主失政,賜諸佞幸賣官,多佔州、郡,下逮鄉官,多降中旨。故有敕用州主簿、郡功曹者。後周刺史,府官則命於天朝,州吏並牧、守自置。至隋,以州爲郡,無復軍府,則州府之吏,變爲郡官矣。自魏、晉以後,刺史多帶將軍開府,州與府各置僚屬,州官理民,府官理戎。大唐無州府之名,而有采訪使及節度使。采訪使有判官二人,支使二人,推官一人,皆使自辟召,然後上聞,其未奉報者稱攝。其節度、防禦等使寮佐辟奏之例亦如之。"案因賣官而敕用,乃亂政,非法制;軍府亦非民政;然則自周、齊已前,地方用人之權,迄未屬於中央也。州郡之用人,必就其地,自隋變法,而州郡用人之權失,士子仕於當地之途亦窒矣。《陔餘叢考》"郡國守相得自置吏"條云:"郡守置掾屬,皆用本郡人。《通典》謂漢時惟三輔許兼用他郡人。案《漢書·循吏傳》:黃霸淮陽人,補左馮翊卒史。如淳曰:三輔郡得用他郡人,其餘則否。京房爲魏郡太守,自請得除用他郡人。以欲用他郡人而特奏請,尤可見掾屬無不用本郡人也。"故云爲一大變也。

此專制政治演進必至之勢。何者?專制政治之演進,必日攝地方之權而歸諸中央也。《隋書·儒林·劉炫傳》:牛弘嘗從容問炫曰:"《周禮》士多而府史少,今令史百倍於前,減則不濟,其故何也?"

對曰："古人委任責成，歲終考其殿最。案不重校，文不繁悉，府史之任，掌要目而已。今之文書，恆慮覆治，鍛鍊不密，萬里追證，百年舊案。故諺云：老吏抱案死。古今不同，若此之相懸也。事繁政弊，職此之由。"弘又問："魏、齊之時，令史從容而已，今則不皇寧舍，其事何由？"對曰："齊氏立州，不過數十，三府、行臺，遞相統領，文書行下，不過十條，今州三百，其繁一也。往者州惟置綱紀，《通鑑注》云：此綱紀謂長史、司馬。見大業三年。郡置守、丞，縣惟令而已，其所具寮，則長官自辟，受詔赴任，每州不過數十。今則不然，大小之官，悉由吏部，纖介之迹，皆屬考功，其繁二也。省官不如省事，省事不如清心。官事不省，而望從容，其可得乎？"劉炫此對，古今以爲名言，然以釋隋氏事繁政弊之由則可矣，以其說爲當行，而惜隋之不能用則不可。《通典・選舉典評》曰："隋文帝素非學術，盜有天下，不欲權分。罷州郡之辟，廢鄉里之舉。內外一命，悉歸吏曹；纔厠班列，皆由執政。執政參吏部之職，吏部總州郡之權。罔徵體國推誠，代天理物之本意。"夫其爲此，非出無意可知。此得謂其純出私意乎？曰：否。治民者之欲朘民以自肥也久矣。其中豈無賢人，然千百之一二而已。賢士大夫可任，其黨類不可任也。故州郡用人之權，及士子仕於本地方之權，皆不可以不替。以如是，則其朘民之勢微耳。夫豈不知如是則其欲有所作爲益難？然專制之治，固能爲民除害，不能爲民興利者也。"治天下不如安天下，安天下不如與天下安"，處鞭長莫及之勢，斯言固不可易矣。隋文之爲此，誠不敢謂其無私意，然即無私意，此法亦不可不行也。故曰：隋、唐舉官之法之變，實專制政治演進必至之勢也。<sup>異域之人，欲植根於所至之地難，有不善，去之而已。若當地人，則雖革其職，不能逐其人；即能逐去之，亦不能盡去其連互之宗族戚黨；其死灰復然易也。故以流官代土酋，非徒革其世襲之權，亦所以革其一曲之俗也，土酋非一人而能爲治，則去其寮屬，亦剗除封建政體之一端已。</sup>

　　唐代舉官，略依隋舊。《新書・選舉志》云："凡選有文武，文選吏部主之，武選兵部主之。皆爲三銓，尚書、侍郎分主之。《舊書・職官志》

云：吏部尚書爲尚書銓、侍郎二人，分爲中銓、東銓。兵部尚書爲中銓，侍郎分東、西。《通鑑》景雲元年云：舊制：三品以上官册授，五品以上制授，六品以下敕授，皆委尚書省奏擬。文屬吏部，武屬兵部。尚書曰中銓，侍郎曰東、西銓。後唐明宗天成元年《注》引宋白曰："太和四年七月，吏部奏：當司舊以尚書之次爲中銓，次爲東銓。乾元中，侍郎崔器奏改中銓爲西銓，以久次侍郎居左，新除侍郎居右，因循倒置，議者非之。請自今久次侍郎居西銓，新除侍郎居東銓。勅旨依。"蓋吏部尚書與一侍郎同處，不能以其地別之，故以其官稱之爲尚書銓也。胡《注》又引《或説》曰："吏部東西銓併流外爲三銓，"恐非是。三銓之制，時有罷復。韋氏敗，以宋璟爲吏部尚書，李乂、盧從愿爲侍郎，姚元之爲兵部尚書，陸象先、盧懷慎爲侍郎。初尚書銓掌七品以上選，侍郎銓掌八品以下選，至是，通其品而掌焉。玄宗時，宇文融建議置十銓，乃以吏部尚書蘇頲等分主之。太子左庶子吳兢諫。帝悟，復以三銓還有司。皆見《新書·選舉志》。後唐明宗天成中，馮道爲相，建言天下未一，選人歲纔數百，而吏部三銓分注，雖曰故事，其實徒繁而無益。詔三銓合爲一，尚書、侍郎共行選事。廢帝時，姚顗、盧文紀爲相，復奏分銓爲三。見薛《史·選舉志》、歐《史·姚顗傳》。周太祖廣順元年十月，詔併吏部三銓爲一銓，委本司長官通判，見薛《史·本紀》及《選舉志》。以大體言之，三銓之制，乃唐五代所常行也。每歲五月，頒格於州縣。選人應格，則本屬或故任取選解，列其罷免、善惡之狀，以十月會於省。去王城五百里以上旬，千里之内以中旬，千里之外以下旬，吏、兵部同，見《舊書·職官志》。過其時者不叙。《舊書·職官志·吏部》云："亦有春中下解而後集，謂之春選。若優勞人有勅，則有處分及即與官者，並聽非時選，一百日内注擬之。"《新書·選舉志》：貞觀二年，侍郎劉林甫言：隋制以十一月爲選始，至春乃畢，今選者衆，請四時注擬、十九年，馬周以四時選勞，復以十一月選，至三月畢。林甫祥道父事，亦見《舊書·祥道傳》，云當時甚以爲便。又《唐林傳》：兄皎，貞觀中，累轉吏部侍郎。先是選集無限，隨到補職。時漸太平，選人稍衆。皎始請以冬初一時大集，終季春而畢。至今行之。則議發於馬周，事行於唐皎也。裴光庭嘗促選限，至正月三十日畢。光庭卒後，蕭嵩奏罷之。光庭行俸子，事見《舊書·行俸傳》。吏部選人，本每年調集。乾元後三年一置選。選人停擁，其數猥多，文書真偽難辨，吏緣爲奸。陸贄爲相，乃奏分内外官員爲三，計闕集人，每年置選。見新、舊《書》本傳及《新書·選舉志》。其以時至者，乃考其功過。同流者五五爲聯，京官五人保之，一人識之。刑家之子，工、賈、異類，及假名、承僞、隱冒、升降者有罰。文書乖錯，隱幸者駁放之，非隱幸則否。凡擇人之法有四：一曰身，體貌豐偉。二曰言，言辭辯正。三曰書，楷法遒美。四曰判，文理優長。四事皆可取，則先德行，德均以才，才均以勞。《舊書·職官志》:"吏部,凡擇人以四才,校功以三實。《注》云:四才,謂身、言、書、判。三實,謂德行、才用、勞效。德均以才,才均以勞。勞必考其實而進退之。"兵部,"凡試能有五,較異有三。"《注》云:"五謂長垛、馬射、馬槍、步射、應對。三謂驍勇、才藝及可爲統領之用也。"《齊抗傳》:代鄭餘慶爲中書侍郎,同中書門下平章事。先時每年吏部選人試判,別奏官考覆,第其上下,既考,中書、門下復奏擇官覆定,寖以爲例。抗奏:"吏部侍郎,已是朝廷精選,不宜別差考官重覆。"其年,他官考判訖,俾吏部侍郎自覆,一歲遂除考判官。蓋抗所論奏也? 薛《史·唐明宗紀》:天成三年十一月,吏部郎中何擇奏流外官請不試書、判之類,從之。五品以上不試,上其名中書、門下。六品以下,始集而試,觀其書、判。已試而銓,察其身、言。《舊書·職官志》:吏部,"若選人有身在軍旅,則軍中試書、判,封送吏部。"兵部,"其在軍鎮要籍,不得赴選,委節度使銓試其等第申省。"已銓而注,詢其便利而擬。已注而唱,不厭者得反通其辭。三唱而不厭,聽冬集。《志》又云:"初諸司官兼知政事者,至日午後,乃還本司視事。兵部、吏部尚書、侍郎知政事者,亦還本司分闕注唱。開元以來,宰相位望漸崇,雖尚書知政事,亦於中書決本司事以自便,而左、右相兼兵部、吏部尚書者,不自銓總。又故事必三銓、三注、三唱而後擬官,季春始畢,乃過門下省。楊國忠以左、右相兼吏部尚書,建議選人視官資、書判、狀迹、功優,宜對衆定留放。乃先遣吏密定員闕,一日,會左右相及諸司長官於都堂注唱,以誇神速。由是門下過官、三銓注官之制皆廢。"厭者爲甲,上於僕射,乃上門下省,《舊書·職官志》:吏部,"若中銓、東銓,則過尚書訖,乃上門下省。"《通鑑》開元二年《注》:唐制,凡文武職事官,六品已下,吏、兵部進擬。必過門下省,量其階資,校其才用以審定之。若擬闕不當,隨其優屈進退而量焉。謂之過官。給事中讀之,黃門侍郎省之,侍中以聞,主者受旨而奉行焉,謂之奏受。視品及流外則判補。皆給以符,謂之告身。歐《史·劉岳傳》:唐明宗時爲吏部侍郎。故事:吏部文武官告身,皆輸朱膠紙軸錢然後給。其品高者則賜。貧者不能輸錢,往往但得勅牒。五代之亂,因以爲常。官卑者無復給告身,中書但錄其制辭,編爲勅甲。岳建言:"制辭或任其才能,或褒其功力,或申以訓誡。不給告身,皆不知受命之所以然,非王言所以告詔也。請一切賜之。"由是百官皆賜告身,自岳始也。此事《通鑑》繫天成元年,云:岳上言後,勅文班丞、郎、給、諫,武班大將軍以上,宜賜告身。其後執政議:以爲朱膠綾軸,厥費無多,何惜小費? 乃奏凡除官者,更不輸錢,皆賜告身。當是時,所除正員官之外,其餘試銜、帖貼,止以寵激軍中將校而已。及長興以後,所除寖多。乃至軍中卒伍,使、州鎮戍胥吏,皆得銀青階及憲官。歲賜告身,以萬數矣。凡流外,兵部、禮部舉人,郎官得自主之,謂之小選。"《舊書·職官志》:吏部,"郎中一人,掌小銓。亦分爲九品。通謂之行署。以其在九流之外,故謂之流外銓,亦謂之小選。其校、試、銓、注,與流内略同。"此唐銓法之大略也。其弊,時人多能言之。舉其略,則曰:舉天下之大,士人之衆,委之數人之手,力有所極,照有所窮,銓綜既繁,紊失斯廣。魏玄同説。況其考校之法,皆在判書、簿歷、言辭俯仰之間。安行徐言非德也,麗藻芳翰非才也,累資積考非勞也。沈既濟語。古者主司所選,獨銅内之吏,公卿之屬耳。今則五服之内,政決王朝,一命免拜,必歸吏部。按名授職,猶不能遣,何暇采訪賢良,搜覈行能邪?劉秩語。而所綜既廣,條章不得不多,胥徒之猾,又緣隙而起矣。張九齡語。以上皆據《通典》。故皆以爲其法不如辟舉。中宗時,韋嗣立上疏,言古者取人,必先采鄉曲之譽,然後辟於州郡;州郡有聲,然後辟於五府;才著五府,然後升之天朝,用一人所擇者甚悉,擢一士所歷者甚深。《舊書·韋嗣立傳》。玄宗時,張九齡亦謂吏部之爲,不過謹守格條,據資配職,不若令刺史、縣令,精覈其人,然後送臺。代宗時,沈既濟上《選舉議》,事在大曆十四年,見《通鑑》。言之尤爲激切。其説曰:"吏部之弊,非鑑之不明,擇之不精,乃法使之然。前代選用,皆州府察舉。及年代久遠,譌失滋深。至於齊、隋,不勝其弊。凡所置署,多由請託。故當時議者,以爲與其率私,不若自舉,與其外濫,不若内收。是以罷州府之權,歸於吏部。此矯時懲弊之權法,非經國不刊之常典。今吏部之法蹙矣,復宜掃而更之。州郡十分其人,五極其濫,猶有一半公道。吏部銓衡惟徵書判,補授只校官資。有文無賴者,計日可升,有用無文者,終身不進。況其書判,多是假手,或他人替入,或旁坐代爲。造僞作姦,冒名接腳,《通考·選舉考》舉官:貞元四年,吏部奏:"艱難已來,年月積久。兩都士類,散在遠方;三庫敕甲,又經失墜;因此人多罔冒,吏或詐欺。分見官者謂之擘名,承已死者謂之接腳。"又在其外。又聞昔時,公卿子弟親戚,隨位高低,各有分數,或得一人、二人、三人、四人不在放限者,禮部明經等亦然,謂之省例。凡今選法,皆擇才於吏部,述職於州郡。若才職不稱,責於刺史,則曰官命出於吏曹,不敢廢也;責於侍郎,則曰量書判資考而授之,不保其往也;責於令史,則曰:按由歷出入而行之,不知其他也。必州郡之濫,獨換一刺史則革矣,如吏部之濫,雖更其侍郎無益也。"《通典》。其於吏部專主之弊,可謂窮形盡相矣。獨不計此法之起,本由州郡選舉之多弊,懲其弊而更復其舊,安保其弊之不復起乎？唐代區區,只使官尚留辟舉之法者？則以采訪本不賦政,而節度、防禦等使,皆起於綱維既弛之後,不能束其下也。薛《史·唐莊宗紀》：同光二年八月,中書、門下上言："今後諸道,除節度副使、兩使判官外,其餘職員,並諸州軍事判官,各任本處奏辟。"從之。《職官志》載奏辭曰："僞庭之時,諸藩參佐,皆從除授。"則梁時嘗變此法。陸贄欲復臺省辟舉,猶不能行,《舊書·贄傳》：贄以貞元八年同平章事。請許臺、省長官,自薦屬官,仍保任之,事有曠敗,兼坐舉主。上許之。俄又宣旨曰：外議云：諸司所舉,多引用親黨,兼通賂遺,不得實才,此法行之非便。今後卿等宜自選擇,勿用諸司延薦。贄復論奏。上雖嘉其所陳,竟追寢長官薦士之詔。當時朋黨方盛,官方復壞,外議所云,未必不實也。況舉其權而悉委之州郡哉？《通考·選舉考·辟舉》：馬君云：自隋時,一命之官,並出於朝廷,州郡無復辟署,士之才智者,苟非宿登仕版,則雖見知於方鎮岳牧,亦不能稍振拔之,以收其用,至唐,則仕於朝者多由科目矣。然辟署亦時有之,而其法亦不一。有既爲王官而被辟者,若張建封之辟許孟容,李德裕之辟鄭畋,白敏中之辟王鐸是也。有登第未釋褐而仕而被辟者,若董晉之於韓退之是也。有強起隱逸之士者,若烏重胤之於石洪、溫造,張博之於陸龜蒙是也。有特招智略之士者,若裴度之於柏耆,杜慆之於辛讜是也。而所謂隱逸智略之士,多起自白身。劉貢父言：唐有天下,諸侯自辟幕府之士,惟其才能,不問所從來,而朝廷常收其俊偉以補王官之闕,是以號稱得人。蓋必許其辟置,則可破拘攣以得度外之士,而士之偶見遺於科目者,亦可自效於幕府,取人之道所以廣也。宋時雖有辟法,然白衣不可辟,有出身而未歷任者不可辟；其可辟者,復拘以資格,限以舉主；去古法愈遠,而倜儻跅弛之士,不諧尺繩於科目,受羈縻於銓曹者,少得以自達矣。案唐、宋之異無他,唐方鎮辟置,在選法之外,宋則復束之以常法耳。常法固不免拘攣,然不拘文法,可行於非常之時,而不可行諸平時,行諸平時則亂矣。

選舉之弊之真根原,果安在乎？杜君卿之言曰："秦氏惟農與戰,始得入官。漢有孝弟力田、賢良方正之科,乃時令徵辟,而常歲郡國率二十萬口貢止一人,約計當時推薦,天下纔過百數,則考精擇審,必獲器能。自茲厥後,轉益煩廣。只開元、天寶之中,一歲貢舉,凡有數千,而門資、武功、藝術、胥吏,衆名雜目,百户千途,入爲仕者,又不可勝紀。比於漢代,且增數十百倍。安得不重設吏職,多置等級,遞立選限以抑之乎？"唐代仕途冗濫，始於高宗時。《通典》又云：武德中，天下兵革方息，萬姓安業，士不求祿，官不充員。吏曹乃移牒州府，課人應集。至則授官，無所退遣。四五年間，求者漸多，方稍有沙汰。貞觀中，京師穀貴，始分人於洛州選集，參選者七千人，而得官者六千。又云：是時吏部之法，行始二十餘年，雖已爲弊矣，而未甚滂流，至於永徽中，官紀已紊，逮麟德之後，不勝其弊。又載顯慶初劉祥道之言曰："今內外文武官三千四百六十五員，略舉大數，當一萬四千人。人之賦命，自有修促。弱冠從政，懸車致仕，罕見其人。壯室而仕，耳順而止，亦取其中數。此則一萬四千人，三十年而略盡。年別入流者五百人，經三十年，便得一萬五千，足充所須之數。況三十年之外，在官者猶多？此便足有賸人，不慮其少。今每年入流者千四百餘人。應須數外，常賸一倍已上。"可以見其概矣。玄宗時，每年赴選常萬人，見《舊書·苗晉卿、裴遵慶傳》。任諸州郡則如彼，攝諸吏部則如此，然則求官者衆，選舉之弊，殆終不可免乎？求官者何以衆？沈既濟言之辨矣。其言曰："《禮》曰：天子之元子士也，天生無生而貴者，則雖儲貳之尊，與士伍同。故漢王良以大司徒位免歸蘭陵，後光武巡幸，始復其子孫邑中繇役。丞相之子，不得蠲戶課。而近代以來，九品之家皆不征；其高蔭子弟，重承恩獎，皆端居役物坐食；百姓其何以堪之？先王制仕，所以理物也，置祿，所以代耕也。農、工、商有經營作役之勞，而士有勤人致理之憂。雖風猷道義，士伍爲貴，其苦樂利害，與農、工、商不甚相遠也。後代之士，乃撞鐘鼓、樹臺榭以極其歡，而農工鞭臀背、役筋力以奉其養。得仕者如升仙，不仕者若沈泉。歡娛憂苦，若天地之相遠也。故非類之人，或沒死以趨上，構姦以入官。非惟求利，亦以避害。"唐選舉姦弊之滋，亦始高宗時。《新志》謂是時"仕者衆，庸愚咸集。有僞立符告而矯爲官者，有接承他名而參調者，有遠人無親而置保者。試之日，冒名代進，或旁坐假手，或借人外助，多非其實。雖繁設等級，遞差選限，增譴犯之科，開糾告之令以過之，猶不能禁。大率十人競一官，餘多委積不可遣。有司患之，謀爲黜落之計，以僻書隱學爲判目，無復求人之意，而吏求貨賄，出入升降。"自此以後，以大體言之，殆如江河日下，雖時或整頓，終不能挽其橫流之勢也。至五代而極矣。薛《史·唐莊宗紀》：同光二年九月，宣宰臣於中書磨勘吏部選人，謬濫者焚毀告勑。十一月，時有選人吳延皓，取亡叔故舊名求仕。事發，延皓付河南府處死，尚書左丞判吏部尚書銓事崔沂已下貶官。此事乃郭崇韜所爲。四年三月，左拾遺王松、吏部員外郎李慎儀上疏攻之。謂其年選人及行事官一千二百五十餘員，得官者纔及數十。以致二年以來，選人不敢赴集,銓曹無人可注,中書無人可除。中書、門下請酌中定制,從之。事見薛《史‧選舉志》:志述時議,謂搢紳之家,自無甄別。或有伯、叔告敕,粥於同姓之家,隨賂更改,因亂昭穆。至有季父、伯舅,反拜姪、甥者。松乃韋說門人,說教其上此疏,識者非之。可見崇韜雖操切,其所舉發,多不誣也。昔李膺、周舉爲刺史,守、令畏憚,覘風投印綬者四十餘城。夫豈不懷?顧漢法不可偷也。自隋變選法,則雖甚愚之人,第能乘一勞,結一課,獲入選敍,則循資授職,族行之官,隨列拜揖,藏俸積禄,四周而罷,因緣侵漁,抑復有焉。其罷之日,必妻孥華楚,僕馬肥腯,而偃仰乎士林之間。及限又選,終而復始。非爲鉅害,至死不黜。故里語謂人之爲官若死然,未有不了而倒還者。爲官如此易,享禄如此厚,上法如此寬,下斂如此重,則人孰不違其害以就其利者乎?"又設爲問難而自釋之曰:"或曰:今四方諸侯,或有未朝覲者。若天下士人,既無常調,久不得禄,人皆嗟怨,必相率去我,入於他境,則如之何?答曰:善哉問乎!辟舉法行,則搜羅必盡。自中人以上,皆有位矣。禄不及者,皆下劣無任之人。復何足惜?當今天下凋弊之本,實爲士人太多。何者?凡士人之家,皆不耕而食,不織而衣,使下奉其上不足故也。大率一家有養百口者,有養十口者,多少通計,一家不減二十人,萬家約有二十萬口。今有才者既爲我用,愚劣者盡歸他人,有萬家歸之,則二十萬人食其黍粟,衣其縑帛,享其禄廩,役其人庶。我收其賢,彼得其愚;我減浮食之口二十萬,彼加浮食之人二十萬;則我弊益減,而彼人益困。自古興邦制敵之術,莫出於是。惟懼去我之不速也,夫何患焉?"沈氏言辟舉之利,庸或太過,其言士人所以求仕之故,則可謂深切著明矣。求仕者此輩,司銓敍者亦此輩也,安得不互相徇隱?而督責之道,亦安可廢乎?督責愈弛,則姦弊愈滋,庶政皆然,何獨選舉?然則州郡之辟舉安得不替?雖明知吏部之不任,猶不得不以選權盡歸之乎?故曰:隋、唐銓法之變,實專制政治演進之理然也。

夫姦弊非獨地方有之也,中央亦然。沈既濟謂當時公卿,子弟親戚,隨位高低,各有分數,不在放限,則幾於成爲常例矣。德宗,嚴明之主也。雖陸贄欲令臺省長官薦達其下,猶所不許,而李實,《舊書》本傳言:吏部將奏,科目奧密,朝官不通書問,實乃身詣選曹,迫趙宗儒,且以勢恐之。權德輿爲禮部侍郎,實託私薦士,不能如意,後遂大錄二十人,迫德輿曰:"可依此第之,不爾,必出外官,悔無及也。"德輿雖不從,然頗懼其誣奏。唐史於實,容有謗辭,然德宗雖嚴,此等事仍不能免,則較然矣。徐浩爲吏部侍郎,乃以妾弟冒選,託侍郎薛邕注授京尉,亦見《舊書》本傳。則居其職者,且躬自爲之,而請託更不足道矣。薛《史·唐明宗紀》:長興二年五月,"詔近聞百執事等,或親居內職,或貴列廷臣,或宣達君恩,或句當公事,經由列鎮,干撓諸侯,指射職員,安排親昵。或潛示意旨,或顯發書題。自今後一切止絕。有所犯者,發薦人貶官,求薦人流配。如逐處長吏自徇人情,只仰被替人詣闕上訴,長吏罰兩月俸,發薦人更加一等,被替人卻令依舊。"當時中央之於地方,肆行請託如此。柳仲郢之知吏部銓也,"當調者持闕簿令自閱,即擬唱,吏無能爲姦",《新書》本傳。則吏之爲姦者又多矣。不特此也,即宰相亦干吏部之權。杜氏所謂執政參吏部之職也。唐制,六品以下官,本由尚書省奏擬,開元四年,始制員外郎、御史、起居、遺、補不擬。《新志》謂由是銓司之任輕矣。陸贄令臺省長官,各舉其屬,而德宗難之,贄爭之曰:"國朝五品已上,制敕命之,蓋宰相商議奏可者也? 六品已下則旨授,蓋吏部銓材署職,詔旨畫聞而不可否者也? 開元中,起居、遺、補、御史等官,猶並列於選曹,其後倖臣專朝,捨僉議而重己權,廢公舉而行私惠。是使周行庶品,苟不出時宰之意,則莫致也。"唐中葉之元載,五代時之蘇逢吉是也。唐昭宗之在鳳翔,亦既身居圍城之中矣,而韋詒範乃多受人賂,至居母喪日,爲債家所噪,乃汲汲謀起復,《通鑑》天復二年。不誠令人齒冷乎? 然積弊如武、韋之世,姚、宋起,即一掃而空之矣,若藩鎮則散在四方,收攝不易,復何從一舉而廓清之乎? 故同是有弊,與其外濫,終無寧內收也。

以言語覘吏才,蓋莫如判,然後亦全失初意。《通典》云:"初吏部選才,將親其人,覆其吏事,始取州縣案牘疑義,試其斷割,而觀其能否,此所以爲判也。後日月寖久,選人猥多,案牘淺近,不足爲難,乃采經籍古義,假設甲乙,令其判斷。既而來者益衆,而通經正籍,又不足以爲問,乃徵僻書曲學隱伏之義問之,惟懼人之能知也。佳者登於科第,謂之入等,其甚拙者,謂之藍縷,各有升降。選人有格限未至而能試文三篇,謂之宏詞,試判三條,謂之拔萃,亦曰超絕,詞美者得不拘限而授職。"此其難之也同於帖經,其取之也同於雜文矣。《評》曰:"自魏三主,俱好屬文。晉、宋、齊、梁,風流彌扇。澆譌之弊,極於有隋。唐當創業之初,承文弊之極,羣公不議救弊以質,而乃因習尚文。爾後有司,尊賢之道,先於浮華,辨論之方,擇於書判。文辭取士,是審才之末者,書判又文辭之末也。"言之可謂痛切矣。後唐明宗天成四年,中書奏:"吏部流外銓諸色選人試判兩節,並以優劣等第申奏。仍準元敕:業文者任徵引今古,不業文者但據公理判斷。"此不業文者,固未必遂有吏才,然據理判斷,卻近試判之初意也。然天寶初,吏部侍郎苗晉卿、宋遙主選,以御史中丞張倚男奭居首。衆知奭不讀書,論議紛然。安祿山奏之。玄宗大集登科人,御花萼樓親試。登第者十無一二。而奭手持試紙,竟日不下一字,時謂之曳白:《舊書·晉卿傳》。號稱尚文之朝,而其事如此,不尤堪齒冷乎?《晉卿傳》又云:性謙柔。選人有訴訟索好官者,雖至數千言,或聲色甚厲者,必含容之,略無慍色。又《裴遵慶傳》:遵慶以永泰初知選事。選人天興縣尉陳瑁,於銓庭言辭不遜,凌突無禮。代宗詔付遵慶,於省門鞭三十,貶爲吉州員外司户參軍。此等必皆有恃而然,故欲袪選弊,至煩天子親試也。

　　與辟舉之意相通者爲論薦,其意亦欲以廣識拔,毋令吏部專憑資格用人也。然其效更不如辟舉。以辟舉猶自用之,論薦則徒升諸朝,更易瞻徇情面也。《舊書·德宗紀》:建中元年赦詔:"常參官、諸道節度、觀察、防禦等使、都知兵馬使、刺史、少尹、畿、赤令、大理司直、評事等,授訖,三日内於四方館上表,讓一人以自代。其外官,委長吏附送。其表付中書、門下,每官闕,以舉多者授之。"《懿宗紀》:咸通四年赦詔又云:"中外官宜准建中元年敕,授官後三日舉一人自代。"此即晉世劉寔所建,特此以詔旨行之而已。魏玄同以高宗時爲吏部侍郎,上疏論選舉云:"惟賢知賢,聖人篤論。身且濫進,鑑豈知人?今欲務得實才,兼宜擇其舉主。"蓋以其時官方本甚濁亂云然也。薛登論選舉則云:"漢法,所舉之主,終身保任。請寬立年限,容其采訪。簡汰堪用者,令其試守,以觀能否。參驗行事,以別是非。稱職者受薦賢之賞,濫舉者抵欺罔之罪。自然舉得賢行,則君子道長矣。"案人藏其心，不可測度；先後變節，尤難豫知；以所舉之非賢，坐及舉主，似失之酷。然犯罪情節，各有不同。審所舉者之罪，以定舉之者之負，而稍偏於寬，似於情理無悖。沈既濟禁約雜條，以所舉者犯罪之多寡，一人奪祿一年，二人奪賜，三人奪階及爵，四人解見任職事官，五人貶官，六人除名。有犯贓罪至流以上者，倍論之。舉用後續知過繆，具狀申述，及自按劾者勿論。及其有無罔上之意，納賂、屬託、親故、明知不善而故舉，皆以罔上論，不在官贖之限。定舉主罪之輕重，説亦不失平允也。然此等皆議論云爾，按其實，則事大不然。薛《史·職官志》：後唐同光二年三月，中書門下奏："近日諸道，多是各列官銜，便指州縣，請朝廷之正授，樹藩鎮之私恩。自今後，大鎮節度使，管内三州已上者，每年許奏管内官三人，以下者二人，仍須課績尤異，方得上聞。防禦使一人。刺史無奏薦之例，不得輒亂規程。"周廣順元年五月，詔今後州府不得奏薦無前官及無出身人。《通鑑》：晉天福三年三月，中書舍人李詳上疏，以爲"十年以來，赦令屢降，諸道職掌，皆許推恩。而藩方論薦，動踰數百。乃及藏典、書吏、優伶、奴僕"。觀此，而所謂奏薦者可知矣。

　　銓選之地，尚不專於京邑。《新書·選舉志》曰："太宗時，以歲旱穀貴，東人選者，集於洛州，謂之東選。高宗上元二年，以嶺南五管，黔中都督府得即任土人，而官或非其才，乃遣郎官御史爲選補使，謂之南選。"《舊書·職官志》云：嶺南、黔中，三年一置選補使，號爲南選。《通典》云：黔中、嶺南、閩中，郡縣之官，不由吏部，以京官五品以上一人充使就補，御史一人監之，四歲一往，謂之南選。《通鑑》高宗總章二年述唐銓法云："其黔中、嶺南、閩中州縣官，不由吏部，委都督選擇土人補授。儀鳳二年八月云：敕桂、廣、交、黔等都督府，比來注擬土人，簡擇未精，自今每四年遣五品已上清正官充使，仍令御史同往注擬。時人謂之南選。"《舊書·韓思復傳》：曾孫佽，出爲桂州觀察使。桂管二十餘郡，州橡而下至邑長三百員，由吏部補者什一，他皆廉使量其才而補之。佽既至桂，吏以常所官者數百人引謁。一吏執籍而前曰："具員請補其闕。"佽戒曰："在任有政者，不奪所理。有過者必繩以法。闕者俟稽諸故籍，取其可者，然後補之。"會春衣使内官至，求賄於郵吏，三豪家因厚其資，以求邑宰。佽悉諾之。使去，坐以撓法，各笞其背。自是豪猾斂迹。皆得清廉吏，以蘇活其人。其後江南、淮南、福建，大抵因水旱，皆遣選補使，即選其人。而廢置不常，選法又不著，故不復詳焉。"《陔餘叢考》有"唐吏部分東選南選"一條，可以參看。案唐時又有因兵亂遣使即選者，如肅宗時以崔渙爲江淮宣諭選補使是也。《舊書·渙傳》。趙匡言舉選十弊，其六曰："大抵舉選人以秋初就路，春末方歸，休息未定，聚糧未辦，即又及秋，事業不得修習，益令藝能淺薄。"其七曰："羈旅往來，糜費實甚。非惟妨闕正業，蓋亦瘵其舊産。未及數舉，索然已空。"其八曰："貧窶之士在遠方，欲力赴京師，而所冀無際，以此揆度，遂至没身。使斯人有抱屈之恨，國家有遺才之歎。"其九曰："官司運江淮之儲，計五費其四，乃達京邑。芻薪之貴，又十倍四方。而舉選之人，每年攢會。計其人畜，蓋將數萬？無成而歸，十乃七八。徒令關中煩耗。"皆與舉選集於京邑有關。沈既濟之論曰："或曰：帝王之都，必浩穰輻湊，土物繁合，然後稱其大。若權散郡國，遠人不至，則京邑索矣。自古至隋，數百千年，選舉之任，皆分郡國，當漢文、景、武帝之時，京師庶富，百廛九市不得顧，車不得旋，豈待舉選之士爲其助哉？自隋罷外選，招天下之人，聚於京師。春還秋往，鳥聚雲合。窮關中地力之産，奉四方遊食之資。是以筋力盡於漕運，薪粒方於桂玉。是由斯人，索我京邑。且權分州郡，所在辟舉，則四方之人，無有遐心，端居尊業，而祿自及，祿苟未及，業常不廢。若仕進外絕，要攢于京，貨鬻田産，竭家贏糧，糜費道路，交馳往復，是驅地著而爲浮冗也。王者當繁其天下，豈廛閈之閒，校其衆寡哉？"可與此論相發明。又云："選人不約本州所試，悉令聚於京師，人既浩穰，文簿繁雜，因此渝濫，其事百端"，則綱紀且因之隳壞矣，其爲議者所訾，固無足怪。即選之法，蓋亦所以稍救其弊邪？且政權貴乎普及，遐方之士，自有不樂遠宦者，如《新書·歐陽詹傳》言閩、越之士，當唐中葉以後，尚不樂北宦是也。見第十六章第五節。此等苟非有即選之法，而鄉官又廢，則並不獲仕於州郡矣，亦將使遠人觖望也。

選權既專歸吏部，自必惟論資格。《新書·選舉志》曰："初銓法簡而任重。高宗總章二年，司列少常伯吏部侍郎。裴行儉，始設長名、牓引，銓注法。復定州縣升降爲八等。其三京、五府、都護、都督府，悉有差次。量官資授之。其後李敬玄爲少常伯，委事於員外郎張仁禕，仁禕又造姓歷，改狀樣、銓歷等程式，而銓總之法密矣。"《敬玄傳》云：拜西臺侍郎、同東西臺三品，兼檢校司列少常伯。時員外郎張仁禕有敏才，敬玄委以曹事。仁禕爲造姓歷、狀式、銓簿。鉗鍵周密，病心太勞死。敬玄因其法，衡綜有序。自永徽後，選員寖多，惟敬玄居職有能稱。《舊書・裴行儉傳》云：行儉始設長名、姓歷、榜引、銓注等法，又定州縣升降，官資高下，以爲故事。《通典》同。《通鑑》云：行儉與張仁禕設長名、姓歷、榜引、銓注之法，又定州縣升降，官資高下。《新書・行儉傳》則云：行儉始設長名榜銓注等法，又定州縣升降，資擬高下爲故事。合觀諸文，《新傳》"榜"字下疑奪一"引"字，"姓歷"則別一時所造也。行儉創法後，其子光庭又繼之。《新志》云：開元十八年，侍中裴光庭兼吏部尚書，始作循資格。而賢愚一概，必與格合，乃得銓授。限年躡級，不得踰越。於是久淹不收者皆便之，謂之聖書。及光庭卒，中書令蕭嵩以爲非求才之方，奏罷之。乃下詔曰："凡人年三十而出身，四十乃得從事。更造格，以分寸爲差。若尋新格，則六十未離一尉。自今選人才業優異有操行。及遠郡下寮，名迹稍著者，吏部隨才甄擇之。"《光庭傳》云：初吏部求人，不以資考爲限，所獎拔惟其才。往往得俊又任之，士亦自奮。其後士人猥衆，專務趨競，銓品枉橈。光庭懲之。因行儉長名榜乃爲循資格。無賢不肖，一據資考配擬。又促選限盡正月。任門下省主事閻麟之，專主過官。素與蕭嵩輕重不平。及卒，嵩奏一切罷之。博士孫琬，以其用循資格，非獎勸之誼，謚曰克。時以爲希嵩意。帝聞，特賜謚曰忠憲。《舊傳》略同。又云：其流外行署，亦令門下省之。《職官志》云："光庭始用循資格，以注擬六品以下選人。其後每年雖小有移改，然相承至今用之。"《通典》云："光庭爲侍中，以選人既無常限，或有出身二十餘年而不獲禄者，復作循資格。定爲限域。凡官罷滿，以若干選而集，各有差等。卑官多選，高官少選。賢愚一貫，必合乎格者，乃得銓授。自下升上，限年躡級，不得踰越。久淹不收者皆荷之，謂之聖書。雖小有常規，而掄才之方失矣。其有異才高行，聽擢不次，然有其制而無其事，有司但守文奉式，循資例而已。"《通鑑》云："先是選司注官，惟視其人之能否。或不次超遷，或老於下位。有出身二十餘年不得祿者。又州縣亦無等級，或自大入小，或初近後遠，皆無定制。光庭始奏用循資格。各以罷官若干選而集。官高者選少，卑者選多。無問能否，選滿即注。限年躡級，毋得踰越。非負譴者，皆有升無降。其庸愚沈滯者皆喜，謂之聖書，而才俊之士，無不怨歎。宋璟爭之不能得。光庭又令流外行署，亦過門下省審。"開元十八年。開元二十一年六月，"制自今選人有才業操行，委吏部臨時擢用。流外奏用，不復引過門下。雖有此制，而有司以循資格便於己，猶踵行之。"案《新書·張九齡傳》，亦言九齡爲相，上言廢循資格，則時議之於循資，無以爲然者。然出身二十餘年而不獲祿，其爲沈滯，寧不更甚於六十未離一尉？爲國求才，既非凡士大夫之素志，亦非吏部以一人盡攬九流，並其面而不識，而有待於保識者所能辦，則限年躡級，不猶足以息奔競之風乎？蘇軾有言："巧者侵奪已甚，則拙者迫怵無聊"，果至於斯，官場風氣，必也益壞，限年躡級，不猶愈乎？薛《史·唐莊宗紀》：同光二年八月，中書門下奏"請差左丞崔沂等同詳定選司長定格、循資格、十道圖，從之"。歐《史·姚顗傳》，言其爲相，"循資、長定舊格，歲久多舛，因增損之。選人多不便之。往往邀遮宰相，喧訴不遜。顗等無如之何。廢帝爲下詔書禁止。"足見此法之不能廢，亦足見不便之者，實皆倖進之徒也。

　　用人之要，不越儒吏兩途。論者恒貴儒於吏，蓋以吏徒能奉行故事，儒則明於治道，可與議法，即用法亦能得法外意也。儒而惟知記誦、辭章，則其不知治道，亦與吏等，而明習法令，知民情僞，或反不逮焉，而猶執舊説不變，則士夫之偏見也。然議論可以偏袒，事實不相假借，故吏之見用，卒隨世而盛焉。牛弘言令史百倍於前，則其明證。劉炫推求其故，謂由文案之密。文案非士夫所樂爲，並非其所能爲，乃不得不多任胥吏。任胥吏不可無以督察之，或並非不習文法者所能，於是長官亦或出於是矣。《隋書·儒林傳序》謂"曩之弼諧庶績，必舉德於鴻儒，近代左右邦家，咸取士於刀筆"是也。文書委積，則姦弊叢生，此由綱紀壞而寵賂彰，督責疏而比周密，初不關乎流品，而論者又多以是爲言。如《隋書‧劉炫傳》言：「高祖之世，以刀筆吏類多小人，年久長姦，勢使然也，於是立法：州縣佐史，三年而代，」是其事矣。此亦士夫偏見。《炫傳》又言：「諸郡置學官及流外給廩，皆發自炫，」然則流外初不給廩，又何以責其廉乎？《新書‧劉晏傳》云：晏嘗言士有爵祿，則名重於利，吏無榮進，則利重於名，故檢劾出納，一委士人，吏惟奉行故事而已，爵祿獨非利乎？顯爲名者，孰不陰以爲利？至於二者不相容，則簞食豆羹見於色矣。《關播傳》：播遷給事中。「故事，諸司甲庫，以令史直曹，刓脱爲姦，播悉易以士人，時韙其法。」夫豈知言也哉？《傅奕傳》：唐初，太僕卿張道源建言：「官曹文簿，繁總易欺，請減之以鈐吏姦。」公卿舉不謂然。奕獨是之。爲衆沮訾不得行。奕與道源之見，實與劉炫同，然炫謂省官不如省事，不謂事未省而官可遽省，奕與道源，乃徒欲去文簿，寧不知文簿之設，本所以鈐姦邪？文簿繁而姦又生，猶之爲之斗斛權衡而又見竊。然因此而剖斗折衡，可乎？《李泌傳》：泌爲相，請復張延賞所減吏員。德宗問：「今户口減承平時幾何？」曰：「三之一。」帝曰：「人既凋耗，員何可復？」泌曰：「户口雖耗，而事多承平時十倍，陛下欲省州縣則可，而吏員不可減。」泌之爲此，蓋不能無違道干譽？然其說則是也。職是故，吏之見用，卒隨世而益盛。

《通考》云：「武德初，天下初定，京師翔貴，遠人不願仕流外，始於諸州調佐史及朝集典充選。不獲已而爲之。遂促年限，優以叙次。六七年有至本司主事及上縣尉者。自此之後，遂爲宦途。總章初，詔諸司令史考滿者限試一經。時人嗟異，著於謠頌。」急而求之，已又加以限制，固無怪人心之不平也。然軒輊之見，即當急而求之之時，亦未能免。太宗窮詰張玄素出身以挫之，是其事矣。《舊書‧薛收傳》：從孫稷，睿宗時參知政事。睿宗以鍾紹京爲中書令，稷勸令禮讓。因入言於帝曰：「紹京素無才望，出自胥吏，雖有功勳，未聞令德，一朝超居元宰，師長百僚，臣恐清濁同貫，失於聖朝具瞻之美。」帝然其言，因紹京表讓。遂轉爲户部尚書。此與玄宗欲加牛仙客尚書，而張九齡以其本河湟使典爭之，正相類也。顯慶中，劉祥道言："尚書省二十四司，及門下省、中書都事、主書、主事等，比來選補，皆取舊任流外有刀筆之人。縱欲參用士流，皆以儕類爲恥。前後相承，遂成故事。且掖省崇峻，王言祕密，尚書政本，人物攸歸，而多用胥徒，恐未盡銓衡之理。望有釐革，稍清其選。"此儒吏之顯相爭者也。

《新書·選舉志》云：凡醫術，不過尚藥、奉御、陰陽、卜筮、圖畫、工巧、造食、音聲及天文，不過本色局署令。鴻臚譯語，不過典客署令。此皆因其才而用之，未可謂之岐視，然終亦不免輕視其人。《舊書·傅奕傳》：高祖踐阼，召拜太史丞。太史令庾儉，以其父質，在隋言佔候忤煬帝意，竟死獄中，遂懲其事；又恥以數術進；乃薦奕自代。《新書·閻讓傳》：弟立本。太宗與侍臣泛舟春苑池，見異鳥，容與波上，悅之，詔坐者賦詩，而召立本俾狀。閤外傳呼畫師閻立本。是時已爲主爵郎中。俯伏池左，研吮丹粉，望坐者羞悵流汗。歸，戒其子曰："吾少讀書，文辭不減儕輩，今獨以畫見名，與厮役等，若曹慎毋習。"此其見輕，可謂甚矣。此自爲非是。然藝術之士之見輕，亦有以其甘爲嬖幸者，此則攻擊之者，意又在於袪除弊事，非盡攻擊其人矣。《舊書·韋貫之傳》：憲宗時，轉禮部員外郎。新羅人金忠義，以機巧進，至少府監，蔭其子爲兩館生。貫之持其籍不與，曰："工商之子不當仕。"《職官志·吏部職》云："凡官人，身及同居大功已上親，自執工商，家專其業，及風疾使酒，皆不得入仕。"忠義以藝通權幸，爲請者非一。貫之持之愈堅。既而疏陳忠義不宜汙朝籍，辭理懇切，竟罷去之。又《曹確傳》：懿宗以伶官李可及爲威衛將軍。確執奏曰："臣覽貞觀故事，太宗初定官品令，文武官共六百四十三員，顧謂房玄齡曰：朕設此官員，以待賢士。工商、雜色之流，假令術踰儕類，止可厚給財物，必不可超授官秩，與朝賢君子，比肩而立，同坐而食。太和中，文宗欲以樂官尉遲璋爲王府率，拾遺竇洵直極諫，乃改授光州刺史。伏乞以兩朝故事，別授可及之官。"帝不之聽。此兩事，皆非徒以其爲雜色之流而輕之也。中宗置公主府官屬，安樂府所補，猥濫尤多。左拾遺辛替否上疏，謂"富商豪賈,盡在纓冕之流,粥技行巫,咸涉膏腴之地",使仍而弗革,尚復成何事體邪?

門蔭亦爲弊法。魏玄同之言曰:"從政涖官,不可以無學。今貴戚子弟,例早求官,或髫齓之年,已要銀艾,或童卯之歲,已襲朱紫。弘文、崇賢之生,千牛、輦腳之徒,課試既淺,技能亦薄,而門閥有素,資望自高。"《通典》。然則一至高門,而銓法皆廢矣。鄭善果父誠,討尉遲迴戰死,善果年十四而授沂州刺史。《隋書·列女傳》。高劭者,駙之從子。朝廷優假駙,亦十四遥領華州刺史。薛《史·劭傳》。此等縱不自爲政,然稍長必歷高官,奚翅使人學製美錦哉?《舊書·李懷遠傳》:宗人欲以高蔭相假,懷遠拒之。退而歎曰:"因人之熱,高士不爲,假蔭求官,豈其本志?"則蔭並有假冒不實者矣。

《通考》以唐之捉錢令史、納課品子爲貲選,捉錢令史,後雖利其錢,初固與錢令捉,若納課品子,則真貲選矣。其尤甚者,則爲喪亂時事。《通考》:至德二年七月,宣諭使侍御史鄭叔清奏:"承前諸使下召納錢物,多給空名告身,雖假以官,賞其忠義,猶未盡才能。今皆量文武才藝,兼情願穩便,據條格議同申奏聞,便寫告身。諸道士、女道士、僧、尼如納錢,請准敕回授餘人。並情願還俗授官、勳、邑號等亦聽。如無人回授,及不願還俗者,準法不合畜奴婢、田宅、貲財,既助國納錢,不可更拘常格。其所有貲財,能率十分納三分助國,餘七分並任終身自蔭。身殁之後,亦任回與近親。又准敕納錢百千文,與明經出身:如曾受業,麤通帖策,修身謹行,鄉曲所知者,量減二十千文。如先經舉送,到省落第,灼然有憑,帖策不甚寥落者,減五十千文。若麤識文字,准元敕處分。未曾讀學,不識文字者,加三十千。應授職事官並勳、階、號及贈官等,有合蔭子孫者:如戶內兼蔭丁、中三人以上免課役者,加一百千文。每加一丁、中,累加三十千文。其商賈:准令所在收稅,如能據所有貲財,十分納四助軍者,便與終身優復。如於敕條外,有悉以家產助國,嘉其竭誠,待以非次。如先有出身及官資,並量資歷好惡,各據本條格例節級優加擬授。如七十以上,情願授致仕官者,每色内量十分減二分錢。"此奏於虛名外兼粥實官,官職外並粥出身,乃至不識文字者,可同明經,可謂甚矣。《注》云:"權爲此制,尋即停罷。"蓋所得仍不多也。《通考》又云:"元和十二年,詔入粟助邊,古今通制。如聞定州側近,秋稼方登,念切救人,不同常例。有人能於定州納粟五百石者,放優出身,仍減三選。一千石者,無官便授釋褐官,有官者依資授官。二千石者超兩資。如先有出身及官,情願減選者,每三百石與減一選。"《舊紀》:詔以定州飢,募人入粟受官及減選、超資。時亦直用兵之際,無力救災,故其優假如此也。

《通考》又記元和時事云:"又救入蕃使不得與私覿正員官告,量別支給。"案《新書·循吏傳》:韋丹,順宗爲太子,以殿中、侍御史召爲舍人。新羅國君死,詔拜司封郎中往弔。故事,使外國賜州縣十官,賣以取貲,號私覿官。丹曰:"使外國不足於貲,宜上清,安有貿官受錢?"即具疏所宜費。帝命有司與之,因著令,蓋即此事也。《通考》又云:十五年,復其制。入回鶻使仍舊與私覿正員官十三員,吐蕃使八員。蓋亦以費用不給之故?《新書·胡証傳》:太和公主降回鶻,以檢校工部尚書爲和親使。舊制,行人有私覿禮,縣官不能具,召富人子納貲於使,而命之官。証請儉受省費,以絕粥官之濫。蓋其制又曾暫廢?然恐亦不能久也。

清濁之別,隋、唐世仍有之。盧愷當開皇初,除吏部侍郎,後攝尚書事,何妥攻其與蘇威朋黨,除名。《傳》言:"周氏以降,選無清濁,及愷攝吏部,與薛道衡、陸彥師等甄別士流,故涉黨固之誚。"而《彥師傳》言:"凡所任人,頗甄別於士庶,論者美之。"則周氏一時之事,未能變累世相襲之風也。唐世,"職事官資,清濁區分,以次補授",詳見《舊書·職官志》。又《韋溫傳》:文宗時,遷尚書右丞吏部員外郎。鹽鐵判官姚勖知河陰院,嘗雪冤獄。鹽鐵使崔珙奏加酬獎,乃令權知職方員外郎。制出,令勖上省。溫執奏曰:"國朝已來,郎官最爲清選,不可以賞能吏。"上令中使宣諭,言勖能官,且放入省。溫堅執不奉詔。乃改勖檢校禮部郎中。翼日,帝謂楊嗣復曰:"韋溫不放姚勖入省,有故事否?"對曰:"溫志在銓擇清流,然姚勖士行無玷,梁公元崇之孫,自殿中判鹽鐵案,陛下獎之宜也。若人有吏能,不入清流,孰爲陛下當煩劇者?此衰晉之風也。"上素重溫,亦不奪其操。可見區別之嚴矣。

　　重內輕外之風,隋、唐時頗甚。貞觀、開元之世,亟欲挽之,然皆未能奏效。肅、代以後,乃幡然一變,力求重內而不得矣。此可見制度與事勢乖違,終必有名無實也。《新書·循吏傳》曰:"太宗嘗曰:朕思天下事,丙夜不安枕。永維治人之本,莫重刺史,故錄姓名於屏風,卧興對之,得才否狀,輒疏之下方,以擬廢置。又詔内外官五品以上舉任縣令者。都督、刺史,職察州縣。間遣使者,循行天下,劾舉不職。始都督、刺史,皆天子臨軒册授,後不復册,然猶受命日對便殿賜衣物乃遣。玄宗開元時,已辭,仍詣側門候進止。又錮廢酷吏。詔三省侍郎缺,擇嘗任刺史者;郎官缺,擇嘗任縣令者。宰相、名臣,莫不孜孜言長人不可輕授,亟易。是以授受之間,雖不能皆當,而所得十五。故協氣嘉生,薰爲太平,垂祀三百,與漢相埒。"此言虚美無實。《隋書·循吏·柳儉傳》:高祖初有天下,妙簡賢能,出爲牧宰,以儉仁明著稱,擢拜蓬州刺史。蜀王秀得罪,坐與交通免。煬帝嗣位,徵之。於時以功臣任職,牧州領郡者,並帶戎資,惟儉自良吏。帝嘉其績用,特授朝散大夫,拜弘化太守,賜物一百段而遣之。然則隋高雖留心政事,至煬帝世,武人之司牧者猶多。《舊書·馬周傳》:周於太宗時上言:"今朝廷獨重内官,縣令、刺史,頗輕其選。刺史多是武夫勳人,或京官不稱職,方始外出。而折衝,果毅之内,身材強者,先入爲中郎將,其次始補州任。邊遠之處,用人更輕。其材堪宰位,以德行見稱擢者,十不得一。百姓未安,殆由於此?"是太宗亦未能革隋世之弊也。高宗以後,遷流彌甚。《舊書·韋嗣立傳》:長安中,則天與宰臣議及州縣官吏。納言李嶠,夏官尚書唐休璟等奏:"竊見朝廷物議,莫不重内官,輕外職。每除授牧伯,皆再三披訴。比來所遣外任,多是貶累之人。風俗不澄,實由於此。"中宗時,嗣立上疏,言:"刺史縣令,理人之首。近年已來,不存簡擇。京官有犯及聲望下者,方遣牧州。吏部選人,暮年無手筆者,方擬縣令。"《蕭至忠傳》:中宗時上疏云:"伏見永徽故事,宰相子弟,多居外職者。願降明勅,令宰相已下及諸司長官子弟,並改授外官。"《盧懷愼傳》:景龍中上疏云:"比來州牧上佐及兩畿縣令,下車佈政,罕終四考。在任多者一二年,少者三五月,遽即遷除,不論課最。或有歷時未改,便傾耳而聽,跂踵而望。爭求冒進,不顧廉恥。"又云:"內外官人,有不率憲章,公犯贓汙,侵牟萬姓,剗割蒸人,鞫按非虛,刑憲已及者,或俄復舊資,雖負殘削之名,還膺牧宰之任。或江淮嶺磧,微示懲貶,而徇財黷貨,罕能悛革。小州遠郡,蠻陬夷落,何負聖化,獨受其弊乎?"皆可見其每況愈下之狀。開元初,有人密奏:吏部選叙太濫,縣令非材,全不簡擇。謝官日引入殿庭,問安人策一道。試者二百餘人。韋嗣立子鄭城令濟第一。或有不書紙者。擢濟為醴泉令。二十餘人還舊官。四五十人放歸習讀。是試者二百人,不合格者殆三之一也。此據《舊書・韋嗣立傳》,《通鑑》從《唐曆》云:惟鄭城令韋濟詞理第一,擢為醴泉令。餘二百餘人不入第,且令之官。四十五人放歸學問。二年正月,"制選京官有才識者除都督、刺史,都督、刺史有政迹者除京官,使出入常均,永為恒式。"《通鑑》。然三年,張九齡言:"京華之地,衣冠所聚,子弟之間,聲名所出,從容附會,不勞而成。一出外藩,有異於是。人情豈忘其私,但法制之,不敢違耳。今不革之以法,無乃甚不可乎?臣以為宜懸以科條,定其資歷。不歷都督、刺史,雖有高第,不得入為侍郎、列卿。不歷縣令,雖有善政,亦不得入為臺郎、給、舍。雖遠處都督、刺史,至於縣令,遞次差降,以為出入,亦不十年頻任京職,十年盡任外官。如此設科,以救其失,則內外通理,萬姓獲安。如積習為常,遂其私計,天下不可為理也。"《通典》。觀其言,則二年之制,實未行也。四年,以尚書右丞倪若水為汴州刺史。揚州采訪使班景倩入為大理少卿,過大梁,若水餞之,行立望其行塵,久之乃返。謂官屬曰:"班生此行,何異登仙?"《通鑑》。人情大可見矣。八年,宰相源乾曜言:"形要之家,並求京職,俊乂之士,多在外官。三男俱是京任，望出二人。"《舊書》本傳。此亦見二年之制，有文無實。《舊書·列女傳》：宋庭瑜妻魏氏：父克己，有詞學。則天時爲天官侍郎。魏氏善屬文。先天中，庭瑜自司農少卿左遷涪州別駕。魏氏隨夫之任。中路，作《南征賦》以叙志。開元中，庭瑜累遷慶州都督。中書令張說，少時爲克己所重。魏氏恨其夫爲外職，乃作書與說，叙亡父疇昔之事，並爲庭瑜申理。乃錄《南征賦》寄說。說歎曰："曹大家東征之流也。"庭瑜尋轉廣州都督，道病卒，魏氏旬日亦殞。時人莫不傷之。使庭瑜不遽隕没，豈不轉瞬内遷乎？十一年，山東旱，朝議選朝臣爲刺史，以撫貧民，而至任多無可稱。《舊書·王丘傳》。十三年，帝自擇刺史，凡十一人。治行，詔宰相、諸王、御史以上祖道洛濱。盛具，奏太常樂，帛舫水嬉。命高力士賜詩，帝親書，且給紙筆令自賦，賚絹三千匹遣之。《新書·許景仙傳》。其效亦可想矣。

安、史亂後，内外官輕重邅變。李皋抵法求外，事已見前。《新書·李泌傳》：泌以貞元三年同平章事。"是時州刺史月俸至千緡，方鎮所取無藝，而京官禄寡薄，自方鎮入爲八座，至謂罷權。薛邕由左丞貶歙州刺史，家人恨降之晚。崔祐甫任吏部員外，求爲洪州別駕。使府賓佐，有所忤者，薦爲郎官。其當遷臺閣者，皆以不赴取罪去。泌以爲外太重，内太輕，乃請隨官閒劇，普增其俸。時以爲宜，而竇參多沮亂其事，不能悉如所請。"李實以外出迫權德輿，其說未知信否，即謂可信，唐中葉後，重内輕外者，亦惟此一事，況乎其說之實不可信也？然外官之見重，豈徒以其禄之厚哉？讀《舊書·薛珏傳》所述楚州營田事，即可見其禄之所由來。然此猶僅乾没而已。薛《史·相里金傳》云：出爲忻州刺史。凡部曲、私屬，皆不令干與民事，但優其贍給，使分掌家事而已。故郡民安之，大有聲績。此可見刺史之下，倚勢虐民者甚多。《安重榮傳》云：晉高祖即位，授成德軍節度使。自梁、唐已來，藩侯郡牧，多以勳授，不明治道。例爲左右羣小惑亂。賣官鬻獄，割剥蒸民。率有貪猥之名，其實賄賂半歸於下。惟重榮自能鉤距，凡有爭訟，多廷辯之。至於倉庫耗利，百姓科歛，悉入於己，諸司不敢窺覬。此則括其下之所得，以歸於己而已，民未獲抒也。《劉審交傳》：漢隱帝嗣位，用爲汝州防禦使。乾祐二年春卒。郡人聚哭柩前，乞留葬本州界，立碑起祠，以時致祭。馮道聞之曰："予嘗爲劉汝州僚佐，知其爲人。廉平慈善，無害之良吏也。刺遼、磁，治陳、襄、青，皆稱平允，不顯殊猷。其理汝也，又安有異哉？民之租賦，不能減也，繇役不能息也，寒者不能衣也，餒者不能食也，百姓自汲汲然，而使君何有於我哉？然身死之日，致黎民懷感如此者？誠以不行鞭樸，不行刻剝，不因公而徇私，不害物以利己，確然行良吏之事，薄罰宥過，謹身節用，安俸祿，守禮分而已。凡從事於斯者，孰不能乎？但前之守土者，不能如是，是以汝民咨嗟愛慕。今天下戎馬之後，四方凶盜之餘，杼軸空而賦斂繁，人民稀而倉廩匱，謂之康泰，未易輕言侯伯牧宰，若能哀矜之，不至聚斂，不殺無辜之民，和平寬易，即劉君之政，安足稱邪？復何患不至於令名哉？"此可見當時所謂良吏者，並無足稱，而其時之人，並此而不能爲也。歐《史·郭延魯傳論》曰："烏乎！五代之民，其何以堪之哉？上輸兵賦之急，下困剝斂之苛。自莊宗以來，方鎮進獻之事稍作，至於晉而不可勝紀矣。其添都、助國之物，動以千計；至於來朝、奉使、買宴、贖罪，莫不出於進獻；而功臣大將，不幸而死，則其子孫率以家貲求刺史。其物多者，得大州善地；蓋自天子皆以賄賂爲事矣！則爲其民者，其何以堪之哉？"又《王進傳論》曰："五代之君，皆武人崛起，其所與俱勇夫悍卒，各裂土地，封侯王，何異豺狼之牧斯人也？雖其附託遭遇，出於一時之幸，然猶必皆橫身敵陳，非有百夫之勇，則必有一日之勞。至如進者，徒以疾足善走而秉旄節，何其甚歟？"《廿二史劄記》云："徧檢薛歐二史，文臣爲節度使者，惟馮道暫鎮同州，桑維翰暫鎮相州及泰寧而已。"其所以任之者如此。然果以賊民乎？抑以自賊乎？《五代史闕文》云：晉高祖引契丹圍晉安寨，降楊光遠，清泰帝至自覃懷，京師父老迎於上東門外。帝垂泣不止。父老奏曰："臣等伏聞前唐時，中國有難，帝王多幸蜀以圖進取。陛下何不且入西川？"帝曰："本朝兩川節度使，皆用文臣，所以明皇、僖宗,避寇入蜀。今孟氏已稱尊矣,吾何歸乎?"因慟哭入內,舉火自焚。黃梨洲《明夷待訪錄》言:明之亡,從死者皆文臣,後起義兵者皆文臣及儒生,武人則無不以其衆幸富貴,然後知承平時視如徒隸者未必非。烏乎!何其言之痛也?然則好用武人者,果以賊民乎?抑以自賊也?

回避之法,大體後密於前。《舊書·職官志》:吏部,"凡同司聯事、句檢之官,皆不得注大功已上親。"《楊嗣復傳》:元和十年,累遷至刑部員外郎。鄭餘慶爲詳定禮儀使,奏爲判官。改禮部員外郎。時父於陵爲戶部侍郎。嗣復上言:"與父同省非便,請換他官。"詔曰:"應同司官有大功以下親者,但非連判及句檢之官並官長,則不在回避之限。如官署同,職司異,雖父子兄弟,無所避嫌。"此正《職官志》所云。《良吏傳》:賈敦頤,弟敦實,貞觀中爲饒陽令。時敦頤復授瀛州刺史。舊制,大功以上,不復連官。朝廷以其兄弟在職,俱有能名,竟不遷替。此則出於法外者矣。

考課之法,衰世必衰,以莫操督責之術也。《隋書·李諤傳》:諤以當官者好自矜伐,奏論其弊曰:"用人惟信其口,取士不觀其行。矜誇自大,便以幹濟蒙擢,謙恭靜退,多以恬默見遺。是以通表陳誠,先論己之功狀,承顔敷奏,亦道臣最用心。自銜自媒,都無慚恥之色。強干橫請,惟以乾沒爲能。"又謂隋時,刺史入覲,仍有"言辭不遜,高自稱譽"者。蓋自州郡割據以來,尾大不掉,致成此積習也。隋世考課自較嚴,然權集中樞,又苦不知地方情狀,於是願者敷衍塞責,狡者且上下其手矣。《房彥謙傳》:"遷秦州總管錄事參軍。嘗因朝集時,左僕射高熲定考課,彥謙謂熲曰:諸州考校,執見不同,進退多少,參差不類;況復愛憎肆意,致乖平坦?宰貴既不精練,斟酌取捨;曾經驅使者,多以蒙識獲成,未歷臺省者,皆爲不知被退;又四方縣遠,難以詳悉,惟量準人數,半破半成,徒計官員,莫顧善惡;自然欲求允當,其道無由。"謂宜"遠佈耳目,精加采訪,褒秋豪之善,貶纖介之惡"。此豈可致之事邪?行之既久,終必至於不辨功罪,惟校歲月而已。"煬帝制百官不得計考增級，其功德行能有昭然者乃擢之，"《通典》。可見其弊已著矣。唐代考課，屬吏部之考功。應考之官，具錄當年功過行能，本司及本州考官對衆讀，議其優劣，定爲九等考第，各於所由司準額校定，然後送省。內外文武官，量遠近以程之，附朝集使送簿至省。每年別勑定京官位望高者二人，一人校京官考，一人校外官考。又定給事中、中書舍人各一人，其一人監京官考，一人監外官考。考功郎中判京官考，員外判外官考。京官集應考之人對讀注定，外官對朝集使注定。凡考課之法，有四善、二十七最，分爲九等。其流外官，本司量其行能功過，立四考等第而勉進之。親、勳、翊衛等，略有三等。據《舊書・職官志》。《新書・百官志》略同。任期初因隋爲四年，後減爲三。《通典》載沈既濟請改革選舉事條云：六品以下官資歷，並請以五周爲滿。《注》云：唐、虞遷官，必以九載，魏、晉以後，皆經六周。國家因隋爲四，近又減削爲三考。今三、四則太少，六、九則太多，請限五周，庶爲折中。久任爲論吏治者所稱美。唐世，劉祥道、盧懷慎、趙憬等咸以爲言，皆見《舊書》本傳。然久任有熟習之美，亦有巧猾之弊。大抵事在應付物者，愈久而愈熟習，其在應付人者，則愈久而愈巧猾。然應付物者，實亦欲應付督責己之人，苟有趨避之方，自可不盡其責。則其利弊，正難以一言蔽。《新書・王播傳》云：播居官以彊濟稱。天性勤吏職。每視簿領紛積於前，人所不堪者，播反用爲樂。所署吏，苟無大罪，以歲勞增秩而已，卒不易其職。彼其得吏之力必甚深，然安知非因其強濟，故吏不敢欺，亦不敢惰弛，而豈徒久任之效邪？考課欲克舉其實，其事極難。《舊書・趙宗儒傳》：貞元六年，領考功事。黜陟公當，無所畏避。凡考之中上者，不過五十人，餘多減入中中。此僅不畏強圉而已，其得當與否，亦自難言。《通考》載寶應二年，考功奏請"立京、外按察。京察連御史臺分察使，外察連諸道觀察使，各訪察官吏善惡報考功。至校考日，參事迹以爲殿最"。而元和十四年，考功奏"近日都不見牒報"。又貞元時，考功奏："自至德至今三十年，諸司一例申中上考。"大中五年，吏部奏："近年以來，刺史皆自錄課績申省，務銜者則張皇其事，謙退者則緘默不言。又州府申官人覈得冤獄書殊考者,其元推官人,多不懲殿。或云書考日當書下考,至時又不提舉。又諸州府所申奏錄課績,至兩考、三考以後,皆重具從前功課申省,以冀襃升,或校勘不精,便有僥幸。又近日諸州府所申考解,皆不指言善最,或漫稱考秩,或廣説門資。"皆可見其怠慢及背公黨私之狀。更進一步,遂有並受考而有所不甘者。薛《史·唐末帝紀》:清泰二年三月,太常丞史在德上疏言事。請應内外所管軍人,凡勝衣甲者,宣下本部大將,一一考試武藝短長,權謀深淺。居下位有將才者,便拔爲大將,居上位無將略者,移之下軍。其東班臣僚,請内出策題下中書,令宰臣面試。如下位有大才者,便拔居大位,處大位無大才者,即移之下僚。其疏大約如此。盧文紀等見其奏,不悦。班行亦多憤悱。諫官劉濤、楊昭儉等上疏,請出在德疏辨可否宣行。中書覆奏,亦駁其錯誤。帝召學士馬裔孫,謂曰:"史在德語太凶,其實難容。朕初臨天下,須開言路。若朝士以言獲罪,誰敢言者?爾代朕作詔,勿加在德之罪。"詔辭亦載薛《史》,竭盡調停之致。在德所奏,是非姑措勿論,何至舉朝怨怒若此?此非所謂盜憎主人者邪?又《職官志》載是年九月,尚書考功上言:"今年五月,翰林學士程遜所上封事,内請自宰相、百執事、外鎮節度使、刺史,應係公事官,逐年書考,較其優劣。"遂檢尋《唐六典》、《會要》考課,令書考第。從之。時議者曰:"自天寶末權置使務已後,庶事因循,尚書諸司,漸至有名無實,廢墜已久,未知憑何督責?程遜所上,亦未詳其本原。其時所司雖有舉明,大都諸官,亦無考校之事。"歐《史·盧文紀傳》言:唐明宗時,爲御史中丞,請悉復中外官校考法,詔雖施行,而官卒不考。法令非徒成爲具文,乃並具文而無知者,亦難矣。

## 第七節 賦 稅 上

税法至隋、唐,又爲一大變,庸調變爲兩税是也。漢世税法,以田租、口賦爲大宗。田租雖豪強侵陵，官家弗能正，然其取之僅三十之一，要不可謂之不輕，而口賦則取之頗重。案孟子以布縷之征，與粟米之征、力役之征並舉，則農家所徧有者惟布縷，自戰國已然。漢世亦應如是，顧其取之人人者，不以布縷而以錢，又不計其人之貧富而一例責之，則惡矣。魏武定河北，田租而外，户收絹二匹，緜二斤，而口率出錢之制遂廢，善矣。然户不必皆有産，有産者亦不必均，而所取者乃一例責之，猶喪亂時之權制也。晉户調式，始比户而授之以田，魏、齊、周皆因之，尤善之善者矣。然官能按户授之以田，其實能否尚難言之。而不能保既授之後，其田遂無換易。並兼既起，田不給授，則有田者依然無田，而户調顧與田租合而爲一，則無田者不徒當出縑布等調，並須出粟米之征，其受累反更深矣。斯時也，不能制民之産，舉並兼者而悉出之，凡無田者皆授之田，則又宜分田租户調爲二，田稅隨田收取，户稅則視其貲産之有無多寡而分別取之，此則庸調之所以變爲兩稅也。然論者皆莫喻斯理，直至迫於事勢，乃不得已而行之焉。

隋依周制。丁男一牀，租粟三石。桑土調以絹、絁，麻土調以布。絹、絁以匹，加緜三兩。布以端，加麻三斤。單丁及僕隸各半之，役丁爲十二番，匠則六番。開皇三年，減十二番，每歲爲三十日役。減調絹一匹爲二丈。十年五月，又以宇內無事，益寬徭賦，百姓年五十者，輸庸停役。《通典‧食貨典‧賦役中》。《隋書‧高祖紀》：開皇十年六月，"制人年五十，免役收庸。"唐武德二年二月，"初定租庸調法。"《新書》本紀。其授田之制，已見第十七章第二節。取民之制，《舊書‧職官志》述之。《户部》。云："凡賦人之制有四：一曰租，二曰調，三曰役，四曰課户。每丁：租粟二石。其調，隨鄉土所産，綾、絹、絁各二丈，謂無論出綾，出絹，出絁，皆以二丈爲率，非謂三者皆出二丈，凡六丈也。雜出三種，其數亦同。故陸贄《均節賦稅之奏》曰："歲輸若絹、若綾、若絁，共二丈。"布加五分之一。輸綾絹者緜三兩，輸布者麻三斤。凡丁，歲役二旬。無事則收其庸，每日三尺。有事而加役者，旬有五日免調，三旬則租、調俱免。凡庸、調之物，仲秋斂之，季秋發於州。《舊書·玄宗紀》：天寶三載赦文：「每歲庸、調八月起徵,可延至九月。」租則準州土收穫早晚,量事而斂之,仲冬起輸,孟春而納畢,本州納者,季冬而畢。凡嶺南諸州稅米,及天下諸州稅錢,各有準常。《新書·懿宗紀》：咸通四年七月,「免安南戶稅丁錢二歲。」戶稅蓋調之異名？取其縣絹者稱調,取其錢者言稅也。以上述租庸調之制,《通典》、《唐會要》、《陸宣公奏議》、《通鑑》皆同,說見《通考·田賦考》。《新書·食貨志》云：「凡授田者,歲輸粟二斛,稻三斛,謂之租。丁,隨鄉所出,歲輸絹二匹,綾、絁二丈,布加五之一,縣三兩,麻三斤,非蠶鄉則輸銀十四兩,謂之調。用人之力,歲二十日,閏加二日,不役者日爲絹三尺,謂之庸。有事而加役,二十五日者免調,三十日者租、調皆免,通正役不過五十日。」粟稻非一地所生,當非一地所出；縣爲輸綾絹者所出,麻則輸布者所出；皆未分別言之。非蠶鄉輸銀十四兩,更不可解。唐時銀不普用,安得以之爲稅？《廿二史考異》云：「《通典》載土貢,惟海南諸郡貢銀,大率二十兩,間有三十兩、五十兩者,獨始安郡百兩。一郡二十兩,一丁乃當其三之二,有是事乎？」此必傳寫之誤,並非原文如此也。凡丁戶,皆有優復、蠲免之制。若孝子、順孫、義夫、節婦,志行聞於鄉閭者,州縣申省,奏聞而表其門閭,同籍悉免課役。凡京師文武職事官,皆有防閤；凡州縣官寮,皆有白直；凡州縣官及在外監官,皆有執衣；凡諸親王府屬,並給士力,具品數如白直；凡有功之臣賜實封者；皆以課戶充。《新書·食貨志》云：「太皇太后、皇太后、皇后緦麻以上親,内命婦一品以上,親、郡王及五品以上祖、父、兄弟,職事、勳官三品以上有封者,若縣男父子、國子、大學、四門學生、俊士、孝子、順孫、義夫、節婦同籍者,皆免課役。凡主戶内有課口者爲課戶。若老及廢疾、篤疾、寡妻妾、部曲、客女、奴婢及視九品以上官不課。」皆本於戶調以來之制者也。此制必以戶皆有田,其田又略平均爲本,然其事必不可致也,於是本實撥而枝葉隨之矣。

租庸調之變爲兩稅,事見《舊書·楊炎傳》：傳云：「開元中,不爲版籍。人戶寖溢,隄防不禁。丁口轉死,非舊名矣；田畝移換,非舊額矣；貧富升降,非舊第矣；戶部徒以空文總其故事,蓋非得當時之實？至德之後,天下兵起,始以兵、役,因之飢、癘。徵求運輸,百役並作。人戶凋耗,版圖空虛。軍國之用,仰給於度支、轉運二使。四方征鎮,又自給於節度、都團練使。賦斂之司數四,而莫相統攝。於是綱目大壞,朝廷不能覆諸使,諸使不能覆諸州。四方貢獻,悉入内庫。權臣、猾吏,因緣爲姦。或公託進獻,私爲臧盜者,動萬萬計。河南、山東、荆襄、劍南有重兵處,皆厚自奉養,王賦所入無幾。吏職之名,隨人署置,俸給厚薄,由其增損。故科斂之名數百,廢者不削,重者不去,新舊仍積,不知其涯。百姓受命而供之,瀝膏血,鬻親愛,旬輸月送無休息。吏因其苛,蠶食於人。凡富人多丁者,率爲官、爲僧,以色役免,貧人無所入則丁存。故課免於上,而賦增於下。是以天下殘瘁,蕩爲浮人,鄉居地著者,十不四五。如是者殆三十年。"苛稅之興,固緣兵起,然即無兵禍,而版籍無不失實,租庸調之法,亦將何以善其後乎?苛稅之興,似與租庸調法無涉,然使一切苛稅,悉萃於鄉居地著之人,則戶調以來之法,舉粟米、布縷、力役之征,悉合爲一,而責諸力田之民,階之厲也。法之變必不可免矣。《炎傳》又云:"炎因奏對,懇言其弊。乃請作兩稅法,以一其名。曰:凡百役之費,一錢之斂,先度其數而賦於人。量出以制入。戶無主客,以見居爲簿。人無丁中,以貧富爲差。不居處而行商者,在所郡縣稅三十之一,度與居者均,使無僥利。居人之稅,秋夏兩徵之。俗有不便者正之。其租、庸、雜徭悉省,而丁額不廢,申報出入如舊式。其田畝之稅,率以大曆十四年墾田之數爲準而均徵之。夏稅無過六月,秋稅無過十一月。逾歲之後,有戶增而稅減輕,及人散而失均者,進退其長吏。而以尚書、度支總統焉。德宗善而行之,詔諭中外。而掌賦者沮其非利,言租庸之令,四百餘年,舊制不可輕改。上行之不疑。天下便之。人不土斷而地著,賦不加斂而增入,版籍不造而得其虛實,貪吏不誠而姦無所取。自是輕重之權,始歸於朝廷。"參看第十七章第一節。此法精意,全在一其名及"戶以見居爲簿、人以貧富爲差"二語。一其名,乃能使苛稅悉除,賦不加斂而增入,吏不誠而姦無所取。民以見居爲簿,故僥倖者無所容;稅以貧富爲差,則輸將者稱其力;故能使民不土斷而地著,版籍不造而得實。雜稅纛看似起軍興以來,實則版籍之不爲者久,而稅賦如舊,則其所由來,必不可問。然則開元已後租庸調之所入,久與至德後之苛稅同,特至德後又加甚耳。今一舉而廓清之,其所去者,實非僅軍興已來之新弊,而亦租庸調法之積弊也。用貧求富,農不如工,工不如商久矣,即微兼并之家,天下之農民,亦豈能皆域諸南畝?況乎兼並急而民之去之如流水乎?開元已來之不爲版籍,非不欲爲,無可爲也。此則社會生計變,而租庸調之法,雖欲守之而無可守者也。兩税之一其名,與明一條鞭之用意同。然明世加派,出自中央,而唐則使州、縣各自爲政;一條鞭專論丁糧,兩税則主於貲産;則兩税尤賢於一條鞭也。其後行之未能盡善,不能以咎立法之初意。

然此法非楊炎所能爲也。田税與户税之分離,實由來已久。《舊書·代宗紀》:永泰元年五月,麥稔,判度支第五琦奏請十畝税一畝,效古什一而征,從之。大曆四年十二月,勑京兆府税宜分作兩等:上等每畝一斗,下等六升。能耕墾荒地者二升。五年,詔定京兆府户税。夏税上田畝六升,下田四升。秋税上田畝五升,下田三升。荒田開墾者二升。時又有青苗錢,皆履畝而税之事。參看第六章第四節。《新書·食貨志》云:"租庸調之法,以人丁爲本。自開元以後,天下户籍,久不更造,丁口轉死,田畝賣易,貧富升降不實。其後國家侈費無節而大盗起。兵興,財用益屈,而租庸調法弊壞。自代宗時,始以畝定税,而斂以夏秋。至德宗相楊炎,遂作兩税法。"説兩税之緣起,固甚分明也。至户税:則《舊紀》云:大曆四年正月戊子,"勑有司定王公士庶每户税錢,分上中下三等。"《食貨志》詳記其事云:"大曆四年正月十八日,《舊紀》是月庚午朔,則戊子爲十九日,《紀》與《志》差一日。勑有司定天下百姓及王公已下每年税錢。分爲九等:上上户四千文。上中户三千五百文。上下户三千文。中上户二千五百文。中中户二千文。中下户一千五百文。下上户一千文。下中户七百文。下下户五百文。其見官,一品準上上户,九品準下下户,餘品並準依此户等税。若一户數處任官,亦每處依品納税。其内外官仍據正員及占額内闕者税,其試及同正員文武官,不在税限。蓋此等官皆無禄?其百姓有邸、店、行、鋪及鑪冶,應準式合加本户二等税者,依此税數勘責、徵納。其寄莊户準舊例從八等户税,寄住户從九等户税,比類百姓,事恐不均,宜各遞加一等税。其諸色浮客及權時寄住田等,無問有官無官,各所在爲兩等收稅：稍殷有準八等戶，餘準九等戶。如數處有莊田，亦每處稅。諸道將士莊田，既緣防禦勤勞，不可同百姓例，並一切從九等輸稅。"《通考》論之曰："以錢輸稅而不以穀帛，以資力定稅而不問身丁，人皆以為行兩稅以後之弊，觀此則由來久矣。"《田賦考》。《通典》敘此事，追溯至武太后時，云：長安元年十月，詔天下諸州王公已下，宜準往例稅戶。《注》云：至大曆四年正月制下，一例加稅。《食貨典·賦稅下》。尤可見其由來之久。陸贄言"定戶之際，視雜產以校之，田有常租，不宜復入兩稅，"此法蓋亦有所本，尤可見二者分離之迹。然則兩稅久已陰行，楊炎之勞，不在創兩稅，實在毅然廢租庸調法也。此所謂利道之整齊之者歟？

《新書·食貨志》云："貞元四年，詔天下兩稅審等第，三年一定戶。"《通鑑》云："正月朔，赦天下，詔兩稅等第，自今三年一定。"《考異》云："《實錄》赦云：天下兩稅，更審定等第，仍加三年一定，以為常式。按陸贄《論兩稅狀》云：兩稅之立，惟以資產為宗，不以丁身為本，資產少者則其稅少，資產多者則其稅多，然則當時稅賦，但以貧富為等第，若今時坊郭十等戶，鄉村五等戶，臨時科隸也。"然則戶稅全與田畝分離矣。戶等之制，由來已久，說見《兩晉南北朝史》第二十二章第五節。隋世蓋亦因之？《舊書·太宗紀》：貞觀九年三月，勅天下戶立三等，未盡升降，置為九等。自是蓋遂遵其法？《舊書·職官志》：戶部職云：凡天下之戶，量其資，定為九等。又云：凡諸國蕃胡內附者，亦定為九等。《食貨志》云：凡天下人戶，量其資產，定為九等。每三年，縣司注定，州司覆之。《高宗紀》：永徽五年十二月，勅二年一定戶。蓋以其升降數，故促其更定之期，然似未為經制。《玄宗紀》：開元十八年三月，改定州縣上中下戶口之數。豈其時租庸調法壞，收稅實稍以資產為準，故有此舉邪？

攻兩稅租庸調者，莫如陸贄：其說云："財之所生，必因人力，是以先王之制賦入也，必以丁夫為本。"善庸調之法，"天下為家，法制均壹，雖欲轉徙，莫容其姦。"生計演進，民不能皆束諸南畝，前已言之。又云："資產之中，事情不一。有藏於襟懷囊篋，物雖貴而人莫能窺；

有積於場圃囷倉，直雖輕而衆以爲富。有流通蓄息之貨，數雖寡而計日收贏，有廬舍器用之資，價雖高而終歲無利。如此之比，其流實繁。一概計估算緡，宜其失平長僞。"此則推定貨産之法未善，而非稅法之不善。又嘗兩稅定法之初，"每州各取大曆中一年科率錢穀數最多者爲定額，"爲"總無名之暴賦，以立恆規。"且"軍興已久，事例不常，所在徭賦，輕重相懸，"而亦但令本道本州，各依舊額征稅，此則因廢無名之暴賦，事須急速，減省經費，均平各道各州科率，均非旦夕可行，故不得不如此。除弊之事，貴於急速。籌議過詳，往往有阻力橫生，事遂因之不行者。就耳目之所覯記，固人人可信其然也。若謂後來何遂相沿，不加改正？此則楊炎在相位不久，不能以是責之。要之就改革稅法而論，炎終不失爲救時相也。

在行兩稅法之先，亦有欲救時弊者，宇文融是也。《新書》融傳云："開元時，天下戶版刓隱，人多去本籍，浮食閭里，詭脫繇賦；豪弱相併；州縣莫能制。融由監察御史陳便宜請校天下籍，收匿戶、羨田佐用度。玄宗以融爲覆田勸農使。鉤檢帳符，得僞勳、亡丁甚衆。擢兵部員外郎，兼侍御史。融乃奏慕容琦等二十九人爲勸農判官，假御史，分按州縣。括正丘畝，招徠戶口而分業之。又兼租地安輯戶口使。於是諸道收沒戶八十萬，田亦稱是。歲終，羨錢數百萬緡。帝悅。引拜御史中丞。然吏下希望融旨，不能無擾。張空最，務多其獲，而浮客頗脫不止。初議者以生事沮詰百端，而帝意向之。宰相源乾曜等佐其舉。又集羣臣大議。公卿雷同不敢異。惟戶部侍郎楊瑒，以爲籍外取稅，百姓困弊，得不酬失。瑒坐左遷。融乃自請馳傳行天下。事無鉅細，先上勸農使而後上臺省。"參看第五章第一節。融之所爲，或不免有弊，然其意，則固欲以正兼併而復租庸調之舊制也。然其事卒不能成，可見生計演變之勢之不可逆矣。

兩稅之興，其首要之務，實在去無名之暴賦，故建中行此制時，曾有"兩稅外輒率一錢以枉法論"之詔。是年改元赦文，見《舊書·本紀》。然兩稅興後，雜率仍在所不免。陸贄《均節賦稅之奏》曰："本懲賦斂繁重，所以變舊從新。新法既行,已重於舊。旋屬征討,國用不充,復以供軍爲名,每貫加徵二百。當道或增戎旅,又許量事取資。詔勅皆謂權宜,悉令事畢停罷,息兵已久,加稅如初。稅法之重若是,奉進、宣索之繁,尚在其外。朝典束以彝章,不許別稅。綺麗之飾,紈素之饒,非從地生,非自天降,若不出編户之筋力膏髓,將安所取哉?於是有巧避微文,曲承睿旨,變徵役以召雇之目,換科配以和市之名,廣其課而狹償其庸,精其入而麤計其直,其爲妨抑,特甚常徭。"則其弊實未盡除也。猶曰事出中央,與藩鎮之各自橫斂者不同也。然豈有中央橫斂,而藩鎮不妄肆誅求者?於是有因緣而加甚。如建中二年五月,以軍興十一而稅,而貞元八年四月,韋臯遂請十二而稅,以給官吏矣。十三年十月,黔中觀察使奏:"溪州人户,訴被前刺史魏從琚,於兩稅外每年加進朱砂一千斤,水銀二百馱,户民疾苦,請停。"從之。皆見《舊書·本紀》。其妄肆誅求如此。《舊書·憲宗紀》:元和四年十二月,中丞李夷簡奏:"諸州府於兩稅外違格科率,請諸道鹽鐵、轉運、度支巡院察訪報臺司,以憑舉奏。"從之。《新紀》:元和四年閏月,禁刺史境内榷率,即此事。憲宗時,法令尚稱嚴明,而亦如此,可見其弊不易絶。五代之世,紀綱愈壞。薛《史·符習傳》:習於後唐明宗時移汴州。安重誨素不悦習,令汴人言習厚賦民以代納藥,《舊書·韓休傳》,言開元時虢州支稅草納延厭,則藥稅往往有之。及納軍租多收加耗,由是罷歸京師。《劉銖傳》:銖鎮青州,擅行賦斂。每秋苗一畝,率錢三千,夏苗一畝錢二千,以備公用。《唐莊宗紀》:同光三年二月,詔興唐府管内小篆豆稅,每畝與減放三升。皆妄率於兩稅之外苟且酷者也。

稅收中最易藉口增加者爲耗損。此固經收之官吏所不能償,然既有此藉口,即易因之多取。薛《史·梁太祖紀》:開平三年八月,勅令歲秋田,仰所在切如條流,本分納稅及加耗外,勿令更有科索,則加耗已與正稅同爲勅令所許矣。《唐明宗紀》:天成元年即位赦詔:"秋夏稅每斗先有省耗一升,今後只納正數,其省耗宜停。"然《王章傳》謂"舊制秋夏苗租,民稅一斛,別輸二升,謂之雀鼠耗,乾祐中,輸一斛者,別令輸二斗,目之爲省耗,百姓苦之,"則耗率竟加至十倍矣。又《唐明宗紀》:同光四年四月,"勑今年夏苗,委人戶自供,通頃畝五家爲保,本州具帳送省。州縣不得差人檢括,如人戶隱欺,許人陳告,其田倍徵。"藉口隱欺,差人檢括,實亦無異科率於兩稅之外也。《李琪傳》:同光三年秋,天下大水。莊宗召百寮,許上封事。琪疏勸薄斂,云:"如以六軍方闕,不可輕徭,兩稅之餘,猶須重斂,則但不以折納爲事,一切以本色輸官,又不以紐配爲名,止以正耗加納,猶應感悅,未至流亡。"折納者,陸贄《均節賦稅》之奏言:"兩稅以錢穀定稅,臨時折徵雜物,每稅色目頗殊,惟計求得之利宜,靡論供辦之難易。所徵非所業,所業非所徵,遂或增價以買其所無,減價以賣其所有。"此即宋世之折變。紐配者,以此物餘數,折成他物。《舊書·李石傳》:開成元年赦詔:"放京畿一年租稅,及正、至、端午進奉,並停三年。其錢,代充百姓紐配錢。"薛《史·唐明宗紀》:同光四年四月,"勑夏秋苗稅子,除元徵石斗及地頭錢,餘外不得紐配。"《周太祖紀》:廣順三年十二月,左補闕王伸停任。坐檢田於亳州,虛憑紐配故也。足見其害民之烈。又或以逃戶之稅,攤徵之於見存之民。陸贄於貞元初已言之,見第十五章第三節。《舊書·李渤傳》:澤潞節度使郗士美卒,渤充弔祭使。路次陝西,上疏曰:"渭南縣長源鄉,本有四百戶,今纔一百餘戶。閺鄉縣本有三千戶,今纔一千戶。其他州縣,大約相似。訪尋積弊,始自均攤。凡十家之內,大半逃亡,亦須五家攤稅。似石投井中,非到底不止。"此事在元和末,而《懿宗紀》:咸通十三年六月,中書門下奏:"應有逃亡戶口稅賦並雜色差科等,並不得輒更攤配於見存人戶,"則不徒攤配不能絕,並可見正稅之外,仍有雜色差科矣。凡此,皆可見兩稅外不得輒率一錢之詔之徒託空言也。而役之厲民尤甚。

役之法,有直役其身者,亦有取其資而免其執役者。前者所謂差役,後者以其所出之資,雇人應役,則所謂雇役也。差役事難分割,或爲民力所弗勝;又或事非素習,則其賠累尤鉅;故二者雖同爲有取於民,而雇役之法,實遠較差役爲善。隋文帝時,許民五十已上,輸庸停役;唐取民之法,更明以庸爲名;可見賦稅之演進,已自然趨向此途矣。然既取其庸,役仍不能全免;既不能免,遂由輕而之重;久之又折爲錢;折爲錢而又責之以事。歷代役法之厲民,大抵如此,而自唐至宋,則其尤劇之時也。《新書·肅宗紀》:乾元元年四月敕詔,有"天下非租庸毋輒役使"之語,足見役使出於租庸之外者甚多。取其庸而又役之,世皆以爲兩稅興後之弊,實則兩稅未行時久然矣。且殆無時不然也。應役本以成丁爲限,然役及婦女,且爲恒事,則未成丁者之見役,亦必在所不免。《舊書·職官志》户部職云:"凡男女,始生爲黄,四歲爲小,十六爲中,二十一爲丁,六十爲老。"此爲開元二十六年之制,見《新書·食貨志》。中宗神龍元年,韋后表請年二十二成丁,五十九免役,見《舊書·中宗紀》。《良吏·楊瑒傳》:初爲麟遊令。"中宗時,韋庶人上表,請以年二十二爲丁限。及韋氏敗,省司舉徵租調。瑒執曰:韋庶人臨朝當國,制書非一,或進階卿士,或赦宥罪人,何獨於已役中男,重徵丁課?有司遂依場所執,一切免之。"此特不追改既往,後此則韋氏之法必廢矣。天寶三載,祀九宫貴神於東郊,禮畢大赦,"百姓十八已上爲中男,二十三已上成丁,"見《舊書·本紀》《新書·食貨志》。代宗廣德改元敕文:"男子二十成丁,五十八老",見《舊書·本紀》。《新書·韓思彦傳》:子琬,景雲初上言:"永湻時,雍丘令尹元貞坐婦女治道免官,今婦夫女役,常不知怪,"足見役及婦女者之多。"老翁踰牆走,老婦出門看,"正不待天寶之亂矣。唐末,劉仁恭欲盡發境内男子爲兵,或説以婦人不能轉餉,乃止,見第九節。此謂婦人不能轉餉如男子,非不役婦人也。時或名爲和雇,然或不給其直,則亦徒有其名耳。唐興大工,役與雇二者兼用。如《舊書·高宗紀》:永徽五年三月,以工部尚書閻立德領丁夫四萬築長安羅郭。十一月,築京師羅郭,和雇京兆百姓四萬一千人是也。龍朔三年二月,隴、雍、同、岐等一十五州户口徵修蓬莱宫用役。《玄宗紀》:天寶十二載十月,和雇京城丁户一萬三千人築興慶宫牆,起樓觀。則用雇。蓋役民法有定限,故以雇補其不足也。《韋湊傳》:睿宗起金仙、玉真兩觀,湊進諫曰:"高價雇人,三輔農人,趨目前之利,棄本逐末。一夫不耕,天下有受其飢者,竊恐不可。"似誠能以高價致人。然《裴延齡傳》:陸贄上書疏其失,則謂其"追捕夫匠,迫脅就功,以勒索爲名而不酬其直,以和雇爲名而不償其庸。"贄於延齡,攻之庸有過當。然《新書·令狐楚傳》言:營景陵,詔楚爲使。親吏韋正牧、奉天令於皋等不償庸錢十五萬緡,楚獻以爲羨餘。怨訴係路。詔捕皋等下獄誅,出楚爲宣歙觀察使。又《韓愈傳》:華陰令柳澗有罪,前刺史劾奏之。未報而刺史罷。澗諷百姓遮索軍頓役直。後刺史惡之,按其獄,貶澗房州司馬。則名爲雇而不償其庸者甚多。延齡此事,亦不敢謂其必無也。貞觀五年,太宗將修復洛陽宫,戴胄上表諫,言關中役重,已見第三章第一節。《舊書·馬周傳》:周於貞觀十一年上疏,言"今百姓承喪亂之後,比於隋時,纔十分之一,而供官徭役,道路相繼。兄去弟還,首尾不絕。遠者往來五六千里,春秋冬夏,略無休時,陛下雖有恩詔,令其減省,而有司作既不廢,自然須人,徒行文書,役之如故。"又《高季輔傳》:季輔上封事五條,有云:"畿內數州,實惟邦本。地狹人稠,耕植不博。菽粟雖賤,儲蓄未多。特宜優矜,令得休息。強本弱枝,自古常事。關河之外,徭役全少,帝京三輔,差科非一,江南河北,彌復優閒,須爲差等,均其勞逸。"其言畿輔役重,足與戴胄之言相證。然《新書·來濟傳》言:高宗時,"山東役丁,歲別數萬人。"又《食貨志》:開元時,裴耀卿言:江南戶口多而無征防之役,然送租庸調物,得行日少,阻滯日多,轉雇河師水手,重爲勞費,則季輔所謂江南、河北優閒者,果安在也?《通鑑》:貞觀十六年七月,庚申,"制自今有自傷殘者,據法加罪,仍從賦役。隋末賦役重數,人往往自折支體,謂之福手福足,至是遺風猶存,故禁之。"是時役苟不重,民安肯自傷殘?貞觀號稱太平,而猶如此,況於武、韋亂政之後哉?

差役之法,凡諸官吏,殆無不因以虐民。州郡虐民,所恃以正之者使家也。然《舊書·代宗紀》:永泰元年二月,"勅如聞諸州承本道節度、觀察牒,科役百姓,致户口凋敝,委轉運使察訪以聞。"又《李遜傳》:遜爲濠州,觀察使旨限外徵役皆不從。則使家反有迫州家以虐民者矣。令長虐民,所恃以正之者州郡也。然《新書·何易于傳》:爲益陽令,刺史崔朴,嘗乘春與賓屬汎舟出益昌,旁索民挽繂。易于身引舟。朴驚,問狀。易于曰:"方春,百姓耕且蠶,惟令不事,可任其勞。"朴愧,與賓客疾驅去。則州郡反有迫令長以虐民者矣,甚者如武重規,爲汴、鄭二州刺史,未至而役人營繕,其無忌憚如此。見《外戚傳》。甚有非關公事,亦加役使者。如李義府改葬祖父,三原令李孝節私課丁夫車牛,爲其載土築墳,於是高陵、櫟陽、富平、雲陽、華原、同官、涇陽等七縣,悉課丁車赴役,見《舊書·義府傳》。而運輸之事,尤爲勞弊。運輸以戰時爲最劇。如憲宗討王承宗,配河南府餽運車四千兩,房式時爲尹,爭之乃免,見《舊書·房琯傳》。然其後討蔡州,卒至京畿民户,牛皆餽軍,多以驢耕焉,見《本紀》。玄宗時,天下輸丁約四百萬人,見《裴耀卿傳》。又《王鉷傳》:鉷爲户口色役使。"時有勅給百姓一年復,鉷即奏徵其腳錢,廣張其數;

又市輕貨;乃甚於不放。又勑本郡高戶爲租庸腳士,皆破其家産。"此等猶藉口於惟正之供,甚至有如明州歲貢淡菜、蚶、蛤之屬,役至四十三萬人者,見《新書·孔戣傳》:其關係一地方者,則如《崔玄亮傳》言:歙民山處,輸租者苦之,玄亮遷歙州,許計斛輸錢,民賴其利是也。要之交通不便之時,運輸實稅收中之重負也。**其能稍紓民力者,則一爲以軍代民,此事唐以前尚罕行。**《舊書·敬宗紀》:寶曆二年,以諸軍丁夫二萬人入内穿池、修殿。《文宗紀》:太和九年,發神策軍一千五百人修濬曲江。此特於民之外,又役及於兵耳,非必計省民力也。自宋以後,以軍代民役之事乃多。養兵徒以給役,固爲無謂,然養兵不用,而又苦役其民,則更惡矣。故宋之以兵代民役,亦爲彼善於此也。**若逕由官漕轉,不以煩民,則非善理財如劉晏者,莫能爲也。**《新書·晏傳》:舊吏推明其功。陳諫著論,以爲"初州縣取富人督漕挽,謂之船頭;主郵遞,謂之捉驛;稅外橫取,謂之白著;人不堪命,皆去爲盜賊。上元、寶應間,如袁晁、陳莊、方清、許欽等,亂江淮十餘年乃定。晏始以官船漕而吏主驛事,罷無名之斂。"**免役之道,首爲列名士籍,次則厠身行伍,又次則商販、僧道、色役,**《舊書·本紀》:憲宗元和六年中書門下請裁官之奏曰:"國家自天寶已後,中原宿兵,見在軍士可使者八十餘萬;其餘浮爲商販,度爲僧、道,雜入色役,不歸農桑者,又十有五六;則是天下常以三分勞筋苦骨之人,奉七分坐待衣食之輩。"言之可謂痛切,而獨不及士人,此所謂目能見千里而不自見其睫,其實以免役論,宦學終爲其一大端也。《隋書·儒林傳》:王孝籍,開皇中,召入祕書,助王劭修國史。劭不之禮。在省多年,而不免輸稅。孝籍鬱鬱不得志。奏記於吏部尚書牛弘曰:"七年直省,課役不免。"又《新書·隱逸傳》:張志和,縣令使浚渠,執畚無忤色。此皆特異之事。《傳》又云:白履忠,開元十年,刑部尚書王志愔薦,召赴京師。辭病老不任職。詔拜朝散大夫。乞還,吳兢其里人也,謂曰:"子素貧,不霑斗米匹帛,雖得五品,何益?"履忠曰:"往契丹入寇,家取排門夫,吾以讀書縣爲免,今終身高卧,寬徭役,豈易得哉?"可見宦學者以免役爲常矣。軍人則不徒不役,並有苞苴他人者。如《舊書·宣宗紀》:大中五年十月,京兆尹韋博奏:京畿富戶,爲諸軍影占,苟免府縣色役,或有追訴,軍府紛然,請準會昌三年十二月勑,諸軍使不得強奪百姓入軍是也。此與假託他項色役者實同。《新書·食貨志》言"諸使捉錢者給牒免徭役。"《李嶠傳》言"重賂貴近補府若史"則其事。《舊書·憲宗紀》:元和二年六月,命五坊色役戶及中書、門下兩省納課陪廚戶及捉錢人,並歸府縣色役。東都莊宅使、織造戶,並委府縣收管。所欲除者正此弊也。周太祖廣順元年,以諸州府差散從親事官等,豪富者幸於影庇,磽瘠色役,令其放散,已見第四節。**而入勳**、宇文融爲覆田勸農使,句檢帳符,得僞勳、亡丁甚衆,已見上。《新書·外戚傳》:楊國忠使戍瀘南,舊勳戶免行,國忠令當行者先取勳家,故士無鬥志。劉仁軌言,顯慶時東征者先取勳戶,見第九節。皆可見勳戶舊得免役。徙貫、《新書·李栖筠傳》：拜浙西都團練觀察使。奏"部豪姓多徙貫京兆、河南，規脫徭科。請量產出賦，以杜姦謀。詔可。"假冒、薛《史·唐明宗紀》：天成二年正月，詔富戶或投名於勢要，以求影庇，或希假於攝貴，以免丁徭，仰所在禁勘，以肅姦欺。及見旌表等，亦爲其一途。《新書·列女傳》：楊三安妻李，太宗遣州縣存問，免其徭役。竇伯女、仲女，永泰中遇賊投谷死，詔旌門閭，免其家徭役，官爲庀葬。薛《史·梁太祖紀》：開平元年，諸道多奏軍人、百姓割股、青齊、河朔尤多，帝曰："此若因心，亦足爲孝，但苟免徭役，自殘肌膚，欲以庇身，何能療疾？並宜止絕。"役法苛重，苟有避免之途，民殆無不盡力以趨之者。《新書·循吏傳》：韋丹子宙，出爲永州刺史，罷冗役九百九十四員。永州僻在南服，而役夫之衆如此，可見役法之苛重。其僅存者，則所謂無所入者而已。而其使之又不能均。《通鑑》：唐宣宗大中九年閏四月，詔以州縣差役不均，自今每州縣據人貧富及役輕重，作差科簿。送刺史檢署訖，鏁於令廳。注："縣令廳事也。"每有役事，委令據簿定差。《注》云：今之差役簿始此。夫差役簿者，後世之人所痛心疾首於其不均者也。然在此時，已爲較平之政矣。

役或必有技藝然後能爲之，於是乎有匠役。《舊書·韋倫傳》：楊國忠署爲鑄錢內作使判官。國忠多徵諸州縣農人令鑄錢。農夫既非本色工匠，被所由抑令就役，多遭筌罰，人不聊生。倫請厚價募工曉者爲之，由是役使減少，而益鑄錢之數。可見專門之事，非有專門之技不可。《新書·百官志》：考功二十七最，其十九曰"功課皆充，丁匠無怨，爲役使之最。"又工部職云："掌城池、土木之工役程式。凡京、都營繕，皆下少府、將作共其用。役千功者先奏。凡工匠，以州縣爲團，五人爲火，五火置長一人。四月至七月爲長功，二月、三月、八月、九月爲中功，十月至正月爲短功。將作監同。雇者日爲絹三尺。內中尚巧匠無作則納資。"將作監云："自十月距二月休冶功，自冬距九月休土功。長上匠州率資錢以酬雇。"皆可見其役使之法。《隋書·袁充傳》：充表奏隋興已後，日景漸長，文帝大悅。將作役工，因加程課，丁匠苦之，則其工作長短，並無保障。而陸贄劾裴延齡，謂其興作"百工比於幽囚"，則其使之且有甚酷者矣。《新書·尹思貞傳》：睿宗立，召授將作大匠。僕射竇懷貞護作金仙、玉貞觀，廣調夫匠，思貞數有損節。懷貞讓之。拂衣去，闔門待罪。此等人恐不可多得矣。《于志寧傳》：東宮僕御，舊得番休，而太子不聽。志寧上疏，言"竊見僕寺司馭，爰及獸醫，自春迄夏，不得番息。"獸醫亦匠人之類也。《嚴郢傳》：拜京兆尹，減隸官匠丁數十百人，可見其爲數之衆。

兩稅行後，無復授田之法，並兼遂爲法所不禁，而田之不均彌甚焉，然賦稅仍偏責諸小民，觀元積均田之論，及周世宗之深契其説可見也。第十八章第二節。薛《史·唐末帝紀》：清泰元年六月，三司使劉昫奏："天下户民，自天成二年括定秋夏田稅，逮今八年。近者相次有百姓詣闕訴田不均，累行蠲放，漸失稅額。望差朝臣一概檢視。"不報。歐《史·劉審交傳》：晉高祖時爲三司使。議者請檢天下民田，宜得益租。審交曰："租有定額，而天下比年無閒田。民之苦樂，不可等也。"遂止不檢，而民賴以不擾。此兩事，可見五代時田稅減少之情形。正稅減則橫斂必增，豪強者彌多幸，貧下者益困窮耳。豈有真受不均之累，而能詣闕申訴者邪？《通鑑》後晉高祖天福六年，唐主分遣使者，按行民田，以肥瘠定其稅。民閒稱其平允。自是江淮調兵、興役及他賦斂，皆以稅錢爲準，至今用之。此亦元積及周世宗所欲行者也。

唐世錢少，故民於出稅，尤以納錢爲苦，觀第十九章第四、五兩節所述可知。元和十四年，史館修撰李翱上言：請改稅法，不督錢而責布帛。至長慶元年，以楊於陵之議，卒令兩稅皆輸布帛絲纊，獨鹽酒課用錢焉。皆見《通鑑》。然其後誅求嚴峻，不徵錢之法，並不能堅守，而折價尤有甚高者。此弊也，在五代之世，亦惟吳、唐爲能除之，吳、唐誠割據諸國中較有規模者也。《通鑑》：後梁均王貞明四年，先是吳有丁口錢，又計畝輸錢，錢重物輕，民甚苦之。宋齊丘説徐知誥："請蠲丁口錢。餘稅悉輸穀、帛、紬、絹。匹直千錢者，當稅三千。"知誥從之。由是江淮閒曠土盡闢，桑柘滿野，國以富强。《通考》亦載此事。又引《容齋隨筆》云："閒大中祥符間太常博士許載著《吳唐拾遺録》，言其時。吳田上上者頃稅錢二貫一百，中田一貫八百，下田千五百。皆足陌見錢。如見錢不足，許依市價折以金、銀。並計丁口課調，亦科錢。齊丘上策，乞虛抬時價而折紬、絹、緜本色。是時絹匹市價五百，紬六百，緜每兩十五。齊丘請絹匹抬爲一貫七百，紬二貫四百，緜四十，皆足錢、丁口課調，亦請蠲除。自吳變唐，自唐歸宋，民到於今受其賜。"其遺澤可謂深矣。折價不高，顧偏低至數倍，自來計臣，未有能言之能行之者也。吳、唐誠割據諸國中較有規模者哉！

## 第八節　賦　稅　下

山澤之利，隋時盡棄之。《隋書・高祖紀》：開皇元年三月，弛山澤之禁；《百官志》：名山、大澤不以封、鹽、鐵、金、銀、銅、錫，及竹園，別都宮室、園圃，皆不以屬國是也。唐制：山澤屬於虞部，而都水監亦掌川澤之政。見《新書・百官制》。其禁時張時弛，《新書・玄宗紀》：開元十六年十一月，弛陂澤禁。《德宗紀》：大曆十四年七月，弛邕州金坑禁。《敬宗紀》：寶曆二年七月，以溇陂隸尚食，禁民漁。《懿宗紀》：咸通四年七月，弛廉州珠池禁。《蘇瓌傳》：子頲，開元八年，檢校益州大都督府長史，按察節度劍南諸州。時蜀凋弊，人流亡，詔頲收劍南山澤、鹽鐵自贍。《盧坦傳》：爲東川節度使，盡蠲山澤、鹽井、榷率之籍。《孔巢父傳》：從子戣，累擢諫議大夫，條上四事，其一曰"山澤、榷酤，爲州縣弊"。大抵其權不甚統一，在盛時取之尚不甚酷，至藩鎮割據而不可究詰矣。而要以鹽利爲最大。

隋開皇三年，"通鹽池、鹽井，與百姓共之，"見《隋書・食貨志》。《通典》云："唐自上元以後，天下出鹽處，乃各置鹽司，節級權利。"《新書・食貨志》云："唐有鹽池十八，井六百四十，皆隸度支，"其中安邑、解縣有池五，總曰兩池。歲得鹽萬斛，以供京師。鹽、靈、會三州，皆輸米以代鹽。安北都護府歲得鹽萬四千斛，以給振武、天德。諸井，山南西道、劍南西川、東川院領之，皆隨月督課。幽州、大同、橫野軍有鹽屯，歲得鹽二千八百斛，下者千五百斛。負海州歲免租爲鹽二萬斛，或以鹽價市輕貨，皆輸司農。蓋兵興後之制也。《志》又云："天寶、至德間，鹽每斗十錢。乾元元年，鹽鐵使第五琦初變鹽法。就山海井竈近利之地置監院。游民業鹽者爲亭户，免雜徭。《舊書·琦傳》云：“就山海井竈，收榷其鹽。官置吏出糶。其舊業户並人願爲業者，免其雜徭，隸鹽鐵使。”盜鬻者論以法。及琦爲諸州榷鹽鐵使，盡榷天下鹽，斗加時價百錢而出之，爲錢一百一十。”加價十倍其本，誠可駭矣。劉晏爲鹽鐵使，以鹽吏多則州縣擾，出鹽鄉因舊監置吏亭户，糶商人縱其所之。晏所管者，蓋吴、越、揚、楚之鹽。有監十。置巡院十三捕私鹽者。姦盜爲之衰息。然諸道加榷鹽錢，商人舟所過有稅。晏奏罷州縣率稅，禁堰埭以邀利者。晏之始至也，鹽利歲纔四十萬緡，至大曆末，六百餘萬緡。天下之賦，鹽利居半。宫闈、服御、軍餉、百官禄俸，皆仰給焉。《舊書·晏傳》云：初歲入錢六十萬貫，季年所入逾十倍，而人無厭苦。大曆末，通計一歲征賦所入，總一千二百萬貫，而鹽利且過半。貞元四年，淮西節度使陳少游奏加民賦。自此江淮鹽每斗亦增二百，爲錢三百一十。《舊書·德宗紀》：建中三年五月，增兩稅榷鹽錢。兩稅每貫增二百，鹽每斗增一百。《陳少游傳》：奏請鹽每斗更加一百文。其後復增六十，河中、兩池鹽每斗爲錢三百七十，江淮豪賈射利，或時倍之，官收不能過半。其弊可謂深矣，而猶不止此。“劉晏鹽法既成，商人納絹以代鹽利者，每緡加錢二百，以備將士春服。包佶爲汴東水陸運兩稅鹽鐵使，許以漆器、瑇瑁、綾綺代鹽價。雖不可用者，亦高估而售之，廣虛數以罔上。亭户冒法私鬻不絶。巡捕之卒，徧於州縣。鹽估益貴。商人乘時射利。遠鄉貧民，至有淡食者。順宗時，始減江淮鹽價，每斗爲錢二百五十。河中兩池鹽斗錢三百。其後鹽鐵使李錡奏江淮鹽斗減錢十以便民，未幾復舊。《舊書·穆宗紀》：長慶元年，鹽鐵使王播奏江淮鹽估，每斗加五十文，兼舊三百文。方是時，錡盛貢獻以固寵。朝廷大臣，皆餌以厚貨。鹽鐵之利，積於私室，而國用耗屈。榷鹽法大壞。多爲虚估，率千錢不滿百三十。李巽爲使，以鹽利皆歸度支。物無虚估。天下糶鹽、稅茶，其贏六百六十五萬緡。初歲之利，如劉晏之季年，其後則三倍晏時矣。《舊書·憲宗紀》：元和六年，王播奏：“江淮、河、嶺已南、兗鄆等鹽院，元和五年，都收賣鹽價錢六百九十八萬五千五百貫。校量未改法已前四倍。抬估虚錢一千七百四十六萬三千七百貫。除鹽本外付度支收管，從之。”七年四月，播奏：“元和六年賣鹽鐵,除峽内井鹽外,計收六百八十五萬九千二百貫。"其利皆如劉晏之季年。憲宗之討淮西也,度支使皇甫鎛加劍南東西兩川、山南西道鹽估以供軍。貞元中,盜鬻兩池鹽一石者死,至元和中,減死流天德五城,鎛奏論死如初。一斗已上杖背,沒其車驢。能捕斗鹽者賞千錢。節度觀察使以判官,州以司録録事參軍察私鹽,漏一石以上罰課料。鬻兩池鹽者,坊、市、居邸主人、市儈皆論坐。刮鹻土一斗,比鹽一升。州縣團保相察。比於貞元加酷矣。《通考》:元和十三年,鹽鐵使程异奏:"應諸州府先請置茶鹽店收税。伏準今年正月赦文:諸府因用兵以來,或慮有權置職名,及擅加科配,事非常禁,一切禁斷者。伏以権税茶鹽,本資財賦,贍濟軍鎮,蓋是從權,兵罷自合便停,事久實爲重斂,其諸道先所置店及收諸色錢物等,雖非擅加,且異常制,伏請準赦文勒停,從之。"則當時兵事定後,苛税實有所減。《舊紀》不載此事,顧於异與皇甫鎛之相,《書》云:"是時上切於財賦,故用聚斂之臣居相位。詔下,羣情驚駭。宰臣裴度、崔羣極諫,不納,二人請退。"采朋黨之論以作史,其有害於實録甚矣。自兵興,河北鹽法,羈縻而已。至皇甫鎛,又奏置権鹽使,如江淮権法。犯禁歲多。及田弘正舉魏博歸朝廷,穆宗命河北罷権鹽。《舊書·穆宗紀》:元和十五年九月,改河北税鹽使爲権鹽使。長慶元年三月,罷河北権鹽法。許約計課利都數付権鹽院。《新書·王承元傳》:太和五年,徙平盧。始鹽禁未嘗行兩河,承元請歸有司,由是兖鄆諸鎮皆奉法。户部侍郎張平叔議権鹽法弊,請糶鹽,可以富國。詔公卿議其可否。中書舍人韋處厚、兵部侍郎韓愈條詰之,平叔屈服。事在長慶二年,見《舊書·穆宗紀》。亦見《韋處厚傳》。韓愈奏云:"平叔請令州、府差人自糶官鹽,可以獲利一倍。臣以爲城郭之外,少有見錢,糶鹽多用雜物貿易,鹽商則無物不取,或賒貸徐還。用此取濟,兩得利便。今令吏人坐鋪自賣,利不關已,罪則加身,非得見錢,必不敢受。如此,則貧者無從得鹽。自然坐失常課,如何更有倍利? 又欲令人吏將鹽,家至户到而糶之,必索百姓供應,騷擾極多。貧家食鹽至少,或有淡食,動經旬月,若據口給鹽,依時徵價,官吏畏罪,必用威刑,臣恐所在不安,此尤不可之大者。平叔又云:浮寄姦猾者轉富,土著守業者日貧。若官自糶鹽,不問貴賤、貧富,四民僧道,並兼游手,因其所食,盡輸官錢。並諸道軍諸使家口親族,遞相影占,不曾輸税,若官自糶鹽,此輩無一人遺漏者。臣以爲此數色人等,從來糶鹽而食,國家権鹽,糶與商人,商人納権,糶與百姓,無貧富貴賤,皆已輸錢於官矣,不必與國家交手付錢,然後爲輸錢於官也。"此奏論官糶不可之理,頗爲深切著明。劉晏糶與商人,縱其所之之法,所以爲簡易也。官糶最難者爲見錢之少。使家許以他物代鹽價錢,而高其估以取利,亦未嘗不藉口於此。此銅錢之少,所以增財政措置之難之一端也。是時奉天鹵池生水柏,以灰一斛,得鹽十二斤,利倍齲鹵。文宗時,采灰一斛,比鹽一斤論罪。《舊書·本紀》:太和二年,禁京兆奉天縣界百姓燒灰煎鹽。開成末,詔私鹽月再犯者易縣令,罰刺史俸。十犯則罰觀察判官俸、料。宣宗即位,茶、鹽之法益密。糶鹽少私盜多者,謫觀察判官,不計十犯。户部侍郎判度支盧弘止以兩池鹽法弊,遣巡院官司空輿更立新法,其課倍入。亦見新舊《書》《弘止傳》,皆附其兄《簡辭傳》後。《舊傳》云:三年,課入加倍。遷榷鹽使。以壕籬者鹽池之隄禁,有盜壞與鬻齲皆死。鹽盜持弓矢者,亦皆死、刑。兵部侍郎判度支周墀又言兩池鹽盜販者,迹其居處,保社按罪。鬻五石、市二石、亭户盜糶二石皆死。是時江吳羣盜,以所剽物易茶、鹽,不受者焚其室廬,吏不敢枝梧。鎮戍、場鋪、堰埭,以關通致富。宣宗乃擇嘗更兩畿輔、望縣令者爲監院官,户部侍郎裴休爲鹽鐵使上鹽法八事。其法皆施行,兩池榷課大增。其後兵徧天下,諸鎮擅利。兩池爲河中節度使王重榮所有。歲貢鹽三千車。中官田令孜募新軍五十四都,餫轉不足,乃倡議兩池復歸鹽鐵使。而重榮不奉詔,至舉兵反,僖宗爲再出,然而卒不能奪。"以上據《新書·食貨志》。綜言之,則國家急於求利,而官吏及商人,窟穴其中,以重困吾民而已。鹽固爲民食所急,然苟能善取之,則所增之價無幾,而所得甚多。以此減貧民之賦,實爲謀國之至計。故開元時即有此議。《舊書·良吏·姜師度傳》云:左拾遺劉彤上言:"請置鹽鐵之官,收利以供國用,則免重賦貧人,使窮困者獲濟。"疏奏,令宰相議其可否。咸以爲鹽鐵之利,甚裨國用。遂令師度與户部侍郎强循,並攝御史中丞,與諸道按察使計會,以收海内鹽鐵。其後頗多沮議者,事竟不行。《通典》載彤表云:"取山澤,則公利厚而人歸於農,取貧人,則公利薄而人去其業。夫煮海爲鹽,采山鑄金,伐木爲室,豐餘之輩也。寒而無衣,飢而無食,庸賃自資者,窮苦之流也。收山海厚利,奪豐餘之人,寬調斂重征,免窮苦之子,所謂損有餘益不足。臣願陛下詔鹽鐵、伐木等官,各收其利,貿遷於人,則不及數年,府有餘儲矣。然後下寬大之令,蠲窮獨之徭。可以惠羣生,可以柔荒服,雖戎狄未服,堯、湯水旱,無足憂也。"案取於山海,以寬農民之徭賦,實爲利國利民之至計。晚周以來,儒、法二家所争辯者,即在於此。讀《鹽鐵論》大夫與文學往復之辭而可知也。歷代儒學盛行,學者牽於所聞,不察實際,故於法家之論,多不謂然。然事迫於無可如何,則亦有行之而不自知者,而其效亦終不可沒。如《舊書・第五琦傳》,稱其變法"百姓除租庸外無得橫賦,人不益稅,而上用以饒。"是也。唐代榷鹽,病民固甚,然設無茶、鹽等法,而所須者一一責諸出租庸兩稅之民,其不可終日,恐更不待懿、僖之世矣。漢武用桑弘羊,意或在於平準,其後豈不徒以斂財?夫亦豈不厲民?然較之明世三餉專取諸農民者何如?史册俱在,焉可誣也?然則劉彤、趙贊輩,皆唐世之通人矣。《通考》載開元十年八月勅云:"諸州所造鹽鐵,每年合有官課,比令使人句當,除此更無別求。在外不細委知,如聞稍有侵剋。宜令本州刺史上佐一人檢校,依令式收稅。其姜師度,除蒲州鹽池以外,自餘處更不須巡檢。"此即《舊傳》所謂因多沮議,事竟不行者。開元以前,山海之稅,蓋至輕矣,而見沮猶如此,此非所謂"浮食之民,沮事之議,不可勝聽"者乎?劉彤上書,師度奉使,據《舊傳》,事在開元七年。《通典》謂彤上書在元年,恐誤。其後兵起,以此取給於一時,亦勝無名之橫斂。故李萼勸顏真卿行之河北,第五琦實取法焉。《新書・顏真卿傳》:肅宗即位,復爲河北招討使。時軍費困竭。李萼勸真卿收景城鹽,使諸郡相輸,用度遂不乏。第五琦方參賀蘭進明軍,後得其法以行,軍用饒雄。三州、七關之復,委度支榷溫池鹽以贍邊。謂靈州之溫泉池也。事見《新書・吐蕃傳》。交、廣、邕南用兵,舊取嶺北五道米往餉之,船多敗没。鄭畋爲相,請以嶺南鹽鐵委廣州節度,歲責海,取鹽直四十萬緡,市虔、吉米以贍安南,而罷荆、洪等漕役,軍食遂饒。皆足見鹽利之有裨國用。獨無如交征利而不恤人民者,中央地方皆然。至於四分五裂之際,轉以益藩鎮割據之資。唐自軍興以前,取於山海者甚薄,至榷法興而大異矣,故論者或以爲鹽稅歸諸地方,勝於中央。如《新書・獨孤及傳》:及子朗,元和中擢右拾遺,建言宜用觀察使領鹽鐵,罷場、監管榷吏是也。不悟政清而取之薄,管榷亦無害於民,政苛而取之重,而又寄其權於地方,莫能管攝,則其厲民必更甚。中葉後雖行管榷,地方官亦頗有權。《新書・盧商傳》:商以宣宗時爲蘇州刺史。吏以鹽法求贏貲,民愈困。商令計口售鹽,無常額,人便之,歲貲反增。足見變法權在州郡,不必請命中央。如董昌,且能罷榷鹽以悦人矣。亦見《新書・本傳》。又《成汭傳》:爲荆南留後,雲安榷監,本隸鹽鐵,汭擅取之,故能畜兵五萬。《藩鎮傳》:劉從諫熬鹽、貨銅鐵,收緡十萬。皆藉鹽稅以爲割據之資者也。而山海之利,本在輕徭賦以利凡民者,卒仍表散之於凡民,與計口增稅無異也。

五代時,池鹽、海鹽等稅,一切如故。薛《史・唐莊宗紀》:同光二年三月,以張紹珪充制置安邑、解縣兩池榷鹽使。四年二月,以李肅爲兩池榷鹽使。《朱友謙傳》:莊宗滅梁,友謙覲於洛陽,既歸藩,請兩池榷鹽每額輸省課,許之。《明宗紀》:同光四年,孔謙既誅，中書門下上言：請停廢諸道鹽運使，蓋謙爲租庸使時所置也。天成二年十一月，貝州刺史竇廷琬請制置慶州青、白兩池，逐年出絹十萬匹，米萬石。詔升慶州爲防禦所，以廷琬爲使。廷琬由是嚴刑峻法，屢撓邊人，課利不集。詔移任金州。廷琬據慶州叛，討平之。事見本傳。《周太祖紀》：廣順三年五月，前慶州刺史郭彥欽勒歸私第。以其兼掌權鹽，擅加權錢，民夷流怨故也。其時蓋以通商之利爲薄，故有取於官賣。《通考》云："官賣未必能周徧，而細民之食鹽者，不能皆與官交易，則課利反虧於商稅。於是立爲蠶鹽、食鹽等名，分貧富五等之户而表散抑配之。薛《史·唐莊宗紀》：同光三年二月，"詔興唐府管內有百姓隨絲鹽錢，每兩與減五十文。逐年所表蠶鹽，每斗與減五十文。"《明宗紀》：同光四年，孔謙誅後，中書門下上言：請百姓合散蠶鹽，每年只二月內一度表散，依夏稅限納錢。《晉高祖紀》：天福元年十一月赦文："洛京管內逐年所配人户食鹽，起來年，每斤特與減價錢十文。"《周太祖紀》：廣順三年十二月，"詔諸道州、府縣、鎮城內人户舊請蠶鹽徵價，起今後並停。"《通考》云：勅諸州、府並外縣、鎮城內，其居人屋稅鹽，今後不表，其鹽錢亦不徵納。所有鄉村人户合請蠶鹽，所在州城、縣、鎮，嚴切檢校，不得放入城內。合下引《通鑑》漢時鄭州民以屋稅受鹽之事觀之，當時城內居民，蓋隨所居按户表散也？逮其極弊也，則官復取鹽自賣之，而人户所納鹽錢，遂同常賦矣。"薛《史·食貨志》："晉天福中，河南、河北諸州，除表散蠶鹽徵錢外，每年末鹽界分場務，《通考》云：種者曰顆鹽，出解州。煑者曰末鹽，出瀕海。《少帝紀》作"海鹽界分"。約羈一十七萬貫有餘，言事者稱雖得此錢，百姓多犯鹽法，請將上件食鹽錢，於諸道州、府計户，每户一貫至二百爲五等配之，任人逐便興販。既不虧官，又益百姓。朝廷行之。諸處場務，亦且仍舊。俄而鹽貨頓賤。去出鹽遠處州縣，每斤不過二十文，近處不過一十文。掌事者又難驟改其法，奏請重制鹽場稅。蓋欲絶其興販，歸利於小官也？七年十二月宣、旨下三司：應有往來鹽貨悉稅之。過稅每斤七文，住稅每斤十文。其諸道州、府應有屬州鹽務，並令省司差人句當，既而糶鹽雖多，而人户鹽錢，又不放免，至今民甚苦之。"亦見《少帝紀》天福七年。馬君所論，正指此也。馬君又云："當時江南亦配鹽於民而徵米。後鹽不給而徵米如故。其弊歷三百年而未除。宇縣分割，國自爲政，而苛政如出一轍，異哉！"案民多淡食，古今論鹽務者皆深病之。今一例徵錢，是使貧弱者爲富强者出稅也。爲政至此，可謂極弊矣。薛《史·晉高祖紀》：天福元年十一月赦文："北京管內鹽鹼戶合納逐年鹽利，昨者僞命指揮，每斗須令人戶折納白米一斗五升。極知百姓艱苦。自今後，宜令人戶以元納食鹽石斗數目，每斗依實價計定錢數，取人戶便穩，折納斛斗。"鹼戶所納如此，鹽價之貴可知。《廿二史劄記》有"五代鹽麴之禁"一條，可以參看。《食貨志》：周廣順三年三月，詔曰："青、白池務，素有定規。祗自近年，頗乖循守。比來青鹽一石，抽稅錢八百文，足陌，鹽一斗。白鹽一石，抽稅錢五百文，鹽五升。其後青鹽一石，抽錢一千，鹽一斗。訪聞更改已來，不便商販、蕃人、漢戶，求利艱難，宜與優饒，庶令存濟。今後每青鹽一石，依舊抽稅錢八百文，以八十五爲陌，鹽一斗。白鹽一石，抽稅五百，八十五陌，鹽五升。此外不得別有要求。"云更改已來，不便商販，則因抽稅之重，招致鹽價之昂，又可見也。《周太祖紀》：廣順二年八月，"詔改鹽麴法。鹽、麴犯五斤已上處死，煎鹼鹽者，犯一斤已上處死。漢法不計斤兩多少，並處極刑，至是始革之。"《通鑑》云："漢法，犯鹽、麴無問多少抵死。鄭州民有以屋稅受鹽於官，過州城，吏以爲私鹽而殺之，其妻訟冤，始詔以斤兩定刑有差。"法酷如彼，吏殘如此，誠亘古所罕聞矣。薛《史·晉高祖紀》：天福元年十一月改元赦文："其在京鹽貨，元是官場出糶，自今後並不禁斷，一任人戶取便糴易。仍下太原府，更不得開場糶貨。"《食貨志》：周顯德三年十月，"勅漳河已北州、府界，元是官場糶鹽，今後除城郭草市內仍舊禁法，其鄉村並許鹽貨通商。逐處有鹼鹵之地，一任人戶煎煉、興販，則不得踰越漳河，入不通商地界。"此等皆漸廢官賣之法，然仍舊貫處尚多也。

阬、冶之政，前世恒相連。唐掌冶署及諸鑄錢監，皆屬少府，銅、鐵人得采而官收以稅，惟鑞官市。《新書·百官志》。《新書·食貨志》云："德宗時，戶部侍郎韓洄建議：山澤之利，宜歸王者，自是皆隸鹽鐵使。開成元年，復以山澤之利歸州縣，刺史選吏主之。其後諸州牟利以自殖，舉天下不過七萬餘緡，不能當一縣之茶稅。及宣宗增河湟戍兵衣絹五十二萬餘匹,鹽鐵轉運使裴休請復歸鹽鐵,以供國用。"他礦稅皆州郡主之。《盧鈞傳》:鈞爲嶺南節度使,"除采金稅"是也。其阬冶之數,時有增減。歲入之數:《志》云:元和初,"歲采銀萬二千兩,銅二十六萬六千斤,鐵二百七萬斤,錫五萬斤,鉛無常數。"宣宗時,"天下歲率銀一萬五千兩,銅六十五萬五千斤,鉛十一萬四千斤,錫萬七千斤,鐵五十三萬二千斤。"文宗時,"歲采銅二十六萬六千斤。"銅禁本意,蓋爲鑄錢,鐵禁則慮其流入外國,後乃覬收其利。《王涯傳》云:"自李師道平,三道十二州皆有銅、鐵官,歲取冶賦百萬。觀察使擅有之,不入公上。涯始建白,如建中元年九月戊辰詔書,收隸天子鹽鐵,"則其利實不薄。《新書·食貨志言》:第五琦以錢穀得見,請於江淮置租庸使,吳鹽、蜀麻、銅冶皆有稅,實爲言冶利之始。《宗室傳》:河間元王孝恭治荆州,爲置屯田,立銅冶,百姓利之,則官冶原足便民。然既意在言利,即轉成爲厲民之政。薛《史·唐明宗紀》:長興二年十二月,"詔開鐵禁,許百姓自鑄農器、什器之屬。於夏秋田畝,每畝輸農器錢一錢五分。"《通鑑》云:初聽百姓自鑄農器並雜鐵器。每田二畝,夏秋輸農具三錢。《通考》載勅文云:"諸道監冶,除依常年定數鑄辦供軍熟鐵並器物外,只管出生鐵,比已前價,各隨逐處見定高低,每斤一例減十文貨賣。雜使熟鐵,亦任百姓自鍊。巡檢節級句當。賣鐵場官並鋪户,一切竝廢。"歐《史》云:除鐵禁,初稅農具錢。《注》云:至今因之,故書。此亦如官賣鹽之變爲計口表散矣。薛《史·晉高祖紀》:天福六年八月敕制:"天下農器,並許百姓自鑄造。"《通考》載節文云:"諸道鐵冶,三司先條流,百姓農具破者,須於官場中出賣,鑄時卻於官場中買鐵。今後許百姓取便鑄造、買賣,所在場院,不得禁止擾擾。"蓋長興二年之敕,仍未能盡行也。

《舊書·文宗紀》:開成三年六月,廢晉州平陽院礬官,並歸州縣,則礬亦曾行禁榷。

《隋書·食貨志》云:隋初尚依周末之弊,官置酒坊收利。開皇三年罷之。《新書·食貨志》云:"唐初無酒禁。乾元元年,京師酒貴,肅宗以稟食方屈,乃禁京城酤酒,期以麥熟如初。《舊書·本紀》云:以歲飢禁酒,麥依常式,"麥"下蓋奪"熟"字? 二年,飢,復禁酤。非光禄祭祀、燕蕃客不御酒。廣德二年,定天下酤戶,以月收稅。"《本紀》:武德二年閏二月,以穀貴,禁關內屠酤;咸亨元年八月,以穀貴禁酒;與《志》云無酒禁者不合。蓋以其事屬暫行,故不之數? 此皆禁酤,其收稅則實始廣德。《通典·食貨典》云:"廣德二年十二月,勑天下州各量定酤酒戶,隨月納稅,除此外不問官私,一切禁斷,"說與《志》合。又云:"大曆六年二月,量定三等逐月稅錢,並充布絹進奉。"蓋規制麤備矣。《志》又云:"建中元年,罷之。三年,復禁民酤,以佐軍費。置肆釀酒,斛收直三千。州縣總領。醨薄私釀者論其罪。尋以京師四方所湊,罷榷。"《德宗紀》:大曆十四年七月,罷榷酤。建中三年正月,復榷酤。《舊書·德宗紀》亦云:大曆十四年七月,罷天下榷酒。《通鑑》亦於是月書"罷天下榷酒收利"。《志》云罷於建中元年蓋誤?《舊書·食貨志》云:"建中三年,初榷酒。天下悉令官釀。斛收直三千。米雖賤,不得減二千。委州縣綜領。醨薄、私釀罪有差。以京師王者都,特免其榷。"蓋是時官釀而讎,與前此令酤戶納稅者有異,故云初。《通鑑》書"復榷天下酒",則承大曆十四年以前之榷法言之也。《新志》又云:"貞元二年,復禁京城、畿縣酒。天下置肆以酤者,斗錢百五十。免其徭役。獨淮南、忠武、宣武、河東榷麴而已。《舊書·本紀》:貞元二年十二月,京城畿內榷酒。每斗榷錢一百五十文,蠲酒戶差役。從度支奏也。元和六年,罷京師酤肆,以榷酒錢隨兩稅青苗斂之。"《舊書·食貨志》云:京兆府奏:"榷酒錢除出正酒戶外,一切隨兩稅、青苗,據貫均率,從之。"《通考》:元和十二年,戶部奏:"准勑文,如配戶出榷酒錢處,即不得更置官店榷酤。其中或恐諸州、府先有不配戶出錢者,即須榷酤。請委州、府長官,據當處錢額,約米、麴時價收利,應額足即止。"則配戶出錢者,又不止京師矣。《新志》云:"太和八年,遂罷京師榷酤。"《舊書·王涯傳》云:合度支、鹽鐵爲一使兼領之,乃奏罷京畿榷酒錢以悅衆,亦深文周內之辭。又云:"凡天下榷酒,爲錢百五十六萬餘緡,而釀費居三之一,貧戶逃酤不在焉。"所云蓋即太和時數? 去釀費而計之,其利當鹽利六之一也。《舊志》云:"會昌六年九月,勑揚州等八道州府置榷麴,並置官店沽酒,代百姓納榷酒,並充資助軍用。各有榷許限，揚州、陳許、汴州、襄州、河東五處榷麴。浙西、浙東、鄂岳三處置官店沽酒。如聞禁止私酤，過於嚴酷，一人違犯，連累數家，閭里之間，不免咨怨。從今已後，如有人私沽酒及置私麴者，但許罪止一身；並所由容縱，所由，《通考》作同謀。案容縱指所由，同謀別是一項人。《考》略去所由二字，《志》又誤刪同謀一項也。任據罪處分；鄉井之內，如不知情，並不得追擾。其所犯之人，任用重典，兼不得没入家產。"《新志》云："昭宗世，以用度不足，易京畿近鎮麴法，復榷酒以贍軍。鳳翔節度使李茂貞方顓其利，按兵請入奏利害。天子遽罷之。"《通鑑》事繫天復元年，云："初楊復恭為中尉，借度支賣麴一年之利，以贍兩軍。自是不復肯歸。至是，崔胤草赦，欲抑宦官，聽酤者自造麴，但月輸榷酤錢。兩軍先所造麴，趣令減價賣之，過七月無得復賣。"又云："崔胤之罷兩軍賣麴也，並近鎮亦禁之。李茂貞惜其利，表乞入朝論奏。韓全誨請許之。茂貞至京師，全誨深與相結。崔胤始懼，陰厚朱全忠益甚，與茂貞為仇敵矣。"南北司之陰謀，別是一事。就稅法論，可見是時官賣無以善其後，寖趨於聽民釀而收其稅也。唐世酒稅，本委州縣綜領，故諸鎮多得自專。《新書·崔從傳》：為淮南節度副大使，知節度事。揚州凡交易貲產、奴婢有貫率錢，畜羊有口算，又貿麴牟其贏以佐用，從皆蠲除之。又《王仲舒傳》：除江西觀察使。初江西榷酒，利多他州十八，民私釀，歲抵死不絕，穀數斛易斗酒，仲舒罷酤錢九十萬。《薛戎傳》：累遷浙東觀察使。所部州觸酒禁罪當死，戎弛其禁。可見其寬嚴皆得自由。《敬晦傳》：大中中，歷浙西觀察使。時南方連饑，有詔弛榷酒茗，官用告乏。晦處身儉勤，貲力遂充。《舊書·李德裕傳》：敬宗詔浙西造銀盝子妝具。德裕奏言："貞元中，李錡任觀察使，職兼鹽鐵，百姓除隨貫出榷酒錢外，更置官酤，兩重納榷，獲利至厚。至薛苹任觀察使時，又奏置榷酒，上供之外，頗有餘財。自元和十四年七月三日勑卻停榷酤，遂苦不足。"似其廢置尚聽命於中央。然如李錡之所為，不顯與詔勑相反邪？《新書·李珏傳》：為淮南節度使卒，疾亟，官屬見臥內，惟以州有稅酒直，而神策軍常為豪商占利,方論奏未見報爲恨,可想見其害民之烈,孔戣所由稱榷酤爲州縣弊邪?

　　五代酒禁,亦隨時而寬嚴不同,然以大體言之,則較唐爲尤酷。《通考》:梁開平三年,勅諸道州府百姓自造麴,官中不禁。此爲五代時最寬之政,至後唐而大變。薛《史·明宗紀》:天成三年七月,詔弛麴禁,許民間自造,於秋苗上徵納麴價,畝出五錢。時孔循以麴法殺一家於洛陽,或獻此議,以爲愛其人,便於國,故行之。此事亦見歐《史·孔循傳》,云"循族殺其家"。《通鑑》則云"循族之"。所殺當是一家,非真連及宗族,然亦酷矣。薛《史·食貨志》詳載此詔曰:"應三京、鄴都及諸道州、府鄉村人戶,自今年七月後,於是秋田苗上每畝納麴錢五文,足陌。一任百姓自造私麴,醞酒供家。其錢隨夏秋徵納。《通考》多"並不折色"四字。其京都及諸道州、府、縣、鎮、坊界內,《通考》多"及關城草市"五字。逐年買官麴酒戶,便許自造麴、醞酒貨賣。仍取天成二年正月至年終,一年逐戶《通考》作"逐月"。計算都買麴錢數,內十分只納二分,以充榷酒錢。其餘諸色人,亦許私造酒、麴供家,即不得衷私賣酒。如有故違,便即糾察,勒依中等酒戶納榷。其坊村一任沽賣,不在納榷之限。"《通考》引吳氏《能改齋漫錄》曰:"今之秋苗,有麴腳錢之類,此事起於五代後唐。當時雖納麴錢,民間卻許自賣酒,時移事變,麴錢之額,遂爲定制,而民間則禁私酤矣。"此亦如鹽之按戶徵錢而又官賣矣。薛《史·食貨志》又載長興元年二月赦書節文:"秋苗一畝上元徵麴錢五文,今後特放二文,只徵三文。"二年詔曰:"亂離日久,貧下戶多,各務耕田鑿井,孰能枕麴藉糟?既隨例以均攤,遂抱虛而輸納。應在京、諸道苗畝上所徵麴錢,便從今年夏並放。其麴官中自造,委逐州減舊價一半,於在城撲斷貨賣。除在城居人不得私造外,鄉村人戶,或要供家,一任私造。勅下之日,人甚悅之。"此事《紀》在長興二年五月。又云:"七月,三司奏先許百姓造麴,不來官場收買,伏恐課額不逮。請復已前麴法。鄉戶與在城條法,一例指揮。仍據已造到麴納官,量支還麥本。從之。"前詔不及一時而更,恐實未曾行也。《末帝紀》：清泰二年正月，"三司奏添徵鹽鹽錢及增麴價。先是麴斤八十文增至一百五十文。"《晉高祖紀》：天福元年十一月改元赦詔："麴每斤與減價錢三十文。"漢法，犯鹽麴者，不計斤兩，並處極刑，周廣順二年始革之，已見上。《食貨志》載顯德四年七月詔曰："諸道州府麴務，今後一依往例官中禁法賣麴。逐處先置都務，候勅到日，並仰停罷。"《通考》云："勅停罷先置賣麴都務。應鄉村人戶，今後並許自造米醋，及買糟造醋供食。仍許於本州縣界就精美處酤賣。其酒麴條法，依舊施行。先是晉、漢已來，諸道州、府皆權計麴額，置都務以酤酒。民間酒醋，例皆醨薄。上知其弊，故命改法。"蓋晉、漢由賣麴進而賣酒，並及於醋，至此則禁賣酒醋，而麴法依舊也。薛《史·晉少帝紀》：天福八年九月，前潁州團練使田令方追奪在身官爵，勒歸私第。坐前任耀州日額外配民麴錢，納歸私室故也。歐《史·慕容彥超傳》：唐、晉之間，歷磁、單、濮、棣四州。坐濮州造麴受賕，法當死，漢高祖自太原上章論救，得減死流於房州。法已弊而官吏又恣意臧賄，其屬民可知。

茶稅始於建中三年九月，與漆、竹、木、商錢並稅。興元改元，又與漆、竹、木及閒架、除陌錢並罷。貞元九年正月乃復稅。皆見《新書·本紀》。《食貨志》云："德宗納趙贊議，稅天下茶、漆、竹、木，十取一，以爲常平本錢。及出奉天，乃悼悔，下詔亟罷之。及朱泚平，佞臣希意興利者益進。貞元八年，以水災減稅。明年，諸道鹽鐵使張滂奏：出茶州縣若山及商人要路，以三等定估，十稅其一。自是歲得錢四十萬緡。然水旱亦未嘗拯之也。"案趙贊之稅竹、木、茶、漆，實欲以充常平本錢，已見第六章第三節。張滂之稅，《通鑑》記其事云：滂奏去歲水災減稅，用度不足，請稅茶以足之。自明年以往，稅茶之錢，令所在別貯，俟有水旱，以代民田稅。自是歲收茶稅錢四十萬緡，未嘗以救水旱也。蓋初意欲以抒民，而後移作別用？此實財政艱窘所致，未可以咎始議之人。《新志》並趙贊皆視爲希意興利者流，實非持平之論。《舊書·王紹傳》：貞元中，爲倉部員外郎。時屬兵革、旱蝗之後，令户部收闕官俸, 兼稅茶及諸色無名之錢, 以爲水旱之備。紹自拜倉部, 便準詔主判。及遷戶部、兵部郎中, 皆獨司其務, 擢拜戶部侍郎, 判度支。足見是時稅斂, 意多主於備荒。史家於德宗以後之籌款者, 一切目爲言利, 實非平允之論也。《舊紀》與《通鑑》紀貞元九年事, 皆曰"初稅茶";《舊紀》又云:"茶之有稅自此始。"蓋由趙贊之法未久即罷之故? 然稅茶不得云始於張滂, 自以如《新紀》建中三年言初稅, 貞元九年言復稅爲是。胡三省注《通鑑》云:"榷茶之説, 始於趙贊, 至張滂而始行,"未免失之回護矣。《鑑》云: 凡州縣產茶及茶山外要路, 皆估其直, 什稅一, 茶山皆屬州縣, 不得如《新志》爲並列之辭。《通典》云: 制天下出茶州, 商人販茶者十分稅一, 措辭亦較《新志》爲審。《舊書·德宗紀》: 貞元十五年討吳少誠詔云:"壽州茶園, 輒縱凌奪,"而《少誠傳》言其奪掠壽州茶山之利, 蓋園即在山上也。豈滂之法, 或於出茶之山, 或於其貨鬻之州縣, 或於其販運之路稅之, 立法初不一律, 故《新志》之言如此邪?《志》又云:"穆宗即位, 兩鎮用兵, 帑藏空虛; 禁中起百尺樓, 費不可勝計; 鹽鐵使王播圖寵以自幸, 乃增天下茶稅, 率百錢增五十。事在長慶元年五月, 見《紀》。拾遺李珏上疏諫, 不報, 見兩《書·珏傳》。江淮、浙東西、嶺南、福建、荊襄, 播自領之, 兩川以戶部領之。天下茶加斤至二十兩, 播又奏加取焉。其後王涯判二使, 置榷茶使, 徙民茶樹於官場, 焚其舊積。天下大怨。令狐楚代爲鹽鐵使兼榷茶使, 復令納榷, 加價而已。李石爲相, 以茶稅皆歸鹽鐵, 復貞元之制。"王涯變法, 事在太和九年十月。《舊紀》云: 涯獻榷茶之利, 乃以爲榷茶使。茶之有榷稅, 自涯始也。又云: 十二月, 諸道鹽鐵轉運榷茶使令狐楚奏榷茶不便於民, 請停, 從之。此所謂榷, 蓋指官賣, 以别於張滂以來之稅法? 故云自涯始。涯之此舉, 誠爲操切, 然史之所云, 亦有過當, 且皆歸獄於鄭注, 恐並未必得實也。《舊書·注傳》云: 初浴堂召對, 上訪以富人之術, 乃以榷茶爲對。其法, 欲以江湖百姓茶園, 官自造作, 量給直, 分命使者主之。帝惑其言, 乃命王涯兼榷茶使。《新書·注傳》略同。其《王涯傳》云: 始變茶法, 益其稅以濟用度, 下益困。而鄭注亦議榷茶, 天子命涯爲使, 心知不可, 不敢争。李訓敗, 乃及禍。初民怨茶禁苛急, 涯就誅, 皆羣詬詈, 抵以瓦礫。《舊書·涯傳》云: 涯與同列歸中書會食, 倉皇步出, 至永昌里茶肆, 爲禁兵所擒。涯以榷茶事, 百姓怨恨, 詬罵之, 投瓦礫以擊之。謂榷茶議出鄭注, 涯知其不可不敢争,皆莫須有之辭。王涯見擒,何以在茶肆?事殊可思,而訴屬之,投以瓦礫者,亦豈真直道而行之百姓邪?《志》又云:"武宗即位,鹽鐵轉運使崔珙又增江淮茶稅。事在開成五年十一月,見《紀》。是時茶商所過州縣有重稅;或掠奪舟車,露積雨中;諸道置邸以收稅,謂之揭地錢;故私販益起。大中初,鹽鐵轉運使裴休著條約。《舊書·休傳》云:立稅茶法二十條,奏行之。《新傳》云:時方鎮設邸閣居茶取直,因商人他貨橫賦之,道路苛擾。休建言許收邸直,毋擅賦商人。私鬻,三犯,皆三百斤,乃論死。長行羣旅,茶雖少皆死。雇載,三犯,至五百斤;居舍、儈保,四犯,至千斤者皆死。園户私鬻,百斤以上杖背,三犯加重徭。伐園失業者,刺史、縣令以縱私鹽論。廬、壽、淮南,皆加半稅。私商給自首之帖。《通考》云:休以正稅茶商,多被私販茶人侵奪其利,請委強幹官吏,先於出茶山口及廬、壽、淮界内,布置把捉。曉諭招收,量加半稅。給陳首帖子,令所在公行,更無苛奪。所冀招懷窮困,下絕姦欺,使私販者免犯法之憂,正稅者無失利之欺。案此欲變私販爲商人也。《新志》此處,辭不明白,或有奪誤。《通鑑》文宗太和二年《注》云:凡茶商販茶,各以若干斤一綱,而輸稅於官,則當時茶商,販運之規模頗大,積至若干斤乃論罪,亦猶鹽法所攜極少者勿論也。天下稅茶增倍。貞元江淮茶爲大模,一斤至五十兩。諸道鹽鐵使于悰每斤增稅錢五,謂之剩茶錢。自是斤兩復舊。"觀此,則當時之茶,計其重有常形制,稅時不復權,但案其形制收稅也。唐茶稅之大略如此。諸道多撓稅法,亦與鹽稅同。懿宗時,以安南溪洞首領,能禦蠻寇,以其須嶺北茶藥,令諸道一任商人興販不得禁止往來,則前此必有禁止者。《新書·循吏·何易于傳》:爲益昌令。鹽鐵官榷茶利,詔下所在毋敢隱,易于視詔書,曰:"益昌人不征茶且不可活,矧厚賦毒之乎?"命吏閣詔。吏曰:"天子詔何敢拒?吏坐死,公得免竄邪?"對曰:"吾敢愛一身移暴於民乎?亦不使罪爾曹。"即自焚之。觀察使素賢之,不劾也。地方之玩法扞命如此。如何易于者,固能恤民,然或反其道而行之,則其病民,亦有不可勝言者矣。

　　五代茶稅,仍屬度支鹽鐵。薛《史·梁末帝紀》:貞明六年二月,鹽鐵轉運使敬翔奏請於雍州、河陽、徐州三處重置場院稅茶,從之。偏方之國,以湖南收利爲最饒。歐《史·劉建鋒傳》:高郁教馬殷:民得自摘山收茗算。募高户置邸閣居茗,號八牀主人。歲入算數十萬。《通鑑》梁開平四年云:湖南判官高郁,請聽民自採茶,賣於北客,收其征以贍軍。楚王殷從之。七月,殷奏於汴、荆、襄、唐、郢、復州置回圖務,運茶於河南北賣之,以易繒纊戰馬而歸。仍歲貢茶二十五萬斤。詔許之。湖南由是富贍。蓋既聽民賣而收其稅,官又自營運也。

貢茶之事,唐世已有之。《舊書·劉晏傳》:江淮茶、橘,晏與本道觀察使各歲貢之,皆欲其先至。有土之官,或封山斷道,禁前發者。晏厚以財力致之,常先他司。由是甚不爲藩鎮所便。《穆宗紀》:元和十五年三月,"罷申州歲貢茶。"《李石傳》:開成改元大赦,石等商量節文:諸道除藥物、口味、茶果外,不得進獻。《哀帝紀》:天祐二年六月,"勅福建每年進橄欖子。比因閩豎,出自閩中,牽於嗜好之間,遂成貢奉之典。雖嘉忠藎,伏恐煩勞。今後只供進臘面茶,其進橄欖子宜停。"是其事。

隋文帝登庸,除入市之稅。《通典·食貨典·雜稅》。唐武后時,有司議稅關市,並行人盡征之,崔融上疏諫,事遂未行。《新書·食貨志》:"肅宗即位,遣御史鄭叔清等籍江淮、蜀漢富商右族訾畜,十收其二,謂之率貸。諸道亦稅商賈以贍軍。錢一千者有稅。"率貸,德宗時嘗行之,約罷兵後以公錢還,見第七章第三節。《舊書·僖宗紀》:乾符五年,太原節度借率富户錢以賞軍,亦此類。此雖橫取,不可云稅。諸道所爲,則征商之始也。然各自爲政,非正法。《新書·代宗紀》:大曆四年三月,"遣御史稅商錢,"蓋亦非普徧?兩稅法行,商賈於所在州縣稅三十之一,《通鑑》:建中二年五月,以軍興,增商稅爲什一。《注》云:楊炎定稅法,商賈三十稅一,今增之。普徧矣,然所以代庸調,亦不可云征商。故《新紀》於建中三年九月,書"初稅商錢"也。其法,閱商人財貨計錢,每貫稅二十,已見第七章第三節。《宦者傳》:田令孜語内園小兒尹希復、王士成等,勸僖宗籍京師兩市蕃旅、華商寶貨,舉送内庫。使者監閲櫃坊茶閣,有來訴者,皆杖死京兆府。此亦橫取,非征稅。以稅法論,唐朝於商人實未嘗苛取。其病商甚者,乃在諸道各自爲政,而中央不能禁止也。李忠臣設戍邏以征商賈。又縱兵剽行人，道路幾絕。《新書·穆寧傳》。王鍔以嶺南地征薄，租其廛。王智興稅泗口以佐軍須。李師道以軍用屈，率賈人錢爲助，命劉悟督之。從諫徙長子，道入潞，歲榷馬、征商人。積叛，奴王協請稅商人，使劉溪等分出檢實。溪並齊民閱其貨，十取二。鍾傳晚節重斂，商人至棄其貨去。皆見《新書》本傳。車駕在華州，商賈輻湊，韓建重征之。《通鑑》。皆可見其苛暴。五代之世尤甚。薛《史·唐莊宗紀》：同光二年二月，租庸使孔謙奏"諸道綱運客旅，多於私路苟免商稅，請令所在關防，嚴加捉搦，"從之。歐《史·謙傳》言其"障塞天下山谷徑路，禁止行人，以收商旅征算，"即指此也。薛《史·唐明宗紀》：天成元年四月赦詔："諸州雜稅，宜定合稅物色名目，不得邀難商旅。"長興二年八月，"詔天下州、府商稅務，並委逐處差人，依省司年額，句當納官。"足見是處皆有商稅，而又各自爲政。歐《史·閩世家》：王曦國計使陳匡範增商算，曦稱爲人中寶，又可見偏方諸國，征商之法亦苛。《通考》：後周顯德五年，"勑諸道州、府，應有商賈興販牛畜者，不計黃牛、水牛，凡經過處，並不得抽稅。如是貨賣處，只仰據賣價每一千抽稅錢三十，不得別有邀難。"馬君曰："鬻賣而有稅，理也。經過而有稅，非理也，觀此則其來已久。而牛畜之外，餘物俱有過稅，商旅安得願出其塗乎？"案過、住兩稅，其爲取諸民也鈞，然過稅尤惡於住稅者？住稅只一次，過稅則不免節節留難也。此理至清季釐捐行而大著。觀此論，則昔人早已知之矣。《通考》又云："宋太祖皇帝建隆元年，詔所在不得苛留行旅。齎裝非有貨幣當算者，無得發篋搜索。又詔榜商稅則例於務門，無得擅改更增損及創收。"引止齋陳氏曰："此薄稅初指揮也。藝祖開基，首定商稅則例，自後累朝守爲家法。凡州縣小可商稅，不敢專擅，動輒奏稟三司，取旨行下。"《考》又載：李重進平，以宣徽北院使李處新知揚州，樞密直學士杜韡監州稅。又引止齋曰："以朝臣監州稅始於此，蓋收方鎮利權之漸。"此二者蓋宋初改革稅法之大端也。然商稅遂不能除矣。

域外之征：《新書·西域傳》云：開元時，詔焉耆、龜茲、疏勒、于闐征西域賈，各食其征。由北道者，輪臺征之。由海路來者，稅法無考。桑原隲藏《蒲壽庚傳》云：據阿剌伯人所傳，當時中國政府，收外國輸入貨物十分之三，《考證》二。則取之頗厚矣。然不必皆歸公也，此宦南服者所由多富厚歟？

德宗時趙贊所行稅法，以間架、除陌遭謗爲最甚。間架稅，已見第七章第三節。《舊書·盧杞傳》云：所由吏秉筆執籌，入人第舍而計之。凡没一間，杖六十。告者賞錢五十貫文。蓋其取之爲已酷矣。然屋稅似相沿有之。薛《史·末帝紀》：既入河南，"詔豫借居民五個月房課，不問士庶，一概施行。"歐《史·本紀》云：借民房課五月以賞軍。《盧質傳》云：命質等借民屋課五月。《通鑑》云：無問士庶，自居及僦者，豫借五月僦直。曰僦直似非官課，然曰豫借，則必本有此課而後可。蓋其取之以僦直爲準，雖自居者，亦計其僦直而取之，故有僦直之名？云無問士庶，則士人先必有免稅者，彌可見庶民之舊有此稅矣。薛《史·唐明宗紀》：天成二年，朱守殷既平，詔汴州城內百姓，既經驚劫，宜放二年屋稅。《晉少帝紀》：開運三年九月，詔開封府以霖雨不止，應京城公私僦舍錢放一月。則汴州亦有之。然有之者必不僅汴、洛也。王鍔節度嶺南，以地征薄，人多牟利於市而租其廛，則所取似係宅地之稅。

除陌法：《舊書·盧杞傳》云：天下公私給與、貿易，率一貫舊算二十，益加算爲五十。給與物或兩換者，約錢爲率算之。市主人、牙子，各給印紙，人有買賣，隨自署記，翼日合算之。有自貿易不用市牙子者，驗其私簿投狀。其有隱錢百，没入二千，《通鑑》云："罰錢二千。"杖六十。告者賞錢十千，出於其家。法既行，主人、市牙，得專其柄，率多隱盜，公家所入，百不得半。怨讟之聲，嘲然滿於天下。案屋稅後既相沿，除陌並係舊有，趙贊取民雖苛，怨毒何至如是之甚？唐史所云，蓋亦未免謗辭也？

苛稅不必新創，有但就舊稅加重其額者。《舊書·穆宗紀》：元和十五年五月，詔以國用不足，應天下兩稅、鹽利、榷酒、稅茶，及戶部闕官、除陌等錢，兼諸道雜榷稅等，應合送上都及留州、留使，諸道支用，諸司使職掌人課、料等錢，並每貫除舊墊外量抽五十文。其京百司俸料，文官已抽修國學，不可重有抽取。《憲宗紀》：元和十四年十二月，國子祭酒鄭餘慶奏"見任文官一品至九品，外使兼京正員官者，每月於所請料錢每貫抽十文修國子監，"從之。武官所給較薄，亦不在抽取之限。六月，"詔外官俸、料據數收貫停抽。"長慶元年十二月，"勅諸道除上供外，留州、留使錢，每貫割二百文以助軍用，賊平後仍舊。"乃加重抽取之額之最普徧者也。

地方橫斂，殊不可言。《新書·食貨志》言德宗時進奉之弊云："戶部錢物，所在州、府及巡院，皆得擅留。或矯密旨加斂。謫官吏，刻祿廩，增稅通津死人及疏果。凡代易進奉，取於稅入，十獻二三，無敢問者。"案加斂及擅留之弊，後並未除。《舊書·懿宗紀》：咸通八年十月，兵部侍郎判度支崔彥昭奏："當司應收管江淮諸道州、府咸通八年以前兩稅、榷酒及支米價，並二十文除陌，諸色屬省錢，準舊例，逐年商人投狀便換。自南蠻用兵已來，置供軍使。當司在諸州府場、監錢，猶有商人便換。齎省司便換文牒至本州、府請領，皆被諸州、府稱准供軍使指揮占留。以此商人疑惑，乃致當司支用不充。乞下諸道州、府、場、監、院，依限送納，及給還商人，不得託稱占留者。"勅旨從之。《庾敬休傳》：敬休奏"劍南西川、山南西道每年稅茶及除陌錢，舊例委度支巡院句當榷稅，當司於上都召商人便換。太和元年，戶部侍郎崔元略，與西川節度使商量，取其穩便，遂奏請茶稅事使司自句當，每年出錢四萬貫送省。近年已來，不依元奏，三道諸色錢物，州、府逗留，多不送省。請取江西例，於歸州置巡院一所，自句當收管諸色錢物送省。"從之。皆所謂擅留者也。《通考》：太和七年，御史臺奏："太和三年赦文，天下除兩稅外不得妄有科配，其擅加雜徭率，一切宜停，令御史臺嚴加察訪者。臣昨因嶺南道擅置竹練場，稅法至重，害人頗深，博訪諸道，委知自太和三年準赦文兩稅外停廢等事，旬月之內,或以督察不嚴,或以長吏更改,依前卻置,重困齊人。伏望今後自太和三年準勅文所停兩稅外科配、雜榷等率復卻置者,仰勅到後十日內,具卻置事由聞奏,仍申報臺司。每有出使郎官、御史,令嚴加察訪。苟有此色,本判官重加懲責,長吏奏聽進止。"旨依。又,開成二年十二月,武寧軍節度使薛元賞奏:"泗口稅場,應是衣冠、商客金銀、羊馬、斛斗、見錢、茶鹽、綾絹等,一物已上並稅。今商量其雜稅物請停絕。"勅旨依所奏並停,其所置官司、所由悉罷。《新書·元賞傳》云:罷泗口猥稅,人以爲便。皆所謂加斂者也。薛《史·周太祖紀》:廣順二年十月,"詔諸州罷任或朝覲,並不以器械進貢。先是諸道州、府,各有作院,每月課進軍器,逐季般送京師進納。其逐州每年占留係省錢帛不少,謂之甲料。仍更於部內廣配土產物,徵斂煩重,民甚苦之。"此則既占留而又加斂者矣。其苛猥之甚者:如李巨爲東京留守,於城市橋梁稅出入車牛等錢。《舊書》本傳。薛《史·唐明宗紀》:長興元年赦文:"免河陽管內人户每畝舊徵橋道錢五文,"則並有攤派之於田畝者。歛人馬、牛生駒、犢,官籍蹄、嗷。《新書·崔元亮傳》。五代時牛死者輸皮入官。薛《史·唐明宗紀》:天成二年五月,"詔鄉村民家死牛,但報本府,所由準例輸皮入官。"《周太祖紀》:廣順二年十一月,"詔累朝已來,用兵不息。繕治甲冑,未免配役生靈。多取於民,助成軍器。就中皮革,峻科刑。稍犯嚴條,皆抵極典。鄉縣以之生事,姦猾得以侵漁。宜立新規,用革前弊。應天下所納牛皮,今將逐所納三分內減二分,其一分於人户苗畝上配定。每秋夏苗共十頃,納連角皮一張。其黃牛納乾筋四兩,水牛半斤。犢子皮不在納限。牛、馬、驢、騾皮筋甲,今後官中更不禁斷。只不得將出化外敵境。州縣先置巡檢牛皮節級並停。"《通鑑》云:先是兵興以來,禁民私賣買牛皮,悉令輸官受直。唐明宗之世,有令止償以鹽。晉天福中,並鹽不給。漢法,犯私牛皮一寸抵死。然民間日用,實不可無。帝素知其弊。至是,李穀建議均於田畝,公私便之。將一切稅均於田畝,實爲稅法之最惡者,而公私顧以爲便,是時之稅法可知矣。李茂貞以地狹賦薄,下令榷油。因禁城門毋納松薪,以其可爲炬也。歐《史》本傳。偏方諸國,如兩浙錢氏,已見第十四章第四節。《通考·田賦考》載宋咸淳六年樂平縣士民白劄子云:"五季暴政,江東西釀酒則有麴引錢,食鹽則輸鹽米,供軍須則有鞋錢,入倉庫則有蕆錢。宋有天下,一切削去。獨鹽蕆米一項,諸路皆無,而江東獨有之；江東諸郡皆無，而饒州獨有之；饒州六邑皆無，而樂平獨有之。本州元起催苗額十有八萬，此正數也。樂平正苗二萬七千五百餘石，每石加鹽米四斗，蕨米二斗八升二合。於是一石正苗，非三石不可了。夫所謂正苗者，隸之上供，籍之綱解，顆粒不敢言蠲減者也。加鹽蕨米者，徒以利郡縣而已。欲望特賜指揮，行下本州契勘，詣實供申，從朝廷斟酌捐減施行。"馬君云："南唐正賦之外，所取不一，宋因之，名曰沿納，鹽蕨米其一也。"此劄乃其父名廷鸞。在揆席時自草，作士民所陳，徑下本州契勘。而郡守回申，止欲少作豁除，具文塞責。其父卻回元奏，俾從實再申。守臣知不可拒，乃再詣實申上。即進呈。奉旨蠲除。蓋自晉天福時創例，至是凡三百一十四年云。又引吳虎臣《能改齋漫錄》，稱"今所在有之"，謂"虎臣此書，作於紹興時，則知南渡後此賦之未減者，非獨饒州而已。"

## 第九節　兵　　制

隋、唐之兵制，亦承時勢而漸變。隋文帝平陳後，頗有意於偃武修文，然行之未卒其事。其時關內及緣邊要地，仍行府兵之制。唐初亦沿之，而尤注意於關內。蓋周行是制生效，故隋、唐二代皆沿之也。然是制與事勢，實不相容，故至開元時遂變廢矣。

隋平陳後，詔罷山東、河南及北方緣邊新置軍府，已見第二章第一節。曰"新置"，則舊有者之不罷可知。《隋書·許善心傳》言：煬帝時，左衛大將軍宇文述，每旦借本部兵數十人，以供私役，常半日而罷。攝御史大夫梁毗奏劾之。上方以腹心委述。初付法推，千餘人皆稱被役。經二十餘日，法官候伺上意，乃言役不滿日，其數雖多，不合通計。縱令有實，亦當無罪。諸兵士聞之，更云初不被役。上欲釋之。付議虛實。百寮咸言為虛。善心以為"述於仗衛之所，抽兵私役，雖不滿日，關於宿衛，與常役所部，情狀乃殊。又兵多下番，散還本府，分道追至，不謀同辭，今殆一月，方始翻覆。姦狀分明，此何可捨？"可見宿衛之兵，皆出於府。《食貨志》言煬帝將事遼碣，增置軍府，掃地爲兵，租賦之入益減，可見欲增兵者，必增置軍府。軍府增而租賦減，又可見自周已來，爲府兵則租庸調皆免之制仍存也。然其後之募益驍果，則純爲募兵之制矣。其統率之制：《通典》云："隋初，左右衛、左右武衛、左右武候各領軍坊、鄕團，以統戎卒。開皇中，置驃騎將軍府，每府置驃騎、車騎二將軍。大業三年，改驃騎府爲鷹揚府，驃騎將軍爲鷹揚郎將，車騎將軍爲鷹揚副郎將。五年，又以鷹揚副郎將爲鷹擊郎將。九年，別置折衝、果毅及武勇、雄武等郎將官，以統領驍果。"《職官典·折衝府》。《隋書·百官志》云："十二衛各置大將軍一人，將軍二人，總府事，並統諸鷹揚府。改大都督爲校尉，帥都督爲旅帥，都督爲隊正，增置隊副以貳之。其軍士：左右衛所領名驍騎，左右驍衛所領名豹騎，左右武衛所領名熊渠，左右屯衛所領名羽林，左右禦衛所領名射生，左右候衛所領名佽飛，而總號衛士。每衛置護軍四人，掌副貳將軍，將軍無則一人攝。尋改護軍爲武賁郎將，而置武牙郎將六人副焉。"又云："鷹揚每府置越騎校尉二人，掌騎士。步兵校尉二人，掌步兵。折衝郎將掌領驍果。果毅郎將貳之。其驍果，置左右雄武府雄武郎將以領之，以武勇郎將爲副。"

唐初亦沿周、隋之制。《新書·兵志》曰："武德初，始置軍府，以驃騎、車騎兩將軍府領之。析關中爲十二道：曰萬年道，長安道，富平道，醴泉道，同州道，華州道，寧州道，岐州道，豳州道，西麟州道，涇州道，宜州道，皆置府。三年，更以萬年道爲參旗軍，長安道爲鼓旗軍，富平道爲玄戈軍，醴泉道爲井鉞軍，同州道爲羽林軍，華州道爲騎官軍，寧州道爲折威軍，岐州道爲平道軍，豳州道爲招搖軍，西麟州道爲苑游軍，涇州道爲天紀軍，宜州道爲天節軍。軍置將、副各一人，以督耕戰，以車騎府統之。《舊紀》：武德二年七月，置十二軍，以關內諸府分隸焉。《傅奕傳》云：十二軍之號，奕所定。六年，以天下既定，遂廢十二軍。改驃騎曰統軍，車騎曰別將。居歲餘，十二軍復。而軍置將軍一人。軍有坊,置主一人,以檢察戶口,勸課農桑。太宗貞觀十年,更號統軍爲折衝都尉。別將爲果毅都尉。諸府總曰折衝府。凡天下十道,置府六百三十四,皆有名號,而關內二百六十有一。《新書·地理志》,於各府州之下,皆注云有府若干。《廿二史考異》云:按《地理志》所載軍府數之,關內道二百七十三,河南道六十二,河東道一百四十一,河北道三十,山南道十,隴右道二十九,淮南道六,江南道二,劍南道十,嶺南道三,實止五百六十六,而關內乃有二百七十三,與《志》頗不相應。而《百官志》云:三輔及近畿州都督府皆置府,凡六百三十三,則又與兩數俱別。《通典·州郡篇》云五百九十三,《職官篇》云五百七十四。《唐會要》云:關內置府二百六十一,又置折衝府二百八十,通計舊府六百三十三。《陸宣公奏議》云:太宗置府八百,在關中者五百。杜牧原十六衛云:外開折衝府五百七十有四。王伯厚引《鄴侯家傳》云:諸衛共六百三十府。又引《理道要訣》云五百九十三。唐人述府兵之數,言人人殊,宜乎史家莫適從也。按《唐六典》云:天下之府五百九十四,亦見王伯厚《困學紀聞》卷十四引。《舊書·職官志·兵部》同。《通鑑》說置府之數,與《新書·兵志》同,見貞觀十年。軍府不能無廢置,唐代制度,諸書所載,或有異同,多因各據一時言之,府兵之數,蓋亦如此,不足深異也。皆以隸諸衛。凡府三等:兵千二百人爲上,千人爲中,八百人爲下。府置折衝都尉一人,左右果毅都尉各一人,長史、兵曹、別將各一人,校尉六人。《舊書·職官志》作五人。士以三百人爲團,團有校尉;五十人爲隊,隊有正;十人爲火,火有長。火備六馱馬。凡火,具烏布幕、鐵馬盂、布槽、鍤、钁、鑿、碓、筐、斧、鉗、鋸皆一,甲牀二,鎌二。隊具火鑽一,胷馬繩一,首羈、足絆皆三。人具弓一,矢三十,胡祿、橫刀、礪石、大觽、氈帽、氈裝。行縢皆一,麥飯九斗,米二斗。皆自備;並其介冑戎裝藏於庫,有所征行,則視其入而出給之。其番上宿衛者,惟給弓矢、橫刀而已。凡民年二十爲兵,六十而免。其能騎而射者爲越騎,其餘爲步兵、武騎、排䂎手、步射。其隸於衛也,左右衛皆領六十府,諸衛領五十至四十,其餘以隸東宮六率。凡發府兵,皆下符契,州刺史與折衝勘契乃發。若全府發,則折衝都尉以下皆行,不盡則果毅行,少則別將行。當給馬者,官予其直市之,每匹與錢二萬五千。刺史、折衝、果毅歲閱不任戰者鬻之,以其錢更市。不足則一府共足之。凡當宿衛者番上。兵部以遠近給番。五百里爲五番,千里七番,一千五百里八番,二千里十番,外爲十二番,皆一月上。若簡留直衛者,五百里爲七番,千里八番,二千里十番,外爲十二番,亦月上。先天二年,詔曰:往者分建府衛,計戶充兵,裁足周事。二十一入幕,六十一出軍,多憚勞以規避匿。今宜取年二十五以上,五十而免。屢征鎭者,十年免之。雖有其言,而事不克行。玄宗開元六年,始詔折衝府兵每六歲一簡。自高宗、武后時,天下久不用兵,府兵之法寖壞。番役更代,多不以時。衛士稍稍亡匿,至是益耗散,宿衛不能給。宰相張說,乃請一切募士宿衛。《通鑑》在開元十年。十一年,取京兆、蒲、同、岐、華府兵及白丁,而益以潞州長從兵,共十二萬,號長從宿衛,歲二番。命尚書左丞蕭嵩與州吏共選之。明年,更號曰彍騎。又詔諸州府馬闕,官私共補之,今兵貧難致,乃給以監牧馬。然自是諸府士益多不補,折衝將又積歲不得遷,士人皆恥爲之。十三年,始以彍騎分隸十二衛。總十二萬,爲六番,每衛萬人。京兆彍騎六萬六千,華州六千,同州九千,蒲州萬二千三百,絳州三千六百,晉州千五百,岐州六千,河南府三千,陝、虢、汝、鄭、懷、汴六州各六百。內弩手六千。其制,皆擇下戶白丁、宗丁、品子彊壯、五尺七寸以上,不足則兼以戶八等、五尺以上,皆免征鎭賦役。爲四籍,兵部及州、縣、衛分掌之。十人爲火,五火爲團,皆有首長。又擇材勇者爲番頭,頗習弩射。自天寶以後,彍騎之法,又稍變廢,士皆失拊循。八載,折衝諸府至無兵可交。李林甫遂請停上下魚書。其後徒有兵額、官吏,而戎器、馱馬、鍋幕、糧糧並廢矣。故時,府人目番上宿衛者曰侍官,言侍衛天子,至是衛佐悉以假人爲僮奴。京師人恥之,至相罵辱必曰侍官。而六軍宿衛皆市人,富者販繒采,食粱肉,壯者爲角觝、拔河、翹木、扛鐵之戲。及祿山反,皆不能受甲矣。初府兵之置,居無事時耕於野,其番上者,宿衛京師而已。若四方有事,則命將以出。事解輒罷,兵散於府,將歸於朝。故士不失業,而將帥無握兵之重。所以防微漸,絶禍亂之萌也。及府兵法壞而方鎭盛。武夫悍將,雖無事時,據要險,專方面,既有其土地,又有其人民,又有其財賦,以布列天下。然則方鎭不得不彊,京師不得不弱。故曰措置之勢使然者以此也。"其述方鎮緣起,已見第二節。

府兵之廢,昔時論者多惜之,其實不然。近人唐君長孺,言之最審。唐君之言曰:西魏、北周,用兵皆在中原。府兵之職,惟在征行、宿衛,鎮戍則委之鄉兵。宿衛既近田里,征行亦爲時甚暫。隋雖用兵北方,然突厥既服,徙之内地,留戍之兵,殆不甚多,故開皇中,此制尚得維持。及煬帝征高麗,死喪之威,足寒士心,於是逃亡者多,不能不藉募兵彌補。貞觀而後,彊域愈廣,邊防之綫愈長。自關、隴而河西,自河西而西域,終乃極乎蔥嶺。且唐有東西兩戰場,不能兼顧,而用兵之時,徵調之兵或遠。唐君云:太宗征高麗,即受薛延陀牽制。拔灼殺兄自立,發兵寇夏州,太宗之急於回師,亦以西徼不靖也。貞觀二十三年,鐵勒平,乃謀大舉東征,而太宗崩矣。高宗初年,經營西突厥,不能不姑置高麗。龍朔元年,征高麗,既圍平壤,旋即班師,亦因西邊警報。圍平壤在八月,鐵勒叛在十月;征高麗之將有蕭嗣業、契苾何力,而伐鐵勒之仙萼道總管爲嗣業,明年,又命何力爲鐵勒道安撫使;可見二者之相關。此後吐蕃、西突厥,雖小有侵擾,當無大事,乾封元年,乃得大舉東征。三年平高麗。一年之後,爲咸亨元年,吐蕃陷四鎮。乃移安東都護薛仁貴西征。旋有大非川之敗。是年,高麗即有劍牟尋之叛,至四年乃定。明年,新羅據百濟故地,命劉仁軌討之。上元二年,因其謝罪班師。三年二月,竟棄平壤,並徙熊津都督府於建安故城,蓋已棄朝鮮半島矣。閏三月,發兵擊吐蕃。明年,爲儀鳳元年,乃命扶餘隆、高藏返其故土。《舊書·張文瓘傳》言:新羅外叛,高宗將發役討治。時文瓘疾病在家,乃輿疾請見,奏曰:"比爲吐蕃犯邊,役屯寇境。新羅雖未即順,師不内侵。若東西俱事征討,臣恐百姓不堪其弊。請息兵修德,以安百姓。"高宗從之。《通鑑》繫此事於三年九月。文瓘卒時,《舊書》本傳,卒在二年,未知孰是。然立扶餘隆、高藏,已無意用兵,則文瓘之諫,殆在其前也。既置東北於度外,乃得於儀鳳三年九月,大舉征吐蕃。以主將不得其人,而有洮河之敗。此後征西、北突厥,連歲興師。所以不虞竭蹶者?一以新羅甚爲恭順,契丹尚未叛唐,一亦以黑齒常之經營洮河,已成重鎮,足禦吐蕃也。武后時,突厥中興,亦因契丹之亂,不能兼顧,不得不就其要挾。陳伯玉集上軍國機事曰:"臣聞吐蕃近圍瓜州,數日即退。或云此賊通使默啜,恐瓜、沙遏止,故以此兵送之。臣雖未信。然惟國家比來勁敵,在此兩蕃。契丹小醜,未足比類。今國家爲契丹大發河東道及六胡州、綏、延、丹、隰等州稽胡精兵,悉赴靈州,緣塞空虛,靈、夏獨立。秦中北據隴右,亦關東鄰黨。凶羯姦謀,覘知此隙,驅其醜類,大盜秦關、隴右馬羣,是國所寶。防備近策,宜豫改圖。不可竭塞上之兵,使凶虜得計。"足見欲討契丹,不得不調西邊之兵,即不得不與突厥謀和協也。欲救此弊,必將用兵之地,分爲若干區,區自有兵,不煩調發,而其長官亦須久任,則不得不變徵發爲召募,易臨時之總管爲節度使矣。節度使之制,蓋始於劉仁軌之鎮洮河?事在儀鳳二年。《玉海》百三十八引《鄴侯家傳》云:"自初屬六柱國家,及分隸十二衛,皆選勳德信臣爲將軍,有事則命總之出征,近不踰時,遠不經歲。高宗始命劉仁軌爲洮河鎮守使,以圖吐蕃。於是始屯軍於境,而師老厭戰矣。"唐君云:《鄴侯家傳》雖僞書,此説當有所據。自此以後,逐漸設立,至玄宗而有八或十,其事實非旦夕所致。中宗即位赦文云:"天下軍鎮,不要者多。轉輸艱辛,府庫虚耗。事須改弊,不可循常。宜簡内外官人有才識者,分遣充使,巡邊按覆。須留鎮遏及應減,一事已上,並委使人共所管詳度,還日具利害聞奏。其應支兵,先取當土及側近人。仍隨地配割,分州定數。年滿差替,各出本州。永爲格例,不得踰越。"《全唐文》十七。開元二年八月,以親征河隴,命有司大募壯勇士從軍。十月,薛訥克吐蕃,停親征。詔曰:"比來緣邊鎮兵,每年更代,兵不識將,將不識兵,豈有緣路疲人?蓋是以卒與敵?其以西北軍鎮宜加兵數,先以側近兵人充,並精加簡擇。"《册府元龜》百二十四。五年五月,詔曰:"每念征戍,良可矜省。其有涉河渡磧,冒險乘危;多歷年所,遠辭親愛;壯齡應募,華省未歸;眷此勞止,期於折衷。但磧西諸鎮,道阻且長,數有替易,難於煩擾。其鎮兵宜以四年爲限。散之州縣,務取富户丁多。差遣後量免户納雜科税。其諸軍鎮兵,近日遞加年限者,各依舊以三年、二年爲限,仍並不得延留。其情願留鎮者,即稍加賜物。得代願住,聽令復行。"十六年十二月,詔曰:"健兒長鎮,何以克堪?可分爲五番,每年放一番洗沐。遠取先年人爲第一番,周而復始。每五年共酬勳五轉。"二十二年四月,詔"天下諸州鎮兵募及健兒等,年月已久,頗亦辛勤。或老疾尫羸;或單弱貧窶;或親老孤獨,致闕晨昏;言念於斯,深用矜歎。宜委節度使及軍州簡擇。有如此色,一切放還。咸宜精審,以稱朕意。"《册府元龜》百三十五。諸詔非他,舍征發之府兵,而求之當地、側近及征行客户;其遠戍已久者,則或逕放還,或定留戍年限,及分番令得休息而已。此一以紓民勞,一亦以救兵不識將、將不識兵之弊也。然隨事補苴,終非長策,卒乃曠然一大變焉。《唐六典·兵部注》曰:"舊健兒在軍,皆有年限,更來往,頗爲勞弊。開元二十五年,勅以爲天下無虞,宜與人休息。自今以後,諸軍鎮量閒劇、利害,置兵防健兒。於諸色征行人內及客戶中召募。取丁壯情願充健兒常住邊境者。每年加常例給賜,兼給永年優復。其家口情願同去者聽。至軍州,各給田地、屋宅,人賴其利,中外獲安。自是州郡之間,永無徵發之役矣。"二十六年正月,迎氣,詔曰:"朕每念黎甿,弊於征戍,所以別遣召募,以實邊郡,賜其厚賞,便令長住。今諸軍所召,人數向足,在於中夏,自可罷兵。既無兵革之事,足保農桑之業。自今已後,諸軍兵健,並宜停遣,其見鎮兵並一切放還。"《册府元龜》百三十五。則府兵戍守之制全廢矣。既以長從充宿衛,又以長征充戍守,府兵自無所用之,故天寶八載,遂停折衝府上下魚書矣。《六典》之注,爲李林甫所加。《玉海》百三十八引《鄴侯家傳》云:"開元末,李林甫爲相,又請諸軍召募長征健兒,以息山東兵士。於是師不土著,無家族之顧,將帥脅一時之令,而偏裨殺將自擅之兆生矣。"與事實不符。玄宗時,初無偏裨殺將之事;而太宗以降,多以山東府兵出戍,交代往還,正所謂師不土著。既令諸軍召募,投效者非邊戍之人,即久戍不歸之士;又得移家口,給田地;則邊軍生事所資,悉在軍鎮,此將帥所以得挾持之,而中央無以控制也。《家傳》以爲不取之農民,即是師不土著,豈知長征健兒之制,正以農民苦於征戍,乃分兵民爲二哉?林甫自詡,非誕辭也。以上皆據唐君所撰《唐代兵制演變》,最取大意。愚按中國自一統之後,版圖式廓,民之所憚,不在征戍而在其遠,《秦漢史》已言之。故民兵之制,必不可以事外攘。唐代府兵之廢壞,實由其遇之太薄。《舊書·劉仁軌傳》:仁軌留鎮百濟,上表曰:"臣看見在兵募,手足沈重者多,勇健奮發者少。兼有老弱,衣服單寒,惟望西歸,無心展效。臣問:往在海西,見百姓人人投募,爭欲征行;乃有不用官物,請自辦衣糧,投名義征。唐時充兵之人,蓋有二類?杜陵《前出塞》之詩曰:"戚戚去故里,悠悠赴交河。公家有程期,亡命嬰禍羅。君已富土境,開邊一何多?棄絕父母恩,吞聲行負戈。"又曰:"送徒既有長,遠戍亦有身,生死向前去，不勞吏怒嗔。路逢相識人，附書與六親：哀哉兩決絕，不復同苦辛。"惓惓於所親愛，不忍遠離，此府兵征戍者之類也。《後出塞》之詩曰："男兒生世間，及壯當封侯。戰伐有功業，焉能守舊丘？召募赴薊門，軍動不可留。千金買馬鞍，百金裝刀頭。閭里送我行，親戚擁道周。斑白居上列，酒酣進庶羞。少年別有贈，含笑看吳鉤。"此輕俠之倫，冀幸富貴者。仁軌所云爭欲征行者，即此類人，非凡百姓皆然。諫爭之辭，恒不免過甚以聳聽也。然杜陵則真詩史矣。何因今日募兵，如此儜弱？皆報臣云：今日官府，與往日不同，人心又別。貞觀、永徽中，東西征役，身死王事者，並蒙勅使弔祭，追贈官職；亦有迴亡者官爵，與其子弟。從顯慶五年已後，征役身死，更不借問。往前渡遼海者，即得一轉勳官。從顯慶五年以後，頻經渡海，不被紀録。州縣發遣兵募，人身少壯，家有錢財，參逐官府者，東西藏避，並即得脫，無錢參逐者，雖是老弱，推背即來。顯慶五年破百濟勳，及向平壤苦戰勳，當時軍將號令，並言與高官重賞，百方購募，無種不道，泊到西岸，惟聞枷鎖推禁，奪賜破勳。州縣追呼，求住不得。公私困弊，不可言盡。發海西之日，已有自害逃走，非獨海外始逃。又爲征役蒙授勳級，將爲榮寵，頻年征役，惟取勳官，牽挽辛苦，與白丁無別。百姓不願征行，特由於此。臣又問見在兵募：舊留鎮五年，尚得支濟，爾等始經一年，何因如此單露？並報臣道：發家來日，惟遣作一年裝束。自從離家，已經二年。在朝陽甕津，又遣來去運糧。涉海遭風，多有漂失。臣勘責見在兵募，衣裳單露，不堪度冬者，給大軍還日所留衣裳，且得一冬充事，來年秋後，更無準擬。"《高宗諸子弘傳》云：有勅征遼軍人逃亡，限内不首，及更有逃亡者，身並處斬，家口没官。弘上表諫曰："竊聞所司以背軍之人，身久不出，家口皆擬没官；亦有限外出首，未經斷罪；諸州囚禁，人數至多。或臨時遇病，不及軍伍，緣兹怖懼，遂即逃亡。或因樵採，被賊抄掠；或渡海來去，漂没滄波；或深入賊庭，有被傷殺；軍法嚴重，皆須相傔。若不及傔，及不因戰亡，即同隊之人，兼合有罪。遂有無故死失，多注爲逃。軍旅之中，不暇勘當，直據隊司通狀，將作真逃。家口今總没官，論情實可哀愍。伏願逃亡之家，免其配没。"制從之。觀此二疏，知高宗初年，府兵見待，曾有大變，而民情因之。《新書・韓思彥傳》：子琬，於景雲初上言，亦云"往召募人賈其勇，今差勒閫宗逃亡。"此等諫諍之辭，容有聳聽之語，然民情前後不同，亦必非子虛也。所以如斯，固難以一言蔽，然是時用兵太多，欲厚遇之，名實皆有所不給，必其大焉者也。民之所憚，莫如遠役，以道途艱苦，供給不足，私齎亦力有不逮也。郭虔瓘轉安西副大都護，"請募關中兵一萬人往安西討擊，皆給公乘，兼供熟食。"見《舊書》本傳。供億如此，民當不憚遠行，然物力安能給邪？唐世府兵，負荷本重，如戎器、馱馬等是也。《舊書・職官志・兵部》云："凡軍行器物，皆於當州分給之，如不足則令自備，貧富必以均焉。"隨身用度，更不必論，劉仁軌之兵所云來時遣作一年裝束是也。開元五年之詔，鎮兵量免戶雜科稅，可見其本不能免，而是時亦不能全免。西北尤甚，太宗時，戴冑已言關中河外，盡置軍團，見第三章第一節。《新書・地理志》所載軍府之數，京兆百三十有一，河南三十有九，餘州府不過一二十，少者乃一二耳。此非盡唐人強幹弱枝之計，蓋自周、隋已來，相沿如此也。貞觀時議戶猥地狹者徙寬鄉，崔善為以畿內戶舊籍府兵不可；蘇瓌徙同州刺史，歲旱，兵當番上者不能赴，瓌奏宜月增賜半糧；可見關中之民負荷之重。而禁衞多出於此。《弘傳》又云：咸亨二年，駕幸東都，留太子於京師監國。時屬大旱，關中飢乏。令取廊下兵士糧視之，見有食榆皮、蓬實者。乃令家令等各給米使足。《蘇瓌傳》：瓌以景龍三年轉右僕射，同三品。亦言"粒食踴貴，宿衞兵至有三日不得食者。"宿衞如此，豈況征戍？《辛替否傳》：替否於睿宗時為左補闕，上疏陳時政曰："當今發一卒以禦邊垂，遣一兵以衞社稷，多無衣食，皆帶飢寒。"可見中外皆然矣。張說之以彍騎代府兵也，《新書・說傳》言："衞兵貧弱，班休者亡命略盡，說建請一切募勇彊士，優其科條，簡其色役，不旬日，得勝兵十三萬。"可見民之所憚，在彼而不在此。番上之易為長從，番戍之易為長征，其理一也。安、史之亂，誠為乘虛而入，然使是時，府兵而在，亦斷不足以禦之，而不見默啜、李盡忠之蹂躪河北乎？其時府兵曷嘗廢也？故以府兵之廢為玄宗、張說、李林甫咎，玄宗、張說、李林甫不任受責也。不惟玄宗、張說、李林甫，即自高宗以下之君臣，亦不任受責也。何者？勢之所趨，固非人力所能挽，而其制亦本祇宜於周時，此時不必維持耳。然諸人仍有不能不任其責者，此則在於廟算之得失。唐君謂唐之用兵,皆務攻取,故府兵之制,不協事宜,是也。然則唐之務攻取,爲得策乎? 爲失策乎? 曰:亦可謂之得策,所惜者,初或用之過當,而後又不承權輿耳。用兵之道,不外二科:據其土,役其人,攘其物,此有所利而爲之者也。中國之用兵於四夷,初無此意。特以其爲我患而禦之,或慮其將爲我患而豫摧折。前者固守禦之師,後者之意,實亦仍在守禦,不可謂之不義也。外夷順服之日,設官以管理之,以防其逆節之萌,亦屬此科矣。然攻取之兵,至於克捷之日,即宜解散,而防衛暨留鎮之兵,則必不可多。何則? 軍久屯駐,則暮氣盛而積弊深,必不可用;又養兵太多,爲民力所不勝也。唐太宗之滅頡利,禦侮之師也;其亡薛延陀,慮其將爲我患而摧折之者也;攻高麗,遼東固中國地,當復;皆不可謂之不義,而其事西域,則實爲黷武。何者? 是時之情勢,無取乎此也。麗、濟既亡,遼東已復,且其形勢已臻完固,若更據鴨淥江東之地,則爲無所取材,故後遂棄之以與新羅,此舉實最衷於理。遼東故中國郡縣,貉人未必無移殖其間者,然必不能多,中國欲復之,宜也。鴨江以東,則故貉族之地,中國疆界,雖嘗踰此,人之移殖者,亦必不能較貉族爲多。以此分疆,最協於義。自唐棄平壤以後,中國不思越此而東,貉人亦不欲越此而西,兩國遂獲和平相處矣。其時吐蕃始熾;武后時,突厥再興,契丹亦盛;中國理宜出攻取之師,而皆未能出,故至縱敵,以詒後患。玄宗時,突厥自亡,契丹亦戢,而吐蕃獨肆侵陵。此時用兵,理應分別緩急,於吐蕃主攻,而於回紇、契丹,則不復主攻。陸贄言:吐蕃舉國勝兵之徒,纔當中國十數大郡。見《舊書》本傳。雖甚強悍,非難摧破;況其多雜羌、渾等,又皆脅從而非心服乎? 西域諸國,國小勢分,本不能爲中國患。此時之守四鎮,非以悉焉耆、龜茲、高昌,乃所以藩衞河西也。攻者決策在己,守者多見致於人,與屯重兵於安西、北廷,曷若移之隴右以攻敵? 吐蕃之能猾夏,實恃今青海之地爲腹心,其地易守而難攻,中國坐視其跋扈而無可如何,實由於此。然衆寡、貧富,迥不相侔,厚集其力以攻之,當無不可摧敗者。此當如太宗時之攻吐谷渾,大舉深入;且屢舉以疲之;使其不獲安居。不當如玄宗時爭石堡等戍,置軍以實河曲。争堡、置軍,正乃守禦之策,非攻取之師也。青海之地喫緊,則四鎭不守而自固。西胡固惟利之求,回紇亦寖染胡俗,皆可以利啖;契丹尚未强大,但得廉恥之將以禦之,固不待重兵也。哥舒翰多殺士以攻石堡,此邀功之爲也。高仙芝之討小勃律、攻石國,則兼以黷貨矣。終致怛邏斯之敗,非不幸也。吐蕃據今青海之地,無貨利可歆,有之則羊馬耳,固不足大啓貪欲,西域則不然矣。故不攻吐蕃而事西域,亦唐軍紀敗壞之一因也。兵力偏重,本非久計。況於過任蕃將?此實安、史之亂所由肇。然兼用蕃兵,亦愛惜民命之意,且合於天時、地利,未足深咎。然使唐是時於吐蕃主攻,則所撫用者當在羌、渾、党項,而非西胡。人所蘄求,各因習俗,羌、渾、党項之桀,必不如安禄山、史思明輩,睨天位而思奪之也。然則同用蕃兵,其得失亦有間矣。又唐兵力之不振,實緣將帥之非人。儀鳳中,魏元忠言兵事曰:"當今朝廷用人,類取將門子弟。亦有死事之家,而蒙抽擢者。此等本非幹略見知,雖竭力盡誠,亦不免於傾敗。"又曰:"薛仁貴、郭待封,受閫外之寄,奉命專征,不能激厲熊羆,乘機掃撲,敗軍之後,又不能轉禍爲福,因事立功,遂乃棄甲喪師,脱身而走。幸逢寬政,罪止削除。網漏吞舟,何以過此?"又曰:"仁貴自宣力海東,功無尺寸,坐玩金帛,黷貨無厭,今又不誅,縱惡更甚。"高宗時師出之失律,蓋有其由。中宗以還,因循彌甚,明罰勅法,猶恐不逮,而玄宗仍任貪黷之徒,《通鑑》貞元二年載李泌《議復府兵》之辭曰:"牛仙客以積財得宰相,邊將效之。山東戍卒,多齎繒帛自隨,邊將誘之,寄於府庫,晝則苦役,夜繫地牢,利其死而没入其財。故自天寶以後,山東戍卒還者,十無二三。"此説當亦出《鄴侯家傳》,傳固僞,然其言亦必有所本也。且重任蕃將,則其措置,翩其反而矣。此安、史之亂所由成也,而於府兵之廢何與哉?

中葉以後,調東方之兵,以戍西方,其弊,復與未變法以前等。《舊書·陸贄傳》:贄嘗疏論其事曰:"關東之地,百物阜殷,從軍之徒,尤被優養,慣於溫飽,狎於歡康,比諸邊隅,若異天地,而乃使之去親族,捨園廬,甘其所辛酸,抗其所憚駭,將冀爲用,不亦疏乎?矧又有休代之期,無統帥之馭。資奉若驕子,姑息如倩人。屈指計歸,張頤待飼。猶患還期之賖緩,常念戎醜之充斥。王師挫傷,則將乘其亂離,布路東潰。情志且爾,得之奚爲?復有抵犯刑禁,論徙軍城。意欲增户實邊,兼令展效自贖。既是無良之類,且加懷土之情,思亂幸災,又甚戍卒。適足煩於防衞,諒無望於功庸。窮邊之地,長鎮之兵,百戰傷夷,終年辛苦。角所能則練習,度所處則孤危,考其服役則勞,察其臨敵則勇。然衣糧所給,惟止當身,例爲妻子所分,常有凍餒之色。而關東戍卒,衣糧所須,厚踰數等,繼以茶藥之饋,益以蔬醬之資。豐約相形,懸絕斯甚。又有素非禁旅,本是邊軍,將校詭爲媚詞,因請遥隸神策。不離舊所,惟改虛名。其於稟賜之饒,遂有三倍之益。儔類所以忿恨,忠良所以憂嗟,疲人所以流亡,經費所以褊匱。謂宜罷諸道將士防秋之制。率因舊數而三分之:其一分,委本道節度使募少壯願住邊城者徙焉。其一分,則本道但供衣糧,委關內、河東諸軍、州,募蕃、漢子弟願傅邊軍者給焉。又一分,亦令本道但出衣糧,加給應募之人,以資新徙之業。又令度支散於諸道,和市耕牛,兼雇召工人,就諸軍城,繕造器具。募人至者,家給耕牛一頭,又給田農水火之器。初到之歲,與家口二人糧,并賜種子。待經一稔,俾自給家。若有餘糧,官爲收糴,各酬倍價,務獎營田。寇至則人自爲戰,時至則家自力農。時乃兵不得不強,食不得不足。與夫倏來忽往,豈可同等而語哉?"其所蘄求,亦與開元變法時等也。《通鑑》貞元二年,載德宗與李泌議復府兵,泌爲上歷叙府兵興廢之由,且言其利。三年,上復問泌以復府兵之策。泌言:"今吐蕃久居原、會之間,以牛運糧,糧盡牛無所用,請發左藏惡繒,染爲采纈,因党項以市之。又命諸冶鑄農器,糴麥種,分賜緣邊軍鎮,募戍卒耕荒田。約明年麥熟,倍償其種,其餘據時價五分增一,官爲糴之。來春種禾亦如之。戍卒因屯田致富,則安於土,不復思歸。舊制戍卒三年而代。及其將滿,下令有願留者,即以所開田爲永業,家人願來者,本貫給長牒續食而遣之。據應募之數,移報本道。雖河朔諸帥,得免更代之煩,亦喜聞矣。不過數番,則戍卒土著,乃悉以府兵之法理之,是變關中之疲弊爲富強也。""既而戍卒應募,願耕屯田者什五六。"此文蓋出《鄴侯家傳》,不必信。然亦時人之見，可與陸贄之説相參證也。唐長孺云：敬輿上疏，《通鑑》在貞元九年，《册府元龜》九百九十三在八年，使如《家傳》所云，三年詔下，願留者十五六，是成效久著，何以一言不及？然則鄴侯但曾爲此説，實未嘗行，或見全爲李繁所假託，并無是言也。即敬輿所論，德宗亦未能用，大曆以後，邊境非無屯田，李、陸二公之謀罷防秋，則始終未行也。二公所論，皆開元、天寶置長征健兒之遺策。府兵籍上，征鎮亦不移家口，雖有田而在本貫，與所言絶不同。愚案《舊書·崔渙傳》：子縱，貞元時爲河南尹。先是戍邊之師，由洛陽者，儲餉取辦於偏户，縱始官備，不徵於人。然則東軍西戍，不徒浪費衣糧，亦且累及緣路居民矣。歐《史·四夷附録》云：榆關東臨海，北有山，皆斗絶，並海東北有路，狹僅通車，其旁地可耕殖，唐時置戍，以扼契丹。戍兵常自耕食，惟衣絮歲給幽州。久之，皆有田宅，養子孫，以堅守爲己利。唐末，幽、薊割據，戍兵廢散，契丹因得出陷平、營，而幽、薊之人，歲苦寇鈔，土著之兵足用，而屈指計歸之士，不能守土，於此亦可見。陸贄疏又論節制多門之弊曰："開元、天寶之間，控禦西北兩番，惟朔方、河西、隴右三節度而已。猶慮權分勢散，或使兼而領之。中興已來，未遑外討，僑隸四鎮於安定，權附隴右於扶風，所當西北兩番，亦朔方、涇原、隴右、河東節度而已。關東戍卒，至則屬焉。雖委任未盡得人，而措置尚存典制。自頃逆洫誘涇隴之衆，叛懷光汙朔方之軍，割裂誅鉏，所餘無幾。而又分朔方之地，建牙擁節者，凡三使焉。其餘鎮軍，數且四十。皆承特詔委寄，各降中貴監臨。人得抗衡，莫相稟屬。每俟邊書告急，方令計會用兵。既無軍法下臨，惟以客禮相待。是乃從容拯溺，揖讓救焚。冀無貽危，固亦難矣。謂宜擇文武能臣，一人爲隴右元帥，一人爲朔方元帥，一人爲河東元帥。見置節度，有非要者，隨所便近而并之。"此策或疑統率之權太重，然觀幽薊割據，戍卒轉因之廢散，則知叛將所用者，亦非土著、愛田廬、戀妻子之衆也。

府兵既廢，養兵之數驟增，天寶初四十九萬，見《舊書·地理志》。建中元年七十六萬八千餘，見《通鑑》。元和二年，李吉甫撰《元和國計簿》，云八十三萬，六年，中書、門下奏云八十餘萬。開成二年，王彥威進供軍圖略曰：至德、乾元之後，迄於貞元、元和之際，約計八十餘萬，長慶約九十九萬。均見《舊書·本紀》。國家經費不支，此爲論史者稱美府兵之理。其實亦不相干。何者？府兵必免其庸調，寧非損失經費邪？舉一國之民，且耕且戰，必不如或耕或戰者所生之利爲多，此通工易事之理也。若乃多養老弱，乞休不許，此乃軍政之失，與軍民分業之理何涉？民兵、募兵，二者孰優？關涉極多，實難以一言蔽，但就財政、生計言之，則未必唐之府兵，優於宋之召募也。杜牧之言曰："百人荷戈，仰食縣官，則挾千夫之名。"《新書·突厥傳序》。然則養兵百萬,實乃十萬耳。十萬之數,可云多乎?《李絳傳》:絳亦言濱塞虛籍多,實兵少。《舊書・張說傳》:既移河曲六州殘胡,先是緣邊鎮兵,常六十餘萬。說以時無强寇,不假師衆,奏罷二十餘萬,勒還營農。玄宗頗以爲疑。說奏曰:"臣久在疆場,具悉邊事。軍將但欲自衛,及雜使營私,若禦敵制勝,不在多養閒冗,以妨農務。陛下若以爲疑,臣請以闔門百口爲保。"上乃從之。然則養兵徒爲邊將私利者,踰三之一矣。王忠嗣兼朔方、河東節度使,自朔方至雲中,緣邊數千里,當要害地,開拓舊城,或自創制,斥地各數百里,史以爲美談,此必多置戍軍,恐亦非必需,且或不免私利也。

方鎮既橫於外,所以把持京師者,復有禁軍,其禍且更深於方鎮焉。《新書・兵志》曰:"所謂天子禁軍者,南北衙兵也。南衙,諸衛兵是也。北衙者,禁軍也。初高祖以義兵起太原,已定天下,悉罷遣歸,其願留宿衛者三萬人,以渭北白渠旁民棄腴田分給之,號元從禁軍。後老不任事,以其子弟代,謂之父子軍。及貞觀初,太宗擇善射者百人爲二番,於北門長上,曰百騎,以從田獵。又置北衙七營,選材力驍壯,月以一營番上。十二年,始置左右屯營於玄武門,領以諸衛將軍,號飛騎。"《舊紀》在六月。復擇馬射爲百騎,爲遊幸翊衛。《舊書・職官志》云:太宗選飛騎之尤驍健者,別署百騎,以爲翊衛之備。《姜謩傳》云:太宗選趫捷之士,以充仗內宿衛,名爲飛騎,每遊幸即騎以從。高宗龍朔二年,始取越騎、步射置左右羽林軍。《舊書・職官志》同。武后改百騎曰千騎,睿宗又改曰萬騎,分左右營。及玄宗以萬騎平韋氏,改爲左右龍武軍。皆用唐元功臣子弟,制若宿衛兵。《舊紀》:永昌元年十月,"改羽林軍百騎爲千騎。"景龍元年九月,"改左右羽林衛千騎爲萬騎。"開元二十六年,冬,"析左右羽林軍置左右龍武軍,以左右萬騎營隸焉。"《職官志》云:"萬騎自開元以來,與左右羽林軍名曰北門四軍。開元二十七年,改爲左右龍武軍。"是時良家子避征戍者,亦皆納資隸軍,分日更上如羽林。開元十二年,詔左右羽林軍、飛騎闕,取京旁州府士,以戶部印印其臂,爲二籍,羽林、兵部分掌之。末年,禁兵寖耗。及祿山反,天子西駕,禁軍從者裁千人。肅宗赴靈武,士不滿百。及即位,稍復舊補北軍。至德二載,置左右神武軍,補元從、扈從官子弟,不足則取他色帶品者,同四軍。謂左右羽林、左右龍武。亦曰神武天騎。制如羽林。總曰北衙六軍。又擇便騎射者,置衙前射生手千人,亦曰供奉射生官,又曰殿前射生手，分左右廂，總號曰左右英武軍。《舊書・職官志》云：羽林、龍武，皆唐元功臣子弟，非外州人。肅宗在鳳翔，方收京城，以羽林軍減耗，寇難未息，乃別置神武軍，同羽林制度官吏，謂之北衙六軍。又置衙前射生手千餘人，謂之左右英武軍，非六軍之例也。乾元元年，李輔國用事，請選羽林騎士五百人徼巡。李揆曰："漢以南北軍相制，故周勃以北軍安劉氏。朝廷置南北衙，文武區列，以相察伺。今用羽林代金吾警，忽有非常，何以制之？"遂罷。《舊書・職官志》云：左右金吾衞，掌宮中及京城晝夜巡警之法，以執禦非違。又云：漢置南北軍，掌衞京師。南軍若今諸衞也，北軍若今羽林軍也。飛騎仗或有勅上南衙者，羽林大將軍承墨勅，自移於金吾引駕仗，引駕仗官與監門覆奏，又降墨勅，然後得入。上元中，以北衙軍使衛伯玉爲神策軍節度使，鎮陝州。中使魚朝恩爲觀軍容使，監其軍。初哥舒翰破吐蕃臨洮西之磨環川，即其地置神策軍，以成如璆爲軍使，及安禄山反，如璆以伯玉將兵千人赴難，與朝恩皆屯於陝。時神策故地淪没，即詔伯玉所部兵號神策軍，以伯玉爲節度，與陝州節度使郭英乂皆鎮陝。其後伯玉罷，以英乂兼神策軍節度。英乂入爲僕射，軍隊統於觀軍容使。代宗即位，以射生軍入禁中靖難，皆賜名寶應功臣，故射生軍又號寶應軍。廣德元年，代宗避吐蕃幸陝，朝恩舉在陝兵迎扈，悉號神策軍。天子幸其營。及京師平，朝恩遂以軍歸禁中自將之，尚未與北軍齒也。永泰元年，吐蕃復入寇，朝恩又以神策軍屯苑中。自是寖盛，分爲左右廂，勢居北軍右，遂爲天子禁軍，非他軍比。朝恩乃以觀軍容宣慰處置使知神策軍兵馬使。又用愛將劉希暹爲神策虞候，主不法。遂置北軍獄，募坊市不逞，誣捕大姓，没產爲賞。至有選舉旅寓而挾厚貨多橫死者。朝恩得罪死，以希暹代爲神策軍使。是歲，希暹復得罪，以朝恩舊校王駕鶴代將。十數歲，德宗即位，以白志貞代之。是時神策兵雖處内，而多以禆將將兵征伐，往往有功。及李希烈反，河北盗且起，數出禁軍征伐，神策之士，多鬬死者。建中四年，下詔募兵。以志貞爲使。搜補峻切。神策兵既發殆盡，志貞陰以市人補之。名隸籍而身居市肆，及涇卒潰，皆戢伏不出，帝遂出奔。案此言志貞事誣罔，辯見第七章第三節。志貞等流貶。神策都虞候李晟與其軍之他將，皆自飛狐道西兵赴難，遂爲神策行營節度，屯渭北。軍遂振。貞元二年，改神策左右廂爲左右神策軍。特置監句當左右神策軍，以寵中官，而益置大將軍以下。又改殿前射生左右廂曰殿前左右射生軍，亦置大將軍以下。俄改殿前左右射生軍曰左右神威軍。《舊書·職官志》云：神威軍，本號殿前射生左右廂。貞元二年九月，改殿前左右射生軍。三年四月，改爲左右神威軍。非六軍之例也。《通鑑》：貞元四年四月，更命殿前左右射生曰神威軍。與左右羽林、龍武、神武、神策號曰十軍。置監左右神威軍使。左右神策軍皆加將軍二員，左右龍武軍加將軍一員，以待諸道大將有功者。自肅宗以後，北軍增置威武、長興等軍，名類頗多，而廢置不一。惟羽林、龍武、神武、神策、神威最盛，總曰左右十軍矣。其後京畿之西，多以神策軍鎮之，皆有屯營。軍司之人，散處甸内，皆恃勢凌暴，民間苦之。自德宗幸梁還，以神策兵有勞者，皆號興元元從奉天定難功臣，恕死罪。中書、御史府、兵部乃不能歲比其籍，京兆又不敢總舉名實。三輔人假比於軍，一牒至十數。長安姦人，多寓占兩軍，身不宿衛，以錢代行，謂之納課户。益肆爲暴。吏稍禁之，輒先得罪。故當時京尹、赤令，皆爲之斂屈。《舊書·郭子儀傳》：子儀《請代宗還京》之奏曰：「六軍之兵，素非精練。皆市肆屠沽之人，務挂虚名，苟避征賦。驅以就戰，百無一堪。亦有潛輸貨財，因以求免。」此爲當日禁衛窳敗之由，神策軍所以得乘虚而入也。神策既入，挂名之習不改，遂至因之以爲暴。《通鑑》：貞元七年二月，「初上還長安，以神策等軍有衛從之勞，皆賜名興元元從奉天定難功臣，以官領之，撫恤優厚。禁軍恃恩驕横，侵暴百姓，陵忽府縣。至詬辱官吏，毀裂案牘。府縣官有不勝忿而刑之者，朝笞一人，夕貶萬里。由是雖有公嚴之官，莫得舉其職。市井富民，往往行賂寄名軍籍，則府縣不能制。辛巳，詔神威六軍吏士與百姓訟者，委之府縣。小事牒本軍，大事奏聞。若軍士陵忽府縣，禁身以聞，委御史臺推覆。縣吏輒敢笞辱，必從貶謫。」自古以來，未有公然縱軍虐民，摧折官吏，如此其甚者也。《舊書·柳仲郢傳》：富平縣人李秀才，籍在禁軍，誣鄉人斫父墓柏，射殺之。法司以專殺論。文宗以中官所庇，決杖配流。法之不行如此。十年，京兆尹楊於陵請置挾名，勅五丁許二丁居軍，餘差以條限。繇是豪强少畏。事亦見《舊書·於陵傳》。《宣宗紀》：大中五年，京兆尹韋博奏言京畿富户，爲諸軍影占，苟免府縣色役，則此弊實未除。十二年，以監句當左神策軍左監門衛大將軍知内侍省事竇文場爲左神策軍護軍中尉，監句當右神策軍右監門衛將軍知內侍省事霍仙鳴爲右神策軍護軍中尉。監右神威軍使內侍兼內謁者監張尚進爲右神威軍中護軍，監左神威軍使內侍兼內謁者監焦希望爲左神威軍中護軍。十四年，又詔左右神策置統軍，以崇親衛，如六軍。《新書·鄭綱傳》：入爲起居郎翰林學士，累遷中書舍人。德宗自興元還，置六軍統軍，視六尚書，以處功臣，除制用白麻付外。又廢宣武軍，益左右神策，以監軍爲中尉。竇文場恃功，陰諷宰相：進擬如統軍比。綱當作制，奏言：「天子封建或用宰相，以白麻署制，付中書、門下。今以命中尉。不識陛下特以寵文場邪？遂著爲令也？」帝悟，謂文場曰：「武德、貞觀時，中人止內侍，諸衛將軍同正賜緋者無幾。自魚朝恩以來，無復舊制。朕今用爾，不謂無私。若麻制宣告，天下謂爾脅我爲之。」文場叩頭謝。更命中書作詔，并罷統軍用麻矣。當時中人之妄如此。時邊軍衣饟多不贍，而戍卒屯防，藥茗蔬醬之給最厚。諸將務爲詭辭，請遙隸神策軍，稟賜遂贏舊三倍。繇是塞上往往稱神策行營，皆內統於中人矣。《通鑑》云：「皆統於中尉。」又元和七年，吐蕃犯涇州，及西門之外，驅掠人畜而去。上患之。李絳上言：「京西、京北，皆有神策鎮兵。始置之，欲以備禦吐蕃，使與節度使犄角相應也。今則鮮衣美食，坐耗縣官。每有寇至，節度使邀與俱進，則云申取中尉處分，比其得報，虜去遠矣。縱有果銳之將，聞命奔赴，節度使無刑戮以制之，相視如平交，左右前卻，莫肯用命，何所益乎？請據所在之地，士馬及衣糧、器械，皆割隸當道節度使，使號令齊一。」上曰：「朕不知舊事如此，當亟行之。」既而神策軍驕恣日久，不樂隸節度使，竟爲宦者所沮而止。《新書·柳公綽傳》：拜邠寧節度使。神策鎮鎮，列屯部中，不聽本道節制，公綽論所宜。因詔屯營緩急悉受節度。憲宗號稱英明，欲有所行，尚爲宦官所格，昭愍昏憒，令豈能行？況豈有平時不受節制，臨事乃可指揮者邪？薛《史·唐明宗紀》：長興三年十月，「帝謂范延光曰：如開禁軍戍守，多不稟藩臣之命，緩急如何驅使？」延光曰：「承前禁軍出戍，便令逐處守臣管轄斷決，近似簡易。」帝曰：「速以宣命條舉之。」則五代時仍有此弊。其軍乃至十五萬。《通鑑》：唐昭宗天復三年，崔胤奏言：「貞元之末，分羽林衛爲左右神策軍，以便衛從，始令宦官主之，以二千人爲定制。」則神策本軍，數竝不多，而附從者則七十五倍之矣。《新書·李晟傳》：李懷光謀沮其軍，奏言：「神策兵給賜比方鎮獨厚。今桀逆未平，軍不可以異。欲晟自削其軍，則士怨易撓。」懷光固桀驁，然此言則不能謂其非是也。順宗即位，王叔文用事，欲取神策兵柄，乃用故將范希朝爲左右神策京西諸城鎮行營兵馬節度使，以奪宦者權而不克。元和二年，省神武軍。明年，又廢左右神威軍，合爲一，曰天威軍。八年，廢天威軍，以其兵分隸左右神策軍。此時以左右羽林、左右龍武、左右神策爲六軍。至朱全忠廢神策，乃以羽林、龍武、神武爲六軍，見下。及僖宗幸蜀，田令孜募神策新軍，爲五十四都，《通鑑》云：「每都千人，」見光啓元年。離爲十軍，令孜自爲左右神策十軍兼十二衛觀軍容使。《通鑑》注：左右衛，左右驍衛，左右武衛，左右威衛，左右領軍衛，左右金吾衛，謂之南衙十二衛。以左右神策大將軍爲左右神策諸都指揮使。諸都又領以都將，亦曰都頭。景福二年，昭宗議以宗室典禁兵。及伐李茂貞，乃用嗣覃王允爲京西招討使，神策諸都指揮使李鐬副之。悉發五十四軍屯興平。已而兵自潰。茂貞逼京師，昭宗爲斬神策中尉西門重遂、李周潼，乃引去。乾寧元年，王行瑜、韓建及茂貞連兵犯闕。天子又殺宰相韋昭度、李磎，乃去。李克用伐行瑜等。同州節度使王行實入，迫神策中尉駱全驩、劉景宣，請天子幸邠州。全驩、景宣及子繼晟，與行實縱火東市。帝御承天門，勑諸王率禁軍扞之。捧日都頭李筠以其軍衛樓下。茂貞將閻圭攻筠，矢及樓扉。帝乃與親王、公主幸筠軍。扈蹕都頭李君實亦以兵至。侍帝出幸莎城、石門。詔嗣薛王知柔入長安收禁軍，清宮室。月餘乃還。又詔諸王選親軍，收拾神策亡散，得數萬。益置安聖、捧宸、保寧、安化軍，曰殿後四軍。安化軍，《通鑑》作宣化。嗣覃王允與嗣延王戒丕將之。三年，茂貞再犯闕。嗣覃王戰敗。昭宗幸華州。明年，韓建畏諸王有兵，請皆歸十六宅。留殿後兵三十爲控鶴排馬官，隸飛龍坊。餘悉散之。且列甲圍行宮，於是四軍二萬餘人皆罷。又請誅都頭李筠。帝恐，爲斬於大雲橋。俄遂殺十一王。及還長安，左右神策軍復稍置之，以六千人爲定。是歲，左右神策中尉劉季述、王仲先以其兵千人廢帝，幽之。季述等誅。已而昭宗召朱全忠兵入誅宦官。宦官覺，劫天子幸鳳翔。全忠圍之。歲餘，天子乃誅中尉韓全誨、張彥弘等二十餘人，以解梁兵。乃還長安。於是悉誅宦官，而神策左右軍繇此廢矣。諸司悉歸尚書省郎官，兩軍兵皆隸六軍，而以崔胤判六軍、十二衛事。六軍者，左右龍武、神武、羽林，其名存而已。自是軍司以宰相領。及全忠歸，留步騎萬人屯故兩軍，以子友倫爲左右軍宿衛都指揮使。禁衛皆汴卒，崔胤乃奏六軍名存而兵亡,非所以壯京師。軍皆置步軍四將,騎軍一將,步將皆兵二百五十人,騎將皆百人,總六千六百人,番上如故事。乃令六軍諸衛副使京兆尹鄭元規立格募兵於市,而全忠陰以汴人應之。胤死,以宰相裴樞判左三軍,獨孤損判右三軍。向所募士悉散去。全忠亦兼判左右六軍、十二衛。及東遷,惟小黃門打毬供奉十數人、內園小兒五百人從。至穀水,又盡屠之,易以汴人。於是天子無一人之衛。以上參看第五章第八節、第六章第四節、第七章第六節、第十一章第二、第三、第四節。唐自中葉以後,號稱藩鎮跋扈,然始終擅命者惟河北。形要之地如襄、鄂,險塞之地如兩川,窵遠之地如黔、粵,皆未嘗顯然背命。東南財賦之區,尤爲中央命脈所繫。苟唐主赫然整頓,舉藩鎮之背命者討平之,偃蹇者廢易之,實未嘗不可以復振;而唐自中葉後,除敬宗、懿宗、僖宗外,實無甚昏愚之主,而終於不能振拔者?則政事爲宦官所把持實致之。誰生厲階,至今爲梗,德宗還蹕後之措置,所以使讀史者廢書而歎也。《新書·柏良器傳》:入爲左神策大將軍,知軍事。募材勇以代士卒市販者。中尉竇文場惡之。坐友人闌入,換右領軍衛。自是軍政皆中官專之。此事《通鑑》繫貞元八年,云良器"妻族飲醉,寓宿宮舍。"《注》云:"宮中直宿之舍也。"案事權之旁落,皆積漸而致。德宗始終維護宦官,乃害政之最甚者也。

　　五代之世,唐禁衛之名猶存,而其實權又移於他司,遂爲宋制之本。歐《史·康義誠傳論》曰:"當唐之末,方鎮之兵多矣。凡一軍有指揮使一人,而合一州之諸軍,又有馬步軍都指揮使一人,蓋其卒伍之長也?自梁以宣武軍建國,因其舊制,有在京馬步軍都指揮使。唐因之。至明宗時,始更爲侍衛親軍馬步軍都指揮使。當是時,天子自有六軍、諸衛之職,六軍有統軍,諸衛有將軍,而又以大臣、宗室一人判六軍諸衛事。此朝廷大將,天子國兵之舊制也。而侍衛親軍者,天子自將之私兵也。推其名號可知矣。天子自爲將,則都指揮使,乃其卒伍之都長耳。然自漢、周以來,其職益重。漢有侍衛司獄。凡朝廷大事,皆決侍衛獄。是時史弘肇爲都指揮使,與宰相、樞密使竝執國政,而弘肇尤專任,以至於亡。然是時,方鎮各自有兵,天子親軍,猶不過京師之兵而已。今方鎮名存而實亡,六軍諸衞又益以廢,朝廷無大將之職,而舉天下內外之兵,皆屬侍衞司矣。則爲都指揮使,其權豈不益重哉?親軍之號,始於明宗。其後又有殿前都指揮使,亦親軍也。皆不見其更置之始。今天下之兵,皆分屬兩司矣。"此自五代至宋之變遷也。都指揮使之名,所用亦甚廣。《通鑑》:後梁太祖開平元年,晉王以蕃漢都指揮使周德威爲行營都指揮使,率鐵林都指揮使安元信等,以救潞州。《注》云:伍季之世,諸鎮各有都指揮使,而命官之職分,有不同者。如周德威爲蕃漢都指揮使,則蕃漢之兵,皆受指揮;行營都指揮使,則行營兵皆受指揮;鐵林都指揮使,則鐵林軍一都之指揮使耳。讀史者宜各以義類求之。

五代時,整頓軍政者,起於周世宗。薛《史·本紀》:顯德元年二月,"詔諸道募山林亡命之徒有勇力者,送於闕下。仍目之爲强人。帝以趫捷勇猛之士,多出於羣盜中,故令所在招納。有應命者,即貸其罪,以禁衞處之。至有朝行殺奪,暮升軍籍,讎人遇之,不敢仰視。帝意亦患之,其後頗有不獲宥者。十月,大閲。帝親臨之。命令上一概簡閲。選武藝超絶者,署爲殿前諸班。復命總戎者自龍捷、虎捷以降,周太祖廣順元年,改侍衞馬軍曰龍捷左右軍,步軍曰虎捷左右軍,見《五代會要》。一一選之。老弱羸小者去之。"其策皆宋世所沿也。

唐末五代,有一極殘暴無道之事,黥兵士之面是也。《通考·兵考》:"梁太祖開平元年,初帝在藩鎮,用法嚴。將校有戰歿者,所部兵悉斬之,謂之拔隊斬。士卒失主將者,多亡逸不敢歸。帝乃命凡軍士皆文其面,以記軍號。軍士或思鄉里逃去,關津輒執之,送所屬,無不死者,其鄉里亦不敢容,由是亡者皆聚山谷爲盜,大爲州縣之患。至是,詔赦其罪。自今文面者亦聽還鄉里。盜減什七八。"此文出《五代史補》,《通鑑》亦采之。又引吳氏《能改齋漫錄》曰:"《五代史·劉守光傳》:天祐三年,梁攻滄州,仁恭調其境內,凡男子年十五以上,七十以下,皆黥其面,文曰定霸都。士人則文其腕或臂,曰一心事主。得二十萬人。此據薛《史》。歐《史》亦載此事,而辭較略。《通鑑》云:下令境內:軍發之後,有一人在閭里,刑無赦。或諫曰:"今老弱悉行,婦人不能轉餉。此令必行,濫刑者衆矣。"乃命勝執兵者盡行。得兵十萬。薛《史·趙鳳傳》云:幽州人也。少爲儒。唐天祐中,燕帥劉守光盡率部内丁夫爲軍伍,而黥其面。爲儒者多爲僧以避之。鳳亦落髮,至太原。故蘇明允《兵制篇》曰:屯田府兵,其利既不足以及天下,而後世之君,又不能循而守之。至於五代,燕帥劉守光又從而爲之黥面涅手,自後遂以爲常法,使之不得與齊民齒。余按陶岳《五代史補》,乃云:健兒文面,自梁太祖始。梁、燕皆同時,則文面又不特始於仁恭也。"愚按薛《史‧朱漢賓傳》云:梁祖之攻兗鄆也,朱瑾募驍勇數百人,黥雙鴈於其頰,立爲鴈子都。梁祖聞之,亦選數百人,別爲一軍,號曰落鴈都,署漢賓爲軍使。當時目爲朱落鴈。梁攻兗鄆,起於景福元年,越六年,爲乾寧四年,而朱瑾亡奔淮南,尚在天祐三年之前九年。然則梁祖之黥其士,確在劉仁恭之前;事果始於落鴈都,則朱瑾之黥其士,又在梁祖之前也。然處相同之境地中,恒易爲相同之事,亦不必相師耳。

唐兵之種類甚多。《舊書‧職官志‧兵部》云:"凡兵士隸衛,各有其名。左右衛曰驍騎,左右驍衛曰豹騎,左右武衛曰熊渠,左右威衛曰羽林,左右領軍衛曰射聲,左右金吾衛曰佽飛。東宮左右衛率府曰超乘,左右司禦率府曰旅賁,左右清道率府曰直蕩。總名曰衛士。"此皆來自折衝府者。又曰:"凡左右金吾衛有角手,諸衛有弩手。"此亦衛士,而以其技名。又曰:"左右羽林軍有飛騎及左右萬騎、彍騎。天下諸軍有健兒。凡關内有團結兵。秦、成、岷、渭、河、蘭六州有高麗、羌兵。黎、雅、邛、翼、茂五州有鎮防團結兵。天下諸州差兵,募取戶殷丁多,人材驍勇。選前資官、勳官部分强明,堪統攝者,節級擢補主帥以領之。其義征者別爲行伍,不入募人之營。"此等則皆取之別有其途者矣。

健兒之名,蓋起開元之世?唐長孺謂疑即開元二年大募壯勇士之稱號。八年八月,詔云:"宜差使於兩京及諸州,且揀取十萬人,務求灼然驍勇,不須限以蕃、漢,皆放番役雜科,惟令團伍教戰。仍勅幽州刺史邵竉,於幽、易兩州,選二萬灼然驍勇者,充幽州經略軍健兒,不得雜使,租庸資課並放免。"《册府元龜》百二十四。則健兒似專以爭戰爲事。《通鑑》：代宗大曆三年，平盧行軍司馬許杲，將卒三千人駐濠州不去，有窺淮南意。淮南節度使，崔圓令副使張萬福攝濠州刺史。杲聞，即提卒去，止當塗。是歲，上召萬福，以爲和州刺史行營防禦使，討杲。萬福至州，杲懼，移軍上元。又北至楚州，大掠。淮南節度使韋元甫命萬福追討之。未至淮陰，杲爲其將康自勸所逐。自勸擁兵繼掠，循淮而東。萬福倍道追殺之。元甫將厚賞將士。萬福曰："官健常虛費衣糧，無所事。今方立小功，不足過賞。請用三分之一。"胡《注》曰："兵農既分，縣官費衣糧以養軍，謂之官健。猶言官所養健兒也。"十二年五月，"詔自都團練使外，悉罷諸州團練守捉使。又定諸州兵皆有常數。其召募給家糧、春冬衣者，謂之官健。差點土人，春夏歸農，秋冬追集，給身糧、醬菜者，謂之團結。"二者之別，灼然可見。然團結雖係土著，官健並發家糧，亦非浮浪人也。《舊志》之說，蓋即據開、天時制言之。《建成傳》云：建成令慶州總管楊文幹募健兒送京師，則以後來之名，追述前事，然俗必先有此名，官家乃從而用之耳。

《通鑑》：開元十五年十二月，"制以吐蕃爲邊患，令隴右道及諸軍團兵五萬六千人，河西道及諸軍團兵四萬人。又徵關中兵萬人集臨洮，朔方兵萬人集會州防秋，至冬初無寇而罷。伺虜入寇，互出兵腹背擊之。"此以團兵助正軍之不足，亦所以省調發。胡《注》曰："府兵廢，行一切之法，團結民兵，謂之團兵。"此言似非是。唐除關中外，置府並不多，即府兵未廢時，亦未必能不藉民團爲助也。二十七年，劍南節度使張宥文吏，不習軍旅，悉以軍政委團練副使章仇兼瓊。《注》云：據《舊志》，上元後置團練使。余考唐制，凡有團結兵之地，則置團練使。此時蜀有黎、雅、邛、翼、茂五州鎮防團結兵，故置團練副使。安、史亂後，諸州皆置團練使矣。團練使之置，自後多於前，然府兵未廢時，必不能謂遂無團兵也。興元元年，李懷光使其將符崟襲坊州，據之。渭北守將竇覦率獵團七百圍之，崟請降。《注》云："團結獵戶爲兵，謂之獵團。"則各種人皆可團結矣。鄉兵之用，歷代皆不能免,其要,實在守衛鄉土,以補正兵之不足,然後遂有用之出戰者。《舊書·張鎰傳》:鎰爲濠州刺史,李靈曜反於汴州,鎰訓練鄉兵,嚴守禦之備,此以之守土者也。《諸葛爽傳》:爽攻新鄉,韓簡逆戰,偏將樂彦禎説其衛軍奔歸,爽軍乘之,簡鄉兵八萬大敗,此則以之出戰矣。《通鑑》:中和四年三月,校師立移檄行在百官及諸道將吏士庶,數陳敬瑄十罪,云:"本道將士,八州壇丁,共十五萬人,長驅問罪。"《注》云:按《新書·路巖傳》:巖帥西川,置定邊軍於邛州,取壇丁子弟教擊刺,使補屯籍,則壇丁者,蜀中邊郡民兵也。又按路振《九國志》:石處温事孟知祥,補萬州管内諸壇點檢指揮使。見得蜀中諸郡,皆有壇丁。補屯籍猶使之守土,置使指揮,則意在用之出戰矣。薛《史·周太祖紀》:廣順二年二月,"詔先獲河東鄉軍一百餘人,給錢、鞋放歸。"四月,"詔停蔡州鄉軍。"《世宗紀》:高平之捷,"詔賜河東降軍二千餘人各絹二匹,并給其衣裝;鄉兵各給絹一匹;放還本部。"是彼此皆用鄉兵也。《舊書·良吏·崔知温傳》:麟德中,累轉靈州都督府司馬。州界有渾、斛薛部落萬餘帳,數侵掠居人。百姓咸廢農業,習騎射以備之。知温表請徙於河北。是百姓不待官兵保護,自能團結禦敵也。《李抱真傳》:爲懷澤潞觀察留後。密揣山東當有變,上黨且當兵衝。時承戰餘,土瘠賦重,無以養軍。乃籍户丁男,三選其一。有材力者,免其租徭,給弓矢。令之曰:"農隙分曹角射,歲終吾當會試。"及期,按簿而徵之,都試以示賞罰。復命之如初。比三年,皆善射。得成卒二萬。天下稱昭義步兵冠諸軍。然則訓練亦非難,特不當如宋人之行保甲,置司以擾之耳。讀蘇軾《請存恤河北弓箭社》之奏,與司馬光、王巖叟論保甲之疏,然後知人民自爲之者之力之大,而代斲者之必傷其手也。然而籍於官,以兵爲業,則有轉不教練者。《舊書·宣宗紀》:大中六年五月,"勅天下軍府有兵馬處,宜選會兵法、解弓馬等人,充教練使。每年合教習時,常令教習。仍於其時申兵部。"足見兵之不教者之多矣。

以兵不足用,臨時調發人民者,五代時多有之。歐《史·史弘肇傳》言梁末調民七户出一兵。《劉景巖傳》言晉高祖起兵太原,唐廢帝調民七户出一卒爲義兵。《通鑑》記此事於天福元年十月,云"每七户出征夫一人,自備鎧仗,謂之義軍。"《考異》曰:"薛《史》云十户,今從《廢帝實錄》。"又開運元年三月云:"勅天下籍鄉兵,每七户共出兵械資一卒。"此即後來號爲武定軍,又改爲天威軍者。見第十三章第四節。然則七户出一兵,殆爲五代時成法。此無他,廢唐時差兵募取之法,而強人以義征之役耳。歐《史·吴越世家》:周師渡淮,錢俶"盡括國中丁民益兵以會期。"《通鑑》:開運三年,唐圍福州,吴越王弘佐救之。募兵久無應者。弘佐命糾之,曰:"糾而爲兵者,糧賜減半。"明日,應募者雲集,皆可見當時取兵之酷。

以罪人爲兵者,歷代亦皆有之。隋改徒流爲配防,見下節。煬帝置西海等郡,謫天下罪人,配爲戍卒,大開屯田,發西方諸郡運糧以給之,其禍甚博。然唐太宗於西州亦用之。褚遂良諫疏謂其"歲遣千餘人,遠事屯戍,兼遣罪人,增其防遏"者也。中葉後防秋亦用之,見前引陸贄疏。《通考·兵考》:憲宗元和八年,刑部侍郎王璠奏:"天德軍五城及諸邊城配流人等,臣竊見諸配流人,多逢恩赦,悉得歸還,惟前件流人,皆被本道重奏,稱要防邊,遂令没身,終無歸日。臣又見比年邊城犯流者,多是胥徒小吏,或是鬥打輕刑,據罪可原,在邊無益。請自今流人準格例滿日,六年後竝許赦還。"從之。《舊書·宣宗紀》:大中四年正月,大赦天下。"徒流比在天德,以十年爲限,既遇鴻恩,例減三載。其秦、原、威、武諸州、諸關,先准格徒流,亦量與立限,止於七年。"十一月,"勅收復成、維、扶等三州,建立已定。條令制置,一切合同。其已配到流人,宜准秦、原、威、武等州流例,七年放還"。是以徒流守邊,已成故事矣。

以奴爲兵者:《新書·契丹傳》:李盡忠反,募天下人奴有勇者,官畀主直,悉發以擊虜。此猶用招募之法。《通鑑》:睿宗景雲元年八月,萬騎恃討諸韋之功,多暴横,長安中苦之。詔並除外官。又停以户奴爲萬騎。更置飛騎,隸左右羽林。《注》曰:"户奴爲萬騎,蓋必起於永昌以後。"此殆立法強取之？足見是時取兵之難矣。

車戰久廢，然防衝突仍或用之。《隋書·楊素傳》：開皇十八年，突厥達頭可汗犯塞，以素爲靈州道行軍總管，出塞討之。先是諸將與虜戰，每慮胡騎奔突，皆以戎車步騎相參，聚鹿角爲方陳，騎在其内。素謂人曰："此乃自固之道，非取勝之方也。"於是悉除舊法。令諸軍爲騎陳。達頭聞之，大喜，曰："此天賜我也。"因下馬，仰天而拜。率精騎十餘萬而至。素奮擊，大破之。達頭被重創而遁。殺傷不可勝計。此文自不免誇張，然形勢大略可見。蓋惟兵精者可以角利，不則戰無百勝，不可不先爲自固之計。《傳》又言：素時貴幸，言無不從。從素征伐者，微功必録。他將雖有大功，多爲文吏所譴卻。故素雖嚴忍，士亦以此願從焉。此亦如漢之衛、霍，所將常選，固非他將所得比方也。《舊書·房琯傳》：戰於陳陶斜。"琯用春秋車戰之法，以車二千乘，馬步夾之。既戰，賊順風揚塵鼓譟，牛皆震駭，因縛芻縱火焚之。"師遂撓敗。蓋亦以禄山兵精，慮爲所乘，故爲是以止衝突？至其所以敗，則以所將兵太弱，抑牛尤非服習之馬比也。《馬燧傳》：燧鎮太原，承敗軍之後，兵甲寡弱。燧乃悉召將吏牧馬厮役，得數千人，悉補騎卒。教之數月，皆爲精騎。造甲者必令長短三等，稱其所衣，以便進趨。又造戰車，蒙以狻猊象，列戟於後。行則載兵甲，止則爲營陳，或塞隘以遏奔衝。雖尚趨利，夫固不廢藩衛。至於騎戰，自屬要圖。唐世畜馬最多，與其兵威之張，頗有關係；而安、史亂後，隴右馬牧陷没，與其兵力之衰，亦甚有關；已見第十九章第一節。

攻堅之器，礌石仍重。《新書·李密傳》：密命護軍將軍田茂，廣造雲旝三百具，以機發石，爲攻城械，號將軍礮，進逼東都。又《五行志》："太和三年，南蠻圍成都，毀玉晨殿爲礌，有吼聲三，乃止。"可見攻守皆重發石。《通鑑》：梁貞明三年，吳王遣使遺契丹主以猛火油，曰："攻城以此油然火焚樓櫓，敵以水沃之，火愈熾。"契丹主大喜。即選騎三萬，欲攻幽州。述律后哂之曰："豈有試油而攻一國乎？"乃止。《注》曰：《南蕃志》：猛火油出占城國。蠻人水戰，用之以焚敵舟。吳人蓋亦得之南方者？此物用以攻城，必無大益。阿保機久歷戎行，豈其輕躁如此。《通鑑》之云，必傳者過也。

軍械雖由官造，如唐時軍器監總弩坊、甲坊二署，繕甲弩以輸武庫是也。見第一節。實多出於民間。公家所儲，率多窳敗。《新書·安祿山傳》言：祿山反，州縣發官鎧仗，皆穿朽鈍折不可用，持梃鬥，弗能抗，可見其窳敗之狀。周時罷諸州貢械，見第八節。固以其厲民，亦以其不可用也。《李德裕傳》：徙西川，請甲人於安定，弓人於河中，弩人於浙西，繇是蜀之器械皆犀銳。諸方造械，各有所長，此必民間巧匠，非官所畜也。隋開皇三年，禁大刀長稍。十五年，收天下兵器，敢有私造者坐之。《隨書·高祖紀》。晉天福二年，亦禁造甲兵，歐《史·本紀》。可見民間兵器之富。苟欲稱兵，正不待如前世之劫武庫矣。薛《史·唐莊宗紀》：同光二年五月，"詔天下收拆防城之具，不得修濬城隍"。又云："李嗣源遣使部送潞州叛將楊立等到闕，竝磔於市。潞州城峻而隍深，至是，帝命剗平之。因詔諸方鎮撤防城之備焉。"蓋因立部送到追書之，實則潞州之毀，撤防之詔，皆在磔立之前也。此秦人之隳名城，其意亦與禁兵器等，然何益哉？

## 第十節 刑　　制

《隋書·刑法志》："開皇元年，詔高熲等更定新律。其刑名有五：一曰死刑二，有絞，有斬。二曰流刑三，有一千里，千五百里，二千里。應配者，一千里居作二年，一千五百里居作二年半，二千里居作三年。應住居作者，三流俱役三年，近流加杖一百，一等加三十。三曰徒刑五，有一年，一年半，二年，二年半，三年。四曰杖刑五，自五十疑當作六十。至於百。五曰笞刑五，自十至於五十。而蠲除前代鞭刑，及梟首、轘裂之法。又置十惡之條，多採後齊之制，而頗有損益。一曰謀反，二曰謀大逆，三曰謀叛，四曰惡逆，五曰不道，六曰大不敬，七曰不孝，八曰不睦，九曰不義，十曰內亂。犯十惡及故殺人獄成者，雖會赦，猶除名。其在八議之科，及官品第七以上，犯罪皆例減一等。其品第九已上，犯者聽贖。應贖者皆以銅代絹。犯私罪以官當徒。定訖，詔頒之。《本紀》開皇元年十月戊子，行新律。三年，又勅蘇威、牛弘等更定新律。除死罪八十一條，流罪一百五十四條，徒、杖等千餘條，定留惟五百條。凡十二卷：一曰名例，二曰衞禁，三曰職制，四曰戶婚，五曰廐庫，六曰擅興，七曰盜賊，八曰鬥訟，九曰詐偽，十曰雜律，十一曰捕亡，十二曰斷獄。十三年，改徒及流並爲配防。胡三省曰："配防者，配隸軍伍，使之防守。"見《通鑑》開皇十九年《注》。煬帝即位，以高祖禁網深刻，又勅修律令。除十惡之條。時升稱皆小舊二倍，其贖銅亦皆二倍，其實不異。三年，新律成，凡五百條，爲十八篇，詔施行之，《本紀》：三年四月甲申，頒律令。謂之《大業律》。一曰名例，二曰捕亡，三曰違制，四曰請求，五曰戶，六曰婚，七曰擅興，八曰告劾，九曰賊，十曰盜，十一曰鬥，十二曰捕亡，十三曰倉庫，十四曰廐牧，十五曰關市，十六曰雜，十七曰詐偽，十八曰斷獄。其五刑之內，降從輕典者二百餘條。"《困學紀聞》云："五刑之法《疏》《周官·秋官·司刑疏》。謂宮刑至隋乃赦。崔浩《漢律序》：文帝除肉刑而宮不易。《書正義》：《吕刑正義》。隋開皇之初，始除宮刑。按《通鑑》：西魏大統十三年三月除宮刑，非隋也。"按漢文帝實曾除宮刑，說見《秦漢史》第十八章第七節。南北朝時亦有宮刑，西魏文帝、齊後主時乃除之，見《兩晉南北朝史》第二十二章第七節。前世刑法，往往旋除旋復，其後蓋又行之，故隋文帝又除之也。《吕刑疏》曰："開皇初，始除男子宮刑，婦人猶閉於宮"，則其所除者特肉刑，當時所謂宮刑，實未全廢。然此要爲一大事，《隋志》不應失載也。

《新書·刑法志》云："唐之刑書有四：曰律、令、格、式。令者，尊卑貴賤之等數，國家之制度也。格者，百官有司所常行之事也。式者，其所常守之法也。凡邦國之政，必從事於此三者。其有所違及人之爲惡而入於罪戾者，一斷以律。"《百官志·刑部》亦云："凡刑法之書有四：一曰律,二曰令,三曰格,四曰式。"《舊書·職官志·刑部》云:"凡文法之名有四:一曰律,二曰令,三曰格,四曰式。凡律以正刑定罪,令以設範立制,格以禁違正邪,式以軌物程事。"《隋書·經籍志》云:"漢初,蕭何定律九章。其後漸更增益,令甲已下,盈溢架藏。晉初,賈充、杜預刪而定之,有律、有令、有故事。梁時,又取故事之宜於時者爲梁科。《志》梁科三十卷,陳科亦三十卷,蓋大體沿梁。後齊武帝時,又於麟趾殿刪正刑典,謂之《麟趾格》。後周太祖又命蘇綽撰《大統式》。隋則律、令、格、式竝行。"《隋書·本紀》:開皇元年十月,行新律。大業三年四月,頒律令。四年十月,頒新式於天下。《蘇威傳》云:上令朝臣釐改舊法,爲一代通典,律、令、格、式,多威所定。《舊書·經籍志》有隋《開皇令》三十卷。則四者之竝行,實非始於唐也,《舊書·職官志》云:"凡律十有二章:一名例,二禁衛,三職制,四户婚,五厩庫,六擅興,七賊盜,八鬥訟,九詐僞,十雜律,十一捕亡,十二斷獄,《新書·刑法志》同。云"因隋之舊。"案此廢大業律而復開皇之舊也。而大凡五百條。令二十有七篇,分爲三十卷。第一至第七曰官品、職員,八祠,九户,十選舉,十一考課,十二官衛,十三軍防,十四衣服,十五儀制,十六鹵簿,十七公式,十八田,十九賦役,二十倉庫,二十一厩牧,二十二關市,二十三醫疾,二十四獄官,二十五營繕,二十六喪葬,二十七雜令。而大凡一千五百四十六條。凡格二十四篇,式三十三篇,以尚書、御史臺、九寺、三監、諸軍爲目。"此唐文法之大概也。

律、令、格、式,皆時有增損,而格、式尤煩。《舊書·刑法志》云:高祖"既平京城,約法爲二十條。惟制殺人、劫盜、背軍、叛逆者死。及受禪,詔納言劉文靜與當朝通識之士,因《開皇律令》而增損之,盡削大業煩峻之法。又制五十三條格。尋又勅裴寂等撰定律令。大略以開皇爲準。惟正五十三條格,入於新律,餘無所改。至武德七年五月奏上,頒行天下。《舊書·高祖紀》:武德元年五月,命裴寂等修律令。六月,廢隋大業律令,頒新格,十一月,詔頒五十三條格,以約法緩刑。七年四月,大赦天下,頒行新律令。《經籍志》有武德令三十卷。《新書·藝文志》又有式十四卷。太宗即位,又命長孫無忌、房玄齡與學士、法官,更加釐改。定律五百條,分爲十二卷。

其目見上。有笞、杖、徒、流、死爲五刑。流刑三，自二千里遞加五百里至三千里。十四年，又制流罪三等，不限以里數，量配邊惡之州。餘同隋。又有議、請、減、贖、當、免之法，十惡之條。比隋代舊律，減大辟者九十二條，減流入徒者七十一條，凡削煩去蠹，變重爲輕者，不可勝紀。又定令一千五百九十條，爲三十卷。《新書·藝文志》二十七卷。《注》云：令一千五百四十六條。貞觀十一年正月，頒下之。《本紀》同。又刪武德、貞觀已來勅格三千餘條，定留七百條，以爲格十八卷。其曹之常務，但留本司者，別爲《留司格》一卷。《新書·藝文志》又有式三十三卷。永徽初，勅長孫無忌等撰定律、令、格、式。舊制不便者，皆隨刪改。遂分格爲兩部：曹司常務爲留司格，天下所共爲散頒格。散頒格下州縣，留司格但留本司焉。《本紀》：永徽二年閏九月，頒新定律、令、格、式於天下。《新書·藝文志》：永徽律十二卷，又式十四卷，式本四卷，令三十卷，散頒天下格七卷，留本司行格十八卷。三年，詔曰：律學未有定疏，每年所舉明法，遂無憑準。宜廣召解律人，條義疏奏聞。於是成三十卷，四年十月，奏之，頒於天下。《紀》在十一月。自是斷獄者，皆引疏分析之。龍朔二年，改易官號，因勅重定格、式，惟改曹局之名。麟德二年奏上。至儀鳳中，官號復舊，又勅刪緝格、式，二年二月奏上。《新書·藝文志》：永徽留本司格後十一卷。則天勅刪改格式，加計帳及句帳式，通舊式成二十卷。又以武德已來垂拱已後詔勅便於時者，編爲新格二卷。則天自製序。《本紀》：垂拱元年三月，頒下親撰垂拱格於天下。蓋以自製序，故謂之親撰。其二卷之外，別編六卷，堪爲當司行用，爲《垂拱留司格》。《新書·藝文志》又有散頒格三卷。時韋方質鳳閣侍郎。詳練法理，又委其事於咸陽尉王守慎，又有經理之才。故垂拱格式，議者稱爲詳密。方質、雲起孫。《舊書》附《雲起傳》。云：方質多所損益，甚爲時人所稱。其律、令惟改二十四條，又有不便者，大抵依舊。中宗神龍元年，勅刪定《垂拱格》後至神龍元年已來制勅，爲《散頒格》七卷，又刪補舊式爲二十卷，頒於天下。景雲初，睿宗又勅刪定格、式、律、令。太極元年二月奏上，名爲《太極格》。《新書·藝文志》十卷。《本紀》：景雲三年二月，頒新格、式於天下。開元初，玄宗勅刪定格、式、令。至三年三月奏上，名爲《開元格》。

六年，又勅删定律、令、格、式。至七年三月奏上。律、令、式仍舊，名格曰《開元後格》。《新書·藝文志》：開元後格十卷。又式二十卷。十九年，侍中裴光庭、中書令蕭嵩又以格後制勅，行用之後，頗與格文相違，於事非便，奏令所司删撰《格後長行勅》六卷，頒於天下。二十二年，户部尚書李林甫又受詔改修格、令。舊格、式、律、令及勅，總七千二十六條。其一千三百二十四條，於事非要，並删之。二千一百八十條，隨文損益。三千五百九十四條，仍舊不改。總成十一卷，《律疏》三十卷，《令》三十卷，《式》二十卷，《開元新格》十卷。又撰《格式律令事類》四十卷，以類相從，便於省覽。二十五年九月奏上。勅於尚書都省寫五十本，發使散於天下。《本紀》：開元二十五年九月，頒新定令、格、式及事類一百三十卷於天下。《新書·刑法志》云：明年，吏部尚書宋璟又著後格，皆以開元名書。天寶四載，又詔刑部尚書蕭炅稍復增損之。大曆十四年六月一日，德宗御丹鳳樓大赦。赦書節文：律、令、格、式，條目有未折衷者，委中書、門下簡擇理識通明官共删定。自至德已來制勅，或因人奏請，或臨事頒行，差互不同，使人疑惑。中書、門下與删定官詳決，取堪長久行用者，編入格條。建中二年，罷删定格令使，委刑部删定。《新書·刑法志》：德宗時，詔中書、門下選律學之士，取至德以來制勅、奏讞，撮其可爲法者藏之，而不名書。元和十三年八月，鳳翔節度使鄭餘慶等詳定格後勅三十卷。右司郎中崔郾等六人修上。其年，刑部侍郎許孟容、蔣乂等奉詔删定，復勒成三十卷。刑部侍郎劉伯芻等考定，如其舊卷。《本紀》：元和二年七月，勅刑部侍郎許孟容等删定開元格後勅。十年十月，刑部尚書權德輿奏請行用新删定勅格三十卷，從之。《德輿傳》曰：改刑部尚書。先是許孟容、蔣乂等奉詔删定格、勅。孟容尋改他官，乂獨成三十卷，表獻之，留中不出。德輿請下刑部，與侍郎劉伯芻等考定，復爲三十卷。太和七年十二月，刑部奏先奉勅詳定前大理謝登新編《格後勅》六十卷訖，都爲五十卷，伏請宣下施行。可之。亦見《本紀》。《紀》又云：太和元年六月，"詔元和、長慶中，皆因用兵，權以濟事，所下制勅，難以通行。宜令尚書省取元和已來制勅參詳，删定訖，送中書、門下，議定聞奏。"《新書·刑法志》："文宗命尚書省郎官各删本司勅，而丞與侍郎覆視，中書、門下參其可否而奏之，爲太和格後勅。"蓋肇其事者尚書省，成之於大理，終乃復由刑部詳定也？《舊書·馮宿傳》：太和四年，入爲工部侍郎。六年,遷刑部侍郎。修《格後勅》三十卷。開成四年,兩省詳定《刑法格》一十卷,勅令施行。《新書·刑法志》:開成三年,刑部侍郎狄兼謩採開元二十六年以後至於開成制勅,刪其繁者,爲開成詳定格。大中五年四月,刑部侍郎劉瑑等奉勅修大中刑法總要格後勅六十卷,起貞觀二年六月二十日,至大中五年四月十三日,凡二百二十四年雜勅,都計六百四十六門,一千一百六十五條。《本紀》:四月癸卯,刑部侍郎劉瑑奏:據今年四月十三日已前,凡三百四十四年雜制勅,計六百四十六門,二千一百六十五條,議輕重,名曰《大中刑法統類》,欲行用之。《瑑傳》曰:大中初,轉刑部侍郎。瑑精於法律。選大中以前二百四十四年制勅可行用者二千八百六十五條,分爲六百四十六門,議其輕重,別成一家法書,號《大中統類》,奏行用之。《紀》之三百四十四年,三百必二百之誤。二千八百六十五條,《新書·瑑傳》作二千八百六十五事。二千與《志》之一千,未知孰是?《紀》云議輕重,不成句,蓋當如《傳》作議其輕重,傳寫奪其字也。書名及卷數,《新書·藝文志》皆與《舊書·刑法志》同。《新傳》作《大中刑律統類》,蓋《舊傳》《大中統類》之具言。此書勅修之旨爲總要,《新傳》云類而析之,蓋瑑自創之體,故《舊傳》謂其別成一家,而其書又以統類名也。《廿二史考異》疑其誤,謂瑑書與張戣之書是一,恐非。搜輯至四月十三日,而即以其月奏聞,其書必未及殺青,當如《紀》、《傳》有欲行用之或奏行用之一語,語氣乃爲完具,《刑法志》亦疑有奪文也。七年五月,左衛率府倉曹參軍張戣進《大中刑法統類》一十二卷,勅刑部詳定奏行之。《本紀》云:戣集律、令、格、式條件相類一千二百五十條,分一百二十一門,號曰《刑法統類》,上之。《新書·刑法志》云:戣以刑律分類爲門,而附以格勅。《藝文志》:張戣《大中刑律統類》十二卷。此唐世製訂之大略也。諸書多出官纂,或經官頒。《志》又云:詳刑少卿趙仁本撰《法例》三卷,引以斷獄,時議亦爲折衷。後高宗覽之,以爲煩文不便,遂廢不用。則似未經奏請而行用者。

　　五代刑法,大體沿唐。梁太祖開平三年十一月,詔刪定律、令、格、式。四年十二月,宰臣奏:重刊定律令三十卷,式二十卷,格一十卷,目録一十三卷,律疏三十卷,請目爲《大梁新定格式律令》,仍頒下施行之。薛《史·刑法志》。歐《史·本紀》:開成四年十二月,癸酉,頒律令格式。唐莊宗同光元年十二月,御史臺奏:"當司、刑部、大理寺收貯刑書,並是僞廷刪改者。兼僞廷先下諸道,追取本朝法書焚毀,或經兵火。只定州勅庫具在。請勅速寫副本進納。"從之。未幾,定州王都進納唐朝格、式、律、令,凡二百八十六卷。二年二月,刑部尚書盧價奏纂集《同光刑律統類》,凡一十三卷,上之。薛《史·刑法志》。末帝清泰二年四月,御史中丞盧損等,進清泰元年以前十一年制勅堪悠久施行者,三百九十四道,編爲三十卷。其不中選者,各令所司封閉,不得行用。詔其新編勅如可施行,付御史臺頒行。晉高祖天福三年七月,差左諫議大夫薛融等詳定唐明宗朝編勅。四年七月,融等上詳定編勅三百六十八道,分爲三十一卷。薛《史·本紀》。周太祖廣順元年六月,勅侍御史盧億,刑部員外郎曹匪躬,大理正段濤同議定,重寫法書一百四十八卷。先是漢隱帝末,因兵亂法書亡失。至是,大理奏重寫律、令、格、式、統類、編勅。以晉、漢及國初事關刑法勅條凡二十六件,分爲二卷,附於編勅,目爲《大周續編勅》。命省、寺行用焉。世宗顯德四年五月,中書、門下奏:"準宣:法書行用多時,文意古質,條目繁細,使人難會。兼前後勅、格,互換重疊,亦難詳定。宜令中書、門下並重刪定,務從節要,所貴天下易爲詳究者。今朝廷之所行用者:《律》一十二卷,《律疏》三十卷,《式》二十卷,《令》三十卷,《開成格》一十卷,《大中統類》一十二卷,後唐以來至漢末編勅三十二卷,及皇朝制勅等。折獄定刑,無出於此。律、令則文辭古質,看覽者難以詳明。格、勅則條目繁多,檢閱者或有疑誤。臣等商量:差御史知雜事張湜等一十人編集新格。勒成部帙。律、令有難解者,就文訓釋。格、勅有繁雜者,隨事刪除。其中有輕重未當,便於古而不便於今,矛盾相違,可於此而不可於彼,盡宜改正,無或牽拘。候編集畢日,委御史臺尚書省四品以上及兩省五品以上官參詳可否,送中書、門下議定,奏取進止。"詔從之。五年七月,中書、門下奏:"湜等九人,編集刑書,悉有條貫。兵部尚書張昭等一十人參詳旨要,更加損益。其所編集者,用律爲正。辭旨有難解者,釋以疏意。式、令有附近者次之。格、勅有廢置者又次之。事有不便,與該說未盡者,別立新條於本條之下。其有文理深古,慮人疑惑者,別以朱字訓釋。至於朝廷之禁令,州縣之常科,各以類分,悉令編附。其所編集,勒成一部。別有目錄,凡二十卷。目之爲《大周刑統》。欲請頒行天下,與律、疏、令、式通行。其《刑法統類》、《開成格》、《編勅》等，採掇既盡，不在法司行使之限。勑宜依，仍頒行天下。"薛《史·刑法志》。胡三省謂"《刑統》一書，終宋之世行之"焉。《通鑑注》。

《新書·儒學·趙冬曦傳》：神龍初，上書曰："古律條目千餘。隋時，姦臣侮法，著律曰：律無正條者，出罪舉重以明輕，入罪舉輕以明重。一辭而廢條目數百。自是輕重沿愛憎，被罰者不知其然。使賈誼見之，慟哭必矣。夫法易知則下不敢犯而遠機穽，文義深則吏乘便而朋附盛。律、令、格、式，謂宜刊定科條，直書其事。以準加減、比附、量情，及舉輕以明重，不應爲之類，皆勿用。使愚夫愚婦，相率而遠罪。犯者雖貴必坐。律明則人信，法一則主尊。"當時稱是。此與文義之難知，殆當時法令不便於民之兩大端。《舊書·劉文靜傳》，言其受命與當朝通識之士，更刊隋開皇律令而損益之。高祖謂曰："本設法令，使人共解，而往代相承，多爲隱語，執法之官，緣此舞弄，宜更刊定，務使易知。"則律文深奧之弊，唐初已然，正不待周世宗言之矣。然人事日繁，法理益邃，犯罪科條，何由一一列舉？而其條文，亦何由使人共喻耶？

《通考·刑考叙》曰："漢文除肉刑，善矣，而以髡笞代之，髡法過輕，而略無懲創，笞法過重，而至於死亡；其後乃去笞而獨用髡，減死罪一等，即止於髡鉗，進髡鉗一等，即入於死罪；而深文酷吏，務從重比，故死刑不勝其衆。魏、晉已來病之，然不知減笞數使之不死，徒欲復肉刑以全其生，肉刑卒不可復，遂獨以髡鉗爲生刑，所欲活者傅生議，於是傷人者或折要體，而纔翦其毛髮；所欲陷者與死比，於是犯罪者既已刑殺，而復誅其宗親。輕重失宜，莫此爲甚。隋、唐已來，始制五刑，曰笞、杖、徒、流、死。此即有虞所謂鞭、朴、流、宅，雖聖人復起，不可偏廢也。"案隋、唐五刑之制，實南北朝已後逐漸改革所成，説見《兩晉南北朝史》第二十二章第七節。《隋書·隱逸傳》載李士謙論刑罰之語，謂"臧重者死，酷而不懲，宜從肉刑，刖其一趾，再犯者斷其右腕。流刑刖去右手三指，又犯者下其腕。小盜宜黥，又犯則落其所用三指，又不悛下其腕，無不止也。無賴之人，竄之邊裔，職爲亂階，適所以召戎，非求治之道也。"自來欲復肉刑者，皆憫死刑之重，而士謙獨惡其時之刑之輕，而欲以肉刑易之；且於古肉刑之外，別創斬指、斷腕之法。曾不思古之去肉刑者，乃惡夫斷者不可復屬，雖欲改行爲善，而道無繇至。斷指去腕，酷更甚於斬趾，雖欲改行，其道何繇？不可偷生，遑云爲善？此豈仁人之言哉？唐太宗即位，命長孫無忌、房玄齡與學士法官釐改法令。戴冑、魏徵言舊律令重。於是議絞刑之屬五十條，免死罪，斷其右趾。尋又憫其受刑之苦，謂侍臣曰："前代不行肉刑久矣，今忽斷人右趾，意甚不忍。"王珪、陳叔達等皆謂其係以生易死，與古不同。後蜀王法曹參軍裴弘獻又駁律令四十餘事，太宗令參掌删改。弘獻於是與玄齡等建議：以爲古者五刑，刖居其一，及肉刑廢，制爲死、流、徒、杖、笞，以備五刑，今復設刖足，是爲六刑，減死在於寬弘，加刑又加煩峻。乃與八座定議奏聞。於是又除斷趾法，改爲加役，流三千里，居作二年。《舊書·刑法志》。蓋肉刑廢來久，行之終不厭於人心也。此亦見已逝之運之不可復返矣，時之爲義大矣哉！

肉刑既廢，流刑之用乃煩。一以其關涉邊防，參看上節。一亦以居作之制，與奴婢相類，爲治者或利之也。《新書·刑法志》曰：居作者著鉗若校，京師隸將作，女子隸少府縫作。旬給假一日，臘寒食二日，毋出役院。病者釋鉗、校給假，疾差陪役。謀反者男女奴婢，没爲官奴婢，隸司農，七十者免之。凡役，男子入於蔬圃，女子入於厨饎。玄宗詔言"徒非重刑，而役者寒暑不釋械繫"，則凡役者遇之皆酷。枷杖及訊囚之具，皆有定制。皆見《隋書》及新、舊《唐書》·《刑法志》。雖有此制，然不皆遵守。《新書·宇文融傳》：子審，累遷大理評事。以夏楚大小無制，始創杖架，以高庫度杖長短，又鑄銅爲規，齊其鉅細。《舊書·代宗紀》：大曆四年《戒刑官濫刑詔》有云："如聞州縣官，比來率意恣行菙杖，不依格令，致使隕斃，深可哀傷。頻有處分，仍聞乖越。"太宗嘗覽明堂鍼灸圖，見人之五藏皆近背，鍼灸失所，則其害致死，遂詔罪人無得鞭背。《新書·刑法志》。然唐時有所謂重杖、痛杖者，只云一頓，而不限其數，或以致死，亦與前代以笞殺人無異。《通考》："代宗寶應元年，詔制勅與一頓杖者，其數止四十；至到與一頓及重杖一頓、痛杖一頓者，皆止六十；並不至死。德宗建中三年，刑部侍郎班宏奏：十惡中謀反、大逆、叛、惡逆四等，請準律用刑。其餘犯別罪合處斬者，今後並請重杖一頓處死，以代極法。貞元八年，勅比來斷罪，拘守科條，或至死刑，猶先決杖。今後罪至死者，先決杖宜停，宣宗大中七年，勅法司斷罪，每脊杖一下，折法杖十下，臀杖一下，折笞杖五下。周世宗顯德五年，勅州縣自長官以下，因公事行責情杖，量情狀輕重用，不得過臀杖十五，因責情杖致死者，具事由聞奏。"馬君按："鞭、朴在有虞，爲至輕之刑，在五刑之下。至漢文帝除肉刑，始以笞代斬趾，而笞數既多，反以殺人。其後罪不至死者，遂不復笞，而止於徒、流。魏、晉已下，笞數皆多，笞法皆重。至唐而後，復有重杖、痛杖之律。只曰一頓，而不爲之數，行罰之人，得以輕重其手。欲活則活之，欲斃則斃之，出入乎生死之間，而使姦吏因緣爲市，是何理也？至於當絞、斬者皆先決杖，或百或六十，則與秦之具五刑何異？建中時，始定重杖爲死刑；貞元時，始令死刑不先決杖；蓋革累朝弊法云？"**且隋、唐皆沿北朝之法，決杖施於士夫，尤非所以養廉恥、厲節行也。**《通考》："開元十年，前廣州都督裴伷先下獄，中書令張嘉貞奏請決杖。兵部侍郎張説進曰：臣聞刑不上大夫，以其近於君也。故曰：士可殺不可辱。臣今秋巡邊，中途聞姜皎朝堂決杖流，皎三品，亦有微功，不宜決杖廷辱，以卒伍待之。且律有八議，勳、貴在焉。今伷先亦不可輕，不宜決罰。上然其言。"又引《容齋洪氏隨筆》曰："唐太宗自臨ади兵，以部陳不整，命大將軍張士貴杖中朗將等，怒其杖輕，下士貴吏。魏徵諫，上亟釋之。明皇開元三年，御史大夫宋璟，坐監朝堂杖人，杖輕，貶睦州刺史。"又引吳氏《能改齋漫録》曰："陳政敏遯齋閒覽，言杜子美脱身簿尉中，始與簺楚辭，韓退之判司卑官不堪説，未免簺楚塵埃間；杜牧之參軍與簿尉，塵土鷔羌勤，一語不中治，鞭笞身滿創；謂唐時參軍，簿尉，有過不免受杖。鮑彪謂詳考杜、韓所言，捶有罪者也；牧之亦言驚見有罪者，非身受杖也。退之江陵途中云：栖栖法曹掾，何處事卑陬？何況親狂獄，敲榜發姦偷？此豈身受杖者邪？然《太平廣記》載李遜決包尉臀杖十下；及《舊唐書》于頔爲湖州刺史，改蘇州，追憾湖州舊尉，封杖以計强决之；則鮑論亦未當。"馬君按："以裴伷先之事觀之，則唐三品官固有受杖者；張士貴、宋璟所監涖，必皆伷先之流；則捶楚非特簿尉末僚而已。"《陔餘叢考》亦引《遯齋閒覽》，而謂"唐制更不止此。《新唐書·劉晏傳》：晏爲轉運使，代宗嘗令考所部官，五品以上輒繫劾，六品以下，杖然後奏，則不特簿尉矣。又張鎬杖殺刺史閭丘曉，嚴武杖殺梓州刺史章彝，則節度使并可杖殺刺史矣。楊炎爲河西節度使掌書記，以縣令李太簡嘗醉辱之，令左右反接，榜二百，幾死，則節度書記，并可杖縣令矣。《舊唐書·本紀》：元和元年，觀察使韓皐杖安吉令孫澥致死，罰一月俸、料；《新唐書》：穆宗爲轉運使，杖死沔州別駕，坐貶平集尉；雖有處分，然以至死故稍示罰，而長官得杖僚屬之制自在也。百官受杖，本起後漢光武，明帝至加之九卿，順帝始停之，而魏武又嘗行之。《後魏書》：陳建在州貪暴,文成帝遣使罰杖二十。皮懷喜在州,以飲酒廢事,孝文帝遣使決以杖罰。高允傳:魏初法嚴,朝士多見杖罰。允歷事五帝,五十餘年,初無譴咎。《北齊書》:唐邕以從事中郎封士業徵官錢違限,杖二十。《隋書》:燕榮爲幽州總管,性嚴酷,元宏嗣除幽州長史,懼爲所辱,文帝知之,勅榮曰:宏嗣杖十以上,皆須聞奏。榮乃因事笞之,每笞不滿十,而一日之中,或至三四。又趙仲卿鎮平涼,鞭笞長吏,輒至二百。《盧思道傳》:思道請朝臣犯笞罪得以贖論,文帝從之。是思道未請以前,朝臣笞罪猶的決也。此又北朝杖罰之制。惟南朝稍異。按《齊書・陸澄傳》:郎官舊坐杖皆有名無實。齊明帝用法嚴,尚書郎有杖罰者,因蕭琛言,依舊不行,唐制蓋沿北朝及隋故耳。"愚案隋文帝於朝堂杖人,及詔諸司屬官愆犯,聽於律外決杖,已見第二章第一節。《隋書・段文振傳》:弟文操,大業中爲武賁郎將,帝令督祕書省學士,輒鞭撻之,前後或至千數,尤爲駭人聽聞。

用刑出於定法之外者,亦時有之。隋煬帝嘗行轘裂、梟首之刑,或磔而射之,命公卿已下,臠啖其肉。《隋書・刑法志》。《煬帝紀》:大業九年十二月,車裂楊玄感弟積善及黨與十餘人,仍焚而揚之。《傳》云:磔其尸於東都市三日,復臠而焚之。《本紀》:十年十一月,支解斛斯政於金光門外。《食貨志》云:"磔而射殺之。"《傳》云:將出金光門,縛於柱,公卿百僚,竝親擊射。臠食其肉,多有啖者。啖後烹煑,收其餘骨,焚而揚之。《本紀》:十二年七月,幸江都宮,奉信郎崔民象諫,先解其頤,乃斬之,詳見第二章第二節。又多阬殺人民。《隋書・五行志》:"周大象二年,尉迥敗於相州,阬其黨與數萬人於遊豫園。大業八年,楊玄感作亂於東都,尚書樊子蓋阬其黨與於長夏門外,前後數萬。"《食貨志》云:玄感平,帝謂侍臣曰:"玄感一呼,而從者如市,益知天下人不欲多,多則爲賊。不盡誅,後無以示勸。"乃令裴蘊窮其黨與,詔郡縣阬殺之。死者不可勝數,所在驚駭。則子蓋所爲,亦未必非陰承帝命矣。唐世亦多非刑。唐世非刑,多見兩《書》《刑法志》及《酷吏傳》。楊慎矜之獄,盧鉉於太府少卿張瑄,亦以酷刑訊之,見《舊書・慎矜傳》。又《楊恭仁傳》:弟子豫之,尚巢刺王女壽春縣主。居母喪,與永嘉公主淫亂。爲主壻竇奉節所擒。具五刑而殺之。此似出於猜忌。然亦何必用此非刑邪?甚有殘及尸骸者。《舊書玄宗紀》:先天二年八月,制曰:"凡有刑人,國家常法。掩骼埋胔,王者用心。自今已後,輒有屠割刑人骨肉者,依法科殘害之罪。"然上元中,中官馬上言受賂爲人求官,笞死,以其肉令從官食之,見《良吏・呂諲傳》,則躬自蹈之矣。而族誅之法尤慘。《舊書・刑法志》:舊條疏:兄弟分後,蔭不相及,連坐俱死,祖孫配没。同州人房強,弟任統軍於岷州,以謀反伏誅,強當從坐。太宗錄囚徒,憫之。謂侍臣曰:"用刑當審事理之輕重。反逆有二:一爲興師動衆,一爲惡言犯法。輕重有差,而連坐皆死。豈朕情之所安哉?"更令百寮詳議。於是房玄齡等議,定律:祖孫與兄弟緣坐俱配没,其以惡言犯法,不能爲害者,兄弟免死配流。從之。然《陔餘叢考》謂李錡反,伏誅,詔削一房屬籍,宰相問蔣乂:"一房自大功乎?"又曰:"大功錡之從父昆弟,其祖神通有功,可昧其勳乎?自期可乎?"曰:"期者,錡昆弟。其父若幽死社稷,可盡削其子乎?"乃止錡一身及其子息。是門房尚無定制也。案族誅之刑,隋、唐世恒用之,且不必反逆。隋煬帝殺李渾、李敏,並族滅其家,見《隋書·本紀》大業十一年。唐於閭知微亦行之,見《舊書·則天紀》聖曆元年。五代之世,更不足論,周世宗時,翰林醫官馬道元訴"壽州界被賊殺卻男,獲正賊見在宿州,本州不爲戡斷"。帝大怒,遣端明殿學士竇儀乘驛往按。獄成,坐族死者二十四人。《容齋隨筆》記此事,譏世宗用刑之酷,謂薛《史》著之,歐《史》不載。《注》云:見《竇儀傳》。今薛《史》無《竇儀傳》,而其事見於《世宗紀》之顯德五年,蓋《紀》、《傳》復載之也,此與孔循之以麴法而族殺一家者何如哉？中葉後,藩鎮專橫,極之五代,則更不足論矣。《廿二史劄記》"五代濫刑"一條,可以參看。其用非刑者:如李罕之歸李克用,留子頵爲質,罕之送款於梁,克用將殺之,莊宗密與駿騎,使逃出境,而其子彦弼下蠶室,此拓跋氏所爲也。克用又嘗車裂李存孝。張文禮子處瑾之敗,趙人請文禮妻子而醢之。劉守光欲稱帝,孫鶴諫,守光亦窒其口而醢之。薛《史·刑法志》:晉開運三年十一月,左拾遺竇儼上疏,云"大辟之目,不出兩端,淫刑所興,近聞數等。或以長釘貫參人手足,或以短刀臠割人肌膚,乃至累朝,半生半死。"人道或幾乎息矣。

　　杜周曰:"三尺安出哉?前主所是著爲律,後主所是疏爲令。當時爲是,何古之法乎?"漢文帝出中渭橋,有一人從橋下走,乘輿馬驚。張釋之奏當此人犯蹕,罰金。文帝輕之。釋之曰:"方其時上使誅之則已,今已下廷尉。廷尉,天下之平也,一傾,天下用法皆爲輕重,民安所措其手足?"二説皆足亂政。何者?如周之説,天子可率意作法,如釋之之説,又可率意壞法也。桃應問曰:"舜爲天子,皋陶爲士,瞽瞍殺人,則如之何?"孟子曰:"執之而已矣。""然則舜不禁與?"曰:"夫舜,惡得而禁之,夫有所受之也。"明法非天子所制,雖天子亦不能不守也。其庶幾乎?徒設此義,不能行也。《隋書·刑法志》言:高祖喜怒不恒,不復依準科律,此壞法之大者。唐太宗嘗親録囚徒,閔死罪者三百九十人,縱之還家,期以明年秋即刑。及期,囚皆詣朝堂,無後者。太宗嘉其誠信,悉原之。《新書·刑法志》。以此沽名,令人作歐。《新書·玄宗紀》:開元十六年正月,許徒以下囚保任營農。三月,辛丑,"免營農囚罪"。此與太宗所爲,絶不相同。《唐臨傳》:出爲萬泉丞,有輕囚久繫。方春農事興,臨説令:可且出囚,使就畎畝。不許。臨曰:有所疑,丞執其罪。令移疾。臨悉縱歸。與之約。囚如期還。此必亦有監視保任等法，不慮其逃。令長有才德者，或多能行之，玄宗特普行之耳。太宗所釋皆死罪囚，且天子所縱、鄉里、所由，孰敢輕視？其相司察，恐亦與在獄無殊耳。然嘗一怒而斬盧祖尚於朝堂，見第三章第一節。又何説乎？後此用法，以肅宗爲最嚴。兩京之平，衣冠被脅從者，相率待罪闕下。肅宗置三司使鞫之。呂諲、崔器，皆希旨深刻，竟殺三十九人。史謂叛衆之意，自此而堅，此或出於怨望者之造作。詳見《舊書·刑法志》。《志》云：“先是安慶緒至相州，史思明、高秀巖等皆送款請命。至是，懼不自安，各率其黨叛。後蕭華拔魏州歸國，嘗語於朝云：初河北官聞國家宣詔放陳希烈等，脅從官一切不問，各令復位，悔歸國之晩。及後聞希烈等死，皆相賀得計。於是河北將吏，人人益堅，大兵不解。”有是理乎？然又云：“代宗寶應元年，回紇與史朝義戰勝，擒其將士妻子老幼四百八十人。上以婦人雖爲賊家口，皆是良家子女，被賊逼略，惻然閔之。令萬年縣於勝業佛寺安置，給糧料。若有親屬認者任還之。如無親族者，任其所適。仍給糧遞過，於是人情莫不感戴欣悦。”不罪見逼略之婦女，情理當然，而猶以爲寬典，可見當時用刑之酷。《新書·藩鎮傳》：田悦使説王武俊，謂唐殺梁崇義“誅其口三百餘，血丹漢江”，其酷亦不減於肅、代矣，朱玫之立襄王，朝臣受僞署者衆，法司請行極法，杜讓能固爭之，乃獲十全七八，見《舊書·讓能傳》。唐法之酷，固始終如一也。《李勉傳》：“肅宗時，關東獻俘百餘，詔並處斬，囚有仰天歎者。勉過問之。對曰：某被脅制守官，非逆者。勉哀之。乃上言曰：元惡未殄，遭點汙者半天下，若盡殺之，是驅天下以資凶逆也。肅宗遽令奔騎宥釋。由是歸化日至。”此事在克西京前，故肅宗尚有招徠之意。然此并非食禄於朝而變節者也，何以初令竝斬乎？足見肅宗天資之刻薄。然又載史思明之言曰：“陳希烈已下皆重臣，上皇棄之幸蜀，既收復，當慰勞之，今尚見殺，況我本從禄山反乎？”《舊書·思明傳》。則不能謂其無理矣。君荒淫以召亂，難至而棄其臣，已又責其爲己死，不亦厚顏乎？君臣之義，須演進至立君所以爲民，君臣職位雖殊，意在爲民則一，乃能漸合於義。原其朔，則君豢臣以自衛，臣則因受禄於君，爲之效死而已。後來雖經演變，此意終未脱盡，此實君臣之倫所由敝。然即以初義論，君固亦有應盡之責也。如玄宗者，可有責於其臣乎？此皆用法之偏。其任意爲科條者，亦不可勝數。偶語軍中者死。《新書·循吏·盧弘宣傳》：徙義武節度使。河朔故法，偶語軍中則死，弘宣使除之。和姦者男女竝處極法。晉天福中，勅凡和姦者男子、婦人，竝處極法。周太祖廣順二年，始詔準律斷訟。見薛《史·刑法志》。爲盜賊者，迫於飢寒，不得已而出此者也，不勝則務立酷法以處之。隋文帝嘗勅盜邊糧一升已上皆斬,並籍没其家,見《隋書・本紀》開皇十五年。又嘗命盜一錢已上皆棄市。煬帝勅"天下竊盜,無輕重,不待聞奏皆斬",見《刑法志》。《新書・刑法志》曰:"武宗性嚴刻。故時竊盜無死法,所以原人情迫於飢寒也。至是贓滿千錢者死,至宣宗乃罷之。"薛《史・刑法志》:"周太祖廣順二年二月,中書、門下奏:準元年正月五日赦書:今後應犯竊盜贓及和姦者,竝依晉天福元年已前條例施行。請再下明勅,頒示天下。乃下詔:犯竊盜者,計贓絹滿三匹已上者,並集衆決殺,不滿三匹者,等第決斷。《通鑑》記此事於廣順元年,云:"唐衰多盜,不用律文,更定峻法,竊盜贓三匹者死。晉天福中,加至五匹。漢法,竊盜一錢已上皆死。"則武宗之法旋復,而周太祖之寬政,尚酷於天福時也。亦可哀矣。前世弊法,往往隨意改復。且如唐太宗,已知惡言不可云叛,然《新書・裴遵慶傳》,言其"調大理丞,邊將蕭克濟,督役苛暴,役者有醜言,有司以大逆論。遵慶曰:財不足聚人,力不足加衆,焉能反?由是全救數十族。"則爲惡言者之族誅,仍未改也。要之一切,無復情理,率意妄行而已。尚何言哉?

　　司法之官,仍爲地治者及廷尉,然錯出干與者頗多。《新書・刑法志》云:"凡州縣皆有獄,而京兆、河南獄治京師。其諸司有罪及金吾捕者,又有大理獄。"《舊書・百官志》刑部職云:"凡決死刑,皆於中書、門下詳覆。在京諸司,則徒已上送大理,杖已下當司斷之。若金吾糾獲,亦送大理。"貞觀中,李乾祐爲御史大夫,別置臺獄,有所鞫訊,便輒繫之。由是自中丞、侍御史已下,各自禁人,牢扉常滿。開元十四年,崔隱甫爲御史大夫,引故事奏以爲不便,乃去之。《舊書・良吏・隱甫傳》。然中書、門下、御史臺,皆雜出參與審判,及其合爲三司,則其權尤大焉。《新書・百官志》:御史臺職:"凡冤而無告者,三司詰之。三司,謂御史大夫、中書、門下也。"《廿二史考異》云:"此沿《唐六典》之文。考尚書刑部職云:凡鞫大獄,以尚書、侍郎與御史中丞、大理卿爲三司使。又《刑法志》云:永徽以後,武氏得志,當時大獄,以尚書刑部、御史臺、大理寺雜按,謂之三司。與此不同。蓋三司鞫獄,出於臨時遣使,故六典不著爲名,而於刑部篇言:凡有冤滯不申欲訴理者,先由本司或隨近官司斷決,不伏,乃至尚書省,左右丞爲申詳之;又不伏,乃經三司陳訴;又不伏,乃上表;受表者又不達,聽撾登聞鼓,正與此文互相證明。"《通鑑》:貞觀十七年,紇干承基上變告太子謀反,勅長孫無忌、房玄齡、蕭瑀、李世勣與大理、中書、門下參鞫之。《注》曰:"唐制,凡國之大獄,三司詳決。三司,謂給事中、中書舍人與御史參鞫也。今令三省與大理參鞫,重其事也。"乾元二年,鳳翔馬坊押官háng劫,天興尉謝夷甫捕殺之,其妻訟冤。李輔國素出飛龍廄,勅監察御史孫鎣鞫之。無冤。又使御史中丞崔伯陽、刑部侍郎李曄、大理卿權獻鞫之。《注》曰:"此唐制所謂小三司也。"大曆十二年六月,詔天下冤滯,州府不爲理,聽詣三司使,以中丞、舍人、給事中各一人,日於朝堂受詞推決。尚未盡者,聽撾登聞鼓。《注》云:"所謂三司使,即御史中丞、中書舍人、門下省給事中也。三人者,各以一司來朝堂受詞,故謂之三司。"《舊書·宣宗紀》:大中四年八月,刑部侍郎御史中丞魏謩奏:"諸道州、府百姓詣臺訴事,多差御史推劾。臣恐煩勞州縣,請先差度支、户部、鹽鐵院官帶憲銜者推劾,又各得三司使申,稱院官人數不多,例專掌院務。今諸道觀察使幕中判官,少不下五六人,請於其中帶憲銜者委令推劾。如累推有勞,能雪冤滯,御史臺闕官,便令奏用。"從之。蔽獄之法,意頗主於詳慎。隋文帝既頒律,病下吏承苛政之後,務鍛鍊以致人罪,乃詔申勑四方,敦理辭訟。有枉屈縣不理者,令以次經郡及州、省;仍不理,乃詣闕申訴;有所未愜,聽撾登聞鼓,有司録狀奏之。開皇十二年,詔諸州死罪不得便決,悉移大理案覆。事盡然後上省奏裁。十五年,奏死罪者三奏而後決。《隋書·刑法志》。唐太宗枉殺張藴古、盧祖尚,後亦追悔,乃下制:凡決死刑,雖令即殺,仍三覆奏。《舊書·刑法志》及《藴古》《祖尚傳》。《志》又云:尋謂侍臣曰:"比決囚雖三覆奏,須臾之間,三奏便訖,都未得思,三奏何益?自今已後,宜二日中五覆奏,下諸州三覆奏。又曹司斷獄,多據律文,雖情在可矜,而不敢違法,守文定罪,或恐有冤。自今門下覆理,有據法合死而情可宥者,宜録狀奏。"自是全活者甚衆。其五覆奏,以決前一日、二日覆奏,決日又三覆奏,惟犯惡逆者一覆奏而已。著之於令。案此制後亦廢弛。薛《史·刑法志》:天成二年,大理少卿王鬱上言:"凡決極刑,合三覆奏,近年以來,全不守此。伏乞今後前一日令各一覆奏。奉勅宜依。"穆宗,每有司斷大獄,令中書舍人一人,參酌而輕重之,號參酌院。大理少卿崔杞奏:"大理寺守法之司。今別設參酌之官,有司定罪,議其出入,是與奪繫於人情,而治官不得守其職。"乃罷之。《新書·刑法志》。要之求審級之多,定罪之審而已。審覆之制,亦有成爲具文者。《新書·徐浩傳》:肅宗時,建言故事有司斷獄,必刑部審覆。自李林甫、楊國忠當國,專作威福,許有司就宰相府斷事,尚書已下,未省即罷,乖慎恤意。請如故便。詔可。薛《史·漢隱帝紀》:乾祐元年七月,相州節度使王繼宏殺節度判官張易,以譛言聞。是時法尚深刻,藩郡凡奏刑殺,不究其實,即順其請。故當時從事,鮮賓客之禮,重足一跡而事之,猶不能免其禍焉。然此乃亂政,非法意也。然刺史、縣令專殺之權,仍未能盡去,蓋積習之不易改?《陔餘叢考》云:"隋書陳孝意傳:太守蘇威,欲殺一囚,孝意諫不聽,乃解衣請先受死,威乃釋囚,是隨時刺史得殺人也。《唐書》:劉仁軌爲陳倉尉,有折衝都尉魯寧暴橫,仁軌榜殺之。太宗以其剛正,擢爲咸陽丞。《封氏聞見記》:

崔立爲雒縣,有豪族陳氏,爲縣錄事。向來縣令以下受其餽,皆與之平交。立到任,陳氏猶以故態見。立命伍伯曳之,杖死。陳氏子弟,相率號哭,圍塞階屏。立一一收錄,盡殺之。是唐時縣令、縣尉,猶得專殺人也。軍旅之際,更不待言。李光弼以侍御史崔衆狂易,收繫之。會使者至,拜衆御史中丞。光弼曰:衆有罪,已前繫。今但斬侍御史,若使者宣詔,亦斬中丞。使者納詔不敢出。乃斬衆以徇。兵馬使張用濟赴軍逗留,光弼亦斬以徇。真源令張巡守雍丘,有大將六人,官皆開府、特進,以力不敵賊,勸巡降。巡設天子畫象於堂,遂斬六人。張鎬按軍河南,以刺史閭丘曉不救睢陽,致張巡陷没,亦杖殺曉。此更因軍事嚴切,不可以常法論也。至宋,州郡不得專殺之例始嚴。《宋史·本紀》:太祖嘗曰:五代諸侯跋扈,枉法殺人,朝廷不問。自今諸州大辟,錄案聞奏,付刑部覆視之,遂著爲令。自此諸州大辟,皆上刑部審覆。然《宋史》:李及知秦州。有禁卒,白晝攬婦人金釵於市。吏執以來。及方觀書,略問數語,即命斬之。王韶知汝州,有鑄錢卒罵大校,詔即斬以徇。舒亶爲臨海尉,有使酒罵其後母者,亶命執之,不服,即斬之,是宋時州、縣,亦尚有專殺之例也。"愚案《新書·柳仲郢傳》:"拜京兆尹。中書舍人紇干皋訴甥劉翃毆其母。翃爲禁軍校。仲郢不待奏,即捕取之,死杖下。宦官以爲言,改右散騎常侍。"以是時禁軍之橫,而仲郢猶能如是,尤可見守令威權之大。別置理獄之司者,亦時有之。武后時於麗景門別置獄,李輔國置察事廳子,魚朝恩於北軍置獄是也。德宗貞元七年三月,"詔神威、神策、六軍將士自相訟,軍司推劾,與百姓相訟,委府縣推劾,小事移牒,大事奏取處分;軍司、府縣,不得相侵",《舊書·本紀》。尤顯分軍民爲二矣。然非酷吏及軍人、閹宦,亦有爲此非法者。《舊書·文苑傳》:唐次子扶,太和十五年,充山南道宣撫使。至鄧州,奏內鄉縣行市、黃潤兩場倉督鄧琬等,先主宰河南、江西運到糙米。至淅川縣,於荒村中屯貯。除支用外,六千九百四十五石,裏爛成灰塵,度支牒徵元掌所由。自貞元二十年,鄧琬父子兄弟至玄孫,相繼禁繫,二十八年,前後禁死九人。今琬孫及玄孫見在枷禁者。勅曰:如聞鹽鐵、度支兩使,此類極多。其鄧琬等四人,資產全已賣納,禁繫三代,瘐死獄中,實傷和氣。鄧琬等竝疏放。天下州、府、監、院,如有此類,不得禁經三年已上,速便疏理以聞。鹽鐵、度支,妄禁繫人,至於五世,是使言利之司,操族誅之柄也。猶曰中葉後求利峻急使然也。《元稹傳》言:東都百司,皆有牢獄。有栽接吏械人逾歲,臺府不得而知。稹因飛奏,絕百司專禁錮。則並不待威權赫奕如度支、鹽鐵者矣。《裴潾傳》：潾以穆宗時爲刑部郎中。有前率府倉曹曲元衡者，杖殺百姓柏公成母。法官以公成母死在辜外，元衡父任軍使，使以父蔭徵銅。柏公成私受元衡資貨，母死不聞。公府、法寺，以經恩免罪。潾議曰：「典刑者，公柄也，在官者得施於部屬之内。若非在官，又非部屬，雖有私罪，必告於官，官爲之理，明不得擅行鞭捶於齊人也。且元衡身非在官，公成母非部屬，而擅憑威力，横此殘虐，豈合拘於常典？柏公成取貨於讎，利母之死，悖逆天性，犯則必誅。」奏下，元衡杖六十，配流，公成以法論，至死。公議稱之。刑及於非所治之人，公府、法寺，公然庇護，雖經平反，子坐死而賊虐者仍止於流，不更駭人聽聞乎？然率府倉曹，猶其小焉者也，至於身擁旄節，則其殺生任意，更有不可勝言者矣。尚復成何事體哉？《新書·李元諒傳》：安息人以討朱泚，拔華州，遷鎮國軍節度使。李懷光反，與馬燧、渾瑊討之。其將徐廷光，素易元諒，數嫚罵爲優胡戲，斥侮其祖。又使約降，曰：「我降漢將耳。」及馬燧至，降於燧。元諒見韓游瓌曰：「彼詬吾祖，今日斬之，子助我乎？」許諾。既而遇諸道，即數其罪，叱左右斬之。詣燧謝。燧大怒，將殺元諒。游瓌曰：「殺一偏裨尚爾，即殺一節度，法宜如何？」燧默然。元諒請輸錢百萬勞軍自贖，瑊亦請，燧赦之。帝以專殺，恐有司劾治，前詔免死。所以尚煩此詔者，以馬燧力足制之耳，不然，恐有司亦莫或劾治之矣。《嚴武傳》言：武最厚杜甫，然欲殺甫數矣。論者或不以爲信。然梓州刺史章彝，始爲武判官，因小忿殺之，亦何愛於甫哉？令狐彰子建歸朝，爲左神武大將軍。妻李氏，恒帥賓臣女也。建惡將棄之，乃誣與傭教生邢士倫姦通，召士倫榜殺之，因逐其妻。士倫母聞，不勝痛卒。李氏奏請劾治。令三司詰之。李氏及奴婢款證被誣頗明白。建方自首伏，然仍以會赦免坐。後爲右領軍大將軍，復專殺不辜，德宗仍容貸之。而建復陳訴，辭甚虛罔，乃貶施州别駕。然則軍人雖去軍，仍敢專殺之也。至於五代之世，則更不堪問。可參看《廿二史劄記》「五代幕僚之禍」條。

《唐律疏義·名例篇》曰：「諸化外人同類自相犯者，各依本俗法。」蓋各率其俗之意，異類相犯者，以法律論。蓋不可以此化外國之法，治彼化外國之人，事有所窮，故不得不用中國之法也。桑原隲藏《蒲壽庚傳》引《宋史·大食傳》云：熙寧中，其使辛押陁羅乞統察蕃長司公事，詔廣州裁度。《唐會要》百云：天祐元年六月，授福建道佛齊國入朝進奉使都蕃長蒲訶粟或作栗。寧遠將軍。朱彧《萍洲可談》二云：廣州蕃坊，海外諸國人聚居。置蕃長一人，管句蕃坊公事。而唐時曾來中國之阿剌伯人索來萌氏記伊斯蘭教情形云：爲裁判僑寓教徒之爭議，由中國皇帝之意，簡教徒一人，使負其責。此人當即所謂蕃長，亦即彼所謂卡第。法官兼教職。元末易逢巴圖塔氏謂廣州有伊斯蘭教徒之街，置法官與教長，教長處理教徒一切事，法官負裁判之責。蓋不獨廣州，凡教徒僑居之都市皆然矣。《萍洲可談》二云：蕃人有罪，詣廣州鞫實，送蕃坊行遣。徒以上罪，則廣州決斷。《宋史・王涣之傳》：知福州，未至，復徙廣州。蕃客殺奴，市舶使據舊比，止送其長杖笞。涣之不可，論如法。唐、明律：擅殺有罪奴婢，杖一百，無罪者徒一年，宋律當同。蕃客所殺，必有罪奴，故市舶使主送蕃坊。又《汪大猷傳》：知泉州。故事，蕃商與人爭鬥，非傷折罪，皆以牛贖。大猷曰："安有中國用島夷俗者？苟在吾境，當用吾法。"樓鑰《攻媿集・贈特進汪公行狀》云：蕃商雜處民間，而舊法與郡人爭鬥，非至折傷，皆用國俗。唐律，毆人折指，或重傷其耳目者徒。此所謂折傷，當即《萍洲可談》所謂徒罪矣。《宋史・日本傳》：淳熙二年，倭船火兒籐太明毆鄭作死，詔械太明付其綱管，歸治以其國之法。《明史・日本傳》：成化四年，日本足利義政使清啓和尚之從者毆傷中國人。中國官捕之，欲加處分。清啓抗議，謂當用本國法，獲許。可知非一時之恩，實當時通行之法矣。以上皆桑原氏說。宋律沿唐，明律亦以唐爲本，觀宋、明之行事，而唐法亦略可推也。

　　復讎之義，仍深入於人心。《隋書・列女傳》：煬帝長女南陽公主，嫁於宇文士及。化及弑逆，主隨至聊城。而化及爲竇建德所敗，士及自濟北歸唐。及建德誅化及，時主有一子，名禪師，年且十歲。建德遣武賁郎將於士澄謂主曰："化及新行弑逆，人神所不容。今將族滅其家，公主之子，法當從坐。若不能割愛，亦聽留之。"主泣曰："武賁既是隋室貴臣，此事何須見問？"建德竟殺之。主尋請建德，削髮爲尼。及建德敗，將歸西京，復與士及遇於東都之下，主不與相見。士及就之，立於戶下，請復爲夫妻。主拒之曰："我與君讎家，今恨不能手刃君者，但謀逆之日，察君不與知耳。"因與告絕，訶令速去。士及固請之。主怒曰:"必欲就死,可相見也。"士及見其言切,知不可屈,乃拜辭而去。觀此,知當時言讎,兼及其族,此刑法所以有族誅之條也。薛收"以父道衡,在隋非命,潔志不仕",唐兵起,"遁於首陽山,將協義舉"。劉文靜之死,"貞觀三年,追復官爵,以子樹義襲封魯國公,許尚公主"。樹義"與兄樹藝怨父被戮,又謀反,伏誅"。獨孤修德父機,爲王世充所殺,世充降唐,徙蜀。將行,爲修德所殺。皆是物也。《傳》又載孝女王舜。父子春,齊滅之際,爲其從兄長忻夫妻謀殺。舜時年七歲,妹粲五歲,璠二歲,竝寄食親戚。長,親戚欲嫁之,輒拒不從。密謂二妹曰:"我無兄弟,致使父讎不復,吾輩雖是女子,何用生爲?我欲共汝報復,汝意如何?"皆泣曰:"惟姊所命。"是夜,姊妹各持刀踰牆而入,手殺士忻夫妻,以告父墓。高祖原其罪。其烈,尤可使聞者動容矣。唐時復讎者,具載《兩書》《刑法志》及《孝友》、《列女傳》中,事多相類,不煩羅列,而時人議論,則有足資覃討者。武后時,下邽人徐元慶,父爽,爲縣尉趙師韞所殺。元慶變姓名爲驛家保。久之,師韞以御史舍亭下,元慶手殺之,自囚詣官。后欲赦死。左拾遺陳子昂議:"宜正國之典,寘之以刑,然後旌其閭、墓。"時韙其言。後禮部員外郎柳宗元駁之曰:"禮,刑之本,皆以防亂,旌與誅不得並。若師韞以私怨虐非辜,州牧不知罪,刑官不知問,上下蒙冒,籲號不聞,而元慶能處心積慮,以衝讎人之胸,執事者宜有慚色。其或師韞之誅,不愆於法,是非死於吏,死於法也,法其可讎乎?《春秋傳》曰:父不受誅,子復讎可也,父受誅,子復讎,此推刃之道;復讎不除害;若取此以斷,則合於禮矣。請下臣議附於令。有斷斯獄者,不宜以前議從事。"憲宗時,富平人梁悦,父爲秦果所殺。悦殺仇,詣縣請罪。詔曰:"在禮,父讎不同天,而法殺人必死。禮、法,王教大端也,二説異焉。下尚書省議。"職方員外郎韓愈曰:"復讎之名同,而其事各異,殺之與赦不可一。宜定其制曰:有復父讎者,事發,具其事下尚書省集議以聞,酌處之,則經律無失據矣。"有詔以悦申冤請罪詣公門,流循州。案部族之世,有讎,族自相報,既有國家,必不容如是,然國家豈能盡平人間之不平？不惟不能盡平人間之不平，右強以陵弱者，顧有之矣。宗元之言曰："禮之所謂讎者，冤抑沉痛而號無告也。"此其事卒不可免。《周官》稱將復讎，先告於士，韓愈曰："若孤稚羸弱，抱微志而伺敵人之便，恐不能自言。"豈徒不能自言，言之，有司或反助其讎矣。劉玄佐爲養子士朝所酖，玄佐養子士幹，與士朝皆來京師，士幹遣奴持刀紿爲弔，入殺士朝於次。德宗惡其專，亦賜士朝死。是也。此可告而不告，非所謂孤稚羸弱者比也。故復讎之事，卒不能絕。國家不能盡職於先，而思補過於後，則韓愈具其事而議之之説，自爲至當耳。

俗重復讎，可於張琇之事見之。《舊書·孝友傳》：琇，蒲州解人。父審素，爲巂州都督。有糾其軍中臧罪。勅監察御史楊汪馳傳就軍按之。汪在路，爲審素黨與所劫。對汪殺告事者，脅汪令奏雪審素之罪。俄而州人翻殺審素之黨。汪始得還。至益州，奏稱審素謀反。因深按審素，構成其罪，斬之，籍沒其家。《新書·孝友傳》：審素爲巂州都督，有陳纂仁者，誣其冒戰級、私庸兵。玄宗疑之。詔楊汪即按。纂仁復告審素與總管董堂禮謀反。於是汪收審素繫雅州獄，馳至巂州按反狀。堂禮不勝忿，殺纂仁，以兵七百圍汪，使露章雪審素罪。既而吏共斬堂禮，汪得出，遂當審素實反，斬之，沒其家。《通鑑》事繫開元十九年，云："或告審素臧汙，制遣汪按之。總管董元禮，將兵七百圍汪，殺告者。謂汪曰：善奏審素則生，不然則死。會救兵至，擊斬之。汪奏審素謀反。審素坐斬，籍沒其家。"亦無陳纂仁之名，而堂禮、元禮，名亦互異。纂仁爲何如人，與審素有何關係，史皆不詳，其告審素，何緣知其爲誣？何至以此并告其謀反，且牽及董堂禮？堂禮見誣，自可辯白，發兵圍使者，豈非坐實反謀？且將兵七百人，豈吏所能殺乎？疑此事傳者不詳，後人或加緣飾，《新傳》、《通鑑》所言，皆非實錄也。琇與兄瑝，以年幼坐徙嶺外。尋各逃歸。累年隱匿。汪後累轉殿中侍御史，改名萬頃。開元二十三年，瑝、琇候萬頃於都城，挺刃殺之。瑝雖年長，其發謀及手刃，皆琇爲之。《新傳》曰：瑝時年十三，琇少二歲。夜狙萬頃於魏王池，瑝斫其馬。萬頃驚，不及鬥，爲琇所殺。既殺萬頃，繫表於斧刃，自言報讎之狀，便逃奔，將就江外，殺與萬頃同謀構父罪者。《新傳》無與萬頃同謀五字。行至泥水，《新傳》云道汜水，《通鑑》同。爲捕者所獲。時都城士女，皆驚琇等幼稚孝烈，能復父讎，多言其合矜恕者。中書令張九齡又欲活之。裴耀卿、李林甫固言國法不可縱報讎。上以爲然。而謂"道路誼議,故須告示。"乃下勅解釋,而後"付河南府告示決殺"。"士庶咸傷愍之。爲作哀誄,牓於衢路。市人斂錢於死所造義井。并葬瑝、琇於北邙。又恐萬頃家人發之,并作義塚數所。"此雖或一時附和,然能得衆人附和,亦必有其由也。韓思彥游太學,事博士谷那律。律爲匪人所辱,思彥欲殺之,律不可。《新書》本傳。知奮氣快心,學人亦不免矣。復讎雖或不見赦,然見赦者究多。張穎爲部曲曹澄所殺,奔金陵,周世宗征淮南,令李景執送澄,以賜穎子永德,俾甘心焉,則朝廷且助人私報矣。

《隋書·刑法志》:開皇"三年,更定新律。於是置律博士弟子員。斷決大獄,皆先牒明法,定其罪名,然後依斷。五年,侍官慕容天遠糾都督田元冒請義倉事實,而始平縣律生輔恩舞文陷天遠,遂更反坐。帝聞之,乃下詔曰:人命至重,縣在律文,刊令科條,俾令易曉;分官命職,恒選循吏;小大之獄,理無疑舛。而因習往代,別置律官。報判之人,推其爲首。殺生之柄,常委小人。刑罰所以未清,威福所以妄作。爲政之失,莫大於斯。其大理律博士,尚書刑部曹明法,州、縣律生,並可停廢。自是諸曹決事,皆令具寫律文斷之。六年,勅諸州長史已下,行參軍已上,竝令習律。集京之日,試其通不。"觀此,知大理舊有律博士弟子,刑部舊有明法,州縣舊有律生,然皆視爲小人,不之重,故其人亦不自重。開皇六年之勅,則令官皆習律,革前此視爲執技事上之流之習而已。然律學自爲專門,終非凡官吏所能深通,則別設一學而重視其人,實爲至當,而乃以責諸人人,恐荒落亦不免也。《舊書·太宗紀》:貞觀六年二月,"初置律學"。選舉既有明法之科,吏部於選人又試之以判,似足以矯此失。然所貴乎學者,謂其能高瞻遠矚,革當時之弊,非謂如秦之以吏爲師,墨守一朝法令而已。然高宗定律疏之詔,謂律學未有定疏,所舉明法,遂無憑準,則其所教習者,亦曷嘗能出於當代律令之外哉?《新書·柳公綽傳》:爲刑部尚書。京兆獄有姑鞭婦至死者,府欲殺之。公綽曰:"尊毆卑,非鬥也。且子在,以妻而戮其母,不順。"遂減論。父殺其子當誅,五經之大義也，自漢已來，儒者久闡明之矣，況於姑殺其婦乎？爲治之道，莫亟於去專殺之威，寧當論人情乎？公綽以此撓京兆之法，不亦鄙儒也哉？而史猶稱之，其時之所謂法學者可知矣。私家亦有好是學者，如《竇參傳》言其"學律令"是也。然似不多。

# 第二十二章　隋唐五代學術

## 第一節　學　校

隋初有國子、太、四門、書、算五學，仁壽元年，廢之，惟立太學一所，煬帝又復之，已見第二十一章第三節。論史者多訾文帝之不悅學，其實非也。《隋書·儒林傳》曰："曩之弼諧庶績，必舉德於鴻儒，近代左右邦家，咸取士於刀筆。然則古之學者，禄在其中，今之學者，困於貧賤。明達之人，志識之士，安肯滯於所習，以求貧賤者哉？此所以儒罕通人，學多鄙俗者也。"又曰："自正朔不一，將三百年，師説紛綸，無所取正。高祖膺期纂曆，平一宇内。頓天網以掩之，賁旌帛以禮之，設好爵以縻之。於是四海九州，彊學待問之士，靡不畢集焉。天子乃整萬乘，率百寮，遵問道之儀，觀釋奠之禮。博士罄懸河之辯，侍中竭重席之奧。考正亡佚，研覈異同。積滯羣疑，渙然冰釋。於是超擢奇雋，厚賞諸儒。"《本紀》：開皇二年十二月，賜國子生經明者束帛。十年十一月，幸國子學，頒賞各有差。《儒林·房暉遠傳》：文帝嘗令國子生通一經者，並悉薦舉，將擢用之。京邑達於四方，皆啓黌校。齊、魯、趙、魏，學者尤多。負笈追師，不遠千里。講誦之聲，道路不絶。中州儒雅之盛，自漢、魏以來，一時而已。"是文帝初嘗有意於興學，且頗收其效也。不特此也。《本紀》：開皇三年四月，"詔天下勸學行禮"。《柳機傳》：族弟昂，高祖受禪,拜潞州刺史。昂見天下無事,可以勸學行禮,因上表曰:"陛下君臨四海,因情緣義,爲其節文,固已三百三千,事高前代。然下土黎獻,尚未盡行。臣謬蒙獎策,從政藩部,人庶軌儀,實見多闕。仰惟深思遠慮,情念下民,漸被以儉,使至於道,臣恐業淹事緩,動延年世。若行禮勸學,道教相催,必當靡然向風,不遠而就。"上覽而善之。因下詔曰:"建國重道,莫先於學;尊主庇民,莫先於禮。自魏氏不競,周、齊抗衡,分四海之民,鬥二邦之力。務權詐而薄儒雅,重干戈而輕俎豆。民不見德,惟争是聞。朝野以機巧爲師,文吏用深刻爲法。風澆俗敝,化之然也。雖復建立庠序,兼啓黌塾,業非時貴,道亦不行。其閒服膺儒術,蓋有之矣?彼衆我寡,未能移俗,然其維持名教,獎飾彝倫,微相弘益,賴斯而已。朕受命於天,裁成萬物。去華夷之亂,求風化之宜。戒奢崇儉,率先百辟。輕徭薄賦,冀以寬弘。而積習生常,未能懲革。閭閻士庶,吉凶之禮,動悉乖方,不依制度。古人之學,且耕且養。今者民丁非役之日,農畝時候之餘,若敦以學業,勸以經禮,自可家慕大道,人希至德,豈止知禮節,識廉恥,父慈子孝,兄恭弟順者乎?始自京師,爰及州郡,宜祗朕意,勸學行禮。"自是天下州縣,皆置博士習禮焉。此即《本紀》所云三年四月之詔,讀《機傳》而可恍然於其所由來也。古之言儒學者,在朝廷之上,則思以此崇德化而緩刑誅;在閭閻之中,則思以此納民於軌物,易争奪以和親,使奢縱者知節。自今觀之,不能先富後教,固終將徒託空言,然不能以此責古人。文帝於此二者,則可謂惓惓焉矣。而可謂之不悦學乎?開皇九年平陳,又下詔,言"武力之子,俱可學文。有功之臣,降情文藝,家門子姪,各守一經,令海内禽然,高山仰止。京邑庠序,爰及州縣,生徒受業,升進於朝,未有灼然,明經高第。此則教訓不篤,考課未精。明勒所由,隆兹儒訓。"其期望之意尤篤。然其效終不可覩。乃有仁壽二年廢學之舉。詔言"國學胄子,垂將千數,州縣諸生,咸亦不少,徒有名録,空度歲時,"其易轍之意可見。《儒林傳序》謂"高祖暮年,不悦儒術,專尚刑名。"其實合前文觀之,即知舍儒術而任刑名,乃歷代相沿之積習,高祖特欲革之而未能耳。獨指爲不悦學,豈得事理之平?抑歷代之於學校,皆視爲粉飾升平之具,本不期其有何實效,故雖成具文,亦不失望,文帝則凡事務求實際,故覩其無效,即必從而裁撤之,則觀其廢學,正可見其初意之誠也。仁壽二年廢學之舉:《本紀》云:國子學惟留學生七十人,大學、四門及州、縣學併廢。七月,改國子爲太學。《百官志》云:罷國子學,惟立太學一所。《儒林傳序》云:廢天下之學,惟存國子一所,弟子七十二人。其《劉炫傳》云:廢國子、四門及州、縣學,惟置太學博士二十人,學生七十二人。國子、太學之存廢,《本紀》言之最悉,《志》《傳》所言皆不具。七十二人之數,則當從《儒林傳》。此蓋法孔門弟子身通六藝者之數?唐初國子學置生七十二人,蓋亦有所受之也?見下。煬帝好事文飾,正與其父相反,其復學,自亦徒有其名。《本紀》載大業元年閏七月之詔曰:"諸在家及見入學者,若有篤志好古,耽悦墳典,學行優敏,堪膺時務,所在採訪,具以名聞,即當隨其器能,擢以不次。若研精經術,未願進仕者,可依其藝業深淺,門蔭高卑,雖未升朝,並量準給禄。其國子等學,亦宜申明舊制,教習生徒,具爲課試之法,以盡砥礪之道。"《儒林傳》言:"煬帝即位,復開庠序。國子、郡縣之學,盛於開皇之初。徵辟儒生,遠近畢至,使相與講論得失於東都之下,納言定其差次,一以聞奏焉。"其所以拂拭而磨厲之者,似亦甚至。然虛文安能收實效?《傳》又言其"外事四夷,戎馬不息,師徒怠散,盜賊羣起,空有建學之名,而無弘道之實,其風漸墜,以至滅亡,"宜矣。

唐學制,見於《新書·選舉志》。《志》曰:"凡學六,皆隸於國子監。國子學生三百人,以文武三品以上子孫,若從二品以上曾孫,及勳官二品縣公、京官四品帶三品勳封之子爲之。太學生五百人,以五品以上子孫,職事官五品朞親,若三品曾孫,及勳官三品以上有封之子爲之。四門學生千三百人,其五百人,以勳官三品以上無封,四品有封,及文武七品以上子爲之。八百人以庶人之俊異者爲之。"《舊書·職官志》:"四門博士,掌教文武七品已上及侯、伯、子、男子之爲生者,若庶人子爲俊士生者。"則庶人之子,稱爲俊士。律學生五十人,書學生三十人,算學生三十人,以八品以下子及庶人之通其學者爲之,京、都學生八十人。大都督府、中都督府、上州各六十人。下都督府、中州各五十人。下州四十人。京縣五十人。上縣四十人。中縣、中下縣各三十五人。下縣二十人。《百官志》：西都、東都、北都、鳳翔、成都、河中、江陵、興元、興德府，大、中、下都督府，上州，皆文學一人，醫學博士一人。中、下州亦醫學博士一人，而無文學。《注》云：“武德初，置經學博士、助教、學生。德宗卽位，改博士曰文學。元和六年，廢中、下州文學。京兆等三府助教二人，學生八十人。大都督府、上州各助教一人。中都督府學生五十人，下府、下州各四十人。貞觀三年，置醫學，有醫藥博士及學生。開元元年，改醫藥博士爲醫學博士。諸州置助教。寫本草、百一集驗方藏之。未幾，醫學博士、學生皆省。僻州少醫藥者如故。二十七年，復置醫學生，掌四境巡療。永泰元年，復置醫學博士。三都、都督府、上州、中州，各有助教一人。三都學生三十人，都督府、上州二十人，下州十人。凡縣，皆有經學博士、助教各一人，京縣學生五十人，畿縣四十人，中縣以下各二十五人。”《舊書·職官志》：三府，經學博士一人，助教二人，學生八十人。醫學博士一人，助教一人，學生二十人。大、中、下都督府，上、中、下州，各經學博士一人。助教，大、中都督府、上州各二人，下都督府，中、下州各一人。學生，大、中都督府、上州各六十人。下都督府、中州五十人，下州四十人。醫學博士，大、中、下都督府，上、中、下州各一人。助教，大、下都督府，上、中州各一人，而中都督府、下州無文，疑佚奪。學生，大、中都督府，上州各十五人。下都督府、中、下州各十二人。京、畿、上、中、中下、下縣，博士、助教各一人。學生，京縣五十人，畿、上縣各四十人，中、中下縣各二十五人，下縣二十人。《新書·百官志》：文學，縣則州補，州則授於吏部，然無職事，衣冠恥之。可見其有名無實也。國子監生，尚書省補，祭酒統焉。州縣學生，州縣長官補，長史主焉。凡館二：門下省有弘文館，生三十人。東宮有崇文館，生二十人。以皇緦麻以上親，皇太后、皇后大功以上親，宰相及散官一品、功臣身食實封者，京官職事從三品、中書、黃門侍郎之子爲之。凡博士、助教，分經授諸生。未終經者無易業。凡生，限年十四以上十九以下。律學十八以上二十五以下。凡《禮記》、《春秋左氏傳》爲大經，《詩》、《周禮》、《儀禮》爲中經，《易》、《尚書》、《春秋公羊傳》、《穀梁傳》爲小經。通二經者，大經、小經各一，若中經二。通三經者，大經、中經、小經各一。通五經者，大經皆通，餘經各一。《孝經》、《論語》，皆兼通之。凡治《孝經》、《論語》，共限一歲。《尚書》、《公羊傳》、《穀梁傳》各一歲半。《易》、《詩》、《周禮》、《儀禮》各二歲。《禮記》、《左氏傳》各三歲。學書日紙一幅。間習時務策，讀《國語》、《説文》、《字林》、《三蒼》、《爾雅》。凡書學，《石經三體》限三歲，《説文》二歲，《字林》一歲。凡算學，《孫子》、《五曹》，共限一歲，《九章》、《海島》共三歲，《張丘建》、《夏侯陽》各一歲，《周髀》、《五經算》共一歲，《綴術》四歲，《緝古》三歲。《記遺》、《三等數》，皆兼習。《舊書・職官志》：算學生，二分其經，以爲之業。習《九章》、《海島》、《孫子》、《五曹》、《張丘建》、《夏侯陽》、《周髀》十五人。習《綴術》、《緝古》十五人。其《紀遺》、《三等》，亦兼習之。旬給假一日。前假，博士考試。讀者千言試一帖，帖三言。講者二千言問大義一條，總三條。通二爲第。不及者有罰。歲終，通一年之業，口問大義十條。通八爲上，六爲中，五爲下。並三下與在學九歲，律生六歲不堪貢者罷歸。諸學生通二經，俊士通三經，已及第而願留者，四門學生補太學，太學生補國子學。每歲五月有田假，九月有授衣假，二百里外給程。其不率教及歲中違程滿三十日，事故百日，緣親病二百日皆罷歸。既罷，條其狀，下之屬所。五品以上子孫，送兵部準蔭配色。每歲仲冬，州、縣、館、監舉其成者，送之尚書省。此其教學選舉之大略也。天寶五載，又置廣文館於國學，以領生徒爲進士者。《新書・選舉志》。亦見《舊書・本紀》。《舊書・職官志》云：“至德後廢。”故《百官志》言國子監總國子、太、廣文、四門、律、書、算凡七學焉。又有所謂崇玄學者，見第二十一章第五節。

《舊書・儒學傳序》云：“高祖以義寧三年五月，初令國子學置生七十二員，取三品已上子孫。《新書》作子弟若孫。大學置生一百四十員，取五品已上子孫。四門學生一百三十員，取七品已上子孫。上郡學置生六十員，中郡五十員，下郡四十員。上縣學生四十員，中縣三十員，下縣二十員。武德元年，詔皇族子孫及功臣子弟，於祕書外省，別立小學。《禮儀志》：武德七年二月，詔諸州有明一經已上，未被升擢者，本屬舉送，具以名聞，有司試策，皆加叙用，其吏民子弟，有識性明敏，志希學藝，亦具名申送。量其資品，並即配學。州縣及鄉，並令置學。太宗數幸國學，令祭酒、博士講論。畢，賜以束帛。學士能通一大經已上，咸得署吏。又於國學增築學舍一千二百間。大學、四門博士，亦增置生員。其書、算各置博士、學生，以備藝文。《本紀》：貞觀三年九月，諸州置醫學。六年二月，初置律學。凡三千二百六十員。其玄武門屯營飛騎，亦給博士，授以經業。有能通經者，聽之貢舉。是時四方儒士，多抱負典籍，雲會京師。俄而高麗及百濟、新羅、高昌、吐蕃諸國酋長，亦遣子弟請入國學。鼓篋而升講筵者，八千餘人。濟濟洋洋焉，儒學之盛，古昔未之有也。高宗薄於儒術，尤重文吏。則天稱制，國子祭酒，多授諸王及駙馬都尉，至於博士、助教，惟有學官之名，多非儒雅之實。是時復將親祠明堂及南郊，又拜洛、封嵩嶽，將取弘文、國子生充齋郎行事，皆令出身放選，前後不可勝數。因此，生徒不復以經學爲意，惟苟希徼倖。二十年間，學校頓時隳廢矣。玄宗在東宮，親幸大學。大開講論。學官生徒，各賜束帛。及即位，數詔州縣及百官薦舉經通之士。《新書·選舉志》：玄宗又敕州縣學生，年二十五以下，八品子若庶人二十一以下，通一經，及未通經而聰明有文辭、史學者，入四門學爲俊士。即諸州貢舉省試不第願入學者亦聽。《舊紀》：開元二十六年正月，制天下州縣，每鄉一學。仍擇師資，令其教授。《通鑑》云：令天下州縣，里別置學。又置集賢院。"此唐人述玄宗以前儒學興替之大概也。案高宗時，書、算、律學，皆廢而復興，《舊紀》：顯慶元年十二月，置算學。三年九月。廢書、算、律學。龍朔二年五月，復置律、書、算三學。三年正月，詔以書學隸蘭臺，算學隸祕閣，律學隸詳刑寺。算學之置，《禮儀志》在顯慶二年。律、書、算三學之復，志在龍朔二年五月。並曾增置東都學生。《本紀》：龍朔二年正月，東都初置國子監，並加學生等員，均分於兩都教授。《禮儀志》：東都置國子監丞、主簿、錄事各一員，四門助教、博士、四門生三百員，四門俊士二百員。"中宗反正，詔宗室三等以下，五等以上，未出身願宿衛及任國子生聽之。其家居業成而堪貢者，宗正寺試送監舉如常法。三衛番下日願入學者，聽附國子學、大學及律館習業。蕃王及可汗子孫願入學者，附國子學讀書。"《新書·選舉志》。雖情之不存，規制初未嘗廢也。至安、史亂後，物力艱難，乃欲承權輿而不可得矣。《舊書·禮儀志》言："至德後兵革未息，國子生不能廩食，生徒盡散。堂廡頹廢，常借兵健棲止。"至永泰二年，乃有補國子生、重造國學之舉。此事全出魚朝恩之妄誕，遂乃以宦人而高坐説《易》。陳教坊之樂於上庠，事見

《舊書‧禮儀志》及兩《書‧朝恩傳》。事類兒戲，衹足發噱。然上元中，國子嘗置大成生二十人，所以待之者頗厚。取已及第而聰明者爲之。試書，日誦千言。並日試策。所業十通七然後補。其祿俸同直官。通四經。業成，上於尚書，吏部試之。登第者加一階放選，其不第則習業如初，三歲而又試，三試而不中選，乃從常調。見《新書‧選舉志》。永泰中，置兩監生無定員，元和二年定之。見《舊紀》及《新書‧選舉志》。西京：國子館生八十人，太學七十人，四門三百人，廣文六十人，律館二十人，書、算館各十人。東都：國子館十人，太學十五人，四門五十人，廣文十人，律館十人，書館三人，算館二人。文宗好尚經術。鄭覃又以名儒爲宰相。太和七年八月，册皇太子永，降詔言：“皇太子方從師傅，傳授六經。一二年後，當令齒胄國庠，以興墜典。宜令國子選名儒宜五經博士各一人。其公卿士族子弟，明年已後，不先入國學習業，不在應明經、進士限。”《舊書‧本紀》。此爲天寶罷鄉貢後之曠舉。於是立五經博士。事在開成元年五月，見《舊書‧本紀》及《鄭覃傳》。又於太學立石經。自中葉後，學校屢遭兵燹，雖度支告匱，恒率官俸興修。元和十四年，文官料錢貫抽十文，以修國子監，已見第二十一章第八節。此事由鄭餘慶建言，見《新書‧餘慶傳》。又《劉伯芻傳》：孫允章，咸通中，改國子祭酒。建言羣臣輸光學錢治庠序，宰相五萬，節度使四萬，刺史萬，詔可。《舊書‧昭宗紀》：大順元年二月，宰相兼國子祭酒孔緯，以孔子廟經兵火，有司釋奠無所，請內外文臣，自觀察使、刺史，下及令、佐，於本官料錢上緡抽十文，助修國學，從之。猶襲元和故事也。羣臣論議，若賈至、歸崇敬等，亦甚以學校爲重。至議見《舊書‧本傳》及《楊綰傳》。其議關涉選舉，選法不變，自無由行，可參看第二十一章第五節。崇敬欲改國學之名及官名，説頗迂繆，然其重視學校則尤甚也。亦見《舊書‧本傳》。則唐人之於學校，迄未忘情也。然其效終不可覩。何哉？爲政者之所求，急於應用，而歷代學校所造，止於章句之儒，《舊書‧張束之傳》：少補太學生，涉獵經史，尤好三禮。國子祭酒令狐德棻甚重。束之固有才，然亦能爲章句，學校之所以重之，在此不在彼也。實爲不切於務。以儒生與文吏相較，則文吏之周於用，遠非儒生之比矣。況其生徒多取貴游子弟，並章句而不能爲哉？

學校顧名思議，必當以學業爲重，然自漢世，設科射策，勸以官禄，遂成爲選舉之一途。既成爲選舉之途，則貴游子弟，必思捷足先據其處,勢也。而選舉且不能平矣,遑論學業?魏玄同言:"弘文、崇賢之生,千牛、輦腳之類,課試既淺,藝能亦薄,而門閥有素,資望自高"是也。《舊書》本傳。《舊書·常袞傳》言:中官劉忠翼,涇原節度使馬璘,各有親戚,干貢部及求爲兩館生。《許孟容傳》:孟容徵爲禮部員外郎。有公主之子,請補弘文、崇文館諸生,孟容舉令式不許,而主訴於上,致煩中使問狀。則入學須請託矣。《唐志》言諸生限年十四,而蕭穎士十歲即補太學生,豈真其姿質過人哉?《舊書·魏元忠傳》:初爲太學生,志氣倜儻,不以舉薦爲意,累年不調。《新書·裴炎傳》:補弘文生,有司欲薦狀,以業未就辭,十年乃舉明經及第,亦未必果欲然斯之未信也。然則出學又須奔競矣。資望更高者,如竇軌,母爲隋文帝女,自不藉通經然後入官,而《傳》言其少入太學,蓋以通聲氣,爲名高。李則之五十餘,猶執經詣太學聽受,則之,高祖子號王鳳之後。《舊書》附其父《巨傳》,《新書》見《高祖諸子傳》。此等人蓋如鳳毛麟角矣。斯時之學校,其可以言學業乎?爲學之所惡者,莫甚於口給以禦人,而斯風自漢、魏至隋、唐,未之有改。即可知其學之不講。《隋書·王頍傳》:開皇五年,授著作佐郎。尋令於國子講授。會高祖親臨釋奠,國子祭酒元善講《孝經》,頍與相論難,辭義鋒起,善往往見屈。高祖大奇之。《楊汪傳》:煬帝即位,歲餘,拜國子祭酒。帝令百寮就學,與汪講論。天下通儒碩學多萃焉。論難鋒起,皆不能屈。帝令御史書其問答奏之,省而大悦。賜良馬一匹。《褚輝傳》:煬帝時,徵天下儒術之士,悉集内史省,相次講論。輝博辯,無能屈者。由是擢爲太學博士。《新書·趙弘智傳》:永徽初,入爲陳王師,講《孝經》百福殿。於是宰相、弘文館學士、太學生皆在。弘智舉五孝。諸儒更詰辨,隨問酬悉,舌無留語。高宗喜,曰:"試爲我陳經之要,以輔不逮。"對曰:"天子有争臣七人,雖無道不失天下,願以此獻。"帝悦,賜絹二百,名馬一。是帝王以此獎借人也。《隋書·劉焯傳》:與楊素等於國子共論古今滯義,前賢所不通者。每升坐,論難鋒起,皆不能屈。素等莫不服其精博。《新書·陳少游傳》:爲崇玄生。諸儒推爲都講。有娟者,欲對廣衆切問,以屈少游。及升坐,音吐清辯,據引兼該、問窮而對有餘。大學士陳希烈高其能。是公卿以此獎借人也。《隋書·元善傳》:通博在何妥之下,然以風流醖藉,俯仰可觀,音韻清朗。聽者忘倦,由是爲後進所歸。妥每懷不平,心欲屈善。因善講春秋,初發題,諸儒畢集。善私謂妥曰:"名望已定,幸無相苦。"妥然之。及就講肆,妥遂引古今滯義以難善,多不能對。善深銜之。二人由是有隙。《劉焯傳》:因國子釋奠,與劉炫二人論義,深挫諸儒,咸懷妒恨,遂爲飛章所謗,除名爲民。《新書·孔穎達傳》:煬帝召天下儒官集東都。詔國子、祕書學士與論議。穎達爲冠。又年最少。老師宿儒,恥出其下,陰遣客刺之。匿楊玄感家得免。其忌疾至於如此。《隋書·蘇威傳》:子夔,十四詣學,與諸儒論議,辭致可觀。此則又以勢利而相稱假者矣。爲人者必不暇爲己,如北朝之張吾貴則其倫。《隋書·劉炫傳》:炫雖徧直三省,竟不得官,爲縣司責其賦役。炫自陳於内史。內史送詣吏部。吏部尚書韋世惠問其所能。炫自爲狀,曰:"《周禮》、《禮記》、《毛詩》、《尚書》、《公羊》、《左傳》、《孝經》、《論語》,孔、鄭、王、何、服、杜等注,凡十三家,雖義有精麤,並堪講授。《周易》、《儀禮》、《穀梁》,用功差少。史、子、文集,嘉言美事,咸誦於心。天文、律曆,窮覈微妙。至於公私文翰,未嘗假手。"攻乎異端,尚不足以言章句,況大雅弘達邪?

貴游必喜輕俠,務聲華。東京橫議,以太學爲中心,由此也。唐人嗜利,非如東漢之好名,故其事不至牽涉政治。《舊書·良吏·陽嶠傳》:入爲國子祭酒。時學徒漸弛。嶠課率經業,稍行鞭箠。學生怨之,頗有喧謗。乃相率乘夜於街中毆之。上聞,令所由杖殺。由是始息。此事當在開元初。斯時學校風紀之頹敝,寧不可駭?此特好遊蕩之徒所爲耳。楊瑒遷國子祭酒。請明經習《左傳》者,盡帖平文,參看第二十一章第五節。通《周禮》、《儀禮》、《公羊》、《穀梁》者,量加優獎。詔習此諸經者,出身免任散官。遂著於式。生徒爲瑒立頌學門外。歐陽詹舉進士,與韓愈聯第,又與愈善。詹先爲四門助教,率其徒伏闕舉愈博士。此亦如應舉者之務干謁、相援引耳。其似涉政事者,莫如德宗時諸生之請留陽城。城爲諫議大夫,以助陸贄攻裴延齡,下遷國子司業。有薛約者,狂而直。言事得罪謫連州。吏捕迹,得之城家。此據《新書·城傳》。《舊傳》云:約嘗學於城。城坐吏於門,引約飲食。訖,步至都外與別。帝惡城黨有罪,出爲道州刺史。太學諸生何蕃、季償、王魯卿、李讜等二百人頓首闕下請留城。守闕下數日,爲吏遮抑不得上。既行,皆泣涕立石紀德。柳宗元遺蕃等書,比之李膺、嵇康,時太學生徒,仰闕執訴焉。城矯僞士,其技倆至易見。《新書·城傳》

言其遷國子司業，引諸生告之曰："凡學者，所以學爲忠與孝也。諸生有久不省親者乎？"明日，謁城還養者二十輩。有三年不歸侍者斥之。簡孝秀德行升堂上。沈酗不率教者皆罷。何蕃事即附《城傳》後。云：和州人。事父母孝。學太學歲一歸。父母不許。間二歲乃歸。復不許。凡五歲。慨然以親且老，不自安，揖諸生去。乃共閉蕃空舍中，衆共狀蕃義行，白城請留。會城罷，亦止。然則謁城還養而莫久留者，爲拙宦矣。《傳》又云："初朱泚反，諸生將從亂，蕃正色叱不聽。故六館之士無受汙者。蕃居太學二十年，有死喪無歸者，皆身爲治喪。"三年不歸者見斥，居二十年者衆共請留，何邪？正色叱諸生，不聽從亂，果天性忠孝乎？抑度患之不及，而以是爲名高也？矯僞中安得有佳士哉？

薛《史·唐明宗紀》：天成二年三月，太常丞段顒請國學五經博士各講本經，從之。似其時國學中猶有人講肄者。然長興元年四月又云：國子司業張溥奏請復八館以廣生徒。按《六典》，監有六學，國子、太學、四門、律學、書學、算學是也，而溥云八館，謬矣。然則館學之別，且不能知，可知其時學校之廢弛矣。《新書·王潮傳》：潮盡有五州地，乃作四門義學。歐《史·閩世家》言王審知建學四門，以教閩士之秀者，蓋即沿自潮者也。此偏方諸國較能留意文教者。或正以其地本僻陋，故有慕乎此也。然文教之興起，實多人民所自爲，政事之所能爲力者甚微耳。

隋、唐之世，科舉浸盛，而學校日微，此即教育之權，由公家移於私家之證。然學子之負笈尋師者，亦或依附其名而求著籍，未必真有所得，欲深造博涉者，實仍在自爲也。隋、唐兩史言私家教授之事甚多。如房暉遠，恒以教授爲務。遠方負笈而從者，動以千計。《隋書·儒林傳》。王恭，每於鄉里教授，弟子自遠方至者數百人。《舊書》本傳。此家居教授者也。王質，寄居壽春，專以講學爲事。《舊書》本傳。袁滋，客荊、郢間，起學廬講授。《新書》本傳。則客居而教授者也。劉炫除太學博士，以品卑去任。還至長平，奉勅追詣行在所。或言其無行，煬帝遂罷之。歸於河間。於時羣雄蜂起,穀食踴貴,教授不行,炫遂凍餒而死。《隋書·儒林傳》。而張士衡仕隋爲餘杭令,以老還家,士衡,瀛州樂壽人。大業兵起,諸儒廢學,唐興,士衡復講教鄉里。《新書·儒學傳》。則干戈甫息,絃誦旋興矣。劉焯既除名,優遊鄉里,專以教授著述爲務。王孝籍,開皇中召入祕書,助王劭修國史。後歸鄉里,以教授爲業。皆去官而教授者。而何妥出爲龍州刺史,有負笈遊學者,皆爲講說教授之,則居官亦不廢矣。皆《隋書·儒林傳》。陽城隱於中條山,遠近慕其德行,皆從之學。《舊書·隱逸傳》。盧鴻廬於嵩山。玄宗徵拜諫議大夫,固辭,許還山。官爲營草堂。鴻到山中,廣學廬,聚徒至五百人。《新書·隱逸傳》。皆隱居教授者。高漢筠,嘗詣長白山講肄,薛《史》本傳。度山中亦自有學侶邪?貴游子弟,亦有從私師且甚早者。如徐曠、竇威、楊玄感、李密、王世充皆從受學。王元感調博城丞,紀王慎爲兗州都督,厚加禮,敕其子東平王續往受業。皆《新書·儒學傳》。孫萬壽年十四,就熊安生受五經是也。《隋書·儒林傳》。從師者或甚久,且不憚其遠。如馬光,從師數十年。初教授瀛、博,有門徒千數。及光爲太常博士,多負笈從入長安是已。《隋書·儒林傳》。前此授受專於經學,此時則併及文、史。曹憲、李善等以《文選》教授,見下節。善選學本受諸憲,而馬懷素又學於善。《舊書》本傳。此文學也。楊汪問禮於沈重,受《漢書》於劉臻。《隋書》本傳。包愷從王仲通受《史記》、《漢書》。大業中爲國子助教,於時《漢書》學者,以蕭該及包爲宗匠。聚徒教授,著錄者數千人。《隋書·儒林傳》。閻毗受《漢書》於該。《隋書》本傳。王方慶年十六,起家越王府參軍。就記室任希古受《史記》、《漢書》。希古遷爲太子舍人,方慶隨之卒業。張鎬少師事吳兢。皆《舊書》本傳。此史學也,當時受學,多求名師。如《虞世南傳》稱其與兄世基受學於顧野王。《張行成傳》言其少師事劉炫。皆《舊書》本傳。蓋皆以是而特著之。然《劉焯傳》言其少與劉炫結盟爲友,同受《詩》於同鄉劉軌思,受《左傳》於廣平郭懋常,問《禮》於阜城熊安生,皆不卒業而去。武強交津橋劉智海家,素多墳籍,焯與炫就之讀書,向經十載。則學由自得,名師初不能爲弘益可知。劉炫聰明博學，名亞於焯。時人稱二劉。天下名儒後進，質疑受業，不遠千里而至者，不可勝數。毋亦徒依附之以爲名高邪？韓愈、柳宗元，不爲無實。然《舊書·宗元傳》言：江、嶺間爲進士者，不遠數千里，皆隨宗元師法。凡經其門，必爲名士。《新書·愈傳》言：成就後進士，往往知名。經愈指授，皆稱韓門弟子。得毋亦有相依附之意邪？《傳》又言愈官顯稍謝遣，蓋亦以是爲懼矣。《隋書·隱逸傳》：徐則，幼沈靜，寡嗜欲。受業於周弘正。善三玄。精於議論。聲擅都邑。則歎曰："名者，實之賓也。吾其爲賓乎？"遂杖策入縉雲山。後學數百人，苦請教授。則謝而遣之。當時之所謂教授者可見矣。顯以爲名者，莫不陰以爲利。顏師古在隋授安養尉。坐事免歸，家貧，以教授爲業。《舊書》本傳。李善爲賀蘭敏之所薦引，敏之敗，坐配流嶺外。會赦還，因寓居汴、鄭之間，以講《文選》爲業。《舊書·文苑·李邕傳》。此皆徒爲衣食計，無足責。劉焯懷抱不曠，又嗇於財。不行束修者，未嘗有所教誨，《隋書》本傳。則鄙夫矣。尹知章轉國子博士，弟子貧者周給之，《新書·儒學傳》。其賢乎？王義方以彈李義府左遷。秩滿，家於昌樂，聚徒教授，不復仕。及卒，門人何彥先、員半千爲制師服，三年喪畢乃去。《舊書·忠義·義方傳》。亦見《文苑·員半千傳》。度其設教，必有深足感人者。經師易得，人師難求，此則令人高山仰止者耳。

地方之學，仍襲前世，猶以化民善俗爲意。《新書·太宗紀》：貞觀六年七月，詔天下行鄉飲酒禮。此即隋文帝詔天下勸學行禮之意。《李栖筠傳》：出爲常州刺史。大起學校。堂上畫《孝友傳》示諸生。爲鄉飲酒禮，登歌降飲。人人知勸。則能奉行此意者也。此等設施，當時良吏，多行之僻陋之區。柳旦，大業初拜龍川太守。民居山洞，好相攻擊。旦爲開設學校，大變其風。《隋書·柳機傳》。令狐熙，拜桂州總管，爲建城邑，開設學校。《隋書》本傳。韋機，顯慶中爲檀州刺史。邊州素無學校。機敦勸生徒。創立孔子廟。圖七十二子及自古賢達，皆爲之贊。《舊書·良吏傳》。王義方，貶爲儋州吉安丞。蠻俗荒梗。義方召諸首領，集生徒，親爲講經，行釋奠之禮。清歌吹籥，登降有序。諸首領大喜。《舊書·忠義傳》。韋丹，爲容州刺史，興學校。子宙，爲永州刺史，立學官，取仕家子弟十五人充之。《新書·循吏傳》。李承約，拜黔南節度使。外勸農桑，内興學校。薛《史》本傳。皆其事也。亦行諸風俗邪僻之地，獷悍之鄉。梁彥光爲相州刺史，人情險詖。彥光招致山東大儒，每鄉立學。滏陽人焦通，性酗酒，事親禮闕，爲從弟所訟。彥光將至州學，令觀於孔子廟。廟中有韓伯瑜母杖不痛，哀母力弱，對母悲泣之象。通遂感悟。《隋書》本傳。曹華，李師道誅，分所管十二州爲三鎮，王遂爲沂、兗、海觀察使。爲衙將王弁所害，授華沂州刺史，沂、海、兗觀察使。華誅鄆卒千二百人。移理於兗。令將士曰："鄒、魯儒者之鄉，不宜忘於禮義。"乃躬禮儒士，習俎豆之容。春秋釋奠於孔子廟。立學講經，儒冠四集。出家財贍給，俾成名入仕。往者如歸。《舊書》本傳。高承簡，蔡平，詔析上蔡、郾城、遂平、西平四縣爲溵州，拜承簡刺史，治郾城，葺儒宫，備俎豆，歲時行禮。《新書·高崇文傳》。皆其事也。其以傳授學業爲志者，好尚之士，亦能行諸所蒞之邦。楊汪，歷荆、洛二州長史。每聽政之暇，必延生徒講授，時人稱之。《隋書》本傳。高儉，進益州長史，引諸生講授經藝，學校復興。《新書》本傳。高智周，授壽州刺史。每行部，必先召學官，見諸生，試其講誦，訪以經義及時政得失，然後問及墾田、獄訟之事。《舊書·良吏傳》。張鎰，大曆五年，除濠州刺史。招經術之士，講訓生徒。比去郡，升明經者四十餘人。鄭餘慶鎮興元，創立儒官，開設學館。子翰，復繼前美。皆《舊書》本傳。倪若水，開元初，出爲汴州刺史。增修孔子廟堂及州縣學舍，勸勵生徒，儒教甚盛。《舊書·良吏傳》。皆其人也。常衮爲福建觀察使。始閩人未知學。衮至，爲設鄉校，使作爲文章，親加講導。與爲客主鈞禮，觀游、燕饗與焉。由是俗一變。歲貢士與内州等，卒於官。其後閩人春秋配享衮於學宫。《新書》本傳。此則南服之文翁矣。然此等人究少。以大體言之，州縣學多有名無實。《新書·劉禹錫傳》：徙夔州刺史。禹錫嘗歎天下學校廢，乃奏記宰相曰："言者謂天下少士，而不知養材之道，鬱堙不揚，非天不生材也。是不耕而歎廩庾之無餘，可乎？貞觀時，學舍千二百區，生徒三千餘，外夷遣子弟入附者五國。今室廬圮廢，生徒衰少。非學官不振，病無貲以給也。凡學官，春秋釋奠於先師斯止。辟雍、泮宮，非及天下。今州縣咸以春秋上丁，有事孔子廟。其禮不應古，甚非孔子意。漢初羣臣起屠販，故孝惠、高后間，置原廟於郡國。逮元帝時，韋玄成遂議罷之。夫子孫尚不敢違禮饗其祖，況後學師先聖道，而欲違之？《傳》曰：祭不欲數。又曰：祭神如神在。與其煩於祭饗，孰若行其教？今教頹靡，而以非禮之祀媚之，儒者所宜疾。竊觀歷代，無有是事。武德初，詔國學立周公、孔子廟，四時祭。貞觀中，詔修孔子廟兗州。後許敬宗等奏天下州縣置三獻官，其他如立社。玄宗與儒臣議罷釋奠牲牢，薦酒脯。時王孫林甫爲宰相，不涉學。使御史中丞王敬從以明衣牲牢著爲令。遂無有非之者。今虁四縣，歲釋奠費十六萬。舉天下州縣，歲凡費四千萬。適資三獻官飾衣裳，飴妻子，於學無補也。請下禮官、博士議，罷天下州縣牲牢衣幣，春秋祭如開元時。籍其資，半畀所隸州，使增學校。舉半歸太學。猶不下萬計，可以營學室，具器用，豐饌食，增掌故以備使令。儒官各加稍食。州縣進士，皆立程督。則貞觀之風，粲然可復。當時不用其言。"《文獻通考・學校考》引歐陽修《襄州穀城縣夫子廟記》曰："隋、唐之際，天下州縣，皆立學官，置生員。而釋奠之禮，遂以著令。其後州縣學廢。而釋奠之禮，吏以其著令，故得不廢。學廢矣，無所從祭，則皆廟而祭之。"馬君按云："自唐以來，州縣莫不有學，則凡學莫不有先聖之廟矣。然考之前賢文集，如柳子厚《柳州文宣王廟碑》，與歐公此文，及劉公是《新息縣、鹽城縣夫子廟記》，皆言廟而不及學。蓋衰亂之後，荒陋之邦，往往庠序頹圮，教養廢弛，而文廟獨存。官吏之有識者，以興學立教，其事重而費鉅，故姑葺文廟，俾不廢夫子之祠，所謂猶賢乎已。"愚案詳味劉禹錫之言，恐學校本未能徧設，不待亂離而後毀壞也。《舊書・高宗紀》：咸亨元年五月，詔曰："諸州縣孔子廟堂，有破壞並先來未造者，宜令所司速事營造。"則雖當唐之盛時,孔子廟亦有未造者,而況學校?《馬周傳》云:落拓,不爲州里所敬。武德中,補博州助教。日飲醇酎,不以講授爲事。刺史達奚恕,屢加咎責。周乃拂衣遊於曹、汴。似唐初刺史,頗能留意學政者。然恐實以其落拓而輕之,而以是爲口實耳,蓋學校之有名無實久矣。

官立之學校,雖有名無實,然人民之能自屬於學者實多。《隋書·李密傳》言:楊玄感敗,密詣淮陽,舍於村中,變姓名爲劉智遠,聚徒教授。密是時必不敢居通衢大道,可見雖僻左之地,學徒亦可招集。鄉學雖或由官立,實以人民自設者爲多。苗晉卿歸鄉里,出俸錢二萬爲鄉學本是也。《舊書》本傳。白居易與元稹書曰:"自長安抵江西,三四千里。凡鄉校、佛寺、逆旅、行舟之中,往往有題僕詩者。"《舊書》本傳。足見其非無文采。梁祖父誠,以五經教授鄉里。誠卒,子貧不能爲生,與其母傭食蕭縣人劉崇家。歐《史·梁太祖紀》。誠蓋如今村塾之師,歐《史·劉岳傳》所謂鄉校俚儒也。參看第二十一章第五節。其學固無足稱。然人能自屬於學,雖亂世不廢,則可見矣。《新書·陳子昂傳》。六世祖太樂,當齊時。兄弟競豪傑。梁武帝命爲郡司馬。父元敬,世高貲。歲饑,出粟萬石振鄉里。子昂十八未知書。以富家子尚氣決,弋博自如。此蓋最難施教者。而"他日入鄉校,感悔,即痛修飭。"此其感格之力爲何如?薛《史·烏震傳》:言其"少孤,自勤於鄉校",豈得謂鄉校之無所造就哉?此無他,人民自辦之事,必求其功歸實際,非如官辦者之徒有其名也。不特此也。《隋書·列女傳》:元務光母,范陽盧氏女也。盛年寡居,諸子幼弱。家貧不能就學,盧氏每親自教授。《舊書·元稹傳》:稹至同州表謝,自叙曰:"臣八歲喪父。家貧無業,母兄乞丐,以供資養。衣不佈體,食不充腸。幼學之年,不蒙師訓。因感鄰里兒稚,有父兄爲開學校,涕咽發憤,願知詩書。慈母哀臣,親爲教授。"則不能從師者又有家教,無父兄者且有母教矣。文化之蒸蒸日上,果官之立學爲之?抑人之自爲之邪?

## 第二節 文　字

隋、唐、五代之世，文字無甚變遷。貴人以私意妄造字者，亦止武后嘗作十有二文，見《新唐書》本傳。後人習知其音義者，祇一后所自名之"曌"字而已。劉龔曾造一"龑"字而已。見第十四章第四節。《通鑑》陳宣帝太建十三年《注》云：隋主本襲封隨公，故國號曰隋。以周、齊不遑寧處，故去"辶"作"隋"，以"辶"訓走故也。此説出於徐鍇。《困學紀聞》云：徐楚金云："隋文帝惡隨字爲走，乃去辶成隋字。隋裂肉也，其不祥大焉。殊不知隨從辶，辶安步也。而妄去之，豈非不學之故？"其説未知信否。或以文帝好言機祥，後人爲是附會。然此等無謂之顧忌，隋、唐之世確有之。《舊書·高宗紀》：儀鳳三年十二月，"詔停明年通乾之號，以反語不美故也。"《新書·百官志》："武后垂拱二年，有魚保宗者，上書請置匭以受四方之書。乃鑄銅匭四，塗以方色，列於朝堂。以諫議大夫、補闕、拾遺一人充使知匭事，御史中丞、侍御史一人爲理匭使。其後同爲一匭。天寶九載，玄宗以匭聲近鬼，改理匭使爲獻納使。"至德元年復舊。又《地理志》：邠州，"邠"故作"豳"，開元十三年，以字類"幽"改。皆其事也。《舊書·地理志》：莫州，本瀛州之鄚縣。景雲二年，於縣置鄚州。開元十三年，以"鄚"字類"鄭"字，改爲"莫"。避字形之相混，而於詁訓無亂，此則無譏焉。此等新造新改之字，惟專名不取其義者爲能行，此亦文字自然之條例，足見其不能以私意造作也。

避諱時之"之"字，久之，有遂與本字相淆者。《困學紀聞》云："成都石經，孟蜀所刻，於唐高祖、太宗之諱皆闕畫。范魯公相本朝，其戒子姪詩，曰堯舜理，曰深泉薄冰，猶不忘唐也。"《集證》引《容齋隨筆》云："蜀本石九經，皆孟昶時所刻。其書淵、世、民三字皆闕畫，蓋爲唐高祖、太宗諱也。昶父知祥，嘗爲莊宗、明宗臣，然於存勗、嗣源字乃不諱。前蜀王氏已稱帝,而所立《龍興寺碑》,言及唐諸帝,亦皆半闕。乃知唐之澤遠矣。"又引《郡齋讀書志》云:"《石經尚書》十三卷,僞蜀周德真書,《論語》十卷,張德鈞書,皆闕唐諱,蓋孟氏未叛唐時所刻?《毛詩》二十卷,《禮記》二十卷,皆張紹文書,《左氏傳》三十卷,不題書人姓氏,則不闕唐諱,蓋是知祥僭位後刻石也?"何義門謂《孟蜀石經》及范質之避唐諱,乃"相承以熟,未可爲不忘唐之證,厚齋特望人不遽忘宋耳。"何説自得其真。理之與治,代之與世,今人下筆,猶是相淆,不能盡復唐以前之舊,亦習熟爲之也。《困學紀聞》又云:"唐有代宗,即世宗也,本朝有真宗,即玄宗也。皆因避諱而爲此號。祥符中,以聖祖名,改玄武爲真武,玄枵爲真枵,《崇文總目》謂《太玄經》曰《太真經》。若迎真、奉真、崇真之類,在祠宫者非一。其末也,目女冠爲女真,遂爲亂華之兆。"《宋史》:祥符五年,真宗夢神人傳玉皇之命,云令汝祖趙玄朗授汝天書。遂尊號曰聖祖,以爲趙之始祖。改玄聖曰至聖。代宗即世宗,真宗即玄宗,雖治史者亦或忘之矣。歷代避諱之字,易世後未經改正者甚多,有一望可知者,亦有因以滋疑者,殊背古人臨文不諱之義,寧非以私意亂公用之文字乎?古人之諱,重在口不重在筆。臨文不諱,則雖口誦之猶不諱也,況於筆乎?或謂司馬遷以父名談,故其書改談爲同。然古同音字恒相通假,説實未必然也。

文字之學,斯時尚無甚足稱。自來治小學者,流別有二:一主於博,一主於精。務博者但求所知之多,求精者則必明於文字演變之原,深知古今訓釋之異。二者固各有所長,然搜採所得,亦必以謹嚴之法治之,乃能有真知灼見而克盡其用。則求精者實尤難能可貴也。隋、唐間之小學,偏於求博。其時負盛名者爲曹憲。《舊書·儒學傳》云:憲精諸家文字之書。自漢代杜林、衛宏之後,古文泯絕,由憲此學復興。大業中,煬帝令與諸學者撰《桂苑珠叢》一百卷,時人稱其該博。憲又訓注張揖所撰《博雅》,分爲十卷。煬帝令藏於祕閣。太宗嘗讀書,有難字,字書所闕者,録以問憲。憲爲之音訓,證引明白。太宗甚奇之。所撰《文選音義》,甚爲當時所重。初江淮間爲文選學者,本之於憲。又有許淹、李善、公孫羅,復相繼以《文選》教授,由是其學大興於代。淹等三人事迹，即次憲後。《淹傳》云：尤精詁訓。撰《文選音》十卷。《善傳》云：注解《文選》，分爲六十卷，表上之。《羅傳》云：撰《文選音義》，行於代。案文字愈古，單言愈多，愈後復言愈多。《新書·睿宗昭成順聖皇后竇氏傳》：初太常加謐后曰大昭成。或言法宜引聖貞冠謐，而曰大昭成，非也。以單言配之，應曰聖昭若睿成，以復言配之，應曰大聖昭成、聖真昭成。單言即今所謂單音字，復言則今所謂複音之辭也。單音字之用，隨世而滅，故後人多不之識。惟博覽者爲能知之。此等罕見之字，尤多存於辭賦中，故憲等皆以小學而兼選學。然讀他種古書，亦不能捨此。故顏師古長於《漢書》，史亦稱其博覽、精故訓學，所注《急就章》，與其《漢書注》俱顯於時。《新書·儒學傳》。而李善亦嘗撰《漢書辨惑》三十卷也。《舊書》本傳。《桂海珠叢》一百卷，而其《要略》僅二十卷，可見其所載者，初非日用所急。其後武后又有《字海》一百卷。卷帙與之相埒。《新書·藝文志注》云："凡武后所著書，皆元萬頃、范履冰、苗神客、周思茂、胡楚賓、衛業等撰，"諸人固亦多文士，足見此風之未變也。求精者必於較古之書，《説文解字》則其選。故顏之推甚好之。見《兩晉南北朝史》。此學人之所以異於文人者。《新書·藝文志·小學類》有李騰《説文字源》一卷。《注》云："陽冰從子。"陽冰長於篆書，蓋因此而治《説文》？騰蓋承其緒？此未必足語於小學，治此書而求精者，則五代時南唐之二徐也。其學入宋而後顯。

小學未精，則於文字異同，攸關訓釋，知之不審，故於改易古字，不甚介意。《新書·藝文志》書類。《今文尚書》十三卷。《注》云：開元十四年，玄宗以洪範"無偏無頗"聲不協，詔改爲"無偏無陂"。天寶三載，又詔集賢學士衛包改古文從今文。此所謂今文者，非漢世之今文，乃唐時通行之字耳。漢世所謂古文經者，本無其物，而爲其時之人據所知之古字僞造，《秦漢史》已具言之。故所謂古文經者，本不足貴。然傳至唐世，則又爲前人之製作，不宜妄改以失其真。玄宗以當時通行之字易之，其所爲，若與前此造古文者相反，而實則相同也。《經典釋文·序錄》云："《尚書》之字，本爲隸古，既是隸寫古文，則不全爲古字。今宋、齊舊本及徐、李等音，徐邈、李軌。所有古字，蓋亦無幾。穿鑿之徒，務欲立異，依傍字部，改變經文。"可見其無知妄作之狀。玄宗、衛包，亦此等風氣中之人物耳。

文字本於言語，言語有方俗之異，則誦讀隨之，此自然之勢也。《隋志》有《河洛語音》一卷。《舊書·王叔文傳》，譏王伾吳語，《新書·經傳》作楚語。又《舊書·武元衡傳》：元衡被害，京師大恐。城門加衛兵察其出入，物色伺之。其偉狀異製，燕、趙之音者，多執訊之。皆可見隋、唐時方音之異。誦讀之殊，非聲即韻，而古人之留意於韻，過於其留意於聲，故韻學之興較早。隋陸法言作《切韻》。唐天寶中，孫愐廣之爲《唐韻》，至宋世猶沿用焉。《隋志》有《婆羅門書》一卷。《注》云：梁有《扶南胡書》一卷。云：自後漢佛法行於中國，又得西域胡書，能以十四字貫一切音，文省而義廣，謂之《婆羅門書》。則兼及聲韻二者矣。然中國人雖知此法，初未能神其用。至唐末，僧守溫撰三十六字，取佛書之名，名之曰字母，守溫《三十六字母圖》一卷，見《通志·藝文略》。而聲紐之道，始大明焉。後人謂孫叔然已知反語，《釋文·序錄》云："孫炎始爲反語。"叔然，炎字也。不仞其學自外來。然反切本出天籟，不容一無所知，所爭者能否神其用耳。以用論，則三十六字母雖出，治小學者猶未能盡之也。此由中國文字異於胡、梵，原不足爲中國病。然必如後世之言韻學者，取《切韻》中切音之上一字，爲之分類，而目爲中土師師相傳之舊，則似可以不必。夫果知留意聲紐，則何不撰取數十字爲母，以求其簡，而必繁其數，至於四百五十邪？《新書·隱逸·陸羽傳》：不知所生。或言有僧得諸水濱畜之。幼時，其師教以旁行書。答曰："終鮮兄弟，而絕後嗣，得爲孝乎？"師怒，使執糞除圬墁以苦之。此旁行書當即《婆羅門書》。則至唐世，僧徒仍有習之者。

文字書寫必求其捷速，觀覽則求其清晰，捷速利用行草，清晰莫如楷則，二者相反，然不可偏廢也。《舊書·柳公綽傳》言：其子仲郢，抄書甚多，"小楷精謹，無一字肆筆"，此楷則之便於自覽也。又《文苑·席豫傳》，言其性尤謹，雖與子弟書及吏曹簿領，未嘗草書。謂人曰："不敬他人，是自不敬也。"《新書·李玄道傳》：附《褚亮傳》。爲幽州長史，佐都督王君廓，專持府事。君廓入朝，玄道寓書房玄齡。玄齡本甥也，君廓發其書，不識草字，疑其謀己，遂反。坐是流巂州。則與人書亦以楷正爲善。然下筆必求楷正，未免太難，時或不足應務，則必求其雖簡易而仍可辨識者。此行書之所以可貴。草書務求美觀，美觀貴多變化，遂至去真太遠，害於其事矣。

　　印刷者，書寫之支流餘裔也。然其難易，較諸書寫，殆不可以道里計。故自印刷術興後，書之存者，較諸印刷術未興以前，亦不可以道里計焉。此誠人類社會之一大事也。中國之印刷術，以發明最早豪於世。夷考其朔，則近人多取明陸深之説。深作《河汾燕閒錄》，云：隋文帝開皇十三年十二月八日，敕廢像遺經，悉令雕版，此印書之始也。明末胡應麟作《少室山房筆叢》從之，謂彫版始於隋。近世葉德輝非之。其所作《書林清話》云：“陸氏此語，本隋費長房《歷代三寶》記。其文本曰廢像遺經，悉令彫撰。意謂廢像則重彫，遺經則重撰耳。阮吾山《茶餘客話》，亦誤以彫像爲彫版。而島田翰必欲傅合陸説，遂謂明人逮見舊本，必以彫撰爲彫版。不思經可彫版，廢像亦可彫版乎？”島田翰，日本人，著有《彫版淵源考》。日本桑原隲藏又非之，曰：“撰、造、作可通用。陸深等解彫撰爲雕造，自非無理。與謂彫廢像、撰遺經，無寧解作彫造遺經爲當。據此文，謂當時已印行佛經，固失之早計，謂決未嘗印行佛經，亦未免武斷也。”見《史林》第十一卷第一號。據鄧嗣禹《中國印刷術之發明及其西傳》轉引。鄧文見《圖書評論》第二卷第十一號。此説殊屬遊移。《隋書·高祖紀》：開皇二十年，禁毀壞偷盜佛天尊像詔曰：“佛法深妙，道教虛融，咸降大慈，濟渡羣品。凡在含識，皆蒙覆護。所以彫鑄靈相，圖寫真形，率土瞻仰，用申誠敬。”以彫鑄與圖寫對舉，可證彫指廢像，撰指遺經也。美國哥倫比亞大學漢文教授卡德氏，嘗撰《中國印刷術源流》，劉麟生譯，商務印書館本。採摭頗博。據其説，則吾國印刷物，見存而最古者，爲得自敦煌石室之《金剛經》，今在倫敦博物院。經凡六葉，別有畫一葉。卷末有“咸通九年四月十五日王玠爲二親敬造普施”字樣。而日本所存印刷物之最古者，爲孝謙天皇所刻《無垢净光大陀羅尼經呪》。凡百萬紙，分藏百萬小木塔中。日本僧寺，至今猶有寶藏者。其事成於大曆五年，先於咸通九年者九十八年。日本之印刷術，傳自中國，無人置疑。卡德氏謂敦煌所得《金剛經》，刻印之工，遠在日本所製《陀羅尼經》之上。授受之迹，自可微窺。然又謂日製《陀羅尼經》，亦非印刷初興時物。卡德氏不取緣起於隋之説，乃謂其當在開元時。詰其故，則但謂其時國勢盛昌而已，此實未免牽強。自開元之初，下逮大曆，不及六十年，尚須越海傳至日本，果其爲時如是之短，日刻《陀羅尼經》，安得已頗工致，而可斷爲非初興時物乎？卡德氏又謂奈良存有古印花絲織物。其上印有年歲，一當開元二十二年，一當其二十八年。《續日本記》所謂摺衣者，則成於天寶二年。又有軍人所服革帶，亦皆印花，其年份早者，亦係開元二十八年。其花卡德氏信爲木版所印。然則彫版在開元時已盛行於日本矣，安得在中國乃初發軔乎？卡德氏不信陸深之説，自爲有識，然其所自擬之説，則殊不足取也。鄧嗣禹嘗撰文以評卡德氏之書，題曰《中國印刷術之發明及西傳》。其所採摭亦頗博。今録所臚舉，爲卡德氏所遺之證凡九事，以資參考。九事者，唐僧貫休《禪月集》，有其門人曇域《後序》，云："尋檢藁草，及暗記憶，約一千首，乃彫刻版印，題號《禪月集》。時大蜀乾德五年癸未十二月十五日。"蜀乾德五年，後唐明宗天成元年也。此書彫刻之地，爲婺州蘭溪。一事也。日僧宗叡，書寫《請來法門》等目録，中有"西川印子《唐韻》一部，五卷。同印子《玉篇》一部，三十卷。"云："大唐咸通六年，從六月迄於十月，於長安城右街西明寺日本留學僧圓載法師院求寫法門等目録，具如右也。"印子者，版印本也。二事也。《司空表聖文集》卷九，有《爲東都敬愛寺講律僧惠確化募彫刻碑疏》。元《注》云："印本共八百紙。"其文有云："自洛城罔遇時交，乃焚印本。漸虞散失，欲更彫鍥。"洛城焚本，似指武宗會昌五年之事。此所印至八百紙，又范攄《雲溪友議》有云："紇干尚書臬作《劉弘傳》，彫印數千本，以寄中朝及四海，"則所及已普。三事也。《全唐文》卷六百二十四，有馮宿請禁印曆日疏,云"準敕禁斷印曆日版。劍南兩川及淮南道,皆以版印曆日鬻於市。每歲司天臺未奏頒下新曆,其印曆已滿天下,案據此,則兩川、淮南所印曆日,且運銷各地矣。唐人詩云:'山中無曆日,寒盡不知年。'則非僻陋之地,咸有曆日。有乖敬授之道。"據《太平御覽》卷百六十,宿爲東川節度使,此疏上於太和九年十二月。《舊書·文宗紀》,亦書是月丁丑,"敕禁諸道府不得私置曆日版"。觀此,則私印者或尚不止兩川與淮南。四事也。元稹《白氏長慶集序》云:"二十年間,禁省、觀寺、郵候牆壁之上無不書,王公、妾婦、牛童馬走之口無不道。至於繕寫模勒,衒賣於市井。"此序末署大曆四年。五事也。義淨《南海寄歸内法傳灌沐尊儀》條云:"造泥製底及拓模泥像,或印絹紙,隨處供養。"義淨卒於先天二年。六事也。唐馮贄《雲仙散錄印普賢像》條引《僧園逸錄》云:"玄奘以回鋒紙印普賢像,施於四衆。每歲五馱無餘。"玄奘東歸,在貞觀十九年,卒於麟德元年。七事也。羅振玉《莫高窟石室祕錄》云:"予於日本三井聽冰許見所藏永徽六年《阿毗達磨大毗婆沙論》卷百四十四。其紙背有木刻楷書朱記,文曰大唐蘇内侍寫真定本,與《宋藏經》紙後之金粟山藏經紙朱記同。"八事也。日本所印之《國華》第三十二編第七册,有敦煌所出大業三年佛畫。元《注》:"彫版色摺。"上畫大佛像一,兩旁小佛像二,下有字四十有二,畫著紅、黃、綠、黑四色。依照片觀之,字體宛如唐人寫經,不類彫刻。九事也。今案以敦煌所出大業三年佛畫爲印本,則印刷術起隋無疑。即謂不然,而玄奘能印普賢像以施四衆,印刷之盛行,亦必在唐初矣。凡事至於盛行,必非初起,有隋運祚甚促,以事理度之,印刷之興,尚當在隋以前也。

卡德氏以印章爲印刷之原,引《抱朴子·登陟篇》云:"古之人入山者,皆佩黃神越章之印,其廣四寸,其字一百二十。以封泥著所往之四方各百步,則虎狼不敢近其内也。行見新虎迹,以印順印之,虎即去,逆印之,虎即還。帶此印以行山林,亦不畏虎狼也。不祇避虎狼,若有山川、社廟、血食惡神能作福禍者,以印封泥斷其道路,則不復能神矣。"卡德氏曰:古之印章以印封泥,改用朱墨,即幾於印刷矣。鄧嗣禹謂《抱朴子》此篇又繪一符，云"此是老君所載符，以棗心木方二寸刻之。"《封氏見聞記》言魏太武登嶧山，仆秦始皇所刻碑，"然歷代摹拓，以爲楷則。邑人疲於供命，聚薪其下，因野火焚之。有縣宰，取舊文勒於石碑之上，須則拓取。"然杜甫詩云："嶧山之碑野火焚，棗木傳刻肥失真。"竇臮《述書賦》自注云："嶧山碑，其石毀，土人刻木代之。"則以棗木供彫刻，由來甚久，尤可見道家符印與印刷關係之切也。卡德氏謂敦煌發見佛像模印，上有小柄，蓋手持而印之，如印章然。吐魯番、土耳其斯單亦有之。模印所成之佛像，見於寫本每葉之端。有全卷如是者。手印力薄，故其像較小云。然則印刷盛行後，其從印章蛻化而來之迹，猶未盡泯也。

石拓爲印刷之原，事更明白。《隋志》有《秦皇東巡會稽刻石文》一卷。《一字石經周易》一卷。《注》云：梁有三卷。《一字石經尚書》六卷。《注》云：梁有《今字石經鄭氏尚書》八卷，亡。《一字石經魯詩》六卷。《注》云：梁有《毛詩》二卷，亡。《一字石經儀禮》九卷。《一字石經春秋》一卷。《注》云：梁有一卷。《一字石經公羊傳》九卷。《一字石經論語》一卷。《注》云：梁有二卷。《一字石經典論》一卷。《三字石經尚書》九卷。《注》云：梁有十三卷。《三字石經尚書》五卷。《三字石經春秋》三卷。《注》云：梁有十二卷。云："後漢鐫刻石經，著於石碑，皆蔡邕所書。魏正始中，又立一字石經。相承以爲七經正字，後魏之末，齊神武執政，自洛陽徙於鄴都。行至河陽，直岸崩，遂没於水。其得至鄴者，不盈大半。至隋開皇六年，又自鄴京載入長安，置於祕書內省。議欲補緝，立於國學。尋屬隋亂，事遂寢廢。營造之司，因用爲柱礎。貞觀初，祕書監臣魏徵始收聚之。十不存一。其相承傳拓之本，猶在祕府。並秦帝刻石，附於此篇，以備小學。"此拓本之最早者，不知其在何時，然亦必甚早也。卡德氏言敦煌所得《金剛經》，木刻外又有石刻一種，係柳公權書。則雕版之外，並曾刻石以事印刷矣。

銅版之作，世以爲起自高麗。卡德氏云：《高麗史・百官志》：恭讓王四年，置書籍院，掌鑄字印書，爲高麗銅製活字見於記載之始。恭讓王四年，明太祖洪武二十五年也。至孝宗弘治間,其術乃傳入中國,無錫華燧用以印書。鄧嗣禹云:"《經義考》卷二百九十三載陽守陳之言曰:魏太和中有石經,晉天福有銅版九經。岳珂《九經三傳沿革例》,亦曾及天福銅版本。"則其術亦出中國矣。或鑄爲活字,始於高麗耳。印章本兼用金石,彫版外既可刻石以事印刷,自亦不難貤及於銅也。特其爲用,皆遠不能如彫版之普徧耳。

印刷初興時,手寫之事,仍不能廢。《舊書·令狐德棻傳》:"武德五年,遷祕書丞。時承喪亂之餘,經籍亡逸。德棻奏請購募遺書,重加錢帛,增置楷書令繕寫。數年間,羣書略備。"《新書·藝文志》云:貞觀中,購天下書,選五品以上子孫工書者爲書手繕寫。《舊書·文苑傳》云:太宗命祕書監魏徵寫四部羣書,將進內貯庫。別置讎校二十人,書手一百人。徵改職之後,令虞世南、顏師古等續其事。高宗初,其功未畢。顯慶中,罷讎校及御書手,令工書人繕寫,計直酬庸。擇散官隨番讎校。《職官志》:門下省、祕書省、史館、著作局、司天臺、弘文館、崇文館、集賢院,多有楷書手、揚書手、書直、裝書直、裝潢直、造筆直、熟紙匠等人。《陽城傳》云:家貧不能得書,乃求爲集賢寫書吏,竊官書讀之。足見繕寫爲用之廣。私家藏書亦然。《李襲志傳》:弟襲譽,凡獲俸祿,必散之宗親,其餘資多寫書而已。及從揚州罷職,經、史遂盈數車。《李大亮傳》:在越州寫書百卷,及徙職,皆委之廨宇,其事也。《蕭銑傳》:少孤貧,傭書自給。《王琚傳》:琚與王同皎善。同皎敗,變姓名詣江都,傭書於富商家。主人後悟其非傭者,以女嫁之。《儒學·王紹宗傳》:家貧,當傭力寫佛經以自給。每月自支錢足即止。雖高價盈倍,亦即拒之。皆貧生之傭書自給者也。不徒藏庋,即流通者亦多出手寫。《新書·楊瑒傳》:從父兄晏。精《孝經》學。嘗手寫數十篇,可教者輒遺之。《舊書·白居易傳》:居易嘗寫其文集,送江州東西二林寺、洛城香山、聖善等寺,如佛書、雜傳例流行之是也。歐《史·和凝傳》,言其爲文章,以多爲富。有集百餘卷,嘗自鏤版以行於世。識者多非之。蓋自刻文集之事,其時尚屬罕見也。

尸刻書之大名者爲馮道,則以印刷術未興時,藏書事甚艱難,名著鉅籍,惟公家若大有力者爲能致之,而道首以官力印賣九經故也。薛《史·唐明宗紀》:長興三年二月,中書奏請依石經文字刻九經印板,從之。《道傳》云:唐明宗時,以諸經舛繆,與同列李愚委學官田敏等取西京鄭覃所刻石經,彫爲印板。後進賴之。《册府元龜》云:"後唐宰相馮道、李愚重經學。因言漢時崇儒,有三字石經,唐朝亦於國學刊刻。今朝廷日不暇給,無能別有刊立。嘗見吳、蜀之人,鬻印板文字,色類絶多,終不及經典。如經典校定彫摹流行,深益於文教矣。乃奏聞。敕下儒官田敏等考校經注。"此事至周廣順三年而後成。《通鑑》記其事云:長興三年二月,初令國子監校定九經,彫印賣之。《注》云:"印賣九經始此。"廣順三年六月,初唐明宗之世,宰相馮道、李愚請令判國子監田敏校正九經,刻板印賣,朝廷從之。丁巳,板成,獻之。由是雖亂世,九經傳佈甚廣。時人重視此事之故,可以概見。《石林燕語》引柳玭《家訓序》曰:李洣《書林清話校補》云:《唐書·藝文志》:《柳氏訓序》一卷,柳玭撰。《郡齋讀書志》:《柳氏序訓》一卷,唐柳玭序其祖公綽已下内外事迹,以訓其子孫。並與此書名不合。見《文瀾學報》第二卷第二期。"中和三年癸卯夏,鑾輿在蜀之三年也。予爲中書舍人。旬休,閱書於重城之東南。其書多陰陽雜記、占夢、相宅、九宮、五緯之流,又有字書、小學,率雕板印。"可爲道言吳、蜀印板不及經典之證。蓋經典校定甚難,而其書爲世所重,同異之間,慮遭攻擊,故非承敕命由學官主其事,則莫敢爲之也。若謂資本不足,自可逐漸彫刻。一經之字數,未必逾於字書。當時學者無不讀經,其銷路亦必不劣於字書也。《揮麈録》云:"毋昭裔貧賤時,嘗借《文選》於交遊間。其人有難色,發憤異日若貴,當板以鏤之遺學者。後仕王蜀爲宰相,遂踐其言。印行書籍,創見於此。事載陶岳《五代史補》。後唐平蜀,明宗命大學博士李鍔書五經,放其製作,刊板於國子監,爲監中印書之始。"王國維《五代監本考》辨之云:"昭裔相蜀,在孟昶明德二年。後唐清泰二年。至廣政十六七年,尚在相位。仲言謂其相王蜀,已非事實。其刊《文選》在相蜀後,自不得在長興之前。刊九經則更在其後。《孔平仲珩璜新論》云:周廣順中,蜀毋昭裔請刊印板九經。《通鑑》載昭裔開學館,刻九經,在廣政十六年,即周廣順三年,正田敏九經板成之歲,昭裔所作,當放其製。元《注》:"此即蜀本大字九經,非蜀石經。晁子正說《蜀石經尚書》若網在綱,並作綱字,與田敏本合。蜀石本之刻在木本之先,已同監本,木本刊於監本成後,當放監本無疑。"按《宋史·儒林·敏傳》云:"敏雖篤於經學,亦好爲穿鑿。所校九經,頗以獨見自任。如改尚書若網在綱爲若綱在綱。又《爾雅》椴木槿,注曰日及,改爲白及。如此之類甚衆,世頗非之。"近人或廣仲言之說,謂蜀本九經,先於監本,尤乖事實。"然則印賣九經,果當以道爲首矣。王國維又云:"唐石經專刊經文,監本則兼經注。監本是非,世無定論,與《開成石經》略同。然寫本岐誤,究甚於刻本。《封氏見聞記》謂經籍年代浸久,傳寫不同。開元以來,省司將試舉人,皆先納所習之本。文字差譌,輒以習本爲正。義或可通,雖與官本不合,上司務於收獎,即行放過。至天寶十年頒字樣,始停納習本。元《注》:"此條在卷二石經條前,馮已蒼鈔本有之,刻本所無。"知唐時寫本經傳,致不畫一。今日所傳唐寫本,足以證之。自《開成石經》出,而經文始有定本,自五代監本出,而注文始有定本。雖文字不無差譌,然比之民間俗本,固有優無絀。田敏等校訂之勤,與整齊畫一之功,究未可盡非也。"開成僅刻經文,而長興能刊經注,亦刻木易於刻石爲之也。

　　紙與印刷,相關最密,非有紙,印刷術無由行,亦且無由興,卡德氏考中國印刷源流,首詳及紙。非無由也。造紙之術,亦自中國傳於西方。大食史家記其事云:突厥兩可汗相爭,一求援於中國,一求援於大食。中國援兵,爲大食援兵所敗。俘虜中有嫻造紙者,於撒馬兒干以其術教人,遂傳入大食屬地。時當天寶十年云。所云中國與大食之戰,實指開元九年高仙芝怛邏斯之役,其事信而有徵。大食人既擅此術,傳諸西班牙,終乃及於全歐洲。時則叙利亞有市鎮曰曼比集(Mambij),亦曰班比兹(Bambyx),亦產紙。歐人稱其紙爲班比兹紙(Chartabambycina)。後譌爲緜料紙(Charta bombycina)。遂以敝布造紙，爲十五六世紀時日耳曼、意大利人所發明。至近世，在中亞多得古紙，皆爲敝布所製，乃知其確由中國西傳云。卡德氏云：歐洲人初以敝布造紙，乃德、意兩國所發明。千八百八十五年至千八百八十七年間，用顯微鏡化驗八百年至千三百八十八年埃及所造之紙，強半以破布爲料。歐洲早年所造之紙亦然。當時推論，以爲破布造紙，實爲居於撒馬兒干之大食人所發明。至千九百有四年，斯坦因在土耳其斯單發見古紙，化驗之，多以桑皮爲料，而雜以破布。時則謂破布造紙，非居撒馬兒干之大食人所發明，而全用破布造紙，則出大食人。千九百十一年，斯坦因又在長城碉樓得古紙，化驗全用破布爲料，乃知其術確出自中國云。此亦中國文化裨益世界之一大端也。卡德氏又謂中國之墨，宜於印刷木版，而不宜於銅版。此亦銅版不能盛行之一因歟？

然斯時中國之紙，尚遠較後世爲貴。《舊書·經籍志》言開元時四部庫書，兩京各一本，皆以益州麻紙寫。《新書·藝文志》言：其時太府月給蜀郡麻紙五千番，季給上谷墨三百三十六丸，歲給河間、景城、清河、博平兔千五百皮爲筆材。此蓋各地方之名產，非公家之力不易辦。吳兢遷起居郎，以母喪去官，服除，自陳修史有緒，家貧不能具紙筆，願得少祿以終餘功，蓋非妄爲陳乞也。韋陟以五采牋爲書記，使侍妾主裁答，則史譏其侈。杜暹補婺州參軍，秩滿歸，吏以紙萬番贐，暹爲受百番，則眾歎其廉。入官者不能輸朱膠紙軸錢，則不能得告身，已見第二十一章第六節。歐《史·何澤傳》云：五代之際，民苦於兵，往往因親疾而割股，或既喪而割乳廬墓，以規免州縣賦役。户部歲給蠲符，不可勝數。而課州縣出紙，號爲蠲紙。澤上書言其敝，明宗下詔悉廢蠲紙。皆可見紙之難得。《新書·文藝傳》：鄭虔好書。嘗苦無紙。於是慈恩寺貯柿葉數屋，遂往，日取葉肄書。《五代史補》云：宋齊邱，素落魄。姚洞天爲淮南騎將，素好士，欲謁之。囊空無備紙筆之費，計無所出，但於逆旅杜門而坐。鄰房有散樂女，尚幼，問曰："秀才何以數日不出？"齊邱以實告。女歎曰："此事甚小，秀才何吝一言相示耶？"乃惠以數縞。齊邱用市紙筆，爲詩咏以投洞天。洞天怒其言大，不即接見。齊邱窘急，更其啓。始閲之，漸加拯救。徐溫聞其名，召之門下。及昇之有江南也，齊邱以佐命功，遂至將相。乃上表以散樂女爲妻，以報宿惠。許之。貧士得紙之艱，有如此者。歐《史·彭玗傳》：附《鍾傳傳》。言玗通《左氏春秋》。嘗募求西京《石經》，厚賜以金。揚州人至相語曰："十金易一筆，百金償一篇，況得士乎？"故士人多往依之。然則筆價亦不菲矣。古代紙極厚韌，故不必別以紙襯託，即可裝爲卷軸。後世紙日脆薄，故其價日趨於廉，然其普及大衆之功，不可誣也。紙價之日趨於廉，儻亦印刷術興，用之日多使之然歟。《舊書·迴紇傳》：東京之平，朔方及郭英乂、魚朝恩等軍不能禁暴，與迴紇縱掠坊市，及汝、鄭等州。比屋蕩盡。人悉以紙爲衣。《周智光傳》：淮西節度使李忠臣入覲，次潼關。聞智光阻兵，駐所部，將往襲之。及智光死，忠臣進兵入華州，大掠。自赤水至潼關，二百里間，畜產、財物殆盡，官吏至有著紙衣，或數日不食者。《新書·徐有功傳》：五世孫商。突厥殘衆保特峩山，以千帳度河自歸。詔商綏定。商表處山東寬鄉。置備征凡千人。襞紙爲鎧，勁矢不能洞。是以紙爲衣，唐人習爲恒事。清季京官貧者，亦或以紙爲朝衣，然必取諸朝鮮矣，謂之高麗紙。

## 第三節　儒玄佛思想轉移

　　世皆以漢世儒學盛行，魏、晉以後，玄學、佛學起而代之，其實非是。此時之儒家，實裂爲二派：有思想者，與玄學、佛學合流，無思想者，則仍守其碎義逃難之舊耳。說見《兩晉南北朝史》第二十三章第三節。玄、佛之學，其道必至於終窮。何者？人之所求，莫切於養生送死無憾。斯義也，在古公產之世，本能致之。其後社會組織變壞，乃至於強陵弱，衆暴寡，疾病不養，老幼孤獨，不得其所。斯時也，先知先覺之士，已飢己溺之徒，自將起而拯之。然不知社會變化：自有其規律，徒欲率己之意，而藉政治之力以行之，遂至反以召亂。此則自周末以來，儒、法諸家，各建改革之策，而新莽萃而行之之已事也。自此以降，遂莫敢言革正制度，而欲先移易人心。此則今所謂觀念論者矣，其道必至於終窮，勢也。於是改革之機又肇矣。

隋及唐初，所冀望於儒家者，爲化民善俗，以革任法之治。觀隋文帝勸學行禮之詔，唐太宗詔天下行鄉飲酒禮，可以知之。其説已見第一節。然此時之所謂儒者，則仍是章句之士耳。即朝廷之所提唱者，亦不外此。《舊書·本紀》：貞觀七年十一月，"頒新定五經。"《顔師古傳》曰：太宗以經籍去聖久遠，文字譌繆，令師古於祕書省考定五經。師古多所釐正。既成，奏之。太宗復遣諸儒，重加詳議。於時諸儒傳習已久，皆共非之。師古輒引晉、宋已來古今本，隨言曉答。援據詳明，皆出意表。諸儒莫不歎服。於是頒其所定之書於天下，令學者習焉。此所以是正經文也。《孔穎達傳》曰：與顔師古、司馬才章、王恭、王琰等受詔撰定五經義訓，凡一百八十卷，名曰《五經正義》。《新傳》曰：凡百餘篇，號義贊，詔改爲正義。太宗下詔付國子監施行。大學博士馬嘉運駁之。詔更令詳定。功竟未就。《新傳》云：永徽二年，詔中書、門下與國子、三館博士、弘文館學士考正之。於是尚書左僕射于志寧，右僕射張行成，侍中高季輔，就加增損。書始佈下。《舊紀》事在四年三月，云："每年明經，令依此考試"焉。此所以是正注疏也。其後玄宗自注《孝經》，令元行沖爲之作疏，見新、舊《書·行沖傳》。於開元十年六月，頒於天下。《舊紀》。文宗時，鄭覃請於太學勒九經，從之。見新、舊《書·覃傳》。開成二年十月告成。《舊紀》。亦皆所以繼前業也。孔穎達《五經正義》，後儒議之者甚多。《開成石經》，則《舊紀》明著之曰："立後數十年，名儒皆不窺之，以爲蕪累甚矣。"《舊書》多載時人議論，此蓋當時輿論也。然官本之差譌，究勝於私家之紊亂，觀上節所引王國維論監本之語可見。監本皆依《開成石經》，則石經之刻，亦不能謂其無功。至《五經正義》，則原不過官頒之書，用以試士，未嘗責學者以必從。纂輯或有未善，官頒之書類然，亦不能期之過高也。此等皆所謂章句之學。此學至此時，其勢已衰，朝廷雖事提唱，亦無效可期矣。

南北朝之世，治儒學而不爲章句所囿者，得二派焉：一如陳奇、業遵，説經好出己意。一則如張雕虎、劉晝、張仲讓等以經世致用自負。見《兩晉南北朝史》第二十三章第三節。前者猶是章句之學,特不墨守,可稱別流,後者則寖抉章句之藩籬矣。此二派,當隋、唐之世,亦皆有之。前一派著聞之事,莫如魏徵之撰《類禮》。《舊書·徵傳》曰:徵以戴聖《禮記》,編次不倫,遂爲《類禮》二十卷。以類相從,削其重複。採先儒訓注,擇善從之。研精覃思,數年而畢。太宗覽而善之。賜物一千段,錄數本以賜太子及諸王,仍藏之祕府。《元行沖傳》曰:初有左衛率府長史魏光乘奏請行用魏徵所注《類禮》。上玄宗。遂令行沖集學者撰義疏,將立學官。行沖於是引國子博士范行恭、四門助教施敬本檢討刊削,勒成五十卷。十四年開元。八月,奏上之。尚書左丞相張説駁奏曰:今之《禮記》,是前漢戴德、戴聖所編錄。歷代傳習,已向千年,著爲經教,不可刊削。至魏孫炎,始改舊本,以類相比,有同抄書。先儒所非,竟不行用。貞觀中,魏徵因孫炎所修,更加整比,兼爲之注。先朝雖厚加賞錫,其書竟亦不行。今行沖等解徵所注,勒成一家。然與先儒第乖,章句隔絶,若欲行用,竊恐未可。上然其奏,於是賜行沖等絹二百匹,留其書貯於内府,竟不得立於學官。案如説之説,玄成有作,實本叔然;而行沖恚諸儒排己,著論自釋,名曰《釋疑》,謂孫炎之後,又有馬伷增革,向踰百篇,葉遵删修,僅全十二;則作者初非一家。葉遵即業遵,《唐志》亦作葉增,錄其《禮記注》二十卷,然《釋文序錄》亦作業遵,德明年代較早,疑《唐志》誤也。《類禮》立學,初不廢小戴之書,以類相從,便於傳習,轉有相得益彰之美,有何不可?而斷斷如此,亦固矣。行沖著論,亦未嘗不出褊衷。然其言曰:"王邵史論曰,魏、晉浮華,古道夷替。士大夫恥爲章句,惟草野生以專經自許。不能究竟異義,擇從其善。徒欲父康成,兄子慎。寧道孔聖誤,諱言鄭、服非。然於鄭、服甚憒憒,鄭、服之外皆讎也。"此輩錮蔽之情形,可以想見。《崔仁師傳》曰:太宗時,校書郎王玄度注《尚書》、《毛詩》,毀孔、鄭舊義。上表請廢舊注,行己所注。詔禮部集諸儒詳議。玄度口辯,諸博士皆不能詰之。郎中許敬宗請付祕閣藏其書。河閒王孝恭特請與孔、鄭並行。仁師以玄度穿鑿不經。乃條其不合大義，駁奏請罷之。詔竟依仁師議。玄度遂廢。此又一《類禮》。《儒林·王元感傳》曰：長安三年，表上其所撰《尚書糾繆》十卷，《春秋振滯》二十卷，《禮記繩愆》三十卷。並所注《孝經》、《史記》藁本。請官給紙筆，寫上祕書閣。詔令弘文、崇賢兩館學士及成均博士，詳其可否。學士祝欽明、郭山惲、李憲等，皆專守先儒章句，深譏元感掎摭舊義。元感隨方應答，竟不之屈。鳳閣舍人魏知古，司封郎中徐堅，左史劉知幾，右史張思敬，雅好異同。每爲元感申理其義。連表薦之。尋下詔曰：王元感掎前達之失，究先聖之旨，是謂儒宗，不可多得，可太子司議郎兼崇賢館學士。魏知古嘗稱其所撰書曰：信可謂五經之指南也。此則逢時之王玄度耳。知幾《疑古》、《惑經》之作，爲論史者所豔稱。觀其爲元感申理，元感之論議，蓋亦其儔？然則知幾亦此等學派中之一人耳。此等原未脱離章句之科曰，然經籍亦爲真理之一源，墨守舊説，有時轉足爲真知之障。能摧陷而廓清之，而求真之路闢矣。此宋人以意説經之所以可貴，而如元感等，則皆宋人之先導也。

其又一派，隋末之王通蓋其人？通事多出後人緣飾，然亦必其人略有此意，緣飾乃有所施，則仍可想見其爲張世讓一流。可見此派中人，初不甚乏也。通事因附會太過，離真太遠，遂使後之考索者，並其人之有無而疑之，此亦太過。通事見於正史者，爲《舊書》之王質，兩《書》之《王勃、王績傳》。《舊書·質傳》曰：五代祖通，字仲淹。隋末大儒，號文中子。通生福祚，福祚生勉，勉生怡，怡生潛，質則潛之第五子。《勃傳》曰：祖通，隋蜀郡司户書佐。大業末，棄官歸，以著書、講學爲業。依春秋體例，自獲麟後歷秦、漢至於後魏，著紀年之書，謂之元經。又依《孔子家語》、揚雄《法言》例，爲客主對答之説，號曰中説。皆爲儒士所稱。義寧元年卒。門人薛收等相與議諡曰文中子。二子：福時，福郊。《績傳》云：兄通，字仲淹。大業中名儒。號文中子。自有傳。今《書》雖無通傳，然可見史官有意爲之立傳，不能指爲子虛烏有之流。然史所言通事，殆無一得實。《舊書》《王質》、《王勃》兩傳所言通子，即已不讎。《新書》則更甚。其《王績傳》曰：‘‘兄通，隋末大儒也。聚徒河、汾閒。放古作《六經》。又爲《中説》，以擬《論語》。不爲諸儒稱道，故書不顯，惟《中説》獨傳。’’云作《六經》，與《舊書·王勃傳》云作《元經》者又異。其《勃傳》云：‘‘初祖通，隋末居白牛溪教授，門人甚衆。嘗起漢、魏盡晉，作書百二十篇,以續古《尚書》。後亡其序。有錄無書者十篇。勃補闕逸,定著二十五篇。其說又爲舊書所無。"《傳》又曰:"嘗讀《易》,夜夢若有告者曰:易有太極,子勉思之。寤而作《易發揮》數篇,至晉卦,會病止。又謂王者乘土王,世五十,數盡千年;乘金王,世四十九,數九百年;乘水王,世二十,數六百年;乘木王,世三十,數八百年;乘火王,世二十,數七百年;天地之常也。自黃帝至漢,五運適周,土復歸唐。唐應繼周、漢,不可承周,隋短祚。乃斥魏、晉以降,非真主正統,皆五行沴氣。遂betekent唐家千歲曆。武后時,李嗣真請以周、漢爲二王後,而廢周、隋。中宗復用周、隋。天寶中,太平久,上言者多以詭異進。有崔昌者,採勃舊說,上《五行應運曆》。請承周、漢,廢周、隋爲閏。右相李林甫,亦贊右之。集公卿議可否。集賢學士衛包,起居舍人閻伯璵上表曰:都堂集議之夕,四星聚於尾,天意昭然矣。於是玄宗下詔:以唐承漢,黜隋以前帝王。廢介、酅公,尊漢爲二王後,以商爲三恪。京城起周武王、漢高祖廟。授崔昌太子贊善大夫,衛包司虞員外郎。楊國忠爲右相,建議復用魏爲三恪,周、隋爲二王後。酅、介二公復舊封。貶崔昌烏雷尉,衛包夜郎尉,閻伯璵涪川尉。"王勃文士,不似續古《尚書》、作《易發揮》,談五運正閏者,疑後來怪迂阿諛苟合之士,又託諸勃,而《元經》之作,與五運正閏之論,甚有關係也。白牛溪之名,見於王績之《遊北山賦》。《賦》云:"白牛溪裏,岡巒四峙。信茲山之奧域,昔吾兄之所止。許由避地,張超成市。察俗刪詩,依經正史。組帶青衿,鏘鏘儕儕。階庭禮樂,生徒杞梓。山似尼丘,泉疑泗涘。"《注》云:"此溪之集,門人常以百數。河南董恒、南陽程元、中山賈瓊、河南薛收、太山姚義、太原溫彥博、京兆杜淹等十餘人,稱爲俊穎。而姚義慷慨,同儕方之仲由,薛收以理學方莊周。"則儼然聖人矣。此外附會者尚不乏。《十七史商榷》引陸龜蒙《送豆盧處士謁宋丞相序》,皮日休、司空圖《文中子碑》,及《圖三賢贊》四篇。龜蒙稱通作《王氏六經》,不知即《新書·王績傳》所據否。日休稱其作禮論、續詩、元經、易贊,其說亦相出入。據諸文,則房玄齡、杜如晦、魏徵、薛收、李靖、李勣,皆其門人,其所言彌恢廓矣。然此諸文之真僞,亦不可知也。通所著《中說》,《隋志》著錄十卷,果通所作與否無可考。今所傳者,爲宋阮逸注本。《容齋續筆》曰:"今《中說》之後,載文中子次子福畤所錄,云杜淹爲御史大夫,與長孫太尉有隙。按淹以貞觀二年卒,後二十一年,高宗即位,長孫無忌始拜太尉。其不合於史如此。故或疑爲阮逸所作。"《困學紀聞》曰:"《中說》前述,云隋文帝坐太極殿召見,因奏太平之策十有二焉。按《唐會要》:武德元年五月,改隋大興殿爲太極殿,隋無此名。"又曰:"鄭毅夫論《中說》之妄,謂李德林卒於開皇十二年,通時年八、九歲,而有德林請見;關子明,太和中見魏孝文,如存於開皇間,亦百二三十歲,而有問禮於子明;是二者其妄不疑。《晁氏讀書志》,謂薛道衡仁壽二年出襄州,通四年始到長安,其書有薛公見子於長安。用此推之,則以房、杜爲門人,抑又可知也。"又有所謂龔鼎臣注者,《書錄解題》著錄。《玉海》謂其得唐本於齊州李冠家。分篇與阮本不同,文亦多異,蓋不慊於阮本而後出之僞書也。《通鑑》紀通事,在仁壽三年,云是歲,通詣闕獻太平十二策。所言與前述無異,亦不足據也。其後乃有啖、趙。《新書·儒學傳》:啖助"善為《春秋》。考三家短長,縫綻漏闕,號《集傳》。凡十年乃成。復攝其綱條為例統。其言孔子修《春秋》意:以為夏政忠,忠之敝野,商人承之以敬;敬之敝鬼,周人承之以文;文之敝僿,救僿莫若忠。夫文者,忠之末也,設教於本,其敝且末,設教於末,將奈何?武王、周公,承商之敝,不得已用之,周公歿,莫知所以改,故其敝甚於二代。孔子傷之,曰:虞、夏之道,寡怨於民,商、周之道,不勝其敝。故曰:後代雖有作者,虞帝不可及矣。蓋言唐、虞之化,難行於季世,而夏之忠,當變而致焉。故《春秋》以權輔用,以誠斷禮,而以忠道原情。不拘空名,不尚狷介,從宜救亂,因時黜陟。古語曰:商變夏,周變商,《春秋》變周,而公羊子亦言樂道堯、舜之道,以擬後聖。是知《春秋》用二帝、三王法,以夏為本,不壹守周典明矣。又言幽、厲雖衰,《雅》未為《風》,逮平王之東,人習餘化。苟有善惡,當以周法正之,故斷自平王之季,以隱公為始。所以拯薄勉善,救周之敝,革禮之失也。助愛《公》、《穀》二家,以《左氏》解義多繆,其書乃出於孔氏門人。且《論語》孔子所引,率前世人,老彭、伯夷等,類非同時,而言左丘明恥之,丘亦恥之。丘明蓋如史佚、遲任者?又《左氏傳》、《國語》,屬綴不倫,序事乖剌,非一人所為,蓋左氏集諸國史,以釋《春秋》?後人謂左氏,便傅著丘明,非也。助之鑿意多此類。《十七史商榷》云:"陸質《纂例》云:啖氏依舊說,以左氏為丘明,受經於仲尼。今觀左氏解經,淺於公、穀,誣繆實繁。若丘明才實過人,豈宜若此?推類而言,皆孔門後之門人。且夫子自比,皆引往人。故曰:竊比於我老彭,丘明者,蓋夫子以前賢人,如史佚、遲任之流,見稱於當時云云。是則陸質之意,以丘明為夫子以前賢人,非作傳者,而作傳者別是一人。宋祁不考,以質說為助語,失之。"案此特考證之異,不害其宗旨之同。門人趙匡、陸質,其高弟也。助卒年四十七。質與其子異,哀錄助所為《春秋集注》、《總例》,請匡損益,質纂會之,號《纂例》。"質別有傳,次《王叔文傳》後。云:明《春秋》,師事趙匡,匡師啖助,質盡傳二家學。又云:質素善韋執誼。方執誼附叔文,竊威柄,用其力,召為給事中。憲宗爲太子，詔侍讀。質本名澠，避太子名，故改。時執誼懼太子怒己專，故以質侍東宮，陰伺意解釋左右之。質伺閒有所言，太子輒怒，曰："陛下命先生爲寡人講學，何可及他？"質皇懼出。執誼未敗時，質病甚。太子已即位，爲臨問加禮。卒，門人以質能文聖人書，通於後世，私共謚曰文通先生。《舊書》啖助無傳，質則在《儒學傳》，與《新書》略同。然《新書》言質伺閒有所言，太子輒怒，是質嘗屢有言也。《舊傳》云質發言，上果怒，《舊傳》於憲宗即位後追叙，故云上。則僅一言之而已。二說牴牾，即知其原出附會。憲宗陰鷙，順奄竪之旨而篡父位，曾無所愧怍於心，果其有惡於質，豈以其老病更加存問哉？然此非謂質不善執誼，右叔文也，特謂其伺閒進言，爲誣罔之辭耳。《新書・呂渭傳》：子溫，"從陸質治《春秋》"。"與韋執誼厚，因善王叔文"。此亦一陸質。又《竇羣傳》：從盧庇傳啖助《春秋》學，著書數十篇。王叔文黨盛，雅不喜羣，羣亦悻悻不肯附。欲逐之。韋執誼不可，乃止。羣往見叔文曰："事有不可知者。"叔文曰："奈何？"曰："去年李實伐恩恃權，震赫中外。君此時逡巡路旁，江南一吏耳。今君又處實之勢，豈不思路旁復有如君者乎？"叔文悚然，亦卒不用。讀此文，絕不能見羣與叔文齟齬之迹，轉覺叔文銳進，而羣欲教之以持重耳。王叔文一時奇士，其黨與亦皆俊才，而治啖、趙之學者，多與之相善，可見其有意於用世矣。《新書・啖助傳》又曰：大曆時，助、匡、質以《春秋》，施士匄以《詩》，仲子陵、袁彝、韋彤、韋茞以《禮》，蔡廣成以《易》，強蒙以《論語》，皆自名其學，而士匄、子陵最卓異。士匄，兼善《左氏春秋》，以二經教授。譔《春秋傳》，未甚傳。後文宗喜經術。宰相李石因言士匄《春秋》可讀。帝曰："朕見之矣。穿鑿之學，徒爲異同。學者如浚井，得美水而已，何必勞苦旁求，然後爲得邪？"可見諸人治經，皆有新說矣。故能自名其學也。此派之以意說經，似亦與前派無異，然而有大異焉者，前派之意，僅欲明經，此派之志，則本在經世。撥亂反正，莫近於《春秋》。《春秋》與《公羊》，實爲一書，若《左》、《穀》，則皆後起依託之僞書耳。說見崔適《春秋復始》以春秋爲春秋條。劉蕡對策，實爲千古一人。《傳》言其尤精《左氏春秋》，然讀其文，無一非《公羊》義也。然則謂士匄所善在《左氏》，恐亦未必然矣。啖、趙之學，實爲宋人言學志在經世之先驅。與近世康有爲以《公羊》之學，啓維新之機者絕相類。有爲説經，誠甚疏略，不足以稱經生。然其用別有所在，不能以章句家之見繩之也。斤斤以章句家之見繩之，亦適成其爲章句之士而已矣。

啖、趙之宗旨，果何如乎？曰：觀陸淳議太公之祀，而可知矣。案歷代祀孔子者，皆僅立廟於其所生之地，或則於學校之中，以爲先聖、先師而祭之。以周公爲先聖，則以孔子爲先師。唐武德二年，始令有司於國子學立周公、孔子廟。貞觀四年，又令州、縣學皆作孔子廟。以十哲配享，而圖七十二子於壁。此已爲非禮，參看第一節引劉禹錫之論。開元十九年，又立太公尚父廟。《舊書·本紀》云：令兩京及天下諸州，各置太公尚父廟。《禮儀志》云：於兩京置太公尚父廟一所。蓋兩京應時設立，天下諸州，則未必能徧設也。以張良配享。於中春、中秋上戊祭之。二十七年，謚孔子曰文宣王。上元中，《本紀》在元年，《禮儀志》在二年。謚尚父曰武成王。牲樂之制如文宣王。仍以古名將十人爲十哲，配享。建中三年，詔史館考定可配享者，列古名將六十四人圖形焉。貞元二年，以闕播議去之，惟祀武成王及留侯。此則彌爲非禮矣。貞元四年，兵部侍郎李紓請革其祭禮。陸淳時爲刑部員外郎，議曰："武成王，殷臣也，紂暴不諫，而佐周傾之。夫學道者師其人。使天下之人，入是廟，登是堂，稽其人，思其道，則立節死義之士，安所奮乎？聖人宗堯、舜，賢夷、齊，不法桓、文，不贊伊尹，殆謂此也。"請罷上元追封立廟，而復貞觀時所立磻溪之祠。當時不從其説。《新書·禮樂志》。此事無足深論，而觀陸淳之言，則如聞宋儒之論矣。《新書·忠義·盧奕傳》：奕以天寶時爲御史中丞，留臺東都。安禄山陷東都，罵賊死。肅宗詔贈禮部尚書，下有司議謚。時以爲洛陽亡，操兵者任其咎，執法吏去之可也。委身寇讎，以死誰懟？博士獨孤及曰："荀息殺身於晉，不食其言也；玄冥勤其官水死，守位忘躬也；伯姬待姆而火死，先禮後身也；彼皆於事無補。奕能與執干戈者同其戮力,全操白刃之下,孰與夫懷安偷生者？請謚曰貞烈,"詔可。觀其言,又如聞宋儒之論矣。宋儒嚴君臣之義,論者皆謂唐中葉後藩鎮之裂冠毀冕,有以激之,其實尚不始此。觀第二十一章第二、第九兩節所述,則知唐世藩鎮,實爲魏、晉以降州郡握兵之再起。漢人甚重君臣之節,亦稍知尊王之義。魏、晉以後,則皆蕩然矣。爲國不能無綱紀。中國之大害爲割據,故不得不尊王。趙甌北謂:"自六朝以來,君臣之大義不明。其視貪生利己,背國忘君,已爲常事。有唐雖統一區宇,已百餘年,而見聞習尚,猶未盡改。"《廿二史劄記》"六等定罪三日除服之論"條。風俗如此,可不思所以挽救之乎？唐末有孫郃者,"著《春秋無賢臣論》,謂諸侯不知有王,其臣不能正君以尊王室,此孟子所以卑管、晏。"《困學紀聞》。郃,奉化人。唐末爲左拾遺。朱溫篡唐,即棄官去。著書紀年,悉用甲子,以示不臣。《集證》引《浙江志》。其志,亦陸淳、獨孤及之志也。凡此皆欲建立綱紀;至於務民之義,而揭二氏末流之弊者,則莫如韓愈。愈作《原道》,力闢離仁義而言道德之非。又曰:"古之爲民者四,今之爲民者六,古之教者處其一,今之教者處其三。農之家一而食粟之家六,工之家一而用器之家六,商之家一而資焉之家六,奈之何民不窮且盜也？"又曰:"古之時,人之害多矣。有聖人者立,然後教之以相生相養之道,""患至而爲之備,害至而爲之防。""今其言曰:聖人不死,大盜不止,剖斗折衡,而民不爭。""欲治其心,而外天下國家。曰:必棄而君臣,去而父子,禁而相生相養之道,以求其所謂清净寂滅者。"又曰:"吾所謂道,堯以是傳之舜,舜以是傳之禹。禹以是傳之湯,湯以是傳之文、武、周公,文、武、周公傳之孔子,孔子傳之孟軻。軻之死,不得其傳焉。荀與揚也,擇焉而不精,語焉而不詳。"其言,無一非宋儒所祖述。所不逮者,其言哲學,不如宋儒之精深,未能使世之好言名理者,幡然變計耳。然自正始以降,盛行五百年之玄學、佛學,其必衰落而爲新説之所代,則其機不可遏矣。

章句之學,果無用乎？曰:胡爲其然也。理事相即,故非明於事無以達理,而人之一生,見聞有限,則搜採必逮於異時,此經籍所以爲真理之原也。故書雅記,必資搜輯;搜輯所得,又須排比;前世所傳,閱一時焉而不可解,則須注釋;所傳不能皆確,則須考證;凡此,皆章句之士之所爲。故有經籍而所知乃博,有章句之學而後經籍克盡其用。經世之士,僅能據已知之理,施諸當世。理由閱歷而啓發,亦待研索以證明。此事功、學問所以交相資。人之才性,各有所宜;而天下事亦非一手一足之烈,分功正所以協力;二者固不合相非也。然逐末者易忘其本。章句之學,逮於末流,或不計所研索之事,於世何用,亦從而研索之;且執所研索,即爲有用;則轉爲求知之障矣。自碎義逃難之風開,章句之士,即有此弊。朱子謂"六朝人多精於禮,當時專門名家有此學,朝廷有禮事,用此等人議之,唐時猶有此意。"讀兩書之《禮樂志》、《儒學傳》,可證斯說。王方慶,史言其尤精三禮,又言其練於朝章,即此等人也。此其所爲者果有益乎?善夫!歐公之言之也,曰:"由三代而上,治出於一,而禮樂達於天下;由三代而下,治出於二,而禮樂爲虛名。古者宮室、車輿以爲居,衣裳、冕弁以爲服,尊爵、俎豆以爲器,金、石、絲、竹以爲樂,以適郊廟,以臨朝廷,以事神而治民。其歲時聚會,以爲朝覲、聘問。懽欣交接,以爲射、鄉、食饗。合衆興事,以爲師田、學校。下至里閭田畮,吉凶哀樂,凡民之事,莫不一出於禮。由之以教其民爲孝慈、友弟、忠信、仁義者,常不出於居處、動作、衣服、飲食之間。蓋其朝夕從事者,無非乎此也。及三代已亡,遭秦變古。後之有天下者,自天子百官名號位序,國家制度,宮車服器,一切用秦。其間雖有欲治之主,思所改作,不能超然遠復三代之上,而牽其時俗,稍即以損益,大抵安於苟簡而已。其朝夕從事,則以簿書、獄訟、兵、食爲急,曰:此爲政也,所以治民。至於三代禮樂,具其名物,而藏於有司,時出而用之郊、廟、朝廷。曰:此爲禮也,所以教民。自搢紳大夫從事其間者,皆莫能曉習,而天下之人,至於老死,未嘗見也。況欲識禮樂之盛,曉然喻其意,而被其教化以成俗乎?"《新書·禮樂志序》。其言可謂深切著明矣。不惟行諸郊廟朝廷者然也，即行諸民間，如隋文帝始所期望者，亦何獨不然，然則禮樂果有何用？試以是詰禮學之家，果肯平心以思，亦當啞然失笑。然當時所謂禮學之家，則何一不如此？又有如祝欽明、郭山惲、韋叔夏輩，附會武、韋，爲議拜洛、享明堂，助祭天神、地祇之禮，以滋煩費者矣。又曷怪其爲世所詬病乎？章句之士如此。儒與玄、佛合流，好言名理者，隋、唐之世，亦未嘗絕。如陳希烈，史言其"精玄學"。韓思復，史言其"好玄言"。李勉，史言其"宗於玄虛"。張知謇，史言其"曉於玄理"。陸德明，史言其"善言玄理"。李玄植，史言其"博涉《史》、《漢》及《老》、《莊》諸子之說"。尹知章，史言其"雖居吏職，居家則講授不輟。尤明《易》及《莊》、《老》玄言之學。遠近咸來受業。所注《孝經》、《老子》、《莊子》、《韓子》、《管子》、《鬼谷子》，頗行於時"。孫思邈，史言其"善談莊、老及百家之說，兼好釋典，注《老子》、《莊子》"。白履忠，史言其"著《三玄精辯論》，注《老子》及《黃庭內景經》"。皆見《舊書》本傳。柳公權，史言其"博貫經術，於《詩》、《書》、《左氏春秋》、《國語》、《莊周》書尤邃，每解一義，必數十百言。"張志和，史言其"父游朝，通《莊》、《列》二子，爲《象罔白馬證》諸篇佐其說。"皆見《新書》本傳。皆前世清談之餘緒也。《舊書·房琯傳》：謷其"與庶子劉秩、諫議李揖、何忌等高談虛論，說釋氏因果，老子虛無。"《楊綰傳》云："雅尚玄言。宗釋、道二教，凡所知友，皆一時名流。或造之者，清談終日，未嘗及名利。有欲以世務干者，見綰言必清遠，不敢發辭。"則居高明之地者，亦未嘗無其人。唐高祖親臨釋奠。徐文遠講《孝經》，沙門惠乘講《般若經》，道士劉進喜講《老子》。陸德明難此三人，各因宗指，隨端立義，衆皆爲之屈。高祖善之，賜帛五十匹。李玄植，高宗時屢被召見，與道士、沙門在御前講說經義。陳希烈，玄宗時，嘗於禁中講《老》、《易》。皆見《舊書》本傳。康子元，開元初，詔中書令張說舉能治《易》、《老》、《莊》者。集賢直學士侯行果薦子元及敬會真於說。說籍以聞。並賜衣幣，得侍讀。子元擢累祕書少監，會真四門博士。俄皆兼集賢侍講學士；始行果、會真及馮朝隱同進講。朝隱能推索《老》、《莊》祕義。會真亦善《老子》。帝曰：我欲更求善《易》者，然無賢行果云。尹愔，父思貞，張說、尹元凱薦爲國子大成。每釋奠，講辨三教，聽者皆聞所未聞。皆見《新書》本傳。然則亟於講辨之風，亦未嘗絕也。然有形質而無精神，則亦名存焉而已。

## 第四節　史　　學

自曹魏以降，作史職在著作，而隸於祕書，隋世仍沿其舊，有著作郎一人，佐郎八人。煬帝又於內史省置起居舍人二。《隋書·百官志》。唐貞觀二年，省起居舍人，移其職於門下，置起居郎二員。顯慶中，又置起居舍人，屬中書省，與郎分在左右。起居郎掌起居注，以修記事之史；起居舍人修記言之史；皆季終授之國史。著作郎掌修國史，武德亦因隋舊制。貞觀三年，移史館於禁中，在門下省北。大明宮成，置史館於門下省南。開元二十五年，李林甫以中書地切樞密，記事官宜附近，史官尹愔，奏移於中書省北。以宰相監修國史，著作郎始罷史職。史官無常員，如有修撰大事，則用他官兼之，事畢日停。監修，貞觀後多用宰相，遂成故事。天寶已後，他官兼領史職者，謂之史館修撰，初入爲直館。元和六年，宰相裴垍奏登朝官領史職者並爲修撰，未登朝入館者爲直館，修撰中以一人官高者判館事，其餘名目，並請不置。從之。《舊書·職官志》。裴垍事亦見本傳。《文宗紀》：太和六年七月，以王彥威、楊漢公、蘇滌、裴休並充史館修撰。故事，史官不過三員，或止兩員，今四人並命，論者非之。薛《史·唐明宗紀》：長興四年七月，以著作佐郎尹拙爲左拾遺，直史館。國朝舊制，皆以畿、赤尉直史館，今用諫官，自拙始。從監修李愚奏也。此隋、唐兩代史官之大略也。

史事原本，實出左右史。郎所記注，及舍人所編制勅，皆逐日爲之。《舊書·職官志》起居郎職云：「凡記事之制，以事繫日，以日繫月，以月繫時，以時繫年，必書其朔日甲乙。」起居舍人職云：「錄天子之制、誥、德音，如記事之制。」類而次之，謂之日曆；修而成之，謂之實錄。宋汪藻說。見《宋史·藻傳》。《通鑑》：永貞元年九月,監修國史韋執誼奏始令史官撰日曆。更據以成紀、傳、表、志或編年體之書,則謂之國史。如吳兢、韋述所撰者爲紀傳體。柳芳所撰《唐曆》爲編年體,而宣宗命崔龜從續之,則亦以爲國史也。皆見下。《新書・隱逸・孔述睿傳》:爲史館修撰,重次地理志,本末最詳。可見國史亦有志。高宗後,起居郎記注失職,則史事原本,又有所謂時政記者。《新書・百官志》云:貞觀初,以給事中、諫議大夫兼知起居注,或知起居事。《舊書・杜正倫傳》:貞觀二年,拜給事中,兼知起居注。每仗下議政事,起居郎一人執筆記録於前,史官隨之。其後復置起居舍人,分侍左右,秉筆隨宰相入殿。若仗在紫宸内閣,則夾香案分立殿下,直第二螭首,和墨濡筆,皆即坳處,時號螭頭。高宗臨朝不決事,有所奏,惟辭免而已。許敬宗、李義府爲相,奏請多,畏人之知也,命起居郎、舍人對仗承旨,仗下與百官皆出,不復聞機務矣。長壽中,宰相姚璹建議:仗下後,宰相一人,録軍國政要,爲時政記,月送史館。然率推美讓善,事非其實。未幾亦罷。而起居郎猶因制勅稍稍筆削,以廣國史之闕。起居舍人本記言之職,惟編詔書,不及他事。開元初,復詔修史官非供奉者皆隨仗而入,位於起居郎、舍人之次。《舊書・李乂傳》:開元初,特令乂與中書侍郎蘇頲纂集起居注,録其嘉謨昌言可體國經遠者,別編奏之。又時爲黃門侍郎。及李林甫專權,又廢。太和九年,詔入閣日,起居郎、舍人具紙筆立螭頭下,復貞觀故事。案姚璹請撰時政記,事在長壽二年,見新、舊《書・璹傳》。《舊書・趙憬傳》:貞元十二年,憬對延英,上問近日起居注記何事?憬對及時政記。上曰:"君舉必書,義存勸戒。既嘗有時政記,宰相宜依故事爲之。"無何,憬卒,時政記亦不行。《李吉甫傳》:元和八年十月,上御延英殿,問時政記記何事?吉甫對云:"姚璹修之於長壽,及璹罷而事寝。賈耽、齊抗修之於貞元,及耽、抗罷而事廢。"案《新書・宰相表》:趙憬、賈耽,皆以貞元九年五月相。憬十二年八月薨,耽,永貞元年十月薨。抗以貞元十六年九月相,十九年七月罷。蓋憬雖受命而事未及行,至耽、抗乃行之也。《吉甫傳》又載憲宗問不修之故。吉甫對曰:"面奉德音,未及施行,總謂機密,不可書送史官。其間有謀議出於臣下者,又不可自書以付史官。及已行者,制令昭然,天下皆得聞知,即史官之記,不待書授也。"此爲時政記或作或輟之由,亦不盡由於時宰之畏忌也。《穆宗紀》:長慶元年四月,宰臣崔植、杜元穎奏請隨日撰録,號聖政記,歲終付史館。從之。事亦不行。《文宗紀》:太和五年四月,"詔今後宰臣奏事,有關獻替,及臨時處分,稍涉政刑者,委中書、門下丞一人隨時撰録,每季送史館。"《新書·庾敬休傳》:入拜右補闕、起居舍人。建言天子視朝,宰相、羣臣以次對言可傳後者,承旨宰相示左右起居,則載録,季送史官如故事。詔可。二者似即一事。《傳》又云:既而執政以機密有不可露,罷之。則其行之亦未久也。《紀》又載太和九年十二月,"勅左右省起居齎筆硯及紙,於螭頭下記言記事。"此事在甘露變後。《馮宿傳》:弟定,太和九年,遷諫議大夫。是歲,李訓事敗。及改元御殿,中尉仇士良請用神策仗衛在殿門,定抗疏論罷,人情危之。又請許左右史隨宰臣入延英記事,宰臣不樂。定之意,蓋欲藉史官以監奄豎?是時宰相方倚公論以自强,不樂者恐別有其人也?《紀》又於開成二年十二月,書閣內對左右史裴素等。上自開成初復故事,每入閣,左右史執筆立於螭頭之下,君臣論奏,得以備書,故開成政事,最詳於前代。《張延賞傳》:孫次宗,開成中爲起居舍人。文宗復故事,每入閣,左右史執筆立於螭頭之下,宰相奏事,得以備録。宰臣既退,上召左右史,更質證所奏是非。故開成政事,詳於史氏。則竟行其志矣。亦可謂賢矣。《楊嗣復傳》:開成四年,上問延英政事,逐日何人記録。監修李玨曰:"是臣職司。"《武宗紀》:會昌元年六月,中書奏"請依姚璹故事,宰相每月修時政記送史館",從之。《新書·裴休傳》:大中六年,同平章事。奏言"宰相論政上前,知印者次爲時政記。所論非一,詳己辭,略他議,事有所缺,史氏莫得詳。請宰相人自爲記,合付史官。"詔可。是宰相撰録,亦迄未嘗廢也。此等記注之法,雖五代亦沿之,但不專在宰相耳。薛《史·唐明宗紀》:天成二年八月,史館修撰趙熙上言:"應內中公事及詔書奏對,不到中書者,請委內臣一人抄録,月終送史館。"《末帝紀》:清泰元年四月,史館奏:"凡書詔及處分公事,臣下奉議，望令近臣録付當館。"詔端明殿學士韓昭允、樞密直學士李專美録送。《晉高祖紀》：天福二年八月，宰臣監修國史趙瑩奏："請循近例，依唐明宗朝，凡有內廷公事及言動之間，委端明殿學士或樞密院學士繫日編録，逐季送當館。其百司公事，亦望逐季送當館。旋要徧修日曆。"從之。四年十一月，史館奏："請令宰相一人撰録時政記，逐時以備撰述。"從之。《周世宗紀》：顯德元年，十月，監修國史李穀等上言："今之左右起居郎，即古之左右史也。唐文宗朝，命其官執筆立於殿階螭頭之下，以紀政事。後則明宗朝，命端明殿及樞密直學士皆輪修日曆，旋送史官，以備纂修。及近朝，此事皆廢，史官惟憑百司報狀，館司但取兩省制書，此外雖有訪聞，例非端的。欲望別命近臣抄録，每當修撰日曆，即令封付史臣。"從之。因命樞密直學士："起今後，於樞密使處鈔録事件，送付史館。"蓋是時相權實不在中書而在樞密，故史臣有此請也。歐《史·王峻傳》云：峻已被黜，太祖以峻監修國史，意其所書不實，因召史官，取日曆讀之。史官以禁中事非外所知，懼以漏落爲罪。峻貶，李穀監修，因請命近臣録禁中書付史館。乃命樞密直學士就樞密院録送史館，自此始。説似揣度失實。

　　史官隨時記注，果其據實而書，安能無所貶損？故準故事，人君不自觀史。然徒有此例，不能行也。《舊書·褚遂良傳》：貞觀十年，自祕書郎遷起居郎。十五年，遷諫議大夫，兼知起居事。太宗嘗問："卿知起居，記録何事？大抵人君得觀之否？"遂良對曰："今之起居，古左、右史。書人君言、事，且記善惡，以爲鑒戒。庶幾人主不爲非法。不聞帝王，躬自觀史。"《鄭覃傳》：弟朗，開成中爲起居郎。文宗與宰臣議論，朗執筆螭頭下。宰臣退，上謂朗曰："適所議論，卿記録未？吾試觀之。"朗對曰："臣執筆所記，便名爲史，伏準故事，帝王不可取觀。昔太宗欲覽國史，諫議大夫朱子奢云：史官所述，不隱善惡。或主非上智，飾非護失，見之則致怨。所以義不可觀。又褚遂良曰：今之起居郎，古之左右史也。記人君言行，善惡必書，庶幾不爲非法。不聞帝王，躬自觀史。"帝曰："適來所記，無可否臧，見亦何爽?"乃宣謂宰臣曰:"鄭朗引故事,不欲朕見起居注。夫人君之言,善惡必書。朕恐平常閑話,不關理體,垂諸將來,竊以爲恥。異日臨朝,庶幾稍改。何妨一見,以戒醜言?"朗遂進之。《魏謩傳》:開成四年,拜諫議大夫,兼起居舍人。紫宸入閣,遣中使取謩起居注,欲觀之。謩執奏曰:"臣以陛下爲文皇帝,陛下比臣如褚遂良。"帝又曰:"我嘗取觀之。"謩曰:"由史官不守職分。臣豈敢陷陛下爲非法?陛下一覽之後,自此書事須有回避。如此,善惡不直,非史也,遺後代何以取信?"乃止。似太宗納諫遂不觀,文宗一遵之,又因魏謩之執奏而止者。案朱子奢,新、舊《書》皆在《儒學傳》。《新書》云:帝嘗"詔起居紀錄臧否,朕欲見之,以知得失,若何?"子奢曰:"陛下所舉無過事,雖見無嫌。然以此開後世史官之禍,可懼也。史官全身畏死,則悠悠千載,尚有聞乎?"《舊書》不載此事。《新書》亦不言帝之聽否,而《通鑑》貞觀十七年七月云:初,上謂監修國史房玄齡曰:"前世史官所記,皆不令人主見之,何也?"對曰:"史官不虛美,不隱惡,若人主見之,必怒,故不敢獻也。"上曰:"朕之爲心,異於前世。帝王欲自觀國史,知前日之惡,爲後來之戒。公可撰次以聞。"諫議大夫朱子奢上言:"陛下聖德在躬,舉無過事,史官所述,義歸盡善,陛下獨覽起居,於事無失。若以此法傳示子孫,竊恐曾玄之後,或非上智,飾非護短,史官必不免刑誅。如此,則莫不希風順旨,全身遠害。悠悠千載,何所信乎?所以前代不觀,殆謂此也。"上不從。玄齡乃與給事中許敬宗等刪爲《高祖今上實錄》。癸巳,書成,上之。上見書六月四日事,殺建成、元吉事。語多微隱。謂玄齡曰:"周公誅管、蔡以安周,季友鴆叔牙以存魯,朕之所爲,亦類是耳,史官何諱焉?"即命削去浮辭,直書其事。然則子奢之言,太宗初未嘗聽也。太宗所觀,雖非起居注,然起居注太繁,勢不可讀,人所讀者,非實錄則國史耳。干與國史,亦何以異於干與起居注哉?況既取讀國史,又安知其不取讀起居注?司記注者,又安得不爲周身之防乎?人君所不觀者,依故事,自以起居注爲限,實錄國史,皆非所忌。《舊書・憲宗紀》:元和十四年九月,上顧謂宰臣曰:"朕讀《玄宗實錄》,見開元初銳意求理,至十六年已後，稍似懈倦，開元末又不及中年，何也？"《李絳傳》載憲宗在延英之言曰："朕讀玄宗實錄，見開元致理，天寶召亂。事出一朝，治亂相反，何也？"二者蓋即一事？《紀》末載史臣蔣係之言曰："憲宗嗣位之初，讀列聖《實錄》，見貞觀、開元故事，竦慕不能釋卷，"則所讀者初不止玄宗一朝矣。《紀》又載元和二年十一月，上謂宰臣曰："朕覽國書，見文皇帝行事，少有過差"云云。所謂國書，當即國史。《魏謩傳》：皇族李孝本，坐李訓誅，有女沒入掖庭。謩諫，帝即日出之，而遷謩右補闕。詔曰："昔乃先祖，貞觀中諫書十上，指事直言，無所避諱，每覽國史，未嘗不沈吟伸卷，嘉尚久之。"《新書·長孫無忌傳》：文宗開成三年，詔曰："每覽國史，至太尉無忌事，未嘗不廢書而歎。"《舊書·文宗紀論》，載史臣之言，以在藩時喜讀《貞觀政要》稱美之。則不徒不禁其披覽，並蘄其閱讀矣。然因此亦足長忌諱。《紀》又載開成四年五月，上謂宰臣曰："新修《開元政要》如何？"楊嗣復曰："臣等未見。陛下欲以此書傳示子孫，則宜付臣等，參定可否。緣開元政事，與貞觀不同。玄宗或好畋遊，或好聲色，選賢任能，未得盡美。撰述示後，所貴作程，豈容易哉"？然則藉口爲法，而先朝之秕政、惡德，可以刊落淨盡矣。善夫！范祖禹之言曰："人君觀史，宰相監修，欲其直筆，不亦難乎？"臣下之讀國史，則起居注、實錄，皆無所避忌。《舊書·苗晉卿傳》：玄宗崩，肅宗詔攝冢宰，上表固辭曰："伏讀國家起居注。"《柳登傳》：弟冕，爲太常博士，昭德王皇后之喪，論皇太子服紀，與同職張薦奏議，言"謹按實錄"是也。《蔣乂傳》言："蔣氏與柳氏、沈氏，父子相繼修國史、實錄，時推良史。京師云蔣氏日曆，士族靡不家藏焉。"宣宗時廢會昌所修《憲宗實錄》，有鈔錄者，並令卻納，見下。可見實錄等之流布民間者爲不少也。

除軍國機要出自宰相外，史料則逐由當司錄送史館。如司天監，每季錄所見災祥送門下、中書省入起居注，歲終又總錄封送史館；《舊書·職官志》。東宮司議郎，凡皇太子出入朝謁、從祀、釋奠、講學、監國之命，可傳於史册者，錄爲記注，宮坊祥眚，官長除拜、薨卒，歲終則錄送史館是也。《新書·百官志》。人臣行事，考功郎中員外郎掌之。《新志》職文云：掌文武百官功過、善惡之考法及其行狀。若死而傳於史官，謚於太常，則以其行狀，質其當否。其欲銘於碑者，則會百官議其宜述者以聞，報其家是也。《孝友傳》言：唐受命二百八十八年，以孝弟名通朝廷者，皆得書於史官，當亦由所司報送。然史官取材，仍苦其乏。劉子玄奏記蕭至忠曰："前漢郡國計書，先上太史，副上丞相。後漢公卿所撰，始集公府，乃上蘭臺。由是史官所修，載事爲博。原自近古，此道不行。史臣編錄，惟自詢采。而左右二史，闕注起居。

衣冠百家,罕通行狀。求風俗於州郡,視聽不該。討沿革於蘭臺,圖籍難見。雖尼父再出,猶且成其管窺,況限以中材,安能遂其博物?"《舊書》本傳。蓋雖有定制,本不完備,而奉行者又或怠慢也。而行狀之類,又不盡實。《舊書·李翱傳》:翱以元和初爲國子博士、史館修撰。以史官記事不實,奏狀曰:"凡人事迹,非大善大惡,則衆人無由得知。舊例皆訪於人,又取行狀、謚議,以爲依據。今之作行狀者,多是其門生故吏。莫不虛加仁義禮智,妄言忠肅惠和。臣今請作行狀者,但指事實,直載事功。假如作魏徵傳,但記其諫諍之辭,足以爲正直。段秀實但記其倒用司農印,以追逆兵,以象笏擊朱泚,足以爲忠烈。若考功視行狀不依此者不得受。依此,則考功下太常,牒史館,然後定謚。"觀此,而當時之所謂行狀者可知矣。非苦於無所知,則其所知者如是,求爲信史,不亦難乎?

史官所紀,又有出於詔命者。劉感爲薛仁杲所殺,常達爲薛舉所執不屈,高祖命起居舍人令狐德棻曰:"劉感、常達,須載之史策也。"《舊書·忠義傳》。魏徵疏陳不克終十漸,太宗曰:"方以所上書列爲屏障,兼錄付史官。"《新書·徵傳》。馮元淑,中宗時降璽書勞勉,仍令史官編其事迹。《舊書·良吏傳》。安金藏剖腹以明皇嗣,玄宗即位,下制褒美,仍令史官編次其事。《舊書·忠義傳》。姚南仲爲右補闕,貞懿皇后獨孤氏崩,代宗悼惜不已,令於近城爲陵墓。南仲疏諫。帝嘉之。宣付史館。《舊書·南仲傳》。其餘孝友、貞烈之行,命史官記載者甚多。如《舊書·孝友傳》梁文貞、李處恭、張義貞、呂元簡;《列女傳》于敏直妻張氏,盧甫妻李氏,王泛妻裴氏,李湍妻。此等或猶實有足紀。乃至玄宗於其兄憲,多所賜與,憲奏請年終錄付史館,每年至數百紙。《舊書·睿宗諸子傳》。其弟業有疾,帝憂之,一昔容髮爲變。因假寢,夢獲方,寤而業少閒。邠王守禮等請以事付史官。《新書·三宗諸子傳》。郭子儀至自涇陽,進拜尚書令。固辭。具以所讓付史館。《新書·子儀傳》。定安公主憲宗女,始封太和。自回鶻歸,宣城以下七主亦皆憲宗女。不出迎。武宗怒,差奪封絹贖罪。宰相建言:"禮始中壺,行天下,王化之美也,請載於史示後世。"詔可。

《新書・諸公主傳》。不誠令人作嘔哉？《通鑑》：元和十四年二月，裴度纂述蔡、鄆用兵以來，上之憂勤機略，因侍燕獻之，請內印出付史官。《注》：請自禁中用印而出付史官。上曰："如此，似出朕志，非所欲也。"弗許。然不用內印，度不可逕付史官乎？要譽獻媚之道，盡之矣。薛《史・晉高祖紀》：天福三年二月，左散騎常侍張允進《駁赦論》，帝覽而嘉之，降詔獎飾，仍付史館。亦見《允傳》。六年正月朔，帝御崇元殿，刑部員外郎李象上《二舞賦》，帝覽而嘉之，命編諸史冊。瑣瑣者不益爲史筆羞哉？

名，人之所欲也。列名於青史，尤修名之士之所願也。張巡之死也，李翰傳其功狀，表上之，曰："儻得列於史官，死且不朽。"《新書・文苑傳》。權皐、甄濟，皆嘗爲安祿山所羅致。察其將反，皐因使京師，詐病死逸去，濟亦詐病歸。及祿山反，使蔡希德封刀召之，濟不爲屈。濟子逢，常以父名不得在國史，欲詣京師自言。元和中，袁滋表濟節行與皐同科，宜載國史。有詔贈濟祕書少監。而逢與元稹善，稹又爲移書於史館修撰韓愈。《新書・卓行傳》。彼皆有過人之行，列諸史籍則宜，不得訾爲好名也。然能修名者實寡，而思徼名者遂多。李泌子繁，以無行下獄，知且死，從吏求廢紙著家傳。泌本素隱行怪之士，繁蓋夙受其教，故至死而猶不忘欺世，可謂少成若天性矣。朱敬則遷正諫大夫，兼修國史。韋安石嘗閱其史稿，歎曰："董狐何以加？世人不知史官權重宰相，宰相但能制生人，史官兼制生死，古之聖君賢相所以畏懼者也。"《新書・敬則傳》。可謂情見乎辭矣。於是權力在手，則禁撰私史。《隋書・高祖紀》：開皇十三年五月，"詔人間有撰集國史，臧否人物者。皆令禁絕。"《王劭傳》：高祖受禪，授著作佐郎。以母憂去職。在家著《齊書》。時制禁私撰史，爲內史侍郎李元操所奏。上怒，遣使收其書。覽而悅之。於是起爲員外散騎侍郎，修起居注。蓋以其性本怪妄，又工諧媚，故好之。劭後著《隋書》，爲世所譏，見下。即由於此。鄭虔，天寶初爲協律郎。集綴當世事，著書八十餘篇。有窺其藁者，上書告虔私撰國史。虔蒼黃焚之，然猶坐謫十年，則唐世禁亦甚嚴也。其修成而不愜己意者則改之。順宗、憲宗兩《實錄》是也。《順宗實錄》，爲韓愈所撰。《舊書·愈傳》云：時謂愈有史筆，及撰《順宗實錄》，繁簡不當，叙事拙於取捨，頗爲當代所非。穆宗、文宗，嘗詔史臣添改。時愈壻李漢、蔣係在顯位，諸公難之。而韋處厚竟撰《順宗實錄》三卷。文宗之勅修改，事見《路隨傳》。云：初愈撰《順宗實錄》，説禁中事頗切直，内官惡之。往往於上前言其不當。累朝有詔改修。及隨奏《憲宗實錄》後，文宗復令改永貞時事。隨奏：伏望條示舊記最錯誤者，宣付史官，委之修定。《詔》曰："其《實錄》中所書德宗、順宗朝禁中事，尋訪根柢，蓋起繆傳，諒非信史，宜令史官詳正刊去，其他不要更修。"案韓愈工於文辭，何至修《順宗實錄》而獨拙？且即謂所修不善，亦不過取舍、繁簡之不當耳，非謂所言之不實也。然則《愈傳》所言，匪爲實錄，特内官惡而欲改之耳。文宗指令刊去者，不知是否宦官之意，要之啓人君以詔令改國史之端，其弊又奚啻觀史矣。韓愈所修《順宗實錄》，今存愈文集中。《新書·劉子玄等傳贊》言其"竄定無完篇"，則久非元作矣。至武宗，乃更變本加厲，施之《憲宗實錄》。其事在會昌元年四月，見《舊書·本紀》。《紀》云：由李德裕先請不遷憲宗廟，爲議者沮之；復恐或書其不善之事；故請改撰。《新書·李漢傳》在宗室傳中。亦云：文宗立，召爲史館修撰。論次《憲宗實錄》，書宰相李吉甫事不假借，子德裕惡之。《舊紀》載是年十二月，中書、門下奏修實錄體例云："舊錄有載禁中之言。伏以君上與宰臣公卿言事，皆須衆所聞見，方可書於史册。且禁中之語，在外何知？或得之傳聞，多涉於浮妄，便形史筆，實累鴻猷。今後實錄中如有此色，並請刊削。又宰臣與公卿論事，行與不行，須有明據。或奏請允愜，必見褒稱；或所論乖僻，因有懲責；在藩鎮上表，必有批答；居要官啓事，自有著明；並須昭然，在人耳目，或取捨存於堂案，或與奪形於詔勅。前代史書所載奏議，罔不由此。近見實錄，多載密疏。言不彰於朝聽，事不顯於當時。得自其家，未足爲信。今後實錄所載章奏，並須朝廷共知者，方得紀述。密疏並請不載。"從之。《紀》云：李德裕奏改修《憲宗實錄》，所載吉甫不善之迹，鄭亞希旨削之。亞時爲史館修撰，會昌三年十月，與監修國史李紳同進重修實錄。德裕更此條奏，以掩其迹。縉紳謗議，武宗頗知之。此事之緣起及是非，姑措勿論。要之如中書、門下所奏，則史官除纂輯詔令奏議而外，無可爲者矣。此實自古已來，史官得自由筆削之一大變局也。《憲宗實錄》，三年十月重修成，進之。見《舊紀》。宣宗大中二年十一月，勅路隨等所修《憲宗實錄》，卻仰施行。《憲宗實錄》，穆宗命韋處厚、路隨同修。未成而處厚卒，隨成之。見《舊書·處厚、隨傳》。當時同修者，尚有宇文籍、韋表微、沈傳師，籍又與韓愈同修《順宗實錄》，見《舊書·籍傳》。其會昌新修者，仰並進納。如有抄錄得，勅到並納史館，不得輒留。委州府嚴加搜捕。至三年貶德裕崖州司戶之詔，猶以其擅改《實錄》爲言焉。皆見《舊紀》。《新書·周墀傳》：墀爲相，建言故宰相德裕，重定《元和實錄》，竄寄他事，以廣父功。凡人君尚不改史，取必信也。遂削新書。案《舊書·憲宗紀》：元和十二年十月，内出《元和辯謗略》三卷付史館，則自永貞已來，禁中事議論之紛紜，已非一日。此等事豈前世所無有？然自太和已前，卒不聞有顯改國史之事者，史職尊嚴，由來已久，雖有悍者，莫敢決然爲之也。然履霜堅冰，事之漸不可禁者，即成爲勢所必至。太宗觀實錄而命改書六月四日事，其太和、會昌之漸邪？《新書·郝處俊傳》：轉中書侍郎，監修國史。初顯慶中，令狐德棻、劉胤之撰國史，其後許敬宗復加緒次。帝恨敬宗所紀失實，更命宰相刊正。且曰：“朕昔從幸未央宮，辟仗既過，有横刀伏草中者。先帝斂轡卻，謂朕曰：事發當死者數十人，汝可命出之。史臣惟叙此爲實。”處俊曰：“先帝仁恩溥博非一。臣弟處傑，被擇供奉。時有三衛，誤拂御衣，懼甚。先帝曰：左右無御史，我不汝罪。”帝曰：“此史臣應載。”處俊乃表左史李仁實，欲删整僞辭。會仁實死而止。許敬宗固多曲筆，見下。然高宗與處俊，但憑聞見，而欲改史，可乎？此何異於太和之所爲哉？《舊書·徐堅傳》：則天令堅删改唐史，會遜位而止。此事若成，唐史之面目，將全非今日矣。此所謂出乎爾者反乎爾者邪？

史官當獨立不倚，著事之眞相，以明是非，使人知所懲勸，此中國自古相沿之見解也。此在古代,社會情況較簡,或可致之。如崔杼弑君,事甚明白,真相之能著與否,祇繫乎史官之敢書與否;董狐以亡不越境,反不討賊,斷定靈公見弑,趙盾知情,亦無可抵讕也。後世社會情況,日益繁複,則事之真相,有不易見者。真相且不可見,皇論是非?且即謂真相可見,而是非之紛然淆亂者,亦非必故爲曲説也。人心之不同如其面,甲以爲是者,乙固誠以爲非,至丙丁,則又有其不同之見解焉。史官亦人也,豈能獨立於各派之外,誠本良心以著之,亦一派之見耳。然則欲恃史筆以見事狀之真,而明是非所在,云胡可得?且如《舊唐書》,著當時之議論即甚多,豈能皆視爲大公之見邪?然恃史籍以求事狀之真而知是非所在,雖不可得,而史家之能以此自勵者,其人固自可矜。《新書·吴兢傳》:言兢初與劉子玄撰定《武后實錄》,叙張昌宗誘張説誣證魏元忠事,頗言説已然可,賴宋璟等邀勵苦切,故轉禍爲忠,不然,皇嗣且殆。後説爲相,讀之,心不善。知兢所爲,即從容謬謂曰:"劉生書魏齊公事,不少假借,奈何?"兢曰:"子玄已亡,不可受誣地下。兢實書之,其草故在。"聞者歎其直。説屢以情蘄改。辭曰:"徇公之請,何名實録?"卒不改。世謂今董狐云。此誠無媿董狐矣。《武士彠傳》載史臣之論曰:"士彠首參起義,列封功臣。無戡難之勞,有因人之節。載窺他傳,過爲褒辭。慮當武后之朝,佞出敬宗之筆。凡涉虚美,略而不書。"《劉仁軌傳》載韋述之論曰:"世稱劉樂城仁軌封樂城縣男,後進爲公。與戴至德胄兄子,爲胄後,兩《書》皆附《胄傳》。同爲端揆,劉則甘言接人,以收物譽,戴則正色拒下,推美於君。故樂城之善,於今未弭,而戴氏之勛,無所聞焉。"亦不苟爲褒貶者也。然茫茫天壤,直道云胡可行?《舊書·令狐峘》等《傳論》曰:"前代以史爲學者,率不偶於時,多罹放逐,其故何哉?誠以褒貶是非在於手,賢愚輕重繫乎言。君子道微,俗多忌諱,一言切己,疾之爲讎。所以峘、薦張薦。坎壈於仕塗,沈、傳師。柳芳。不登於顯貫。後之載筆執簡者,可以爲之痛心。道在必伸,物不終否。子孫藉其餘佑,多至公卿者,蓋有天道存焉?"阨於人而期償於冥冥不可知之報,亦可哀矣。抑自史公作《伯夷列傳》，已言其不可期矣，其誰肯以虛名易實禍？故此等風裁，卒之日替，而曲筆日聞焉。許敬宗則其鉅擘也。《舊書·敬宗傳》：敬宗自掌知國史，記事阿曲。初虞世基與敬宗父善心，同爲宇文化及所害。封德彝時爲內史舍人，備見其事。因謂人曰：「世基被誅，世南匍匐而請代，善心之死，敬宗舞蹈以求生。」人以爲口實。敬宗深銜之。及爲德彝立傳，盛加其罪惡。敬宗嫁女與左監門衛大將軍錢九隴，本皇家隸人，敬宗貪財與婚，乃爲九隴曲敘門閥，妄加功績，並昇與劉文靜、長孫順德同卷。敬宗爲子娶尉遲寶琳孫女爲妻，多得賂遺。及作寶琳父《敬德傳》，悉爲隱諸過咎。太宗作《威鳳賦》以賜長孫無忌，敬宗改云《賜敬德》。白州人龐孝泰，蠻酋凡品。率兵從征高麗，高麗知其懦，襲破之。敬宗又納其寶貨，稱孝泰頻破高麗，斬獲數萬。漢將驍健者，惟蘇定方與龐孝泰耳。曹繼、劉伯英，皆出其下。虛美隱惡如此。初高祖、太宗兩朝《實錄》，其敬播所修者，頗多詳直，敬宗又輒以己愛憎，曲事刪改，論者尤之。《魏徵傳》言：徵自錄前後諫諍言辭往復，以示史官起居郎褚遂良，太宗知之，愈不悅。太宗於徵之不終，固小人行遘不足論。然徵之好名，亦有以激之也。《新書·姚崇傳贊》曰：「崇以十事要說天子而後輔政，顧不偉哉？而舊史不傳。觀開元初皆已施行，信不誣已。」史之不書，豈不欲歸美於君，而抹殺其臣下之功績哉。《舊書·岑文本傳》：兄孫羲，睿宗即位，同門下三品，監修國史。初中宗時，侍御史冉祖雍誣奏睿宗及太平公主與節愍太子連謀，請加推究。羲與中書侍郎蕭至忠密申保護。及羲監修《中宗實錄》，自書其事。睿宗覽而大加歎賞，賜物三百段，良馬一疋，仍下制書褒美之。自書功績以希賞，其可鄙，又甚於書示史官以徼名者已。賈緯在五代時，不爲無學，其於修唐史，亦不爲無功。見下。而漢隱帝時，詔與王伸、竇儼等同修晉高祖、出帝、漢高祖實錄。初桑維翰爲相，常惡緯爲人，待之甚薄。緯爲《維翰傳》，言維翰死有銀八千鋌。翰林學士徐台符以爲不可，數以非緯。緯不得已，更爲數千鋌。廣順元年，《實錄》成。緯求遷官，不得。由是怨望。是時宰相王峻監修國史。緯書日曆，多言當時大臣過失。峻見之，怒曰：「賈給事子弟仕宦，亦要門閥，奈何歷詆當朝之士，使其子孫何以仕進？」言之高祖，貶平盧軍司馬。緯之快心恩怨，峻之徒計黨援，皆足使聞者齒冷矣。公家之史如此，私家之作，亦復難信。觀李翱論當時行狀之語可知。以司馬光修《通鑑》,宋祁修《新唐書·列傳》用力之勤,卒不能盡破李繁家傳之誣,而皆頗採其説。裴甫之禍,不烈於袁晁,而《通鑑》咸通元年書王式平甫事,十百於張伯儀之平晁。胡《注》謂由唐中葉後,家有私史,《通鑑》用其文而敍之,而弗覺其煩。其明年,《鑑》載懿宗欲殺宣宗大漸時宰相,不與名於請監國之奏者,爲杜悰所沮而止。《注》亦億其據悰家傳,故辭旨抑揚,有過其實。身之謂《考異》三十卷,辯訂唐事者居大半,又以唐事屬范祖禹,而猶如此,可見修史之難。抑不僅此,即文書亦有僞造者。僖宗廣明元年,左拾遺侯昌業上疏極諫,召至內侍省賜死,其疏留中不出,而後有傳其辭者,釋氏之語,連篇累牘,至欲於內殿立揭諦道場,《北夢瑣言》以爲庸僧僞作。見《通鑑考異》。合此及第十六章第一節,論朱敬則諫武后之語觀之,而知會昌重修《實錄》之不載密疏,意雖非出至公,亦有其藉口之資矣。欲求可信之史料,不亦難乎?

以直道之不行,而史官操褒貶之權,有權力者又不能釋然也,於是乎有關防。太宗之移史館於禁中是矣。劉子玄奏記蕭至忠曰:"近代史局,皆通籍禁門。幽居九重,欲人不見,尋其義者,由杜彼顏面,防諸請謁故也。然今館中作者,多士如林。皆願長喙,無聞齰舌。儻有五始初成,一字加貶,言未絶口,而朝野具知,筆未棲豪,而縉紳咸誦。孫盛實錄,取嫉權門;王韶直書,見讎貴族;人之情也,能無畏乎?"則何益矣。然唐世雖有關防,於史官究尚能信任。故其人率多久於其職,如劉子玄領國史且三十年,官雖徙,職常如舊。韋述居史職二十年。吳兢居史職殆三十年。蔣乂居史任二十年。五子,係、伸、偕皆爲史館修撰。柳芳自永寧時直史館,轉拾遺、補闕員外郎,皆居史任。沈傳師,父既濟,建中初召拜左拾遺。史館修撰。傳師爲太子校書郎,鄂縣尉,直史館。轉左拾遺,左補闕,並兼史職。**亦有居館外撰述者。**吳兢以母喪去官,開元三年,服闋,抗疏乞終餘功,乃拜諫議大夫,依前修史。據《李元紘傳》,兢此時係就集賢院修纂。開元七年,張説檢校并州大都督府長史,齎本隨軍修撰。及致仕,仍令其在家修史。李元紘奏:"太宗別置史館,在於禁中,所以重其職而祕其事也。"乃詔説及兢並就史館修撰。然十七年兢出爲荆州司馬,制仍許以史藁自隨。令狐峘坐李泌貶外,監修國史奏峘所撰實錄一分,請於貶所畢功。峘卒,其子丕始獻之。沈傳師在史館，預修《憲宗實錄》。未成，兼察湖南。特詔齎一分史藁，成於理所。以上見《舊書》本傳及《本紀》元和三年、長慶三年。《新書·沈傳師傳》：傳師之出，監修杜元穎建言："張說、令狐峘，在外論次國書。今稿史殘課，請付傳師即官下成之。"詔可。蓋雖有李元紘之奏，而在外修史，竟沿爲故事矣。蓋嫻史學者少；而史事端緒紛繁，接替非易，難數易人；又學問之家，率多能自矜重；故雖有關防，終成虛設也。

今日所謂正史，成於唐世者有五：《梁》、《陳》、《周》、《齊》、《隋書》是也。梁、陳、周、齊，舊有之史，已見《兩晉南北朝史》第二十三章第五節。隋世，王劭撰《隋書》，不爲識者所與。《隋書·劭傳》：劭在著作將二十年，專典國史。撰《隋書》八十卷，多錄口勅，又採怪迂不經之語及委巷之言，以類相從，爲其題目。辭義繁雜，無足稱者。遂使隋代文武名臣列將善惡之迹，埋沒無聞。劭本怪迂阿諛之士，著書不軌，初不足責，然專典國史，而使史蹟失傳，則其罪大矣。《傳》又云：初撰《齊志》，爲編年體，二十卷。復爲《齊書紀傳》一百卷，及《平賊記》三卷。或文辭鄙野，或不軌不物，駭人視聽，大爲有識所嗤鄙。仍是怪迂阿諛之技而已。唐時，郎餘令、王績爲之，皆未成。郎餘令，《舊書》在《儒學傳》，云：撰《隋書》未成。王績在《隱逸傳》：云撰《隋書》，未就而卒。《新書·績傳》云：初兄凝爲隋著作郎，撰《隋書》，未成死。績續餘功。亦不能成。呂才著《隋記》二十卷，行於時。《舊書》本傳。敬播著《隋略》二十卷，《舊書》本傳。張太素撰《隋書》三十卷。太素，公謹子，《舊書》附《公謹傳》。蓋亦未爲該備。柳䛒撰《晉王北伐記》，《隋書》本傳。崔賾奉詔作《東征記》。賾，廓子，《隋書》附《廓傳》。裴矩撰《開業平陳記》。鄧世隆採隋代舊事，撰爲《東都記》。劉仁軌身經隋末之亂，輯其見聞，著《行年記》。皆見《舊書》本傳。則或記一時一事，或就見聞所及，亦雜史之流耳。唐修五代之史，議發於令狐德棻。高祖然之。下詔命蕭瑀、王敬業、殷聞禮修魏史，陳叔達、令狐德棻、庾儉修周史，封德彝、顏師古修隋史，崔善爲、孔紹安、蕭德言修梁史，紹安，《舊書》見《文苑傳》，云撰梁史，未成而卒。又《殷嶠傳》：從祖弟聞禮，武德中，爲太子中舍人，修梁史，未就而卒。不知梁史爲魏史之誤，抑聞禮初修魏史，後改修梁史也。裴矩、祖孝孫、魏徵修齊史，竇璡、歐陽詢、姚思廉修陳史。歷數年，不能就而罷。貞觀三年，太宗復勅修撰。乃令德棻與岑文本同修周史。《舊書·文本傳》云：與令狐德棻撰周史。其史論多出於文本。李百藥修齊史，姚思廉修梁、陳史，《舊書·思廉傳》：

父察,初在陳,嘗修梁陳二史,未就。臨終令思廉續成其志。隋高祖時,思廉上表陳父遺言。有詔許其續成梁陳史。貞觀三年,又受詔與魏徵同撰梁陳二史。思廉採謝炅等諸家梁史,續成父書。並推究陳事,删益博綜顧野王所修舊史。撰成《梁書》五十卷,《陳書》三十卷。魏徵雖裁其總論,其編次、筆削,皆思廉之功也。**魏徵修隋史,與房玄齡總監諸代史。**《舊書·令狐德棻傳》。《新書》但云玄齡總監。據《舊書·本紀》:貞觀十年上《五代史》,實徵、玄齡並列,則《舊書》是也。《舊書·徵傳》云:孔穎達、許敬宗撰《隋史》,徵受詔總加撰定,多所損益,務存簡正。《隋史序論》,皆徵所作,梁、陳、齊各爲總論。時稱良史。《穎達傳》云:與魏徵撰成《隋史》。《敬宗傳》云:貞觀已來,朝廷所修五代史等,皆總知其事。又《儒學·敬播傳》云:貞觀初,舉進士。俄有詔詣祕書內省,佐顏師古、孔穎達修隋史。衆議以魏史既有魏收、魏彦二家,已爲詳備,遂不復修。《舊書·孝友·趙弘智傳》云:武德初,預修六代史。**德棻又奏引崔仁師佐修周史。**《仁師傳》云:預修梁、魏等史。**德棻仍總知類會。**以上據《舊書·德棻傳》。**十年正月上之。而志尚未成。至高宗顯慶元年五月,長孫無忌乃上之。**皆見《舊書·本紀》。**李延壽、敬播、李淳風,皆與於修志者也。**《舊書·延壽傳》云:嘗受詔與敬播同修《五代史志》。《淳風傳》云:預撰《晉書》及《五代史》,其天文、律曆、五行志,皆淳風所作也。又《方技·孫思邈傳》云:魏徵等受詔修五代史,恐有遺漏,屢訪之。思邈口以傳授,有如目觀。此蓋以其年高,偶或詢訪及之耳。思邈非治史之士,於修史,必不能大有裨贊也。**延壽又删補宋、齊、梁、陳、魏、齊、周、隋八代史,謂之南北史。**《舊書》本傳。唐修五代史,意本不主斷代,説見《兩晉南北朝史》第二十三章第五節。延壽此書,有删有補,而將八代合編,蓋一以補官書之闕而删其繁,一亦以正其分立之失而求通貫。其後吴兢以五代史繁雜,別撰梁、齊、周史各十卷,陳史五卷,隋史二十卷,《舊書》本傳。則意專主於要删。觀其卷帙,似失之少。故《舊書》著時人之論,謂其"又傷疏略。"然兢此書或本史鈔之流,非重作,不得以此議之也。張太素嘗撰《後魏書》百卷。其《天文志》未成,其從孫僧一行續成之,亦未能奪魏收之席。元行沖以本族出於後魏,而未有編年之史,撰《魏典》三十卷。盧粲祖彦卿,撰《後魏紀》二十卷。蔡允恭撰《後梁春秋》十卷,皆見《舊書》本傳。一行在《方技》,粲在《儒學》,允恭在《文苑》。亦皆與官修正史相出入者也。

《晉書》前代雖有多家，太宗仍命重修。事在貞觀十八年。《舊書‧房玄齡傳》云：與褚遂良受詔重撰《晉書》。於是奏取許敬宗、來濟、陸元仕、劉子翼、褚之父，見《褚之傳》。令狐德棻、李義府、薛元超、收子，附《收傳》。上官儀等八人分功撰錄。以臧榮緒《晉書》爲主，參考諸家，甚爲詳洽。然史官多是文詠之士，好採詭謬碎事，以廣異聞；又所評論，競爲綺豔，不求篤實；由是頗爲學者所譏。惟李淳風深明星曆，善於著述，所撰《天文》、《律曆》、《五行》三志，最可觀採。太宗自著宣、武二帝及陸機、王羲之四論，於是總題云御撰。至二十年書成。凡一百三十卷。《令狐德棻傳》云：有詔改撰《晉書》，房玄齡奏德棻令預修撰。當時重修一十八人，並推德棻爲首，其體制多取決焉。與於纂修可考者，又有李延壽、崔行功及李百藥子安期，皆見《舊書》本傳。

唐史之纂修，事成於石晉之世。國史本原，實惟起居注，然其卷帙太繁，亦且逐日記錄，太無銓次，故必編成實錄而後可用，《舊書‧溫大雅傳》：撰《創業起居注》三卷。此乃事後詮次，而以起居注爲名，非隨時記注者比，故其卷帙不繁。而其尤爲切近者，則已撰成之國史也。唐世實錄，本頗完備。中經安祿山之亂，幾於蕩焉無存。末葉軍人，迭起肆虐，不惟亡佚之多，或且本未撰次。詳見《廿二史劄記》"唐實錄國史凡兩次散失"條。《十七史商榷》云：晁公武《郡齋讀書志》載唐諸帝實錄至敬宗止。趙希弁《讀書後志》所載，則唐人所撰至武宗止，其宣、懿、僖、昭、哀五朝通一百二十八卷，皆宋敏求所補。陳振孫《書錄解題》亦云：五錄係敏求追述爲書。國史之作，始於令狐德棻。《舊書‧長孫無忌傳》：顯慶元年，與史官令狐德棻綴集其德、貞觀二朝史爲八十卷，上之。《顧胤傳》：以撰武德、貞觀兩朝國史八十卷成，加朝請大夫，封餘杭縣男，賜帛五百段。後來用力最勤者爲吳兢，冒死存護之者爲韋述。述死，柳芳續之，至乾元爲止，皆紀傳體。爾後則惟有芳所撰《唐曆》，爲編年體，而宣宗命崔龜從等續之，亦止於元和而已。《舊書‧劉子玄傳》云：知幾自負史才，常慨時無知己，乃委國史於吳兢。《兢傳》云：魏元忠、朱敬則居相輔，薦兢有史才，因令直史館，修國史。以丁憂還鄉里。開元三年，服闋，抗疏言修史已成數十卷，乞終餘功。乃拜諫議大夫，依前修史。居職殆三十年。叙事簡要，人用稱之。末年傷於太簡。十七年，出爲荆州司馬。制許以史稾自隨。中書令蕭嵩監修國史，奏取兢所撰國史，得六十五卷。累遷台、洪、饒、蘄四州刺史，又遷相州。入爲恒王傅。雖衰耗，猶希史職。而行步傴僂。李林甫以其年老不用。天寶八年，卒於家。時年八十餘。兢卒後，其子進兢所撰《唐史》八十餘卷。事多紕繆，不逮於壯年。《韋述傳》云：國史自令狐德棻至於吳兢，雖累修撰，竟未成一家之言。至述，始定類例，補遺續闕，勒成《國史》一百一十二卷，並《史例》一卷。事簡而記詳雅，有良史之才。蘭陵蕭穎士，以爲譙周、陳壽之流。及祿山之亂，兩京陷賊，玄宗幸蜀，述抱國史，藏於南山。經籍資產，焚剽殆盡。述亦陷於賊庭，授僞官。至德二年，收兩京，三司議罪，流於渝州，爲刺史薛舒困辱，不食而卒。其甥蕭直，爲太尉李光弼判官。廣德二年，因入奏言事稱旨，乃上疏理述，於蒼黄之際，能存國史。乃贈右散騎常侍。《于休烈傳》云；肅宗自鳳翔還京。時中原蕩覆，典章殆盡，無史籍檢尋。休烈奏曰：《國史》一百六卷，《開元實錄》四十七卷，《起居注》並餘書三千六百八十二卷，並在興慶宮史館。京城陷賊後，皆被焚燒。伏望下御史臺，推勘史館所由，令府縣招訪，有人別收得國史、實錄，如送官司，重加購賞。若是史官收得，仍赦其罪。得一部超授官資，得一卷賞絹十匹。數月之內，惟得一兩卷。前修史官工部侍郎韋述陷賊入東京，至是，以其家藏國史一百一十三卷送於官。《柳登傳》云：父芳，肅宗朝史官。與同職韋述受詔添修吳兢所撰國史。殺青未竟而述亡。芳緒述凡例，勒成《國史》一百三十卷。上自高祖，下止乾元。而叙天寶後事，絶無倫類。取捨非工，不爲史氏所稱。然芳勤於記注，含豪罔倦。屬安、史亂離，國史散落，編綴所聞，率多闕漏。上元中，坐事徙黔中。遇內官高力士亦貶巫州，遇諸途。芳以所疑禁中事咨於力士。力士説開元、天寶時事，芳隨口志之。以國史已成，經於奏御，不可復改，乃別撰《唐曆》四十卷，以力士所傳，載於年曆之下。《宣宗紀》：大中五年七月，宰相監國史崔龜從續柳芳《唐曆》二十二卷上之。龜從傳作三十卷。《新書·蔣乂傳》：子偕。初柳芳作《唐曆》，大曆以後，闕而不錄。宣宗詔崔龜從、韋澳、李荀、張彥遠及偕等分年撰次，盡元和以續之。此唐國史撰述之始末也。《舊書》所載平論之辭，多非允當。且如吳兢所撰，忽稱其簡要，忽以爲太簡，究竟其所謂繁簡者，以何爲準則乎？兢至老猶希史職，神明必未甚衰，何至所作遂多紕繆？韋述所爲，蓋續蕭嵩所取兢所撰之六十五卷？所增不及半，而《傳》又載蕭穎士之言，譽爲譙周之流，然則穎士所稱者，別述所爲於兢而後稱之歟？若其不然，何又於兢之作橫加抨擊也？《新書·述傳》云：初令狐德棻、吳兢等撰武德以來國史，皆不能成。述因二家，參以後事，遂分紀傳。又爲例一篇。蕭嵩欲早就，復奏起居舍人賈登、著作郎李銳助述紬績。逮成，文約事詳。蕭穎士以爲譙周、陳壽之流。此説亦不甚審。紀傳決無至述始分之理。若紀傳至述始分，試問德棻與兢，循何體撰述？然謂助述者更有其人，則語必不誣。然則穎士所譽，初非述一人所爲，《舊傳》之言，不免偏黨矣。德棻有作，但武德、貞觀兩朝，即已八十卷，而兢所爲，至死後其子獻之者，亦不過八十餘卷，則其於舊史，刊落甚多，簡要之稱，良爲無愧。《述傳》所謂"事簡而記詳雅"者，其譽，恐正當由兢尸之也。柳芳編綴，既屬

《國史》散落,惟以闕漏爲虞,何暇更言取捨?而訾其非工,亦同此失。《舊書》好採時人論議,所取者非一家,而不別白言之;非任其矛盾,則強作調停,其說多不足聽也。要之唐代國史,撰述之功,吳兢爲大,維護之績,韋述實多,則平心之論矣。《舊書·于休烈傳》:《國史》一百六卷,《開元實錄》四十七卷,《起居注》及餘書三千六百八十二卷,辭甚明白。《新書》改爲《國史》、《開元實錄》、《起居注》及餘書三千八百餘篇,便覺含胡。猶可說也,又將以其家藏國史一百一十三卷送於官句,改爲百三十篇,則並述死後柳芳所續者,亦並入其中,可謂疏矣。五代時,嘗屢下詔購求唐史料,然所得無多。梁末帝龍德元年,史館請徵集家傳。有記得會昌已後公私奏行公事章疏者,並許編錄送納。唐明宗天成元年九月,以蜀王衍舊僚庾傳美充三州搜訪圖籍使。以其言成都具有本朝實錄故也。然及其回,纔得九朝實錄而已。長興二年四月,禁人毀廢所在碑碣。恐名賢遺行失所考也。五月,都官郎中知制誥崔梲請搜訪宣宗已來野史,以備編修,從之。皆見薛《史·本紀》。主張纂修唐史者爲賈緯。晉高祖命與張昭遠、趙熙、鄭受益、李爲光同修,而以宰臣趙瑩爲監修。事在天福六年二月。緯旋丁憂去。瑩又奏請呂琦、尹拙同修。至開運二年六月而成。見薛《史·本紀》及《賈緯傳》。緯於詔修之月,即上所撰《唐年補遺錄》六十五卷,足見其研求之有素。其書多用國史、實錄元文,未免草率。《廿二史劄記》有一條論之。其中《唐紹傳》"今上講武驪山"一條,今上係指玄宗,尤爲鐵證。然今上字未及改者,《徐有功傳》實尚有一條。又盧杞裴延齡等《傳贊》:"史臣曰:臣讀陸丞相《論延齡疏》;"田承嗣等《傳贊》曰:"臣觀開元之政,"亦顯見其爲唐國史元文也。然能成此於戎馬倥傯之際,已不易矣。中國歷代,重視史官,雖當顛沛之中,其職不廢;居其職者,亦多能不廢其事;士之有志於斯者,亦因之得所憑藉;其於保存史蹟之功,實不可沒也。五代各朝,亦俱有實錄。見《廿二史劄記》"薛《史》全採各朝實錄"條。故一入宋世,薛居正等即能因之以成書焉。

前代修史,率成於一人之手;雖或由政府之命,亦必其人夙嘗有志於此,從事於此,政府乃從而命之,實不過助之而已。唐世則設館纂修,事資衆力。既爲衆力所成,則無復一家之法。其修當代之史,則取禀監修。雖館員或有雋才,亦格不得行其志。此其大異於前世者也。論者多祖獨修而非衆纂,此亦陳舊之見。史料隨世而愈多,一人之力,徧覽且有所不及,況於撰述?且史事門類甚廣,亦非一人所能兼通;則獨修勢不能行。《新唐書》雖遭訾議,而其志,則論者稱其度越前古，此實衆纂優於獨修之一端。若言別識心裁，論史者亦宜根據科學，奮其私智以言去取，苟非其人，流弊滋大，即有獨至之識，亦易陷於一偏，尚不如安於比次者之寡過也。監修之弊，劉子玄言之最切。其上蕭至忠書，云其有五不可。其二三兩條已見前。第一條云："記一事，載一言，閣筆相視，含豪不斷，頭白可期，汗青無日，"此史官不盡職之咎。第四條云："史官注記，取稟監修。"而"楊令公云必須直辭，宋尚書云宜多隱惡。"第五條病監修者不能明立科條，審定區域。此監修不盡職之咎。皆非衆纂必不可免之弊也。《新書·玄宗紀》：開元五年十月，"命史官月奏所行事。"蓋亦懲其尸位素餐，玩時愒日？

隋、唐之世，治史學者，可分數派。一派專重名物訓詁，於是乎有傳授。隋世之蕭該、包愷、張沖、劉臻，唐初之秦景通兄弟，尚皆前世之遺，已見《兩晉南北朝史》第二十三章第五節。入隋、唐後，此風未墜。《隋書·文學傳》：潘徽，"受書於張沖"，又言其"精三史"，亦未必不從沖問學也。入唐而其業大顯者爲顏師古。"承乾在東宮，命師古注《漢書》。"史稱其"解釋詳明，深爲學者所重。"又稱其"叔父遊秦，撰《漢書決疑》十二卷，爲學者所稱，師古注《漢書》，多取其義。"然遊秦之學，亦當有所受之也。姚思廉少受漢史於其父察。察曾孫班，"以察所撰《漢書訓纂》，多爲後之注《漢書》者，隱沒名氏，將爲己說，乃撰《漢書紹訓》四十卷，以發明舊義。"《舊書》班附其兄《璹傳》。時又有顧胤，"撰《漢書古今集》二十卷，行於代。"房玄齡"以顏師古所注《漢書》，文繁難省，"又令敬播"最其機要，撰成四十卷。"又有劉訥言，以《漢書》授沛王賢。及賢爲皇太子，招集當時學者張大安、公謹子，附《公謹傳》。格希玄、見其弟《輔玄傳》，許叔牙、成玄一、史藏諸、周寶寧等注范曄《後漢書》，訥言亦與焉。見《舊書》《高宗諸子》及《儒學傳》。書成於儀鳳元年，見紀。稍後有殷踐猷，史稱其"明《班史》。"《舊書》附《韋述傳》。郝處俊，史稱其"嗜《漢書》，崖略暗誦。"《新書》本傳。而末葉柳璨，史亦言其"尤精漢史"焉。治《史記》者有褚無量。《新書·儒學傳》言其"尤精《禮》、司馬《史記》。"高子貢，《舊書》本傳云："徧涉六經，尤精《史記》。"而裴延齡"綴緝裴駰所注之闕遺，自號小裴。"王方慶就任希古受《史記》、《漢書》，已見第一節。又有趙弘智，史言其"學通《三禮》、《史記》、《漢書》。"劉伯莊"撰《史記地名》、《漢書音義》各二十卷，行於代。子之宏，亦傳父業，"則兼治《史》、《漢》者也。此派猶治經者之守章句。其又一派，則不拘拘於此，而欲商榷史例，進退古人。其著名者莫如劉子玄。子玄作《史通》，至今爲學者所稱道，然此特其著書而有傳於後者耳，抱此等見解者，當時實不乏人。"徐堅深重子玄之書，嘗云居史職者宜置坐右，"即其一證。韋述修國史，作例一卷，已見前。沈既濟"以吳兢撰國史，以則天事立本紀，奏議非之。"《舊書》其子《傳師傳》。子玄子餗修國史，亦"著《史例》三卷。"柳璨"以《史通》譏駁經史過當，紀其失，別爲十卷，號《柳氏釋史》。"《舊書》本傳。此書《新志‧總集類》著錄，《注》云："一作《史通析疑》。"吳武陵撰《十三代史駁議》二十卷。《舊書》附其兄子《汝訥傳》。皆此一派之學也。此派中人，多有識力，然所言未必皆是。即如《史通》《疑古》、《惑經》兩篇，最爲今人所稱誦。然其說實未通經學。不通經學，此題本不合妄談。即專就史學立論，疑《尚書》而信《汲冢瑣語》，寧非下喬入幽乎？譏《公羊》謂趙盾食魚飱之非，則不知古賤者以魚爲常食，是不考史事也。謂《史記》"歸乎田成子"之言，不合於生時稱謚，則不知古書所載歌謠，多非當時元句，不過約舉其意而已。如《南風歌》即如此。不然，誰不知爲漢人之辭耶？是未達古人文例也。創新論者每多如是，是不能以經生之見繩之，然要不可不藉章句學之謹嚴，爲之彌縫其闕。凡學皆相輔相成，知異己者之所長，不執成見，拘曲說，而黨同伐異，則真通人之見也。又一派專明典制。凡學皆始於應用，故讀史者初必求嫺故事。《舊書‧趙仁本傳》：貞觀中，轉殿中侍御史。自義寧已來詔勅，皆手自纂錄，臨事皆暗記之，甚爲當時所伏。《蔣乂傳》：弱冠博通羣籍，而史才尤長。時集賢學士甚衆。會詔問神策軍建置之由，相府討求，不知所出，諸學士悉不能對，乃訪於乂。乂徵引根原，事甚詳悉。宰臣高郢、鄭珣瑜相對曰："集賢有人矣。"翼日，詔兼判集賢院事。此等最爲流俗所稱道，實不過掌故之職，然達者爲之，則能縱覽古今，而揚榷其得失矣。《蔣乂傳》言其"尤精歷代沿革"是也。此等著述，專於一朝者，則有如李延壽之《太宗政典》。蘇冕之《唐會要》，而宣宗命崔鉉等續之。見《舊紀》大中七年。鉉元略子，《舊書》附《元略傳》。其穿貫歷代者，則杜佑之《通典》最著。《舊書‧佑傳》云：初開元末，劉秩採經、史、百家之言，取《周禮》六官所職，撰分門書三十五卷，號曰《政典》。大為時賢稱賞。房琯以為才過劉更生。佑得其書，尋味厥旨，以為條目未盡。因而廣之。加以開元禮樂書，成二百卷。號曰《通典》。貞元十七年，自淮南使人詣闕獻之。其書大傳於時。禮樂刑政之原，千載如指諸掌。大為士君子所稱。案《新書‧韋述傳》言：玄宗詔修《六典》，徐堅構意歲餘，歎曰："吾更修七書，而《六典》歷年未有所適。"及蕭嵩引述撰定，述始摹《周官》領其屬，事歸於職，規制遂定。其見解實與劉秩相類。《舊書‧元稹傳》：著古今刑政書三百卷。號《類集》。《宣宗紀》：大中五年十一月，太子參事姚康獻《帝王政纂》十卷。又撰《統史》三百卷。上自開闢，下盡隋朝。帝王美政，詔令制置，銅鹽錢穀損益，用兵利害，下至僧道是非，無不備載，編年為之。其書亦皆與《通典》同科。足見致力於斯者，亦一時風氣使然也。又一派則欲續《春秋》，講褒貶。此派在唐未盛，入宋乃昌。歐陽修作《五代史》，講書法，朱子作《綱目》皆是也。《舊書‧裴光庭傳》：光庭引李融、張琪、司馬利賓等，令直弘文館，撰《續春秋傳》。《新書》作《續春秋經傳》。上表請以經為御撰，而光庭等依《左氏》之體，為之作傳。玄宗"手書褒賞之。"《新書》云：書久不就。《王彥威傳》：彥威纂集國初至貞元功臣，如《左氏傳》體敘事，號曰《唐典》，進之。事在開成二年，書凡七十卷，見《本紀》。皆此派之開端也。而蕭穎士乃借以行其曲說。《新書‧穎士傳》曰：嘗謂仲尼作《春秋》，為百王不易法，而司馬遷作本紀、書、表、世家、列傳，敘事依違，失褒貶體，不足以訓。乃起漢元年，訖隋義寧，編年，依《春秋》義類，為傳百篇。在魏，書高貴崩曰司馬昭弒帝於南闕。在梁，書陳受禪曰陳霸先反。又自以梁枝孫，而宣帝逆取順守，故武帝得血食三紀。昔曲沃篡晉而文公為五伯，仲尼弗貶也，乃黜陳閏隋，以唐土德承梁火德。皆自斷，諸儒不與論也。有太原王緒者，僧辯裔孫。譔《永寧公輔梁書》，黜梁不帝。穎士佐之，亦著《梁蕭世譜》，及作《梁不禪陳論》，以發緒義例，使光明云。《困學紀聞》云：蕭穎士與韋述書，欲依魯史編年，著《歷代通典》。起漢元十月，終義寧二年，約而刪之，勒成百卷。於《左氏》取其文，《穀梁》師其簡，《公羊》得其覈。綜三傳之能事，標一字以舉凡。然其書今無傳焉。略見於本傳，而不著《通典》之名。案穎士所爲，純出私見。所謂《春秋》義類，特藉六藝以文奸言耳。夷夏之防，即今民族獨立之義，實《春秋》之所重，故孔子有微管之褒。當梁諸王相殘，引敵自助，王僧辯又徒恤其私，甘棄前功而作降虜，使無陳武帝，吾其被髮左袵矣。然則武帝誠有大功，合君華夏，而穎士乃以私意妄貶之，自比於逆亂，設淫辭而助之攻，寧非《春秋》所欲誅之亂臣賊子邪？然亦此時自有此風氣，穎士乃得借以行其曲説也。史事之是非、利害，隱曲難明，言褒貶者，實已無當於史學，前已明之。故此派雖入宋轉盛，卒不爲治史者所重也。

## 第五節　文學美術

吾嘗言有唐中葉，爲風氣轉變之會，今觀於其文學而益信也。言以達意，文以代言，論其用本至此而止，然愛美爲人性所同，達意之外，又必加之以修飾，久之遂稍離其真矣。駢文之句調，與口語相去日遠，且以浮辭害意，由此也。丁斯時也，必求所以達意而應事者，於是有筆與文並行。筆於俗字俗語，皆非所禁，似可周於用矣，然其語調之嘽緩，造句之整齊，仍與文無異，則仍不足以達意而無憾，必更求所以濟之者。更求所以濟之，似莫如竟用口語，則語體文當興於此時，乃轉以所謂古文者承之，何也？曰：是無足異也。中國疆域廣大，方言錯雜，各率其口之所道者而書之，勢必至於不相通曉。故語言演進之時，必求爾雅。雅者正也，謂於各種語言之中，擇其一以爲正而求近之耳。錯雜之語言,何者可以爲正?此則視乎事勢之自然,如都會爲四方所走集,則其語自成爲走集之地通行之語。而非可以人力強定。語言如此,文字亦然。孰最爲人所易曉?自莫如衆所共讀之書,於是所謂古文者興矣。古文之興,非以其古,實以其爲衆所共喻,而其爲衆所共喻,則實以誦讀之者之多。如《莊子》與《孟子》,在其著諸竹帛之時,必同用當時通行之語,然在今日,《孟子》什九爲人人所能解,《莊子》則雖費盡箋注家之力,仍有其不易明之處,即其顯證。然則古文即紙上之通行語也。難者必曰:徑用口語,豈不更便?殊不知口語在口中雖通行,在紙上實多寫不出者。強取同音之字寫之,不徒異方之人不能知,即當地人亦多讀之而不能解也。今日之語體文,實無一地方之語言,與之密合者,亦逐漸發展而成之紙上語,非真口語也。然則所謂古文者,原欲取衆所共喻之語,以達己意,非如小兒學語然,但搬弄他人之言語,而與己意無涉也。然如蘇綽之作《大誥》,則所走者正是此路,宜其仍不能通,而必有待於新派之興。此新派者,必取衆所共喻之稱名,衆所同用之文法,以達己意而後可。則必至唐中葉之韓愈輩,而後足以當之矣。故愈之自道曰:"惟古於辭必己出";《舊書·愈傳》曰:愈所爲文,務反近體,抒意立言,自成一家新語;《新書·文藝傳》,亦謂李觀屬文不襲前人,時謂與韓愈相上下也。

《新書·文藝傳序》曰:唐有天下三百年,文章無慮三變。高祖、太宗,大難始夷,沿江左餘風,絺句繪章,揣合低卬,故王、楊爲之伯。謂王勃、楊炯。《勃傳》曰:與楊炯、盧照鄰、駱賓王皆以文章齊名。天下稱王、楊、盧、駱爲四傑。玄宗好經術,羣臣稍厭雕琢,索理致,崇雅黜浮,氣益雄渾,則燕、許擅其宗。張說封燕國公,蘇頲封許國公。是時唐興已百年,諸儒爭自名家。大曆、貞元間,美才輩出。擩嚌道真,涵泳聖涯。於是韓愈唱之,柳宗元、李翱、皇甫湜等和之。排逐百家,法度森嚴。抵轢晉、魏,上軋漢、周、唐之文,完然爲一王法,此其極也。趙甌北《廿二史劄記》曰:宋景文謂唐之古文,由韓愈倡始,其實不然。《舊書·愈傳》:大曆、貞元間,文字多尚古學,效揚雄、董仲舒之述作。獨孤及、梁肅,最稱淵奧。愈從其徒遊。銳意鑽仰,欲自振於一代。舉進士,投文公卿間,故相鄭餘慶爲之延譽,由是知名。是愈之先,早有以古文名家者。

今獨孤及文集，尚行於世，已變駢體爲散文。其勝處有先秦、西漢之遺風，但未自開生面耳。又如陸宣公奏議，雖亦不脫駢偶之習，而指切事情，纖微畢到，其氣又渾灝流轉，行乎其所不得不行，豈可以駢偶少之？此皆在愈之前，固已有早開風氣者矣。此說殊非是。獨孤及之文，乃後人所謂澀體。雖異時趨，仍難達意。致弊之原，實由過求形似，與蘇綽等同病。趙氏於未能別開生面一語，視之甚輕，而不知其未能大成，實由於此。至謂愈之前早有開風氣者，則凡事皆然。所謂某爲大家，某爲大轉變之時，原不過舉其最著名之人，及其最昌盛之時言之。烏得無爲之先驅者邪？矯時弊與自有所成，自係兩事。《舊書·文苑傳》曰：富嘉謨與吳少微友善。先是文士撰碑頌，皆以徐、庾爲宗，氣調漸劣。嘉謨與少微，屬辭皆以經典爲本。時人欽慕之，文體一變，稱爲富吳體。此亦排斥浮豔者，可謂能爲古文邪？以陸贄之奏議，與韓愈之文相提並論，尤爲擬不於倫。贄之文，乃前此之筆之變。《新書·畢構傳》曰：神龍初，遷中書舍人。敬暉等表諸武不宜爲王。構當讀表，抗聲析句，左右皆曉知。三思疾之，出爲潤州刺史。當時表章，皆須誦讀。誦讀之文，以句不甚長，又頗齊整爲便，此亦駢文興起之一因。駢文多四字句，筆亦然，而四字六字相間，誦讀尤較純四字句爲便，此又魏、晉、南北朝之駢文，所以變爲唐、宋之四六。唐初四傑之文，即已如此矣。贄之文，乃筆之變而不用辭藻者，末造之三十六體，李商隱、溫庭筠、段成式皆第十六。則其好用辭藻者耳。筆而好用辭藻，則亦與文合流，而不足以應用，此後應用之文字，乃全以散文充之矣。此唐、宋之世文體變遷之大概也。

唐人之照耀千古者，尤在其詩。詩之變化，亦至唐中葉而極。律體至唐始成。昔人云："詩至沈、宋，始可稱律，前此皆偶合耳。"沈佺期、宋之問，皆武后時人也。又古之樂府，至唐而演爲歌行，爲絕句，寖成可誦不可歌之物，而隨新音樂而起之詞，則於此時肇其端焉。唐人絕句，觀記載似皆可歌。如《舊書·李益傳》，謂其與宗人李賀齊名，每作一篇，爲教坊宮人以賂求取爲供奉歌詞。賀《樂府詞》數十篇，雲韶樂工，無不諷誦是也，然此時之歌，實多雜以和聲。取和聲而亦以字實之,即成詞矣。故一入宋世,即不聞歌詩,而但聞歌詞。非詩之歌驟失其傳也,乃唐人之所歌,詩其名而詞其實也。此詩體之變而備也。文學皆原於平民,然必入文人學士之手,而後能盡其變。非文人學士能別有所爲也,公衆之所爲,惟其中一部人爲能卒其業耳。論唐詩者,或分爲初、盛、中、晚四期。又或非之,謂所分實不甚確,如以杜甫屬盛唐,而甫之作,成於大曆時者實不乏是也。然此本不過舉其大概,非謂截然有界畫可指。以大體論,謂唐詩無此變化可乎？初唐之渾厚,盛唐之博大,中唐之清俊,晚唐之纖麗,可謂各擅勝場。此何一不苞含於古詩及樂府之中？然謂無此變化,古詩及樂府,即發洩已臻其極,可乎？此詩情之變而博也。歌謠率偏於比興,如《孔雀東南飛》等能盡賦之能事者蓋寡,此亦發洩未盡之一端。後之爲詩者,亦未有以易之。至唐乃大異。不徒杜陵膺詩史之稱,元、白所爲,特長諷諭,亦以其能叙事也。用比興者多偏於寫景,僅能即景以見其情,用賦者則能逕言之。前者固尤有深味,然不兼後者,亦不可謂能極其變也。本此論詩,則唐詩實當合宋詩而其境界乃備,而宋詩自當以江西派爲大宗。然謂江西派非原於杜陵得乎？此詩境之變而擴也。詩體恒隨音樂而變,自唐已後,音樂尚未有大變,故詩體亦不能更新。立乎今日而言詩,尚未能越唐人之範圍也。言語與歌謠,實爲二物。今之所謂新詩者,本乎言語,而不本於歌謠,與昔之詩詞等,皆非同物。率舊義以言詩,非至新樂大盛之後,不能有句芒,非可以人力強爲也。

　　論文學者,或以文人學士之所爲,與平民之所爲,截然異物,此實誤解,觀一種文學初興時之情形,即可知之。爲古文者,初不避俗字、俗語,特其用之當有法度耳。如僅字,古人用之,皆意以爲少,如《禮記·射義》"蓋墐有存者",《史記·貨殖列傳》"董董物之所有"。唐人用之,則意以爲多。《舊唐書》、《舊五代史》中僅字,即皆如此。韓愈《張中丞傳後序》言:巡初守睢陽時,士卒僅萬人,所用者即唐時通行之義也。《舊書·杜甫傳》載元稹"論李、杜優劣"曰:"是時山東李白,亦以文奇取稱,時人謂之李、杜。予觀其壯浪縱恣,擺去拘束;模寫物象;及樂府歌詩;誠亦差肩子美矣。至若鋪陳終始，排比聲韵，大或千言，次猶數百；詞氣豪邁，而風調清深，屬對律切，而脫棄凡近；則李尚不能歷其藩翰，況堂奧乎？"又曰："自後屬文者以積論爲是。"夫謂子美之詩，優於太白，是矣，然微之之言，則初未能道出其所以然之故也。太白所長，莫如歌行，皆酷類古歌謠，此尚爲率舊之作，至杜陵則自闢新體矣。論詩者多謂李不如杜，即可見率舊之作，不厭人心。其故何哉？《舊書·元白傳》載樂天與微之書及微之爲《長慶集序》，極言其詩流傳之廣。史臣亦謂伊古以來，賢不肖皆賞其文，未有如元、白之盛者。此固由其辭之淺近易解，抑亦由其專主諷諭，能言人之所欲言而不能言者也。唐末韋莊作《秦婦吟》，道黃巢據長安時關中亂離之狀，其詩極膾炙人口，後佚，敦煌石室發，乃復得之，亦香山《新樂府》之類也。然則詩體發展至唐，徒託物起興，微言相感之作，已不足以饜人心，而必求其能極其變者矣。杜陵之於元、白，元、白之於韋莊，辭之雅俗不同，其爲民請命之意則一也。然則一種文學之興，豈有能脫離民衆者哉？徒以排比聲韵，屬對律切稱之，則淺之乎測丈夫矣。抑古人文字，在今日看似艱深者，皆時移世易爲之，在當時實皆淺易，故不識字或識字甚少者，皆能使人讀書而聽之，或則口占書簡，《秦漢史》及《兩晉南北朝史》，已詳言之。唐諸帝多能詩。見《廿二史劄記》"德宗好爲詩"條。女子如徐惠、上官婉兒、宋若昭兄弟，亦皆能文，不讓男子。《新書·后妃傳》。夫非謂帝王必不如書生，女子必不如男子，然帝王讀書，不能如書生之專，女子受教，不能如男子之備，則事無足疑者也。而所成亦相匹敵者？則以其時通用之文字，實不甚艱深也。薛《史·胡裝傳》，謂其"僻於題壁，所至宮亭寺觀，必書爵里，人或譏之，不以爲媿"。其有是僻，所題必有人讀之，足見史稱元、白之詩流傳之盛，鄉校、佛寺、逆旅、行舟之中無不有，村夫、野老、婦人、孺子之口罔弗道，決非虛言。然則當時文人之所爲，曷嘗脫離民衆哉？或謂唐人詩文，皆有辭藻，何以盡人能解？殊不知辭藻亦語言也。今人不甚用之，則亦不甚聞之，而覺其難解，當時用之者多，則聞者亦耳熟能詳矣。然則文人學士之所爲,與平民之所爲,曷嘗截然異物哉?

古所謂小説者,與後世異。古之小説,意蓋主於懲勸?如《太平御覽》引《風俗通》,謂世所傳城門失火,殃及池魚之説,出於《漢志》小説家之《百家》是也。見《先秦史》第十五章第五節。以類推之,則如塞翁失馬等説,亦未必非古小説家言矣。此其意誠甚善;造此等説者,哲學思想亦可謂甚高;然尚未能極幽奇恢詭之致,以文學論,則未可謂甚發展也。後世乃其途日闢,遐想漸多,所涉亦廣,至唐遂大有可觀。今存於《太平廣記》中者不少也。惟小説究以理致爲主。唐人所爲,好用辭藻,故其品實不逮宋人。散文也,賦體之詩也,與新音樂相依附之詞也,小説也,皆唐人啓其端,至宋而後臻於大成,唐中葉後新開之文化,固與宋當畫爲一期者也。惟翻譯文字,則至唐而結其局。此後不能更有發展矣,以佛教入宋而衰也。唐人翻譯文字,實勝前朝。以當時所謂新舊譯本比較可知,如《大乘起信論》即是,此論近人或謂其無梵本,實中國人所自撰。然其爲翻譯文學則同。唐本之辭,不能謂其不勝於梁本也。今日所謂語體文學,其源亦導自唐,惟尚未盛,俟講宋史時論之。

書、畫仍爲世之所重。隋、唐之世,工正書者最多,次則行草。自隋入唐者,虞世南、歐陽詢,稍後則褚遂良;中葉後則顏真卿、柳公權,最爲有名。其工篆如李陽冰,工分書如李潮者,則不多見矣。蓋以用之者少也?晉、南北朝,書法傳世者,固極美妙。然南朝所傳,率多簡牘。北碑雖可喜,實多出匠人,特以其去古近,多存樸茂之氣,故覺其可喜耳。點畫亦多隨刀鋒,罕傳筆法。唐世碑版,則多爲善書者所書。刻法亦隨筆法而異。雖其樸茂之氣,不及前朝,此乃時代爲之,以書法論,實較北朝爲高,不得先存一愛古薄今之見也。

畫風仍襲前代,以人物爲主。圖當世名人者尤多。如河閒王孝恭降蕭銑,高祖使畫工貌而視之。太宗使閻立本圖秦府十八學士及凌煙閣功臣。李勣已畫象凌煙閣,高宗復命圖其形,自序之。則天命畫工寫張知謇、李嗣真。玄宗圖張説、康子元及張果。代宗圖鮑防,敬宗圖周息元。皆人君之所命也。張易之等繪武三思等十八人象以爲圖。王維過郢州，畫孟浩然象於刺史亭。薛嵩好蹴踘，隱士劉綱勸止之，嵩悦，圖其形於坐右。此則士大夫之所爲也。又有不知誰何爲之者。如錢徵與韓翃、李端輩十人，俱以能詩，出入貴遊之門，號十才子，形於圖畫。白居易與胡杲、吉旼、鄭據、劉真、盧真、張渾、狄兼謨、盧貞燕集，皆高年不事者，人慕之，繪爲九老圖。則仰慕風流者自爲之，不必其相知也。亦有畫古人以寓景行之意者，如司空圖隱中條山，作亭觀素室，悉圖唐興節士、文人是矣。敬宗圖周息元，見《新書·李德裕傳》。張易之等圖武三思等十八人，見《朱敬則傳》。餘皆見新舊《書》各本傳。薛《史·馮道傳》：張承業辟爲本院巡官，甚見待遇。時有周元豹者，善人倫鑒，與道不洽。謂承業曰：“馮生無前程，公不可過用。”河東記室盧質聞之曰：“我曾見杜黃裳司空寫真圖，道之狀貌酷類焉，將來必副大用，元豹之言，不足信也。”元豹乃相士挾其術間道，盧質蓋亦以相人之説駁之，皆非真有人倫之鑒也。然名人寫真，爲世所重，則於此可見矣。此等皆僅畫一人，亦有畫一事者。《新書·禮樂志》：太宗爲秦王，破劉武周，軍中相與作秦王破陳樂曲。後更名七德舞。初成，太常卿蕭瑀請圖破劉武周、薛舉、竇建德、王世充狀。帝曰：“方四海未定，攻伐以平禍亂，制樂陳其梗概而已，若備寫禽獲，今將相有嘗爲其臣者，觀之有所不忍，我不爲也。”《張仁愿傳》：萬歲通天中，監察御史孫承景監清邊軍戰，還，自圖先鋒當矢石狀，以罔武后。此等畫，所列繪之人物必多矣。唐室所藏圖畫，皆見《新書·藝文志》丙部《雜藝術類》，而乙部《雜傳記類》，有顔師古《王會圖》。所存殊方異俗必多，惜乎其失傳也。此等皆必工於人物而後能爲之，然山水畫亦漸盛於此時。《舊書》宗室傳：長平王叔良之孫思訓，尤善丹青，迄今繪事者推李將軍山水。《新書·鄭虔傳》，亦言其“善圖山水”。《舊書·崔祐甫傳》。子植告穆宗。謂宋璟嘗手寫《尚書·無逸》一篇爲圖以獻，玄宗置之内殿。開元末，圖朽壞，始以山水圖代之。亦可見山水漸爲鑒賞者所愛好。又《李益傳》，謂其“《征人》、《早行》等篇，天下皆施之圖繪"。此等圖繪,重在風景,亦山水之類也。中國圖畫之演進,途轍與西洋異。西洋畫重寫真,中國畫重意境。論意境,自當以山水畫居首選,而其漸盛亦在開元時,信乎唐之中葉,爲風會變遷之時矣。

唐時圖畫,尚不皆施之卷軸。《新書·突厥傳》:闕特勒死,唐爲立廟像。四垣圖戰陳狀。詔高手工六人往。繪寫精肖,其國以爲未嘗有。默棘連視之必悲哽。此等壁畫,寺觀中最多。土木不能持久,多隨之化爲煨燼矣。薛《史·鄭雲叟傳》:有越千里之外,使畫工潛寫其形容,列爲屏障者。杜甫有《劉少府新畫山水障歌》。圖畫施諸屏障,亦施諸壁者類也。

人像亦不盡託諸圖畫。會昌五年,廢佛,中書奏:武牢關是太宗擒王世充、竇建德之地。關城東峯,有二聖塑容。今定覺寺例合毁拆。望取寺中大殿材木,於東峯造一殿,名爲昭武廟。聖像年代已久,望令李石於東都揀好畫手就增嚴飾。六年,東都太微宫修成玄元皇帝、玄宗、肅宗三聖容,遣右散騎常侍裴章往薦獻。皆見《舊書·本紀》。二者皆塑像也。《新書·禮樂志》:開元八年,司業李元瓘奏。先聖廟爲十哲象,以先師顔子配,則配衆當坐,今乃立侍。餘弟子列象廟堂,不豫享,而范甯等皆從祀。請釋奠十哲享於上,而圖七十子於壁。曾參以孝受經於夫子,請享之如二十二賢。乃詔十哲爲坐象,悉豫祀。曾參特爲之象,坐亞之。圖七十子及二十二賢於廟壁。此十哲及曾參象,亦當爲塑象也。天寶中,天下州郡,皆鑄銅爲玄宗真容,擬佛之製。《舊書·李寶臣傳》。玄宗在蜀時舊宫,後爲道士祠。冶金作帝象,盡繪乘輿侍衛。《新書·郭知運傳》,參看《崔寧傳》。此冶金作像者也。高祖仕隋時,太宗方幼而病,爲刻玉像於滎陽佛祠以祈年。《新書·張九齡傳》。天寶時,嘗鏤玉爲玄元皇帝及玄宗、肅宗像於太清宫,復琢李林甫、陳希烈像,列左右序。《新書·李林甫傳》。此刻玉石爲之者也。宋時,朱子欲證古坐與今不同,使人入蜀求先聖、先師舊像,得木刻像三。見所著《白鹿神殿塑像說》。此刻木爲之者也。傅奕上疏詆浮圖法,謂其"刻繪泥像,以惑天下",《新書·本傳》。蓋佛像可爲之者,人像亦皆可爲之矣。然畫像究最普徧。《新書·張巡傳》：巡在睢陽時，大將六人，白巡以勢不敵，且上存亡莫知，不如降賊。巡陽許諾。明日，堂上設天子畫像，率軍士朝，引六將至，責以大義斬之。蓋以其普徧，故圍城中猶有之，臨時可以張設也。唐時畫人像最有名者爲吳道玄。又有楊惠之，與道玄同師張僧繇，而名出其下，乃捨繪而專事塑。見《畫史彙傳》。今江蘇吳縣甪直鎮保聖寺有古羅漢塑象五，完好者三，考古者以爲惠之所塑焉。

以愛好書畫者多，法書名畫，遂爲世所珍重。《隋書·經籍志》：煬帝既於東都觀文殿東西廂構屋以貯書，又聚魏已來古迹、名畫，於殿後起二臺：東曰妙楷臺，藏古迹，西曰寶臺，藏古畫。《新書·藝文志》小學類，有二王、張芝、張昶等書一千五百一十卷。《注》云：太宗出御府金帛，購天下古本。命魏徵、虞世南、褚遂良定真僞。凡得羲之真行二百九十紙，爲八十卷。又得獻之、張芝等書。以貞觀字爲印章迹，命遂良楷書小字以影之。《舊書·遂良傳》：太宗嘗出御府金帛，購求王羲之書迹。天下爭齎古書詣闕以獻，當時莫能辨其真僞。遂良備論所出，一無舛誤。其古本多梁、隋官書。梁則滿騫、徐僧權、沈熾文、朱异，隋江總、姚察署記。帝令魏、褚卷尾各署名。開元五年，敕陸玄悌、魏哲、劉懷信檢校，分益卷帙，玄宗自書開元，自爲印。昭陵爲溫韜所發，鍾、王筆迹，紙墨如新，已見第二十章第五節。則天訪求右軍遺迹於王方慶。方慶奏曰："臣十代從伯祖羲之書，先有四十餘紙，貞觀十二年，太宗購求，先臣竝已進之，惟有一卷見在。"又進其先代二十八人書，共十卷。則天御武成殿示羣臣，仍令中書舍人崔融爲《寶章集》以叙其事。復賜方慶。當時甚以爲榮。此人主之愛好也。《方慶傳》言其聚書甚多，不減祕閣。圖畫亦多異本。睿宗第四子範，多聚書畫古迹，爲時所稱。鍾紹京，雅好書畫古迹，聚二王及褚遂良書至數十百卷。韋述，家聚書二萬卷。皆自校定鉛槧，雖御府不逮也。兼古今朝臣圖，歷代知名人畫，魏晉已來草隸真迹數百卷。古碑、古器、藥方、格式、錢譜、璽譜之類。當代名公尺題，無不畢備。蕭岯，博雅好古，尤喜圖畫。前代鍾、王遺法，蕭、張筆勢，編叙真僞，爲二十卷，元和末進御，優詔嘉之。段文昌喜圖書古畫。楊憑兄弟以文學知名，家多書畫。鍾、王、張、鄭之迹，在《書斷》、《畫品》者，兼而有之。憑子渾之，盡以獻文昌，求致進士第。遂起錢徽之獄。王涯家書數萬卷，侔於祕府。前代法書名畫，人所寶惜者，以厚貨致之，不受貨者，即以官爵致之。以上皆見《舊書·本傳》。蕭岵附《韋溫傳》。段文昌事見《錢徽傳》。此名公巨卿之愛好也。《舊書·歐陽詢傳》言：人得其尺牘文字，咸以爲楷範；高麗甚重其書，嘗遣使求之；則初不必强有力者而後欲致之；且聲聞隣國矣。職是故，其物遂爲奇貨可居。《新書·儒學傳》：歐陽詢，子通，蚤孤。母徐教以父書。懼其惰，嘗遺錢使市父遺迹。通乃刻意臨放以求儺。數年，書亞於詢。父子齊名，號大小歐陽體。褚遂良亦以書自名。嘗問虞世南曰：“吾書何如智永？”答曰：“吾聞彼一字直五萬，君豈得此？”“孰與詢？”曰：“吾聞詢不擇紙筆，皆得如志，君豈得此？”“然則何如？”曰：“君若手和筆調，固自可尚。”遂良大喜。又《孔若思》：有遺以褚遂良書者，納一卷焉。其人曰：“是書貴千金，何取之廉？”答曰：“審爾，此爲多矣。”更還其半。唐時大稔，米斗五錢，見第十八章第一節。此固最下之價，然一字而直千石，亦以褒矣。史傳之辭，蓋不免夸侈，然是時書畫，其價不菲，則可知也。財產私有之世，事孰不爲稻粱之謀？日出多僞。民安取不僞？以今所謂書畫者僞物之多推之，人情不甚相遠，恐古人之所藏，亦未必大異於今人也。然其中固未必無精品可喜，舉摧燒之，則亦已過矣。然保守之實難。安、史之亂，韋述"經籍資產，焚剽殆盡。"王涯所蓄，"厚爲垣竅而藏之複壁"。甘露之變，"人破其垣取之。或剔取函匭金寶之飾與其玉軸而棄之"。耗矣，哀哉！然古今公私之所藏，其究孰不如此？

名迹雖見珍重，然優於藝者，俗仍以爲執技事上之流而賤之。太宗嘗與侍臣學士泛舟春苑。池中有異鳥，隨波容與。太宗擊賞數四。詔坐者爲詠，召閻立本令寫焉。閣外傳呼，云畫師閻立本。時已爲主爵郎中。奔走流汗，俯伏池側，手揮丹粉，瞻望座賓，不勝愧赧。退誡其子曰："吾少好讀書，幸免面牆。緣情染翰，頗及儕流。惟以丹青見知，躬厮役之務，辱莫大焉。汝宜深誡，勿習此末伎。"柳公權爲夏州掌書記，穆宗即位，入奏事，帝召見，謂曰："我於佛寺見卿筆迹，思之久矣。"即日拜右拾遺，充翰林侍書學士。歷穆、敬、文三朝，侍書中禁。其兄公綽在太原，致書宰相李宗閔云："家弟苦心辭藝，先朝以侍書見用，頗偕工祝，心實恥之，乞換一散秩。"皆《舊書》本傳。是其事也。成見可謂難變矣。

然以藝侔利者，不獨書畫之家也，即工於文辭者，亦何莫不不然。當時粥文之事，已略見第十八章第一節。《新書·韓愈傳》：劉叉聞愈接天下士，步歸之。後以爭語不能下賓客，因持愈金數斤去。曰："此諛墓中人所得耳，不若與劉君爲壽。"《舊書·李邕傳》：邕早擅才名，尤長碑頌。雖貶職在外，中朝衣冠及天下寺觀，多齎持金帛，往求其文。前後所製凡數百首，受納餽遺，亦至鉅萬。時議以爲自古粥文獲財，未有如邕者。韓愈戇直，未必肯苟取，尚致譏評，李邕更不足論矣。然亦有卓然不惑者。《舊書·蕭俛傳》：穆宗詔撰王士貞神道碑。對曰："臣器褊隘，此不能強。王承宗先朝阻命，事無可觀，如臣秉筆，不能溢美。或撰進之後，例行貺遺，臣若公然阻絕，則違陛下撫納之宜，俛免受之，則非微臣平生之志。臣不願爲之秉筆。"帝嘉而免之。此可謂不輕以言假人者矣。《新書·郭行餘傳》：河陽烏重胤表掌書記。重胤葬其先，使志冢，辭不爲。重胤怒，即解去。此亦可謂能砥礪廉隅，宜其能與李訓相善也。

音樂，隋、唐時亦稱極盛，此蓋承前世域外之交通，乃能致之。自晉世洛京傾覆，中國舊樂，僅存於南方，而北方多雜羌、胡之伎，已見《兩晉南北朝史》第二十三章第六節。隋文帝平陳改樂，見本編第二章第一節。唐武德九年，命祖孝孫修定雅樂。貞觀二年奏之。孝孫卒後，協律郎張文收更加釐改，命曰大唐雅樂。然好尚不存焉。其盛行於時者，則來自異域之樂也。《隋書·音樂志》云：開皇初，定令置七部樂：一曰《國伎》，二曰《清商伎》，三曰《高麗伎》，四曰《天竺伎》，五曰《安國伎》,六曰《龜茲伎》,七曰《文康伎》。又雜有疏勒、扶南、康國、百濟、突厥、新羅、倭國等伎。至大業中,煬帝定《清樂》、《西涼》、《龜茲》、《天竺》、《康國》、《疏勒》、《安國》、《高麗》、《禮畢》以爲九部。其中本出中國者,惟清樂而已。諸樂緣起,皆見《兩晉南北朝史》第二十三章第六節。唐初仍隋之舊。及平高昌,收其樂,初有十部。《新書·禮樂志》言：唐東夷樂有高麗、百濟,北狄有鮮卑、吐谷渾、部落稽,南蠻有扶南、天竺、南詔、驃國,貞元十六年,南詔因韋皋進奉聖樂舞。十八年,驃國獻其樂。西戎有高昌、龜茲、疏勒、康國、安國,凡十四國,而八國之伎,列於十部焉。案自匈奴敗亡,鮮卑復入中國,所謂北狄者,與西域關係實深。《舊書·音樂志》謂"南蠻、北狄,國俗皆隨髮際斷其髮。今舞者咸用繩圍首,反約髮杪,內於繩下"。古北狄無斷髮之俗,而西胡有之,今云斷髮,非狄之化於胡,則胡之來入狄者耳。西域南海,久有往還,即南詔,亦因伊洛瓦底江一道,而深漸其化,觀漢時之哀牢可知。參看《秦漢史》第九章第四、第六兩節。而扼伊洛瓦底江之衝者,則驃國也。然則當時外來之音樂,實當以西域爲大宗。《新書·禮樂志》云：自周、陳已上,雅鄭淆雜而無別,隋文帝始分雅俗。玄宗又分俗樂爲二部：堂下立奏,謂之立部伎,堂上坐奏,謂之坐部伎。太常閱坐部不可教者隸立部,又不可教者,乃習雅樂。則俗樂又判盛衰,清樂自隋已式微,至此益淪缺矣。《舊書·音樂志》：清樂者,南朝舊樂也。永嘉之亂,五都淪覆,遺聲舊制,散落江左。宋梁之間,南朝文物,號爲最盛,人謠國俗,亦世有新聲。後魏孝文、宣武,用師淮、漢。收其所獲南音,謂之清商樂。隋平陳,因置清商署,總謂之清樂。遭梁、陳亡亂,所存蓋鮮。隋室已來,日益淪缺。武太后之時,猶有六十三曲,今其辭存者,惟有三十二曲又七曲有聲無辭。日本田邊尚雄,極稱唐代音樂。曾在北京大學講演。謂中國古樂皆獨奏,至後漢合奏之樂始漸興,蓋緣與西來之樂相會。至唐而臻極盛。今唐樂尚存於日本,特規模較小耳。日本皇室,世用中國之樂。距今千二百年前,中國樂人,有入日本者,日本來華學生,亦有學樂者,官於宮內省,皆世襲,故其技未曾失傳。特唐樂用五百至七百人,日本則僅三十至五十人。又大樂器爾時船不能運,故惟有小者。然奈良東大寺正倉院中,尚存有唐樂器也。琵琶、洞簫、觱栗諸器，皆源出埃及，經猶太、叙利亞、波斯、大夏、印度等地乃入中國。此時羅馬音樂，尚無足道。此諸國者，實括西方文明之全，益以中國所固有，允足膺世界之稱而無愧。今日西方之音樂，僅西方之音樂耳。必合唐代之樂，乃足稱爲世界音樂也。詳見《東方雜志》第二十卷第十期。案如所言，所謂西域者，其縣地實極廣。綜厥所有而成爲樂，可謂取多用宏，自非中國一國舊有之樂所能逮。清樂之日微，其無足怪。然《舊書·音樂志》云：沈約《宋書·志》，謂江左諸曲哇淫，今其聲調猶然。觀其政已亂，其俗已淫，既怨且思矣，而從容雅緩，猶有古士君子之遺風，則其所長，亦有不可沒者也。隋、唐音樂，雖云極盛，然其君臣皆溺於音。隋、唐兩代皇室之溺於音，可於其樂工之多見之。隋時至三萬餘人，已見第二章第四節。《新書·禮樂志》云：唐之盛時，凡樂人、音聲人、太常雜戶子弟隸太常及鼓吹署，皆番上，總號音聲人，至數萬人。而《李嶠傳》：嶠以中宗時上書，言"太常樂戶已多，復求訪散樂，獨持鼗鼓者已二萬員"，則散樂人數之多，尤堪駭異矣。《志》又云：大中初，太常樂工五千餘人，俗樂一千五百餘人，則至中葉後國蹙民貧時，其數猶不少也。《舊書·職官志》禮部職云：三品以上，得備女樂，五品女樂不得過三人，則唐時官吏得畜女樂者實多。《柳公權傳》云：性曉音律，不好奏樂，常云聞樂令人驕怠，亦可見其家自有音樂也。《新書·山惲傳》云：中宗昵宴近臣及修文學士。詔徧爲伎。工部尚書張錫爲淡容娘舞，將作大匠宗晉卿爲渾脱舞。左衛將軍張洽爲黄麞舞，給事中李行言歌駕車西河曲，餘臣各有所陳，皆鄙褻。足見公卿嫺於歌舞者之多。《新書·禮樂志》言玄宗好樂，達官大臣慕之，皆喜言音律，可見其爲上之化也。其風且馳及民庶。《隋書·音樂志》云：龜茲者，起自呂光滅龜茲，因得其聲。呂氏亡，其樂分散。後魏平中原，復獲之，其聲後多變易。至隋，有西國龜茲、齊朝龜茲、土龜茲等，凡三部。開皇中，其器大盛於閭閈，則自隋時已然矣。《新書·武平一傳》：中宗宴兩儀殿酒酣，胡人唱合生，歌言淺穢。平一上書諫曰："伏見胡樂施於聲律，本備四夷之數。比來日益流宕，異曲新聲，哀思淫溺。始自王公，稍及閭巷。妖妓胡人，街童市子，或言妃主情貌，或列王公名質，詠歌蹈舞，號曰合生。願屏流僻，崇肅雍，凡胡樂備四夷外，一皆罷遣。"《舊書·曹確傳》：李可及善音律，尤能轉喉爲新聲，音辭曲折，聽者忘倦。京師屠沽效之，呼爲拍彈。皆可見其自上下流之狀。萬舞翼翼，章聞於天，天用弗式，卒召羯胡陵犯，藩鎮割據之禍，蓋非無因。此則墨子非樂之論，又不可不警惕深之者矣。

周、齊所謂百戲，即古之角觝。隋煬帝之所爲，已見第二章第五節。唐時謂之散樂。《舊書·音樂志》云：大抵散樂雜戲多幻術。幻術皆出西域，天竺尤甚。高宗惡其驚俗，勅西域關令：不令入中國。《新紀》：顯慶元年正月，禁胡人爲幻戲者，不知即此事否？《舊志》又云：睿宗時，婆羅門獻樂舞人。倒行而以足舞。於極銛刀鋒，倒植於地，低目就刃，以歷臉中。又植於背下，吹筆篥者立其腹上，終曲而亦無傷。此其驚俗亦甚矣，而睿宗受其獻，則不令入中國之勅，恐亦未必能行也。況據《志》所述，幻尚有前世之遺，國人自能爲之，不待外來也。《新書·李晟傳》：子憲，爲絳州刺史。絳有幻者，訹民以亂，憲執誅之，足見其流行仍廣矣。百戲之勞民傷財尤甚，以其聚人多也。唐時，上下所好者，莫如潑寒胡。此戲本出康國。《舊書·康國傳》曰：至十一月，鼓舞乞寒，以水相潑，盛爲戲樂。《舊書·張說傳》：說以玄宗初相，自則天末年，季冬爲潑寒胡戲，中宗嘗御樓以觀之。至是因蕃夷入朝，又作此戲，說上疏諫，此戲乃絕。中宗幸洛城南門觀潑寒胡戲，事在神龍元年十一月；玄宗禁潑寒胡戲，事在開元元年十二月；又睿宗亦嘗爲之，事在景雲元年十二月；皆見《新書·本紀》。睿宗時韓朝宗有諫辭，見其父《思復傳》。疏辭謂"裸體跳足，盛德何觀？揮水投泥，失容斯甚"。此何足以爲樂？蓋亦有他戲與之並行也。

《記》曰："張而不弛，文武不能。"一國之人皆若狂，亦非孔子之所惡。然其爲獨樂樂抑與衆樂樂，則大有辨矣。《舊書·諸葛爽傳》，言其役屬縣爲伍伯，爲令所笞，乃棄役，以里謳自給。《新書·杜洪傳》云："爲里俳兒。"《崔融傳》言：龐勛自浙西趨淮南，所過先遣俳兒弄木偶伺人情，以防邀遏。俳兒也，里謳也，皆民衆中之藝士，執其技以娛人，以慰其勞苦，宜其湮鬱，不可一日無者也。《舊書·高宗紀》：龍朔元年五月，皇后請禁天下婦人爲俳優之戲，詔從之。《新書·玄宗紀》：開元二年八月，"禁女樂"，蓋亦其類？則其數亦不少，故婦人亦得以爲食。此等皆有益於民，未聞有患之者也。然一入於都邑之中，則不可問矣。《隋書·柳彧傳》：彧見近代以來，都邑百姓，每至正月十五日作角抵之戲，上奏請禁絕之，曰："竊見京邑，爰及外州，每以正月望夜,充街塞陌,聚戲朋遊。鳴鼓聒天,燎炬照地。人戴獸面,男爲女服。倡優雜技,詭狀異形。以穢嫚爲歡娛,用鄙褻爲笑樂。内外共觀,曾不相避。高棚跨路,廣幕凌雲。袨服靚粧,車馬填噎。肴醑肆陳,絲竹繁會。竭貲破産,競此一時。盡室并孥,無問貴賤。男女混雜,緇素不分。穢行因此而生,盜賊由斯而起",此與鄉村景物,所謂"簫鼓追隨春社近,衣冠簡樸古風存"者,寧復可同日語邪?尤可惡者,有竭資破産之家,即有因以爲利之士。《新書·宋務光傳》:中宗時,有清源尉吕元泰,上書言時政,曰:"比見坊邑相率爲渾脱隊。駿馬胡服,名曰蘇莫遮。旗鼓相當,軍陳勢也。騰逐喧譟,戰争象也。錦繡夸競,害女工也。督斂貧弱,傷政體也。胡服相歡,非雅樂也。渾脱爲號,非美名也。安可以禮義之朝,法胡虜之俗?"《舊書·嚴挺之傳》:睿宗御樓觀酺,挺之上疏諫曰:"王公貴人,各承微旨。州縣坊曲,競爲課税。吁嗟道路,貿易家産。損萬人之力,營百戲之資。適欲同其歡,而乃遺其患。"夫至於爲課税以督斂貧弱,則其爲害,又豈僅樂之不衷哉?然豈樂之罪邪?

## 第六節　自然科學

周時甄鸞造天和曆,馬顯等又上景寅元曆。皆未行,已見《兩晉南北朝史》。隋高祖作輔,方行禪代之事,欲以符命曜於天下。道士張賓,揣知上意,自云洞曉星曆,因盛言有代謝之徵。又稱上儀表非人臣相。由是大被知遇。恒在幕府。及受禪之初,擢賓爲華州刺史,使與儀同劉暉等議造新曆。賓等依何承天法,微加增損。開皇四年二月,撰成奏上。詔頒天下,依法施用。《本紀》:頒新曆在正月,《通鑑》從《本紀》。劉孝孫北齊時知曆事,見《兩晉南北朝史》。與冀州秀才劉焯竝稱其失。於時新曆初頒,賓有寵於高祖,劉暉附會之,被升爲太史令。二人協議,共短孝孫,焯又妄相扶證。孝孫、焯等竟以他事斥罷。後賓死,孝孫爲掖縣丞，委官入京，又上前後爲劉暉所詰，事寢不行。仍留孝孫直太史。累年不調，寓宿觀臺。乃抱其書，弟子輿櫬，來詣闕下，伏而慟哭。執法拘以奏之。高祖異焉。以問國子祭酒何妥。妥言其善。即日擢授大都督，遣與賓曆比較短長。先是信都人張胄玄，以算術直太史，久未知名。至是，與孝孫共短賓曆。異論鋒起，久之不定。至十四年七月，上令參問日食事。楊素等奏太史凡奏日食二十有五，惟一晦三朔，依剋而食，尚不得其時，又不知所起，他皆無驗。胄玄所剋，前後妙衷。時起分數，合如符契。孝孫所剋，驗亦過半。於是高祖引孝孫、胄玄等，親自勞徠。孝孫因請先斬劉暉，乃可定曆。高祖不懌，又罷之。俄而孝孫卒。楊素、牛弘等傷惜之。又薦胄玄。上召見之。胄玄因言日長景短之事。《隋書·袁充傳》：充奏日去極近，則影短而日長，去極遠則影長而日短。行內道則去極近，外道則去極遠。開皇已來，與唐堯之代，去極並近。《春秋元命包》云：日月出內道，璇機得常，天帝崇靈，聖王祖功。京房別對曰：太平日行上道，升平行次道，霸世行下道。伏惟大隋啓運，上感乾元，影短日長，振古未之有也。上大悅，告天下。高祖大悅，賞賜甚厚，令與參定新術。劉焯聞胄玄進用，又增損孝孫曆法，更名七曜新術以奏之。與胄玄之法，頗相乖爽。袁充與胄玄害之。焯又罷。至十七年，胄玄曆成，奏之。上付楊素等校其短長。劉暉與國子助教王頗等執舊曆術，迭相駁難。高祖惑焉，踰時不決。會通事舍人顏敏楚上書云：漢落下閎改顓頊曆作太初曆，云後八百歲，此曆差一日，當有聖者定之。計今相去七百一十年。術者舉其成數。聖者之謂，其在今乎？高祖欲神其事，遂下詔：暉等四人元造詐者竝除名。領太史令庾季才等六人容隱姦慝，俱解見任。胄玄所造曆法，付有司施行。《本紀》事在四月。擢拜胄玄爲員外郎散騎侍郎，領太史令。胄玄進袁充，互相引重。開皇二十年，充奏日長影短。高祖因以曆事付皇太子，遣更研詳，著日長之候。太子徵天下曆算之士，咸集於東宮。劉焯以太子新立，復增修其書，名曰皇極曆，駁正胄玄之法。太子頗嘉之。未獲考驗，焯爲太學博士，負其精博，志解胄玄之印，官不滿意，又稱疾罷歸。仁壽四年，焯言胄玄之誤於太子。大業元年,著作郎王劭、諸葛穎因入侍宴,言焯善曆。帝曰:"知之久矣。"仍下其書,與胄玄參校。互相駮難,是非不決。焯又罷歸。四年,駕幸汾陽宮。太史奏日食無效。帝召焯,欲行其曆。袁充方幸於帝,左右胄玄,共排焯曆,又會焯死,曆竟不行。以上據《隋書·律曆志》及《張胄玄傳》。唐高祖受禪,將治新曆。東都道士傅仁均善推步,太史令庾儉、丞傅奕薦之。詔仁均與儉等參議,合受命歲,名爲戊寅元曆。詔司曆起二年用之。《舊紀》事在元年十月。高宗時,戊寅曆疏。李淳風作甲子元曆以獻。詔太史起麟德二年頒用,謂之麟德曆。《舊紀》頒曆在麟德二年五月。與太史瞿曇羅所上經緯曆參行。永昌元年十一月,改元載初,用周正。神功二年,甲子南至,改元聖曆,命瞿曇羅作光宅曆,將用之。三年,罷作光宅曆,復行夏時。中宗反正,太史丞南宮說奏麟德曆浸疏。詔說更治乙巳元曆。景龍中,曆成。詔令施用。睿宗即位,罷之。開元九年,麟德曆署日食比不效。詔僧一行作新曆。推大衍數,立術以應之。十五年,曆成。而一行卒。詔張說與曆官陳玄景等次爲曆術七篇,略例一篇,曆議十篇,起十七年,頒於有司。《舊紀》頒曆在十六年八月。肅宗時,山人韓穎上言大衍曆或誤。帝疑之。以穎爲太子宮門郎,直司天台,損益其術。更名至德曆。起乾元元年用之,訖上元二年。寶應元年,六月望,戊夜月食三之一,官曆加時在日出後,有交不署食。代宗以至德曆不與天會,詔司天台官屬郭獻之等復用麟德元紀,更立歲差增損遲疾交會及五星差數,以寫大衍舊術。帝爲制序,題曰五紀曆。德宗時,五紀曆氣朔加時稍後天。推測星度,與大衍曆差率頗異。詔司天徐承嗣與夏官正楊景風等雜麟德、大衍之旨治新曆。詔起五年四月行新曆。會朱泚之亂,改元興元,自是頒用,訖元和元年。憲宗即位,司天徐昂上新曆,名曰觀象,起元和二年用之。《舊紀》:元和二年二月,司天造新曆成,詔題名爲元和觀象曆。穆宗立,詔日官改撰曆術,名曰宣明。昭宗時,數亦漸差,詔太子少詹事邊岡改治新曆。景福元年,曆成,賜名崇玄。以上兼用新舊《書·曆志》。石晉天福三年,司天監馬重續合宣明、崇玄二曆,創爲新法,下詔頒行,號調玄曆。

數歲輒差,遂不用。薛《史·重績傳》:據《本紀》,頒行在天福四年八月。周世宗詔王樸撰定,是爲欽天曆。事見歐《史·樸傳》。於顯德三年八月,付司天監行用。薛《史·本紀》。此隋、唐、五代改曆之大略也。劉焯曆雖未行,《隋志》謂"術士咸稱其妙,故錄其術"。傅仁均之曆,《新志》謂其"祖述張胄玄,稍以劉孝孫參之,其大最疏於李淳風,然更相出入"。《志》又云:自太初至麟德,曆二十有三家,與天雖近而未密也,至一行密矣。後世雖有改作,皆依放而已。又云:大衍曆之頒,善算瞿曇譔者,怨不得與改曆事。開元二十一年,與玄景奏大衍寫九執曆,其術未盡。太子右司禦率南宫說亦非之。詔侍御史李麟、太史令桓執圭校靈臺《候簿》。大衍十得七八,麟德纔三四,九執一二焉。乃罪說等而是否决。九執曆者,出於西域。開元六年,詔太史監瞿曇悉達譯之。其算皆以字書,不用籌策。其術繁碎。或幸而中,不可以爲法。名數詭異,初莫之辨也。陳玄景持以惑當時,謂一行寫其術未盡,妄矣。案《志》論九執曆之語,似甚隔膜。恐當時中國疇人,於此曆實未深曉。謂一行寫之未盡,或非妄言。然一行在隋、唐、五代之世,爲一深通曆法之人,則必不誣也。李淳風造渾儀,後失所在,一行重造之,已見第十九章第二節。

改正之事,唐時嘗再行之。一在武后時,已見前。一在肅宗時。上元二年九月,去年號,以十一月爲歲首,月以斗所建爲名。建巳月,帝疾大漸,詔皇太子監國。改元年爲寶應元年,建巳月爲四月。餘月並依常數,仍以正月一日爲歲首。此無謂之紛擾也。又當時頒曆,頗及外邦。《隋書·高祖紀》:開皇六年正月,"頒曆於突厥";《新書·吐谷渾傳》:諾曷鉢幼,大臣争權,太宗詔侯君集就經紀之,"始請頒曆及子弟入侍"是矣。然邦域之中,反有官曆不及之處。唐文宗時禁私印曆日,已見第二節。薛《史·唐莊宗紀》:同光二年九月,司天臺請禁私曆日,從之。歐《史·司天考》云:天人之際,遠哉微矣,而使一藝之士,布算積分,上求數千萬歲之前,必得甲子朔旦夜半冬至而日月五星皆會於子,謂之上元,以爲曆始。蓋自漢而後,其説始詳見於世，其源流所自，止於如此。是果堯、舜、三代之法歟？皆不可得而考矣。然自是以來，曆象之術，雖世多不同，而未始不本於此。五代之初，因唐之故，用崇玄曆。至晉高祖時，司天監馬重績，始更造新曆，不復推古上元甲子冬至七曜之會，而起唐天寶十四載乙未爲上元，用正月雨水爲氣首。初唐建中時，術者曹士蒍，始變古法，以顯慶五年爲上元，雨水爲歲首，號符天曆。然世謂之小曆，祇行於民間，而重績乃用以爲法，遂施於朝廷。賜號調元曆。然行之五年，輒差不可用，而復用崇玄曆。周廣順中，國子博士王處訥私撰明玄曆於家。民間又有萬分曆、而蜀有永昌曆。正象曆。南唐有齊政曆。五代之際，曆家可考見者止於此。然則當時民間所賣曆日，蓋非皆本官頒。唐世如此，前於唐者，更不必論矣。《困學紀聞》云：朱希真避地廣中，作《小盡行》，云："藤州三月作小盡，梧州三月作大盡，哀哉官曆今不頒，憶昔升平淚成陳。"翁《注》引周紫芝《竹坡詩話》曰："頃歲朝廷多事，郡縣不頒曆，朱希真作《小盡行》云云。"此自撫時感事者之言，其實官曆之不頒，不必盡由於離亂。元《注》又引唐李益《問路侍御六月大小》云："野性迷堯曆，松窗有道經，故人爲柱史，爲我數階蓂"，夫豈亦由於離亂哉？抑不必唐、宋，即今日，民間印行曆本，仍有據明人所撰《萬年曆》，致大小盡與官曆不符者。然則中國曆法發明已逾三千年，仍未能人被其澤也。《記》稱大順之治曰，"深而通"，信難哉！

地理之學，能留意者頗多。《隋書·地理志》言："大業中，普詔天下諸郡，條其風俗、物產、地圖，上於尚書。故隋代有《諸郡物產土俗記》一百三十一卷，《區宇圖志》一百二十九卷，《諸州圖經集》一百卷，其餘記注甚衆。"此官纂之鉅籍也。《舊書·姚思廉傳》：煬帝令與起居舍人崔祖濬修區宇圖志。唐代地圖掌於職方。《新書·百官志》職方職文云：凡圖經，非州縣增廢，五年乃修，歲與版籍偕上，則其政更有常經。淮西之平也，王承宗獻德、棣二州圖、印，《舊書》本傳。則承平時不容空闕可知。《舊書·地理志》，於邕、容二管及安南府所屬諸州，多言舊圖無戶口、四至及兩京道里，可見僻陋之區，所上雖不盡如法，亦仍不容空闕。薛《史·唐明宗紀》：長興二年四月，"詔罷州縣官到任後率斂爲地圖"。此時之修纂，蓋已有名無實，徒爲率斂之資，然告朔之餼羊，猶不能廢也。《紀》又於三年二月，書懷化軍節度使李贊華進契丹地圖。《舊書·高麗傳》云：貞觀二年，破頡利可汗，建武遣使奉賀，並上封域圖。高麗久已自立，契丹自天寶後亦形同化外。而仍有地圖可上，可見版圖二者，爲有國者所不能廢。唐太宗嘗詔呂才造方域圖。《新書》本傳。《新書·藝文志》有《長安四年十道圖》十三卷，《開元三年十道圖》十卷。薛《史·唐明宗紀》：長興三年四月，中書奏準勅重定三京、諸府、州地望次第，或依舊制十道圖，或依新定十道圖。此中央合諸州郡所上總制者也。此等皆官書，其私家之作，則當以賈耽、李吉甫爲鉅擘。《舊書·耽傳》言：耽以貞元九年，徵爲右僕射，同平章事。耽好地理學。凡四夷之使及使四夷還者，必與之從容，訊其山川土地之終始。是以九州之夷險，百蠻之土俗，區分指畫，備究源流。自吐蕃陷隴右，國家守於内地，舊時鎮戍，不可復知。耽乃畫隴右、山南圖，兼黃河經界遠近，聚其説，爲書十卷表獻。至十七年，又撰成《海内華夷圖》及《古今郡國縣道四夷述》四十卷，表獻之。據表，其圖廣三丈，從三丈三尺。率以一寸折成百里。古郡國題以墨，今州縣題以朱。蓋冶中外爲一鑪，萃古今於一簡矣。《吉甫傳》云：分天下諸鎮，紀其山川險易，故事，各寫其圖於篇首，爲五十四卷，號爲《元和郡國圖》。於元和八年進之。見《本紀》。《傳》又云：吉甫綴錄東漢、魏、晉、周、隋故事，訖其成敗。損益大端，目爲《六代略》，凡三十卷。《紀》云：吉甫進所撰《元和郡國圖》三十卷。又進《六代略》三十卷。又爲《十道州郡圖》五十四卷。《十七史商榷》云："今此舊鈔本，流傳尚多，而名爲《元和郡縣圖志》。《自序》即係《進書表》，亦稱《元和郡縣圖志》。凡四十七鎮，成四十卷，每鎮皆圖在篇首，冠於敍事之前。並目錄兩卷，總四十二卷。《州郡圖》當即《郡國圖》，重言之非。其卷數，或云三十，或云五十四，皆與《進書表》不合，未詳。"按此書《新書·藝文志》著錄，亦名《元和郡縣圖志》。其卷數爲五十四。兩家體例雖不同，其用意則相近，皆取於政事有裨，而意尤重於恢復。《新書·鄭虔傳》云：虔學長於地里。山川險易，方隅物產，兵戍衆寡無不詳。嘗爲《天寶軍防錄》，言典事該，諸儒服其善著書，其意亦相仿佛也。若魏王泰招賓客以撰《括地志》，則意專主於浩博，故其卷數至五百五十。又有《序略》五卷，見《新書·藝文志》。《舊書·文苑·梁載言傳》：撰十道《志》十六卷，蓋其較簡要者也。

《新書·李吉甫傳》言：憲宗時，吐蕃請獻濱塞亭障南北數千里求盟。吉甫謀曰：「邊境荒岨，犬牙相吞。邊吏按圖覆視，且不能知。今吐蕃縣山跨谷，以數番紙而圖千里，起靈武，著劍門，要險之地，所亡二三百所。有得地之名，而實喪之，陛下將安用此？」似邊塞之地，圖繪初不能詳。然此或失陷後，其地無復詳圖，或則吐蕃有意為是狡獪，其本必不如此。《傳》又言：田季安疾甚，吉甫請任薛平為義成節度使，以重兵控邢、洛。因圖上河北險要所在。帝張於浴堂門壁。每議河北事，必指吉甫曰：「朕日按圖，信如卿料矣。」吉甫又圖淮西地，未及上而卒，帝敕其子獻之。《安祿山傳》：祿山之反，先三日，合大將置酒，觀繪圖。起燕至洛，山川險易攻守悉具。人人賜金帛，並授圖，約曰：「違者斬。」至是如所素。可見軍用之圖，頗為詳密。薛《史·唐明宗紀》：長興三年六月，幽州道趙德鈞奏新開東南河，以通漕運，畫圖以獻。四年三月，濮州進《重修河隄圖》。緣河地名，歷歷可數。帝覽之愀然，曰：「吾佐先朝定天下，於此隄塢間，大小數百戰。」又指一邱曰：「此吾攔甲臺也。時事如昨，奄忽一紀，令人悲歎耳。」此等專為一事而繪之圖，地名蓋頗完備矣。

《新書》職方職文又云：凡蕃客至，鴻臚訊其國山川風土，為圖奏之，副上於職方。殊俗入朝者，圖其容狀衣服以聞。則外國地理，鴻臚實有考察之責。《地理志》云：天寶中，玄宗問諸蕃國遠近，鴻臚卿王忠嗣以《西域圖》對，纔十數國，此實不免失職。又云：其後貞元宰相賈耽，考方域道里之數最詳。從邊州入四夷，通譯於鴻臚者，莫不畢紀。《藝文志》：耽所著，《地圖》十卷，《古今郡國縣道四夷述》四十卷外，又有《皇華四達記》十卷。《地理志》所載入四夷之路，蓋即本諸此者也。耽雖身訪來朝及出使者，仍當以鴻臚所記為根柢，足見官中記注，原自完備也。《南蠻傳》：貞觀三年，東謝蠻酋元深入朝。中書侍郎顏師古上言：「昔周武王時，遠國入朝，大史次爲《王會篇》。今蠻夷入朝，如元深冠服不同，可寫爲《王會圖》。"詔可。《黠戛斯傳》：阿熱遣使者衛送太和公主還朝，爲回鶻烏介可汗邀取之，並殺使者。會昌中，復遣注吾合素上書言狀。宰相李德裕引師古事，言"宜爲《王會圖》以示後世。有詔以鴻臚所得續著之"。合王會所圖，與賈耽所考，鴻臚之記注，庶幾能攬其全矣。而惜乎能圖之能考之者不多覯也。然唐代交通，所至既廣，歷時又久，故域外之記載，究屬不少，觀《藝文志》地理類所著錄者可知，而惜乎其多亡佚也。裴矩之《西域記》，頗足珍貴，已見第二章第五節。唐高宗時勅撰之《西域圖志》，體例蓋與矩書同？而卷帙再十倍之，其中必多瓌寶矣。玄奘《西域記》，今談印度事者奉爲瓌寶，然《新志》此書，尚在道家類釋氏，而不在地理類。

因所至之廣，而新知遂有所增。一行作大衍曆，詔太史測天下之晷，求其土中，以爲定數。《新書·天文志》。今其實測所得，尚存兩《書·天文志》中。雖所測之地不多，然因此而知古王畿千里，影移一寸之說之誣；又其至交州者，多見古渾天家以爲常沒地中之星，皆見兩《書·天文志》。要不可謂非突過前人也。其尤可寶者，則爲因考論分野而發明人事與地理相關之理。古有所謂十二分野者，以配天文之十二次，其說蓋主機祥，無足深取。漢張衡、蔡邕，乃以漢郡易古地名。自此因循，無所變革。貞觀中，李淳風撰《法象志》，又以唐州縣配焉。一行增損其書，更爲詳密。《舊書·天文志》。《新書·天文志》述其說云："天下山河之象，存乎兩戒。北戒自三危、積石，負終南地絡之陰，東及太華踰河，並雷首、底柱、王屋、太行，北抵常山之右，乃東循塞垣，至濊貊、朝鮮，是謂北紀，所以限戎狄也。南戒自岷山、嶓冢，負地絡之陽，東及太華，連商山、熊耳、外方、桐柏，自上洛南踰江、漢，攜武當、荊山，至於衡陽，乃東循嶺徼，達東甌、閩中，是謂南紀，所以限蠻夷也。故《星傳》謂北戒爲胡門，南戒爲越門。河源自北紀之首，循雍州北徼達華陰，而與地絡相會，並行而東，至太行，分而東流，與涇、渭、濟瀆，相爲表裏，謂之北河。江源自南紀之首，循梁州南徼達華陽，而與地絡相會，並行而東，及荊山之陽，分而東流，與漢水、淮瀆，相爲表裏,謂之南河。故於天象,則弘農分陝,爲兩河之會,五服諸侯在焉。自陝而西爲秦、涼;北紀山河之曲爲晉、代;南紀山河之曲爲巴、蜀;皆負險用武之國也。自陝而東,三川、中岳爲成周;西距外方、大伾,北至於濟,南至於淮,東達鉅野,爲宋、鄭、陳、蔡;河内及濟水之陽爲邶、衛;漢東濱淮水之陰爲申、隨;皆四戰用文之國也。北紀之東,至北河之北爲邢、趙;南紀之東,至南河之南爲荆楚;自北河下流南距岱山爲三齊;夾右碣石爲北燕;自南河下流北距岱山爲鄒、魯;南涉江、淮爲吳、越;皆負海之國,貨殖之所阜也。自河源循塞垣北,東及海爲戎狄,自江源循嶺徼南,東及海爲蠻越。觀兩河之象,與雲漢之所始終,而分野可知矣。"此説雖以古天官家言爲本,然絕不雜機祥之説,而將中國之地,按山河形勢,分爲若干區,以求民族分布,及生事不同,文化各異之所以然,實人文地理學之淵泉也。不龜手之藥一也,或以封,或不免於洴澼絖,學術之造詣,豈以其所取資者爲限哉?《舊書·一行傳》末云:又有黄州僧泓者,善算法,每行視山原,即爲之圖,張説深信重之。泓之學,蓋注重於地文者?《魏玄忠傳》云:時有左史盩厔人江融,撰《九州設險圖》,備載古今用兵成敗之事,元忠就傳其術。其學頗類近代之顧祖禹,亦人文地理之一端也。《新書》僧泓亦見《方伎傳》,但著其詭異之事,殊非。

醫學至宋而一變。自唐以前,醫家多講治法,罕言醫理,宋世乃多言理,而五運、六氣等説興焉。然其轉變之原,亦在唐世。何者?前此視醫爲賤業,士大夫弗爲,至唐乃漸爲之,士大夫爲之,斯言理矣。《新書·百官志》:祠部郎中,掌醫學。"凡名醫子弟,試療病,長官涖覆,三年有驗者以名聞",足見當時醫家,尚未脫世業之習。隋世許智藏之醫,自其祖已來,世相傳授?許澄亦傳父業;其一證也。《舊書·文宗紀》:太和九年八月,貶中書舍人高元裕爲閬州刺史,元裕爲鄭注除官制,説注醫藥之功,注銜之故也。此説無論信否,其時仍有輕視醫師之習,則可見矣。然列傳所載:杜鴻漸父鵬舉,以母疾,與崔沔同受醫於蘭陵蕭亮,遂窮其術。李聽好方書,擇其驗者,題於帷帟牆屋皆滿。李逢吉,父顏有錮疾,逢吉自料醫劑,遂通方書。殷踐猷博學,尤通氏族、曆數、醫方。王勃,嘗謂人子不可不知醫。時長安曹元有祕術,勃從之游,盡得其要。皆見《新書》。可見士大夫事此者日多。當時醫家,多託親疾。如《舊書‧方技傳》言:甄權以母病,與弟立言專醫方,得其旨趣是也。豈亦以世輕其業,故爲是以自解邪?

隋太醫署,醫博士之外,又有按摩博士、呪禁博士。唐太醫令,"其屬有四:曰醫師,曰針師,曰按摩師,曰呪禁師,皆有博士以教之。"四者,蓋當時醫師分業之大者也。呪禁似涉迷信,實亦不然。《隋書‧隱逸傳》:張文詡嘗有要疾,會醫者自言善禁,文詡令禁之,遂爲刃所傷,至於頓伏牀枕,則呪禁之後,仍須用刀針。豈以時無麻醉藥,乃以呪禁減其痛苦邪?薛《史‧莨從簡傳》:嘗中箭,鏃入於骨。使醫工療之。以刃鑿骨。恐其痛也,良久未能搖動。從簡瞋目謂曰:"何不沈鑿?"洎出之,左右無不惻然,從簡顏色自若。此與三國時之关羽,南北朝時之長孫子彥同。見《秦漢史》第十九章第七節,《兩晉南北朝史》第二十三章第七節。歐《史》云:"工無良藥,欲鑿其骨",良藥疑即指麻醉藥言之也。然當時醫家之手術,實不可爲劣。安金藏剖腹以明皇嗣。《舊書‧本傳》述其事云:引佩刀自剖其胸,五藏竝出,流血被地,因氣絕而僕。則天聞之,令舁入宮中,遣醫人卻內五藏,以桑白皮爲線縫合,傅之藥。經宿始蘇。《舊書》此言,庸或誇張失實,《新書》但云"腸出被地,眩而僕"而已。然此醫手術之非劣,斷可見矣。《新書‧南蠻傳》言:酋龍入犯,俘華民,必剚耳鼻,已縱之,居人刻木爲耳鼻者什八,此言亦庸或太過,然時刻木爲耳鼻者必多,則嫻此手術者,亦不少矣。《新書》述按摩博士之職云:"損傷折跌者正之",則亦兼正骨之術。

神仙家之學,仍與醫家相出入。《新書‧隱逸傳》:王希夷。隱嵩山,師黃頤學養生。頤卒,更居兗州徂徠。餌松柏葉、雜華。年七十餘,筋力柔強。此服食之術也。《方技傳》:張果,玄宗令通事舍人裴晤往迎。見晤輒氣絕僕,久乃蘇。此蓋古胎息之術。見《秦漢史》第二十章第五節。《文苑·盧照隣傳》：病去官，居太白山，得方士玄明膏餌之，會父喪號嘔，丹輒出，由是疾益甚。《畢誠傳》：始誠被知於宣宗，嘗許以相。令狐綯忌之，自邠寧凡三徙，不得還。誠思有以結綯，至太原，求麗姝，盛飾使獻。綯不受，誠亦放之。太醫李玄伯，以錢七十萬聘之，進之帝。嬖幸冠後宫。玄伯又治丹劑以進。帝餌之，疽生於背。懿宗立，收玄伯及方士王岳、虞紫芝等，俱誅死。此以丹劑治疾者也。丹劑多用金石，易以見效，亦易滋流弊。《舊書·王守澄傳》：鄭注嘗爲李愬賣黃金，服一刀圭，可愈痿弱重腿之疾，復能反老成童，愬與守澄服之頗效。疑亦此類。注所以遊公卿間頗以醫名者，疑亦恃此等劑耳。孟詵於劉褘之家見勅賜金而知爲藥金，亦以其本"以藥餌爲事"也。《方伎傳》。

《舊書·吕才傳》：高宗時，右監門長史蘇敬上言：陶弘景所撰《本草》，事多舛繆。詔中書令許敬宗與才及李淳風、禮部郎中孔志約，併諸名醫，增損舊本，仍令司空李勣總監之。並圖合成五十四卷。大行於代。與纂修者尚有多人，見《新書·藝文志》。《新書·于志寧傳》：帝曰："本草尚矣，今復修之，何所異邪？"對曰："昔陶弘景以《神農經》合雜家《別錄》注之。江南偏方，不曉藥石，往往紕繆，四百餘物，今考正之；又增後世所用百餘物；此以爲異。"帝曰："《本草》、《別錄》，何爲而二？"對曰："班固惟記《黃帝内外經》，不載《本草》，至齊七錄乃稱之。世謂神農氏嘗藥以拯含氣，而黃帝以前，文字不傳，以識相付，至桐雷乃載篇册，然所載郡縣，多在漢時，疑張仲景、華佗竄記其語。《別錄》者？魏、晉以來吳普、李當之所記，其言華葉形色，佐使相須，附經爲説，故弘景合而錄之。"謝利恒《中國醫學源流論》云："本草之名，始見於《漢書·平帝紀》及《樓護傳》，乃學科之名，非書名也。故《漢志》經方十一家二百七十四卷，無以本草名者。至梁《七錄》，乃有《神農本草經》之名，而《隋志》同之，則猶今人言藥物學書耳。元《注》："神農本草四字爲學科之名，經字爲書名。"其著之簡策，蓋亦在晚周之時？陶弘景所謂與《素問》同類者也。其書專家相傳，頗多竄亂。至弘景始從事於校理。其言曰：世傳《神農本草》，祇此三卷。所出郡縣，多後漢時制，疑仲景、元化等所記。元《注》："仲景、元化，爲當時醫家兩大師，故舉以概其餘，言若仲景、元化一流人，非實指仲景、元化也。下吳普、李當之徒同。"又有《桐君採藥錄》，説其華葉形色。《葉對》四卷，論其佐使相須。魏、晉以來吳普、李當之徒，更復損益。或五百九十五，或四百四十一，或三百一十九；或三品混雜，冷熱舛錯，草石不分，蟲獸無辨。且所主治，互有得失。醫家不能備見，則知識亦有淺深。余輒苞綜諸經，研括繁省。以《神農本經》三品合三百六十五爲主，又進名醫別品三百六十五，合七百三十種，精麤皆取，無復遺落，合爲七卷云云。蓋合諸專家所傳，而折衷於一是也。自是以後，歷代相因，屢加修輯。唐顯慶中所修者，世謂之《唐本草》，亦曰《唐新修本草》。孟蜀時，韓休昇又奉命重修，稍增注釋，世稱《蜀本草》。宋太祖開國，命劉翰、馬士等修輯，士又爲之注。先是唐開元中，有陳藏器者，撰《本草拾遺》十卷，以補《名醫別錄》之闕，及是亦採入焉。是爲《開寶新詳定本草》。後以或有未合，又命翰等重加詳定，爲《開寶重定本草》。嘉祐時，掌禹錫奉勅加注，爲《嘉祐補注本草》。大觀中，蜀人唐慎微，兼合諸家，採經史中言醫事者，隨類附入，名曰《證類本草》，於諸本中稱最善焉。蓋自李時珍《綱目》以前，官修者凡五，私修者凡二，皆以隱居所修爲藍本，而輾轉附益者也。"案陳藏器修《本草拾遺》，見《新書·孝友傳》。此外加以闡發，爲圖或音義者，尚有數家，皆見《藝文志》。《舊書·秦彥傳》言：楊行密圍彥半年，城中芻糧並盡，草根、木實，市肆藥物，皮囊、革帶，食之亦盡，則市肆賣藥物者已多。賣藥者多，則醫家不能藉藥以要利，皆本草流傳之賜也。

《新書·百官志》鴻臚寺職云："蕃客獻藥者，鴻臚寺驗覆，少府監定價之高下"，則藥尚有來自外國者。《舊書·罽賓傳》：開元七年，遣使來朝，進天文經一夾，祕要方並蕃藥等物。蓋亦賈胡販賣之品，朝獻特其名焉耳。

唐於各州郡皆設醫學，已見第一節。薛《史·唐末帝紀》：清泰二年六月，詔諸州府署置醫博士，是其政猶未廢。然欲以此療民疾，則勢實不給，乃以傳布醫方爲救濟之策。《舊書·玄宗紀》：開元二十一年九月，"頒上撰《廣濟方》於天下"；《德宗紀》：貞元十二年正月，"上制《貞元廣利藥方》五百八十六首，頒於天下"；薛《史·梁太祖紀》：乾化二年五月，詔"凡有疫之處，委長吏檢尋醫方，於要路曉示"；皆是物也。《陳元傳》："家世爲醫。"元初事王重榮，後侍李克用。長興中，集平生所驗方七十五首，並修合藥法百件，號曰《要術》，刊石置於太原府衙門之左，以示於衆。病者賴焉。其重之也如此。治病首重診察，豈可專論方藥？其如醫師之不給何？《舊書·唐太宗紀》：貞觀十年，關內、河東疾病，命醫齎藥療之。《舊書·本紀》。梁太祖乾化二年之詔又曰："如有家無骨肉，兼困窮不濟者，即仰長史差醫給藥救療之。"此豈可以常行，即行之亦豈易名實相副邪？躋斯民於仁壽，固非易言也。

歷代政令，於病者皆加矜恤，即罪人亦然。《新書·刑法志》：因疾病給醫藥，重者釋械，其家一人入侍。職事官三品已上，婦女、子孫二人入侍。薛《史·晉高祖紀》：天福二年八月，"詔天下刑獄繫囚染疾者，宜差醫工治療，官中量給藥價。事輕者仍許家人看候。合杖者候損日決遣"是也。然此等亦率成具文耳。貧病者，唐時寺院以悲田置養病坊處之。然《通鑑》：開元二十二年，"禁京城丐者，置病坊以廩之"。會昌五年廢佛，勅兩京量給寺田振濟，諸州府七頃至十頃，各於本管選耆壽一人句當，以充粥料。《舊書·本紀》。黃巢入東京，"朝廷以田令孜率軍十萬守潼關。禁軍各於兩市傭雇負販、屠沽及病坊窮人，以爲戰士"。《舊書·黃巢傳》。則恐亦救貧之意多，而養病之意荒矣。口實不給，固無從慮及疾病也。

諺云："肺腑而能語，醫師色如土"，醫師之見輕，可謂甚矣。醫固難知之事，流俗之譏評，未必皆當，然奏效者稀，則係事實。職是故，遂使人不信醫。《舊書·李勣傳》：自遇疾，高宗及皇太子送藥，即取服之。家中召毉巫，皆不許入門。子弟固以藥進，竟拒而不進。薛

《史·崔梲傳》：性至孝。父涿有疾，謂親友曰："死生有命，無醫爲也。"梲侍之，衣不解帶。有賓至，必拜泣，告於門外，請方便勸其進藥。涿終莫之從。彼皆非有所迫而欲祈死，誠視醫藥焉能爲有、焉能爲無也。信巫不信醫，亦不能爲病家咎矣。然如唐懿宗，以同昌公主之死而加罪於醫，則終爲非理。事見《舊書·本紀》咸通十一年，及《溫造、劉瞻、鄭畋傳》。《新書·后妃傳》載順宗莊憲皇后王氏遺令曰："侍醫無加罪"，疑帝后等死後，醫師亦有循例得一處分者，但必不如懿宗之淫濫耳。以醫固難知之事也。醫家之無能爲，觀其昧於診察，而勞於方藥，即可知之。《舊書·方伎·許胤宗傳》：武德初，關中多骨蒸病，得之必死，遞相連染，諸醫無能療者，胤宗每療無不愈。或謂曰："公醫術若神，何不著書，以詒將來？"胤宗曰："醫者意也，在人思慮，又脈候幽微，苦其難別，意之所解，口莫能宣。且古之名手，惟是別脈。脈既精別，然後識病。夫病之於藥，有正相當者，惟須單用一味，直攻彼病，藥力既純，病即立愈，今人不能別脈，莫識病源。以情億度，多安藥味。譬之於獵，未知兔所，多發人馬，空地遮圍，或冀一人，偶然逢也。如此療疾，不亦疏乎？假令一藥，偶然當病，復共他味相和，君臣相制，氣勢不行。所以難差，諒由於此。脈之深趣，既不可言，虛設經方，豈加於舊？吾思之久矣。故不能著述耳。"觀其言，即知當時醫家，於診察之術，絕無把握。然"醫者意也"之說，謂非"以情億度"得乎？不欲虛設經方，故不能著述，足見胤宗若著述，亦不過多設方劑耳。唐世醫書傳於今最著名者，孫思邈《千金方》，王燾《外臺祕要方》，皆經方家言也。王燾《新書》附其祖《珪傳》，云：性至孝。爲徐州司馬，母有疾，彌年不廢帶，視絮湯劑。數從高醫遊，遂窮其術。因以所學作書，號外臺祕要。討繹精明，世寶焉。其書《藝文志》著錄，作《外臺祕要方》，是也。陸贄在忠州，以地苦瘴癘，爲《集驗方》五十卷，以示鄉人。兼用新舊《書》傳。則贄本不知醫，更不足論矣。然則當時救療之政，偏重傳布醫方，或亦其時之醫學，有以限之也。

《隋書·循吏·辛公義傳》：除岷州刺史。土俗畏病，一人有疾，合家避之，父子夫妻，不相看養，孝義道絕。由是病者多死。公義患之,欲變其俗。因分遣官人,巡檢部内。凡有疾病,皆以牀輿來,安置廳事。暑月疫時,病人或至數百,廳廊悉滿。公義親設一榻,獨坐其間,終日連夕,對之理事。所得秩俸,悉用市藥,爲迎醫療之。躬勸其飲食。於是悉差。方召其親戚而諭之曰:"死生由命,不關相著。前汝棄之,所以死耳。今我聚病者,坐卧其間,若言相染,那得不死?病兒復差,汝等勿復信之。"諸病家子孫,慙謝而去。後人有遇病者,爭就使君。其家無親屬,因留養之。始相慈愛。此風遂革。《舊書·高士廉傳》:轉益州長史。蜀土俗薄,畏鬼而惡疾。父母病有危殆者,多不親扶侍,杖頭挂食,遥以哺之。士廉隨方訓誘,風俗頓改。《李德裕傳》:出爲浙西觀察使。江、嶺之間,信巫祝,惑鬼怪。有父母兄弟屬疾者,舉室棄之而去。德裕欲變其風。擇鄉人之有識者,諭之以言,繩之以法。數年之間,弊風頓革。薛《史·周知裕傳》:遷安州留後。淮上之風惡病者。至於父母有疾,不親省視。甚者避於他室,或時問訊,即以食物揭於長竿之首,委之而去。知裕心惡之。召鄉之頑很者,訶詰教導,弊風稍革。此皆仁政,然未知傳染病當隔離之理,亦醫學限之也。《新書·訶陵傳》:有毒女,與接輒苦瘡。此即今之梅毒。蓋當唐世傳入?故至宋世,始有治此病之書也。陳司成《黴瘡祕録》。

## 第七節 經籍

隋、唐二代,中祕之藏,較之前代,頗有增益。蓋以南北統一,又運直升平故也。《隋書·經籍志》云:"周保定之始,書止八千。後稍加增,方盈萬卷。周武平齊,先封書庫。所加舊本,纔至五千。隋開皇三年,祕書監牛弘表請分遣使人,搜訪異本。每書一卷,賞絹一匹。校寫既定,本即歸主。《本紀》:是年三月,詔購求遺書於天下。於是民間異書,往往閒出。及平陳已後,經籍漸備。《舊書·裴矩傳》:陳平,晉王廣令矩與高熲收陳圖籍,歸之祕府。檢其所得,多太建時書。紙墨不精,書亦拙惡。於是總集編次,存爲古本。召天下工書之士,京兆韋霈、南陽杜頵等,於祕書内補續殘缺。爲正副二本,藏於宮中。其餘以實祕書内外之閣。凡三萬餘册。煬帝即位,祕閣之書,限寫五十副本。分爲三品。於東都觀文殿東西廂構屋以貯之。東屋藏甲乙,西屋藏丙丁。又於殿後起二臺,以藏法書、名畫,已見第五節。又於内道場集道、佛經,別撰目録。大唐武德五年,克平僞鄭,盡收其圖書及古迹焉。《舊書·太宗紀》:世充降,太宗入據宮城,令記室房玄齡收隋圖籍。命司農少卿宋遵貴載之以船,泝河而上,將致京師。行經砥柱,多被漂没。其所存者,十不一二。其目録亦爲所漸濡,時有殘缺。"《新書·藝文志》云:"隋嘉則殿書三十七萬卷。至武德初,有書八萬卷。重複相糅。王世充平,得隋舊書八千餘卷。太府卿宋遵貴監運東都,浮舟泝河,西致京師。經砥柱,舟覆,盡亡其書。"言東都所得書卷數,爲《隋志》所未及,然云盡亡其書,似不如《隋志》所云之審也。《隋書·許善心傳》云:開皇十七年,除祕書丞。於時祕閣圖籍,尚多淆亂。善心放阮孝緒《七録》,更製《七林》,各爲總叙,冠於篇首。又於部録之下,明作者之意,區分其類例焉。

《舊書·經籍志》云:"隋世簡編,最爲博洽。及大業之季,喪失者多。貞觀中,令狐德棻、魏徵相次爲祕書監,上言經籍亡逸,請行購募,並奏引學士校定,羣書大備。《舊書·文苑·崔行功傳》云:太宗命祕書監魏徵寫四部羣書,將進内貯庫。別置讎校二十人,書手一百人。徵改職之後,令虞世南、顔師古等續其事。至高宗初,其功未畢。顯慶中,罷讎校及御書手。令工書人繕寫,計直酬庸,擇散官隨番讎校。其後又詔東臺侍郎趙仁本、東臺舍人張文瓘及行功、懷儼等相次充使檢校。又置詳正學士以校理之。則貞觀時事實未成。開元三年,左散騎常侍褚无量、馬懷素侍宴。言及經籍。玄宗曰:內庫皆是太宗、高宗先代舊書。常令宮人主掌。所有殘缺,未遑補緝。篇卷錯亂,難於檢閱。卿試爲朕整比之。至七年,詔公卿、士庶之家,所有異書,官借繕寫。"《新志》云:"貞觀中,魏徵、虞世南、顔師古繼爲祕書監,請購天下書,選五品以上子孫工書者爲書手繕寫,藏於内庫,以宮人掌之。玄宗命馬懷素脩圖書使,與褚无量整比。會幸東都,乃就乾元殿東序檢校。无量建議借民間異本傳録。及還京師,遷書東宮麗正殿,置脩書院於著作院。其後大明宮光順門外,東都明福門外皆創集賢書院,學士通籍出入。"《儒學·

褚无量傳》云：初內府舊書，自高宗時藏宮中，甲乙叢倒。无量建請繕錄補第，以廣祕籍。天子詔於乾元殿東廂部彙整比，无量爲之使。因表聞喜尉盧儇、江夏尉陸去泰、左監門率府冑曹參軍王擇從、武陟尉徐楚璧分部讎定。又詔祕書省、司經局、昭文、崇文二館更相檢讎。採天下遺書，以益闕文。不數年，四庫完治。帝西還，徙書麗正殿，更以修書學士爲麗正殿直學士。復詔无量就麗正纂續前功。《百官志》云：開元五年，乾元殿寫四部書，置乾元院使。六年，乾元院更號麗正修書院。十一年，光順門外亦置書院。十二年，東都明福門外亦置麗正書院。十三年，改麗正修書院爲集賢殿書院。"九年十一月，殷踐猷、王愜、韋述、余欽、毋煚、劉彥真、王灣、劉仲丘等重修成《羣書四部錄》二百卷。右散騎常侍元行沖奏上之。《舊書·馬懷素傳》云：玄宗令與褚无量同爲侍讀。是時祕書省典籍散落，條疏無叙。懷素上疏曰："南齊已前墳籍，舊錄王儉《七志》。已後著述，其數盈多。《隋志》所書，亦未詳悉。或古書近出，前《志》闕而未編，或近人相傳，浮詞鄙而猶記。若無編錄，難辨淄澠。望括檢近書篇目，並前《志》所遺者，續王儉《七志》，藏之祕府。"上於是詔學涉之士國子博士尹知章等分部撰錄。並刊正經史。麤創首尾。會懷素病卒。《元行沖傳》云：七年，先是祕書監馬懷素集學者續王儉《七志》。左散騎常侍褚无量於麗正殿校寫四部書。事未就而懷素、无量卒。詔行沖總代其職。於是行沖表請通撰古今書目，名爲《羣書四錄》。命學士鄠縣尉毋煚、櫟陽尉韋述、曹州司法參軍殷踐猷、大學助教余欽等分部修檢。歲餘，書成奏上。《新書·馬懷素傳》云：懷素建白，詔可，即拜懷素祕書監。乃詔尹知章、王直、趙玄默、吳綽、韋述、馬利徵、劉彥直、宋辭玉、陸紹伯、李子釗、殷踐猷、解崇質、余欽、王愜、劉仲丘、侯行果、袁暉、晁良、毋煚、王灣、鄭良金等分部撰次。踐猷從弟承業、徐楚璧是正文字。懷素奏祕書少監盧俌、崔沔爲修圖書副使，祕書郎田可封、康子元爲判官。然懷素不善著述，未能有所緒別。會卒。懷素卒後，詔祕書官並號修書學士，草定四部。人人意自出，無所統一，踰年不成。有司疲於供擬。太僕卿王毛仲奏罷內料。又詔右常侍褚无量、大理卿元行沖考紳不應選者。无量等奏修譔有條，宜得大儒綜治。詔委行沖。乃令煚、述、欽總緝部分。踐猷、愜治經，述、欽治史，煚、彥直治子，灣、仲丘治集。八年，《四錄》成，上之。學士無賞擢者。《舊書·本紀》：九年十一月，元行沖上《羣書目錄》二百卷，藏之內府。與《新傳》異。自後毋煚又略爲四十卷，名爲《古今書錄》。大凡五萬一千八百五十二卷。祿山之亂，兩都覆没。乾元舊籍，亡散殆盡。肅宗、代宗，崇重儒術，屢詔購募。《新志》云：元載爲宰相，奏以千錢購書一卷。又命拾遺苗發等使江淮括訪。文宗時，鄭覃侍講禁中，以經籍道喪，屢以爲言。詔令祕閣搜訪遺文，日令添寫。開成初，四部書至五萬六千四百七十六卷。《舊書·文宗紀》：開成元年七月,御史臺奏：祕書省管新舊書五萬六千四百七十六卷。長慶二年已前,並無文案。太和五年已後,並不納新書。今請創立簿籍,據闕添寫。卷數逐月申臺。從之。九月,勅祕書省集賢院應欠書四萬五千二百六十一卷,配諸道繕寫。及廣明初,黃巢干紀,再陷兩京。宮廟寺署,焚蕩殆盡。曩時遺籍,尺簡無存。《新志》云："存者蓋尠。"及行在朝,諸儒購輯,所傳無幾。昭宗即位,志弘文雅。祕書省奏曰：當省元掌四部御書十二庫,共七萬餘卷。廣明之亂,一時散失。後來省司購募,尚及二萬餘卷。及先朝再幸山南,尚存一萬八千卷。竊知京城制置使孫惟晟收在本軍。其御書祕閣,見充教坊及諸軍人占住。伏以典籍國之大經,祕府校讎之地,其書並望付當省校其殘缺,漸令補輯。樂人乞移他所。並從之。《新志》云：命監察御史韋昌範等諸道求購。及遷都洛陽,又喪其半。"《新志》云："蕩然無遺矣。"唐室圖籍聚散之大略如此。《舊志》"錄開元盛時四部諸書,凡三千六十部五萬一千八百五十二卷。其外釋氏經律論疏,道家經戒符籙,凡二千五百餘部九千五百餘卷"。亦勒成目錄十卷,名曰《開元內外經錄》。《新志》則云：藏書莫盛於開元。其著錄,五萬三千九百一十五卷,而唐之學者自爲之書,又二萬八千四百六十九卷。《舊志》又比較歷代書籍多少云："漢《藝文志》三萬三千九百卷。案此數誤,說見《秦漢史》第十九章第八節。晉二萬七千九百四十五卷。江表所存,三千一十四卷。宋謝靈運造四部書目錄,凡四千五百八十二卷。其後王儉復造書目,凡五千七十四卷。南齊王亮、謝朓四部書目,凡一萬八千一十卷。梁元帝克平侯景,收公私經籍,歸於江陵,凡七萬餘卷。蓋佛、老之書,計於其間。隋著定書目凡三萬餘卷。國家平王世充,收其圖籍,泝河西上,多有沈沒,存者重復八萬卷。開元時,四部庫書,兩京各一本,共一十二萬五千九百六十卷。"諸書所言卷數,不必密合,然總可考見歷代王室藏書之大概也。

五代喪亂,藝文之事,亦未全廢。薛《史·唐莊宗紀》：同光二年圜丘禮畢赦文,"有能以書籍進納者,各等第酬獎"。《周世宗紀》：顯德三年十二月,詔曰："史館所少書籍,宜令本館諸處求訪補填。如有收得書籍之家，並許進書人據部帙多少等第，各與恩澤。如是卷帙少者，量給資帛。"如館內已有之書，不在進納之限。"仍委中書、門下，於朝官內選差三十人，據見在書籍，各求真本校勘。署校官姓名，逐月具功課申報中書、門下"，是其事也。近人有撰文論五代時刻書藏書者，云五代時，南唐、吳越，藏書較盛。引《金華子雜篇》云："始天祐間，江表多故。洎及寧帖，人尚苟安。稽古之談，幾乎絕侶。橫經之席，蔑爾無聞。及高皇李昇。初收金陵，首興遺教。懸金爲購墳典，職吏而寫史籍。聞有藏書者，雖寒賤，必優辭以假之。或有贄獻者，雖淺近，必豐厚以答之。時有以學王右軍書一軸來獻，因償千餘萬，繒帛副焉。由是六籍臻備，諸史條集。古書名畫，輻湊絳帷。俊傑通儒，不遠千里。而家至戶到，咸慕置書。經籍道開，文武並駕。"又引《江南別錄》云："元宗、景。後主，煜。皆妙於筆札。好求古迹。宮中圖籍萬卷，鍾、王墨迹尤多。"又引馬令《南唐書·朱弼傳》云："皇朝初離五代之後，詔學官訓校九經，而祭酒孔維、檢討杜鎬苦於譌舛。及得金陵藏書十餘萬卷，分布三館及學士、舍人院。其書多讎校精審，編帙完具，與國本不類。"是南唐不惟多藏書，所藏又多善本也。又引《十國春秋》言錢鏐子傳瑛"聚書數千卷"。孫文奉，"所聚圖書、古器無算，雅有鑒裁"。惟治，"聚法帖、圖書萬餘卷，多異本"。惟演，"家儲墳籍，侔於祕府"。昱，"喜聚書"。昭序，"好學，聚書，書多親寫"。雖不如南唐之盛，亦已非北方所及矣。喪亂之世，文物留遺，恒在江域。蓋以其地兵爭，究較北方爲少，亦且物力豐阜故也。

歷代王室之於書籍，皆搜訪頗勤。然勤於搜訪，而拙於管理與流通，遂至所蓄雖多，終亦化爲煨燼焉。《舊書·中宗紀》：景龍三年六月，"以經籍多缺，使天下搜括"。求書徧及全國，相須可謂甚殷。《新書·張公謹傳》：孫俳，仕玄宗時，累擢知圖書括訪異書使。《蕭穎士傳》：天寶中，奉使括遺書江淮間，淹久不報，爲有司劾免。而前蜀之平，後唐亦以庾傳美充三州搜訪圖籍使。見第四節。則遣使搜訪，當時幾習爲故常。卷酬一匹，書仍歸主；或依等第酬獎；所以招致之者，亦不可謂不厚。所得頗多,蓋無足怪。然藏諸宫中,委之婢妾,果何爲者乎?不徒宫中之藏也,即委之士大夫,其所愈亦無幾。《舊書·蔣乂傳》:弱冠博通羣籍,而史學尤長。其父在集賢時,以兵亂之後,圖籍溷雜,乃白執政,請攜乂入院,令整比之。集賢俊才如林,而整比乃有待於一小子,不亦徒相從飽食乎?《新書·三宗諸子·惠文太子範傳》云:初隋亡,禁内圖書湮放。唐興募訪,稍稍復出,藏祕府。長安初,張易之奏天下善工潢治。乃密使摹肖,殆不可辨,竊其真藏於家。既誅,悉爲薛稷取去。稷又敗,範得之。後卒爲火所焚。則近世盜竊之弊,當時早已有之,寧不以管理之無法乎?印刷未興之時,無論公私庋藏,皆於學者有益。寶威拜祕書郎,秩滿當遷,而固守不調。在祕書十餘歲,學業益廣。李敬玄,高宗在東宫,馬周薦其才,召入崇賢館侍讀,假中祕書讀之。李邕既冠,見特進李嶠,自言讀書未徧,願一見祕書。嶠曰:"祕閣萬卷,豈時日能習邪?"邕固請。乃假直祕書。未幾辭去。嶠驚,試問奥篇隱帙,了辨如響。嶠歎曰:"子且名家。"陽城,家貧不能得書,乃求爲集賢寫書吏,竊官書讀之。此皆中祕之藏,能有益於人也。元行沖,韋述父景駿姑子。述入其書齋,忘寢與食。此則私家之藏,能有益於人也。政府所司,本屬民事,既得書矣,何不廣事移寫,分存各州縣學校各一本乎?歐《史·石昂傳》曰:家有書數千卷,喜延四方之士。士無遠近,多就昂學問,食其門下或累歲,昂未嘗有怠色。有國有家者,幾何其不爲一命之士所笑也?印刷未興之時,移寫固非容易,然果以民事爲念,各州縣徧藏一本,亦豈事之難辦者邪?物少則其滅絕易,歷代書籍,滅亡十九,不得不爲公私有書者,徒知藏庋,不知流布,甚且祕惜不出者咎矣。

　　官家求書,亦有得之非法者。《新書·董昌傳》云:僖宗始還京師,昌取越民裴氏藏書獻之,補祕書之亡。曰取,蓋未嘗移寫而徑取之也?此行同攘奪矣。薛《史·周世宗紀》:顯德二年閏月,祕書少監許遜責授蔡州别駕,坐先假寶氏圖書,隱而不還也。此蓋借官力以行攘竊,譬諸小人,其猶穿窬之盜也歟?

私家藏書者，鍾紹京、韋述、蕭岵、段文昌、王涯等，已見第五節。此外尚多。李元嘉，《舊書·高祖諸子傳》：韓王元嘉。少好學，聚書至萬卷。又採碑文、古迹，多得異本。子譔。時天下犯罪籍没者甚衆，惟沖與譔父子書籍最多，皆文句詳定，祕閣所不及。李襲譽，《新書·本傳》：以餘資寫書。罷揚州，書數車載。王方慶、《舊書·本傳》：聚書甚多，不減祕閣。至於圖畫，亦多異本。諸子莫能守其業，卒後尋亦散亡。吳兢，《舊書·本傳》：兢家聚書頗多。嘗目録其卷第，號《吳氏西齋書目》。蔣乂、《舊書·本傳》：藏書萬五千卷。蘇弁，《舊書·本傳》：聚書至二萬卷，皆手自刊校。至今言蘇氏書次於集賢、祕閣焉。韋處厚，《舊書·本傳》：聚書踰萬卷，多手自刊校。柳公綽，《舊書·本傳》：家甚貧，有書千卷。仲郢，公綽子。《新書·本傳》：家有書萬卷。所藏必三本：上者貯庫，其副常所閱，下者幼學焉。段成式，《新書·本傳》：多奇篇祕籍。李磎，鄘孫。《舊書·本傳》云：磎自在臺省，聚書至多，手不釋卷，時人號曰李書樓。孫隲、薛《史·本傳》：雅好聚書，有六經、漢史，洎百家之言，凡數千卷。皆簡翰精至，披勘詳定。張憲，薛《史·本傳》：石州刺史楊守業喜聚書，以家書示之，聞見日博。憲沈静寡欲，喜聚圖書。家書五千卷。視事之餘，手自刊校。賈馥，薛《史·本傳》：家聚書三千卷，手自刊校。韓惲薛《史·本傳》：聚書數千卷。其最著者也。即武人如田弘正、《舊書·本傳》：於府舍起書樓，聚書萬餘卷。羅紹威，《舊書·本傳》：聚書至萬卷。趙匡凝、薛《史·梁太祖紀》：開平元年十月，山南東道節度使楊師厚進納趙匡胤東第書籍。《匡凝傳》：初匡凝好聚書。及敗，楊師厚獲千卷於第，悉以來獻。王都、薛《史·本傳》：都好聚圖書。自常山始破，梁國初平，令人廣將金帛收市，以得爲務，不責貴賤。書至三萬卷，名畫、樂器各數百，皆四方之精妙者，萃於其府。及敗，縱火焚之。王師範等，薛《史·楊彦詢傳》：年十三，事青帥王師範。有書萬卷，以彦詢聰悟，使掌之。亦知庋藏。其校勘多精審。蓋得書艱難之世，非愛好者不肯蓄，愛好則自能從事於此也。其保護亦多周至，如蕭穎士遇安禄山之亂。藏家書於箕、潁間，而後身走山南是矣。《新書·本傳》。然如杜兼，聚書萬卷，署其末，以墜鬻爲不孝戒子孫，《新書·本傳》。未免無楚弓楚得之雅量也。

刻板之事，至晚唐乃稍盛，故其時愛書之士，從事鈔寫者仍多。張文瓘兄文琮，好自寫書，筆不釋手。楊瑒從父兄晏，精《孝經》學，常手寫數十篇，可教者輒遺之。皆見《新書》傳。此躬自移寫者也。《舊書・柳仲郢傳》：九經、三史一鈔。《新書》云：仲郢嘗手抄六經，司馬遷、班固、范曄史皆一抄。魏、晉已來南北史再鈔。手鈔分門三十卷，號柳氏自備。又精釋典。《瑜珈》、《智度大論》皆再鈔。自餘佛書，多手記要義。小楷精謹，無一字肆筆。此勤於鈔略者也。《隋書・沈光傳》：家甚貧窶，父兄並以傭書爲事。《虞世基傳》：陳滅歸國，爲通直郎，直內史省。貧無産業，以傭書養親。高宗欲完內庫書，令工書人抄寫，計直酬傭，可見其時以傭書自食者頗衆。楊邠知史傳有用，乃課吏傳寫。歐《史・本傳》。則史之能事移錄者亦多矣。晉高祖好《道德經》，即命雕板，見薛《史・本紀》，天福五年。此雖在五代，亦尚爲罕見之舉，非人君不能行也。市肆亦恒有賣書者，如《新書・呂向傳》，言其"彊志於學，每賣藥即市閱書"是矣。亦當多出手寫。

焚書非罕見之事也。世以三代經籍，亡於秦火，説固誕謾不足信，然如史記之但藏公家者，一焚而即滅，則不誣矣。《新書・李義府傳》：貞觀中修《氏族志》，州藏副本，以爲長式。義府更奏刪正。又奏悉收前志燒絶之，此亦秦焚書之類也。若隋世之燒讖書，則更與秦相類矣。徐敬業之敗也，走江都，"悉焚其圖籍"；《新書・本傳》。王都之敗，亦焚其所藏；此則梁元帝之類。

古代所藏圖書，至近世而復出者，莫如敦煌石室之著。此石室在敦煌東南三十里鳴沙山中，唐時稱爲莫高窟。今俗稱千佛洞。其經始在晉太和元年，至宋景祐二年而封閉。清季，有王道士者，欲事修理，壞其壁，乃得見之。石室之發見，説者多謂在清光緒二十六年，乃據王道士之言推算。然葉昌熾之語石，刊於宣統元年，道及其事，云在十餘年前，則必在是年之前矣。英人斯坦因，服官於英印度政府，探險中亞。聞之，以光緒三十三年來，以廉價購竊三千餘卷於王道士，運至印度及倫敦之博物館。明年，法人伯希和亦來，又盜去三千餘卷，藏之巴黎圖書館。中國人始知之，乃由清季之學部，命甘肅將所餘運至北京，藏諸其時之京師圖書館。然轉運時已有盜竊，抵京後又有散失，落入不知誰何之手者，亦不少也。洞中所得，佚籍甚多，並有爲外國文字者。其中粟特文一種，久絶於世，尤稱寶貴焉。此室藏書，復出後雖多散佚，然保存舊籍究不少，實緣其地較偏僻之故，兵燹之劇，恒在平原曠野，而物力豐饒之地，亦在於此。而藏書亦於是，遂至人力所成者，仍以人力毀之。設使自古以來，即有一藏書之法，如古人所謂藏之名山者，則書之厄必可少減矣。王室所居，即爲政權所寄，其兵爭必尤烈，而中祕之藏即在是，故歷代所有，無不滅亡，此亦據天下而自私之禍也。

《困學紀聞》："孝宗問周益公云：唐孫樵讀《開元錄》雜報數事，內有宣政門宰相與百僚廷諍十刻罷，徧檢新、舊《唐史》及諸書，並不載。益公奏：《太平御覽》總目內有《開元錄》一書，祖宗朝此本尚存，近世偶不傳耳。容臣博加詢訪。"《集證》引孫樵《讀開元雜報》云："樵曩於襄、漢間得數十幅書，繫日條事，不立首末。其略曰，某日，皇帝親耕籍田，行九推禮。某日百僚行大射禮於安福樓南。某日，安北諸蕃首長請扈從封禪。某日，皇帝自東封還，賞賜有差。某日，宣政門宰相與百僚廷諍，十刻罷。如此凡數十百條。樵後得《開元錄》驗之，條條可復云。"此蓋後世宮門抄之類？論者謂爲報紙之淵源也。

《舊書·吐蕃傳》：開元十八年，使來，奏云：金城公主請《毛詩》、《禮記》、《左傳》、《文選》各一部。制令祕書省寫與之。正字于休烈上疏曰："昔東平王入朝，求《史記》、諸子，漢帝不與。蓋以《史記》多兵謀，諸子雜詭術。且臣聞吐蕃之性，慓悍果決，敏情持銳，善學不回。若達於書，必能知戰。深於《詩》則知武夫有師干之試，深於《禮》則知月令有廢興之兵，深於《傳》則知用師多詭詐之計，深於文則知往來有書檄之制，何異借寇兵而資盜糧也。且公主下嫁從人，合慕夷禮，返求良書，恐非本意，慮有奔北之類，勸教於中。若陛下慮失蕃情，以備國信，必不得已，請去《春秋》。"疏奏，不省。《新書·休烈傳》云：疏入，詔中書門下議。侍中裴光庭曰："休烈但見情偽變詐於是乎生，不知忠信節義亦於是乎在。"帝曰："善。"遂與之。則不得云不省也。而休烈之錮蔽，則匪夷所思矣。

古物亦時有發見，但唐以前人知貴之者尚少耳。《舊書·音樂志》：" 今清樂奏琵琶，俗謂之秦漢子。圓體修頸而小。疑是弦鼗之遺制。其他皆充上銳下曲項，形制稍大。疑此是漢制。兼似兩制者，謂之秦、漢，蓋謂通用秦、漢之法。阮咸，亦奏琵琶也，而項長過於今制，列十有三柱。武太后時，蜀人蒯明，於古墓中得之。《晉竹林七賢圖》阮咸所彈與此類，因謂之阮咸。"此以古物與圖畫相證者也。然僞物亦時有之。薛《史·張策傳》：少聰警好學，尤樂章句。居洛陽敦化里。嘗浚甘泉井，得古鼎。耳有篆字曰："魏黃初元年春二月匠吉千。"且又製作奇巧。策父同甚寶之。策時在父旁。徐言曰："建安二十五年，曹公薨，改年爲延康。其年十月，文帝受漢禪，始號黃初，則是黃初元年無二月明矣。"同大驚。亟遣啓書室，取《魏志》展讀，一不失所啓。宗族奇之。此物之僞，似無可解免，知好作僞者歷代有之也。

# 第二十三章　隋唐五代宗教

## 第一節　諸教情狀

當晉、南北朝之世，佛教之流傳初盛，牢籠舊有諸迷信之道教，亦於此時長成；適會新莽變法敗績，吾國人不復敢言改變社會組織、政治制度，而欲以空言提唱道德，移易人心，玄學因之昌盛；其易與哲理精深之佛教合流，又將己所崇信之哲理，與舊有諸迷信相結合而成道教者，勢也。顧懷抱此等見解者，不過極少數人。其大多數人，固皆視佛與道爲宗教而迷信之者也。視爲宗教而迷信之，則必不免多所耗費。物力耗矣，而於精神仍不能有神，此爲求益而反損。晉、南北朝之世，實不免此弊。顧流弊初滋，呼号而欲剗除之者，亦即隨之而起。隋、唐之世，此義日昌，而限制宗教之政令，亦因之而漸行焉。佛家痛心於三武之厄。三武者？魏太武帝、周武帝、唐武宗也。佛狸廢佛，別有用心；周武則特欲除宗教之弊，而非欲去教化之實；《兩晉南北朝史》已詳言之。唐武宗，世皆言其廢佛，實亦僅限制之而已。限制則去其流弊之謂也。知宗教之不可無，而特欲去其流弊，可不謂之合於理乎？武宗之廢佛，固不久而即復，然合隋、唐三百年之事而觀之，則限制宗教，去其泰甚之論議，與夫隨之而起之政令，夫固寖昌寖熾也。經此一番矯正，宗教之流弊遂漸袪，於物力少所耗費，而弊之中於人心者，亦日瀋矣。

儒、釋、道並稱三教之局，至南北朝之世，業已一成而不可變矣。儒家實非宗教，何以能與釋、老並稱？此即可見吾國人對待宗教之中理，不使教義與人事，離遏過甚也。姚崇之將死也，遺令子孫毋作佛事。又曰：道家"慕僧家之有利，約佛教而爲業，"更不可用。《舊書·本傳》。李叔明之欲裁減寺觀僧道也，彭偃議言："道士有名亡實，俗鮮歸重，於亂政輕。"《新書·李叔明傳》。詳見下節。則道家名雖與佛並列，實則佛之附庸而已。宗教流弊之輕重，則佛教之盛衰也。而佛教之在隋、唐，實爲盛極而衰之世。

中國之佛教，凡得十三宗，興於隋、唐之世者，爲俱舍、攝論、華嚴、法相、真言五宗，《兩晉南北朝史》已言之。俱舍、攝論，後皆折入法相，不足深論。華嚴、性、相，並稱教下三家，與禪宗之自稱教外別傳者相對，顧至唐中葉而皆衰；真言宗則本未大盛；唐中葉後盛行者，則禪、淨二宗而已。此其故何哉？信佛者，極少數人，固不敢謂其不能發弘願，蠲私欲。顧此特極少數耳，其大多數，則皆欲蘄求福報者也。信佛之後，此念自不能無變化，然終潛伏於其心坎深處，宋、明理學家所譏其多得這一些子意思者也。然欲蘄求福報，其所願果獲遂乎？中國人言福善禍淫；言積善之家，必有餘慶，積不善之家，必有餘殃；較之佛家期報於冥冥不可知之數者，豈不更爲實在？其如與事實不符何？佛教之言輪迴，言來世，則正所以彌此缺憾者也。然言輪迴，言來世，果遂足以彌此缺憾乎？佛家之言修持也，義甚精微，循其義而行之，必非一世所能竟，此事之至易見者。然不修至佛地位，則終不免於退轉而仍入輪迴；一入輪迴，則因其根器之不同，而修爲之機緣，或且甚少；此寧不使人怖懼？然謂修爲者立義可以稍龐，或雖未成佛亦可以不退轉，則非盡易前說不可，此狐埋之而狐搰之也。然則教義愈入於精微，愈將使信徒掉頭而去矣。此佛家因發展過度，而自入於絕路者也。臨此局勢，勢不可不思所以救之。救之之道惟何？朝暮四三，易其名者固不能變其實。曰"二乘聾瞽，地獄頓超，"此佛可速成之説也。雖道自華嚴，見《華嚴經·隨好光明功德品》。而惟禪宗之屏棄人事，專事一心者，足以致之，固無疑義。曰求生淨土，免受後有，而於其中，徐徐修行，以至成佛，則雖未成佛亦不退轉之説也。淨土宗實唱道之。佛爲宗教，所説教義，雖極精深，意皆在開示人使事修持，非重其義；能修持矣，義自可作筌蹄之棄；故禪宗之説，無可詰難。抑佛家修持之法，括以止、觀雙修。淨土宗教人以觀、想、持名，於此二者固無所偏廢，特變繁難爲簡易耳。殊途同歸，一致百慮，固不能謂簡易之法，不逮繁難。則淨土宗之説，又無可詰難也。以此自救，可謂煞費苦心。然禪宗大行，勢必至於教義皆無所知，戒律亦可捐棄，而枯寂、猖狂之弊作。至淨土宗則本云"普接利鈍"，愚柔者無不歸之，而佛教中之鄉願滿天下矣。朝暮四三，易其名者終不能易其實。佛教至此，欲無衰落，得乎？

由盛入衰者，所謂日中則昃，月盈則食。當其中與盈之時，衰機雖肇，衰象固不可得而見也。故隋、唐之世，佛、道二教，仍極受政府之尊崇。隋文帝之專事矯誣者無論矣。武則天因沙門僞撰《大雲經》，令釋教在道教之上。中宗復國，崇飾寺觀。睿宗仍之。玄宗初年，稍有沙汰，見下節。後亦停止。肅宗在鳳翔，即作内道場，供奉僧晨夜念佛，聲聞於外。見《舊書·張鎬傳》。代宗任元載、王縉、杜鴻漸，其迷信又加甚焉。憲宗迎佛骨；結内道場；數幸諸寺，施與過當。見《舊書·蕭俛傳》，附其從兄俛傳後。懿宗又迎佛骨；賜講經僧沈香高坐；飯萬僧；《舊書·李蔚傳》。其耗費，於唐諸帝中蓋爲最甚？《舊書·本紀贊》。猶曰："此等舉動，歷代有之，非唐所獨也。"至其於道教，則更有超越前古者。唐起夷狄，欲自附於華夏，乃謬託老子爲始祖。又因古李、理二字，互相通假，並牽率及於皋陶。謂其歷虞、夏、商，世爲大理，以官命族爲理氏。至紂時，有名徵者，以直道得罪而死，其妻陳國契和氏，與子利貞，逃難於伊侯之墟。食木子得全，乃改理爲李氏焉。《新書·宗室世系表》。高祖即幸終南山謁老子廟。《舊紀》武德七年。太宗雖謂神仙事本虛妄，《舊紀》貞觀元年。而亳州老君廟，亦與兖州宣尼廟同修。《舊紀》貞觀十一年。高宗封禪,次亳州,幸老君廟,追號曰太上玄元皇帝。《舊紀》乾封元年。武后專政,又追尊老子母爲先天太后。《舊紀》光宅元年。及革命,黜玄元皇帝之號,仍稱老君。至中宗又復其舊。《舊紀》神龍元年。皆所以輾轉文此一舉之過者也。此唐代尊崇道教之第一期也。玄宗開元二十九年,制兩京諸州各置玄元皇帝廟,並崇玄學,置生徒,令習《老子》、《莊子》、《列子》、《文子》。《本紀》作文中子,"中"字衍,《禮儀志》無。天寶元年,陳王府參軍田同秀上言:"玄元皇帝降見於丹鳳門之通衢,告賜靈符,在尹喜故宅。"上遣使就函谷故關尹喜臺西發得之。乃置玄元廟於大寧坊。二月,親享於新廟。號莊子、文子、列子、庚桑子皆爲真人,其所著書稱真經。改桃林縣爲靈寶縣。九月,玄元廟改稱太上玄元皇帝宮。二年,追上尊號,並追尊其父、母及皋陶爲帝、后。改西京玄元廟爲太清宮,東京爲太微宮。天下諸郡爲紫極宮。自此欲郊祀,必先朝太清宮,次日享太廟,又次日乃祀南郊焉。七年,又有人言玄元皇帝見於華清宮之朝元閣,改爲降聖閣。又改會昌縣爲昭應縣,山爲昭應山,封山神,仍立祠宇。八載、十三載,又再上玄元皇帝尊號。十四載,頒御注《老子》並義疏於天下。以上並見《舊書·本紀》及《禮儀志》。《新紀》云:至德二載三月,通化郡言玄元皇帝降,則至入蜀之後,其妖妄猶未息也。高宗嘗幸少室山,賜故玉清宮道士王遠知諡。又幸逍遥谷道士潘師正所居。《舊紀》調露元年。睿宗亦嘗徵天台山道士司馬承禎。《舊書·文苑·李適傳》。然皆未使與政。玄宗開元二十二年,徵張果至京師。果見兩《書·方伎傳》。由是頗信神仙。《通鑑》。其後道士孫甑生,遂託修功德,往來嵩山,求請無度。《舊書·忠義·李證傳》。術士蘇嘉慶請祀九宮貴神。事見《舊書·禮儀志》及《舒元輿、崔龜從傳》。王璵更專以祠事希幸。肅宗立,竟至宰相。肅宗嘗不豫,璵遣女巫分行天下,祈祭名山、大川。巫皆盛服乘傳而行。上令中使監之,因緣爲姦,所至干託長吏,以邀賂遺。代宗時,道士李國禎請於昭應縣南山頂置天華上宮、露臺、天地婆父、三皇道君。太古天皇、中古伏羲、媧皇等祠堂;縣東義扶谷故湫置龍堂。皆見《舊書·王璵傳》。術士巨彭祖，又請每四季月郊祀天地。見《舊書・禮儀志》及《歸崇敬傳》。皆因臣下諫諍，僅而獲已。凡茲淫祀，蠹國勞民，亦皆玄宗階之厲也。此唐代尊崇道教之第二期也。第一期欲以誑人，第二期則反爲人所誑矣。至第三期，則其事又異。憲宗信方士柳泌及僧大通，服金丹，數暴怒，患責左右見弑。見《舊書・本紀》元和十四、十五年，兩《書・李道古、皇甫鎛》，《新書・宦者・王守澄傳》。穆宗立，悉竄誅之，然身亦餌金石而死。見《舊紀》長慶四年及兩《書・裴潾傳》。敬宗信道士劉從政、孫準、趙歸真，山人杜景先，處士周息元。遣中使往湖南、江南及天台山採藥，押杜景先往淮南及江南、湖南、嶺南求訪異人。見《舊紀》寶曆元年及《新書・李德裕傳》。文宗立，配流趙歸真等於嶺南。武宗居藩，即好道術、修攝之事。及即位，復召歸真，令與衡山道士劉玄靖修法籙。築望仙觀於禁中，望仙臺於南郊壇。服方士藥，膚澤消槁，喜怒無常，卒亦不得其死。見《舊紀》開成五年，會昌元、三、四、五年，《新書・后妃・武宗賢妃王氏傳》。宣宗立，誅劉玄靖等十二人。及季年，患風毒，復欲服金石之藥。見《舊紀・贊》及《韋澳傳》，《新書・崔慎由傳》。卒爲李玄伯所誤，見第二十二章第六節。此唐代尊崇道教之第三期，純出於求長生之私欲，並迷信之愚誠而無之矣。其流，至於梁太祖猶因病欲服石劑。見薛《史・段深傳》。而王衍亦起上清宮，塑王子晉像，尊爲聖祖至道玉宸皇帝焉，歐《史・世家》。亦可謂遠矣。然此等表面之尊崇，曾何足挽二氏將衰之運也？

　　斯時之出家者，才智之士尚多。如魏徵即曾出家爲道士。姜公輔罷相，亦乞爲道士。孫晟爲南唐志節之士，亦少爲道士。道士如此，僧徒自更不待言。北漢末葉，抗禦中原之力極強，其輔佐之者，一僧繼顒，一曾爲道士之郭無爲也，說見第十四章第六節。韋渠牟亦有才學，而初爲道士，後爲僧。僧道亦多有著述。散見兩《書・經籍、藝文志》中。僧徒尚有遠游求法者，而玄奘留印度至十七年，多齎經論返國，譯出者至七十餘部，尤蔚然爲佛乘之光焉。玄奘所譯經，《舊書・本傳》云七十五部。《續高僧傳》云七十三部，一千三百三十卷，《慧立大慈恩寺三藏法師傳》云七十四部，一千三百三十五卷。玄奘之後，遊印者又有義浄，有《南海寄歸内法傳》。陸羽育於僧人，欲教以旁行書，而羽不肯，已見第二十二章第二節。薛

《史・世襲・李茂貞傳》言：岐下有僧曰阿闍梨，通五天竺語，為士人所歸，足見通知印度文之僧人，五代時尚有之也。道家固多誕妄，然觀李道古進柳泌以誤憲宗，而身亦以服藥死，則藥雖誤，進之者未必欺人；即方士，或亦誠為古人所欺也。其所行服餌、道引及諸小術，則更不能謂為欺人。當時道流，或有小術。如《新書・馬周傳》，言周之亡，太宗思之甚，將假方士術求見其儀形，此少翁以方夜致王夫人及竈鬼之貌也。《方技傳》云：孫甑生能使石自鬥，草為人騎馳走，此樂大使碁自相觸擊也。此固不能欺人。其有導引術者，如《張果傳》言其善息氣，能累日不食，此亦不容作偽。事服餌者，如《舊書・蕭嵩傳》，言其性好服餌，及罷相，於林園植藥，合鍊自適，此等亦無流弊，惟服金石之劑，則為所誤者極多。然謂其意在欺人，則亦未必，何者？以此進於人君，厚賞未必可期，一誤，或藥雖不誤而其君自以他故致疾、致死，皆可罹不測之禍，又何苦昧死以幸利邪？荒誕者自有之。如張果自言生堯丙子歲，位侍中。《新書・藝文志》有李筌《驪山母傳陰符玄義》一卷。《注》云：於嵩山虎口巖石壁，得黃帝陰符。本題云魏道士寇謙之傳諸名山。筌至驪山，老母傳其說。則真可發一噱，然此等並不足以概其全也。而其中亦誠有通曉玄言、恬退守正之士，兩《書・方伎傳》中有之，《隱逸傳》中亦不乏也。然欲恃此等以挽二氏將衰之運，則更無可望矣。

　　興論必先於政令。當時政府之於二氏，雖致尊崇，特積習相沿，又其人本昏愚，或則中於貪欲耳。明睿之興論，固多欲祛除二氏之流弊，此新生方長之力也。韓愈攘斥佛、老之說，略見第二十二章第三節。愈以諫迎佛骨貶，志不行於當時。張籍責其不能著書以覺世。而愈答書曰："古人得其時，行其道，則無所為書。為書者，皆所為不行乎今而行乎後世者也。今吾之得吾志、失吾志未可知，則俟五十、六十為之未失也。天不欲使茲人有知乎？則吾之命不可期。如使茲人有知乎？非我其誰哉？"《新書・愈傳》。其毅然自任之志，曾不少減焉。薛《史・馬胤孫傳》，言其慕韓愈之為人，尤不重佛。及廢居里巷，追感唐末帝平昔之遇，依長壽僧舍讀佛書，乃幡然一變。此雖變於後，其初固愈之徒，足見志愈之志者不乏其人。此等人日多，攘斥佛老之論，亦必隨之而盛矣。愈等皆欲得位乘時，為天下祛除積弊者。其欲修之於身，行之於家者，則如姚崇，遺令戒子孫毋作佛事。

《舊書·本傳》。李夷簡將終，亦戒毋事浮屠。《新書·本傳》。石昂，父好學，平生不喜佛說。父死，昂於柩前誦《尚書》，曰："此吾先人所欲聞也。"禁其家不可以佛事汙吾先人。歐《史·本傳》。姚崇言"功德須自發心，旁助寧應獲報"？此義固中材所能知。其論事佛求福，乃反得禍，與韓愈諫迎佛骨之說同，則更中人以下所能解矣。此等議論昌，而流俗之崇奉二氏，亦益澹矣。此等風氣，潛滋暗長，則政令雖未行，不過枝葉未有害，而其本實固已先撥矣。

佛、道而外，隋、唐之世，尚有自外國傳來之宗教。曰火祆，曰摩尼、曰景、曰伊斯蘭教，而摩尼為盛。諸教事迹，皆頗湮晦。近人陳垣，撰《火祆教入中國考》、《摩尼教入中國考》，於此二教之事迹，搜考頗詳，並略及於景教。惟伊斯蘭教之事迹，則尚甚湮晦耳。今略述今所能考見者如左：

火祆，即南北朝時之胡天。《通典·職官典》：視流內有薩寶、正五品。薩寶府祆正；從七品。視流外有薩寶府祆祝、勳品。薩寶率府、四品。薩寶府史五品。諸官。《注》云："武德四年，置祆祠及官。常有羣胡奉祀，取火呪詛。"《舊書·職官志》云：視流內、視流外諸品，開元初一切罷之，惟有薩寶祆正、祆祝、府史，蓋為此教而特存之者也。《新書·百官志》祠部職云："兩京及磧西諸州火祆，歲再祀而禁民祈祭。"唐韋述所撰《兩京新記》久佚，日本《佚存叢書》刊其第三卷。據所記，則西京火祆祠有四：一在布政坊，一在醴泉坊，一在普寧坊，其一佚焉。據宋敏求《長安志》卷七所引補之，則在靖恭坊也。敏求又有《河南志》，亦久佚。清嘉慶間，徐松因纂《全唐文》，於《永樂大典》中得《河南志圖》，證以《玉海》所引，《禁扁》所載，知是敏求舊帙。乃輟集他書，成《唐兩京城坊考》。此亦足補《宋志》之亡。據所考，則東都會節坊、立德坊皆有祆祠。又據張鷟《朝野僉載》，《四庫全書》本。知東都南市西坊亦有祆祠，又涼州有祆神祠。而涼州祆神祠，亦見敦煌唐寫本《圖經》殘卷。皆足與《新志》之言相證。而《兩京新志》布政坊祆祠下《注》云："武德四年立，"又足與《通典》之言相證也。火祆不傳教,亦不翻經,又稱祠,間稱廟,而不稱寺,蓋中國人無信者,特胡人自奉其所信而已。皆據陳氏《火祆教入中國考》。其詳當考原文。

摩尼教則異是。《佛祖統紀》卷三十九云:"延載元年,波斯國人拂多誕持《二宗經》僞教來朝。"《二宗經》者,摩尼教經名。拂多誕其教中職司,李肇《國史補》所謂小摩尼也。此爲摩尼教入中國之始。《册府元龜》卷一百九十七云:開元七年,吐火羅國支汗那王帝賒上表獻解天文人大慕闍。其人智慧幽深,問無不知。伏乞天恩,喚取慕闍,親問臣等事意及諸教法,知其人有如此之藝能。望請令其供奉。並置一法堂,依本教供養。慕闍亦其教職司之名,《國史補》所謂大摩尼也。《通典》薩寶府《注》,於火祆外兼及他外教事。其述摩尼事云:"開元二十年七月,勅末摩尼本是邪見,妄稱佛教,誑惑黎元,宜嚴加禁斷。以其西胡等既是鄉法,當身自行,不須科罪。"則其教甫入中國,即從事傳布,而中國則禁止之。此亦猶佛教初傳來時,不許華人翦度耳,見下節。當時火祆亦不傳教,非獨岐視摩尼也。然中葉後,摩尼挾迴紇之勢而來,中國遂不能禁。《僧史略》卷下云:"大曆三年六月,勅回紇置寺,宜賜額大雲光明之寺。"《佛祖統紀》卷四十一紀此事云:"勅回紇奉末尼者建大雲光明寺。"則"大雲光明"爲摩尼教之寺無疑。而《新書·常衮傳》云:"始回紇有戰功者,得留京師,後乃創邸第、佛祠,"云佛祠者?《九姓回鶻可汗碑》云:"往者無識,謂鬼爲佛,今已悟真,不可復事,"似摩尼自稱真佛,故開元勅斥其妄稱佛教。然則稱大雲光明寺爲佛祠,疑當時流俗自有此語,紀載者從而書之,子京遂未改正也。《僧史略》又云:"大曆六年正月,又勅荆、越、洪等州各置大雲光明寺一所。"《佛祖統紀》則云:"迴紇請於荆、揚、洪、越等州置大雲光明寺。"疑《僧史略》奪揚字。建寺及於江域者?摩尼本行於西域,迴紇之入中國,亦嘗與賈胡偕,疑寺亦隨其足迹之所至,非其教之傳布,如是其速也。《册府元龜》卷九百七十九云:"貞元十二年,迴鶻又遣摩尼八人至。"云又明非初至。《舊書·德宗紀》:貞元十五年四月,"以久旱,命陰陽人法術祈雨"。《唐會要》卷四十九《摩尼寺》

條云:"以久旱令摩尼師祈雨。"知陰陽人即摩尼師,久自通於政府,而兩《書‧迴紇傳》皆謂其元和初以摩尼至;《通鑑》亦於元和元年書云:"是歲回鶻入貢,始以摩尼偕來,於中國置寺處之;"明其所據皆同,而其説實誤也。《册府元龜》卷九百九十九云:"元和二年,回鶻使者請於河南府、太原府置摩尼寺三所,許之。"《舊書‧本紀》同,惟無使者及三所字。《舊書‧迴紇傳》:"元和八年十二月二日,宴歸國迴鶻、摩尼八人,令至中書見宰官。先是迴鶻請和親,憲宗使有司計之,禮費約五百萬貫。方内有誅討,未任其親。以摩尼爲迴鶻信奉,故使宰臣言其不可。"然後卒許其和親,至長慶元年,"迴鶻宰相、都督、公主、摩尼等五百七十三人入朝迎公主"焉。摩尼在迴紇中之權勢可見。《傳》又云:其"歲往來西市,商賈頗與囊橐爲奸"。中國蓋未嘗不苦之。故迴紇一敗,摩尼即遭禁斷矣。以上亦多據陳垣《摩尼教入中國考》。

　　景教之來,事在貞觀九年。十二年,許其建寺,名波斯。天寶四年,勅云:"波斯經教,出自大秦。傳習而來,久行中國。爰初建寺,因以爲名。將欲示人,必修其本。其兩京波斯寺宜改爲大秦寺。天下諸州郡有者,亦宜準此。"《通典薩寶注》。《兩京新記》:西京醴泉坊街南之東有波斯胡寺。《注》云:"儀鳳三年,波斯王畢路斯奏請於此置波斯寺。"《長安志》云:"景龍中,宗楚客築此寺入其宅,移於布政坊之西南隅袄祠之西。"《兩京新記》又云:普寧坊街東之北有波斯胡寺。《唐兩京城坊考注》云:"貞觀十二年,太宗爲大秦國胡僧阿羅斯立。"據《景教碑》,普寧坊應作義寧坊,阿羅斯應作阿羅本。又《兩京城坊考》東都修善坊有波斯胡寺。皆其遺迹之可考者也。亦據陳垣《火袄教入中國考》。建中二年,寺僧景净建《大秦景教流行中國碑》,明末於長安崇仁寺掘得;而近世敦煌石室所得者,又有《景教三威蒙度讚》;見伯希和《唐元時代中東亞基督教徒》,在《西域南海史地考證譯叢》内。皆可考見景教初入中國時之情形焉。

　　伊斯蘭教何時傳入中國,尚乏信史可徵。日本桑原隲藏《蒲壽庚傳》云:廣州城内有懷聖寺,寺内有番塔,或稱光塔,其構造與佛塔絶異。相傳爲伊斯蘭教初至時所建。清金天柱《清真釋疑補緝》所收《天方聖教序》云:"天乃篤生大聖穆罕默德,作君作師,維持風化。西域國王,皆臣服而信從之,共上尊號爲賠昂伯爾。隋文帝慕其風化,遣使至西域,求其經典。開皇七年,聖命其臣賽一德斡歌士費奉《天經》三十册傳入中國。首建懷聖寺,以示天下。"此説自不足信。桑原氏謂光塔與岳珂《桯史》所云蒲姓宅後之窣堵波絶相類,疑寺亦宋時蒲姓所建也。本文三,《考證》二十八、二十九。又引明何喬遠《閩書》卷七云:"嗎喊叭德聖人,門徒有大賢四人。唐武德中來朝,遂傳教中國。一賢傳教廣州,二賢傳教揚州,三賢、四賢傳教泉州。卒葬此山。"泉州東南郊外之靈山。桑原氏謂其言武德時來難信。然其説起原頗古,當在北宋前唐中世後云。本文一,《考證》十。唐時大食來者甚多,其教不得無隨之而至者,特其遺迹無可考耳。然即有來者,亦不過自傳其教,於中國人必無大關係也。

　　外來之宗教,固與中國人無甚關係,佛、道二教,看似牢籠全國,實亦不然。凡教,其質皆同,惟其所遭際者有異。因緣時會,通行較廣,又爲執政權者所崇信,則所奉事者稱爲正神,其教爲大教,而不然者,則見目爲淫祀,爲邪教矣。狄仁傑充江南巡撫使,奏毁淫祠千七百所,惟留夏禹、吴大伯、季札、伍員四祠。《舊書》本傳。然高勱爲楚州刺史。城北有伍子胥廟,祈禱者必以牛酒,至破産業。勱歎曰:"子胥賢者,豈宜損百姓乎?"乃告諭所部,自此遂止。百姓賴之。《隋書》本傳。然則伍子胥廟,又何嘗不可煩民也?煩民與否,豈視其所奉之神哉?於頔爲蘇州刺史,吴俗事鬼,頔疾其淫祀,廢生業,神宇皆撤去,惟吴大伯、伍子胥等三數廟存焉。李德裕爲浙西觀察使,四郡之内,除淫祠一千一十所。皆見《舊書》本傳。二事與狄仁傑絶相類。觀後繼者所除去之多,而知前人之政績,爲實録,爲虚飾矣。果俗之所共信,豈易以此等政令摇動邪?不特此也。《舊書‧德裕傳》又言:寶曆二年,亳州言出聖水,飲之者愈疾。德裕奏曰:"臣訪聞此水,本因妖僧誑惑,狡計丐錢。數月已來,江南之人,奔走塞路。每三二十家,都雇一人取水。擬取之時，疾者斷食葷血；既飲之後，又二七日蔬飧。危疾之人，俟之愈病。其水斛價三貫。而取者益之他水，緣路轉以市人。老疾飲之，多至危篤。咋點兩浙、福建百姓渡江者日三五十人。臣於蒜山渡已加捉搦。若不絕其根本，終無益於黎甿。乞下本道觀察使令狐楚，速令填塞，以絕妖源。"從之。而《新書·裴度傳》曰：汴宋觀察使令狐楚言亳州聖水出，飲者疾輒愈。度判曰：妖由人興，水不自作。命所在禁塞。然則令狐楚之智，與江南雇人取水者無異也。不亦令人齒冷乎？以此等人執政，而定教之邪正，豈足信哉？《新書·林蘊傳》言：其父披，以臨汀多山鬼淫祠，民厭苦之，譔《無鬼論》。然則淫祠民固苦之矣。而不廢者？有所利者把持之，民固無如之何也。然此等見尊於一方之神，遭際時會，風行全國，列為明神者衆矣。

## 第二節　限制宗教政令

僧、道本非可以僞濫也。"自西晉已上，國有嚴科，不許中國之人，輒行髠髮。"傅奕《請除佛教疏》語。奕意見雖偏，此語則不能爲僞造也。其後雖許之，然管轄有定職，北齊以昭玄寺掌佛教，隋曰崇玄署，隸鴻臚。煬帝改郡縣佛寺爲道場，道觀爲玄壇，各置監、丞。見《隋書·百官志》。唐置諸寺觀監，隸鴻臚寺。貞觀中，廢寺觀監。上元二年，置漆園監，尋廢。開元二十五年，置崇玄學。天寶二載，改曰崇賢館。置大學士一人，以宰相爲之。領兩京玄元宮及道院。初天下僧、尼、道士、女冠，皆隸鴻臚寺。武后延載元年，以僧、尼隸祠部。開元二十四年，道士、女冠隸宗正寺。天寶二載，以道士隸司封。貞元四年，崇玄館罷大學士。後復置左右街大功德使，東都功德使、修功德使、總僧、尼之籍及工役。元和二年，以道士、女冠隸左右街功德使。會昌二年，以僧、尼隸主客。見《新書·百官志》。宗正寺及崇玄寺注。**寺觀、僧道有定數**。見《新志·崇玄署職》。**髠度須得允許**，《新志·崇玄署職》云："兩京度僧、尼、道士、女冠，御史一人涖之。每三歲，州縣爲籍，一以留縣，一以留州，僧、尼一以上祠部。道士、女冠，一以上宗正，一以上司封。"**行動亦有拘檢**。崇玄署職又云："凡止民家，不過三夜。出踰宿者，立案連署，不過七日。路遠者州縣給程。"《韓愈傳》：賈島，范陽人。初爲浮屠。來東都。時洛陽令禁僧午後不得出，島爲詩自傷。愈憐之，因教其爲文。遂去浮屠，舉進士。則其管束有時頗嚴。皆非可以任意爲之也。然終不免於偽濫，於是沙汰限制之政行矣。

唐開國即行之。《舊書·高祖紀》：武德九年五月，辛巳，詔曰："自覺王遷謝，像法流行，末代陵遲，漸以虧濫。乃有猥賤之侶，規自尊高，浮惰之人，苟避徭役，妄爲剃度，託號出家。嗜欲無厭，營求不息。出入閭里，周旋闠闠，驅策田產，聚積貨物，耕織爲生，估販成業，事同編户，迹等齊人。進違戒律之文，退無禮典之訓。至乃親行劫掠，躬自穿窬，造作妖訛，交通豪猾，每罹憲網，自陷重刑。黷亂真如，傾毁妙法。又伽藍之地，本曰浄居，棲心之所，理尚幽寂。近代以來，多立寺舍，不求閑曠之境，唯趨喧雜之方。繕採崎嶇，棟宇殊拓。錯舛隱匿，誘納姦邪。或有接延廛邸，鄰近屠沽，埃塵滿室，羶腥盈道。徒長輕慢之心，有虧崇敬之義。且老氏垂化，本實冲虚，養志無爲，遺情物外。全真守一，是謂玄門，驅馳世務，尤乖宗旨。朕膺期御宇，興隆教法，志思利益，情在護持，欲使玉石區分，薰蕕有辨，長存妙道，永固福田，正本澄源，宜從沙汰。諸僧、尼、道士、女冠等，有精勤練行、守戒律者，並令大寺、觀居住，給衣食，勿令乏短。其不能精進戒行者，有關不堪供養者，並令罷遣，各還桑梓。所司明爲條式，務依法教。違制之事，悉宜停斷。京城留寺三所，觀二所，其餘天下諸州，各留一所，餘悉罷之。"事竟不行。此詔之爲沙汰而非廢絶，事甚明白。《新書》云："四月，辛巳，廢浮屠、老子法，"又於六月書"復浮屠老子法，"謬矣。惟下詔之月，《新紀》與《通鑑》同，當從之，《舊紀》之五，蓋誤字也。《舊紀》云事竟不行，似但未奉行而已，未嘗更有詔令，而《新紀》云復者，其文承"庚申，秦王世民殺皇太子建成、齊王元吉，大赦"之後，在"癸亥，立秦王世民爲皇太子，聽政"之前。數日之間，必不能更有處置佛、道之詔，疑赦文中或有暫緩沙汰之語，後遂閣置未行，故《舊紀》云事竟不行，《新紀》乃書之曰復也。此事據《舊書·傅奕傳》及《通鑑》，皆因奕上疏請除去佛教而起。《舊傳》奕上疏在七年，而

《通鑑》繫九年，蓋因沙汰之詔追溯之。《奕傳》載奕疏後又云："又上疏十一首，"明非一疏入而即決。《傳》又云：高祖付羣臣詳議，惟太僕卿張道源稱奕奏合理，而中書令蕭瑀則"與之爭論"。《新書·藝文志》：道家類釋氏，有法琳《辨正論》八卷，又《破邪論》二卷。《注》云：琳姓陳氏。傅奕請廢佛法，琳諍之，放死蜀中。則此事爭辯，歷時頗久，不以爲然者實多，此赦文所以停止之歟？

武德詔雖未行，然欲沙汰僧、尼者仍不絕。武后時，蘇瓌請並寺，著僧常員，數缺則補。中宗時，近戚奏度僧、尼，溫戶強丁，因避賦役。姚崇相玄宗建言之。帝善之，詔天下汰僧偽濫，髮而農者餘萬二千人。李叔明爲東川，請本道定寺爲三等，觀爲二等。上等留僧二十一，上觀道士十四，每等降殺以七。皆擇有行者，餘還爲民。德宗善之，以爲不止本道，可爲天下法，乃下尚書省雜議。都官員外郎彭偃曰："天生蒸人，必將有職，游閑浮食，王制所禁。今僧、道士不耕而食，不織而衣。一僧衣食，歲無慮三萬，五夫所不能致。舉一僧以計天下，其費不貲。臣謂僧、道士年未滿五十，可令歲輸絹四，尼及女冠輸絹二，雜役與民同之，過五十者免。"刑部員外郎裴伯言曰："衣者蠶桑也，食者耕農也，男女者繼祖之重也，而二教悉禁，國家著令，又從而助之，是以夷狄不經法，反制中夏禮義之俗也。《傳》曰：女子十四有爲人母之道，四十九絕生育之理；男子十六有爲人父之道，六十四絕陽化之理。臣請僧、道士一切限年六十四以上，尼、女冠四十九以上，許終身在道，餘悉還爲編人。官爲計口授地，收廢寺觀以爲廬舍。"議雖上，罷之。李訓嘗建言："天下浮屠避繇賦，耗國衣食，請行業不如令者還爲民。"以上皆據《新書》本傳。《李訓傳》又云：既執政，自白罷，因以市恩。《通鑑》：太和八年七月，李訓奏僧、尼猥多，耗蠹公私。詔所在試僧尼誦經，不中格者，皆勒歸俗。禁置寺及私度人。十月，鄭注欲收僧、尼之譽，固請罷沙汰。從之。此等皆誣罔之辭，蓋時未暇及此耳。此等皆欲行諸全國者。其操一方之政柄，而自行之於所治之地者，則有如韓滉爲鎮海，毀拆上元縣佛寺、道觀四十餘所，以修塢壁；以佛寺銅鐘鑄兵器。李德裕徙西川，毀浮屠私廬數千,以地與農。亦如其廢淫祀然,莫之能止也。積之久,乃復有武宗沙汰僧尼之舉焉。

《舊書‧本紀》:會昌五年七月,庚子,勅並省天下佛寺。中書、門下條疏聞奏:據令式,諸上州國忌日官吏行香於寺,其上州望各留寺一所。有列聖尊容,便令移於寺内。其下州寺並廢。其上都、東都兩街,請留十寺,寺僧十人。勅曰:上州合留寺,工作精妙者留之,如破落亦宜廢毀。其合行香日,官吏宜於道觀。其上都、下都,每街留寺兩所,寺留僧三十人。中書又奏:天下廢寺銅像、鐘磬,委鹽鐵使鑄錢。其鐵像委本州鑄為農器。金、銀、鍮、石等像,銷付度支。衣冠、士、庶之家,所有金、銀、銅、鐵之像,勅出後限一月納官。如違,委鹽鐵使依禁銅法處分。其土、木、石等像合留寺内依舊。又奏僧尼不合隸祠部,請隸鴻臚寺。其大秦穆護等祠,釋教既已釐革,邪法不可獨存,其人並勒還俗,遞歸本貫充稅户;如外國人,送還本處。八月,制中外誠臣,恊予至意,條疏至當,宜在必行。其天下所拆寺四千六百餘所,還俗僧尼二十六萬五百人,收充兩稅户。拆招提、蘭若四萬餘所。收膏腴上田數千萬頃。收奴婢為兩稅户十五萬人。隸僧尼屬主客,顯明外國之教,勒大秦穆護祆三千餘人還俗,不雜中華之風。下制明廷,宜體予意。十一月,勅悲田養病坊,緣僧、尼還俗,無人主持,恐殘疾無以取給,兩京量給寺田振濟,諸州府七頃至十頃,各於本管選耆壽一人句當,以充粥料。《新書‧食貨志》云:諸道留僧以三等,不過二十人。腴田鬻錢送户部,中下田給寺家奴婢丁壯者為兩稅户,人十畝。《通鑑》云:節度觀察使治所及同、華、商、汝州各留一寺,分為三等:上等留僧二十人,中等十人,下等五人。僧寺非應留者,立期令所在毀撤,仍遣御史分道督之。財貨田產並没官。寺材以葺公廨、驛舍,銅像、鐘磬以鑄錢。此武宗沙汰僧尼、佛寺之大略也。《舊書》紀此事,皆歸咎於趙歸真,《舊紀》:會昌四年三月,以道士趙歸真為左右街道門教授先生。時帝志學神仙,師歸真,歸真乘寵,每對排毀釋氏,言非中國之教,蠹耗生靈,盡宜除去。帝頗信之。五年正月,歸真舉羅浮道士鄧元起有長年之術。帝遣中使迎之。繇是與衡山道士劉玄靖及歸真膠固，排毀釋氏，而拆寺之請行焉。以其獨汰佛而不及於道言之，似也。然道非佛比，彭偃則既言之矣。必不得已而去，於斯二者何先？謂武宗以求長生故而不去道則可，謂其汰佛全由道家之媒孽，恐非實錄也。此事在當時，亦爲非常之舉，然言其"太暴宜近中"者，一韋博而已。見《新書》本傳。武宗政固嚴切，然以唐時士夫信佛者之多，事苟違理，豈有舉朝緘口結舌者？是知沙汰僧尼，事不容已，在當時，亦爲衆所共喻矣。

矯枉者必過其直，見矯者又必稍復於枉，屢矯屢復，而後終劑於平焉，物之理也。佛教之在中國，其用物也弘矣，其取精也多矣，豈其韋博所云太暴之政，遂能使之一蹶不復振？武宗死而其政即廢，勢也。《通鑑》：宣宗大中元年，閏月，"敕應會昌五年所廢寺，有僧能營葺者，聽自居之，有司毋得禁止。是時君臣務反會昌之政，故僧、尼之弊，皆復其舊"。五年六月，進士孫樵上言："陛下即位以來，修復廢寺，天下斧斤之聲，至今不絶，度僧幾復其舊矣。陛下縱不能如武宗除積弊，奈何興之於已廢乎？願早降明詔：僧未復者勿復，寺未修者勿修，庶幾百姓猶得以息肩也。"七月，中書門下奏："陛下崇奉釋氏，羣下莫不奔走，恐財力有所不逮，因之生事擾人。望委所在長吏，量加撙節。所度僧亦委選擇有行業者，若容凶麤之人，則更非敬道也。鄉村佛舍，請罷兵日修。"從之。六年十二月，中書門下請："自今諸州準元敕許置寺外，有勝地靈迹許修復，繁會之院，許置一院。嚴禁私度僧、尼。若官度僧、尼有闕，則擇人補之。仍申祠部給牒。其欲遠游尋師者，須有本州公驗。"從之。十年十一月，"敕於靈感、會善二寺置戒壇。僧尼應填闕者，委長老僧選擇，給公憑赴兩壇受戒。兩京各選大德十人主其事。有不堪者罷之。堪者給牒遣歸本州。不見戒壇公牒，毋得私容。仍先選舊僧、尼。舊僧、尼無堪者，乃選外人"。大中之政可考見者如此，謂其務反會昌之政得乎？謂僧、尼之弊，皆復其舊，能乎不能乎？然則謂會昌之政之廢，皆出大中君臣之私，亦非實錄也。何也？飄風不終朝，暴雨不終日，勢固然也。

佛教之在中國，取精用弘，故一遭破壞，旋即恢復，他教則不能然矣。此亦見大中之政，非其君臣一二人所能爲也。摩尼教之見廢黜，尚在會昌五年沙汰僧、尼之前。《會昌一品集》卷五有《賜迴鶻可汗書意》，曰："摩尼教天寶以前，中國禁斷。自累朝緣迴鶻敬信，始許興行，江淮數鎮，皆令闡教。近各得本道申奏：緣自聞迴鶻破亡，奉法者因兹懈怠，蕃僧在彼，稍似無依。吳、楚水鄉，人性踊薄，信心既去，翕集至難。朕深念異國遠僧，欲其安堵。且令於兩都及太原信鄉處行教。其江淮諸寺權停。待迴鶻本土安寧，卻令如舊。"此當是會昌元年事，迴鶻破敗之初也。三年二月，制曰："迴紇既以破滅，應在京外宅及東都修功德迴紇，並勒冠帶，各配諸道收管。其迴紇及摩尼寺莊宅、錢物等，並委功德使同興。御史臺及京兆府各差官點檢收抽，不得容諸色人等影占，如犯者並處極法，錢物納官、摩尼寺僧，委中書、門下條疏聞奏。"《新書·回鶻傳》曰："會昌三年，詔迴鶻營功德使在二京者，悉冠帶之。有司收摩尼書若像燒於道，產貲入之官，"謂此也。《僧史略》卷下："會昌三年，敕天下摩尼寺並廢入宮。當係入官之誤。京城女摩尼七十二人死。及在此國迴紇諸摩尼等配流諸道，死者大半。"日本《續藏經》本。日本僧圓仁《入唐求法巡禮行記》第三云："會昌三年四月，勅下，令煞天下摩尼師。剃髮，令著袈裟，作沙門形而煞之。"陳垣云："殺摩尼而令作沙門形，不知其意所在。"愚疑摩尼服飾，本近沙門，此時已自冠帶，勅令復其舊服，以見殺之之意也。其事近虐，然古代外教傳來者，惟摩尼挾回紇之勢，宗教之善惡，何以大相去，人見其挾勢而來，則惡之矣，此百世之龜鑑也。其後梁貞明六年，陳州有毋乙之叛。歐《史》記其事極略，但稱乙爲妖賊而已。薛《史》則云："陳州里俗之人，喜習左道。依浮屠氏之教，自立一宗，號曰上乘。不食葷茹。誘化庸民。糅雜淫穢，宵聚晝散。"亦未云爲摩尼，而《僧史略》卷下，指爲末尼黨類。且云："後唐、石晉，時復潛興。推一人爲主，百事稟從。或畫一魔王踞坐，佛爲其洗足。蓋影傍佛教，所謂相似道也。或有比丘，爲飢凍故，往往隨之效利。"則變爲祕密教矣。在南方者稱爲明教。徐鉉《稽神錄》卷三云:"清源人楊某,有大第在西郭。鬼出没四隅,杖莫能中。乃召巫立壇治之。鬼亦立壇作法,愈盛於巫。巫懼而去。後有善作魔法者,名曰明教,請爲持經。一宿,鬼遂絶。"明教,蓋其教中人所以自名也。後亦祕密傳布。宋代,教外人稱爲喫菜事魔,至南宋末葉,猶未息焉。《册府元龜》卷九百七十六云:"後唐天成四年八月,癸亥,北京奏葬摩尼和尚。摩尼,迴鶻之佛師也。先自本國來太原。少尹李彦圖者,武宗時懷化郡王李思忠之孫也。思忠本迴鶻王子嗢没斯也。歸國錫姓名。關中大亂之後,彦圖挈其族歸太祖。賜宅一區,宅邊置摩尼院以居之。至是卒。"李克用雖跋扈,此事未必顯違唐朝之政令,然則雖在會昌後,唐於迴紇種人之自行信奉者,亦未加以禁止也。火祆教亦有殘留者。張邦基《墨莊漫録》:東京城北有祆廟。其廟祝姓史,名世爽。自云家世爲祝,累代矣。藏先世補受之牒凡三:一咸通三年宣武節度使令狐,綯。一周顯德三年,一其五年權知開封府王樸。所給。鎮江府朱方門之東城上,亦有祆神祠。孟元老《東京夢華録》卷三:大内西去右掖門有祆廟。史世爽蓋西域人?其祠亦以其種人自奉而獲存。張氏又云:"俗以火神祠之,"蓋對中國人以此自晦,故獲留至宋代也。本節所叙史實,亦據陳垣《火祆教入中國考》、《摩尼教入中國考》。

會昌而後,又一次大舉沙汰者爲周世宗。然此等政令,五代實時有之,亦不獨周世宗也。薛《史·梁末帝紀》:貞明六年三月,禮部員外郎李樞上言:"請禁天下私度僧、尼,及不許妄求師號、紫衣。如願出家受戒者,皆須赴闕比試藝業施行。願歸俗者,一聽自便。"詔曰:"兩都左右街賜紫衣及師號僧,委功德使具名聞奏。今後有闕,方得奏薦。仍須道行精至,夏臘高深,方得補填。每遇明聖節,兩街各許官壇度七人。諸道如要度僧,亦仰就京官壇。仍令禮部給牒。今後只兩街置僧録,道録、僧正並廢。"《唐明宗紀》:天成三年十一月詔,曰:"應今日已前修蓋得寺院,無令毀廢,自此已後,不得輒有建造。如要願在僧門,並須官壇受戒,不得衷私剃度。"二年六月,"詔天下除並無名額寺院"。《末帝紀》:清泰二年三月,功德使奏:"每年誕節,諸州、府奏薦僧道，其僧、尼欲立講論科、講經科、表白科、文章應制科、持念科、禪科、聲贊科，道士欲立經法科、講論科、文章應制科、表白科、聲贊科、焚修科，以試其能否。"從之。《晉高祖紀》：天福四年十二月，"詔今後城郭、村坊，不得創造僧、尼院舍"。《周太祖紀》：廣順三年五月，開封府奏："都城内錄到無名額僧、尼寺院五十八所，"詔廢之。皆所以限制釋道，去其泰甚者也。然此不過限制之而已，實不足以廓清積弊，故又有周世宗之大舉焉。

薛《史·周世宗紀》：顯德二年五月，甲戌，詔曰："釋氏真宗，聖人妙道，助世勸善，其利甚優。前代以來，累有條貫。近年已降，頗紊規繩。近覽諸州奏聞，繼有緇徒犯法。蓋無科禁，遂至尤違。私度僧、尼，日增猥雜。創修寺院，漸至繁多。鄉村之中，其弊轉甚。漏網背軍之輩，苟剃削以逃刑。行姦爲盜之徒，託住持而隱惡。將隆教法，須辨否臧，宜舉舊章，用革前弊。諸道府、州、縣、鎮、村、坊，應有勅額寺院，一切仍舊。其無勅額者，並仰停廢。所有功德佛像及僧、尼，並騰併於合留寺院內安置。天下諸縣、城郭內若無勅額寺院，祇於合停廢寺院內選功德屋宇最多者，或寺院僧、尼各留一所。若無尼住，祇留僧寺院一所。諸軍鎮、坊郭及二百户已上者，亦依諸縣例指揮。如邊遠州郡無勅額寺院處，於停廢寺院内僧、尼各留兩所。今後並不得創造寺院、蘭若。王公、戚里、諸道節、刺已下，今後不得奏請創造寺院，及請開置戒壇。男子、女子，如有志願出家者，並取父母、祖父母處分，已孤者取同居伯叔、兄處分，候聽許方得出家。男年十五已上，念得經文一百紙，或讀得經文五百紙；女年十三已上，念得經文七十紙，或讀得經文三百紙者；經本府陳狀乞剃頭，委錄事參軍本判官試驗經文。其未剃頭間，須留髮髻。如有私剃頭者，卻勒還俗。其本師主決重杖勒還俗，仍配役三年。兩京、大名府、京兆府、青州各處置戒壇。候受戒時，兩京委祠部差官引試。其大名等三處，祇委本判官錄事參軍引試。如有私受戒者，其本人、師主、臨壇三綱、知事僧、尼，並同私剃頭例科罪。應合剃頭受戒人等，逐處聞奏，候勅下委祠部給付憑由，方得剃頭受戒。應男女有父母、祖父母在，別無兒息侍養，不聽出家。曾有罪犯，遣官司刑責之人，及棄背父母，逃亡奴婢，姦人細作，惡逆徒黨，山林亡命，未獲賊徒，負罪潛竄人等，並不得出家剃頭。如有寺院輒容受者，其本人及師主、三綱、知事僧、尼，鄰房同住僧，並仰收捉禁勘，申奏取裁。僧、尼、俗士，目前多有捨身，燒臂，鍊指，釘截手足，帶鈴，挂燈，諸般毀壞身體，戲弄道具，符禁左道，妄稱變現，還魂、坐化、聖水、聖燈、妖幻之類，皆是聚衆眩惑流俗，今後一切止絕。如有此色人，仰所在嚴斷，遞配邊遠，仍勒歸俗。其所犯罪重者，準格律處分。每年造僧帳兩本：其一本奏聞，一本申祠部。逐年四月十五日後，勒諸縣取索管界僧、尼數目申州，州司攢帳，至五月終已前，文帳到京。僧、尼籍帳内無名者，並勒還俗。其巡禮行脚，出入往來，一切取便。"此項條例，遠較會昌爲寬，蓋誠如詔書所云，不過申舉舊章而已。《紀》又云：是歲，諸道供到所存寺院，凡二千六百九十四。所廢寺院，凡三萬三百三十六。僧、尼係籍者，六萬一千二百人。《通鑑》同。又分別言之曰：見僧四萬二千四百四十四，尼一萬八千七百五十六。惟歐《史·本紀》云：廢天下佛寺三千三百三十六，未知孰是。

不耕而食，不織而衣，爲歷來攘斥佛、老之口實。然觀武德詔書，言其"耕織爲生，估販成業，事同編户，迹等齊人，"則知此說實未爲確。有國者之所惜，則賦役而已。惜奉己之賦役，而必藉口於蒸民或受其飢寒，寧不令人齒冷？然天下事不可任其孤行。莫爲之節，則將日日以長，而涓涓者成江河矣。故二氏之詒害民生，雖不如治人者所言之甚，而其能節制之，使不至於尾大，亦終於治化有裨也。

## 第三節　雜　迷　信

古代一切迷信，後世總稱爲陰陽。如《舊書·呂才傳》言："太宗以陰陽書近代以來,漸致譌僞,穿鑿既甚,拘忌亦多,命才與學者十餘人共加刊正"是也。才既受命,"削其淺俗,存其可用者,勒成五十三卷,並舊書四十七卷"。合百卷。貞觀十五年,"書成,詔頒行之"。案《隋書·高祖紀》:仁壽二年,"詔楊素與諸術者刊定陰陽舛繆";《蕭吉傳》言高祖命其"考定古今陰陽書";《臨孝恭傳》言高祖命其"考定陰陽";《舊書·百藥傳》亦言開皇時"詔令撰陰陽書";則自隋世即有意於刊正。吕才修陰陽書,頗能破除迷信。《傳》載其叙宅經、葬書、禄命之辭,謂"雖爲術者所短,然頗合經義"。《盧藏用傳》言其"隱居終南山,學辟穀鍊氣之術",亦道士之流。然"以俗多拘忌,著《析疑論》以暢其事"。則明理之士,於此原不深信。張公謹卒,太宗出次發哀。有司奏言:"準陰陽書,日在辰不可哭泣,又爲流俗所忌,"不聽。《舊書·公謹傳》。李石奏請開興成渠。李固言謂"恐徵役今非其時"。文宗曰:"莫有陰陽拘忌否?苟利於人,朕無所慮也。"《舊書·石傳》。李愬將攻吴房,軍吏曰:"往亡日,請避之。"愬曰:"賊以往亡,謂吾不來,正可擊也。"《舊書·本傳》。亦皆能破除拘忌。武后以崔神慶爲並州長史,"自爲按行圖擇日",《舊書》神慶附其父《義玄傳》後。亦不過聊示撫慰之意耳。然利害所牽,終不免於惶惑。《新書·李泌傳》言:肅宗重陰陽巫祝,擢王璵執政,大抵興造工役,輒牽禁忌俗説,而黎幹以左道位京兆尹。德宗素不謂然,及嗣位,罷内道場,除巫祝。代宗將葬,帝號送承天門,輀車行不中道。問其故。有司曰:"陛下本命在午,故避之。"帝泣曰:"安有枉靈駕以謀身利?"命直午而行。又宣政廊壞,太卜言孟冬魁岡,不可營繕。帝曰:"春秋啓塞從時,何魁岡爲?"亟詔葺之。及桑道茂城奉天事驗,始尚時日拘忌,因進用泌。即其明徵也。《方技傳》:桑道茂,善太一遁甲術。乾元初,官軍圍安慶緒於相州,勢危甚。道茂在圍中,密語人曰:"三月壬申西師潰。"至期,九節度皆敗。後召待詔翰林。建中初,上言"國家不出三年有厄會,奉天有王氣,宜高垣堞爲王者居,使可容萬乘者。"德宗素驗其數,"詔京兆尹嚴郢發衆數千及神策兵城之"。《泌傳贊》曰:"觀肅宗披荆榛立朝廷,單言賾謀,有所寤合,皆付以政,當此時,泌於獻納爲不少;又佐代宗收兩京;獨不見録,寧二主不以宰相期之邪?德宗晚好鬼神事,乃獲用,蓋以怪自置而爲之助也。"隋煬帝即位,悉召請術家坊處之,使乙弗弘禮總攝。李淳風死,候家皆不效,武后乃詔嚴善思以著作佐郎兼太史令。尚獻甫善占候,武后召見,由道士擢太史令。辭曰:"臣梗野,不可以事官長。"后改太史局爲渾儀監,以獻甫爲令,不隸祕書省。皆見《新書・方技傳》。劉隱招禮唐名臣謫死南方者子孫,或當時仕宦遭亂不得還者。周傑善星曆,唐司農少卿,隱數問以災變。傑恥以星術事人,嘗稱疾不起。歐《史・世家》。此等原不過過而存之,然遇皇惑無主之時,即不免生心害政矣。《新書・李靖傳贊》曰:"世言靖精風角、鳥占、雲祲、孤虛之術,爲善用兵,是不然。特以臨機果,料敵明,根於忠智而已。俗人傳著怪詭機祥,皆不足信。"《裴行儉傳》曰:"通陰陽曆術,每戰豫道勝日,"亦俗人所傳之一端也。遇大事不能明其所以然,則以怪詭機祥相附會矣,此其致惑之由也。

祿命之說,亦根於時日禁忌而來。《隋書・袁充傳》:充於仁壽初上表,言隋文"本命行年,生月,生日,並與天地、日月、陰陽、律呂運轉相符。今與物更新,改年仁壽,歲、月、日、子,還共誕聖之時並同"是也。《臨孝恭傳》言其著《祿命書》二十卷,蓋即其術。《舊書・方伎傳》言:有邢和璞者,"善算人而知其夭壽善惡",其所操蓋亦是術也?

相術在唐時,最著者爲袁天綱、張憬藏、金梁鳳,皆見兩書《方伎傳》。五代時有周元豹,薛《史》有傳。其言馮道事,見道及張承業《傳》,已見第二十二章第五節。歐《史》元豹事見《趙鳳傳》。《舊書・蕭嵩傳》,言:嵩初娶賀晦女,與陸象先爲僚壻。宣州人夏榮,稱有相術,謂象先曰:"陸郎十年内位極人臣,然不及蕭郎一門盡貴,官位高而有壽。"《良吏・高智周傳》:智周少與鄉人蔣子慎善,同詣善相者,曰:"明公位極人臣,而胤嗣微弱,蔣侯官祿至薄,而子孫轉盛。"可見士夫喜言相術者之多。《睿宗・諸子傳》:惠莊太子撝,母柳氏,掖庭宮人。撝之初生,則天嘗以示僧萬迴。萬迴曰:"此兒是西域大樹之精,養之宜兄弟。"則天甚悅,始令列於兄弟之次。則僧人亦有操是術者。歐《史・周家人傳》:世宗宣懿皇后符氏,初適李守貞子崇訓。有術者善聽人聲,守貞出其家人使聽之。術者聞后聲,驚曰:"此天下之母也。"此所謂聲相,見《兩晉南北朝史》第二十四章第一節。亦相術之一端也。

《隋書·蕭吉傳》云:獻皇后崩,上令吉卜擇葬所。吉歷筮山原,至一處,云"卜年二千,卜世二百",具圖而奏之。上曰:"吉凶由人,不在於地。高緯父葬,豈不卜乎?國尋滅亡。正如我家墓田,若云不吉,朕不當爲天子,若云不凶,我弟不當戰歿。"然竟從吉言。《楊素傳》:獻皇后崩,山陵制度,多出於素。上善之。下詔曰:"葬事依禮,惟卜泉石,至於吉凶,不由於此。素義存奉上,情深體國。欲使幽明俱泰,寶祚無窮。以爲陰陽之書,聖人所作,禍福之理,特須審慎。乃徧歷川原,親自占擇。纖介不善,即更尋求。志圖元吉,孜孜不已。心力備盡,人靈協贊。遂得神皐福壤,營建山陵。論素此心,事極誠孝。"乃別封其一子。此皆明言其不足信,而竟從之,亦所謂過而存之者也。《吉傳》又言:吉告族人蕭平仲曰:"皇太子遣宇文左率深謝余,云:公前稱我當爲天子,竟有其驗,終不忘也。今卜山陵,務令我早立。"亦此類矣。又云:嘗行經華陰,見楊素冢上有白氣屬天,密言於帝。帝問其故。吉曰:"其候,素家當有兵禍,滅門之象,改葬者庶可免乎?"帝後從容謂楊玄感曰:"公家宜早改葬。"玄感亦微知其故,以爲吉祥,託以遼東未滅,不遑私門之事。未幾而玄感以反族滅。此等說不必實,然有此等說,即可見是時迷信葬地能禍福人者之衆矣。《舊書·嚴善思傳》:則天崩,將合葬乾陵,善思奏議諍之。善思雖列傳《方伎》,而少以學涉知名,其言亦頗合典禮。然又曰:"山川精氣,土爲星象。若葬得其所,則神安後昌,若葬失其宜,則神危後損。所以先哲垂範,具之葬經。欲使生人之道必安,死者之神必泰,"亦不能離禍福以爲言也。《新書·杜正倫傳》:謂其與城南諸杜不協。諸杜所居號杜固,世傳其地有壯氣,故世衣冠,正倫既執政,建言鑿杜固通水利以壞之,此則生宅之說也。

龜卜之術,隨世益微,諸言卜者,實多指筮,已見《兩晉南北朝史》第二十四章第一節。隋、唐之世,仍是如此。《新書·百官志》:太卜署令，掌卜筮之法。一曰龜。祭祀大事，率卜正卜日，示高於卿，退而命龜，既灼而占。小祀、小事，則卜正示高命龜，而太卜令、佐涖之。此當尚是龜卜。然不過奉行故事而已。《隋書·藝術傳》：楊伯醜，好讀《易》。有張永樂者，賣卜京師，伯醜每從之遊。永樂爲卦，有不能決者，伯醜輒爲分析爻象，尋幽入微。又云：伯醜亦開肆賣卜。有人失子，夫妻失金，"就伯醜筮"。《舊書·李綱傳》言："綱見善卜者令筮之。"皆可見其名卜而實筮。《張公謹傳》云：太宗將討建成、元吉，遣卜者灼龜占之，公謹自外來見之，遽投於地。此等傳說，信否未可知。《新書·諸公主傳》：城陽公主之婚，帝太宗使卜之。繇辭曰："二火皆食，始同榮，末同戚，請晝婚則吉。"此辭未必非宋祁所爲，其果爲龜卜與否，亦不可知也。《舊書·劉黑闥傳》：竇建德故將謀叛，"卜以劉氏爲主吉"，其非必指龜卜，更無疑矣。《玄宗紀》：中宗將祀南郊，來朝京師。將行，使術士韓禮筮之，筮一莖孑然獨立。《太宗文德順聖皇后長孫氏傳》：隋大業中，嘗歸寧。后舅高士廉媵於后所宿舍外見大馬，高二丈，鞍轡皆具。以告士廉。命筮之，遇《坤》之《泰》。《新書·高駢傳》：蜀之土惡，成都城歲壞，駢易以磚甓。訖功，筮之，得《大畜》。薛《史·趙鳳傳》：疾篤，自爲蓍，卦成，投蓍而歎。歐《史·馬重績傳》：張從賓反，命重績筮之，遇《隨》。《南漢世家》：楚人以舟師攻封州，封州兵敗，龑懼，以《周易》筮之，遇《大有》。皆明言所用者爲筮。《舊書·李華傳》：華著論言龜卜可廢，通人當其言，蓋以實無能通其術者也。然史言卜筮者，並不必皆指筮。《李絳傳》：憲宗嘗謂絳曰："卜筮之事，習者罕精，或中或否，近日風俗，尤更崇尚，何也？"絳對言"風俗近巫"，《易》豈巫覡所能知邪？歐《史·賀瓌傳》言：梁太祖攻朱瑾於兗州，朱宣遣瓌救之。瓌欲絕梁餉道，梁太祖得降卒知之，"以六壬占之，得《斬關》，以爲吉"，選精兵疾馳之，擒瓌。此等卜筮以外之占術，流行者必甚多也。《新書·太宗紀》：武德九年九月，禁私家妖神、淫祀、占卜非龜易五兆者，蓋以此也。

《舊書·后妃傳》：上官婉兒在孕時，其母夢人遺己大秤。占者曰:"當生貴子,秉國權衡。"既生女,聞者嗤其無效。及婉兒專秉内政,果如占者所言。又《憲宗孝明皇后鄭氏》,宣宗之母也。會昌六年,后弟光夢車中載日月,光芒燭六合。占者曰:"必暴貴。"月餘,武宗崩,宣宗即位。光以元舅之尊,檢校户部尚書、諸衛將軍,出爲平盧節度使。《崔湜傳》:蕭至忠誅,湜坐徙嶺外。行至荆州,夢於講堂照鏡。曰:"鏡者明象,吾當爲人主所明也。"以告占夢人張由。對曰:"講堂者受法之所,鏡者,於文爲立見金,此非吉徵。"其日,追使至,縊於驛中。觀此三事,唐時尚有專以占夢爲業者。

望氣之術,軍中偏多。《隋書·長孫晟傳》:仁壽元年,晟表奏曰:"臣夜登城樓,望見磧北有赤氣,長百餘里,皆如雨,足下垂被地。謹驗兵書,此名灑血,其下之國,必且破亡。欲滅匈奴,宜在今日。"《新書·吳武陵傳》:吳元濟未破數月,武陵自硤石望東南,氣如旗鼓矛盾,皆顛倒横斜。少選,黄白氣出西北,盤蜿相交。武陵告韓愈曰:"今西北王師所在,氣黄白,喜象也。敗氣爲賊。日直木,舉其盈數,不閲六十日,賊必亡。"薛《史·符存審傳》:與李嗣昭援朱友謙,將戰,望氣者言"西南黑氣如鬥雞之狀,當有戰陳"。此皆言戰鬥事,爲軍中置望氣之本義。亦有出此之外者。《新書·王潮傳》:潮從王緒南走,望氣者言軍中當有暴興者。緒潛視魁梧雄才,皆以事誅之。衆懼,劉行全乃殺緒而推潮。此或潮自神其事,然軍中多有望氣,則可見矣。《隋書·韋鼎傳》:"陳武帝在南徐州,鼎望氣,知其當王,遂寄孥焉。"《庾季才傳》:大定元年正月,季才言曰:"今月戊戌平旦,青氣如樓闕,見於國城之上。俄而變紫,逆風西行。《氣經》云:天不能無雲而雨,皇王不能無氣而立。今王氣已見,須即應之。"《元諧傳》:有人告諧與從父弟滂謀反。上令案其事。有司奏諧令滂望氣。滂曰:"彼雲似蹲狗走鹿,不如我輩有福德雲。"此亦以人之興替言之,與《史記》言漢高所居上常有雲氣,范增使人望其氣皆爲龍虎成五采相類,其所由來者亦舊矣。《舊書·李義府傳》:陰陽占候人杜元紀爲義府望氣,云所居宅有獄氣發,積錢二千萬,乃可厭勝。《隋書·蕭吉傳》:

吉表言"獻皇后山陵西北，雞未鳴前，有黑雲，方圓五六百步，從地屬天。東南又有旌旗車馬帳幕，布滿七八里，並有人往來檢校，部伍甚整，日出乃滅。同見者十餘人。謹按《葬書》云：氣王與姓相生大吉。今黑氣當冬王，與姓相生，是大吉利子孫無疆之候也。"則言宅經、葬經者，亦咸援望氣以爲説矣。

於文，皿蟲爲蠱，漢戾太子以巫蠱敗，然江充言於太子宫掘得桐木人，實厭勝之術，非皿蟲之義也。皿蟲爲蠱之事，實首見於《隋書》。《隋書・外戚・獨孤陀傳》曰："好左道。其妻母先事貓鬼，因轉入其家。上微聞而不之信也。會獻皇后及楊素妻鄭氏俱有疾，召醫者視之，皆曰：此貓鬼疾也。上以陀后之異母弟，陀妻楊素之異母妹，由是意陀所爲。陰令其兄穆以情喻之。上又避左右諷陀。陀言無有，上不悦。左轉遷州刺史。出怨言。上令左僕射高熲、納言蘇威、大理正皇甫孝緒、大理丞楊遠等雜治之。陀婢徐阿尼，言本從陀母家來，常事貓鬼。每以子日夜祀之，言子者鼠也。其貓鬼每殺人者，所死家財物，潛移於畜貓鬼家。陀嘗從家中索酒。其妻曰：無錢可酤。陀因謂阿尼曰：可令貓鬼向越公家，使我足錢也。阿尼便呪之歸。數日，貓鬼向素家。十一年，上初從並州還，陀於園中謂阿尼曰：可令貓鬼向皇后所，使多賜吾物。阿尼復呪之。遂入宫中。楊遠乃於門下外省遣阿尼呼貓鬼。阿尼於是夜中置香粥一盆，以匙扣而呼之曰：貓女可來，無住宫中。久之，阿尼色正青，若被牽曳者，云貓鬼已至。上以其事下公卿。奇章公牛弘曰：妖由人興，殺其人，可以絶矣。上令以犢車載陀夫妻，將賜死於其家。陀弟司勳侍中整詣闕求哀。於是免陀死，除名爲民。以其妻楊氏爲尼。《后妃傳》云：后三日不食，爲之請命，陀於是减死一等。先是有人訟其母爲貓鬼所殺者，上以爲妖妄，怒而遣之，及此，詔誅被訟行貓鬼家。"《通鑑》事在開皇十八年，云："詔畜貓鬼、蠱毒、厭媚、野道之家，並投於四裔。"按《唐律》有造畜蠱毒之條。《疏議》云："造謂自造。畜謂傳畜，若傳畜貓鬼之類。"蓋即《獨孤陀傳》所謂轉入也。《隋書・地理志》言宜春等郡，往往畜蠱，已見《兩晉南北朝史》第十七章第五節。《志》謂干寶謂之爲鬼實非,此乃作《志》者之説。《獨孤陁傳》言阿尼色正青,若被牽曳,蓋正言鬼附其身。《本草拾遺》云:"造蠱圖富者,皆取百蟲入甕中,經年開之,必有一蟲盡食諸蟲,即此爲蠱。能隱形似鬼神,與人作禍,"正與貓鬼之説相類。獨孤陁之獄,或不免於誣,然醫言文獻后、楊素妻之疾爲貓鬼疾,先是又有訟母爲貓鬼所殺者,則蠱毒傳説之盛,概可見矣。然厭勝、呪詛等説,亦未絕迹。《隋書·柳肅傳》:肅爲太子僕,太子廢,坐除名。大業中,煬帝與段達語及庶人罪惡之狀。達曰:學士劉臻,嘗進章仇大翼,於宮中爲巫蠱,肅知而諫,庶人不懌,自後言皆不用。乃召守禮部侍郎。《滕穆王瓚傳》云:瓚素與高祖不協。妃宇文氏,先時與獨孤皇后不平。陰有呪詛。上命瓚出之。瓚不忍離絕。由是忤旨,恩禮更薄。開皇十一年,從幸栗園暴薨。人皆言其遇鴆。子綸嗣。當高祖之世,每不自安。煬帝即位,尤被猜忌。綸憂懼不知所爲。呼術者王琛而問之。琛答曰:"王相禄不凡。"乃因曰:"滕即騰也,此字足爲善應。"有沙門惠恩、崛多等,頗解占候。綸每與交通。常令此三人爲度星法。有人告綸怨望呪詛。帝命黃門侍郎王弘窮治之。弘見帝方怒,遂希旨奏綸厭蠱。除名爲民,徙始安。衛昭王爽子集,煬帝時,呼術者俞普明章醮,以祈福助。有人告集呪詛,亦"除名遠徙邊郡"。《房陵王勇傳》言:皇后有廢立之意,勇頗知其謀。憂懼計無所出。聞新豐人王輔賢能占候,召而問之。輔賢曰:"白虹貫東宮門,太白襲月,皇太子廢退之象也。以銅鐵五兵造諸厭勝。又於後園之內作庶人村。屋宇卑陋。太子時於中寢息,布衣草褥,冀以當之。"《齊王暕傳》:暕自謂次當得立,又以元德太子有三子,內常不安,陰挾左道,爲厭勝之事。而李徹,大業中,其妻宇文氏,爲孼子安遠誣以呪詛伏誅。《新書·諸公主傳》:太宗女城陽公主,麟德初坐巫蠱,斥其壻薛瓘房州刺史。《舊書·方伎傳》:明崇儼,"年少時隨父任安喜令。父之小吏,有善役召鬼神,崇儼盡能傳其術。高宗聞其名,召與語,悅之。擢授冀王府文學。儀鳳二年,累遷正諫大夫,特令入閣供奉。四年,爲盜所殺。時語以爲崇儼密與天后爲厭勝之法，又私奏章懷太子不堪繼承大位，太子密知之，潛使人害之"。《韋安石傳》：太常主簿李元澄，安石之子壻。其妻病死。安石夫人薛氏疑元澄先所幸婢厭殺之。其婢久已轉嫁，薛氏使人捕而捶之，致死。蠱也，厭勝也，呪詛也，皆巫術也。當時以爲巫術能致人於死，反其道，則亦以爲可以求人之生。《舊書·玄宗諸子傳》：武惠妃數見三庶人爲崇，怖而成疾。巫者祈禱彌月，不痊而隕。《李勉傳》：除江西觀察使。部人有病父，以蠱爲木偶人，署勉名位，瘞於其隴。或以告，曰："爲父禳災，亦可矜也。"捨之。《田仁會傳》：轉右金吾將軍。時有女巫蔡氏，以鬼道惑衆，自云能令死者復生。市里以爲神。仁會驗其假妄，奏請徙邊。是其事也。巫本假於鬼神。《舊書·方伎傳》言："有師夜光者善視鬼。"歐《史·閩世家》：薛文傑薦妖巫徐彥，曰："陛下左右多姦臣，不質諸鬼神，將爲亂。"鏻使彥視鬼於宮中。《馬胤孫傳》：卒後，其家婢有爲胤孫語者。初崔協爲明宗相，在位無所發明，既死而有降語其家，胤孫又然。時人嘲之曰："生不能言，死而後語"云。此等皆巫之本色也。巫古本女子爲之，男子爲之則稱覡。巫蓋盛於覡？故後散文通稱巫。此在後世亦然。《隋書·禮志》云：高祖既受命，遣奉策詣同州告皇考桓王廟，兼用女巫，同家人之禮，足見其家舊有女巫。韋后與政，封巫趙隴西夫人，出入禁中，《新書》本傳。亦是物也。

《王制》云："假於鬼神、時日、卜筮以疑衆，"鬼神、時日、卜筮，蓋疑衆之三大端也。圖讖於時日、卜筮，皆無當焉，並不足語於方伎，造作者亦不能自託於鬼神；直是妄庸人所爲耳。然自後漢以來，習以是謀革易，故有國者深忌焉。隋文矯誣，用讖尤甚，隋時，怪迂阿諛之士，無不援引讖緯者。隋高祖亦恒自言之。如仁壽元年冬至祠南郊版曰："山圖石瑞，前後繼出，皆載臣姓名，褒紀國祚。經典諸緯，爰及玉龜，文字義理，遞相符會"是也。其他不可枚舉。故其"禁之亦愈切"。《隋書·經籍志》語。開皇十三年，"制私家不得隱藏緯候圖讖"。《本紀》。煬帝即位，發使四出，搜天下書籍與讖緯相涉者皆焚之。爲吏所糾者至死。史言"自是無復其學，祕府之內，亦多散亡"。《經籍志》。然造作者仍不絕。李密之起也，移書郡縣，言"讖錄云隋氏三十六年而滅"。又自稱"姓符圖緯，名協歌謠"。王世充之圖篡也，"有道士桓法嗣者，自言解圖讖。世充昵之。法嗣上《孔子閉房記》，畫作丈夫持一干以驅羊。云楊隋姓。干一者王字也，王居羊後，明相國代隋爲帝也"。皆見《隋書》本傳。唐高祖之起也，許世緒謂之曰："公姓名已著謠錄"。《新書》本傳。附《劉文靜裴寂傳》後。唐儉云："公姓協圖讖。"《新書》本傳。楊玄感反，竇抗謂高祖曰："玄感爲我先耳，李氏名在圖錄，天所啓也。"《新書·竇威傳》。李軌與衆共舉兵，皆相讓莫肯爲主。曹珍曰："常聞圖讖云：李氏當王，今軌在謀中，豈非天命也。"《舊書·軌傳》。而李渾、李敏在隋世，以有方士安伽陀，自言曉圖讖，謂煬帝曰："當有李氏應爲天子，勸盡誅海内凡李姓者，"宇文述乃因而搆之。此等皆明出造作。蓋讖本鄙俗之辭，取其爲衆所易解，初不資故書雅記，然則焚之何爲哉？張亮之誅也，史言其假子公孫節，謂"讖有弓長之主"，而亮"陰有怪謀"。劉蘭之死也，史言"長社許絢解讖記，謂蘭曰：天下有長年者，咸言劉將軍當爲天下主。蘭子昭又曰：讖言海北出天子，吾家北海也"。皆《新書》本傳。綦連耀、劉思禮之誅，史言其"相與解釋圖讖，即定君臣之契"。《舊書·劉世龍傳》。房嗣業、張嗣明坐資遣徐敬業弟敬真北投突厥，事覺，嗣業自縊死，而嗣明、敬真，多引海内相識，冀緩其死。嗣明稱張光輔"征豫州日，私說圖讖、天文，陰懷兩端"。光輔由是被誅，家口籍没。則唐世又習以此誣陷人矣。然武延秀尚安樂公主，"主府倉曹蔣鳳說曰：讖書云，黑衣神孫被天裳，駙馬即神皇之孫。每勸令著皁袒子以應之"。《舊書·外戚傳》。此事未必虛誣，則妄人之借此獻媚啓釁者，亦不必無之矣。開元六年，以桓彦範等五人配享中宗，詔言其"名著讖緯"。《舊書·彥範傳》。其後駙馬都尉裴虛己，坐與玄宗弟範遊，"兼挾讖緯"，配徙嶺外。《舊書·睿宗諸子傳》。張九齡薦周子諒爲監察御史，子諒劾奏牛仙客，"語援讖書"。玄宗怒，杖之朝堂，流瀼州，死於道，九齡亦坐舉非其人，貶荆州刺史。《新書·九齡傳》。則玄宗於讖，誠有畏忌之情，故王鉷、李林甫得以"蓄讖緯,規復隋室"陷楊慎矜也。玄宗可謂迷信之魁矣。田承嗣之見伐也,既卑辭以止李正己之兵,又知范陽李寶臣故里,心常欲得之。乃勒石爲讖書,密瘞寶臣境内。使望氣者云:"此中有玉氣。"寶臣掘地得之。文曰:"二帝同功勢萬全,將田作伴入幽、燕。"承嗣又使客諷寶臣,願取范陽自效。寶臣乃密圖范陽。承嗣亦陳兵境上。寶臣密選卒劫朱滔。承嗣聞釁成,乃還軍。使告寶臣曰:"河内有警,不暇從公。石上讖文,吾戲爲之耳。"《舊書·寶臣傳》。此爲史傳明言讖文出於僞造者。天下之人,豈其智皆出田承嗣下,然猶競事造作者?其事無可質證,易以誣陷。故如李逢吉等欲搆裴度,乃作謡辭云:"非衣小兒坦其腹,天上有口被驅逐。"而張權輿乃上疏言度"名應圖讖";《舊書·度傳》。至天祐元年,猶以"言星讖"殺醫官閻祐之、國子博士歐陽特;固不恤人之疑其僞也。抑天下豈乏李寶臣之徒?則雖明知信者之寡,亦何妨姑一試之?歐《史·楚世家》言:"楊行密袁州刺史吕師周來奔,頗通緯候。"《吳越世家》言錢鏐"稍通圖緯諸書"。師周與鏐,豈事呫嗶者?而亦通此,彼固視爲權譎之一端也。《舊書·李滔風傳》云:太宗之世有祕記,云唐三世之後,則女主武王,代有天下。所謂祕記即讖也。其説至著之史傳,則士大夫雖不深信,亦喜傳播之矣。市三成虎,此其所以能惑衆歟?圖讖恆牽涉天文,故天文亦成厲禁。張仲讓,迂儒耳,乃以"數言玄象,州縣列上其狀坐誅"。《隋書·儒林傳》。薛頤,隋大業時爲道士。善天步律曆。武德初,追直秦王府。固丐爲道士。太宗爲築觀九嵏山,號曰紫府,拜頤太中大夫往居之。即祠建清臺,候辰次災祥以聞。《新書·方伎傳》。其重之也如此。開成五年十二月,"勑司天臺占候災祥,理宜祕密。如聞近日,監司官吏,及所由等,多與朝官及諸色人等交通往來,委御史臺察訪",《舊書·天文志》。宜矣。然究何益哉?